A. MARESCQ ET E. DUJARDIN, LIBRAIRES-
RUE SOUFFLOT, 17, A PARIS.

RÉPÉTITIONS ÉCRITES

SUR LE

CODE
DE PROCÉDURE CIVILE

CONTENANT

L'EXPOSÉ DES PRINCIPES GÉNÉRAUX

LEURS MOTIFS

ET LA SOLUTION DES QUESTIONS THÉORIQUES

SUIVIES

D'UN FORMULAIRE

PAR M. FR. MOURLON

DOCTEUR EN DROIT, AVOCAT A LA COUR IMPÉRIALE

1 vol. in-8. — Prix : 10 francs.

(*MATIÈRES DE L'EXAMEN*)

Tout le monde connait le succès qu'ont obtenu les *Répétitions écrites sur le Code Napoléon;* le nouvel ouvrage que nous publions est conçu dans le même esprit et sur le même plan. Nous n'avons donc point à en faire l'éloge. Son succès est assuré. Nous nous contentons de reproduire l'Avertissement que l'auteur a placé en tête du premier volume.

Sans être un traité, l'ouvrage que j'offre au public aura cependant son utilité. Les étudiants qui l'accepteront pour guide au commencement de leur carrière, y trouveront des enseignements parfaitement appropriés à la nature et aux besoins de leurs études. Je n'ai pas eu d'autre dessein en le composant. Le lecteur y chercherait vainement des controverses animées ou des dissertations approfondies; il n'y trouvera que l'exposé méthodique des premiers éléments de la procédure.

La connaissance de toute science réside dans l'intelligence des principes qui lui sont propres. J'ai dû, par conséquent, indiquer sur chaque matière les règles générales qui peuvent servir à l'expliquer dans ses détails. C'est courir le risque de s'égarer en chemin que s'attacher, dès le début, à étudier une foule de cas et d'arguments; car, quel est celui qui, par une étude si forte et si soutenue qu'elle soit, pourra se flatter de classer dans sa mémoire toutes les hypothèses possibles, et de pouvoir, au besoin, appliquer aux différentes questions qui lui seront soumises les décisions qu'il aura lues? J'admets qu'un tel homme, au lieu de s'appliquer à se mettre dans l'esprit un système raisonné du droit, ait pâli sur mille volumes d'arrêts et de décisions, ne lui arrivera-t-il point toujours de rencontrer des milliers d'espèces qu'il n'aura ni lues ni retenues? Que celui qui sait étudier et s'instruire mette donc tous ses soins à se bien pénétrer des règles : elles le mèneront sûrement au but. C'est par elles et avec le seul secours du raisonnement qu'il pourra résoudre les difficultés imprévues que lui révélera la pratique de chaque jour.

Ce n'est pas assez que de dégager les règles des détails qui les obscurcissent, il importe, en outre, de les résumer en une formule assez heureuse pour frapper l'esprit, assez courte pour être facilement retenue : de là la nécessité des définitions. C'est par elles surtout que le lecteur peut acquérir des idées nettes et précises des choses qu'il étudie. Aussi ai-je eu le soin de placer en tête de chaque matière la définition exacte du principe qui, la dominant, la résume dans ses diverses parties. La règle étant ainsi, dès le début, mise en lumière, j'y ramène sans cesse le lecteur, m'efforçant de lui faire comprendre comment chacune des décisions que je lui propose se lie avec le principe général; comment ce principe sort de la définition, et comment la définition rentre elle-même dans l'ensemble du système que j'élabore.

Chaque fois que j'ai rencontré sur mon chemin des termes techniques, je les ai définis, afin d'en bien préciser le sens. Ces expressions étant, en général, inconnues des élèves, il arrive souvent qu'ils les confondent avec d'autres, ou qu'ils y attachent un sens qui ne leur convient pas, et les fausses idées arrivent à la suite. J'ai dû éviter cet inconvénient.

Les exemples ne sont pas moins nécessaires que les définitions; car rien n'est plus utile pour l'intelligence des principes que les espèces par lesquelles on les explique. C'est par elles qu'ils s'inculquent et demeurent dans l'esprit. Mais il faut savoir se borner et s'arrêter, dès que la règle qu'on veut mettre en lumière est suffisamment éclaircie; ce serait tomber dans l'illusion que prétendre épuiser toutes les conséquences d'un principe. J'ai donc visé non au nombre, mais au choix des espèces.

Ces efforts seraient restés impuissants sans la méthode. Or, si le Code de procédure se distingue par quelque côté, ce n'est certes point par l'arrangement des idées. Dès lors j'ai dû m'écarter souvent de l'ordre qui y a été suivi. Toutefois, il ne m'a point semblé qu'il fût indispensable de modifier les classifications générales. J'ai donc laissé à leurs places et dans l'ordre qui leur est assigné les titres divers que j'avais à expliquer. Mais en ce qui touche la série des articles dont chaque titre se compose, je m'en suis affranchi chaque fois qu'elle m'a paru défectueuse : l'ordre des chiffres ne saurait prévaloir sur l'harmonie des règles.

Les divisions constituent la méthode, c'est-à-dire l'art d'arranger ses idées et ses raisonnements de telle manière qu'on les entende soi-même avec plus d'ordre, et qu'on les fasse entendre aux autres avec plus de facilité. Ainsi, après avoir reconnu dans chaque matière les règles diverses qui lui sont propres, je les ai soigneusement séparées, afin d'assigner à chacune d'elles un numéro particulier. J'ai pensé qu'en les exposant dans un ordre logique elles seraient plus en saillie, et, par conséquent, plus facilement comprises. L'esprit ne s'approprie qu'avec un certain effort les idées complexes : on les simplifie en les divisant. Or, simplifier c'est apprendre.

SPÉCIMEN.

II. DU TRIBUNAL DEVANT LEQUEL LA DEMANDE DOIT ÊTRE PORTÉE. — La compétence des tribunaux se lie par le lien le plus étroit à la nature des *actions*.

Que faut-il considérer pour déterminer la compétence du tribunal?

Le mot *action* a trois sens différents. Ainsi l'action, c'est d'abord *le droit d'agir en justice pour demander ce qui nous est dû ou ce qui nous appartient*. L'action se confond alors avec le droit qu'on veut faire valoir.

Quels sont les différents sens du mot *action*?

C'est aussi *l'exercice même de ce droit* ou, si l'on veut, ce droit mis en mouvement, en un mot, *la demande*.

C'est, en outre, le moyen dont on doit se servir pour faire valoir son droit quand il est contesté.

Les actions sont:

Comment divise-t-on les actions?

1° *Civiles* ou *commerciales*, suivant qu'elles sont nées d'un fait étranger au commerce ou d'un fait de commerce.

Qu'est-ce qu'une action *civile*? *Commerciale*?

2° *Mobilières* ou *immobilières*, suivant qu'elles ont un *meuble* ou un *immeuble* pour objet.

Mobilière? *Immobilière*?

3° *Pétitoires* ou *possessoires*, suivant que le droit engagé au débat est un droit de *propriété* ou un droit *de possession*. Ainsi l'action *pétitoire* est celle par laquelle on réclame soit le recouvrement d'une chose qui est possédée par un tiers et dont on se dit propriétaire, soit l'exercice d'une servitude réelle ou personnelle qu'on affirme avoir sur un bien appartenant à autrui. — L'action *possessoire* est celle par laquelle le possesseur d'une chose demande à être *maintenu* dans sa possession, quand il y est troublé, ou à y être *réintégré*, quand il en a été spolié. Au premier cas, elle prend le nom de *complainte;* on l'appelle *réintégrande* dans le second.

Pétitoire? *Possessoire*?

L'action *pétitoire* suppose une *question de propriété* à juger, l'action *possessoire*, une *question de possession* (V. l'art 3 C. pr.; v. aussi l'explicat. de l'art. 2228 C. N.);

4° *Personnelles, réelles* et *mixtes*. — L'action est *personnelle*, lorsque le demandeur, soutenant que le défendeur est *obligé* envers lui, soit par l'effet d'un contrat ou d'un quasi-contrat, soit par l'effet d'un délit ou d'un quasi-délit, soit enfin en vertu d'une disposition de la loi (V. toutefois l'explic. de l'art. 646, *in fine*, C. N.), conclut à ce qu'il soit condamné à exécuter son obligation ou à payer des dommages-intérêts s'il n'y satisfait point.

Personnelle?

Ainsi, lorsqu'une personne poursuit le remboursement d'une somme qu'elle a prêtée ou qu'elle affirme avoir payée sans la devoir; lorsqu'un propriétaire, dont la chose a été détruite par la faute d'un tiers, réclame une indemnité, ou qu'un enfant demande des aliments à son père, l'action est *personnelle*, puisque le demandeur allègue que la personne contre laquelle il agit est *obligée* envers lui.

L'action personnelle peut donc être définie: l'action par laquelle un *créancier* demande que son *débiteur* exécute son *obligation;* ou, ce qui revient au même, celle par laquelle un créancier demande que son débiteur donne, fasse ou ne fasse pas ce qu'il est tenu de donner, de faire ou de ne pas faire.

Réelle?

— L'action *réelle* est celle par laquelle nous agissons contre une personne qui *n'est pas obligée envers nous*, mais qui détient une chose dont nous sommes propriétaire ou sur laquelle nous avons un droit *réel*, c'est-à-dire soit un démembrement du droit de propriété, soit un droit d'hypothèque. Lors, par exemple, que la chose qui m'appartient se trouve entre les mains d'un tiers qui s'en est emparé ou qui l'a reçue d'une personne qui n'avait point qualité pour la lui transférer, l'action par laquelle *je la revendique*, c'est-à-dire par laquelle j'en demande la restitution, est une action *réelle*. Il en est de même de celle par laquelle, agissant contre un propriétaire, je conclus à ce qu'il me laisse exercer le droit d'usufruit, d'usage, d'habitation ou de servitude réelle que je prétends avoir sur son fonds.

Ainsi, tandis que l'action *personnelle* est corrélative au droit de *créance*, l'action *réelle* est corrélative au droit de *propriété ou à ses démembrements*.

Par l'action *personnelle*, on demande *ce qui nous est dû*; par l'action *réelle*, *ce qui nous appartient*.

Mixte?

— L'action est *mixte*, lorsqu'elle réunit les caractères de l'action personnelle et de l'action réelle, ou, ce qui est la même chose, lorsque le demandeur réclame une chose *qui lui est due* en même temps *qu'elle lui appartient*. On peut donc la définir : celle par laquelle le demandeur conclut, en sa double qualité de *créancier* et de *propriétaire*, à la délivrance d'une chose. Ainsi par exemple, dès qu'une vente est conclue, deux effets ont lieu en même temps : 1° l'acheteur devient *propriétaire* de la chose vendue, car, dans notre droit, la convention de donner est par elle-même, et par sa seule énergie, translative de la propriété de la chose qu'elle a pour objet (V. l'explic. de l'art. 1138 C. N.); 2° il devient, en outre, *créancier* de la chose vendue, puisque le vendeur, en la lui vendant, a contracté l'obligation de la lui livrer (art. 1582 et 1605 C. N.). Dès lors, et à proprement parler, *deux actions* parfaitement distinctes existent à son profit, l'une, *réelle*, qui a son fondement dans le *droit de propriété* qui lui a été transmis; l'autre *personnelle*, qui a le sien dans *l'obligation* que le vendeur a contractée; mais il lui est permis de les comprendre l'une et l'autre dans la même demande, de les mêler et confondre en une seule action qui alors est *double* ou *mixte*, puisqu'il agit tout à la fois en sa qualité de *propriétaire* et en sa qualité de *créancier*.

Que demande-t-on, en un mot, par l'action *personnelle?*
Par l'action *réelle?*
Par l'action *mixte?*

— En un mot et pour nous résumer, nous dirons que le demandeur réclame : par l'action *personnelle*, *ce qui lui est dû*; par l'action *réelle*, *ce qui lui appartient*; par l'action *mixte*, *ce qui lui est dû et lui appartient*, c'est-à-dire une chose dont il est tout à la fois *créancier* et *propriétaire*.

PARIS. — TYP. LACOUR, rue Soufflot, 12

RÉPÉTITIONS ÉCRITES

SUR LE

CODE
DE PROCÉDURE CIVILE

TYPOGRAPHIE HENNUYER, RUE DU BOULEVARD, 7. BATIGNOLLES.
Boulevard extérieur de Paris.

RÉPÉTITIONS ÉCRITES

SUR LE

CODE

DE PROCÉDURE CIVILE

CONTENANT

L'EXPOSÉ DES PRINCIPES GÉNÉRAUX

LEURS MOTIFS

ET LA SOLUTION DES QUESTIONS THÉORIQUES

SUIVIES

D'UN FORMULAIRE

PAR

M. FR. MOURLON

DOCTEUR EN DROIT, AVOCAT A LA COUR IMPÉRIALE DE PARIS.

PARIS

MARESCQ ET DUJARDIN, LIBRAIRES-ÉDITEURS,

RUE SOUFFLOT, 17, EN FACE LE PANTHÉON.

1857

AVERTISSEMENT.

Sans être un traité, l'ouvrage que j'offre au public aura cependant son utilité. Les étudiants qui l'accepteront pour guide, au commencement de leur carrière, y trouveront des enseignements parfaitement appropriés à la nature et aux besoins de leurs études. Je n'ai pas eu d'autre dessein en le composant. Le lecteur y chercherait vainement des controverses animées ou des dissertations approfondies; il n'y trouvera que l'exposé méthodique des premiers éléments de la procédure.

La connaissance de toute science réside dans l'intelligence des principes qui lui sont propres. J'ai dû, par conséquent, indiquer, sur chaque matière, les règles générales qui peuvent servir à l'expliquer dans ses détails. C'est courir le risque de s'égarer en chemin que s'attacher, dès le début, à étudier une foule de cas et d'arguments; car, quel est celui qui, par une étude si forte et si soutenue qu'elle soit, pourra se flatter de classer dans sa mémoire toutes les hypothèses possibles et de pouvoir au besoin appliquer aux différentes questions qui lui seront soumises les décisions qu'il aura lues? J'admets qu'un tel homme, au lieu de s'appliquer à se mettre dans l'esprit un système raisonné du droit, ait pâli sur mille volumes d'arrêts et de décisions, ne lui arrivera-t-il point toujours de rencontrer des milliers d'espèces qu'il n'aura ni lues ni retenues? Que celui qui sait étudier et s'instruire mette donc tous ses soins à se bien pénétrer des règles : elles le mèneront sûrement au but. C'est par elles et avec le seul secours du raisonnement qu'il pourra résoudre les difficultés imprévues que lui révélera la pratique de chaque jour.

Ce n'est pas assez que de dégager les règles des détails qui les obscurcissent, il importe, en outre, de les résumer en une formule assez heureuse pour frapper l'esprit, assez courte pour être facilement retenue : de là la nécessité des définitions. C'est par elles surtout que le lecteur peut acquérir des idées nettes et précises des choses qu'il étudie. Aussi ai-je eu le soin de placer en tête de chaque matière la définition exacte du principe qui, la dominant, la résume dans ses diverses parties. La règle étant ainsi, dès le début, mise en lumière, j'y ramène sans cesse le lecteur, m'efforçant de lui faire comprendre comment chacune des décisions que je lui propose se lie avec le principe général ; comment ce principe sort de la définition et comment la définition rentre ellemême dans l'ensemble du système que j'élabore.

Chaque fois que j'ai rencontré sur mon chemin des termes techniques, je les ai définis, afin d'en bien préciser le sens. Ces expressions étant, en général, inconnues des élèves, il arrive souvent qu'ils les confondent avec d'autres ou qu'ils y attachent un sens qui ne leur convient pas, et les fausses idées arrivent à la suite. J'ai dû éviter cet inconvénient.

Les exemples ne sont pas moins nécessaires que les définitions ; car rien n'est plus utile pour l'intelligence des principes que les espèces par lesquelles on les explique. C'est par elles qu'ils s'inculquent et demeurent dans l'esprit. Mais il faut savoir se borner et s'arrêter, dès que la règle qu'on veut mettre en lumière est suffisamment éclaircie ; ce serait tomber dans l'illusion que prétendre épuiser toutes les conséquences d'un principe. J'ai donc visé non au nombre, mais au choix des espèces.

Ces efforts seraient restés impuissants sans la méthode. Or, si le Code de procédure se distingue par quelque côté, ce n'est certes point par l'arrangement des idées. Dès lors j'ai dû m'écarter souvent de l'ordre qui y a été suivi. Toutefois, il ne m'a point semblé qu'il fût indispensable de modifier les classifications générales. J'ai donc laissé à leurs places et dans l'ordre qui leur est assigné les titres divers que j'avais à expliquer. Mais en ce qui touche la série des articles dont chaque titre se compose, je m'en suis affranchi chaque fois qu'elle m'a paru défectueuse : l'ordre des chiffres ne saurait prévaloir sur l'harmonie des règles.

Les divisions constituent la méthode, c'est-à-dire l'art d'arranger ses idées et ses raisonnements de telle manière qu'on les entende soi-même avec plus d'ordre et qu'on les fasse entendre aux autres avec plus de facilité. Ainsi, après avoir reconnu dans chaque matière les règles diverses qui lui sont propres, je les ai soigneusement séparées, afin d'assigner à chacune d'elles un numéro particulier. J'ai pensé qu'en les exposant dans un ordre logique elles seraient plus en saillie et, par conséquent, plus facilement comprises. L'esprit ne s'approprie qu'avec un certain effort les idées complexes : on les simplifie en les divisant. Or, simplifier c'est apprendre.

En marge des matières expliquées se trouvent les questions qui peuvent être faites aux examens, et dont la solution est en regard dans le corps de l'ouvrage.

Je l'ai divisé en quarante répétitions. Chacune d'elles détermine l'étendue de travail qu'un élève peut se proposer pour chaque jour.

Il faut bien se garder de lire isolément les interrogations et de chercher ensuite la solution qui est en regard. Avant tout, il importe de lire attentivement, *deux fois plutôt qu'une*, la série d'articles dont l'explication fait l'objet d'une répétition. Après ce travail, *que je considère comme indispensable pour passer un bon examen*, l'élève doit étudier les explications dont se compose une répétition; il passe ensuite aux questions qui sont en marge, afin de s'assurer s'il a bien compris.

Ces interrogations ont un autre avantage. Il n'est point d'élève qui, sur le point de subir son examen, ne sente le besoin de résumer ses études : rien ne lui sera plus facile s'il accepte ma méthode. Qu'il lise chaque question : y répond-il, qu'il passe à une autre; est-il embarrassé, la solution est en regard. En quelques jours, il peut revoir son examen en son entier.

Enfin il peut s'adjoindre un condisciple, se faire interroger par lui et l'interroger à son tour ; exercice éminemment utile, dont les élèves comprendront, je l'espère, tout le secours qu'ils en pourront tirer.

Je n'ai point fait de résumés, préférant les laisser faire aux élèves eux-mêmes. Cette rédaction sera facile. Chaque section est ordinairement divisée en plusieurs numéros, qui sont autant d'idées principales : une réponse au bas de chacun d'eux donnera le résumé le plus clair et le plus concis de la matière.

INTRODUCTION.

Première répétition.

Quel rapport y a-t-il entre le Code Napoléon et le Code de procédure ?

I. Rapport entre le Code de procédure et le Code Napoléon. — Divisions. — Définitions. — Le Code Napoléon et le Code de procédure sont liés l'un à l'autre par un lien si étroit qu'on peut dire, sans rien exagérer, que le premier ne serait qu'une pure abstraction, si le second n'était pas. Et, en effet, de quelque source qu'il émane, et quelle que soit la nature des rapports qu'il règle, le droit est essentiellement double dans son objet : droit *déterminateur*, il fixe les règles du juste et de l'injuste; droit *sanctionnateur*, il trace les moyens de les faire observer. La détermination du juste et de l'injuste, au point de vue des rapports privés des hommes entre eux, fait l'objet du Code Napoléon. Les voies auxquelles il est permis de recourir contre ceux qui s'écartent des devoirs que le droit déterminateur impose sont organisées dans le Code de procédure.

Le procédure est donc *la sanction nécessaire des règles déposées dans le Code Napoléon*.

Fixons-nous bien sur ce point.

Le Code Napoléon règle les rapports privés des hommes entre eux. Régler la conduite d'un homme envers un autre, c'est donner un droit à celui-ci aux dépens de celui-là, c'est conférer un avantage à l'un en imposant une obligation à l'autre.

L'obligation qui n'aurait point pour corrélatifs, dans la personne du créancier, le droit et le moyen de contraindre son débiteur, ne serait qu'un pur devoir; or, le lien *naturel* qu'engendre le devoir n'est ni assez fort ni assez respecté pour constituer une heureuse communauté entre les hommes. Là où le lien *civil* manque, la société est absente. Dès lors on a dû, dans l'intérêt de la paix publique, créer, à côté des règles, des moyens de coercition propres à les faire respecter.

Ces moyens existent, à l'état de principes, dans le Code Napoléon lui-même. Ils consistent tantôt dans la nullité des actes faits en violation des prohibitions de la loi et dans la réparation du dommage causé, tantôt dans des voies de contrainte sur les biens du débiteur, et quelquefois même sur sa personne. C'est ainsi que le droit de propriété trouve sa sanction dans la faculté accordée au propriétaire de faire cesser les actes étrangers qui l'entravent dans l'exercice de son droit et d'obtenir la réparation du dommage que ces actes ont pu lui causer. C'est ainsi encore, qu'à côté de l'obligation se trouve placé le droit pour le créancier de faire vendre les biens de son débiteur, et de se satisfaire sur l'argent qu'il en retire. Mais comme il n'est point permis de se rendre justice à soi-même, et que même il est impossible que la justice puisse être exactement pratiquée par ceux qui seraient juges dans leur propre cause, on a dû créer une autorité supérieure, chargée de mettre en pratique les prescriptions de la loi. De là l'institution d'un pouvoir judiciaire auquel doivent s'adresser tous ceux qui, se prétendant lésés, demandent la cessation des atteintes qui sont faites à leur droit.

Ce recours à la justice réclame lui-même un règlement, des formes pour le régulariser. Comment, en effet, les juges seront-ils saisis du litige? quelles seront les formes de la demande? comment le défendeur sera-t-il instruit de l'action dirigée contre lui? quel délai lui accordera-t-on pour préparer sa défense? comment les preuves fournies de part et d'autre seront-elles administrées? si une condamnation intervient, par quelles voies la fera-t-on exécuter?... Ces divers points ont été réglés par le Code de procédure. Les règles qu'il trace, les formes qu'il organise se lient ainsi aux moyens de coercition créés pour la sauvegarde des droits établis; ils en sont le complément, et leur impriment, par le secours qu'ils leur prêtent, la force dont ils ont besoin

Qu'est-ce que la procédure?

pour être réellement efficaces. Aussi a-t-on pu dire avec raison que la procédure est *la sanction effective des sanctions légales établies par le Code Napoléon* (1), ou, ce qui revient au même, l'ensemble des règles que l'on doit suivre, soit pour obtenir justice, soit pour assurer la conservation de ses droits (2).

Combien en distingue-t-on d'espèces?

— On distingue deux sortes de procédure, l'une dite *contentieuse*, l'autre appelée *gracieuse* ou *volontaire*.

Qu'est-ce que la procédure *contentieuse*?

La procédure *contentieuse* suppose un droit réclamé par l'une des parties et contesté par l'autre. Elle a pour objet de faire cesser ce différend soit par une condamnation, si le droit réclamé est démontré, soit, dans le cas contraire, par un acquittement. On la définit : l'ensemble des règles à suivre pour intenter les demandes, les instruire, les juger, se pourvoir contre les jugements et les faire exécuter. Elle comprend donc cinq parties principales, savoir : la *demande*, l'*instruction*, le *jugement*, les *voies à prendre pour le faire réformer ou en obtenir la rétractation* et enfin son *exécution*, au cas où il est maintenu.

La procédure *gracieuse* ou *volontaire*?

La procédure *gracieuse* ou *volontaire* trace les formes qu'on est tenu de suivre pour faire valablement, sous l'autorité de la justice ou sous la direction d'officiers ministériels, certains actes *étrangers à tout litige*. Ainsi la procédure concernant le contrat d'adoption est *gracieuse* ou *volontaire*. Il en est de même de celle qui a trait aux acceptations bénéficiaires, aux répudiations de succession, aux appositions et levées de scellés, aux nominations de curateurs, etc.

Quelles sont les différentes manières de terminer un procès?

II. Des différentes manières de terminer un procès. — On en distingue trois, savoir : 1° la *transaction;* 2° l'*arbitrage;* 3° le *recours à la justice*.

Ainsi, au lieu de se jeter dans les voies si longues et si coûteuses du recours à la justice, les parties, se faisant elles-mêmes juges de leur

(1) M. Oudot, *Essais de philosophie du droit*, p. 73.

(2) Le mot *procédure* vient du mot latin *procedere*, qui signifie *s'avancer*; et, en effet, on s'avance vers la décision à mesure qu'on fait les actes prescrits par la loi (M. Berriat Saint-Prix).

différend, peuvent le terminer par leur propre décision. L'accommodement par lequel elles le terminent prend le nom de transaction. Il en est traité dans le Code Napoléon, sous les articles 2044 à 2058 (1).

Lorsque les parties ne parviennent point à s'entendre, elles peuvent recourir à *l'arbitrage*, c'est-à-dire soumettre leur différend à certaines personnes en qui elles ont confiance, et convenir de s'en rapporter à leur décision. Cette convention s'appelle *compromis*. Il en est traité dans le Code de procédure, sous les articles 1005 à 1028.

Le recours aux tribunaux n'a été institué que pour ceux qui n'ont point la sagesse de s'en passer.

Toutefois certains différends ne peuvent être vidés ni par les parties elles-mêmes, ni par l'arbitrage : telles sont les affaires concernant l'état des personnes, ou plus généralement celles qui engagent l'ordre public en même temps que l'intérêt privé des parties, comme les procès en séparation de corps ou de biens (art. 1443 C. N.), les actions en désaveu, les différends relatifs aux immeubles dotaux d'une femme mariée sous le régime dotal (art. 83 C. pr.). Ces affaires ont été, à raison de leur importance, exclusivement attribuées à la justice réglée. — Les parties peuvent-elles toujours recourir à la transaction ou à l'arbitrage ?

Notez, en outre, que les litiges qui intéressent les mineurs et les interdits ne peuvent, en aucun cas, — quoique pourtant ils soient susceptibles de faire la matière d'une transaction, — être terminés par la voie de l'arbitrage (art. 467 C. N. et 1005 C. pr.).

III. Des tribunaux. — *Un tribunal est une autorité constituée pour rendre la justice au nom du chef de l'Etat.* — Qu'est-ce qu'un tribunal ?

L'autorité judiciaire se divise en deux grandes classes, comprenant, l'une, les tribunaux *ordinaires*, l'autre, les tribunaux *exceptionnels*. — Combien distingue-t-on d'espèces de tribunaux ?

Les tribunaux *ordinaires* sont ceux qui connaissent de toutes les affaires que la loi n'a point retirées de leur juridiction en les attribuant expressément à un autre tribunal. — Qu'entend-on par tribunaux *ordinaires* ?

Les tribunaux *spéciaux* ou *exceptionnels* sont ceux qui ne connaissent que des affaires qui ont été spécialement, et par une disposition formelle de la loi, comprises dans leur juridiction. — Par tribunaux *exceptionnels* ?

Sont *ordinaires* les tribunaux d'arrondissement ou de première instance et les Cours impériales ; — Quels tribunaux sont *ordinaires* ?

Spéciaux ou *exceptionnels*, les tribunaux de paix, les tribunaux de commerce, les prud'hommes, et, en dehors de l'ordre judiciaire, les tribunaux administratifs. — Quels d'exception ?

Au-dessus des divers tribunaux, et les dominant tous, a été établie une Cour unique, appelée Cour de cassation. — Comment appelle-t-on le tribunal qui les domine tous ?

Ainsi, à la tête de la hiérarchie judiciaire, la Cour de cassation, une seule pour tout l'empire.

(1) Bien qu'aux termes de l'article 2052 la transaction ait toute l'autorité d'un jugement en dernier ressort, il ne faut pas croire pourtant que cette assimilation soit absolue. Il existe, en effet, entre les décisions qui émanent des parties elles-mêmes et les décisions judiciaires d'assez notables différences, dont on peut voir l'énumération dans nos répétitions écrites sur le troisième examen du Code Napoléon.

Combien y a-t-il de Cours impériales ?

Viennent ensuite les Cours impériales, placées sur la même ligne entre elles, et sans aucune prééminence de l'une sur l'autre. On en compte vingt-sept en France. Leur ressort et le lieu de leur résidence ont été fixés par la loi du 27 ventôse an VIII.

Combien de tribunaux de première instance dans chaque département ?

Au-dessous des Cours impériales sont rangés, d'une part, les tribunaux de première instance et, d'autre part, les tribunaux de commerce. Chaque département a autant de tribunaux de première instance que d'arrondissements de sous-préfecture, à l'exception du département de la Seine, qui n'en a qu'un. On les appelle *de première instance*, parce qu'en général ils jugent en première instance, c'est-à-dire en premier ressort.

Quid quant aux tribunaux de commerce ?

Quant aux tribunaux de commerce, des règlements d'administration publique déterminent leur nombre et les villes qui sont susceptibles d'en recevoir, à raison de l'étendue de leur commerce et de leur industrie. L'arrondissement de chaque tribunal de commerce est le même que celui du tribunal de première instance dans le ressort duquel il est placé. Lorsqu'il existe plusieurs tribunaux de commerce dans le ressort d'un seul tribunal de première instance, il leur est assigné des arrondissements particuliers. Dans les arrondissements qui n'ont point de tribunaux de commerce, le tribunal civil de première instance les remplace. Il en exerce les fonctions et connaît des matières qui leur sont attribuées, mais, bien entendu, en suivant la procédure expéditive établie par la loi pour ces sortes d'affaires (V. les art. 615, 616, 640 et 641 du C. de com.).

Par quel tribunal et comment sont jugées les affaires commerciales, dans les arrondissements qui n'ont point un tribunal de commerce ?

Combien y a-t-il de tribunaux de paix dans chaque département ?

Enfin, au-dessous des tribunaux de première instance et de commerce, se placent les tribunaux de paix, un par chaque canton, et les Conseils de prud'hommes, dans certaines localités désignées par des règlements d'administration publique.

Quelles sont, en général, les attributions de ces divers tribunaux ?

— Chaque tribunal a sa compétence propre et particulière. Aux juges de paix, les affaires faciles ou peu importantes. Aux tribunaux de commerce, les affaires commerciales. Aux tribunaux de première instance, toutes les affaires autres que celles qui ont été spécialement attribuées à d'autres tribunaux. Aux Cours impériales, le droit de réformer, sur appel, les jugements rendus en premier ressort par les tribunaux de première instance et de commerce, ou de connaître de certaines affaires que la loi leur attribue directement. La Cour de cassation, instituée comme un tribunal suprême auquel on recourt en dernier espoir de cause, casse, lorsqu'ils sont contraires au texte ou à l'esprit de la loi, les jugements en dernier ressort des tribunaux de première instance et de commerce, ainsi que les arrêts des Cours impériales.

Peut-être devrions-nous régler ici ces différents points; mais il nous a semblé que les détails que demande cette matière trouveront plus naturellement leur place, d'une part, sous les articles 2, 3 (compét. des juges de paix), 59 (compét. des trib. de prem. inst.), 424 (compét. des trib. de com.); d'autre part, sous le titre de l'appel (compét. des Cours impér.), et enfin sous l'article 504 (compét. de la Cour de cassation).

IV. Des divers degrés de juridiction. — Les lois, ne voulant point laisser irréparables les erreurs dont peuvent être entachées les décisions judiciaires, ont établi *deux degrés de juridiction*. Ainsi la même affaire peut être successivement portée devant deux tribunaux : en premier lieu, devant le tribunal institué pour en connaître, et, en second lieu, si l'une des parties prétend qu'elle a été mal jugée, devant un autre tribunal d'un degré supérieur. Tel est le droit commun. Par exception, certaines affaires ne comportent qu'*un seul degré de juridiction :* le tribunal auquel elles sont attribuées les juge d'une manière définitive.

Combien compte-t-on de degrés de juridiction ?

Lorsqu'une affaire ne comporte qu'un seul degré de juridiction, on dit alors que le tribunal auquel elle est attribuée, la décide en *premier et en dernier ressort ;* sa décision est souveraine, et par conséquent non susceptible d'appel. Que si, au contraire, il s'agit d'une affaire comportant deux degrés de juridiction, le tribunal institué pour en connaître en premier lieu ne la juge qu'*en premier ressort ;* sa décision peut être attaquée par la voie de l'appel.

Quelle idée exprime-t-on lorsqu'on dit qu'une affaire peut être jugée en *premier et en dernier ressort ?*

En *premier ressort* seulement ?

Nous dirons plus tard, lorsque nous traiterons spécialement de la compétence des juges de paix, des tribunaux de première instance et de commerce, à quels signes il nous sera donné de distinguer les affaires à un seul degré de juridiction de celles qui en comportent deux.

Quand les juges de paix jugent en premier ressort, l'appel de leurs jugements est soumis au tribunal de première instance. — L'appel des jugements rendus en premier ressort par un tribunal de première instance ou de commerce est porté devant les Cours impériales.

Où sont portés les appels contre les jugements ?

— Il ne peut y avoir au plus que deux degrés de juridiction ; nulle affaire n'en peut parcourir trois. Ainsi, on ne peut jamais appeler d'un jugement rendu sur appel. A la vérité, on peut recourir à la Cour de cassation ; mais, ainsi que nous le verrons, lorsque nous expliquerons l'article 504, cette Cour ne forme point un troisième degré de juridiction.

Une même affaire peut-elle passer par trois degrés de juridiction ?

V. Des professions qui se rattachent a l'ordre judiciaire. — Les organes directs de la justice sont les *juges*. Mais auprès d'eux se placent, d'une part, les *membres du ministère public*, qui requièrent, au nom de la société, les décisions de la justice ; d'autre part, des *avocats*, chargés de présenter, en les développant, les moyens des parties ; puis enfin des officiers publics, *huissiers, avoués* et *greffiers*, qui préparent les éléments des jugements, éclairent la conscience des magistrats qui doivent les rendre ou dressent les actes destinés à en fournir la preuve.

Quelles professions se rattachent à l'ordre judiciaire ? En autres termes, quelles personnes sont attachées près les tribunaux ?

Des juges. — On appelle ainsi, dans un sens général, tous les magistrats institués pour rendre la justice. Les membres des tribunaux de première instance, ceux des tribunaux de commerce et les juges de paix conservent ce titre de *juges*. On nomme *conseillers* ceux des Cours impériales et de la Cour de cassation.

Qu'est-ce qu'un *juge*, un *conseiller ?*

Les actes qui rentrent dans les attributions des *juges* se réduisent à trois, savoir :

Quelles sont les attributions des juges et des conseillers ?

1° Les *jugements*. — Le jugement est la décision d'*un tribunal* sur un différend. La décision d'*une Cour* prend le nom d'*arrêt*.

Qu'est-ce qu'un *jugement ?*

Une *ordonnance?*

2° Les *ordonnances*, c'est-à-dire les actes par lesquels le président d'un tribunal ou tel autre juge spécialement déterminé et agissant individuellement ordonne certaines mesures provisoires (V. par exemple, les art. 72, 199, 221 et 259).

Un acte *judiciaire?*

3° Les *actes judiciaires*, c'est-à-dire ceux par lesquels un tribunal constate certains faits qui se passent devant lui ou prend certaines mesures prescrites par la loi en dehors de tout litige. C'est ainsi, par exemple, qu'il donne acte des déclarations qui sont faites devant lui, qu'il commet des curateurs aux successions vacantes, qu'il homologue les décisions des conseils de famille en matière de tutelle...;

Qu'est-ce que le *ministère public?*

Du ministère public. — On nomme ainsi une magistrature établie près les tribunaux pour y veiller au maintien de l'ordre public et y requérir l'application des lois.

Par quels magistrats sont remplies les fonctions du ministère public ?

— Les fonctions du ministère public sont remplies à la Cour de cassation par un procureur général et six avocats généraux. Les Cours impériales ont un procureur général, autant d'avocats généraux que la Cour comprend de Chambres civiles, plus un pour la Chambre des appels de police correctionnelle, et aussi des substituts du procureur général, spécialement attachés au parquet.

Tous les tribunaux ont-ils un ministère public ?

Les tribunaux de première instance ont un procureur impérial et un ou plusieurs substituts.

Les tribunaux de commerce et les justices de paix n'ont point de ministère public.

Quelles sont ses onctions ?

— Le ministère public est le représentant de la loi et de la société. A ce titre il a trois fonctions à remplir; il doit :

1° Veiller à ce que la loi soit respectée devant les tribunaux et faire exécuter leurs décisions.

2° Former devant les tribunaux les demandes qui intéressent la société et y défendre, telles que les demandes en nullité de mariage et en interdiction. Toutefois ce pouvoir ne lui est accordé qu'exceptionnellement. Ainsi il n'y peut recourir que dans les cas spécialement indiqués par la loi (V. à ce sujet les art. 190, 191, 192 et 491 C. N.).

3° Donner ses conclusions dans les affaires qui, bien qu'engagées entre deux particuliers, intéressent l'ordre public par quelque côté. Il requiert alors que l'affaire soit jugée dans le sens qui lui paraît le plus conforme à la loi.

De combien de manières exerce-t-il ses fonctions judiciaires?

Qu'est-ce qu'agir *par voie d'action et comme partie principale?*

Par voie de réquisition et comme partie jointe?

On voit donc qu'en ce qui touche ses fonctions judiciaires, il agit tantôt par voie *d'action*, tantôt par voie de *réquisition* : par voie *d'action*, lorsque, réclamant quelque chose pour la personne civile qu'il représente, la société, il joue au procès le rôle d'un plaideur ordinaire, agissant de la même manière qu'un simple particulier dans sa propre cause; par voie de *réquisition*, lorsque, intervenant dans un procès pendant entre deux particuliers, il donne son avis sur leurs prétentions. Dans le premier cas, on dit qu'il agit comme *partie principale;* dans le second, comme *partie jointe :* ici, en effet, il se *joint* à l'une ou à l'autre des parties pour l'aider dans sa demande ou sa défense (V. l'explic. de l'art. 83),

Qu'est-ce qu'un *avocat*?

Quelles sont les attributions des avocats?

DES AVOCATS. — Ont le titre d'*avocat* les personnes qui, après avoir étudié dans les écoles publiques, obtenu le diplôme de licencié et prêté serment, se consacrent à défendre les parties devant les tribunaux soit de vive voix, soit par écrit et à les éclairer de leurs conseils. Ainsi *plaider* et *consulter*, telles sont les deux fonctions des avocats.

Ont-ils seuls le droit de plaider?

Ils ont seuls le droit de plaider pour les parties: tel est le principe. Par exception, les avoués sont admis à l'exercice de ce droit : 1° lorsque le nombre des avocats attachés au tribunal a été déclaré insuffisant par la Cour impériale ;— 2° en cas d'absence ou de refus de plaider des avocats. En outre et dans toutes les hypothèses possibles, les avoués ont le droit de plaider les demandes incidentes de nature à être jugées sommairement et tous les incidents relatifs à la procédure.

Leur ministère est-il forcé?

Une partie peut-elle, avec l'assistance de son avoué, plaider elle-même sa cause?

Un avocat peut-il refuser son ministère?

— Le ministère des avocats n'a rien de forcé *pour* ou contre *eux*. Ainsi, 1° les parties ont le droit de se défendre elles-mêmes avec l'assistance d'un avoué, sauf au tribunal à leur retirer la parole s'il reconnait que la passion ou l'inexpérience les empêche de discuter avec la décence convenable ou la clarté nécessaire pour l'instruction du procès (art. 85). On va plus loin en matière criminelle, mais devant les Cours d'assises seulement; l'accusé peut, en effet, ou se défendre lui-même ou obtenir du président la permission de se faire défendre par l'un de ses parents ou de ses amis (art. 295 C. inst. crim.). — 2° Les avocats peuvent refuser leur ministère, même dans les affaires qu'ils ont conseillées dès le principe. Toutefois l'avocat nommé d'office pour la défense d'un accusé ne peut refuser de plaider sans faire approuver ses motifs d'excuse par la Cour d'assises, qui prononce, en cas de résistance, l'une des peines déterminées par l'article 18 de l'ordonnance du 20 novembre 1822.

En quel sens les avocats ont-ils seuls le droit de consulter?

— Le droit de consultation appartient exclusivement aux avocats, en ce sens : 1° que leurs consultations écrites ont seules le privilége d'être admises à la lecture en justice ; 2° qu'eux seuls ont le droit de donner les consultations prescrites par la loi dans certains cas (V. à ce sujet les art. 467 C. N. et 495 C. pr.).

— Outre le droit de plaider et de consulter, les avocats ont encore : 1° le droit d'assister les parties dans les actes d'instruction et de procédure; 2° de suppléer, en l'absence des suppléants, les juges et les officiers du ministère public (V. à ce sujet les art. 84 et 118 C. pr.).

Quand jouissent-ils de la plénitude de leurs prérogatives?

— Les avocats ne jouissent de la plénitude des prérogatives attachées à ce titre qu'autant qu'ils sont inscrits au tableau, c'est-à-dire nommément compris dans une liste dressée par le Conseil de l'ordre sous la présidence du bâtonnier.

Pour être inscrit au tableau, il faut :

A quelles conditions un avocat peut-il être inscrit au tableau?

1° Satisfaire aux conditions d'honneur et de délicatesse qui doivent distinguer la profession d'avocat; — 2° résider dans le lieu où siége la Cour ou le tribunal auquel on est attaché et y avoir une habitation convenable; — 3° avoir fait son stage. Le stage est le temps d'épreuve exigé des licenciés pour prouver qu'ils réunissent l'aptitude, l'expérience et la moralité nécessaires à l'exercice de leur profession. Ce temps est de trois années.

Quels priviléges les avocats inscrits au tableau ont-ils sur les avocats stagiaires ?

— Les avocats stagiaires n'ont point le droit : 1° de donner les consultations que la loi exige dans certains cas (art. 467 C. N. ; 495 C. pr.) ; — 2° de suppléer les juges en cas de partage ou d'insuffisance de nombre (118 C. pr.).

Qu'est-ce qu'un *avoué ?*

Des avoués. — Les avoués sont des officiers ministériels établis près les tribunaux de première instance et les Cours impériales pour y *représenter* les parties.

Quelles attributions sont comprises dans le droit *de représenter les parties ?*

Qu'est-ce que *postuler ?*

Le droit de représentation comprend le droit de *postuler* et de *conclure*. *Postuler*, c'est faire tout ce qui est nécessaire à l'instruction d'un procès, rédiger et faire signifier les actes et requêtes, remplir, en un mot, toutes les formalités prescrites par la loi pour éclairer le juge et le mettre à même de rendre sa décision en parfaite connaissance de cause.

Conclure ?

Conclure, c'est présenter, sous la forme de propositions abrégées, les prétentions d'une partie.

Le ministère des avoués est-il *forcé ?*

En quel sens l'est-il ?

N'est-il pas quelquefois *facultatif ?*

Quelquefois *interdit ?*

Tous les tribunaux ont-ils des avoués ?

Le ministère des avoués est *forcé*. Il en résulte, d'une part, qu'il ne leur est point permis, à moins d'empêchement légitime, de le refuser, lorsqu'ils en sont requis ; d'autre part, que les parties ne peuvent point se passer de leur assistance. Notons toutefois : 1° qu'en certaines affaires le ministère des avoués est *facultatif* et que même il est *interdit* dans certains cas (V. page 77, l'explic. de l'art. 75 ; V. aussi les art. 333 et 377) ; — 2° qu'il n'existe point d'avoués près les tribunaux de paix et de commerce, et qu'ainsi les parties peuvent s'y faire représenter par qui bon leur semble.

Quid quant à la Cour de cassation ?

— En ce qui touche la Cour de cassation, les parties s'y font représenter par les avocats qui y sont attachés et qui se trouvent ainsi y cumuler la double fonction d'avoué et d'avocat (V. l'explic. de l'art. 504).

Le ministère des avoués n'est-il exigé qu'en matière contentieuse ?

— Ce n'est point seulement en matière contentieuse que le ministère des avoués est exigé. Leur assistance est encore nécessaire dans certaines procédures extrajudiciaires. C'est ainsi, par exemple, que ceux qui vont au greffe d'un tribunal pour y faire une renonciation à une succession ouverte à leur profit ou déclarer qu'ils l'acceptent sous bénéfice d'inventaire doivent se faire accompagner d'un avoué. Autrement, comment le greffier pourrait-il s'assurer de leur identité ? (V. à ce sujet l'explic. de l'art. 785 C. N.)

Peuvent-ils plaider pour les parties ?

— Rappelons, en terminant, que les avoués ne sont admis à plaider pour les parties que dans les cas exceptionnels indiqués à la page 7.

Qu'est-ce qu'un *huissier ?*

Des huissiers. — Les huissiers sont des officiers ministériels établis près les tribunaux pour *exploiter*, c'est-à-dire signifier les actes de procédure exigés par la loi pour l'introduction des demandes, l'instruction des procès et l'exécution des jugements et autres actes exécutoires.

D'où vient le nom des huissiers ?

Leur nom vient, dit-on, de l'une de leurs fonctions. Comme ils sont chargés d'ouvrir et de fermer les portes ou *huis* des audiences, on les a appelés *huissiers* (1).

(1) M. Berriat Saint-Prix, p. 75.

— Les huissiers sont *ordinaires* ou *audienciers*.

Combien en distingue-t-on d'espèces? Qu'est-ce qu'un huissier *ordinaire?* *Audiencier?*

Les huissiers *audienciers* sont ceux que le tribunal choisit spécialement pour le service de ses audiences, c'est-à-dire pour y maintenir le bon ordre, y faire exécuter les ordres du président et y servir aux communications des avocats ou des parties avec les juges et le greffier. A eux seuls appartient le droit de faire les significations d'actes ordinaires entre les avoués du tribunal auquel ils sont attachés. C'est un privilége qu'ils ont sur les huissiers *ordinaires*.

Le ministère des huissiers est-il forcé?

Le ministère des huissiers est *forcé* tant pour eux que pour les parties. Ainsi, d'une part, ils ne peuvent point le refuser lorsque la partie qui les requiert d'exploiter pour elle offre l'avance de leurs déboursés et de leur salaire; d'autre part, les significations d'actes, exploits ou ajournements prescrits par la loi ne peuvent être faites que par eux. Leur privilége s'étend même aux significations extrajudiciaires, telles que la signification d'un transport-cession (V. l'art. 1690 C. N.).

Remarquons toutefois :

Les significations sont-elles toujours faites par des huissiers?

1° Que certaines significations sont en dehors de leurs attributions. Telles sont les significations d'actes respectueux. Ces actes ne peuvent être, en effet, notifiés que par les notaires (V. l'explic. de l'art. 154 C. N.);

2° Que certains actes ne peuvent être notifiés que par un huissier nommément désigné à cet effet par le tribunal (V. à ce sujet les art. 155 et 156 C. pr.).

N'ont-ils que le droit d'exploiter?

— Outre le droit d'exploiter, les huissiers sont admis, dans les lieux où il n'existe point de commissaires-priseurs, à procéder aux ventes publiques de meubles, concurremment avec les notaires et les greffiers.

Quelle foi est due à leurs actes?

— Les exploits d'huissiers sont des actes authentiques, et à ce titre ils font foi jusqu'à inscription de faux (V. à ce sujet l'explic. des articles 1317 et 1319 C. N.).

Q'est-ce qu'un *greffier?* Quelles sont ses attributions?

Des greffiers. — Les greffiers sont des officiers ministériels établis près les tribunaux pour y assister les juges dans tous les actes de leur ministère. Toutefois, en certains cas d'urgence, le juge est autorisé à agir seul (V. l'art. 1040 C. pr.).

Les greffiers écrivent les jugements, ordonnances ou tous autres actes du ministère des juges. Ils en gardent minute et sont tenus d'en délivrer des expéditions à toute personne qui les requiert à cet effet, mais à la charge par elle d'offrir le payement de leurs déboursés et salaires légaux. — Les expéditions qu'ils délivrent, constituant des actes authentiques, font foi jusqu'à inscription de faux.

— En outre des fonctions dont il vient d'être parlé, les greffiers ont le droit de procéder à certains actes de juridiction, de recevoir certaines déclarations et aussi de transmettre au juge les communications qui l'intéressent personnellement (V. les art. 107 à 109, 163, 218 et s., 301, 385, 441, 507, 651, 658, 732, 915, 926 C. pr.; art. 784 et 793 C. N.).

— Ajoutons enfin que partout où il n'existe point de commissaires-priseurs, les greffiers partagent, avec les huissiers et les notaires, le droit de procéder aux ventes publiques d'objets mobiliers.

Qu'était la procédure avant le Code?

VI. Aperçu du code de procédure. — Dans les premiers temps de la monarchie, la justice se rendait en quelque sorte militairement. C'est ainsi qu'on devait recourir, lorsqu'on était lésé dans son droit, à l'épreuve du combat judiciaire, coutume barbare, mais conforme aux mœurs sauvages des temps féodaux. D'autres épreuves, telles que celles de l'eau, du feu et du serment devant Dieu, furent également employées pour la justification des prétentions diverses des parties. On suivait pourtant certaines formes pour l'instruction des demandes, mais elles étaient fort simples et en même temps fort grossières.

Au temps de saint Louis, la procédure est plus régulière et surtout mieux appropriée à la nature et aux besoins de la justice; les combats judiciaires sont abolis; certaines formes sont introduites, mais la procédure n'est encore qu'à l'état d'ébauche.

Plus tard, sous l'empire des arrêts de règlement de Paris et des ordonnances royales, telles que celles de Villers-Cotterets (1539), d'Orléans (1556), de Roussillon (1563), de Moulins (1566), et enfin celle de 1629, la procédure se développe et se régularise; mais ce ne fut que sous Louis XIV et par la célèbre ordonnance de 1667 qu'elle reçut une réelle et véritable perfection. L'esprit de cette ordonnance se retrouve, en grande partie du moins, dans notre Code de procédure; elle en est donc en quelque sorte le commentaire naturel.

Toutefois les anciens abus, quoique paralysés et amoindris, n'avaient pas été absolument supprimés. On avait d'ailleurs négligé plusieurs procédures fort importantes; quelques ordonnances, telles que celles de 1684 sur les billets ou promesses sous seing privé, de 1736 sur les registres de l'état civil, de 1737 sur les procédures de vérifications d'écritures et de faux incident, corrigèrent, il est vrai, et complétèrent en certains points l'ordonnance de 1667; mais ce secours auxiliaire n'ayant point suffi à combler les lacunes, des usages particuliers s'établirent, et avec eux beaucoup d'abus.

Que fit la Constituante?

Il était urgent de les faire cesser. La Constituante, qui le comprit, décréta que *le Code de la procédure civile serait incessamment révisé, de manière à la rendre plus simple, plus expéditive et moins coûteuse* (art. 20 de la loi du 24 août 1790). Mais comme elle n'eut point le loisir d'accomplir immédiatement la réforme qu'elle avait décrétée, elle déclara, après avoir réglé certains points, que l'ordonnance de 1667 était provisoirement conservée et qu'ainsi on devait procéder d'après ses dispositions.

La Convention?

La Convention, supprimant les avoués et avec eux toute procédure, déclara, dans l'entraînement de ses illusions philanthropiques, qu'à l'avenir les affaires seraient jugées par des arbitres, sur défenses verbales ou sur simples mémoires.

Cette innovation introduisit un désordre général dans l'administration de la justice; mais la réaction ne se fit pas attendre. Une loi du 27 ventôse an VIII rétablit les avoués et provisoirement la procédure de l'ordonnance de 1667, expliquée et complétée par les ordonnances postérieures.

Comment, par qui et à quelle époque a été fait le Code de procédure?

A quelle époque a-t-il été promulgué?

Enfin, le Code Napoléon étant achevé et promulgué, un projet de Code de procédure, préparé et rédigé par MM. Treilhard, conseiller d'Etat; Séguier, premier président à la Cour d'appel de Paris; Try, commissaire du gouvernement; Berthereau, président du tribunal de première instance de la Seine; et Pigeau, avocat au Châtelet de Paris, fut successivement, après avoir été soumis à l'examen des Cours d'appel et de cassation, discuté de la même manière que le Code Napoléon (1) par la section de législation, l'assemblée générale du Conseil d'Etat, le Tribunat et le Corps législatif. Terminé en 1806, il ne fut rendu obligatoire qu'à partir du 1er janvier 1807. A compter de cette époque, les lois, coutumes, usages et règlements relatifs à la procédure restèrent abrogés (V. l'art. 1041).

— Le Code de procédure a été divisé en deux parties.

Comment est-il divisé?

La première, composée de cinq livres, comprend : 1° la justice de paix; 2° les tribunaux inférieurs; 3° les Cours impériales; 4° les voies extraordinaires pour attaquer les jugements; 5° l'exécution des jugements, en un mot toute la procédure *contentieuse* tant devant les tribunaux de paix que devant les tribunaux de première instance et de commerce, c'est-à-dire la demande, l'instruction, le jugement et enfin les moyens dont on peut se servir pour l'attaquer ou le faire exécuter.

La seconde partie, composée de trois livres seulement, traite, sous le titre de *procédures diverses*, des règles à suivre dans la procédure *gracieuse* ou *volontaire*. Toutefois la loi y a également compris : 1° l'*arbitrage*, qui appartient à la procédure contentieuse; — 2° des dispositions générales qui dominent toute la procédure (art. 1029 à 1042).

Est-il resté dans sa teneur primitive?

De même que le Code Napoléon, le Code de procédure n'est point resté dans sa teneur primitive. Outre qu'il a été modifié ou complété en certains points par le Code de commerce (comparez les art. 436 C. pr. et 643 C. com.), plusieurs lois ont été rendues qui l'ont changé dans quelques-unes de ses dispositions les plus importantes. Telles sont notamment : 1° la loi du 17 avril 1832 et le décret du 13 décembre 1848 sur la contrainte par corps; — 2° la loi du 25 mai 1838 sur la justice de paix; — 3° la loi du 2 juin 1841 sur les ventes judiciaires d'immeubles; — 4° la loi du 24 mai 1842 relative à la saisie des rentes constituées sur particuliers. Ces deux dernières lois ont été substituées, dans le Code de procédure, aux articles qu'elles remplacent.

(1) Voir dans le premier examen du Code Napoléon, p. 22 et suiv., l'historique de la rédaction de ce Code.

CODE
DE PROCÉDURE CIVILE

PREMIÈRE PARTIE.

LIVRE DEUXIÈME.

DES TRIBUNAUX INFÉRIEURS.

TITRE PREMIER.

DE LA CONCILIATION.

Art. 48.

Dans quel but le préliminaire de conciliation a-t-il été organisé?

Par qui a-t-il été introduit dans notre législation?

Ne fut-il pas très-imparfait dès le principe?

I. Généralités. — La loi aurait manqué à sa mission si elle ne s'était efforcée de prévenir, autant qu'il est en elle, la multiplicité des procès; car, tandis que les accommodements à l'amiable apaisent l'esprit des discussions si fatal au repos de la société, les sentences rendues après des luttes opiniâtres ne laissent après elles, si justes qu'elles soient, d'ailleurs, que des passions surexcitées, des ressentiments ineffaçables fort peu en harmonie avec les devoirs d'amitié et de bienveillance que la loi doit encourager et soutenir parmi les hommes. Pénétrée de ces idées, l'Assemblée constituante, qui saisissait avidement toute occasion de mettre en pratique les principes de philanthropie dont elle était imbue, décida, par la loi du 24 août 1790, qu'avant de se jeter dans les luttes judiciaires, les parties seraient tenues de se présenter devant un juge qui aurait pour office de les détourner, par la sagesse de ses conseils, de la voie périlleuse dans laquelle elles seraient disposées à s'engager. Malheureusement cette institution, bien qu'excellente en principe, reçut une organisation défectueuse par l'extension exagérée qu'on lui donna. Les parties furent, en effet, soumises au préliminaire de conciliation dans toutes sortes d'affaires. Elles durent même le subir, non-seulement avant de commencer le procès en première instance, mais encore en appel : exigence bien peu rationnelle assurément, car quoi de plus improbable qu'une conciliation tentée après un premier insuccès, et alors que l'irritation, née des premières plaidoiries, n'avait fait qu'envenimer l'esprit litigieux des parties? Les affaires *urgentes* y furent assujetties elles-mêmes : on mettait ainsi des entraves précisément à ceux qui devaient se presser d'agir sous peine de compromettre leur droit. Bien plus, on poussa l'oubli jusqu'à laisser sous l'empire de la règle les demandes ayant pour objet des choses *qui n'étaient point susceptibles de faire la matière d'une transaction!* C'était demander l'impossible, puisque se concilier c'est *transiger*.

Ces extensions dénaturèrent le but de l'institution, et l'empêchèrent de produire les heureux résultats qu'on en attendait. Une réaction se fit alors. Le préliminaire de conciliation donna lieu à de véhémentes critiques, et, lors de la discussion des lois de procédure, peu s'en fallut qu'il ne fût complétement écarté. On le maintint pourtant, mais en prenant soin de le renfermer dans de justes limites. Ainsi nous verrons, d'une part, qu'il n'a jamais lieu en appel et, d'autre part, que de nombreuses demandes en sont affranchies même en première instance.

Comment peut-on le définir?

II. Définition. — D'après ce qui vient d'être dit, le préliminaire de conciliation peut être défini : *l'obligation imposée aux parties entre lesquelles un procès est imminent de comparaître devant un juge de paix, et d'essayer, sous l'influence de ses conseils, de terminer leur différend par une transaction.*

Quel est l'office du juge de paix siégeant comme *conciliateur?*

III. De l'office du juge de paix siégeant comme conciliateur. — Le juge de paix, lorsqu'il siége comme *conciliateur*, a pour office, non point de *juger* un différend, mais de le prévenir, si faire se peut. Entendre les observations des parties, calmer leur irritation, essayer, par des exhortations, de les rapprocher et de les amener à un accommodement, là se borne sa mission. A proprement parler, il n'exerce aucune fonction judiciaire : il n'a aucune décision à rendre, aucun ordre à donner, aucun témoin à entendre, aucune plaidoirie à apprécier. Son rôle est, en quelque sorte, semblable à celui qu'aurait un notaire choisi par les parties pour les accommoder, si la chose est possible, et dresser acte de leur accommodement. Le préliminaire de conciliation n'est donc point une *instance*, un *procès*; ce n'est même pas un *commencement d'instance*, car, loin qu'il en soit le premier acte, il a précisément pour objet de la prévenir. L'instance n'est réellement engagée, commencée que par l'*ajournement*.

Le préliminaire de conciliation est-il le *commencement*, le premier acte de l'*instance?*

Qu'en peut-on conclure?

Cette observation a un côté pratique qu'il importe de signaler. Lorsqu'il s'est écoulé trois ans sans continuation de poursuites depuis le dernier acte de procédure, le défendeur peut demander et obtenir la *péremption de l'instance*. Dans ce cas, tous les actes de procédure qui ont été faits étant mis à néant, les parties se retrouvent en l'état où elles étaient avant la demande (art. 401). Mais il n'y a de *périmé* que l'*instance*. La tentative de conciliation qui l'avait précédée n'est point, comme elle, effacée et réputée non avenue; elle subsiste dans toute son efficacité, en ce sens, du moins, que le demandeur ne sera point tenu, s'il juge à propos de former une demande nouvelle, de recourir à une seconde tentative de conciliation (1).

(1) En principe, nulle demande n'est recevable devant un tribunal de première instance, qu'elle n'ait été précédée du préliminaire de conciliation. Telle est la disposition bien positive de l'article 48. A ce sujet, une question fort grave a été soulevée. Si la demande a été formée en violation de l'article 48, le défendeur appelé directement devant le tribunal de première instance, sans avoir été, au préalable, cité en conciliation, pourra refuser d'accepter le débat et faire déclarer non recevable la demande formée contre lui. Sur ce point, on est d'accord. Mais si le défendeur, au lieu d'opposer cette fin de non-recevoir, garde le silence, si, refusant d'exciper du défaut de citation en conciliation, il pose ses conclusions, offrant de plaider au fond, le tribunal devra-t-il, soit d'office, soit sur la réquisition du ministère public, refuser, nonobstant le silence du défendeur, de recevoir la demande et par suite s'abstenir de juger ? Enfin, et à supposer que le tribunal de première instance n'ait point, *de plano*, écarté la demande, doit-on dire que toute la procédure qui aura été faite devant lui et la décision qu'il aura rendue seront frappées d'une nullité si essentiellement radicale, qu'elle pourra être non-seulement invoquée par le défendeur en tout état de cause, mais encore prononcée d'office par les juges d'appel ou de cassation?

Il s'est formé sur ce point trois opinions.

Premier système. — Le préliminaire de conciliation n'a d'autre sanction que le droit qu'a le défendeur de faire déclarer la demande non recevable, et par suite de refuser de se défendre lorsque l'article 48 a été violé à son préjudice. Mais si, au lieu d'user de ce moyen dilatoire, il pose ses conclusions et plaide au fond, la nullité résultant du défaut de citation en conciliation est couverte. Cette nullité, en effet, n'a été introduite que dans le but de le protéger; elle n'a d'autre objet que son intérêt particulier. Il peut donc y renoncer et il y renonce tacitement lorsqu'il se défend au fond sans élever aucune réclamation au sujet de l'irrégularité qui a été commise à son préjudice. Ainsi, d'une part, il est tenu, s'il en veut profiter, de la proposer, sous peine de déchéance, *in limine litis*; d'autre part, lorsqu'il garde le silence, les juges ne peuvent point déclarer la demande non recevable et refuser de suivre l'affaire (Cass., 26 messidor an XIII).

Deuxième système. — Le préliminaire de conciliation est une institution d'ordre public, puisqu'il a pour objet d'assurer le repos de la société en rétablissant la concorde parmi les hommes. De là les deux conséquences suivantes :

1° Les parties ne peuvent point y déroger par des conventions particulières et s'y soustraire par l'effet de leur mutuel consentement (art. 6 C. N.). Dès lors, c'est vainement que le défendeur qui n'a pas été cité en conciliation consent à plaider en première instance; son consentement, étant nul et de nul effet, ne peut jamais, si persévérant qu'il soit d'ailleurs, effacer le vice de la demande, et par suite couvrir la nullité qui en résulte. Tant qu'il a le droit d'être entendu et de se défendre, en première instance, en appel et même en cassation, il demeure le maître de s'en prévaloir et de faire mettre à néant tout ce qui a été fait contre lui.

2° S'il néglige, soit par oubli, soit par indifférence ou par toute autre cause, d'exercer son droit à cet égard, le tribunal, sous la sauvegarde duquel la loi a placé la fidèle exécution de sa prescription, devra, dès qu'il aura la preuve que la demande a été formée en violation de l'article 48, refuser d'en connaître et s'abstenir dès ce moment de tout acte de juridiction; car c'est à lui directement

Quelles conditions doit réunir une demande pour être soumise au préliminaire de conciliation?

IV. Des demandes qui sont et de celles qui ne sont pas soumises au préliminaire de conciliation. — Les demandes qui y sont soumises sont celles qui réunissent les cinq conditions prescrites par l'art. 48. Ainsi la citation en conciliation n'est exigée qu'autant que la demande est : 1° principale ; — 2° introductive d'instance ; — 3° formée entre personnes capables de transiger ; — 4° relative à des droits susceptibles de faire la matière d'une transaction ; — 5° de la compétence d'un tribunal de première instance.

Reprenons séparément chacune de ces conditions.

La loi commet-elle une rédondance lorsqu'elle parle d'une demande à la fois *principale* et *introductive d'instance*?

1° et 2° Il faut que la demande soit tout à la fois *principale* et *introductive d'instance*. — Il semble à première vue que ces deux conditions n'en font qu'une, et qu'ainsi la loi est tombée dans une rédondance inutile ; ce n'est pourtant qu'une fausse apparence. Sans doute, toute demande *introductive d'instance* est *principale*, mais la réciproque n'est point vraie. Une demande peut, en effet, être *principale* et n'être pas *introductive d'instance*. Telles peuvent être les demandes *en garantie ;* telles sont toujours les demandes *en intervention*. Expliquons-nous à cet égard.

Qu'est-ce qu'une demande principale?

La demande *principale* est celle qui devient le fondement d'un conflit entre deux personnes qui, pour la première fois, se trouvent aux prises, ou, en autres termes, celle qui ne se rattache à aucune instance déjà pendante *entre les parties*.

Introductive d'instance?

La demande *introductive d'instance* est celle qui, ne se rattachant à aucune instance pendante soit *entre les parties*, soit entre *l'une d'elles et un tiers*, ouvre et commence un procès.

Toute demande *introductive d'instance* est donc forcément *principale*, tandis qu'à l'inverse une demande peut être *principale* sans être pour cela *introductive d'instance*.

La demande en garantie est-elle principale?

Est-elle introductive d'instance?

Cela posé, étudions les deux exemples que nous avons indiqués. Soit un partage de succession entre vous et moi. Une maison A a été, je le suppose, comprise dans mon lot. Paul la revendique comme sienne,

qu'est adressé cet ordre impératif de la loi : nulle demande *ne sera recevable* si elle n'a été précédée d'une citation en conciliation (En ce sens MM. Boncenne, t. II, p. 53 ; Boitard et Colmet-d'Aage, p. 123 ; Chauveau sur Carré, n° 243).

Troisième système ou *système intermédiaire*. — Le préliminaire de conciliation est d'ordre public, sans doute, d'où l'on peut conclure avec certitude que la nullité qu'entraîne le défaut de citation en conciliation peut être proposée, soit par le défendeur, s'il juge à propos de le faire, soit, lorsqu'il néglige de s'en prévaloir, par le tribunal lui-même ; mais si, au lieu d'être écartée de prime abord sur la réquisition du défendeur ou d'office par le tribunal, la demande a été *en fait reçue*, si elle a suivi son cours sans aucune réclamation de la part de personne, comme, en définitive, l'ordre public aurait plus à perdre qu'à gagner à la nullité des actes de procédure accomplis et du jugement prononcé, la nullité résultant du défaut de citation en conciliation se trouvera couverte. Ainsi elle ne peut être proposée ni en première instance, après que le défendeur a posé ses conclusions, ni en appel, ni enfin en cassation (En ce sens, MM. Delzers, t. I, p. 166 ; Bonnier, n° 44 ; Cass., 30 mai 1842).

prétendant qu'elle lui a été vendue par le *de cujus* en son vivant. Que fais-je alors ? Je vous assigne *en garantie* (art. 884 C. N.), et vous force ainsi à intervenir au procès où je suis engagé, pour que vous m'aidiez à me défendre contre Paul, ou, si nous ne réussissons pas à écarter sa prétention, afin que le tribunal qui me condamnera à délaisser la maison que je détiens vous condamne en même temps, et par un seul jugement, à me payer l'indemnité que vous me devrez en votre qualité de garant.

La demande en *revendication* formée par Paul est tout à la fois *principale* et *introductive d'instance*, puisqu'elle ne se rattache ni par son objet ni par ses motifs à aucune action déjà formée soit contre moi, défendeur, soit contre une autre partie.

La demande *en garantie* que j'ai formée contre vous est *principale*, car il n'existe *entre nous* aucune autre instance à laquelle elle se rattache ; mais elle n'est point *introductive d'instance*, puisqu'elle se lie à une instance déjà pendante, non pas à la vérité entre nous, mais entre un tiers et moi.

Modifions l'espèce. Il se peut qu'au lieu de vous appeler en garantie, je prenne le parti de me défendre seul contre Paul, sauf, si je succombe, à recourir contre vous. Dans ce cas, la demande en garantie que je formerai contre vous ne se rattachera à aucune autre action ; elle sera donc *introductive d'instance* en même temps que *principale*.

Ainsi les demandes *en garantie* sont tantôt principales et introductives d'instance, tantôt *principales* seulement, et par conséquent *incidentes*, suivant la distinction que nous venons de faire.

Quid des demandes en intervention ?

Quant aux demandes *en intervention*, elles sont toujours *principales* ; mais jamais elles ne sont *introductives d'instance*, puisqu'elles consistent dans l'action d'un tiers qui vient se placer dans un procès auquel il était étranger, mais auquel il prend part soit pour y défendre son propre et exclusif intérêt, soit pour aider le demandeur dans sa prétention, ou le défendeur dans sa défense (V. l'explic. de l'art. 337). Ainsi supposons qu'un procès étant pendant entre *Primus* et *Secundus* au sujet d'un immeuble dont ils se disputent la propriété, *Tertius* vienne à le revendiquer comme sien : sa demande est bien *principale*, puisqu'elle commence, *quant à lui*, le procès dans lequel il s'engage, mais elle n'est pas *introductive* d'instance, puisqu'elle s'ajoute et se lie à un autre procès déjà commencé.

Au lieu de cumuler les mots : *principale* et *introductive d'instance*, la loi n'aurait-elle pas pu se borner à ces dernières expressions ?

— Au lieu de cumuler les mots *principale* et *introductive d'instance*, la loi aurait pu se borner à ces dernières expressions qui, à elles seules, auraient parfaitement et suffisamment caractérisé les demandes qu'elle entend soumettre au préliminaire de conciliation. Quoi qu'il en soit, la règle posée est des plus simples ; je la formule ainsi :

Les demandes *introductives d'instance* sont *seules* soumises à l'épreuve de la conciliation.

D'où, par voie de conséquence, cette seconde règle :

Pourquoi les demandes incidentes ne sont-elles point sou-

Les demandes *incidentes* sont affranchies de la nécessité de ce préliminaire.

mises au préliminaire de conciliation?

La loi a pensé avec raison qu'essayer de concilier deux parties qui viennent ajouter un second litige à un procès entrepris après de vains efforts de conciliation, ce serait, en quelque sorte, tenter l'impossible, tant il y aurait peu d'espoir de réussir, et par suite imposer aux parties la charge de frais inutiles, sinon toujours, au moins dans la plupart des cas.

Quelles sont les personnes que la loi déclare incapables de transiger, et à l'égard desquelles il n'y a point lieu au préliminaire de conciliation?

3° *Formée entre personnes capables de transiger.* — Toute personne a le *droit* de transiger, mais toute personne n'en a point *l'exercice*. Ainsi les mineurs non émancipés l'exercent par leurs tuteurs. Leurs tuteurs eux-mêmes ne sont admis à transiger qu'après avoir au préalable pris l'avis de trois jurisconsultes désignés par le procureur impérial, et obtenu, à cet effet, une autorisation du conseil de famille du mineur qu'ils représentent. A ces deux conditions doit venir s'en joindre une troisième, l'homologation par le tribunal de l'autorisation du conseil de famille (art. 464 C. N.). Les mineurs émancipés transigent eux-mêmes, mais avec l'assistance de leurs curateurs, et sous les conditions prescrites pour les tuteurs (art. 487 C. N.). Quant aux femmes mariées, elles transigent tantôt par le ministère de leur mari qui alors les représente, tantôt par elles-mêmes, mais avec l'autorisation de leur mari ou celle de justice (V. explic. des art. 217 et 2045 C. N.).

Les personnes *incapables de transiger* et à l'égard desquelles il n'y a point lieu au préliminaire de conciliation, soit qu'elles plaident comme demandeur, soit qu'elles jouent au procès le rôle de défendeur, sont donc celles qui ne peuvent point exercer leur droit par elles-mêmes, ou qui, le pouvant, ne sont admises à le faire que sous certaines autorisations, conditions et formalités prescrites par la loi.

Quel est le motif de cette dispense?

Si l'épreuve de la conciliation n'est point exigée quant à elles, ce n'est point qu'il soit impossible de prévenir, par un accommodement, le procès dans lequel elles vont s'engager. La raison de cette disposition est tout autre : si la loi a cru devoir écarter ici la nécessité de ce préliminaire, c'est qu'elle a pensé que la transaction à espérer étant, dans l'espèce, environnée de conditions et formalités à remplir, il eût été dangereux et peu juste de forcer les parties de subir les lenteurs et les frais que ces formalités préparatoires auraient entraînés avec elles (1).

Quels sont les différends sur lesquels il n'est point permis de transiger? Pourquoi sont-ils dispensés du préliminaire?

4° *Relative à des droits susceptibles de faire la matière d'une transaction.* — Essayer de se *concilier*, c'est essayer de *transiger*. Or, si le droit contesté n'est point susceptible de faire l'objet d'une transaction, l'épreuve de conciliation ne serait alors qu'un effort vers l'impossible, c'est-à-dire un acte vain et inutile.

(1) Peut-être devrais-je rechercher ici quelles sont les personnes qui n'ont point le *plein exercice* du droit de transiger, et notamment examiner si la femme qui a la libre administration de son mobilier, quand elle est séparée de biens (art. 1449 C. N.), est ou non capable de transiger, sans aucune autorisation, sur les affaires relatives à cette administration ; ou encore, si le mineur qui a la disposition de ses revenus, quand il est émancipé (art. 481 C. N.), est ou non habile à prévenir, par une transaction consentie sans aucune formalité, les différends où ses revenus se trouvent engagés ; mais ces questions rentrent dans le domaine du Code Napoléon (V. dans le *Troisième exam.* l'explic. de l'art. 2045).

Les différends sur lesquels il n'est point permis de transiger sont ceux qui engagent l'ordre public ou l'intérêt général de la société en même temps que l'intérêt privé des parties. Telles sont, par exemple, les questions qui touchent à l'état des personnes, comme les demandes en désaveu de paternité, en séparation de corps, en nullité de mariage, ou encore les demandes relatives aux dons et legs d'aliments au profit des pauvres (art. 83 et 1004 C. pr.).

3° *De la compétence d'un tribunal de première instance.* — Ainsi point de préliminaire de conciliation : — Y a-t-il lieu au préliminaire de conciliation :

1° Quant aux demandes qui doivent être portées, en appel, devant une Cour impériale. — Si les parties ont résisté à une première épreuve de conciliation, il est peu probable qu'elles consentent, alors que les débats et plaidoiries auxquels a donné lieu le premier procès ont surexcité leurs passions, à terminer leur différend par un accommodement à l'amiable. On a pensé dès lors qu'on ne devait point les jeter dans des lenteurs et des frais que ne compenserait point une suffisante probabilité de conciliation. — 1° Quant aux demandes qui doivent être portées en appel devant une Cour impériale ?

2° Quant aux demandes qui doivent être portées directement, *omisso medio*, c'est-à-dire en premier et dernier ressort, devant une Cour impériale (V. les art. 363 et 509 C. pr.). — La plupart de ces affaires, étant d'ordre public, répugnent à toute idée de transaction. — 2° Quant aux demandes qui doivent être portées directement, *omisso medio*, devant une Cour ?

3° Quant aux appels des jugements rendus par un juge de paix. — Ces appels, il est vrai, sont de la compétence des tribunaux de première instance ; mais il résulte des discussions auxquelles donna lieu, au Conseil d'État, la grave question de savoir si l'on maintiendrait ou non le préliminaire de conciliation, que cette épreuve n'est jamais exigée en *appel*. — 3° Quant aux appels des jugements rendus par un juge de paix ?

4° Quant aux demandes qui doivent être portées devant *un tribunal de commerce.* — La célérité avec laquelle les affaires commerciales doivent être jugées ne pouvait point s'accommoder avec les lenteurs attachées à ce préliminaire. — 4° Devant les tribunaux *de commerce ?*

5° Enfin, quant aux affaires qui sont de la compétence *des juges de paix.* — La loi a pensé qu'avant d'agir en qualité de juges ils essayeront, sur leur propre initiative, d'amener les parties à un accommodement. Au reste, nous verrons plus tard, lorsque nous nous occuperons d'eux, qu'ils ont été autorisés, par la loi du 25 mai 1838, à ne permettre la citation en justice qu'après avoir au préalable et sans frais appelé les parties dans leur cabinet, et tenté sans succès d'amener une conciliation entre elles. — 5° Devant les *juges de paix ?*

V. Des demandes qui sont dispensées du préliminaire de conciliation. — Cette matière est réglée par l'article 49, mais d'une manière fort bizarre. Après avoir posé la règle dans l'article 48, la loi énumère dans l'article 49 les cas *exceptionnels*. Or, par une singularité inexplicable, la plupart des dispositions contenues en ce texte, loin de déroger à l'article 48, n'en sont, au contraire, que des *applications particulières.* — 2ᵉ *répétition.* — L'article 49 ne contient-il que des exceptions aux règles tracées par l'article 48 ?

Quelques *exceptions* s'y rencontrent, mais en très-petit nombre. — Art. 49.

Enfin, certaines demandes appartiennent tantôt à la règle, tantôt à l'exception, suivant qu'elles sont *incidentes* ou *introductives d'instance*.

Nous avons donc trois catégories de demandes, à savoir : 1° les demandes qui sont dispensées du préliminaire de conciliation *par application de quelqu'une des règles établies par l'article* 48; — 2° les demandes qui n'y sont point soumises *par exception à ces mêmes règles*; — 3° enfin, les demandes qui se placent tantôt dans l'une, tantôt dans l'autre de ces deux premières catégories.

Quelles demandes sont dispensées du préliminaire de conciliation *par application de l'article* 48 ?

PREMIÈRE CLASSE. — *Demandes qui sont dispensées du préliminaire de conciliation par application de quelqu'une des règles énoncées dans l'art.* 48. — Sont dans cette classe :

Pourquoi la loi en dispense-t-elle :

1° Les demandes qui intéressent l'Etat, les communes, les mineurs et interdits ?

1° Par application du principe que l'épreuve de la conciliation n'est pas exigée à l'égard des personnes *incapables de transiger*, les demandes qui intéressent l'Etat et le domaine, les communes, les établissements publics, les mineurs, les interdits, les curateurs aux successions vacantes (art. 49-1°).

2° Les demandes en séparation de biens, celles qui ont trait aux tutelles, et enfin les prises à partie ?

2° Par application du principe qu'il n'y a point lieu à l'épreuve de conciliation dans les affaires *relatives à des droits qui ne peuvent point faire la matière d'une transaction :*

Les demandes en séparation de biens;

Les demandes ayant trait aux tutelles et curatelles, telles qu'une demande en destitution d'un tuteur, ou celle par laquelle un tuteur veut se faire excuser de la tutelle (art. 49-7°);

Ajoutons les *prises à partie* (art. 505 C. pr.). Lorsque, en effet, une partie prétend qu'un juge s'est rendu coupable envers elle soit d'un déni de justice, soit d'une faute grave, soit d'un dol dans l'exercice de ses fonctions, ce débat ne peut pas être vidé par la voie d'une transaction, car bien qu'il ait pour objet l'intérêt direct de la partie qui se plaint, il intéresse néanmoins l'ordre public (V. l'art. 83-5°).

3° Les demandes en intervention; en règlement de juges, en renvoi ?

3° Par application du principe que les demandes *principales* et *introductives d'instance sont* SEULES *soumises au préliminaire de conciliation :*

Les demandes *en intervention* (V. ci-dessus, p.16);

En règlement de juges. — Lorsque deux tribunaux, ayant été saisis de la même affaire, se sont déclarés compétents ou incompétents tous les deux, les parties peuvent recourir à un tribunal supérieur pour faire décider lequel de ces tribunaux devra en connaître. Ce recours prend le nom de demande *en règlement de juges* (art. 363 à 367).

En renvoi. — On appelle ainsi les demandes par lesquelles l'une des parties, prétendant que son adversaire est uni par des liens de parenté ou d'alliance avec l'un ou l'autre des membres du tribunal devant lequel ils sont en instance, le récuse en masse pour cette cause (art. 368 à 377).

Ces demandes en *intervention*, en *règlement de juges* et en *renvoi* sont et ne peuvent être *qu'incidentes* (V. l'explic. des art. 339, 363 et 368). Elles devaient donc, à ce titre, être dispensées du préliminaire de conciliation. En ce qui touche les demandes en *règlement de juges*, la dispense s'explique encore, pour quelques-unes d'entre elles, par le principe que l'épreuve de conciliation n'est pas exigée quant aux demandes qui doivent être portées devant *une Cour impériale;* dans certains cas, en effet, c'est une Cour, et non un tribunal de première instance, qui est appelée à régler le conflit (V. l'art. 363).

4° Par application du principe que le préliminaire de conciliation n'est appliqué qu'aux *affaires qui rentrent dans la juridiction des tribunaux de première instance:*

Les demandes en matière de commerce (art. 49-4°, V. p. 19) ;

Les prises à partie qui, en effet, doivent être portées, suivant une distinction que nous étudierons plus tard, tantôt devant une Cour impériale et tantôt devant la Cour de cassation (art. 509, V. p. 20.)

4° Les demandes en matière de commerce ?

DEUXIÈME CLASSE. — *Demandes qui, par exception aux règles écrites dans l'article 48, sont dispensées du préliminaire de conciliation.* — Les exceptions que nous avons à signaler se déduisent, en général, de l'une ou de l'autre des considérations qui suivent :

Quelles demandes sont, *par exception* aux règles établies dans l'article 48, dispensées du préliminaire ?

1° Lorsqu'une affaire exige *célérité*, il importe de n'en point retarder la décision par les lenteurs qu'entraînerait le préliminaire de la conciliation.

Quel est le fondement de ces exceptions ?

2° La conciliation est très-peu probable lorsque la demande est dirigée contre *plus de deux défendeurs*. Il est, en effet, extrêmement difficile de ramener à un même sentiment plusieurs personnes appelées à délibérer sur le parti qu'elles ont à prendre dans leur intérêt commun.

Ainsi les demandes introductives d'instance, formées entre personnes capables de transiger, sur des objets susceptibles de transaction et portées devant un tribunal de première instance, sont, *par exception*, dispensées du préliminaire de conciliation :

1° *Lorsqu'elles requièrent célérité.* — Telles sont, par exemple, les demandes de *mise en liberté*, celles *en payement de loyers, fermages ou arrérages de rentes ou pensions.* Il importe, en effet, que le débiteur qui est retenu en prison pour dettes soit, dans le plus bref délai possible, rendu à sa famille et à ses affaires ; que le propriétaire ou le créancier qui compte sur ses revenus pour faire face aux dépenses quotidiennes de sa maison les reçoive sans le moindre retard.

Quelles demandes exigent célérité ?

Nous citerons encore *les demandes des avoués en payement de frais.* — Il est bon que les officiers dont le temps appartient au public et à la justice obtiennent promptement les honoraires et les frais qui leur sont dus à l'occasion des affaires dans lesquelles ils ont occupé.

Les *demandes en remise ou en communication de pièces* (art. 842 C. N.; 839, C. pr.) ;

Les *demandes en mainlevée d'opposition ou de saisie;*

Ou encore les *demandes formées contre un tiers saisi* (art. 557 et suiv.) et en général sur les saisies (583 et suiv.), et les offres réelles (art. 1257 C. N.; 812 C. pr.).

2° *Lorsqu'elles sont formées contre plus de deux défendeurs.* — Ainsi, avec *trois défendeurs,* le préliminaire de conciliation n'est point exigé. Qu'ils aient des intérêts distincts ou que l'intérêt engagé soit le même pour tous, il n'importe, si d'ailleurs ils sont assignés aux mêmes fins

Quelles applications peut-on faire de la disposition aux termes de laquelle il n'y a point lieu au préliminaire quant aux demandes formées contre plus de deux défendeurs

et en vertu d'un même titre. Dès qu'ils sont *trois*, l'obligation du préliminaire de conciliation disparaît.

Soient donc trois débiteurs solidaires : le créancier peut, à son gré, ou les embrasser tous dans sa poursuite ou n'en actionner qu'un seul (art. 1203 et 1204 C. N.). En actionne-t-il un, en actionne-t-il deux, l'épreuve de la conciliation doit être tentée. Les actionne-t-il tous, la nécessité de ce préliminaire n'existe plus.

Prenons un autre exemple. J'ai prêté, par un seul et même acte, mais sans solidarité, 9,000 francs à trois personnes. Chacune d'elles n'est alors obligée envers moi que dans la limite de 3,000 francs. Toutefois, quoique leurs dettes soient distinctes, il existe pourtant entre elles une certaine connexité née de la communauté du titre en vertu duquel j'en puis poursuivre le remboursement. Cette connexité m'autorise, non point, à la vérité, à demander à l'un ou à l'autre des débiteurs la totalité de ce qui m'est dû, puisqu'en définitive chacun d'eux ne me doit que 3,000 francs, mais à les comprendre tous les trois dans la même instance. Si j'use de ce droit, la nécessité du préliminaire de conciliation sera écartée.

La solution sera la même si, au lieu de supposer trois débiteurs conjoints, on suppose qu'un débiteur étant mort a laissé trois héritiers. Je ne serai pas obligé de passer par l'épreuve de la conciliation, si, les appelant tous devant le tribunal de l'ouverture de la succession, j'agis collectivement contre eux (V. l'art. 59).

Quelles demandes sont dispensées du préliminaire, tantôt par application des règles déposées dans l'article 48, tantôt par exception à ces règles ?

TROISIÈME CLASSE — *Demandes qui sont dispensées du préliminaire de conciliation, tantôt par application des règles déposées dans l'article* 48, *tantôt par exception à ces règles.* — Telles sont :

Quel est le motif de cette dispense quant aux demandes en vérification d'écriture ?

Les demandes en vérification d'écriture. — Ces demandes sont, en effet, *incidentes*, au moins dans la plupart des cas. Lorsqu'elles sont *introductives d'instance* (V. l'explic. de l'art. 193), elles sont encore dispensées du préliminaire de conciliation, mais la dispense dont elles jouissent dans ce cas, au lieu d'être une application des règles, y fait au contraire exception; car c'est alors uniquement par un motif exceptionnel tiré d'un besoin impérieux de célérité qu'elles échappent au préliminaire de conciliation.

Quant aux demandes en desaveu ?

Les demandes en désaveu. — On appelle ainsi les demandes par lesquelles une partie, soutenant qu'un acte émané de son avoué ou de son huissier et qui lui préjudicie a été fait sans aucun pouvoir spécial, alors que ce pouvoir était indispensable, conclut à ce que cet acte soit déclaré nul et de nul effet quant à elle (V. l'art. 352). Ces demandes sont, en général, *incidentes;* de là, quant à elles, la dispense du préliminaire de conciliation. Il se peut cependant qu'elles soient *introductives d'instance* (art. 354), auquel cas elles seront encore affranchies de cette épreuve, mais ce ne sera plus alors par application des règles, ce sera par un motif exceptionnel tiré d'une considération d'ordre public. Il importe, en effet, à la société que les officiers ministériels ne puissent pas cacher à l'œil de la justice les actes qu'ils ont faits en violation des devoirs que la loi leur impose.

— Reste un point à régler.

Les demandes en garantie sont-elles dispensées du préliminaire, lorsqu'elles sont tout à la fois principales *et introductives d'instance?*

Les *demandes en garantie* sont, aux termes du numéro 3 de l'article 49, dispensées du préliminaire de conciliation. Doit-on voir dans cette dispense une pure *application des règles* ou une *exception?* Je m'explique. Les demandes en garantie sont tantôt *incidentes,* tantôt *introductives d'instance* (V. p. 16 et 17). Dans le premier cas, elles sont affranchies de la nécessité de l'épreuve de la conciliation conformément à l'article 48 et par application du principe que ce préliminaire n'est obligatoire que pour les demandes qui, en même temps qu'elles sont *principales,* sont *introductives d'instance.* Est-ce là tout ce qu'a voulu dire la loi? Si l'on admet l'affirmative, ce 3° de l'article 49 sera complétement inutile, puisqu'il ne fera que répéter ce qui se trouve déjà dans l'article 48. Or, il est de principe qu'on doit toujours entendre la loi dans le sens avec lequel elle peut produire un effet plutôt que dans le sens avec lequel elle resterait destituée de toute utilité (art. 1157 C. N.): il semble dès lors qu'on est en droit de dire qu'en prenant soin de dispenser, par une disposition formelle, du préliminaire de conciliation les demandes en garantie, la loi a précisément visé le cas où ces demandes sont *introductives d'instance.* Tel est sur ce point le sentiment de M. Rodière (t. Ier, p. 240).

Cette solution devrait être suivie peut-être s'il existait quelque motif particulier d'affranchir de l'épreuve de la conciliation les demandes en garantie, dans le cas où elles sont *introductives d'instance;* mais par quelles raisons justifiera-t-on cette dérogation au droit commun? Il serait impossible d'en citer aucune.

Il est vrai qu'en limitant le 3° de l'article 49 au cas où ces demandes sont *incidentes,* nous le rendons complétement inutile; mais cet article est-il donc si bien conçu, si sagement coordonné qu'on doive s'étonner d'y trouver des superfluités? N'est-il pas vrai que la plupart de ses dispositions ne sont réellement que des applications des règles tracées par l'article 48? Remarquons d'ailleurs que la loi traite dans la même disposition des demandes en garantie à côté des demandes en intervention, lesquelles sont *toujours incidentes* (V. p. 17). Or, si la dispense qu'elle attache aux demandes en intervention n'est qu'une disposition vaine et sans objet, n'est-il pas naturel dès lors d'admettre que la même dispense appliquée aux demandes en garantie n'est également qu'une redite inutile?

En résumé, quelles demandes sont soumises à ce préliminaire?

— En résumé, le préliminaire de conciliation n'est exigé que pour les demandes qui sont tout à la fois :

1° Principales et introductives d'instance;

2° Formées entre personnes capables de transiger;

3° Relatives à des droits susceptibles de faire la matière d'une transaction;

4° De la compétence d'un tribunal de première instance;

5° Non urgentes;

6° Intentées contre un ou contre deux défendeurs, *au plus.*

Quelles demandes en sont dispensées ?

En l'absence de l'un ou de l'autre de ces caractères, l'épreuve de la conciliation cesse d'être obligatoire. Ainsi en sont dispensées :

1° Les demandes *incidentes;*

2° Les demandes formées entre personnes *incapables de transiger;*

3° Les demandes relatives à des droits *non susceptibles de faire la matière d'une transaction;*

4° Les demandes comprises dans la juridiction d'un tribunal *de paix* ou *de commerce* ou *d'une Cour impériale;*

5° Les demandes qui exigent *célérité;*

Art. 50. 6° Enfin, les demandes formées contre *plus de deux défendeurs.*

Devant quel juge de paix l'épreuve de la conciliation doit-elle être portée ?

VI. Du juge de paix devant lequel doit être portée l'épreuve de la conciliation. — En principe et sauf les exceptions dont nous parlerons tout à l'heure, l'épreuve de la conciliation doit être portée *devant le juge de paix du domicile du défendeur* ou, s'il existe deux défendeurs, *devant le juge de paix du domicile de l'un d'eux, au choix* du demandeur. Qu'il s'agisse d'une action *mobilière* ou *immobilière,* qu'elle soit *personnelle, réelle* ou *mixte* (1), il n'importe ; la loi ne distingue pas : dans tous les cas, la règle est la même.

Quid, si elle a lieu à l'occasion d'une action réelle immobilière ?

Nous verrons, au contraire, lorsque nous aurons à régler la compétence des tribunaux de première instance, que les actions *réelles immobilières* doivent être portées devant le tribunal de la situation *de l'immeuble litigieux* (art. 59).

Comment explique-t-on cette dérogation au droit commun ?

La raison de cette différence est facile à saisir. Le tribunal de première instance est appelé à juger un différend ; il ne peut et ne doit le faire qu'après s'être éclairé, ce qui nécessite de sa part une instruction et, par conséquent, dans la plupart des cas au moins, l'obligation de visiter les lieux soit par lui-même, soit par des experts qu'il nomme à cet effet (art. 295). Cette instruction, on le conçoit, sera d'autant plus prompte et plus économique qu'elle se fera devant le tribunal dans le ressort duquel se trouve situé l'immeuble litigieux. De là, la compétence dont il est investi.

En matière de conciliation, rien de semblable n'a lieu. Le juge de paix n'a aucune vérification à faire, aucun usage à constater, aucune preuve à rechercher ; il éclaire les parties, il les conseille et les exhorte à la paix. Dès lors, ce qui importe au premier chef, c'est qu'il ait la confiance des parties ou de l'une d'elles et, par conséquent, qu'il soit au moins connu du défendeur, ce qui peut-être n'aurait pas lieu si l'épreuve de conciliation devait être tentée devant le juge de paix de la situation de l'immeuble litigieux. De là, pour les parties, l'obligation de comparaître, *même en matière réelle immobilière,* devant le juge de paix du domicile du défendeur.

Est-ce toujours devant le juge de paix du domicile du défendeur que doit être portée l'épreuve de la conciliation ?

— Par exception au principe que la conciliation doit être essayée devant le juge de paix du domicile du défendeur, cette épreuve doit être portée :

1° « En matière de société, autre que celle de commerce, tant qu'elle

(1) V. pour l'explic. de ces expressions, ce qui sera dit sous l'article 59, p. 39.

existe, devant le juge du lieu où elle est établie », c'est-à-dire devant le juge du lieu où se trouve le siége de la société (1).

Quid, quant aux sociétés de commerce, dans le cas où elles ont un procès *purement civil* à soutenir ?

Si la loi n'applique cette disposition qu'aux sociétés *civiles*, c'est que les affaires dans lesquelles une société *de commerce* se trouve engagée étant *commerciales* elles-mêmes, du moins en général, elles sont, *à ce titre*, dispensées du préliminaire de conciliation (art. 49-4°); c'est là toute sa pensée. Aussi croyons-nous qu'on doit décider que cette épreuve est nécessaire, même à l'égard des sociétés commerciales, dans le cas où, contrairement à ce qui arrive habituellement, elles ont un procès *purement civil* à soutenir (2).

Jusqu'à quel moment le juge de paix du lieu où la succession s'est ouverte est-il compétent ?

2° En matière de succession, *devant le tribunal du lieu où la succession s'est ouverte*, non-seulement lorsqu'il s'agit d'une demande *entre héritiers*, mais encore au cas où ils sont actionnés soit par un créancier héréditaire en payement de ce qui lui est dû, soit par un légataire en délivrance de son legs. Toutefois cette compétence particulière cesse dès l'instant qu'un partage définitif a fait cesser l'indivision entre les héritiers ; on rentre alors dans le droit commun. C'est ce que la loi exprime lorsqu'elle dit que le juge de paix de l'ouverture de la succession n'est compétent que jusqu'au *jugement définitif* (3).

Les parties ne peuvent-elles point, lorsqu'elles sont d'accord à cet effet, se présenter devant le juge de paix qu'il leur plaît de choisir ?

— Remarquons, en terminant cette matière, que les règles que nous venons de tracer ne s'appliquent qu'au cas où le demandeur est obligé de recourir *à une citation* pour appeler son adversaire en conciliation. Lorsqu'étant d'accord à cet effet, les parties comparaissent *volontairement* et sans citation, elles sont pleinement libres de se présenter devant le juge de paix qu'il leur plaît de choisir.

Art. 52 et 48, *in fine*.

Comment s'introduit le préliminaire de conciliation ?

VII. De la manière dont s'introduit le préliminaire de conciliation. — La *comparution volontaire* est assurément la plus conforme au vœu de la loi; car, outre qu'elle évite des frais, elle est, par elle-même, un présage d'arrangement. Mais les comparutions de cette nature sont fort rares ; dans la plupart des cas, l'essai devient *forcé*. Le demandeur doit alors faire *citer*, par exploit d'huissier, son adversaire devant le juge. Ainsi les parties comparaissent *volontairement* ou *sur citation*.

Qu'est-ce que la *citation en conciliation* ?

VIII. De la citation. — La citation en conciliation est l'acte par lequel une personne qui prétend avoir un droit contre une autre la fait appeler, par ministère d'huissier, devant un juge de paix, afin d'essayer, sous l'autorité des conseils de ce magistrat, de terminer leur différend par une transaction (4).

Par quel huissier peut-elle être donnée ?

— *Par quel huissier peut être donnée la citation en conciliation.* — Le droit de la donner appartient, non plus exclusivement à l'huissier de la justice de paix, ainsi que cela avait lieu sous l'empire du Code de

(1) V. pour l'explic. de ce 1°, ce qui sera dit sous l'art. 59, p. 44.

(2) M. Delzers, sur l'art. 50.

(3) V. pour ces derniers mots, l'explic. de l'art. 59, p. 45.

(4) L'acte par lequel on fait appeler, par ministère d'huissier, son adversaire devant le juge de paix, afin d'obtenir *un jugement*, s'appelle également *citation* (V. l'art. 1er). On l'appelle *assignation* ou *ajournement*, lorsqu'on fait citer quelqu'un devant un tribunal de première instance ou devant une Cour (V. l'art. 61).

procédure (art. 52), mais à tous les huissiers du canton (art. 16 de la loi du 25 mai 1838).

A quelles formalités est-elle soumise? Que doit-elle contenir?

Des formalités auxquelles elle est soumise. — La loi ne les ayant point réglementées, on en a conclu qu'elle s'en était référée, à cet égard, aux formes qu'elle a tracées, dans l'article 1er, pour les citations en justice. La citation en conciliation doit donc contenir les énonciations énumérées dans cet article. Toutefois, si on le rapproche de l'article 51, on est obligé de reconnaître et d'admettre sur un certain point une différence de détail entre les deux citations.

Quelle différence la sépare de la *citation en justice*?

La *citation en justice* doit, en effet, indiquer, au moins sommairement, non-seulement l'*objet* de la demande, mais encore les *moyens* sur lesquels le demandeur prétend l'appuyer (art. 1er).

Il suffit, au contraire, que la *citation en conciliation* indique sommairement l'*objet* de la prétention du demandeur. Quant aux *moyens* qu'il invoquera pour la justifier, il n'est point tenu de les faire connaître à l'avance (V. la formule no 1er).

Comment explique-t-on cette différence?

Cette différence a, dit-on, sa raison d'être.

Lorsque je cite mon adversaire devant un juge de paix siégeant comme *juge*, je l'appelle à venir se défendre, et, puisque j'ai eu tout le loisir de préparer, avant d'engager le combat judiciaire auquel je l'invite, les armes dont je me propose de faire usage contre lui, il est juste qu'il puisse, de son côté, préparer sa défense avant le jour où il sera obligé d'entrer en lutte. Or, comment pourrait-il le faire s'il n'était instruit à l'avance des moyens d'attaque qu'il aura à combattre? De là, l'obligation qui m'est imposée de les lui faire connaître par ma citation même.

Dans le cas d'une citation en conciliation, il s'agit alors non plus d'entrer en lice, d'engager un combat judiciaire, mais tout simplement d'essayer un accommodement. Dès lors, il est moins indispensable que le défendeur soit instruit à l'avance des moyens qui pourront être produits à l'appui de la prétention du demandeur.

Art. 51.

Quel est le délai de la citation en conciliation? Qu'est-ce qu'un délai franc?

Des délais de la citation en conciliation. — Le délai de la citation sera de trois jours *au moins* ou, en autres termes, de *trois jours francs*, c'est-à-dire de trois jours pleins et entiers entre le jour de la citation et celui de la comparution, qui sont déduits et non comptés. Lors donc que la citation est donnée le 1er du mois, par exemple, le défendeur ne peut pas être contraint de comparaître avant le 5 (art. 1033).

Ce délai n'est-il, dans tous les cas, que de trois jours?

— Ce délai doit, en outre, être augmenté d'un jour par trois myriamètres de distance (art. 1033).

— Lorsqu'on cite quelqu'un devant un juge de paix siégeant, non plus comme *conciliateur*, mais comme *juge*, le défendeur n'a *qu'un jour* (un jour franc) pour comparaître.

Pourquoi est-il de trois jours, tandis qu'il n'est que d'un jour lorsqu'on est cité non plus *en conciliation*, mais *en justice*?

Cette différence entre le délai de la citation *en conciliation* et le délai de la citation *en justice* s'explique et se justifie par la nature même des affaires dont il s'agit dans l'un et l'autre cas. Cite-t-on devant un juge de paix pour faire statuer sur un différend qui est de sa compétence, l'affaire engagée est, en général, si peu importante et, dans tous les cas, si peu compliquée que l'examen qu'en doit faire le défendeur pour préparer sa défense exige à peine quelques instants de réflexion. Cite-t-on, au contraire, en conciliation, l'affaire, appartenant à la juridiction d'un tribunal de première instance, est forcément plus importante, plus difficile à étudier qu'une simple affaire de justice de paix. Le défendeur a donc alors besoin d'un délai plus long.

Art. 57.

Quels sont les effets de la citation en conciliation ?

— *Des effets de la citation en conciliation.* — Lorsqu'après la citation en conciliation les parties comparaissent et transigent, le procès est arrêté ; tout est réglé par la transaction même dont il a été l'objet. Que si, au contraire, elles ne comparaissent pas ou si, ayant comparu, elles ne parviennent pas à se mettre d'accord, celle des deux qui prétend avoir un droit contre l'autre se verra alors obligée de porter sa prétention en justice et de former une demande à cet effet. Toutefois la citation en conciliation qu'elle a précédemment donnée n'est pas inutile ; elle produit, à son avantage, trois effets principaux :

Pourquoi interrompt-elle la prescription ?

1° *Elle interrompt la prescription.* — La citation en conciliation étant un préliminaire *obligé* de la demande en justice, la loi a dû, sous peine d'être tout à la fois inconséquente et injuste, lui attribuer l'effet de sauvegarder le droit du demandeur. Lors, par exemple, que je découvre, quelques jours seulement avant l'accomplissement de la prescription, l'existence d'une créance que j'ai contre vous, que ferai-je pour la conservation de mon droit ? Formerai-je une *demande en justice?* Cette demande, s'il m'était permis de la former dès à présent, interromprait la prescription ; mais précisément il m'est défendu d'intenter contre vous aucune action avant de vous avoir au préalable cité en conciliation. Dès lors et du moment qu'on faisait de cette citation le préliminaire obligé de ma demande, force a bien été de lui attribuer à elle-même une vertu interruptive de la prescription (1).

Pourquoi fait-elle courir les intérêts ?

2° *Elle fait courir les intérêts.*— La loi distingue trois espèces d'intérêts, savoir :

Les intérêts *conventionnels*, c'est-à-dire ceux qui sont dus en vertu d'une stipulation intervenue entre les parties : ils courent du jour même de la convention (art. 1905 C. N.) ;

Les intérêts *légaux*, c'est-à-dire ceux qui sont dus, sans le secours de la convention des parties, en vertu d'une disposition de la loi : ils courent, en général, du jour où la créance a pris naissance (art. 474, 1er alinéa ; 1473, 1652, 3e alinéa, 1846, 2001, 2028 C. N.) ;

Les intérêts *moratoires*. On appelle ainsi les intérêts qui, en l'absence de la convention des parties ou d'une disposition de la loi pour les faire courir de plein droit, ne sont dus qu'à raison et à partir de la *demeure* (*mora*) du débiteur, c'est-à-dire du retard qu'il a mis à rembourser le capital.

Le débiteur n'est point constitué en demeure ou en retard par le seul effet de l'échéance du terme. Ainsi, même après que la dette est

(1) Pour plus de détails, voir dans nos *Répétitions écrites sur le troisième examen du C. N.*, l'explic. de l'art. 2245.

devenue exigible et tant que le créancier reste dans l'inaction, les intérêts ne courent point. Que si, au contraire, le créancier forme une demande contre le débiteur, dès ce moment la *demeure* commence et à l'instant sa dette devient productive d'intérêts (art. 1153 C. N.). Il importe donc au créancier qui n'a pas été remboursé à l'époque où il avait le droit de l'être, de lancer au plus tôt une assignation contre son débiteur. Mais cette assignation, il ne peut la faire donner qu'après une citation en conciliation devant le juge de paix. Toute justice serait donc violée à son égard si cette citation, préliminaire *forcé* de sa demande, n'avait point pour effet de faire courir à son profit les intérêts de la somme qui lui est due, mais qu'il ne peut pas encore demander en justice.

3° *Elle autorise celle des parties qui réclame à former sa demande en justice.* — Nous verrons bientôt, en effet, que le demandeur est tenu, *sous peine de nullité,* de produire avec l'ajournement un certificat de non-conciliation ou de non-comparution, ce qu'il ne peut faire qu'autant qu'une citation en conciliation a été donnée (art. 65).

Ainsi : 1° elle interrompt la prescription;

2° Elle fait courir les intérêts moratoires;

3° Elle rend la demande admissible.

Quelle différence y a-t-il entre ces trois effets ?

Quel est le fondement de la condition à laquelle sont subordonnés les deux premiers ?

Mais entre ces trois effets une différence existe, une différence notable. Les deux premiers sont subordonnés à une condition : ils ne sont, en effet, produits qu'autant que la citation en conciliation *a été suivie dans le mois d'une demande en justice.* La loi n'a pas voulu qu'une partie pût se borner à citer au bureau de paix de temps à autre et prolonger indéfiniment, par des démonstrations qui n'auraient rien de sérieux, les délais de la prescription et les inquiétudes de son adversaire. Si donc, après l'avoir cité en conciliation, elle demeure dans l'inaction pendant le temps dont nous venons de parler, sa citation sera considérée comme non avenue, en ce sens qu'elle n'aura ni interrompu la prescription, ni fait courir les intérêts. En autres termes, ce double effet n'est réellement attaché *qu'à la demande en justice;* mais il se produit rétroactivement et remonte au jour même de la citation, lorsque la demande a été formée dans le mois de la non-conciliation ou de la non-comparution.

Quant au troisième effet que la citation en conciliation peut produire, la même condition ne l'affecte point. Ainsi la circonstance que la demande n'a pas été formée dans le mois de la non-conciliation ou de la non-comparution ne le fait point disparaître. La partie qui réclame peut donc, même après l'expiration de ce délai, former sa demande sans être obligée de renouveler sa citation en conciliation.

La comparution volontaire a-t-elle les mêmes effets que la citation en conciliation ?

— La comparution *volontaire* en conciliation, de même que la *citation,* rend la demande recevable (art. 48). Mais a-t-elle également pour effet d'interrompre la prescription et de faire courir les intérêts? Pour la négative, on fera remarquer que ce double effet n'est expressément attaché *qu'à la citation* (art. 57). Pour l'affirmative, on s'appuiera sur l'esprit de la loi. Si, dira-t-on, la citation interrompt la prescription, si elle fait courir les intérêts, c'est parce que, d'une part, elle marque suffisamment chez la partie qui l'a formée l'intention sérieuse d'exercer son droit, et que, d'autre part, elle contient une interpellation au défendeur qui se trouve ainsi constitué en demeure de satisfaire à son obligation. Or, le défendeur qui a comparu volontairement a dû comprendre que s'il ne donne point la satisfaction qui lui est demandée, son adversaire va immédiatement recourir contre lui à des poursuites judiciaires. La comparution volontaire a donc la même nature et les mêmes caractères que la citation. Pourquoi dès lors lui en refuser les effets? Ajoutez qu'en faisant cette distinction, outre qu'on méconnaîtrait l'article 48 qui met ces deux actes sur la même ligne, on écarterait indirectement la voie si légitime et si utile des comparutions volontaires, ce qui évidemment serait aller tout au rebours du but que la loi s'est proposé (1).

Art. 53.

Comment les parties peuvent-elles comparaître en conciliation ?

IX. COMMENT LES PARTIES PEUVENT COMPARAITRE. — Lorsque le juge de paix est saisi d'un différend en sa qualité de *juge*, les parties ont la faculté de comparaître, *à leur choix*, soit par elles-mêmes, soit par un mandataire (art. 13). En est-il de même en matière de conciliation? A ne consulter que les termes de la loi, la négative ne serait point douteuse. « Les parties, dit-elle, comparaîtront en personne; *en cas d'empêchement*, par un fondé de pouvoir. »

Lorsqu'elles comparaissent par un mandataire, celui-ci doit-il établir que la partie qui l'envoie n'a pas pu se présenter en personne ?

Ainsi un devoir est imposé aux parties, un ordre leur est donné : « elles comparaîtront *en personne*.» Ce n'est *qu'en cas d'empêchement* qu'elles sont autorisées à se faire représenter par un mandataire. Dès lors ne semble-t-il point que le juge de paix devrait, pour rester fidèle à l'ordre et au vœu de la loi, n'admettre un mandataire à ester en conciliation devant lui qu'à la condition de lui rapporter la preuve qu'un empêchement légitime a mis la partie représentée dans l'impossibilité de comparaître elle-même? Ce n'est point pourtant ce qui se passe dans la pratique. Il y est de principe, au contraire, que la partie qui se fait représenter n'est tenue ni d'alléguer ni de prouver qu'elle a des motifs qui l'empêchent de venir en personne. Par cela seul qu'elle envoie un mandataire à sa place, elle est présumée retenue ailleurs par un empêchement légitime.

Peuvent-elles se faire représenter par un avoué, ou par un greffier ? Quid, quant aux huissiers ?

— Il n'était point permis, sous l'empire de l'ancienne loi, de se faire représenter en conciliation par une personne attachée à l'ordre judiciaire, telle qu'un avoué, un huissier, un greffier; une ombrageuse prévention avait fait penser que ces personnes étaient peu propres au rôle de conciliateur. Cette exclusion a été écartée par le Code : les parties peuvent aujourd'hui se faire représenter par qui bon leur semble. Toutefois une difficulté a été soulevée à l'égard des huissiers. La loi du 25 mai 1838 ayant déclaré « qu'aucun huissier ne pourra ni assister comme conseil, ni représenter les parties *dans les causes portées devant les juges de paix,* » il est manifeste qu'ils ne peuvent point représenter

(1) En ce sens, MM. Boncenne, t. II, p. 60; Rodière, t. I, p. 256; Chauveau sur Carré, n° 249.— M. Bonnier distingue : La comparution volontaire interrompt bien, dit-il, la prescription, mais elle ne fait pas courir les intérêts (p. 21).

les parties devant un juge de paix *siégeant comme juge*. Mais en est-il de même en matière de conciliation? Pour la négative, on fait remarquer que les huissiers ne sont écartés, en qualité de mandataires, que dans *les causes* qui sont portées devant un juge de paix; que ce mot *cause* suppose un *procès*, et qu'ainsi cette prohibition est étrangère à notre espèce, puisque, d'une part, le préliminaire de conciliation n'est ni une *cause*, ni un *procès*, et que, d'autre part, les incapacités, étant de droit étroit, ne s'étendent point par analogie d'un cas à un autre (1). L'affirmative est cependant généralement admise. Si, dit-on, il est bon qu'un huissier ne représente pas les parties dans un procès déjà engagé, à plus forte raison doit-il en être de même en conciliation (2).

Le mandataire n'est-il admis à représenter la partie qui l'envoie qu'autant qu'il est muni d'un pouvoir *à l'effet de transiger*?

— Sous l'empire de l'ancienne loi, un mandataire ne pouvait être admis à représenter une partie qu'autant qu'il était muni d'un pouvoir *à l'effet de transiger*. Les rédacteurs du Code de procédure ont, au contraire, pensé qu'il était tout à la fois dangereux et déraisonnable de contraindre les parties qui, par suite de quelque empêchement, ne peuvent pas se présenter elles-mêmes, de remettre à un tiers la disposition de leur fortune, alors qu'elles sont décidées peut-être à ne faire aucune concession à leur adversaire. De là la faculté qui leur est laissée de donner à leur mandataire soit le double pouvoir de *comparaître* et de *transiger* pour elles, soit simplement le pouvoir de *comparaître*. Ainsi lorsque je ne puis pas me présenter moi-même en conciliation, et que j'ai la ferme intention de n'accepter aucune transaction, je puis, dans l'acte par lequel je désigne mon mandataire, expliquer que j'entends simplement qu'il comparaisse pour moi, sans qu'il puisse offrir ou accepter aucun accommodement.

Peut-il transiger quand il a un pouvoir à l'effet de se concilier?

Mais si la procuration contient, sans aucune autre explication, un pouvoir à l'effet de *se concilier*, la procuration implique alors le droit de transiger, car *transiger*, c'est *se concilier*.

Est-il nécessaire que la procuration soit authentique? Doit-elle être enregistrée?

— La loi n'exige point que la procuration soit authentique; elle peut donc être donnée par acte sous seing privé (art. 1985 C. N.). Dans ce cas les juges de paix, selon un usage depuis longtemps reçu, exigent qu'elle soit écrite sur papier timbré et enregistrée.

Art. 54 (première phrase).

Que peut faire le demandeur devant le juge de paix?

Comment doit-on entendre la faculté qui lui est laissée d'*augmenter* sa demande?

X. DU RÔLE DES PARTIES DEVANT LE JUGE DE PAIX, ET DE L'OFFICE DU JUGE DE PAIX LUI-MÊME.

Du demandeur. — Il peut :

1° Expliquer sa demande;

2° L'augmenter. Sur ce point, il importe de s'entendre. Le demandeur peut, sans doute, par des conclusions verbales et additionnelles, étendre sa prétention en y faisant entrer certains objets accessoires qui, bien qu'en parfaite connexion avec elle, n'y avaient pas été compris dès le principe; mais, bien entendu, il ne lui est point permis de former des demandes qui, n'ayant aucun lien, aucun rapport avec la première, seraient elles-mêmes *principales* et *absolument nouvelles*. On conçoit, en

(1) En ce sens, M. Colmet-Daage, t. I, p. 75.

(2) MM. Rodière, t. I, p. 250; Delzers, t. I, p. 179; Bonnier, sur l'art. 53.

effet, que le défendeur ainsi surpris par une prétention qu'il n'aurait pu ni prévoir, ni par conséquent étudier à l'avance, se trouverait par là même hors d'état d'entrer en arrangement, puisqu'il ignorerait complétement le fort ou le faible du litige dans lequel on voudrait l'engager.

Quid, s'il forme une demande vraiment nouvelle et sans aucun rapport avec la première ?

Toutefois si, connaissant déjà l'affaire qui se produit ainsi subitement, il consent à entrer en explication, le débat qu'il accepte équivaut à une *comparution volontaire*, ce qui couvre l'irrégularité commise à son préjudice.

Mais s'il déclare, comme il en a le droit, que, n'étant point en mesure d'apprécier la prétention nouvelle qu'on lui impose, il n'a, quant à présent, aucun parti à prendre, et qu'ainsi il s'abstiendra de tout débat sur ce point, le demandeur devra alors, s'il entend suivre sa nouvelle demande, recourir aux voies ordinaires, et par conséquent la faire précéder d'une citation en conciliation.

Prenons quelques espèces pour éclairer ce point.

Je vous ai appelé en conciliation au sujet d'une somme dont je me dis votre créancier. Si j'ai négligé de parler dans ma citation des intérêts qui, suivant moi, me sont dus, je pourrai, alors que je serai devant le juge de paix, réparer mon oubli et comprendre dans ma demande, au moyen de conclusions verbales, les intérêts auxquels je n'avais pas conclu dès le principe.

De même, si, vous ayant appelé en conciliation au sujet d'un immeuble que vous possédez, et que je prétends être à moi, j'ai oublié de conclure à la restitution des fruits en même temps qu'au délaissement de l'immeuble, il me sera permis d'en former verbalement la demande au moment de notre comparution devant le juge de paix.

Dans l'un et l'autre cas, en effet, la prétention que j'ajoute à la première se lie à elle par une connexité parfaite, puisqu'elles dérivent toutes les deux de la même cause.

Que si, à l'inverse, étant en conciliation au sujet d'une somme d'argent dont je prétends être votre créancier, je m'avise de soutenir qu'en outre de cette somme que vous me devez, j'ai le droit de passer sur un champ qui vous appartient, la prétention nouvelle que j'élève n'a aucun lien, aucun rapport avec la première ; c'est une demande vraiment *principale* qui, à ce titre, exige une instance à elle propre et, par conséquent, une citation en conciliation.

Que peut faire le défendeur devant le juge de paix ?

Est-il vrai qu'il puisse former les demandes qu'il juge convenables ?

Quelle distinction faut-il faire ?

Du défendeur. — « Il peut, dit la loi, former devant le juge de paix les demandes qu'il jugera convenables. » Ainsi il aurait, si l'on devait prendre cette disposition à la lettre, le droit de porter devant le juge de paix, verbalement et sans citation préalable, toutes les prétentions qu'il lui plairait d'élever, alors même qu'elles n'auraient aucun rapport, direct ou indirect, avec celle qui a été formée contre lui. Personne n'a osé aller jusque-là : l'esprit de la loi et l'ensemble de ses dispositions ont dû l'emporter sur son texte. Le défendeur peut, sans doute, former des demandes qui ne seraient point tolérées de la part du demandeur ; mais son droit a aussi ses limites. On distingue donc.

Il lui est permis de former des demandes qui, dérivant *de la même cause ou du même principe* que celle qu'il combat, sont connexes avec elle ; c'est ce qu'on appelle former des demandes *reconventionnelles*. Si, par exemple, le propriétaire de la maison que vous habitez comme locataire prétend que les meubles dont vous l'avez garnie n'étant pas suffisants pour sa sûreté vous devez compléter son gage en apportant un supplément de mobilier dans sa maison (art. 1752 C. N.), vous pourrez, alors que vous comparaîtrez en conciliation sur ce différend, demander que votre locateur fasse, ainsi qu'il le doit, les réparations nécessaires pour rendre sa maison habitable (art. 1719-2°). Ces deux demandes sont, en effet, connexes, puisqu'elles dérivent de la même source ou du même contrat.

Pourquoi lui est-il permis de former des demandes *non connexes* avec celle qui a été formée contre lui, lorsqu'elles lui servent de défense? Quelle application peut-on faire de cette règle?

Le défendeur peut, en outre, former des demandes *même non connexes* avec celle qui a été formée contre lui, *si d'ailleurs elles peuvent lui servir de défense*. Cette règle, au reste, n'a et ne peut avoir d'application que dans l'hypothèse *de la compensation*. Vous m'avez appelé en conciliation au sujet d'une somme de 1,000 francs que mon père, dites-vous, vous a léguée. Je reconnais cette dette, mais je vous oppose que vous me devez pareille somme en vertu d'une vente que je prétends vous avoir faite. Quoiqu'il n'y ait aucune connexité entre nos deux prétentions, puisqu'elles sont nées de deux sources différentes, l'une d'un legs, l'autre d'un contrat de vente, la mienne cependant se rattache à la vôtre, *en ce sens qu'elle me sert de défense :* je ne serai point, en effet, condamné à vous payer la somme que vous réclamez, si je prouve que vous m'en devez une pareille; nos deux dettes s'éteindront réciproquement l'une par l'autre (art. 1289 C. N.). Dans ce cas, bien que ma demande ait été faite verbalement et pour la première fois devant le juge de paix, le demandeur ne peut point, sous prétexte qu'il n'a pas eu le temps de l'apprécier, puisqu'elle vient d'être faite subitement, refuser de la comprendre avec la sienne dans le préliminaire de conciliation où nous nous trouvons engagés. Il est vrai qu'en procédant ainsi, on le place dans une position assez difficile, puisqu'on le force de s'expliquer sur une affaire qu'il n'a pas eu le loisir d'étudier, mais on évite au moins, au grand profit des parties, les frais et les lenteurs qu'entraînerait une seconde épreuve en conciliation.

Ainsi le défendeur peut former : 1° des demandes connexes avec la première ; 2° des demandes non connexes avec elle, si d'ailleurs elles lui servent de défense. Les demandes qui n'ont point l'un ou l'autre de ces caractères exigent une instance particulière et, par suite, une citation en conciliation.

Quel est l'office du juge de paix conciliateur ?

Du juge de paix. — Nous avons dit déjà qu'il n'exerce en conciliation aucune juridiction ; il n'a aucun ordre à donner, aucun jugement à rendre; il écoute les parties, leur donne des conseils et les exhorte à la paix (V. p. 14).

Art. 55.

Quid si l'une des parties défère le serment à l'autre?

Mais quel est son office au cas où l'une des parties défère le serment à l'autre? La loi s'est expliquée sur ce point : « Le juge de paix, dit-elle, recevra le serment ou fera mention du refus de le prêter. » Ainsi, il constate par écrit les faits qui se passent devant lui, la délation et la prestation du serment, ou le refus de le prêter ; mais il ne lui appartient pas de déduire les conséquences légales que ces faits entraînent : ce droit est réservé au tribunal de première instance devant lequel l'affaire devra être portée, si les parties y donnent suite. C'est alors que le serment qui a été prêté ou refusé sera apprécié dans ses effets.

La partie qui, en conciliation, a refusé de prêter ou de référer le serment qui lui a été déféré, succombera-t-elle nécessairement, quand elle sera devant le tribunal de première instance ?

S'il a été prêté, le tribunal condamnera la partie qui l'a déféré.

Dans le cas contraire, la partie à laquelle il a été déféré, et qui a refusé de le prêter, sera-t-elle nécessairement condamnée ? Elle devrait l'être, si la délation du serment et le refus de le prêter avaient eu lieu devant le tribunal même où les parties sont en instance ; car, aux termes de l'article 1361 du Code Napoléon, la partie qui a refusé de prêter le serment qui lui a été déféré *en justice* doit succomber dans sa demande ou dans sa défense. Mais il s'agit, dans l'espèce, d'un serment qui a été déféré *en conciliation ;* or, *ester en conciliation*, ce n'est point *être en instance, ester en justice* (V. p. 14). Le serment qui a été déféré n'était donc point un serment *judiciaire ;* dès lors la partie à laquelle il a été offert a pu refuser de le prêter, sans qu'on puisse en tirer aucune induction contre elle, puisque, selon la loi même, la perte du procès n'est attachée qu'au refus de prêter un serment déféré *en justice*(1).

Art. 54 (deuxième phrase).

Que doit faire le juge de paix, lorsque les parties transigent ?

— Lorsque les parties transigent, le juge de paix dresse un procès-verbal des conditions de leur accommodement (V. la formule n° 2). On demande, à ce sujet, quels sont la nature et les caractères de ce procès-verbal, en autres termes, s'il faut le ranger dans la classe des *actes authentiques* ou dans celle des *actes sous seing privé.*

L'intérêt de cette question se déduit des nombreuses différences que la loi a établies entre ces deux espèces d'actes. Ainsi :

Quels sont la nature et les caractères de ce procès-verbal ? Est-ce un acte authentique ou un acte sous seing privé ? Quel est l'intérêt de cette question ?

1° L'acte authentique est présumé conforme à la vérité des faits qu'il relate. Il en résulte qu'en cas de contestation, celle des parties qui l'invoque n'est point tenue d'en prouver la sincérité : c'est à celle qui l'attaque à en démontrer la fausseté ; encore ne peut-elle le faire que par une procédure particulière appelée *inscription de faux* (V. les art. 214 et suiv. C. pr.). C'est ce qu'on exprime en disant que les actes authentiques font, jusqu'à inscription de faux, foi des conventions qu'ils renferment (art. 1319 C. N.).— Les actes sous seing privé, au contraire, n'emportent point la même présomption de vérité ; aussi est-ce à la partie qui les produit à en établir la sincérité, au cas où elle est contestée (art. 193 et suiv. C. pr.).

2° Les actes authentiques font, en outre, pleine foi de leur date tant au regard des tiers qu'entre les parties contractantes (art. 1319 C. N.). — Les actes sous seing privé n'acquièrent, au contraire, date certaine à l'égard des tiers, qu'à compter soit du jour où ils ont été enregistrés

(1) En ce sens, Pigeau, t. I, 90 ; Berriat, p. 190 ; Boitard sur l'art. 55 ; MM. Boncenne, t. II, p. 43 ; Rodière, t. I, p. 255 ; Delzers sur l'art. 55 ; Bonnier, p. 23.

ou relatés dans un acte authentique, soit du jour où l'une des parties est décédée (art. 1328 C. N.).

3° L'acte authentique peut être revêtu, par l'officier public qui l'a reçu, de la formule exécutoire, c'est-à-dire de l'intitulé des lois et du mandement aux officiers publics de le mettre à exécution s'ils en sont requis (art. 545 C. pr.). Ainsi, le créancier qui a un titre authentique exécutoire, et qui veut saisir les biens de son débiteur, n'a pas besoin d'obtenir à cet effet un jugement de condamnation contre ce dernier; il peut le remettre aux mains d'un huissier qui, sur l'ordre qu'il en reçoit, opère la saisie. — Les actes sous seing privé, au contraire, n'ont jamais par eux-mêmes cette force directe et immédiate d'exécution. Le créancier dont ils constatent le droit est donc obligé, lorsqu'il veut saisir les biens de son débiteur, de l'assigner en justice afin d'obtenir contre lui un jugement de condamnation. Ce n'est qu'en vertu de ce jugement que la saisie peut être pratiquée.

4° Les hypothèques conventionnelles ne peuvent être constituées que par des actes authentiques notariés; toute hypothèque consentie par acte sous seing privé est nulle et de nul effet (art. 2127 C. N.).

Cela posé, reprenons notre question.

Le procès-verbal de conciliation doit-il être considéré comme un *acte authentique*, ou simplement comme un *acte sous seing privé?*

Comme un *acte authentique*, devrions-nous répondre avec l'article 1317 du Code Napoléon. Il résulte, en effet, de cette disposition, que tout acte reçu *par un officier public compétent pour le dresser* est authentique. Or, l'acte que nous étudions a été reçu par un officier public, et par un officier compétent, puisque le juge de paix a été précisément institué par la loi pour dresser acte des transactions qui se font devant lui.

Comme un *acte sous seing privé*, au contraire, devrions-nous dire avec l'article 54 du Code de procédure. Qu'y est-il dit, en effet? Que les conventions insérées au procès-verbal de conciliation *ont force d'obligation privée !*

Il y a donc, à ce qu'il semble, antinomie entre ces deux articles. Mais l'historique de la rédaction de l'article 54 du Code de procédure va nous fournir le moyen de les concilier.

Lorsqu'il fut question de préciser les caractères du procès-verbal de conciliation, les notaires firent remarquer que leur ministère deviendrait inutile, si les parties pouvaient faire, devant le juge de paix, alors qu'elles comparaissent en conciliation, des conventions qui auraient la même force que celles qui se font devant eux, et qu'ainsi, après les avoir institués spécialement pour donner l'authenticité aux actes, la loi leur retirerait indirectement une portion de leurs fonctions, puisqu'en fait elle y associerait les juges de paix. Sur cette observation, l'article 54 du projet fut ainsi rédigé : « Les conventions insérées au procès-verbal de conciliation *ne seront pas exécutoires* et *ne donneront point hypothèque.* » Cette rédaction fut plus tard retouchée et remplacée par celle-ci : « Les conventions insérées au procès-verbal de conciliation *ont force d'obligation privée.* » Mais cette variante dans les termes n'a nullement eu pour objet de modifier le sens de l'idée à laquelle on s'était d'abord arrêté. Notre article peut donc être traduit et expliqué par la rédaction même du projet. Tout ce que la loi a voulu dire c'est, d'une part, que le procès-verbal de conciliation n'est point *exécutoire par lui-même*, et, d'autre part, que *les conventions d'hypothèque qui y sont relatées sont nulles*. Sous tout autre rapport il est réellement authentique, puisqu'il a été reçu par un officier public institué pour le dresser. Dès lors on peut dire qu'étant d'une nature mixte, il tient par certains côtés aux actes *authentiques* et, sous certains rapports, aux actes *sous seing privé*.

Ainsi il est *authentique* en ce sens : 1° qu'il fait foi, jusqu'à inscription de faux, des conventions qu'il renferme ; 2° qu'il fait, par lui-même, foi de sa date.

En quel sens ce procès-verbal est-il authentique ?

Sous *seing privé*, en ce sens : 1° qu'il ne peut point être revêtu de la formule exécutoire ; 2° qu'il ne peut point servir à constater les conventions d'hypothèque.

En quel sens est-il sous seing privé ?

— Nous venons de voir qu'au cas où les parties transigent, le juge de paix doit rapporter, expliquer et développer dans le procès-verbal de conciliation toutes les conditions de leur arrangement. Lors, au contraire, qu'elles refusent tout accommodement, le procès-verbal de non-conciliation doit être beaucoup plus sobre. L'ancienne loi voulait que le juge de paix y énonçât les dires, aveux et dénégations des parties, ainsi que les raisons développées par elles pour légitimer leur refus de transiger. Mais la loi nouvelle a pensé qu'il y aurait du danger à reproduire ainsi, jusque dans leurs plus minutieux détails, des pourparlers aussi peu réfléchis que diffus, d'où l'on pourrait essayer de tirer des conséquences fort compromettantes pour l'une ou l'autre des parties. De là pour le juge de paix l'obligation de faire simplement « mention sommaire que les parties n'ont pas pu s'accorder » (V. la formule n° 3).

Que doit faire le juge de paix, quand les parties n'ont pas pu s'accorder ?

Art. 58.

XI. De la non-comparution. — Lorsque l'une des parties ne comparait pas, le juge de paix n'a aucun procès-verbal à dresser, il doit se borner à faire mention de la non-comparution :

Que doit-il faire quand l'une des parties ne comparaît pas ?

1° Sur le registre de son greffe ;

2° Sur *l'original* de la citation, quand c'est le demandeur qui est présent et le défendeur absent, ou, sur *la copie* de la citation, dans l'hypothèse inverse.

Art. 56.

— Une amende de 10 francs est encourue par la partie qui a manqué de comparaître, et tant qu'elle ne justifie point du payement de cette amende, justification qu'elle ne peut faire qu'en rapportant une quittance du receveur, *toute audience lui est refusée*.

Quelles conséquences la non-comparution entraîne-t-elle contre la partie qui ne s'est point présentée ?

Ainsi, est-ce le demandeur qui n'a point comparu : le tribunal de première instance devant lequel sa demande sera portée devra refuser d'en connaître, tant que la justification dont je viens de parler n'aura pas été faite. Est-ce le défendeur : il ne sera point admis à se défendre tant qu'il restera débiteur de l'amende ; le tribunal devant lequel l'affaire sera portée le déclarera défaillant et le jugera par défaut. Que s'il entend former opposition au jugement rendu contre lui, il ne sera admis à le faire qu'après qu'il aura établi que l'amende par lui due a été acquittée.

A qui appartient le droit de condamner à l'amende la partie qui n'a point paru ?

— Le juge de paix n'exerçant aucune juridiction, lorsqu'il siége comme conciliateur, ce n'est pas à lui qu'appartient le droit de condamner à l'amende celle des parties qui n'a point comparu devant lui. Cette condamnation est prononcée par le tribunal de première instance devant lequel l'affaire est portée, quand le demandeur y donne suite.

TITRE II.

DES AJOURNEMENTS.

3e *répétition.*

Art. 59.

Qu'est-ce que l'ajournement ?

L'ajournement, ainsi que nous le verrons bientôt, est l'acte par lequel on introduit une demande en justice. Mais avant d'en traiter, il est bon de parler d'abord de la demande en elle-même.

Dans quels cas est-il nécessaire ou simplement utile de recourir à la justice?

I. DES CAS OU IL EST NÉCESSAIRE OU SIMPLEMENT UTILE DE FORMER UNE DEMANDE EN JUSTICE. — On peut recourir à la justice :

Soit pour faire reconnaître son droit quand il est contesté ;

Soit pour obtenir un titre exécutoire, lorsque celui dont on est nanti est sous seing privé ;

Est-ce seulement lorsque notre droit est contesté ?

Soit pour se procurer une *preuve* de son droit, lorsque l'on craint de voir périr ou disparaître les moyens qu'on a maintenant de l'établir ;

Soit, enfin, à l'effet de rendre sa créance *productive d'intérêts* ou pour obtenir *une hypothèque* destinée à lui servir de garantie.

Reprenons séparément chacun de ces cas.

Bien qu'il soit reconnu, ne peut-il pas se faire qu'on soit forcé d'agir en justice ?

1° *Demande formée pour faire reconnaître son droit quand il est contesté.* — Cette hypothèse n'exige aucune explication.

Dans d'autres cas, sans y être forcé, ne peut-on pas y avoir intérêt ?

2° *Demande formée pour obtenir un titre exécutoire.* — Lorsque votre débiteur ne satisfait point volontairement à son obligation, comment l'y contraindre? Si vous avez contre lui un titre exécutoire, le recours à la justice n'est point indispensable ; les officiers publics étant tenus de mettre à exécution le titre dont vous êtes nanti (art. 545 et 551), vous pouvez directement, et sans le secours d'une condamnation judiciaire, donner ordre à un huissier de saisir les biens de votre débiteur et d'en opérer la vente pour, sur le prix en provenant, vous faire payer ce qui vous est dû. Mais si vous n'avez point de titre ou si celui que vous avez est sous seing privé, vous ne pouvez plus procéder de la même manière. Vous devez alors appeler votre débiteur devant la justice, qui le condamnera, après que vous aurez justifié par des preuves légales de l'existence de votre droit, à satisfaire à son obligation. Ce jugement de condamnation sera le titre exécutoire en vertu duquel il vous sera permis de poursuivre, par la voie des saisies ou de tout autre moyen de coercition reconnu par la loi, le payement que vous réclamez.

En autres termes et pour généraliser, toutes les fois que votre droit quel qu'il soit est entravé dans l'exercice que vous en voulez faire, vous devez, pour obtenir satisfaction, recourir tout d'abord à la justice, à moins que vous n'ayez un titre exécutoire, auquel cas vous pouvez vous adresser aux dépositaires de la force publique qui, chacun de son côté, devront vous prêter le secours de leur ministère et de leur autorité à l'effet de vous procurer ce qui vous est légitimement dû.

3° *Demande formée pour obtenir une preuve de son droit, lorsqu'on craint de voir périr ou disparaître les moyens qu'on a maintenant de l'établir.* — Je vous ai prêté une somme d'argent par simple billet. L'écrit sous seing privé dont je suis muni n'a point par lui-même une très-grande force probante : il me suffira sans doute si vous le reconnaissez comme vôtre; mais vous pouvez prétendre qu'il n'émane point de vous, que vous ne l'avez ni écrit ni signé, soutenir, en un mot, qu'il est faux, auquel cas je serai obligé de faire la preuve du contraire. J'y parviendrai soit en produisant des témoins qui vous auront vu écrire et signer le billet que j'invoque, soit en le faisant comparer par des experts à d'autres écrits que vous reconnaissez comme émanés de vous, soit enfin, s'il est impossible de se procurer d'autres écrits propres à contrôler l'écriture et la signature du billet en litige, en demandant qu'il vous soit enjoint de faire de votre main, sous les yeux des experts, un écrit qui servira de terme de comparaison. Or, ces moyens de preuve, je puis craindre de les voir m'échapper : les témoins peuvent mourir ou disparaître ; vous pouvez mourir vous-même. Comment alors parviendrai-je à prouver la sincérité de mon titre, si vos héritiers déclarent que l'écriture et la signature qui s'y trouvent leur sont complétement inconnues? Il me faudrait produire des témoins; mais s'ils sont morts? ou produire, comme étant de vous, d'autre corps d'écriture; mais s'il est impossible de s'en procurer? Que faire alors? tout moyen de preuve m'échappera. La loi, qui a prévu ce danger, m'a fourni le moyen de le *prévenir :* elle m'autorise, en effet, à prendre les devants et, sans attendre la dernière heure, c'est-à-dire l'exigibilité de ma créance, à vous assigner, non pas en payement de votre dette, puisqu'elle n'est pas encore exigible, mais *en reconnaissance de votre signature.* Si vous la reconnaissez, le tribunal me donne acte de votre aveu ; si vous la contestez, il en ordonne la vérification, auquel cas je puis user des moyens de preuve qui sont actuellement à ma disposition. Ma preuve étant faite, le tribunal vous déclare l'auteur du billet où ma créance se trouve relatée. Dans l'une et l'autre hypothèse, je n'ai plus rien à craindre dans l'avenir, puisque mon droit se trouve placé sous la garantie de votre aveu ou du jugement qui en tient lieu. Mon billet aura alors contre vous et vos successeurs la même force probante qu'un acte authentique (art. 193 à 213 C. pr.; art. 1322 C. N.).

A ce premier avantage, il en faut ajouter un second, fort important. La reconnaissance volontaire ou forcée de votre signature fait, en effet, naître à mon profit et pour la garantie de ma créance une *hypothèque générale sur tous vos biens présents et à venir.* Toutefois il ne me sera permis de l'inscrire qu'après que votre dette sera devenue exigible (V. l'explic. de l'art. 2123 C. N.).

4° Demande formée pour obtenir une hypothèque ou pour faire courir les intérêts. — Lorsque votre créance résulte d'un titre exécutoire, vous pouvez, sans être obligé d'obtenir à cet effet un jugement de condamnation, faire directement saisir et vendre les biens de votre débiteur. Le recours à la justice n'est donc point indispensable dans ce cas, mais il peut être fort utile. Supposons, en effet, que votre créance n'est point productive d'intérêts; supposons, en outre, qu'elle est purement chirographaire. Si vous mettez directement votre titre à exécution, rien ne sera changé dans votre position, votre créance restera improductive d'intérêts; car le commandement que vous ferez signifier à votre débiteur et la saisie de ses biens qui suivra ce commandement n'ont point pour effet de faire courir les intérêts au profit du créancier saisissant. D'autre part, aucune hypothèque ne résultera pour vous soit du commandement, soit de la saisie ; votre créance restera donc chirographaire. Que si, au contraire, vous formez une demande en justice (mais vous ne le pouvez qu'autant que votre créance est actuellement exigible), vous acquerrez précisément les deux avantages dont je viens de parler. D'une part, en effet, les intérêts auront commencé de courir à votre profit du jour de votre demande (art. 1153 C. N.). D'autre part, le jugement de condamnation que vous obtiendrez vous investira d'une hypothèque générale sur les immeubles présents et à venir de votre débiteur (art. 2123 C. N.) (1).

Que faut-il considérer pour déterminer la compétence du tribunal ?

II. Du tribunal devant lequel la demande doit être portée. — La compétence des tribunaux se lie par le lien le plus étroit à la nature des *actions*.

Quels sont les différents sens du mot *action* ?

Le mot *action* a trois sens différents. Ainsi l'action, c'est d'abord *le droit d'agir en justice pour demander ce qui nous est dû ou ce qui nous ap-*

(1) Un cas existe où la demande n'a d'autre but et d'autre effet que d'interrompre la prescription. Vous avez une créance hypothécaire à terme ou subordonnée à une condition. Tant que l'immeuble sur lequel porte votre hypothèque reste dans le patrimoine de votre débiteur, nulle prescription ne court contre vous (art. 2257 C. N.). Mais s'il passe entre les mains d'un tiers acquéreur, l'hypothèque attachée à votre créance devient prescriptible dès ce moment (V. l'explic. de l'art. 2180-4° C. N.). La prescription court contre vous-même *pendente die* ou *pendente conditione*. Dès lors comment l'interromprez-vous? Former une demande en justice contre le tiers détenteur de l'immeuble hypothéqué, vous ne le pouvez pas, puisque votre créance n'est pas encore exigible. Que faire donc? Vous pouvez vous adresser à lui et lui demander qu'il vous donne un acte par lequel il reconnaîtra que l'immeuble qu'il détient est affecté par hypothèque au payement de votre créance. Cette reconnaissance, si vous l'obtenez, interrompra la prescription. Mais s'il vous la refuse? Vous l'assignerez alors, non point pour le faire condamner à délaisser l'immeuble ou à vous payer, car votre créance n'étant pas encore exigible vous ne pouvez point en poursuivre dès à présent le remboursement, mais pour obtenir du tribunal un jugement par lequel il sera dit que l'immeuble possédé par le défendeur est hypothéqué à votre créance. Ce jugement, qui tient lieu de la reconnaissance volontaire de l'hypothèque, est comme elle interruptif de prescription (V. à ce sujet l'explic. de l'art. 2173 C. N.).

partient. L'action se confond alors avec le droit qu'on veut faire valoir.

C'est aussi *l'exercice même de ce droit* ou, si l'on veut, ce droit mis en mouvement, en un mot, *la demande*.

C'est, en outre, le moyen dont on doit se servir pour faire valoir son droit quand il est contesté.

Les actions sont : Comment divise-t-on les actions ?

1° *Civiles* ou *commerciales*, suivant qu'elles sont nées d'un fait étranger au commerce ou d'un fait de commerce. Qu'est-ce qu'une action *civile* ? *Commerciale* ?

2° *Mobilières* ou *immobilières*, suivant qu'elles ont un *meuble* ou un *immeuble* pour objet. *Mobilière ?* *Immobilière ?*

3° *Pétitoires* ou *possessoires*, suivant que le droit engagé au débat est un droit *de propriété* ou un droit *de possession*. Ainsi l'action *pétitoire* est celle par laquelle on réclame soit le recouvrement d'une chose qui est possédée par un tiers et dont on se dit propriétaire, soit l'exercice d'une servitude réelle ou personnelle qu'on affirme avoir sur un bien appartenant à autrui.—L'action *possessoire* est celle par laquelle le possesseur d'une chose demande à être *maintenu* dans sa possession, quand il y est troublé, ou à y être *réintégré*, quand il en a été spolié. Au premier cas, elle prend le nom de *complainte;* on l'appelle *réintégrande* dans le second. *Pétitoire ?* *Possessoire ?*

L'action *pétitoire* suppose une *question de propriété* à juger, l'action *possessoire*, une *question de possession* (V. l'art. 3 C. pr. ; V. aussi l'explic. de l'art. 2228 C. N.) ;

4° *Personnelles*, *réelles* et *mixtes*. — L'action est *personnelle*, lorsque le demandeur, soutenant que le défendeur est *obligé* envers lui, soit par l'effet d'un contrat ou d'un quasi-contrat, soit par l'effet d'un délit ou d'un quasi-délit, soit enfin en vertu d'une disposition de la loi (V. toutefois l'explic. de l'art. 646, *in fine*, C. N.), conclut à ce qu'il soit condamné à exécuter son obligation ou à payer des dommages-intérêts, s'il n'y satisfait point. *Personnelle ?*

Ainsi, lorsqu'une personne poursuit le remboursement d'une somme qu'elle a prêtée ou qu'elle affirme avoir payée sans la devoir ; lorsqu'un propriétaire, dont la chose a été détruite par la faute d'un tiers, réclame une indemnité, ou qu'un enfant demande des aliments à son père, l'action est *personnelle*, puisque le demandeur allègue que la personne contre laquelle il agit est *obligée* envers lui.

L'action personnelle peut donc être définie : l'action par laquelle un *créancier* demande que son *débiteur* exécute son *obligation ;* ou, ce qui revient au même : celle par laquelle un créancier demande que son débiteur donne, fasse ou ne fasse pas ce qu'il est tenu de donner, de faire ou de ne pas faire.

— L'action *réelle* est celle par laquelle nous agissons contre une personne qui *n'est pas obligée envers nous*, mais qui détient une chose dont nous sommes propriétaire ou sur laquelle nous avons un droit *réel*, c'est-à-dire soit un démembrement du droit de propriété, soit un *Réelle ?*

droit d'hypothèque (1). Lors, par exemple, que la chose qui m'appartient se trouve entre les mains d'un tiers qui s'en est emparé ou qui l'a reçue d'une personne qui n'avait point qualité pour la lui transférer, l'action par laquelle *je la revendique*, c'est-à-dire par laquelle j'en demande la restitution, est une action *réelle*. Il en est de même de celle par laquelle, agissant contre un propriétaire, je conclus à ce qu'il me laisse exercer le droit d'usufruit, d'usage, d'habitation ou de servitude réelle que je prétends avoir sur son fonds.

Ainsi, tandis que l'action *personnelle* est corrélative au droit de *créance*, l'action *réelle* est corrélative au droit de *propriété ou à ses démembrements*.

Par l'action *personnelle*, on demande *ce qui nous est dû;* par l'action *réelle, ce qui nous appartient.*

Mixte ?

— L'action est *mixte*, lorsqu'elle réunit les caractères de l'action personnelle et de l'action réelle ou, ce qui est la même chose, lorsque le demandeur réclame une chose *qui lui est due* en même temps *qu'elle lui appartient.* On peut donc la définir : celle par laquelle le demandeur conclut, en sa double qualité de *créancier* et de *propriétaire*, à la délivrance d'une chose. Ainsi, par exemple, dès qu'une vente est conclue, deux effets ont lieu en même temps : 1° l'acheteur devient *propriétaire* de la chose vendue, car, dans notre droit, la convention de donner est, par elle-même et par sa seule énergie, translative de la propriété de la chose qu'elle a pour objet (V. l'explic. de l'art. 1138 C. N.) ; 2° il devient, en outre, *créancier* de la chose vendue, puisque le vendeur, en la lui vendant, a contracté l'obligation de la lui livrer (art. 1582 et 1605 C. N.). Dès lors, et à proprement parler, *deux actions* parfaitement distinctes existent à son profit, l'une, *réelle*, qui a son fondement dans le *droit de propriété* qui lui a été transmis; l'autre, *personnelle*, qui a le sien dans l'*obligation* que le vendeur a contractée; mais il lui est permis de les comprendre l'une et l'autre dans la même demande, de les mêler et confondre en une seule action qui alors est *double* ou *mixte*, puisqu'il agit tout à la fois en sa qualité de *propriétaire* et en sa qualité de *créancier*.

Que demande-t-on, en un mot, par l'action *personnelle* ? Par l'action *réelle* ? Par l'action *mixte* ?

—En un mot et pour nous résumer, nous dirons que le demandeur réclame : par l'action *personnelle, ce qui lui est dû;* par l'action *réelle, ce qui lui appartient;* par l'action *mixte, ce qui lui est dû et lui appartient*, c'est-à-dire une chose dont il est tout à la fois *créancier* et *propriétaire*.

Les actions *mobilières* peuvent-elles être réelles ? Les actions *immobilières* peuvent-elles être purement personnelles ?

— Nous aurons, au reste, à revenir sur cette matière, lorsque nous expliquerons l'article 59 (V. p. 52); mais disons, quant à présent, qu'on ne doit pas confondre, ainsi qu'on le fait souvent dans la pratique, les actions *mobilières* avec les actions *personnelles* et les actions *immobilières* avec les actions *réelles*. La division des actions en *mobilières* et *immobilières* se déduit, en effet, de la nature *de la chose* qu'elles ont pour ob-

(1) V. dans le *Premier examen du C. N.*, sous le titre Ier De la distinction des biens, la théorie des droits *réels* et *personnels*.

jet, tandis que leur division en *personnelles* et *réelles* prend sa source dans la nature *du droit* qui les engendre. Or, puisque je puis être propriétaire d'un meuble aussi bien que d'un immeuble, l'action *mobilière* peut donc être *réelle* de même qu'une action *immobilière*. Réciproquement une action *immobilière* peut n'être que *personnelle*, car je puis être *créancier* d'un immeuble sans en être en même temps *propriétaire*.

Il est vrai que les actions *réelles mobilières* et les actions *purement personnelles immobilières* sont fort rares dans notre droit actuel, et c'est ce qui a donné lieu au préjugé dont je parlais tout à l'heure; mais, quoique peu fréquentes, elles existent néanmoins. D'où vient que les actions *réelles mobilières* sont fort rares dans notre droit ?

Si les actions *réelles mobilières* se rencontrent rarement dans l'état actuel de notre législation, c'est qu'aux termes de l'article 2279 du Code Napoléon et par application de la maxime : *En fait de meubles, la possession vaut titre*, la prescription des meubles est *instantanée, c'est-à-dire dispensée de tout laps de temps*. Dès qu'on les possède, pourvu qu'on les ait reçus de bonne foi et en vertu d'un juste titre, on en acquiert la propriété. Il en résulte qu'en principe *on ne revendique point les meubles*. Et, en effet, revendiquer ou exercer une action réelle c'est agir contre un tiers qui détient notre chose; or, dès qu'il la détient, elle cesse d'être nôtre ! Ainsi vous avez vendu la chose que j'avais *déposée* chez vous, vous l'avez vendue et livrée à un acheteur de bonne foi : je ne puis point la revendiquer contre lui, puisque aussitôt qu'il en a acquis la possession, j'ai cessé d'en être propriétaire.

Mais comme la maxime : *En fait de meubles, la possession vaut titre*, n'est point d'une application *absolue*, les meubles peuvent être revendiqués dans tous les cas où elle n'est pas applicable, c'est-à-dire contre les tiers détenteurs qui n'ont point le droit de l'invoquer et, par conséquent, 1° contre les possesseurs de mauvaise foi; 2° même contre les possesseurs de bonne foi, si la chose qu'ils détiennent est une chose *volée* ou *perdue* (art. 2280 C. N.).

Si les actions *réelles immobilières* sont plus fréquentes, c'est que les tiers qui possèdent l'immeuble d'autrui ne le pouvant prescrire que par une possession continuée pendant un certain temps, dix, vingt ou trente ans, suivant les cas (art. 2262, 2265 et 2266 C. N.), ils restent par là même soumis à la revendication du propriétaire, tant que la prescription n'est pas accomplie. D'où vient que les actions *réelles immobilières* y sont plus fréquentes ?

Quant aux actions *immobilières purement personnelles*, elles étaient fort nombreuses dans l'ancien droit; mais il en est tout différemment aujourd'hui. On sait qu'autrefois les conventions de donner, ventes, échanges ou donations, n'avaient d'autre effet que d'engendrer des obligations; la propriété continuant de résider en la personne de celle des parties qui s'était engagée à la transférer, l'autre partie n'acquérait qu'une simple *créance* et par suite une action *purement personnelle* pour se faire mettre en possession de la chose qui lui avait été promise. Tout cela a été changé par notre Code. Il résulte, en effet, des termes de l'article 1138 qu'aussitôt qu'une convention de donner a été conclue, elle est par elle-même translative de la propriété de la chose D'où vient que les actions *immobilières purement personnelles* sont fort rares dans le droit actuel ?

qu'elle a pour objet en même temps qu'elle est génératrice d'obligations : d'où pour celle des parties qu'elle a rendue *propriétaire* en même temps que *créancière* une action *double* ou *mixte* (V. p. 40). Ainsi vous m'avez vendu votre maison : selon notre ancien droit, je n'aurais pu conclure à la délivrance ou au délaissement de la maison qu'en ma qualité de *créancier;* j'y puis, au contraire, sous l'empire de notre droit actuel, conclure en ma double qualité de *créancier* et de *propriétaire;* mon action est donc *double* ou *mixte.*

Que faut-il supposer pour qu'une action immobilière soit purement personnelle ?

Cependant la convention de donner n'est point toujours par elle-même et par elle seule translative du droit de propriété. Ce droit ne pouvant exister que sur une chose actuellement existante et *individuellement* déterminée, il en résulte que la convention de donner est simplement *productive d'obligations,* lorsque la chose qu'elle a pour objet n'est déterminée que relativement *à son espèce.* Ainsi lorsque je vous vends tant d'hectares de terre à prendre dans tel département ou en Algérie, mais sans déterminer par notre convention, sans individualiser le terrain qui devra vous être livré, aucune propriété ne vous est transmise : vous êtes *créancier* de la chose vendue ; mais vous n'en êtes point *propriétaire.* L'action par laquelle vous la réclamerez sera *immobilière,* puisqu'elle aura un *immeuble* pour objet, et *purement personnelle,* puisque c'est uniquement en votre qualité de *créancier* et à raison *de l'obligation* dont je suis tenu envers vous que vous agirez contre moi.

La question de savoir devant quel tribunal une demande doit être formée n'est-elle pas *complexe ?*

— Ces idées étant connues, nous pouvons aborder le problème de la compétence des tribunaux. Une demande est à former : devant quel tribunal devra-t-elle être portée ? Cette question est double ou complexe dans son objet ; on ne peut, en effet, la résoudre qu'à la condition de déterminer, d'une part, à quel ordre appartient le tribunal institué pour connaître des affaires du genre de celle dont il s'agit, et, d'autre part, parmi les tribunaux de cette catégorie, quel est celui d'entre eux qui est spécialement compétent dans l'espèce. Ainsi :

Ne doit-on pas, pour la résoudre, la diviser en deux questions ?

Première question. — L'affaire doit-elle être portée devant un tribunal de *première instance, de commerce* ou *de paix?*

Deuxième question. — A supposer qu'elle rentre dans la juridiction des tribunaux de première instance, devant lequel d'entre eux devra-t-elle être portée ? Sera-ce devant le tribunal du *domicile du défendeur* ou devant celui de la *situation de l'objet litigieux?* Ne pourra-t-il point arriver que ce doive être devant un tribunal qui ne sera ni celui du *domicile du défendeur,* ni celui de la *situation de l'objet litigieux?*

Quelle règle générale domine la première question ?

Sur la première question, nous avons une règle générale. Les tribunaux de première instance ayant été institués pour former la juridiction ordinaire ou de droit commun, il en résulte que toutes les affaires qui n'ont pas été comprises dans une juridiction extraordinaire ou exceptionnelle demeurent dans leurs attributions. Nous devons donc, pour déterminer leur compétence, procéder par élimination, c'est-à-dire rechercher quelles sont les causes qui ont été spécialement attribuées à d'autres tribunaux. Toute affaire qui ne rentrera point dans une catégorie exceptionnelle devra être portée devant un tribunal de première instance.

Or, diverses lois ont attribué :

Aux *tribunaux de commerce*, toutes les actions *commerciales*, c'est-à-dire toutes celles qui se rattachent à un fait de commerce.

Aux *prud'hommes*, certaines affaires de commerce, notamment les différends nés des rapports des fabricants avec les ouvriers qu'ils emploient dans leur industrie.

Aux *juges* de paix : 1° les actions *possessoires*, à quelque somme qu'elles puissent monter ;—2° les actions personnelles ou réelles *mobilières*, jusqu'à concurrence de 100 fr. en dernier ressort, de 200 fr. en premier ressort ; — 3° plusieurs actions mobilières, *jusqu'à concurrence de 1,500 fr.*, telles que les contestations entre les hôteliers, aubergistes ou logeurs et les voyageurs ou locataires en garni, pour dépenses d'hôtellerie et pertes ou avaries d'effets déposés dans l'auberge ou dans l'hôtel ;—4° enfin, certaines actions mobilières, *à quelque somme qu'elles puissent monter*, telles que les actions en payement de loyers ou fermages. On trouvera, au reste, dans la loi du 25 mai 1838 l'énumération limitative des demandes dont la connaissance appartient aux tribunaux de paix.

Aux *Cours impériales*, les appels des jugements rendus par un tribunal de commerce ou de première instance, puis certaines affaires, mais peu nombreuses, qui doivent être directement portées devant elles et qu'elles jugent tout à la fois en premier et en dernier ressort.

Toute autre affaire (1) ressortit aux tribunaux de première instance.

Étant donnée une affaire ressortissant aux tribunaux de première instance, devant lequel d'entre eux doit-elle être portée ?

— Étant donnée une affaire ressortissant aux tribunaux de première instance, devant lequel d'entre eux devra-t-elle être portée? Ici encore nous avons une règle générale. Il importe que les procès soient jugés le plus promptement et le plus économiquement possible. On évite des frais et des lenteurs en évitant des déplacements. Les déplacements n'ont lieu que d'un seul côté, lorsque les parties plaident devant le tribunal du domicile de l'une d'elles. Or, la défense ayant paru plus favorable que l'attaque, ou, si l'on veut, le défendeur étant présumé avoir le droit pour lui tant que la preuve du contraire n'est pas faite, la loi a pensé qu'au lieu de le contraindre à subir les dérangements qu'un plaideur téméraire ou de mauvaise foi pourrait vouloir lui imposer, il était naturel et plus logique de lui permettre de se défendre devant les juges qui le connaissent. De là, l'axiome que le demandeur suit le défendeur là où il est domicilié : *actor forum sequitur rei*. Ainsi, en principe et sauf quelques exceptions, la demande doit être portée *devant le tribunal du domicile du défendeur ou, à défaut de domicile, devant le tribunal de sa résidence.*

Pourquoi devant le tribunal du domicile du défendeur ?

La règle *actor forum sequitur rei* reçoit-elle des exceptions ?

Ce droit commun étant connu, nous n'avons plus qu'à rechercher dans quels cas la loi y déroge. Toute demande qui ne rentrera point

(1) Sauf encore, bien entendu, les affaires administratives.

dans l'une ou l'autre des exceptions que nous allons étudier restera dans la règle.

Quelles sont ces exceptions ?

Doivent être portées devant un tribunal autre que celui *du domicile du défendeur :*

Où doivent être portées les actions réelles ?

1° *Les actions réelles.* Le tribunal compétent pour en connaître est celui *de la situation de l'objet litigieux.* Ce tribunal étant à portée d'apprécier promptement et sans beaucoup de frais certaines circonstances que l'examen des lieux ou les usages de la localité peuvent seuls expliquer, on a pensé qu'il était bon de le préférer à toute autre juridiction.

Cette compétence s'applique-t-elle à toutes les actions réelles ?

Toutefois, bien que la loi dise d'une manière générale que les actions *réelles* doivent être portées devant le tribunal de la situation de l'objet litigieux, cette exception n'a trait pourtant qu'aux actions réelles *immobilières;* les *meubles,* en effet, n'ont point, à proprement parler, *de situation,* c'est-à-dire d'assiette fixe, tant sont répétés et rapides les déplacements qu'ils subissent : ici aujourd'hui, demain ils sont ailleurs. Une situation aussi mobile, si essentiellement accidentelle, ne peut point, on le conçoit, servir à fixer la compétence d'un tribunal. Or, du moment que les actions réelles mobilières n'appartiennent point au tribunal de la situation de l'objet litigieux, elles échappent à l'exception pour rester dans la règle. C'est donc, de même que les actions personnelles, devant le tribunal du domicile du défendeur qu'elles doivent être portées.

Où doivent être portées les actions en matière de société ?

2° *Les actions en matière de société, tant que la société existe.* — Elles doivent être portées devant le tribunal du *lieu où la société est établie.* C'est là, en effet, que se trouvent le plus habituellement les titres, registres et papiers qu'elle devra produire pour se défendre ; là, par conséquent, que sa défense sera plus facile, plus économique et plus prompte que partout ailleurs.

De quelles actions s'agit-il ?

C'est devant ce tribunal que doivent être portées, d'une part, les demandes formées contre la société par un tiers envers lequel elle est obligée, et, d'autre part, les contestations engagées entre les associés eux-mêmes. Quant aux actions réelles immobilières, elles doivent être formées, non point devant le tribunal du lieu où la société est établie, mais devant celui dans le ressort duquel est situé l'immeuble qu'elles ont pour objet ; car les motifs qui ont fait admettre, en ces sortes d'affaires, la compétence du tribunal du lieu de la situation de l'objet litigieux militent avec la même force, quelle que soit la qualité ou la condition du défendeur (V. ci-dessus le 1°).

Quid, si la société est dissoute ?

— D'après les termes de notre article, les affaires relatives à une société n'appartiendraient au tribunal du lieu où elle est établie que tant *qu'elle existe;* en sorte qu'aussitôt après sa dissolution et avant même qu'elle fût liquidée, on serait obligé d'en revenir au principe *actor forum sequitur rei.* Mais tous les auteurs admettent, par un raisonnement d'analogie tiré de la compétence admise en matière de succession (V. p. 45 et 46), que la compétence du tribunal du lieu où la société est établie régit encore, même après que la société est dissoute, d'une part, la demande en partage de la masse sociale, formée par l'un des associés contre les autres, et, même après le partage consommé, les demandes en rescision ou en garantie de partage; d'autre part, mais seulement jusqu'au partage définitif, les demandes formées contre les associés par des tiers envers lesquels la société était obligée.

— Il arrive souvent que la société n'a point de lieu fixe d'établissement : dans ce cas, l'exception n'étant plus applicable, on revient au principe *actor forum sequitur rei*.

Quid, si la société n'a point de lieu fixe d'établissement ?

3° *Les actions relatives à une succession*, ce qui comprend :

D'une part, la demande *en partage* de la masse indivise formée par un héritier contre ses cohéritiers ;

D'autre part, les demandes *en payement* formées contre les héritiers par les créanciers du défunt, et enfin les demandes *en délivrance de legs*.

Où doivent être portées les actions relatives à une succession ?

Quelles sont ces actions ?

Toutes ces demandes doivent être portées non point devant le tribunal du domicile de l'héritier défendeur, mais devant le tribunal de l'ouverture de la succession, c'est-à-dire du domicile du défunt (art. 110 C. N.). Mieux que tout autre, ce tribunal peut les apprécier et les instruire en parfaite connaissance de cause, rapidement et avec économie ; car c'est, en général, au domicile du défunt que se trouvent la masse des biens à partager, les papiers à consulter, les documents à recueillir ; c'est là que se réunissent tous les héritiers, là, par conséquent, qu'on est sûr de les trouver.

Quant aux créanciers du défunt et à ses légataires, la compétence du tribunal de l'ouverture de la succession ne dure que *jusqu'au partage définitif* des biens qui la composent. Ainsi, dès que le partage est consommé, soit par un acte intervenu à l'amiable entre les héritiers, soit par un jugement d'homologation, on sort de l'exception pour rentrer dans la règle. Les demandes en payement formées par les créanciers ou en délivrance de legs formées par les légataires doivent alors être portées devant le tribunal du domicile de celui des héritiers qui est actionné ou, s'ils le sont tous, devant le tribunal du domicile de l'un d'eux au choix du demandeur (1).

Jusqu'à quel moment le tribunal de l'ouverture de la succession est-il compétent ?

A ne consulter que les termes de notre article, ce que nous venons de dire des demandes formées par un créancier du défunt ou par un légataire serait également applicable aux demandes formées par un héritier contre ses cohéritiers. *Jusqu'au partage inclusivement*, y est-il dit, le tribunal de l'ouverture de la succession connaît des demandes *entre héritiers* ; d'où il semble qu'il ne lui est point donné de connaître des demandes *en rescision de partage* ou *en garantie des lots*, puisqu'elles sont *postérieures au partage*.

Quid, quant aux actions *en rescision de partage* ou *en garantie des lots* ?

(1) Le texte porte que les demandes formées par des *créanciers* restent dans la compétence du tribunal de l'ouverture de la succession, *jusqu'au partage* ; que les demandes formées par des *légataires* appartiennent au même tribunal jusqu'au *jugement définitif*. Il y a donc une variante entre les deux cas ; mais la plupart des auteurs reconnaissent qu'elle existe, non quant au fond des choses, mais seulement dans l'expression. L'idée est la même dans les deux cas. Dès que l'indivision cesse, la compétence du tribunal de l'ouverture de la succession cesse elle-même.

Ces mêmes demandes doivent, au contraire, d'après l'article 822 du Code Napoléon, être portées devant le tribunal de l'ouverture de la succession. Rien, au reste, n'est plus rationnel que cette disposition. Les actions dont il s'agit se rattachent, en effet, aux obligations que le partage suppose ou qu'il engendre entre les copartageants. Or, quel autre tribunal serait mieux placé pour apprécier la nature et l'étendue de ces obligations que celui qui a surveillé le partage d'où elles sont nées?

Cette excellente règle a-t-elle donc été abrogée par le Code de procédure? Nous ne le pensons point. Où serait, en effet, la raison d'être de cette abrogation? et si elle n'a aucun fondement légitime pourquoi la supposer? L'article 59 du Code de procédure ne contredit point d'ailleurs assez directement la disposition de l'article 822 du Code Napoléon, pour qu'on puisse y voir une abrogation implicite. Que dit-il, en effet? Que le tribunal de l'ouverture de la succession est compétent *jusqu'au partage inclusivement!* Or, la demande en *rescision* du partage qui a eu lieu n'est, au fond, qu'une demande *en partage;* car, comme elle tend à l'anéantissement de celui qui a été fait et, par suite, au rétablissement de l'indivision, elle aboutit nécessairement *à un nouveau partage.* L'action *en garantie* n'est elle-même qu'une demande *en continuation de partage;* l'héritier qui la forme prétendant, en effet, que les lots n'ont pas été faits comme ils auraient dû l'être, sa prétention tend en définitive à obtenir un partage plus régulier que le premier.

Quid, si le défunt n'a laissé qu'un seul héritier ?

— Remarquons, en terminant, qu'au cas où le défunt n'a laissé qu'un *seul héritier*, on demeure dans le droit commun, puisque l'exception suppose *un partage* et par conséquent *plusieurs héritiers.* Lors donc qu'il n'existe qu'un héritier, les créanciers et les légataires peuvent, à toute époque, le citer devant le tribunal de son domicile. Ils n'auraient même pas le droit de l'appeler devant le tribunal de l'ouverture de la succession. Que si pourtant la succession n'a été acceptée que sous bénéfice d'inventaire, c'est encore devant le tribunal du défunt que l'héritier doit être assigné, car alors le défunt étant réputé vivant au regard de ses créanciers, c'est la succession qui le représente, et qui, par conséquent, est seule tenue de ses dettes. C'est elle qui est le véritable défendeur; l'héritier n'est que son agent.

Bien qu'il en ait laissé plusieurs, la compétence du tribunal de l'ouverture de la succession s'applique-t-elle à toute action quelle qu'elle soit ?

— Ajoutons enfin, qu'au cas même où il existe *plusieurs héritiers*, le tribunal de l'ouverture de la succession n'est compétent, en ce qui touche les demandes formées contre eux par un tiers, que pour celles qui devraient être portées devant le tribunal du domicile du défunt, à supposer qu'il fût encore vivant. Ainsi les actions *réelles immobilières* doivent être portées, non point au tribunal du lieu où la succession s'est ouverte, mais devant les juges de la situation de l'immeuble litigieux (V. p. 44).

Où doivent être portées les actions en matière de faillite?

4° *Les actions en matière de faillite.* — Elles doivent être portées devant le tribunal du domicile du failli.

De quelles actions s'agit-il ?

Ces expressions : *en matière de faillite*, sont fort vagues, et par conséquent susceptibles de sens divers. Si on les entend dans un sens général et absolu, il en résultera que *toutes les demandes relatives à la faillite*, c'est-à-dire tant les demandes formées *par les syndics contre les débiteurs du failli* que celles qui sont formées par les *créanciers du failli contre les syndics*, devront être portées devant le tribunal du domicile du failli.

Où doivent être portées les demandes formées par les syndics contre les débiteurs du failli ?

Dans ce système, les débiteurs qui n'auraient pu être actionnés que devant leurs propres juges, si leur créancier fût resté solvable, pourraient l'être devant le tribunal de son domicile!

Ce résultat est trop singulier, trop injuste surtout pour qu'on puisse l'admettre. Comment veut-on que la faillite d'un créancier puisse avoir ce privilége exorbitant de remplacer la maxime *actor forum sequitur rei* par la règle inverse *reus forum sequitur actoris?*

On décide donc généralement que les mots *en matière de faillite* ont un sens limité et restreint, applicable seulement aux demandes formées contre les syndics par les créanciers du failli. La pensée de la loi peut être ainsi traduite : « Bien que les actions des créanciers d'un failli doivent être formées contre les syndics de la faillite (art. 443 C. com.), elles doivent être portées, non point au tribunal du domicile de l'un d'eux, mais au tribunal du domicile du failli. » A proprement parler, cette disposition ne déroge point au principe *actor forum sequitur rei*, car les syndics, contre lesquels les actions doivent être dirigées, étant les mandataires ou les représentants du failli, c'est lui, au fond, qui est le véritable défendeur. En autres termes, la faillite d'une personne n'apporte aucun changement aux règles concernant la compétence du tribunal devant lequel doivent être portées les affaires dans lesquelles cette personne figure comme demanderesse ou comme défenderesse.

Toutefois j'admettrais, avec quelques auteurs, que les demandes qui *sont nées de la faillite même*, auxquelles elle a donné lieu, qui, en un mot, n'existeraient pas sans elle, doivent être portées devant le tribunal du domicile du failli, *quoique formées contre des tiers par les syndics de la faillite*. Telles sont les demandes en nullité des actes passés par le failli depuis sa faillite, ou dans les dix jours qui ont précédé l'époque de la cessation de ses payements (1).

Cette décision doit-elle être suivie dans tous les cas ?

5° *Les demandes en garantie.* — Elles doivent être portées devant le tribunal où se trouve *pendante* la demande principale à laquelle elles se rattachent. Les termes mêmes de cette disposition nous font suffisamment comprendre qu'elle ne vise que les demandes INCIDENTES en garantie. Quant à la garantie exercée par action PRINCIPALE et INTRODUCTIVE D'INSTANCE, on reste dans le droit commun.

Où doivent être portées les demandes *en garantie* ?

Soit une caution poursuivie en payement par le créancier :

Recourt-elle aussitôt contre le débiteur, l'appelle-t-elle en garantie dans le procès même qu'elle soutient, sa demande doit être portée, non point au tribunal du domicile du débiteur, mais au tribunal qui est saisi de la demande dirigée contre elle, c'est-à-dire devant le

(1) V., en ce sens, MM. Delzers sur l'art. 59, et Colmet-Daage sur le même article.

tribunal de son propre domicile, puisque c'est là qu'elle est en instance. La loi a pensé avec raison que la demande en garantie, se liant, dans l'espèce, à une autre demande, il était logique que le tribunal qui connaît de celle-ci connût également de celle-là, puisque, en procédant ainsi devant le même tribunal et par une seule instance, on obtient deux avantages essentiels, une économie de temps et une économie de frais. Ajoutez qu'on évite, par cette voie, l'inconvénient d'exposer deux tribunaux à rendre, sur un même point, des décisions opposées et contradictoires.

La caution néglige-t-elle d'user du droit qu'elle a d'appeler en cause le débiteur, son garant, plaide-t-elle seule? Elle pourra bien, sans doute, si elle succombe, former contre lui un recours en garantie, mais alors sa demande étant principale et introductive d'instance, notre disposition cessera de lui être applicable. Le garant devra donc, dans ce cas, être cité devant le tribunal de son propre domicile, conformément au droit commun.

Art. 60.

Devant quel tribunal doivent être portées les demandes formées pour frais par les officiers ministériels?

6° *Les demandes formées pour frais par les officiers ministériels.* — Elles appartiennent non point au tribunal du domicile de la partie débitrice des frais réclamés, mais au tribunal même où ils ont été faits. Cette dérogation au droit commun s'explique et se justifie par les motifs suivants : 1° il importe au public que les officiers dont le ministère est forcé ne soient point détournés de leurs fonctions par la nécessité d'aller au loin et à grands frais poursuivre le payement de leurs avances et de leurs honoraires; 2° on obtient, en les contraignant de s'adresser au tribunal *sous la surveillance duquel ils se trouvent placés*, une garantie particulière pour la répression des abus; 3° ce tribunal peut d'ailleurs, mieux que tout autre, taxer avec exactitude le montant des frais réclamés.

Pourquoi devant ce tribunal?

Ainsi cette compétence a été introduite dans l'intérêt : 1° des officiers ministériels; 2° de leurs clients; 3° de l'administration de la justice elle-même.

Par qui cette compétence peut-elle être invoquée?

Concluons-en : 1° qu'elle peut être invoquée non-seulement par les officiers ministériels contre leurs clients, mais encore par les clients contre les officiers ministériels qui ont instrumenté pour eux. La loi est, en effet, absolument impérative : Les demandes formées pour frais par les officiers ministériels *seront*, dit-elle, portées devant le tribunal où les frais ont été faits.

Si la demande est formée devant un autre tribunal doit-il, *d'office*, se déclarer incompétent?

2° Qu'au cas où elles sont portées devant un autre tribunal, celui-ci doit, *même d'office*, se déclarer incompétent. Son incompétence ne peut pas, en effet, être couverte par le silence des parties, puisqu'elle a son principe moins dans leur intérêt privé que dans une considération d'ordre public.

De quels officiers ministériels et de quels frais la loi entend-elle parler?

— Sous cette dénomination générale : les *officiers ministériels*, la loi comprend les avoués, les huissiers, les greffiers, les commissaires-priseurs et même les notaires (V. l'art. 51 de la loi du 25 ventôse an XI).

Par frais faits *devant un tribunal*, elle entend les frais faits *dans le ressort de ce tribunal*. Peu importe dès lors qu'il s'agisse de frais judiciaires ou de frais extrajudiciaires ; la loi ne distingue pas. Peu importe même que les frais réclamés aient été faits devant le tribunal de première instance ou devant une autre juridiction. L'article 60 est, en effet, absolu. Les demandes pour frais doivent être portées, y est-il dit, devant le tribunal où les frais ont été faits, c'est-à-dire, ainsi que nous en avons fait la remarque, devant le tribunal *dans le ressort duquel ils ont eu lieu*. Or, ce tribunal auquel elles sont attribuées, quel est-il, si ce n'est le tribunal de première instance? (Arg. tiré de la place qu'occupe dans le Code l'art. 60.)

Quid, quant aux frais faits devant un tribunal de commerce?

. Ainsi les demandes pour frais faits devant un *tribunal de commerce* appartiennent non point à ce tribunal, mais au tribunal de première instance. Deux raisons militent en faveur de cette décision. La première, c'est que ces demandes n'ont rien de commercial ; la seconde, c'est que les tribunaux de commerce n'ont aucun droit de discipline ou de surveillance sur les huissiers de leur arrondissement (1).

Devant un tribunal de paix?

C'est également au tribunal de première instance qu'est attribué le droit de connaître des demandes pour frais faits devant les juges de paix ; car, de même que les tribunaux de commerce, les tribunaux de paix sont des juridictions *d'exception*, et nulle loi n'a placé dans leurs attributions les affaires spéciales dont nous nous occupons.

Les huissiers qui instrumentent devant les juges de paix demeurent, d'ailleurs, sous la surveillance du tribunal d'arrondissement; c'est par conséquent à ce tribunal qu'appartient le droit de statuer sur les demandes en payement des frais dont ils poursuivent le remboursement (2).

Devant une Cour impériale?

Mais que décider relativement aux demandes pour frais faits *devant une Cour impériale?* La décision devrait, à mon sens, être la même, mais il est généralement admis que les Cours peuvent statuer *de plano* en premier et en dernier ressort sur les demandes en payement des frais faits devant elles (3).

La règle *actor forum sequitur rei* ne s'applique-t-elle qu'aux actions personnelles?

— Revenons à notre principe. La loi l'a formulé d'une manière inexacte. Les actions *personnelles* doivent, dit-elle, être portées devant le tribunal du domicile du défendeur. Ainsi, que l'action soit *mobilière* ou qu'elle soit *immobilière*, il n'importe ; du moment qu'elle est *personnelle*, la règle *actor forum sequitur rei* la régit. Mais, remarquons-le bien, ce ne sont point seulement les actions *personnelles* qui appartiennent au tribunal du domicile du défendeur ; il en est, en effet, de même des actions *réelles mobilières* (V. p. 44), et aussi des actions *réelles en réclamation d'état*, ou plus généralement de toute action qui n'a pas été spécialement et par une disposition particulière placée dans la juridiction d'un autre tribunal (V. p. 43 et 44).

N'a-t-elle pas des inconvénients? Comment y peut-on remédier?

—La règle *actor forum sequitur rei*, bien que très-rationnelle en elle-même, a cependant ses inconvénients. Elle pourrait, en effet, si elle devait prévaloir jusque sur la convention des parties, empêcher les

(1) M. Bonnier, p. 33.
(2) M. Colmet-Daage sur Boitard, t. Ier, p. 122.
(3) V. M. Bonnier, t. I, p. 33.

personnes domiciliées en des lieux différents et séparées l'une de l'autre par de grandes distances d'entrer entre elles en relation d'affaires; car la crainte d'être obligées d'aller plaider au loin, au cas où l'acte qu'elles se proposent donnerait lieu à quelque différend, les détournerait peut-être de l'idée de traiter ensemble. Que si la personne qui vous offre de se mettre avec vous en relation de droit est domiciliée dans le ressort où vous êtes domicilié vous-même, il y a lieu de craindre qu'après le contrat passé elle ne transporte ailleurs son domicile, auquel cas il vous faudrait, si quelque conflit venait à s'élever, aller la chercher là où il lui aurait plu de se fixer. La crainte de ce danger pourrait donc encore vous détourner du contrat qu'elle vous propose. Mais la loi, qui a prévu cet inconvénient, fournit le moyen de l'éviter. Les parties peuvent, en effet, convenir que si le contrat qu'elles passent donne lieu à quelque contestation, la compétence du tribunal devant lequel elles seront tenues de plaider sera déterminée soit par tel domicile dont elles conviennent et qu'elles fixent dans un lieu différent de celui où elles sont actuellement domiciliées, soit par leur domicile actuel. Ainsi lorsque je fais un prêt à une personne domiciliée à Marseille, je puis stipuler d'elle que, si je suis obligé de recourir à la justice, le domicile qu'elle a à Marseille sera, quant à moi et quant à l'affaire spéciale que nous traitons, remplacé par un domicile établi à Paris. Ce domicile est celui qu'on appelle d'*élection.*

Je puis également exiger qu'elle élise domicile *là où elle a déjà son domicile actuel :* j'éviterai ainsi les inconvénients que j'aurais à subir si elle venait à transporter ailleurs son domicile réel.

Un domicile spécial ne peut-il pas être élu soit dans l'intérêt du débiteur seulement, soit dans l'intérêt exclusif du créancier, soit enfin dans l'intérêt commun des parties ?

Quid dans ces divers cas ?

Au reste, un domicile spécial peut être élu, soit dans l'intérêt exclusif du créancier, soit dans l'intérêt exclusif du débiteur, soit dans leur intérêt commun. Au premier cas, le domicile élu est un bénéfice pour le créancier, une exception introduite en sa faveur; rien ne l'oblige à en user. Il peut donc, *à son choix,* agir devant le tribunal élu ou devant le tribunal du domicile réel de son débiteur. — Dans le second, la faveur, l'exception est pour le débiteur. Le créancier ne peut pas l'en priver. C'est donc nécessairement devant le tribunal du domicile élu qu'il doit l'actionner. — Dans le troisième, le résultat est le même que dans le second. Le créancier peut porter sa demande devant le tribunal élu, et il ne lui est point permis d'agir ailleurs (V. l'explic. de l'art. 111 C. N.).

Quid, lorsqu'il existe plusieurs défendeurs ?

— Lorsqu'une demande, régie par le principe *actor forum sequitur rei,* est formée contre plusieurs défendeurs, elle peut être portée devant le tribunal du domicile de l'un d'eux au choix du demandeur. Ainsi lorsque plusieurs personnes ont emprunté une certaine somme soit solidairement, soit même conjointement, mais par un seul et même acte, qu'un débiteur est mort laissant plusieurs héritiers entre lesquels la succession a été partagée, ou qu'une tierce personne s'est obligée avec lui à titre de caution, le créancier n'est point tenu de former autant de demandes particulières qu'il a de débiteurs et d'aller plaider devant les tribunaux de leurs domiciles respectifs ; il peut, au contraire, ne former contre eux qu'une demande unique et commune devant un seul et même tribunal, ce qui est plus prompt et plus économique. Le système contraire aurait d'ailleurs exposé les divers tribunaux devant lesquels le demandeur aurait été obligé d'agir au danger de rendre *sur une même affaire des décisions contradictoires.*

Remarquons toutefois qu'il n'est permis d'appeler ainsi plusieurs personnes devant un seul et même tribunal et dans une instance unique qu'autant que les obligations à l'occasion desquelles on les poursuit sont *connexes* entre elles, en ce sens du moins qu'elles sont toutes nées du même contrat ou de la même affaire, ainsi que cela a lieu dans les trois espèces que je viens de rapporter. On conçoit, en effet, qu'un demandeur ne peut point, en réunissant au gré de son intérêt des demandes qui n'ont entre elles aucun rapport, enlever aux défendeurs le bénéfice du droit commun.

A quelle condition est-il permis de citer plusieurs personnes devant un même tribunal et dans une instance commune ?

— Si le défendeur n'a point de domicile, sa *résidence* en tient lieu.

Quid, si le défendeur n'a point de domicile ?

S'il n'a point de domicile... Peut-être serait-il plus exact de dire : *si son domicile est inconnu;* car toute personne recevant à sa naissance un domicile que la loi lui donne et ce domicile légal ne pouvant être abandonné que sous la condition d'en acquérir un autre, il ne se peut point qu'une personne n'ait pas de domicile (V. à ce sujet l'explic. des art. 102 à 111 C. N.).

Ces expressions : *s'il n'a point de domicile*, sont-elles exactes ?

Mais que décider si le défendeur dont le domicile est inconnu n'a point de résidence en France ou si sa résidence est également inconnue?

Quid, dans le cas où le domicile et la résidence du défendeur sont inconnus ?

Cette question se présentera surtout à l'égard des étrangers. On sait qu'ils peuvent être poursuivis devant les tribunaux français pour les obligations qu'ils ont contractées envers un Français, soit en France, soit même à l'étranger (art. 14 C. N.). S'ils ont un domicile (V. l'art. 13 C. N.) ou, à défaut de domicile, une résidence en France, point de difficulté : ils pourront être poursuivis devant les juges de leur domicile ou de leur résidence. Mais où les poursuivre, s'ils n'ont en France ni domicile, ni résidence? A mon sens, la compétence devrait être déterminée, dans ce cas, par le domicile *du demandeur*. La loi, qui veut éviter tout ce qui pourrait entraver la solution la plus prompte et la plus économique des procès, ne permet point, du moins en matière personnelle, que les *deux* plaideurs soient *l'un et l'autre* obligés de se déplacer (V. p. 45). Or, ce but ne peut être atteint qu'autant que les procès sont portés devant le tribunal du domicile de l'une ou de l'autre des parties. A la vérité, la loi a, en principe, préféré le tribunal du domicile *du défendeur;* mais du moment que par un motif particulier elle l'écarte ou qu'un obstacle de fait, et un obstacle insurmontable, s'oppose à l'application de son principe, le tribunal du domicile *du demandeur* devient nécessairement compétent (1).

Les étrangers peuvent-ils être cités devant les tribunaux français ?

Mais devant quel tribunal ?

(1) MM. Ducaurroy, Bonnier et Roustain sur l'art. 14 C. Nap. — M. Demangeat sur Felix, *Traité du droit international*, t. Ier, no 171. — Dans un autre système on distingue : l'obligation dont on poursuit l'exécution a-t-elle été contractée *en France*, la demande doit être formée, soit devant le tribunal du lieu où le contrat s'est passé, soit devant le tribunal du lieu où l'obligation

Où doivent être portées les actions mixtes ?

— Il me reste à parler des actions *mixtes*. Nous venons de voir que les actions personnelles même immobilières doivent être portées devant le tribunal du défendeur ; qu'au contraire c'est devant le tribunal de la situation de l'objet litigieux que doivent être introduites les actions *réelles* qui ont un immeuble pour objet. Les actions *mixtes*, étant tout à la fois *personnelles* et *réelles*, peuvent donc, quand elles sont immobilières, être portées, au choix du demandeur, devant le tribunal du domicile du défendeur ou devant celui de la situation de l'objet litigieux.

Qu'est ce qu'une action mixte ?

Nous savons déjà qu'on entend par action *mixte* celle par laquelle le demandeur conclut au délaissement ou à la délivrance d'une chose en sa double qualité de *créancier* et de *propriétaire* (V. p. 40).

Partout où ces conclusions à double face, *personnelles* et *réelles* à la fois, se rencontrent, l'action est mixte. Mais dans quelles actions se rencontrent-elles? Dans quels cas le demandeur poursuit-il *l'exécution d'une obligation* en même temps qu'il réclame *la chose qui lui appartient?* En autres termes, quelles actions sont mixtes ? Je citerai à titre d'exemple :

Quels exemples en peut-on donner ?

1° *Les actions en délivrance d'une chose qui nous est due en vertu d'un legs ou d'un contrat translatif de propriété.* — Telle est, par exemple, l'action formée par un acheteur contre son vendeur. Le demandeur agit, en effet, en la double qualité de *créancier* et de *propriétaire :* comme *créancier*, puisque le vendeur s'est *personnellement obligé* à le mettre en possession de la chose vendue (art. 1603 C. N.); comme *propriétaire*, puisque la vente qui l'en a rendu *créancier* lui en a, en même temps, transféré la propriété (art. 1138, 1583 C. N.).

Ainsi toutes les actions en délivrance d'un corps certain dû en vertu d'une convention de *donner* sont mixtes (art. 1138 C. N.).

Il en est de même des actions en délivrance d'un corps certain dû en vertu d'un legs. Le légataire peut, en effet, se poser vis-à-vis de l'héritier avec le double titre de *créancier* et de *propriétaire :* de *créancier*, puisque l'héritier qui accepte la succession *s'oblige* par un quasi-contrat à l'exécution des legs (art. 724 C. N.); de *propriétaire*, puisque le legs, de même que la convention de donner, est par lui-même et par lui seul translatif de la propriété de la chose qu'il a pour objet (art. 711 C. N.).

Les actions en résolution ou en rescision d'un contrat translatif de propriété sont-elles mixtes ?

2° *Les actions en rescision, en résolution ou en révocation d'un contrat translatif de propriété.* — Prenons pour exemple l'action en rescision d'une vente pour défaut de payement du prix (art. 1654 C. N.). Il est facile, lorsqu'on l'analyse, d'y trouver ce mélange de *réalité* et de *personnalité* qui constitue et caractérise l'action mixte. D'une part, le vendeur attaque l'acheteur comme *personnellement obligé* à subir la résolu-

doit être exécutée (art. 420 C. pr., arg. d'analogie) ; a-t-elle été contractée *à l'étranger*, la demande peut être portée, au choix du demandeur, mais sous la condition de ne pas faire un choix injuste et ridicule, devant ses propres juges ou devant tout autre tribunal (MM. Marcadé sur l'art. 14 ; Delzers sur l'art. 69 C. pr.; Demolombe, t. I, p. 252).

tion du contrat qu'il n'exécute point ; d'autre part, il *revendique la propriété* de la chose vendue en se prévalant de la résolution de la vente qui l'en avait dépouillé.

Toutefois cette action n'est mixte qu'autant que l'acheteur contre lequel elle est formée est encore en possession de la chose vendue. Mais il a pu la vendre à son tour et la livrer à son acheteur. Dans ce cas, le premier vendeur a deux actions parfaitement distinctes : l'une, *purement personnelle*, l'action en résolution qu'il devra intenter contre son acheteur ; l'autre, purement *réelle*, l'action en revendication qu'il formera contre le tiers détenteur de la chose qu'il réclame. L'action est purement personnelle contre l'acheteur, car le vendeur ne peut plus conclure simultanément à la résolution du contrat et à la restitution de la chose, puisque l'acheteur ne la possède plus ; purement réelle contre le tiers acquéreur qui, en effet, n'est tenu d'aucune obligation personnelle, puisque, d'une part, il n'a point contracté avec le vendeur qui l'actionne, et que, d'autre part, simple acquéreur à titre particulier, il n'a point succédé à l'obligation personnelle de son vendeur.

Quid, pourtant, si le défendeur n'est plus en possession de la chose qu'elles ont pour objet ?

Au reste, cette distinction n'empêchera point le vendeur d'agir, à son choix, devant le tribunal du domicile de son acheteur ou devant le tribunal de la situation de l'immeuble litigieux. Il peut, en effet, et à son choix, former tout d'abord une action en résolution de la vente, auquel cas il procède devant le tribunal du domicile de son acheteur, ou commencer le débat par l'action en revendication contre le tiers acquéreur, et alors c'est devant le tribunal de la situation de l'immeuble qu'il agit ; mais comme ces deux actions sont connexes, il peut appeler le tiers acquéreur en cause devant le tribunal où il plaide en résolution, ou réciproquement son acheteur devant le tribunal où il plaide en revendication (art. 171) : dans l'un et l'autre cas, le tribunal statue sur sa double prétention par un seul et même jugement (1).

Néanmoins le demandeur ne peut-il pas, même dans ce cas, agir, à son choix, devant le tribunal du domicile du défendeur ou devant celui de la situation de l'objet litigieux ?

3° *L'action* familiæ erciscundæ *ou en partage d'une succession.* — L'héritier qui la forme demande, en effet, d'une part, *ce qui lui appartient* dans la chose commune (art. 711 et 724 C. N.), d'autre part, *l'exécution de l'obligation* dont est tenu envers lui son cohéritier, c'est-à-dire de l'obligation de faire cesser l'indivision en procédant au partage (art. 815 C. N.).

Y a-t-il quelque intérêt à savoir si l'action en partage d'une succession est ou non mixte ?

— Au reste, que cette action soit mixte, qu'elle soit purement personnelle ou purement réelle, peu importe ; nous avons, en effet, ici une compétence particulière : l'action en partage ne peut être portée que devant le tribunal de l'ouverture de la succession (V. p. 45).

4° *L'action communi dividundo*, c'est-à-dire l'action en partage d'un ou de plusieurs objets indivis entre des communistes qui ne sont point des héritiers, par exemple, entre des associés, après que la société est dissoute, ou entre plusieurs acheteurs du même objet. Cette action est mixte comme l'action *familiæ erciscundæ* et par les mêmes motifs. Elle

(1) M. Bonnier, sur l'art. 59.

pourra donc être formée soit devant le tribunal du domicile du défendeur, soit devant celui de la situation de l'immeuble qu'elle a pour objet. —Toutefois on décide généralement que l'action en partage des biens dont se compose l'actif d'une société qui a cessé d'exister appartient au tribunal du lieu où la société était établie avant qu'elle fût dissoute (arg. tiré des art. 822 et 1872 C. N).

L'action en bornage est-elle mixte ?

5° Enfin, *l'action* finium regundorum *ou l'action en bornage* (1). — Elle est mixte, puisque la loi place elle-même la nécessité du bornage, d'une part, parmi les *servitudes réelles* (art. 646 C. N.); d'autre part, parmi les *obligations personnelles* qui se forment sans convention entre propriétaires voisins (art. 1370 C. N).

Quelle conséquence bizarre cette théorie amène-t-elle ?

Cette théorie, au reste, conduirait à un résultat aussi déplorable que bizarre, si le bon sens des parties ne venait ici corriger l'imperfection de la loi. Soient deux immeubles *situés à Paris* et dont l'un appartient à une personne *domiciliée à Marseille*. Une action en bornage est intentée : où pourra-t-elle être portée? Dans le système de la loi, elle pourrait l'être, si la fantaisie en prenait au demandeur, devant le tribunal *de Marseille!* Rien ne serait plus absurde assurément. Le demandeur serait pourtant dans son droit en agissant ainsi. Mais, dans la pratique, les demandeurs en bornage n'abusent jamais de l'alternative ridicule qui leur est laissée ; c'est toujours devant le tribunal de la situation des immeubles qu'ils agissent.

Une action réelle devient-elle mixte lorsque le propriétaire qui l'intente conclut à certaines prestations dont le possesseur est tenu envers lui, par exemple, à une restitution de fruits ?

— Encore un mot. Il faut bien se garder de croire qu'une action qui est *réelle* devient *mixte* lorsque le propriétaire qui l'intente conclut, en même temps qu'il réclame la restitution de sa chose, à certaines prestations dont le possesseur est tenu envers lui, par exemple, à une restitution de fruits. Le propriétaire qui revendique sa chose contre un tiers qui la détient conclura toujours, en effet, à ce qu'il soit condamné, d'une part, au délaissement de l'immeuble, et, d'autre part, à la restitution des fruits que le défendeur a perçus de mauvaise foi ou, s'il a été de bonne foi, qu'il a perçus depuis la demande. Or, si ses conclusions relatives à la restitution des fruits imprimaient à son action en revendication un caractère de personnalité, quelles actions seraient purement réelles? il n'y en aurait point : la loi resterait donc sans application. Ce n'est point par la nature des conclusions *accessoires* d'une demande qu'on doit déterminer sa nature ; c'est uniquement par *son objet principal et dominant,* ou plutôt par la nature du droit qui permet de l'intenter. Or, lorsque je revendique la chose qui m'appartient, j'agis comme *propriétaire;* c'est mon droit de propriété qui sert de principe et de fondement à mon action; le reste n'est que secondaire ou accessoire.

Art. 61.

Comment s'introduisent les demandes ?

III. De la manière dont se forment les demandes. — Les demandes

(1) Les tribunaux de première instance connaissent des actions en bornage toutes les fois que la propriété ou que les titres qui l'établissent sont contestés. Dans le cas contraire, elles rentrent dans la juridiction des juges de paix (loi du 25 mars 1838. — V. dans le *Premier exam. du C. N.* l'explic. de l'art. 646).

principales et *introductives d'instance* s'introduisent par la voie d'un acte d'huissier appelé *ajournement* (art. 61). Les demandes *incidentes* se forment par simple requête ou par acte d'avoué à avoué (art. 337 et suiv.; 405).

IV. De l'exploit d'ajournement (1). — L'ajournement est l'acte par lequel une personne, agissant par ministère d'huissier, en appelle une autre devant un tribunal pour voir prononcer sur la prétention qu'elle élève contre elle. On l'appelle *assignation*, parce qu'il contient l'indication d'un rendez-vous, à tel jour, devant la justice. Le même acte prend le nom de *citation*, lorsqu'on appelle le défendeur à comparaître devant un juge de paix siégeant comme juge ou comme conciliateur (V. p. 25).

Qu'est-ce que l'exploit d'ajournement? Quels autres noms lui donne-t-on?

— Les formalités de l'ajournement sont *intrinsèques* ou *extrinsèques*. Sont intrinsèques, celles qui sont de son essence; extrinsèques, celles qui ne sont prescrites qu'accessoirement ou en dehors de l'acte.

Comment divise-t-on les formalités auxquelles il est soumis?

Les formalités intrinsèques sont toutes prescrites à *peine de nullité*.

Les formalités extrinsèques sont sanctionnées tantôt par la nullité de l'ajournement où elles ne se trouvent point, tantôt par une simple amende contre l'huissier qui ne les a pas observées.

— *Des formalités intrinsèques de l'ajournement.* — On en compte onze. L'ajournement doit, en effet, faire connaître :

Combien compte-t-on de formalités intrinsèques?

1° Sa date; — 2° la personne du demandeur; — 3° l'avoué par lequel il sera représenté au procès; — 4° l'huissier qui a instrumenté; — 5° la personne du défendeur; — 6° la personne à laquelle la copie de l'ajournement a été laissée; — 7° l'objet de la demande; — 8° les moyens qui lui servent de fondement; — 9° Le tribunal devant lequel le défendeur est appelé; — 10° le délai qui lui est accordé pour comparaître; — 11° la signature de l'huissier (V. la formule n° 4).

Reprenons une à une chacune de ces formalités :

1° *Indication de la date de l'exploit.* — La date se compose de l'an, du mois et du jour où il a été fait. Peu importe, au reste, la place qu'elle occupe dans l'acte; l'essentiel est qu'elle y soit.

Que comprend sa date?

Il est bon de l'écrire en toutes lettres, mais comme la loi ne l'a point prescrit expressément, ainsi qu'elle l'a fait pour les actes notariés, elle serait néanmoins régulière bien qu'écrite en chiffres.

La date des actes notariés comprend non-seulement l'an, le mois et le jour, mais encore le *lieu* où ils ont été faits (art. 12 de la loi du 25 ventôse an XI). Dans les actes d'ajournement, l'indication du lieu n'est pas nécessaire. Elle résulte, en effet, suffisamment de l'indication du domicile où la copie de l'exploit est laissée. Toutefois il est bon, lorsque la copie a été remise non point au domicile du défendeur, mais *à sa personne*, d'indiquer le lieu où cette remise a été faite, afin qu'on puisse savoir si l'huissier qui l'a effectuée a ou non instrumenté dans

Est-il nécessaire qu'elle comprenne l'indication du *lieu* où il a été fait?

(1) Les actes d'huissier prennent le nom général d'*exploits*. Cette expression vient, dit-on, d'*explicare*, expliquer. C'est qu'en effet les huissiers, au lieu de dresser acte des faits qu'ils accomplissaient, les rapportaient autrefois de vive voix aux juges.

la limite de sa compétence territoriale; mais si cette indication est utile, elle n'est point indispensable, car la loi ne l'exige pas.

Dans quel but la loi veut-elle qu'il soit daté ? En autres termes quels sont les divers effets de la date ?

— La date de l'ajournement a une bien grande utilité.

Et d'abord elle fixe le point de départ du délai de huitaine accordé au défendeur pour comparaître.

En second lieu, c'est par elle qu'il est permis de savoir si la demande a été ou non formée *en temps utile*, c'est-à-dire avant ou après la prescription du droit qu'elle a pour objet.

Ce n'est pas tout. La demande a pour effet, d'une part, de faire courir les intérêts quand elle a pour objet une créance de somme d'argent; d'autre part, de constituer en état de mauvaise foi le possesseur du bien réclamé et par suite de l'empêcher de faire les fruits siens pendant le procès: la date du jour où elle est formée fixe le moment à partir duquel a lieu ce double effet.

Ce n'est pas assez encore. La demande constitue *en demeure* les débiteurs d'un corps certain, ce qui met à leur charge la responsabilité des cas fortuits qui ne seraient point arrivés si la chose qu'ils doivent n'était point restée entre leurs mains (art. 1138, 1139 et 1302). La date de l'ajournement fixe le jour à partir duquel commence cette responsabilité.

Enfin, l'ajournement ne pouvant point être donné pendant certains jours, il importe sous ce rapport encore qu'il soit daté, afin qu'on puisse reconnaître s'il a été ou non signifié en temps prohibé.

Dans quel but la loi exige-t-elle que l'ajournement contienne l'indication de la personne du demandeur ?

2° *Indication de la personne du demandeur.* — Il importe que le défendeur connaisse parfaitement son adversaire, afin qu'il puisse, s'il y a lieu, lui faire des propositions d'arrangement ou lui signifier des offres.

Comment se fait cette indication ?

Se faire connaître, c'est d'abord indiquer *son nom de famille;* mais comme le même nom peut appartenir à plusieurs personnes, le demandeur doit, afin de mieux préciser son individualité, indiquer également *ses prénoms*. Il doit, en outre, afin d'éviter les incertitudes que l'indication des noms pourrait laisser subsister, faire connaître sa *profession*, s'il en a une, bien entendu; dans le cas contraire, il est d'usage d'exprimer que l'exploit est donné à la requête d'un tel, *sans profession;* mais cela n'est point nécessaire.

Ce n'est pas tout: la loi exige de plus qu'il indique le lieu de son domicile, afin que le défendeur, s'il a des propositions à lui faire, ou des offres à lui signifier, sache où le trouver. La mention du domicile doit être précise. Elle doit donc contenir l'indication du village, de la commune et même du canton où il est établi. Dans les villes populeuses, comme à Paris, il est bon d'indiquer la rue et le numéro de la maison où le demandeur est domicilié.

Ainsi l'exploit d'ajournement doit contenir les *nom, prénoms, profession et domicile* du demandeur.

Quid, si le demandeur est un fonctionnaire public agissant en cette qualité?

Dans les cas où la demande est formée par un fonctionnaire public, procédant en cette qualité, par un préfet, par exemple, agissant dans l'intérêt de l'Etat, ou par un maire, agissant dans l'intérêt de sa commune, l'ajournement doit contenir, non point les nom et prénoms du fonctionnaire, puisque ce n'est point lui personnellement qui est en cause, mais simplement sa *qualité* ou le *titre de sa fonction*, et le département ou la commune qu'il représente.

Quid, quand la demande est formée à la requête d'une société commerciale ?

En ce qui touche les demandes formées pour le compte d'une société commerciale, on convient généralement qu'il n'est point nécessaire d'indiquer les nom, prénoms, profession et domicile de chacun des associés ; il suffit que l'ajournement contienne la raison sociale de la société à la requête de laquelle il est donné et l'indication du gérant qui la représente (arg. tiré de l'art. 69-7°). Quant aux sociétés civiles, il y a controverse. Suivant la jurisprudence, tous les associés doivent être individuellement désignés dans l'ajournement. Dans un autre système, on fait remarquer qu'en permettant d'assigner les sociétés *même civiles* devant le tribunal du lieu où elles sont établies (V. p. 44), la loi les considère, au moins *sous ce rapport*, comme des êtres collectifs ayant une existence propre et un domicile distinct de celui des associés, et qu'ainsi elles peuvent agir comme personnes civiles, de même qu'on peut agir contre elles au même titre ; d'où l'on conclut qu'il suffit que l'ajournement qu'elles font donner dise qu'il est signifié à la requête de telle société..., agissant à la diligence du sieur..., son gérant.

A la requête d'une société civile ?

Quid, si la société n'a point de siége fixe d'établissement ?

Quelle que soit, au reste, la nature de la société, il est certain que si elle n'a point de siége fixe, l'ajournement qu'elle fera donner devra contenir la désignation individuelle et le domicile de tous les associés.

Comment doit-on entendre la règle que nul ne plaide par procureur, sauf le chef de l'Etat ?

— *Nul ne plaide par procureur, si ce n'est le chef de l'Etat.* — Cette règle est souvent invoquée, mais aussi très-souvent mal comprise. Il importe de bien l'entendre. Prise à la lettre, elle signifierait que le droit de plaider par un mandataire n'appartient qu'à l'empereur ; mais, bien évidemment, ce n'est point là l'idée qu'elle exprime, car nulle loi ne défend aux particuliers d'exercer et de faire valoir leurs droits par l'intermédiaire d'un mandataire. Il faut l'entendre en ce sens, qu'à la différence du chef de l'Etat, qui peut plaider par l'intermédiaire de ses agents, sans figurer personnellement *en nom* soit dans l'ajournement, soit dans le jugement, les particuliers qui plaident par un mandataire ne peuvent point rester ignorés et taire leur nom : il ne suffit point, en un mot, que l'ajournement fasse connaître la personne du mandataire ; celle du mandant doit également s'y trouver. Mais, bien entendu, il importe peu que le nom du mandataire soit indiqué *avant* ou *après* celui du mandant ; l'essentiel est que l'ajournement les fasse connaître tous les deux.

Quelle conséquence en peut-on tirer ?

Du principe que nul ne plaide par procureur, il résulte que l'ajournement donné à la requête de plusieurs demandeurs doit les désigner tous et chacun individuellement. Ainsi la demande formée à la requête de Paul *et de ses cohéritiers*, en payement d'une somme due au défunt, ne serait valable qu'au regard de Paul et dans la limite de son droit.

Ne faut-il pas que l'ajournement désigne l'avoué consti-

3° *Désignation de l'avoué choisi par le demandeur pour le représenter.* — C'est ce que la loi appelle *constitution de l'avoué qui doit occuper.*

tué par le demandeur ?

Lorsque le défendeur aura, à son tour, désigné son avoué, celui-ci en donnera avis à l'avoué du demandeur (art. 75).

Quelle est l'utilité de cette désignation ?

Dès que la cause se trouvera ainsi liée, les avoués constitués recevront pour leurs clients les actes de procédure. De là une économie de temps et des frais de moins (V. au reste l'explic. de l'art. 75).

Quel effet cette constitution d'avoué entraîne-t-elle ?

Dans quel but ces deux domiciles ?

— La constitution d'avoué emporte de *plein droit* élection de domicile chez l'avoué constitué. Ainsi le demandeur a deux domiciles également indiqués dans l'ajournement, son domicile réel d'abord, puis un domicile élu chez son avoué. Ces deux domiciles sont exigés parce que si, en principe, c'est au domicile élu chez lui que l'avoué reçoit la signification des actes d'instruction, quelques-uns d'entre eux doivent être signifiés directement au demandeur ou à son domicile réel.

Le demandeur peut-il élire domicile chez une personne autre que son avoué ?

Quid, alors ?

— La constitution d'avoué, ai-je dit, emporte de plein droit élection de domicile chez l'avoué constitué; mais la loi ajoute : « A moins que le demandeur n'élise domicile chez une autre personne domiciliée dans le ressort du tribunal. » Cette personne pourrait donc, durant l'instance, recevoir pour le compte du demandeur toutes les sommations, notifications et communications que la loi ne prescrit point impérativement de signifier au demandeur lui-même ou à son domicile réel (1).

Pourquoi l'ajournement doit-il faire connaître l'huissier duquel il émane ?

4° *Désignation de l'huissier.* — L'ajournement n'a rien d'officiel, il n'oblige point à comparaître, lorsqu'il est notifié par un huissier incapable. Or, nous verrons bientôt qu'un huissier ne peut instrumenter ni en dehors du ressort du tribunal près lequel il est attaché, ni même dans la limite de son ressort, en faveur de certaines personnes (art. 66).

Comment l'huissier fait-il cette désignation ?

Qu'est-ce que son *immatricule* ?

L'ajournement doit donc contenir, afin qu'on sache s'il émane ou non d'un officier compétent, les *nom, demeure* et *immatricule* de l'huissier qui le notifie. — On entend par *immatricule*, l'inscription du nom de l'huissier au tableau de la corporation des huissiers admis par un tribunal à exercer leurs fonctions dans son ressort. Ce mot n'ayant rien de sacramentel, l'huissier est suffisamment désigné par l'indication du tribunal près lequel il exerce ses fonctions.

L'ajournement doit-il désigner la personne du défendeur ?

Pourquoi ?

Comment se fait cette désignation ?

5° *Désignation du défendeur.* — Il importe que la personne à laquelle est notifié l'exploit puisse s'assurer si c'est bien réellement à elle qu'il s'adresse. L'ajournement doit donc lui fournir le moyen de se reconnaître dans la personne citée. Toutefois la loi s'est montrée moins exigeante pour la désignation du défendeur que pour celle du demandeur : l'ajournement, dit-elle, devra contenir « les *noms et la demeure* du défendeur. »

Doit-elle contenir les prénoms du défendeur ?

Les noms... La loi ne parle point *des prénoms*. Leur indication n'est donc point nécessaire. Que le demandeur, qui n'ignore point quels prénoms sont les siens, soit tenu de les faire connaître, cela se conçoit; mais exiger qu'il indique également ceux de son adversaire, ce serait

(1) Toutefois, quelques auteurs pensent que c'est toujours chez l'avoué constitué que ces significations doivent être faites. Dans ce système, l'élection de domicile chez une personne autre que l'avoué constitué n'a aucune utilité (MM. Rodière, t. Ier, p. 281; Bonnier sur l'art. 61).

demander l'impossible, car le plus souvent il ne les connaîtra pas (1).

Son domicile ?

La demeure... La loi ne dit plus, comme pour le demandeur, *le domicile;* d'où on décide que l'indication de la *résidence* du défendeur suffit, alors même qu'il n'est point domicilié là où il réside. Le demandeur, a-t-on dit, peut ignorer le domicile de son adversaire ; or, il ne faut pas qu'il soit empêché d'agir contre lui, faute d'un renseignement qu'il ne dépend pas toujours de lui de se procurer (2).

Sa profession ?

Enfin l'indication de la *profession* du défendeur n'est point nécessaire, puisque la loi ne l'exige pas. Si le demandeur est obligé d'énoncer la sienne, quand il en a une, c'est qu'il ne peut pas ne pas la connaître, tandis qu'il se peut fort bien qu'il ignore celle de la partie contre laquelle il agit.

6° *Désignation de la personne à laquelle est laissée la copie de l'exploit.* — Nous étudierons à part, dans un numéro particulier, tout ce qui se rattache à cette formalité.

Dans quel but l'ajournement doit-il contenir l'objet de la demande et l'exposé sommaire des moyens sur lesquels le demandeur la fonde ?

7° et 8° *Indication de l'objet de la demande, et exposé sommaire des moyens que le demandeur prétend invoquer pour l'établir.* — Ces énonciations forment ce qu'on appelle *le libellé* de l'exploit. Elles mettent le défendeur à même de prendre un parti sur la question de savoir s'il doit ou non acquiescer à la demande, et, s'il conteste, de préparer sa défense. Elles servent en outre à fixer la compétence du tribunal ainsi que l'étendue de ses pouvoirs. C'est à elles, en effet, qu'on devra plus tard se référer pour savoir s'il a pu juger en premier ou en dernier ressort.

Art. 64.

Quid, quand l'action est *immobilière*?

— Dans le cas où l'action est immobilière, réelle ou mixte, il importe de prévenir toute équivoque sur l'immeuble engagé au procès. L'exploit doit donc, dans ce but, énoncer la nature de cet immeuble, la commune, et autant que possible la partie de la commune où il est situé, et deux au moins de ses tenants et aboutissants, c'est-à-dire deux des immeubles qui le touchent et lui servent de limites. S'il s'agit d'un domaine, corps de ferme ou métairie, il suffit d'en désigner le nom et la situation. En ce qui touche les maisons, on tient généralement que la désignation de la rue et du numéro suppléent suffisamment l'indication des tenants et aboutissants.

Peut-on assigner à comparaître devant *le tribunal compétent* ?

9° et 10° *L'indication du délai dans lequel le défendeur doit comparaître et du tribunal devant lequel il est appelé.* — Il ne suffirait point d'assigner à comparaître devant le *tribunal compétent*. L'exploit doit préciser, désigner spécialement le tribunal qui doit connaître de l'affaire.

L'assignation à comparaître *dans le délai de la loi* est-elle valable ?

Mais que décider de l'assignation à comparaître *dans le délai de la*

(1) Cependant, la loi exigeant l'indication des *noms* du défendeur, quelques auteurs soutiennent, en présence de ce pluriel, qu'elle a, sous l'expression collective, *les noms*, compris tout à la fois le nom et les prénoms (M. Boncenne, t. II, p. 109 et suiv.).

(2) M. Boncenne pense, au contraire, que le mot *demeure* n'est ici qu'une variante du mot *domicile*, et qu'ainsi l'exploit doit contenir non point la *résidence* du défendeur, mais son *domicile* (t. II, p. 125. — Dans le même sens, M. Delzers, p. 211).

loi? Suivant l'opinion générale, cette énonciation est suffisante; car, dit-on, le défendeur *est réputé connaître la loi*, et par conséquent le délai qui lui est accordé pour comparaître : *memo censetur ignorare legem*. Si, ajoute-t-on, l'assignation à comparaître *devant le tribunal compétent* est jugée insuffisante, c'est que la détermination du tribunal compétent peut donner lieu à des questions délicates et difficiles que le défendeur ne serait point toujours en état de résoudre. Il lui serait même impossible de prendre aucun parti à cet égard dans le cas où la loi attribue l'affaire à deux tribunaux différents, au choix du demandeur (V. p. 52). Mais rien de semblable n'a lieu en ce qui touche la détermination du délai dans lequel le défendeur doit comparaître. Il lui sera toujours facile de le fixer lui-même, tant sont claires et précises les dispositions de la loi qui l'établissent (1).

Cette solution peut être combattue. La maxime *nemo censetur ignorare legem* n'a d'application qu'aux matières criminelles, et, fût-il vrai qu'elle régit également les matières civiles, elle resterait néanmoins inapplicable dans l'espèce, car en exigeant que le délai soit *indiqué* dans l'exploit lui-même, la loi fait clairement comprendre qu'elle entend que le défendeur puisse savoir, à la simple lecture de l'exploit, et sans être obligé de se renseigner ailleurs, le délai qui lui est accordé pour préparer sa défense. Et, en effet, *indiquer* un délai, c'est le faire connaître en le fixant, en le précisant. Ce n'est donc point l'indiquer que renvoyer le défendeur à le chercher dans les dispositions de la loi (2). Ajoutez, d'ailleurs, que la raison par laquelle on prétend expliquer la différence que l'on établit entre l'indication du tribunal et celle du délai n'a aucune espèce de fondement. Si, en effet, la maxime *nemo censetur*... justifie l'assignation à comparaître *dans le délai de la loi*, elle doit forcément légitimer aussi l'assignation *à comparaître devant le tribunal compétent;* car je ne sache pas que cette maxime doive s'appliquer ou ne pas s'appliquer suivant qu'il s'agit d'une loi claire et précise, ou d'une loi plus compliquée. La distinction admise par la jurisprudence est donc purement arbitraire.

L'huissier doit-il signer l'exploit ?

11° *Signature de l'huissier.* — Notre article n'exige pas expressément cette formalité; mais comme l'exploit d'ajournement ne peut avoir d'existence légale que par la signature de l'huissier qui le notifie, on comprend que cette signature constitue une formalité absolument substantielle sur laquelle la loi n'a pas eu besoin de s'expliquer.

Doit-il l'écrire de sa propre main ?

Il n'est point nécessaire, au reste, que l'exploit soit écrit de la main de l'huissier ; il suffit qu'il le signe : en le signant il se l'approprie et le fait sien.

Les nullités auxquelles l'exploit peut être soumis sont-elles *comminatoires?* Quel est le sens de cette expression comminatoires ?

— Nous avons dit déjà que les formalités intrinsèques de l'ajournement sont prescrites *à peine de nullité*. Nous devons ajouter qu'aux termes de l'article 1029 les nullités établies par la loi ne sont point *comminatoires*, c'est-à-dire abandonnées, quant à leur application, au

(1) MM. Bonnier, p. 48 ; et Colmet-Daage sur M. Boitard, p. 130.

(2) En ce sens, M. Boitard, p. 130.

pouvoir discrétionnaire des juges. Quand la loi prononce une nullité, le tribunal ne peut point ne pas la prononcer lui-même.

Toutefois ce principe ne doit pas être entendu en ce sens que les juges devront annuler tout acte qui leur sera soumis, par cela seul qu'il ne sera point LITTÉRALEMENT conforme aux prescriptions de la loi, quoique, d'ailleurs, il y satisfasse quant au fond. Une interprétation aussi rigoureusement étroite en fausserait l'esprit. On admet donc des *équipollents;* mais, bien entendu, ils ne sont tolérés qu'autant qu'ils rendent avec une synonymie parfaite, *adæquate et identice*, le fond de ce qui a été l'objet des termes de la loi.

Peut-on en cette matière admettre des équipollents ? A quelle condition?

Un ajournement est ainsi daté : *l'an mil huit cent cinquante-six et le dix...;* le *mois* n'est pas indiqué, je le suppose. Mais il est dit plus bas que le défendeur est assigné à comparaître le vingt du présent *mois de février...* La combinaison de ces deux énonciations fait cesser toute incertitude; il est clair, en effet, que l'acte a été signifié le *dix février.*

Au lieu de désigner le demandeur par son nom de famille, l'exploit l'a fait connaître par l'indication d'une qualité qui, lui étant propre, ne convient qu'à lui, ou par un sobriquet qui, le distinguant de toute autre personne, prévient toute équivoque sur son individualité : cet ajournement viole la loi dans sa lettre, mais il la respecte dans son esprit, et cela suffit pour sa validité.

L'omission du domicile serait également suppléée par l'indication de la fonction du demandeur, si la fonction dont il est investi est irrévocable et perpétuelle, car alors il est forcément domicilié là où il l'exerce (art. 107 C. N.).

— L'ajournement est un procès-verbal fait double ou en deux actes. L'un de ces actes demeure entre les mains de l'huissier : on l'appelle *l'original;* l'autre est remis au défendeur : on le nomme *la copie.* Mais ce n'est qu'une manière de parler, car cette prétendue *copie* est, quant au défendeur, un véritable *original;* du moins elle lui en tient lieu.

L'exploit d'ajournement n'est-il point double ?

L'original et la copie ont été *solidarisés* en ce sens qu'ils n'ont d'effet et n'obligent le défendeur qu'autant qu'ils sont valables tous les deux. Ainsi la régularité de l'un ne couvre point l'irrégularité de l'autre. Supposez, par exemple, que la copie ne contienne point la mention des nom et prénoms du demandeur : elle sera et restera nulle, quand même cette indication se trouverait exactement remplie dans l'original. Dans l'hypothèse inverse, le résultat serait le même.

L'original et la copie n'ont-ils pas été solidarisés ? Qu'en conclure ?

— *Des formalités extrinsèques de l'ajournement.* — On en compte cinq :

Combien compte-t-on de formalités extrinsèques de l'ajournement ?

1° L'exploit doit être écrit sur papier *timbré*, sous peine d'une amende de 20 francs (art. 10 de la loi du 16 juin 1824).

2° Il doit être enregistré dans les quatre jours de sa date; quatre jours *pleins*, mais non *francs*. Ainsi, l'exploit signifié le 1er du mois doit être enregistré, au plus tard, non point le 6, mais le 5.

Quid, s'il n'est pas écrit sur papier timbré ?

Bien que purement fiscale, la formalité de l'enregistrement est exigée à peine de la nullité de l'acte. L'huissier est en outre passible d'une amende (art. 34 de la loi du 22 frimaire an VII).

Quid, s'il n'est pas enregistré dans le délai légal ?

Art. 65.

Quelles pièces ou copies doivent être signifiées avec l'ajournement ?

3° Le demandeur doit faire donner, avec l'exploit d'ajournement, copie du procès-verbal de non-conciliation, ou copie de la mention de non-comparution, afin que la demande porte, avec elle, la preuve que le préliminaire de conciliation a été observé, et qu'ainsi elle est admissible. — Cette formalité est prescrite sous peine de la nullité de l'ajournement.

Cette signification est-elle prescrite à peine de nullité ?

4° Le demandeur doit, en outre, donner copie des pièces, ou de la partie des pièces qui servent de base à sa demande. Cette formalité est un corollaire nécessaire de l'obligation qui lui est imposée de faire connaître *l'objet* de sa prétention et les *moyens* qu'il invoque pour la soutenir (V. p. 59). Mais la loi ne la prescrit point à peine de nullité. Ainsi l'assignation demeure valable, bien qu'elle ne soit pas accompagnée de la copie des titres dont le demandeur se propose de faire usage ; il pourra donc pendant l'instance produire les pièces qu'il lui plaira d'invoquer : il le pourra, *mais elles n'entreront pas en taxe;* ainsi, même en cas de succès, il ne lui sera point permis de répéter du défendeur condamné les frais qu'elles auront occasionnés.

Les pièces signifiées en même temps que l'ajournement entrent-elles toujours en taxe ?

Remarquons, au reste, qu'alors même qu'elles ont été signifiées en même temps que l'ajournement, les pièces n'entrent en taxe qu'autant qu'elles sont jugées utiles. La loi avertit, en effet, le demandeur qu'il ne doit signifier que la *partie* des pièces sur laquelle il forme sa demande. — J'ajoute qu'en général on ne peut produire en justice que des pièces enregistrées (loi du 22 frimaire an VII).

Pourquoi l'exploit doit-il contenir *le coût d'icelui ?*

Qu'est-ce que le *coût* de l'exploit ?

5° Enfin, l'huissier est tenu de mettre à la fin de l'original et de la copie de l'exploit *le coût d'icelui* : le *coût*..., c'est-à-dire la somme due pour le salaire de l'huissier et pour les frais de timbre et d'enregistrement; *d'icelui*..., c'est-à-dire de l'original et de la copie de l'exploit, car l'exploit est un seul acte, mais fait double (V. p. 61).

Quel est le sens de cette expression : *d'icelui ?*

Cette indication a pour objet d'empêcher les huissiers de réclamer au delà de ce qui leur est dû. Ils encourent, en effet, la peine de l'interdiction lorsqu'ils énoncent dans l'acte qu'ils signifient un coût supérieur à celui que la loi leur alloue.

Quid, si l'exploit ne contient pas l'indication du coût ?

L'exploit qui ne contient point l'indication du coût auquel il est soumis reste néanmoins valable; mais l'huissier négligent est frappé d'une amende qu'il est tenu de payer au moment de l'enregistrement de l'exploit. Il peut de plus être interdit de ses fonctions, sur la réquisition du ministère public.

4e répétition.
Art. 61-2° et 68, 69 et 70.

A quelles personnes et dans quels lieux l'exploit doit-il être signifié ?

V. A QUELLES PERSONNES ET DANS QUELS LIEUX L'EXPLOIT DOIT ÊTRE SIGNIFIÉ. — C'est par l'ajournement que la partie assignée sait qu'on l'actionne; c'est par lui qu'elle sait qui l'attaque, ce qu'on lui demande, les moyens qu'on emploiera contre elle, le tribunal devant lequel elle devra comparaître, ainsi que le délai qui lui est accordé à cet effet : il importe donc qu'elle en ait une copie afin qu'elle puisse l'étudier et se mettre en mesure de se défendre. Dès lors on a dû prescrire certaines formalités pour s'assurer que l'ajournement lui parviendra réellement. Ces formalités varient suivant que l'ajournement est donné à des personnes proprement dites et domiciliées, à des personnes morales ou à des personnes proprement dites, mais non domiciliées.

PREMIÈREMENT. — *De la remise de l'ajournement donné à des personnes proprement dites ayant un domicile en France.* — Le vœu de la loi c'est que l'huissier remette directement l'exploit aux mains du défendeur lui-même. C'est, en effet, ce qu'il y a de plus sûr. Aussi la loi facilite-t-elle ce mode de procéder. La remise directe de l'exploit au défendeur peut être effectuée *en quelque lieu que ce soit*, à son domicile ou partout ailleurs, partout en un mot où l'huissier le rencontre, fût-ce dans un édifice consacré au culte ou dans une salle d'audience (1). L'article 58 du projet portait, en effet, que les exploits ne pourraient point être signifiés dans les lieux publics destinés au culte, pendant les heures de l'office, dans le lieu et pendant les séances des autorités constituées; or, cet article a été précisément supprimé. Il est vrai qu'aux termes de l'article 781, les débiteurs ne peuvent point être arrêtés dans ces mêmes lieux; mais s'il en est ainsi en matière de contrainte par corps, c'est que les arrestations ne sont jamais effectuées sans résistance de la part des personnes appréhendées : or, cette lutte inévitable causerait, par le tumulte auquel elle donnerait lieu, un véritable scandale que la loi n'a pas dû tolérer.

La remise directe de l'exploit au défendeur peut-elle être effectuée *en quelque lieu que ce soit ?*

Ainsi, remise de la copie à la personne même du défendeur, tel est le vœu de la loi. Mais si l'huissier ne le rencontre ni à son domicile ni ailleurs, force lui sera bien de s'adresser à *quelque autre personne*. Toutefois il ne lui est point permis de s'adresser à la première personne venue et de lui laisser la copie de l'exploit en la chargeant de la faire parvenir au défendeur. La loi a été plus prévoyante : la copie ne peut être remise qu'à certaines personnes qui, à raison de leurs relations avec la partie assignée ou de leur caractère public, sont présumées devoir mettre tout leur zèle et tous leurs soins à bien remplir la commission qui leur sera confiée. Ces personnes sont, dans l'ordre suivant :

Quid, dans le cas où il ne peut être remis directement au défendeur ?

Les *parents et serviteurs* du défendeur;

A défaut de parents ou de serviteurs, les *voisins ;*

A défaut de voisins, *le maire ou l'adjoint de la commune;*

Le *procureur impérial*, si le maire ou l'adjoint refuse de se charger de la copie (art. 1039 C. pr.).

A quelles personnes alors peut-il être remis ?

Reprenons séparément chacune de ces quatre hypothèses.

Première hypothèse. — L'huissier qui veut signifier l'exploit doit, à moins qu'ayant rencontré ailleurs le défendeur, celui-ci ait consenti à recevoir la copie, se présenter *à son domicile;* et alors de deux choses l'une : ou le défendeur est présent, ou il est absent.

Au premier cas, l'huissier doit s'adresser à lui directement : tel est au moins l'esprit de la loi.

Quid, si le défendeur est présent à son domicile ?

Toutefois nous ne pensons pas que l'exploit remis à l'un de ses parents ou à l'un de ses serviteurs, alors qu'il se trouvait lui-même en

Y aurait-il nullité, si, dans ce cas, l'huissier, au lieu de s'adresser au défendeur lui-même, s'adressait à l'un de ses parents ou serviteurs ?

(1) En sens contraire, M. Delzers sur l'art. 68.

personne à son domicile, soit par cela même entaché de nullité. La loi, en effet, n'exige point, pour la validité de cette remise, que l'exploit contienne la déclaration que l'huissier ne s'est adressé aux parents ou aux serviteurs de la personne assignée que parce qu'il ne l'a pas trouvée elle-même. Il fera bien sans doute de demander d'abord si elle est présente : en procédant ainsi il entrera parfaitement dans les vues de la loi ; mais, que ce soit par oubli ou que ce soit par toute autre cause, toujours est-il qu'elle n'exige point de lui qu'il ne s'adresse aux parents et serviteurs du défendeur qu'après l'avoir vainement demandé lui-même.

L'exploit remis à une personne qui s'est présentée comme étant le parent ou le serviteur du défendeur, mais qui en réalité ne l'est pas, est-il nul ?

Lorsque l'exploit est déclaré remis au défendeur lui-même, mais hors de son domicile, l'huissier est garant de son identité. Serait nul par conséquent l'exploit laissé entre les mains d'un tiers qui a affirmé être la personne assignée, mais qui ne l'est pas. Lors, au contraire, que la signification a lieu au domicile même du défendeur, l'exploit peut être valablement remis à toute personne qui déclare être la personne assignée, quand même en réalité elle ne la serait pas. Mais, bien entendu, nous supposons que l'huissier a procédé de bonne foi; autrement l'exploit serait nul, car *fraus omnia corrumpit.*

Quid, quand le défendeur n'est point présent à son domicile ?

L'huissier peut-il remettre l'exploit à un *serviteur* quand il existe des parents présents au domicile du défendeur ?

Au deuxième cas, c'est-à-dire si le défendeur n'est point présent, la copie doit être laissée à l'un de ses parents ou à l'un de ses serviteurs. Remarquons ici encore, qu'à ne consulter que l'esprit de la loi, l'huissier ne devrait s'adresser aux *serviteurs* qu'en cas d'absence des *parents;* mais comme elle n'a rien dit de formel à cet égard, l'exploit remis à un serviteur resterait valable, quoiqu'il fût d'ailleurs constant qu'il aurait pu être remis à un parent.

Tout parent a-t-il qualité pour recevoir l'exploit ?

Tout parent, si éloigné qu'il soit, car la loi ne distingue pas, a qualité pour recevoir l'exploit. Inutile de faire remarquer qu'au delà du douzième degré il n'y a plus de parenté légale.

Quelles personnes sont comprises sous la dénomination de *serviteurs* ?

Sous la dénomination générale de *serviteurs*, la loi comprend non-seulement les domestiques, mais encore tous ceux qui habitent avec la partie assignée et reçoivent d'elle un salaire, tels que les commis, les clercs et secrétaires. Le mot serviteur se prend ici *lato sensu.*—Les concierges et portiers sont considérés comme les serviteurs de toutes les personnes qui habitent la maison.

L'exploit peut-il être remis à un parent ou à un serviteur en quelque lieu que ce soit ?

La remise de l'exploit à un parent ou à un serviteur n'est valable qu'autant qu'elle est faite au domicile, dans la maison du défendeur. La loi a pensé, sans doute, que la remise faite en dehors de la maison n'offre point une sûre garantie que l'exploit parviendra à la personne assignée, le parent ou le serviteur auquel il a été ainsi remis pouvant l'égarer dans le trajet du lieu où la remise a été effectuée à la maison du défendeur.

Est-il nécessaire que le parent ou le serviteur habite habituellement avec le défendeur ?

Mais pourvu que la remise ait lieu *in domo*, cela suffit. Il n'est pas nécessaire, car la loi ne le prescrit pas, que le parent chargé de l'exploit habite habituellement avec la partie assignée. Ainsi l'exploit peut être valablement remis à un parent trouvé par hasard au domicile du défendeur. Il est vrai que ce parent n'offre point, pour l'exactitude de la remise de l'exploit à l'assigné, les mêmes garanties que donnent ces rapports journaliers et ces liens étroits que la communauté d'habitation établit entre ceux qui vivent ensemble : le parent trouvé accidentellement au domicile du défendeur peut, en effet, s'éloigner avant le retour de ce dernier et par suite égarer l'exploit qui lui a été remis ou le perdre de vue ; mais, je le répète, la loi n'exige point la communauté d'habitation entre la partie assignée et le parent auquel l'exploit est confié. Elle s'attache uniquement au lien de parenté, et du moment que ce lien existe, elle suppose que l'affection qu'il engendre offre une garantie suffisante que l'exploit sera promptement et fidèlement remis au parent qu'il intéresse par le parent qui l'a reçu (1).

L'exploit doit-il énoncer les nom et prénoms du parent ou du serviteur aux mains duquel il a été laissé ?

— Remarquons enfin que l'exploit est valable quoiqu'il n'énonce point les nom et prénoms du parent ou du serviteur auquel il a été remis. La loi n'exige point, en effet, cette indication. Mais faut-il au moins qu'il indique le lien ou le rapport existant entre le défendeur et la personne à laquelle il a été remis ? L'affirmative est généralement admise. La mention que l'exploit a été laissé *à un parent* ou *à un serviteur* ne prouve point, dit-on, que la personne à laquelle il a été confié avait qualité pour le recevoir, puisqu'elle n'établit point que cette personne est le parent ou le serviteur de la partie assignée. Dans ce système l'exploit est nul, lorsqu'au lieu de dire qu'il a été remis à un parent ou à un serviteur *de la partie assignée*, il porte seulement qu'il a été laissé aux mains *d'un parent* ou *d'un serviteur*.

Mais ne doit-il pas indiquer le lien ou le rapport existant entre la personne assignée et la personne à laquelle il a été remis ?

Cette jurisprudence me semble bien rigoureuse. Lorsque l'huissier déclare qu'il s'est présenté au domicile d'un tel, la partie assignée, et qu'il ajoute avoir remis l'exploit à un parent ou à un serviteur trouvé à ce domicile, n'est-il pas contre toute vraisemblance de supposer que ce parent ou ce serviteur est le parent ou le serviteur d'une autre personne? Est-ce qu'il n'est point manifeste qu'il ne s'agit que d'un parent ou d'un serviteur de l'assigné? La chose se sous-entend tant elle est évidente !

Quid, quand l'huissier ne rencontre au domicile du défendeur ni parent ni serviteur ?

Deuxième hypothèse. — Lorsque l'huissier ne rencontre au domicile du défendeur ni parent, ni serviteur, ou, ce qui revient au même, lorsque le parent ou le serviteur qui s'y trouve refuse de recevoir l'exploit, il doit alors s'adresser *à un voisin*. Quant à la question de savoir quelles personnes sont ou ne sont pas comprises sous cette dénomination, elle ne peut être résolue qu'en fait ; les tribunaux ont à cet égard un pouvoir souverain.

A quelles conditions la remise au voisin est-elle valable ?

La remise au voisin n'est valable qu'autant que ces deux conditions concourent : il faut 1° que l'exploit contienne la mention qu'il n'a été trouvé au domicile du défendeur aucun parent ou serviteur pour recevoir l'exploit ; 2° que le voisin auquel il est remis appose sa signature sur l'original qui reste entre les mains de l'huissier. Cette signature est une garantie qu'il accomplira fidèlement la commission dont il se charge ; car elle l'oblige, sous peine de dommages et intérêts, à remettre la copie à la personne qu'elle intéresse. Si le parent ou le ser-

(1) MM. Delzers et Bonnier sur l'art. 68. — En sens contraire, Boitard.

viteur auquel l'exploit est offert peut le recevoir sans donner aucune signature, c'est que le lien qui l'unit à la personne assignée garantit suffisamment qu'il mettra ses soins et son zèle à lui remettre sans aucun retard la copie qu'elle a tant d'intérêt à connaître promptement.

Quid, si le voisin ne veut pas ou ne peut pas signer ?

Troisième hypothèse. — Dans le cas où le voisin ne peut pas ou ne veut pas signer, l'huissier est tenu de s'adresser au maire ou à l'adjoint de la commune, à son choix, car la loi ne dit point qu'il ne devra s'adresser à l'adjoint qu'en l'absence du maire. Que si le maire et l'adjoint sont l'un et l'autre absents, l'huissier peut remettre la copie au premier conseiller municipal, c'est-à-dire à celui qui a obtenu le plus de suffrages dans les élections municipales, et, à son défaut, aux autres conseillers municipaux, suivant l'ordre du tableau (art. 5 de la loi du 21 mars 1831).

A quelles conditions la remise au maire ou à l'adjoint est-elle valable ?

Pourquoi la loi exige-t-elle le visa du maire ou de l'adjoint ?

La remise au maire ou à l'adjoint n'est valable qu'autant : 1° que l'exploit contient la mention qu'il n'a pu être remis ni à un parent, ni à un serviteur, ni enfin à un voisin du défendeur ; 2° que le maire ou l'adjoint qui en reçoit la copie vise l'original. Ce visa, outre l'utilité dont nous avons parlé à l'occasion de la signature du voisin, a l'avantage de prévenir un conflit extrêmement fâcheux. Supposez, en effet, d'une part, que l'huissier ait affirmé, sur l'original qui est entre ses mains, la remise de la copie et, d'autre part, que le maire ou l'adjoint prétende ne l'avoir pas reçue : ces affirmations contradictoires ayant une égale force, puisqu'elles émanent de deux officiers publics, donneraient lieu, sans la précaution du visa, à un procès d'autant plus regrettable, qu'il aboutirait forcément à constituer en état de mensonge l'un ou l'autre de ces fonctionnaires.

Quid, si le maire ou l'adjoint refuse de recevoir l'exploit ou de le viser ?

Quatrième hypothèse. — Enfin, si le maire ou l'adjoint, méconnaissant le devoir que la loi lui impose, refuse de recevoir la copie qui lui est offerte, ou, ce qui est la même chose, s'il refuse son visa, l'huissier s'adresse alors au procureur impérial, qui reçoit la copie et vise l'original.

A quelles personnes l'exploit doit-il être remis quand le défendeur est une personne morale ou civile ?

Deuxièmement. — *De la remise de l'ajournement donné à des personnes morales ou civiles.* — Les personnes morales, telles que l'Etat, le Trésor, les communes, les sociétés commerciales, sont assignées en la personne ou au domicile du fonctionnaire ou de l'agent qui les représente. Ainsi doivent être assignés :

Quid, quand l'Etat est assigné ?

1° L'*Etat, en la personne ou au domicile du préfet du département où siége le tribunal devant lequel doit être portée la demande.* Toutefois cela n'est vrai qu'autant qu'il s'agit des *domaines* de l'Etat et des droits qui s'y rattachent. Quant à ses revenus, à la perception des impôts..., l'Etat a pour représentant non plus le préfet, mais l'administration des domaines et de l'enregistrement.

Ainsi, s'agit-il de la propriété des biens composant son domaine, on l'assigne en la personne ou au domicile du préfet, à son domicile *administratif*, bien entendu.

Le procès a-t-il trait à des revenus, à la perception des impôts..., on l'assigne en la personne ou au domicile du directeur de l'enregistrement et des domaines.

2° Le *Trésor impérial, en la personne ou au bureau de l'agent judiciaire*, c'est-à-dire d'un chef de division désigné spécialement pour le représenter dans les procès où il est intéressé, et qu'on appelle pour cela l'agent judiciaire.

Quid, quant au Trésor ?

3° Les *administrations ou établissements publics*, tels que les administrations de l'enregistrement, des douanes, des ponts et chaussées, des eaux et forêts, *à Paris, en la personne du directeur général de ces administrations*, ou au bureau de leur préposé ; en province, en la personne du directeur établi au chef-lieu du département ou au bureau du préposé

Quant aux administrations ou établissements publics ?

4° L'*empereur, pour ses domaines, en la personne ou au domicile du procureur impérial de l'arrondissement.* — Cette disposition a été modifiée. Les actions concernant le domaine privé de l'empereur ou la dotation de la couronne doivent aujourd'hui être intentées, non plus contre le procureur impérial, mais contre l'administration du domaine privé ou de la dotation (art. 27 de la loi du 7 mars 1832 ; — art. 22 du sénatus-consulte du 12 décembre 1852).

Quant au chef de l'État, pour ses domaines ?

5° Les *communes, en la personne ou au domicile du maire, et, à Paris, en la personne ou au domicile du préfet.* — Remarquons bien que l'huissier n'a point ici, comme dans les cas prévus par l'article 68, la faculté de s'adresser, à son choix, soit au maire, soit à l'adjoint. La loi, en effet, ne parle que du maire. Il semblerait même, à ne consulter que ses termes, qu'en cas d'absence du maire, l'huissier doit s'adresser, non point à l'adjoint, mais au juge de paix ou au procureur impérial (art. 69, 5e alinéa). La Cour de cassation, après avoir longtemps jugé en ce sens, a fini cependant par consacrer le système contraire (1).

Quant aux communes ?

Lorsque le procès existe non plus entre une commune et un particulier, ou entre deux communes, mais entre deux sections de la même commune, ou entre une section et la commune entière, le maire n'ayant point qualité pour représenter l'une des parties contre l'autre, on suit la marche suivante :

Quid, quand le procès existe entre deux sections de la même commune ou entre une section et la commune entière ?

Une section plaide-t-elle contre la commune entière, cette section est représentée par une commission de trois ou cinq membres que le préfet choisit parmi les électeurs principaux. La commission ainsi formée désigne ensuite celui de ses membres qui figurera au procès.

Plaide-t-elle contre une section, les deux parties ont chacune, pour la représenter, une commission formée comme il vient d'être dit (loi du 18 juillet 1837, art. 56 et 57).

— Le préfet, l'agent du Trésor, le directeur des administrations publiques, l'administrateur du domaine privé de l'empereur ou de la dotation de la couronne, et enfin le maire, doivent viser l'original qui leur est remis. S'ils sont absents, ou si étant présents ils refusent leur visa, l'huissier, après avoir mentionné cette circonstance sur son ori-

La personne à laquelle l'exploit peut être laissé, dans ces divers cas, doit-elle le viser ?

Quid, si elle est absente ou si elle refuse son visa ?

(1) Arrêts des 8 mars 1834 et 24 août 1836. V. aussi la loi du 21 mars 1831, art. 5.

ginal, s'adresse alors au juge de paix ou au procureur impérial, qui reçoit la copie et vise l'original.

Quid, quand le défendeur est une société de commerce ?

6° Les *sociétés de commerce, tant qu'elles existent, en leur maison sociale, et s'il n'y en a pas, en la personne ou au domicile de l'un des associés.* — Les sociétés commerciales, dès qu'elles sont formées et tant qu'elles existent, constituent un être de raison, une personne morale ou civile, distincte de la personne des associés considérés individuellement, ayant un patrimoine propre et séparé du patrimoine propre à chacun d'eux. Lors donc qu'une demande est formée contre la société, c'est la société même qui est véritablement le défendeur; c'est elle, par conséquent, qui doit être assignée sous la dénomination de *sa raison sociale*, en son domicile, parlant à la personne qui la représente. Que si elle n'a pas de domicile propre, c'est-à-dire de siége fixe, alors l'assignation peut, dit la loi, être donnée en la personne ou au domicile de l'un des associés, qui dans ce cas représente ses coassociés, ou plutôt la société. Toutefois cette seconde disposition est trop absolue dans ses termes. Il faut pour l'appliquer user de distinctions. La loi commerciale reconnaît trois sortes de sociétés, savoir : 1° la société *en nom collectif*. Les membres qui la composent sont tous connus et personnellement responsables, non point seulement jusqu'à concurrence de leur apport, mais solidairement et *in infinitum*. — 2° la société anonyme. Aucun de ses membres n'est connu; leur responsabilité ne dépasse point leur mise. — 3° la société *en commandite*. Elle est composée tout à la fois d'associés *connus*, personnellement et solidairement responsables, et d'associés *anonymes*, lesquels ne sont tenus que dans la limite de leur apport (art. 19 et suiv. C. com.).

Quel tempérament faut-il apporter à cette règle ?

La société anonyme a toujours et forcément un siége fixe. Les demandes formées contre elle devront donc toujours lui être signifiées en la maison sociale. Ainsi notre seconde disposition ne lui sera jamais applicable.

Il se peut, au contraire, qu'une société en nom collectif n'ait point de domicile social. Dans ce cas, les exploits donnés contre elle lui seront signifiés en la personne de l'un ou de l'autre des associés ou à son domicile.

Quant à la société en commandite, elle peut bien, quand elle n'a pas de domicile social, être assignée en la personne ou au domicile de l'un ou de l'autre des associés *en nom* et personnellement responsables; mais les simples bailleurs de fonds ou commanditaires n'ont point qualité pour recevoir les assignations qui la concernent : ils n'ont point qualité, puisqu'il leur est défendu de la représenter au regard des tiers (art. 27 C. com.).

Quid, à l'égard des sociétés civiles ?

— La disposition que nous venons d'étudier ne concerne, au moins d'après les termes de la loi, que les sociétés *commerciales*. Elle n'est donc point applicable aux sociétés *civiles*. Il est vrai qu'aux termes de l'article 59, et lorsqu'il s'agit *de déterminer la compétence du tribunal appelé à connaître des demandes formées contre elles*, la loi leur applique la même règle qu'aux sociétés commerciales (V. p. 44); mais ici, et quant au point qui nous occupe, cette assimilation n'existe pas. Aussi décide-t-on généralement que les assignations qui les concernent doivent être signifiées, non point en un seul exploit, soit au siége de la société, soit, si elle n'a point de siége fixe, en la personne ou au domicile de l'un des associés, mais en autant d'exploits qu'il y a d'associés, en la personne ou au domicile particulier de chacun d'eux. — Cependant quelques auteurs distinguent. Si, disent-ils, la société, quoique civile, a une existence publique, un siége fixe d'établissement, elle doit être, sinon d'après la lettre de la loi, au moins d'après son esprit, traitée de même qu'une société commerciale. Dans le cas contraire, la société ne formant plus une personne morale distincte de la personne des associés, ce sont eux qui doivent être assignés, et assignés individuellement (1).

A l'égard des unions et directions de créanciers ?

7° Les *unions et directions de créanciers, en la personne ou au domicile de l'un des syndics de la faillite.* — Lorsqu'un commerçant fait faillite et n'obtient point de concordat, ses créanciers *s'unissent* pour ne former en quelque sorte qu'un être collectif, agissant dans l'intérêt commun. Cette masse de créanciers forme ce qu'on appelle *l'union* (2). Elle est représentée par des agents ou syndics en la personne ou au domicile desquels sont données les assignations formées contre elle.

Qu'est-ce qu'une union de créanciers?

Est-ce seulement à partir de l'union que les syndics ont qualité pour recevoir les assignations qui concernent la masse des créanciers ?

Remarquez, au reste, que ce n'est point seulement, ainsi que paraît le dire notre texte, à partir de l'union que les syndics de la faillite ont qualité pour recevoir les assignations qui intéressent la masse des créanciers; il résulte, en effet, des termes de l'article 443 du Code de commerce, qu'à partir du jugement déclaratif de la faillite, les actions qui la concernent ne peuvent être intentées que par ou contre les syndics.

Quid, quant aux défendeurs qui n'ont point en France de domicile connu ?

TROISIÈMEMENT. — *De la remise de l'ajournement donné à des personnes qui n'ont point en France de domicile connu.* — Si ces personnes ont une *résidence* connue, la loi, la substituant au domicile, veut qu'elles soient assignées là où elles résident. Mais que décider si le lieu de leur résidence est lui-même inconnu, ou si elles ne résident pas en France? Il faut à cet égard distinguer.

Quid, si leur résidence est elle-même inconnue ?

S'agit-il de personnes dont la résidence est *inconnue*, l'exploit est rédigé en deux copies : l'une est affichée à la principale porte de l'auditoire *du tribunal où la demande est portée;* l'autre est remise au procureur impérial, lequel vise l'original.

Du tribunal où la demande est portée... Mais quel est ce tribunal? c'est ce que la loi ne nous dit point. S'il s'agit d'une action *réelle immobilière*, elle devra être portée devant le tribunal de la situation de l'immeuble litigieux (art. 59): point de difficulté à cet égard. Mais si l'action est *purement personnelle* ou *réelle mobilière*, quel tribunal alors est compétent? Ce devrait être celui du domicile ou de la résidence

(1) Dans ce système, la même distinction s'applique aux sociétés commerciales en participation.

(2) On l'appelle *direction* en matière de cession de biens volontaire ou judiciaire (art. 1265 à 1270 C. N.).

du défendeur, si le lieu de son domicile ou de sa résidence était connu; mais précisément il ne l'est pas. Notre question reste donc entière. Quelques auteurs pensent que l'action doit être portée devant le tribunal du lieu où l'obligation du défendeur a pris naissance; d'autres sont d'avis qu'elle doit l'être devant le tribunal du domicile du demandeur (V. p. 51).

Quid, s'ils ne résident point en France?

S'agit-il de personnes qui résident soit sur un territoire français hors du continent, c'est-à-dire dans nos colonies, soit à l'étranger, on procède ainsi : la copie de l'exploit est remise au domicile du procureur impérial près le tribunal où doit être portée la demande; le procureur impérial vise l'original et envoie la copie qui lui a été remise au ministre de la marine ou au ministre des affaires étrangères, suivant que la personne assignée habite dans nos colonies ou à l'étranger; le ministre, à son tour, doit, autant que faire se peut, transmettre, par les voies dont il dispose, au domicile ou à la résidence du défendeur, la copie qui l'intéresse (V. la formule n° 4).

Remarquons qu'ici encore la loi ne disant point devant quel tribunal *l'action doit être portée*, quand elle est purement personnelle ou réelle mobilière, la question que nous avons examinée dans l'alinéa qui précède se présente de nouveau. Les mêmes solutions lui sont applicables.

S'ils sont étrangers et sans domicile ou résidence en France?

— Les étrangers peuvent être poursuivis en France (art. 14, 15 et 3 C. N.); mais devant quel tribunal? Celui de la situation de l'immeuble litigieux, si l'action dirigée contre eux est *réelle immobilière*. Si elle est purement personnelle ou réelle mobilière, elle appartiendra au tribunal de leur résidence, à supposer qu'ils résident en France et que le lieu de leur résidence soit connu. Dans l'hypothèse inverse, elle devra être portée devant le tribunal du domicile du demandeur (V. p. 51).

Mais comment les assignera-t-on, lorsqu'ils n'ont point de résidence en France? La loi ne le dit point, du moins expressément. Toutefois l'analogie qui existe entre l'étranger et le Français habitant à l'étranger est si parfaite qu'on ne doit pas hésiter à appliquer au premier ce que la loi dit du second (V. donc ce qui a été dit ci-dessus).

Les règles relatives à la remise de l'exploit sont-elles prescrites à peine de nullité?

Quid, par exemple, si le procureur impérial aux mains duquel un exploit a été remis a négligé de l'envoyer au ministre de la marine ou des affaires étrangères?

— Les règles énoncées dans les articles 68 et 69 pour la remise des exploits sont toutes prescrites à peine de nullité. Cette sanction, si on la prend dans le sens absolu que ses termes comportent, entraînera la nullité de l'exploit, même dans le cas où l'irrégularité commise ne sera imputable ni au demandeur, ni à l'huissier. Ainsi supposons une assignation remise au procureur impérial, dans l'hypothèse du 9e de l'article 69 : s'il néglige d'envoyer au ministre de la marine ou des affaires étrangères la copie qui lui a été laissée, l'exploit sera nul. Cependant quelques auteurs protestent. Comment admettre, disent-ils, que le demandeur, auquel aucune faute n'est imputable, soit ainsi privé, par le fait d'autrui, du bénéfice de l'exploit (1)? Mais, peut-on répondre, si le demandeur subit la nullité de l'exploit, lorsqu'elle est imputable

(1) MM. Boitard, sur l'art. 70; Bonnier, p. 52.

à son huissier, sauf son recours contre lui, pourquoi ne la subirait-il pas également quand elle est imputable au procureur impérial, sauf également la responsabilité de ce dernier (art. 1382 C. N.)? Où est la raison de maintenir contre le défendeur un exploit qu'en définitive il n'a point reçu?

Art. 71.

Quid, lorsque l'exploit est nul par la faute de l'huissier?

— « Lorsque, porte l'art. 71, l'exploit est nul par le fait de l'huissier, *il peut être condamné* aux frais de l'exploit et de la procédure annulée, sans préjudice des dommages et intérêts, suivant les circonstances. »

Doit-il, dans tous les cas, être condamné aux *frais*?

Dans tous les cas aux *dommages et intérêts*?

Il peut être condamné... Il semble, d'après ces expressions, que les juges ont, à cet égard, un pouvoir absolument discrétionnaire, et qu'ainsi ils peuvent, après avoir reconnu que la nullité est imputable à l'huissier, l'exonérer des frais de l'exploit annulé et, par conséquent, les laisser à la charge du demandeur, bien qu'il n'ait aucune faute à se reprocher. On conçoit qu'un tel résultat est inadmissible. Aussi tous les auteurs sont-il d'accord pour corriger les expressions *facultatives* de notre article et les remplacer par les termes *impératifs* de l'article 1031.

L'huissier par la faute duquel l'exploit sera nul devra donc, dans tous les cas, être condamné aux frais frustratoires qu'il aura occasionnés. En ce qui touche les *dommages-intérêts*, les juges *devront* sans doute en adjuger au demandeur, s'il établit que la nullité de l'exploit lui a causé un dommage : tel serait le cas où la prescription qui aurait été interrompue, si l'exploit eût été valable, a continué de courir et s'est accomplie contre le demandeur, qui alors se trouve déchu de son droit et par suite hors d'état de recommencer l'instance. Que si, au contraire, son droit est resté intact, les juges n'auront évidemment aucune indemnité à lui accorder.

Ainsi ils ont à décider cette première question, question toute de fait, dont la solution est par conséquent laissée à leur arbitrage : *Y a-t-il dommage?* Ce premier point étant résolu affirmativement, je le suppose, ils ont, en outre, à se demander *quelle est l'étendue de ce dommage, quel en est le quantum;* autre question de fait entièrement laissée à leur appréciation. Ainsi, bien que le demandeur ait réclamé 100,000 fr. et qu'il ne puisse plus former une demande nouvelle, par suite de la prescription que la nullité de l'exploit a laissé s'accomplir contre lui, il n'est point sûr qu'il obtienne, à titre d'indemnité, une somme égale au montant de sa demande. Rien ne prouve qu'elle était parfaitement fondée: peut-être n'eût-elle été admise qu'en partie; peut-être même eût-elle été rejetée pour le tout. Les juges devront donc apprécier les chances de succès qu'il pouvait avoir et fixer, d'après le nombre et la force des probabilités qui militent pour ou contre lui, le montant de l'indemnité qui doit lui être allouée.

Comment en fixe-t-on le quantum?

Art. 62, 63 et 66.

V. PAR QUI ET DANS QUEL TEMPS LES EXPLOITS DOIVENT ÊTRE SIGNIFIÉS. — Ils ne peuvent l'être que par un huissier compétent ou capable, et seulement aux jours et heures permis par la loi.

Par qui et dans quel temps les exploits doivent-ils être posés?

Par un huissier compétent... Les huissiers ne sont compétents que dans le ressort du tribunal auquel ils sont attachés et dans l'arrondissement

Quels huissiers sont compétents à cet effet?

duquel ils doivent résider. Dans certains cas même, le tribunal dont ils dépendent peut circonscrire leur compétence dans l'étendue d'un canton de l'arrondissement (décret du 14 juin 1813). — Ainsi l'exploit signifié par un huissier en dehors du territoire où il lui est permis d'instrumenter serait nul et de nul effet.

En cas de transport quels frais de déplacement la loi accorde-t-elle à l'huissier ?

La loi veut qu'il soit établi, autant que les localités le permettent, des huissiers dans chaque chef-lieu des cantons de l'arrondissement ou dans l'une des communes les plus rapprochées (règlement du 4 juin 1813); et, afin d'empêcher que le demandeur ne multiplie les frais en faisant signifier son exploit par un huissier d'un point de l'arrondissement à un point extrême, elle ne passe, dans le cas de transport, qu'une journée au plus, pour tous frais de déplacement. Ceci, au reste, n'est qu'une affaire de taxe ou de tarif, complétement étrangère à la validité même de l'exploit.

L'huissier doit-il poser lui-même ses exploits ? Doivent-ils être écrits de sa main ?

— L'huissier doit instrumenter lui-même et en personne. Ses fonctions sont, en effet, publiques et à ce titre non susceptibles d'être transmises, par délégation, de sa personne à une autre. Si donc il se faisait remplacer par un tiers, par exemple par son clerc, il s'exposerait aux peines les plus graves (art. 45 du décret du 14 juin 1813). — Je rappelle qu'il n'est point tenu d'écrire ses exploits de sa propre main, pourvu qu'il les fasse siens en les signant (V. p. 60).

Un huissier peut-il instrumenter pour toute personne ?

— Il ne suffit point, pour la capacité de l'huissier, qu'il instrumente dans l'étendue de son ressort; il faut encore qu'il n'existe pas entre lui et le demandeur un lien trop étroit de parenté ou d'alliance. «L'huissier, porte l'article 66, ne peut instrumenter ni pour ses parents et alliés et ceux de sa femme en ligne directe à l'infini, ni pour ses parents et alliés collatéraux, jusqu'au degré de cousin issu de germain inclusivement, le tout à peine de nullité.» A plus forte raison ne le peut-il point pour lui-même ou pour sa femme.

Cette prohibition a pour fondement la crainte que l'huissier, agissant dans l'intérêt de ses proches, ne supprime la copie, ce qui amènerait la condamnation par défaut du défendeur, ou n'antidate l'exploit, afin de soustraire le demandeur aux conséquences d'une prescription accomplie.

Le peut-il *contre* ses parents ?

Il peut instrumenter *contre* ses parents; la loi ne le lui défend point. D'ailleurs, les mêmes dangers ne sont plus à craindre.

Quels sont les jours et heures où les exploits peuvent être posés ?

Aux jours et heures permis par la loi... Les huissiers peuvent instrumenter tous les jours, hormis les jours de fête légale. Ces jours sont, d'une part, les dimanches et, d'autre part, les jours de l'Ascension, de l'Assomption, de la Toussaint et de Noël. On considère, en outre, comme tel, le 1er janvier (avis du Conseil d'Etat, 13 mars 1810; approuvé le 20).

Quant aux heures, aucun exploit ne peut être signifié, depuis le 1er octobre jusqu'au 31 mars, *avant six heures du matin* et *après six heures du soir;* et, depuis le 1er avril jusqu'au 30 septembre, *avant quatre heures du matin* et *après neuf heures du soir* (art. 1037).

Toutefois, et *lorsqu'il y a péril en la demeure*, l'assignation peut être donnée un jour de fête légale, avant ou après l'heure permise par la loi; mais l'huissier doit, à cet effet, obtenir la permission du président du tribunal (V. la formule n° 5).

L'exploit, bien que signifié en temps prohibé, est néanmoins valable (1); la loi, en effet, n'en prononce point la nullité, et, aux termes de l'article 1030, les nullités ne se suppléent point. La violation de la loi n'a donc, dans l'espèce, d'autre sanction que l'amende de 5 à 100 fr., qui devra être prononcée contre l'huissier contrevenant.

L'exploit signifié en temps prohibé est-il valable ?

Quelle est donc la sanction de la loi, en ce cas ?

VI. DES DÉLAIS ACCORDÉS AU DÉFENDEUR POUR COMPARAITRE. — Ces délais varient suivant que le défendeur est domicilié sur le continent de la France ou en dehors du continent.

Art. 72 à 74.

Pour les domiciliés en France, le délai est de huit jours *francs*, c'est-à-dire pleins et entiers : le jour de l'assignation et celui de la comparution ne sont point comptés.

Quels délais sont accordés au défendeur pour comparaître ?

Dans certains cas, le délai est limité à un moindre temps; dans d'autres, il reçoit une augmentation.

Ces délais ne sont-ils pas, en certains cas, tantôt limités à un moindre temps, tantôt étendus ?

Il est limité à un moindre temps *dans les cas qui requièrent célérité*. La loi permet alors d'assigner *à bref délai;* mais il faut, à cet effet, adresser une requête au président du tribunal qui, après s'être assuré que l'affaire est réellement urgente, accorde la permission d'assigner soit à trois jours francs, soit même, en cas d'extrême urgence, de jour à jour ou d'heure à heure (arg. d'analogie tiré de l'article 417) (V la formule n° 6).

Dans quels cas sont-ils limités ?

Dans quels cas étendus ?

Il reçoit de droit une augmentation, lorsque le défendeur est domicilié en dehors du lieu où siége le tribunal où l'affaire doit être portée. L'augmentation est d'*un jour* par trois myriamètres de distance entre le domicile du défendeur et le tribunal devant lequel il doit comparaître. Les fractions au-dessous de trois myriamètres ne sont point comptées.

Le défendeur a droit à cette augmentation alors même que la copie a été remise à sa personne, dans le lieu où siége le tribunal. Il faut, en effet, qu'il ait le temps de faire venir de son domicile ou d'y aller chercher lui-même les pièces qu'il a besoin de consulter pour préparer sa défense. Il est vrai qu'on trouve dans l'article 74 une disposition conçue dans un sens inverse, mais la règle qu'il consacre n'a trait qu'aux personnes qui n'ont point leur domicile en France.

Pour les domiciliés hors du continent, les délais sont beaucoup plus longs. Le défendeur a :

Deux mois, s'il demeure en Corse, dans l'île d'Elbe, de Capraja, en Angleterre ou dans les Etats limitrophes de la France ;

Quatre mois, s'il habite dans les autres Etats de l'Europe;

Six mois, dans le cas où il demeure hors de l'Europe, en deçà du cap de Bonne-Espérance;

Un an, lorsqu'il demeure au delà.

Toutefois, si l'assignation est donnée *à sa personne* en France, où il se trouve accidentellement, il ne jouit plus alors que des délais ordinaires, sauf au tribunal à les prolonger, s'il y a lieu.

(1) V. en sens contraire Boitard sur l'art. 63.

L'exploit doit, à peine de nullité, contenir l'indication du délai. Mais que décider si le délai indiqué est plus long ou plus court que celui qui est fixé par la loi ?

— Nous avons vu, page 59, que l'exploit doit contenir l'indication du délai accordé au défendeur pour comparaître. A défaut de cette indication, l'exploit est nul. Mais que décider dans le cas où elle est inexacte, c'est-à-dire si le délai désigné est plus long ou plus court que celui qui est fixé par la loi? La plupart des auteurs tiennent que cette inexactitude n'entraîne point la nullité de l'exploit. L'article 61 attache bien, disent-ils, la nullité *au défaut absolu d'indication du délai;* mais le nombre des jours qui composent ce délai n'est pas prescrit à peine de nullité, et les nullités ne sauraient se suppléer (art. 1030). Ce point étant admis, comment les choses vont-elles se passer? On distingue.

Si le délai indiqué est plus long que celui qui est fixé par la loi, le défendeur en bénéficiera s'il lui plaît d'en profiter. Que si, au contraire, il lui convient de n'en pas attendre l'expiration, libre à lui; rien ne s'oppose à ce qu'il rentre de lui-même dans le délai légal.

Si le délai indiqué est plus court, de deux choses l'une : ou le défendeur comparaîtra dans le délai qui lui a été assigné, ou il ne comparaîtra pas. Au premier cas, le tribunal lui accordera, s'il le requiert, ce qui lui manque du délai auquel il a droit. Dans le second, aucun jugement par défaut ne devra être prononcé contre lui, tant que le délai de la loi ne sera pas expiré. Le tribunal, averti par l'exploit que les délais n'ont pas été observés, devra, en effet, s'abstenir de statuer sur les conclusions du demandeur. Que si pourtant, par négligence ou par surprise, le tribunal a prononcé une condamnation, le défendeur la fera tomber par la voie de l'opposition (1).

Quels sont les effets de l'ajournement ?

VII. Des effets de l'ajournement. — 1° Il fait naître, pour les parties, l'obligation de comparaître, l'une pour justifier sa demande, l'autre pour y défendre. — 2° Il fixe la valeur sur laquelle le tribunal est appelé à statuer. C'est d'après cette valeur que devra être résolue la question de savoir si le tribunal a dû statuer en premier ressort seulement. — 3° Il interrompt la prescription. — 4° Il fait courir les intérêts. — 5° Il fixe le moment à partir duquel le possesseur de bonne foi cesse de faire les fruits siens (V. au reste ce que nous avons dit p. 56).

(1) MM. Berriat, p. 226; Boncenne, t. II, p. 168; Boitard, sur l'article 72; Rodière, t. I, p. 311. — Ces décisions sont-elles bien fondées? Quelques personnes le contestent. La loi, disent-elles, est formelle : elle veut et elle exige, à peine de nullité, que l'ajournement contienne l'indication, non point, ainsi qu'on le dit, *d'un délai quelconque*, mais, ce qui est bien différent, *du délai pour comparaître.* Or, est-ce m'indiquer que j'ai *huit jours* pour comparaître que me dire qu'il m'est accordé, à cet effet, *quinze* ou *trois jours ?* Cette fausse indication ne m'apprend absolument rien, ou plutôt, loin de m'éclairer, elle me trompe. Ce n'est pas une indication, c'est un piége. Dès lors, si le défaut absolu d'indication vicie l'exploit, à bien plus forte raison doit-il en être de même de l'indication mensongère (En ce sens, M. Delzers, sur l'art. 72).

TITRE III.

CONSTITUTION D'AVOUÉ ET DÉFENSES.

Art. 75.

Quels actes suivent l'ajournement ? Que doit faire le défendeur qui se décide à plaider ?

I. IDÉE GÉNÉRALE DE CE TITRE. — L'assignation est entre les mains du défendeur. Il sait, d'une part, ce qu'on lui demande ; d'autre part, les motifs qui seront invoqués par le demandeur à l'appui de sa prétention. Le moment est venu de prendre un parti. S'il se décide à plaider, que devra-t-il faire? Il devra d'abord, car il ne lui est point permis de figurer seul en justice, *constituer*, c'est-à-dire choisir, un avoué auquel il donnera mandat de le représenter. Ce choix fait, il en donnera avis au demandeur. Il devra, en second lieu, lui notifier les moyens qu'il emploiera pour sa défense.

Ainsi, de même que le demandeur, par son exploit d'ajournement, fait connaître à son adversaire l'avoué qui le représentera au procès et les moyens qu'il y produira à l'appui de sa prétention, de même le défendeur est tenu de lui faire deux notifications correspondantes : l'une, appelée *constitution* d'avoué, par laquelle il lui désigne l'avoué qui occupera pour lui; l'autre, appelée *signification des défenses*, par laquelle il lui indique les moyens qu'il entend lui opposer.

Que fait alors le demandeur ?

Le demandeur lui signifie à son tour ses réponses.

Quid, après la signification de ses réponses ?

Ces significations étant faites, ou les délais pour les faire étant expirés, la partie la plus diligente poursuit l'audience par un acte d'avoué à avoué appelé *avenir*.

Qu'est-ce que la constitution d'avoué?

II. DE LA CONSTITUTION D'AVOUÉ. — La constitution d'avoué est l'acte par lequel le défendeur donne mandat à un avoué d'occuper pour lui au procès, c'est-à-dire de le représenter dans l'instance.

Comment se fait-elle ?

Comment elle se fait. — La constitution d'avoué est *expresse, tacite* ou *légale*.

Combien en distingue-t-on d'espèces ?

Expresse, lorsqu'elle est faite par écrit ou verbalement. Quand elle est verbale, on ne la peut prouver par témoins qu'autant qu'on se trouve dans l'un des cas exceptionnels où ce mode de preuve est admissible même au-dessus de 150 francs (V. les art. 1341, 1347 et 1348 C. N.).

Tacite, lorsqu'on peut, par la voie du raisonnement, l'induire d'un certain fait émané du défendeur. Ainsi, lorsqu'il est démontré que la copie de l'ajournement et les titres nécessaires à l'instruction de l'affaire ont été remis à l'avoué par le défendeur, cette remise des pièces fait présumer l'existence du mandat d'occuper.

Légale, quand la loi désigne elle-même l'avoué qui occupera ou indique ceux parmi lesquels devra être choisi l'avoué qui sera constitué (art. 496, 529, 760, 1038).

Que doit faire l'avoué constitué ?

Ce que doit faire l'avoué constitué. — Il est tenu de faire savoir à l'avoué du demandeur qu'il a charge d'occuper pour le défendeur. Cette notification se fait par acte d'*avoué à avoué*. Elle se compose de deux parties. L'avoué rédige ou fait rédiger par un clerc un acte, qu'il signe tant sur la copie que sur l'original, dans lequel il déclare qu'il a reçu mandat d'occuper pour le défendeur. Cet acte est par lui remis à un huissier, qui le notifie à l'avoué du demandeur (V. la formule n° 7).

Par qui cette notification doit-elle être faite ?

Ces notifications ne peuvent être faites que par un huissier *audiencier*.

A quelles formalités est-elle soumise ?

La loi ne les a point, du reste, soumises aux formalités si nombreuses qu'elle prescrit pour les exploits ordinaires. Ainsi il n'est point nécessaire qu'elles contiennent les prénoms et la demeure de l'avoué : les relations habituelles des avoués soit entre eux, soit avec les huissiers audienciers, rendent ces indications inutiles et sans objet. L'huissier certifie au bas de l'original et de la copie de l'acte rédigé par l'avoué qu'il en a fait la signification à l'avoué du demandeur, parlant soit à sa personne, soit à l'un de ses clercs en son étude ; il date, il signe, et cela suffit.

Dans quel délai doivent être faites la constitution d'avoué et sa notification ?

Qu'est-ce que comparaître ?

Dans quel délai doivent être faites la constitution d'avoué et sa notification. — Elles doivent être faites, l'une et l'autre, dans les délais accordés au défendeur pour comparaître (V. p. 73). — Comparaître ce n'est point, ainsi qu'on pourrait le croire, se présenter en personne à l'audience ou y faire présenter pour soi un avoué ou un avocat : c'est tout simplement constituer un avoué et notifier à l'avoué du demandeur la constitution qu'on vient de faire. Ainsi lorsqu'on dit que le défendeur a huit jours *pour comparaître,* cela signifie qu'il doit, dans ce délai, choisir un avoué pour le représenter et, après l'avoir constitué, en faire donner avis à l'avoué du demandeur.

Ce délai est-il fatal ? en quel sens ?

Ce délai est fatal, en ce sens que le défendeur qui l'a laissé passer sans *constituer avoué* peut être, sur la poursuite du demandeur, condamné par défaut ; mais il est généralement admis que la constitution peut être valablement faite, même après l'expiration des délais, tant que le jugement n'a pas été obtenu.

Art. 76.

Comment constitue-t-on avoué dans le cas où l'assignation a été donnée à bref délai ?

Comment on constitue avoué dans le cas où l'assignation a été donnée à bref délai (V. p. 73). — Dans cette hypothèse, le temps pouvant manquer pour constituer avoué dans la forme ordinaire, la loi a organisé un mode plus expéditif de constitution. L'avoué choisi par le défendeur se présente à l'audience et déclare, sur l'appel de la cause, qu'il a été chargé d'occuper pour lui. Un jugement intervient qui lui donne acte de sa déclaration. Cette constitution verbale tient lieu de la constitution ordinaire. Toutefois l'avoué est tenu de la réitérer, dans le jour, par acte d'avoué à avoué.

Cette constitution verbale ne doit-elle pas être réitérée par acte ?

Dans quel délai ?

Dans quel but ?

Mais, dira-t-on, à quoi bon cette réitération par acte ? L'avoué du demandeur a dû être présent à l'audience ; il a entendu la déclaration de l'avoué constitué par le défendeur ; il est donc suffisamment instruit. Dès lors, il semble que la notification qui lui sera faite de cette constitution verbale est inutile et sans objet. Mais ce n'est qu'une fausse apparence. Si la constitution restait purement verbale, elle pourrait être contestée plus tard ; il importe donc qu'il y en ait une preuve écrite et authentique. De là, la nécessité d'une réitération par acte d'avoué à avoué.

Si l'avoué ne fait point cette réitération, la constitution restera valable néanmoins. Il faut pourtant une sanction à l'obligation qui lui est imposée ; autrement il pourrait impunément s'y soustraire. Cette sanction est écrite dans la loi. Si la constitution faite verbalement à l'audience n'est point réitérée par acte, l'avoué du demandeur, intéressé à se procurer une preuve écrite, se fera délivrer par le greffier du tribunal une copie ou expédition du jugement qui a donné acte à l'avoué du défendeur de la constitution et la lui fera signifier ; or, cette signification étant aux frais de l'avoué négligent, son intérêt personnel devient ainsi une garantie de son exactitude à se mettre en règle.

Quid, si l'avoué ne fait pas cette réitération ?

Art. 75.

De la révocation de l'avoué constitué. — Chaque partie est maîtresse de révoquer, si bon lui semble, l'avoué qu'elle a constitué, mais sous la double condition d'en constituer immédiatement un autre et de notifier à l'avoué de l'autre partie la révocation qui a eu lieu et la constitution de l'avoué substitué à celui qui a été révoqué (V. la formule n° 8).

L'avoué constitué peut-il être révoqué? A quelle condition? *Quid*, s'il est révoqué mais non remplacé ?

L'avoué *révoqué*, mais non *remplacé*, a une position mixte. Au regard de l'avoué de l'autre partie, il continue de représenter son client : c'est ce que la loi exprime lorsqu'elle dit que les procédures faites et les jugements obtenus contre lui seront valables. Au regard de son client, il cesse de le représenter, en ce sens qu'il ne peut plus faire pour lui aucun acte de procédure. Ainsi tous les actes faits *contre lui* par l'avoué de l'autre partie sont réguliers et valables; tous ceux faits *par lui* dans l'intérêt de son client sont nuls.

Le principe qu'on ne peut ester en justice qu'avec l'assistance d'un avoué est-il absolu ?

Des personnes qui sont dispensées de constituer avoué. Des affaires dans lesquelles le ministère des avoués est prohibé. — En principe, nul ne peut plaider sans le ministère et le secours d'un avoué (V. p. 8). Par exception à cette règle, les préfets, demandeurs ou défendeurs, dans un procès relatif à la propriété des domaines de l'Etat (V. p. 66), peuvent plaider sans être obligés de constituer avoué ; mais ce n'est qu'une *dispense*: il ne leur est point *défendu* de procéder conformément au droit commun.

Dans certaines contestations, les avoués ne *doivent pas* être employés comme intermédiaires légaux : telles sont les contestations en matière d'enregistrement, de douanes, de contributions indirectes, d'expropriation forcée pour cause d'utilité publique. Ces sortes d'affaires se jugent sur de simples mémoires et sans plaidoiries.

Art. 77 et 79.

III. De l'instruction. — Signification des défenses. — Réponse aux défenses. — Avenir. — Plaidoiries. — Chacune des parties étant munie de son représentant, l'instruction de l'affaire peut commencer. Elle consiste à donner aux juges la notion du litige, afin de les mettre à même de prononcer en connaissance de cause.

Après la constitution de l'avoué vient l'instruction de l'affaire : quel est l'objet de l'instruction ? Combien en distingue-t-on d'espèces ?

On distingue trois espèces d'instructions, savoir :

1° L'instruction *par simples plaidoiries, sans aucune écriture préalable*, ou l'instruction purement *verbale;*

2° L'instruction sur mémoires et sans plaidoiries, ou l'instruction purement *écrite;*

5° L'instruction par des écrits préparatoires et par plaidoiries, ou l'instruction *mixte*.

Dans quels cas est-elle purement verbale ?

L'instruction purement *verbale* a lieu dans les affaires *sommaires*, c'est-à-dire dans les causes qui, à raison soit de leur simplicité, soit du besoin de célérité qui s'y fait sentir, soit enfin de la modicité de l'intérêt qui s'y trouve engagé, doivent être jugées rapidement et à peu de frais (V. les art. 404 à 413).

Dans quels cas, purement écrite ?

L'instruction *par écrit* et sans plaidoiries a lieu dans les causes qui, à raison des détails compliqués et difficiles qu'elles présentent, exigent, pour être saisies et bien comprises, des mémoires explicatifs. On conçoit, par exemple, qu'au cas où l'affaire soulève des questions de généalogie, de chiffres et de calculs compliqués, une simple discussion d'audience serait plus propre à obscurcir le débat qu'à l'éclairer. Dans ces divers cas, le tribunal ordonne que les plaidoiries orales seront remplacées par des discussions écrites (V. les art. 95 à 115).

Dans quels cas, verbale et écrite ?

L'instruction *écrite* et *orale* est employée dans les matières ordinaires; elle forme le droit commun : c'est d'elle qu'il est ici question.

Que doit faire le défendeur après qu'il a constitué avoué ?

Signification des défenses. — Après avoir constitué avoué, le défendeur, qui a été instruit par l'ajournement des moyens que le demandeur invoquera contre lui, doit, à son tour, lui faire connaître les moyens qu'il emploiera pour sa défense. A cet effet, il doit les rédiger par écrit, et signifier par acte d'avoué à avoué l'acte qui les contient : c'est ce qu'on appelle signifier les défenses (V. la formule n° 9).

Comment appelle-t-on l'acte où il expose ses défenses ? Pourquoi l'appelle-t-on ainsi ?

L'acte ou le mémoire justificatif des prétentions du défendeur est communément appelé *requête en défense*, parce qu'il est d'usage de le commencer par ces mots : « A messieurs les président et juges composant le tribunal de. . . . ., un tel a l'honneur d'exposer. . . . » Cet intitulé pourrait faire croire que l'acte dont il s'agit doit être directement présenté ou signifié aux membres du tribunal; mais il n'en est rien. On distingue, en effet, deux sortes de *requêtes*. Les unes sont adressées directement au président et aux juges, sans être au préalable signifiées à la partie adverse : le requérant y conclut à ce que le président ou le tribunal ordonne une certaine mesure dans son intérêt; elles doivent donc être suivies d'une *ordonnance*. Telles sont les requêtes proprement dites. Les autres doivent être signifiées, non point au président et aux juges du tribunal, mais à l'avoué de la partie adverse. Le tribunal peut en prendre connaissance s'il le juge à propos, mais il n'y est pas obligé. La requête en défense est de cette dernière espèce.

Quel délai le défendeur a-t-il pour signifier ses réponses ? Quel est le point de départ de ce délai ?

— Le défendeur a quinze jours pour signifier ses défenses, quinze jours à compter de la constitution de son avoué. Que si pourtant cette constitution n'avait eu lieu que tardivement, c'est-à-dire après l'expiration du délai accordé au défendeur pour la faire (V. p. 76), les quinze jours qui lui sont donnés pour signifier ses défenses courraient alors non plus du jour de la constitution, mais de l'expiration des délais de l'ajournement.

—Qu'arrivera-t-il si le défendeur n'a point, dans la quinzaine, signifié ses défenses? On le jugeait autrefois par défaut. Ainsi, il n'était admis à faire valoir ses moyens par plaidoirie qu'après les avoir exposés par écrit. Il n'en est plus de même aujourd'hui : la signification des défenses est devenue *facultative*, sauf au demandeur à poursuivre l'audience dès que le délai de quinzaine est expiré. On décide même que le défendeur peut, s'il le juge à propos, poursuivre l'audience immédiatement après avoir constitué avoué, sans être obligé de signifier ses défenses au préalable, et avant même l'expiration des quinze jours qui lui sont accordés pour les signifier (1).

Quid, si le défendeur n'a point signifié ses réponses dans la quinzaine?

La signification des défenses doit contenir l'offre de communiquer au demandeur les pièces qui pourront être produites contre lui. La communication se fait soit à l'amiable, c'est-à-dire entre les avoués, de la main à la main et sur récépissé, soit par la voie du greffe. Dans ce dernier cas, les pièces à communiquer sont déposées au greffe, où l'avoué du demandeur peut aller les inspecter sans déplacement et sous la surveillance du greffier.

Peut-il, sans signifier ses défenses, poursuivre immédiatement l'audience?

Que doit contenir la signification des défenses?

Comment se fait cette communication?

Art. 78 et 80.

Réponse aux défenses. — Dans la huitaine suivante, le demandeur fait signifier sa réponse aux défenses. Huit jours lui suffisent à cet effet : il a pris son temps avant de former sa demande; il a pu prévoir les moyens qui pourraient lui être opposés, et se préparer d'avance à les combattre. (V. la formule n° 10).

Que fait le demandeur auquel les défenses du défendeur ont été signifiées?

Quel délai a-t-il à cet effet?

Quel est le point de départ de ces huit jours? A cet égard, le texte de la loi est peu clair. Le demandeur, y est-il dit, doit signifier sa réponse dans *la huitaine suivante*. Mais à partir de quel jour? Du jour de la signification des défenses faites par le défendeur, ou de l'expiration des quinze jours accordés à ce dernier pour les signifier? C'est ce que la loi ne dit point; mais il est naturel, ce me semble, d'admettre la première interprétation, et de décider en conséquence que si le défendeur a signifié ses défenses avant l'expiration de la quinzaine, le demandeur devra lui répondre dans les huit jours qui suivront cette signification.

Quel est le point de départ de ce délai?

Le demandeur, au reste, peut, s'il le juge à propos, ne pas répondre, et poursuivre l'audience immédiatement après la signification des défenses. Ainsi, les parties sont libres de faire ou de ne pas faire une instruction.

Le demandeur est-il obligé de signifier des réponses?

Art. 81.

—Nous venons de voir que l'instruction comprend deux actes écrits : la signification des défenses, et la réponse aux défenses. Nous devons ajouter qu'afin de prévenir l'usage des répliques, dupliques et tripliques, dont on fit dans l'ancien droit un si grand abus, *aucunes autres écritures ou significations n'entrent en taxe.* Remarquons que la loi ne frappe point de nullité les significations d'actes qui peuvent avoir lieu dans le cours de l'instance; elle refuse seulement à la partie qui les a faites le bénéfice de la taxe, c'est-à-dire le droit d'en répéter les frais de son adversaire, au cas où elle gagne son procès. Ainsi, la partie qui, après l'expiration des délais qui lui sont accordés pour signifier ses défenses

La loi autorise-t-elle d'autres écritures et notifications que celles dont il vient d'être parlé?

Quelle est la sanction de cette prohibition?

(1) M. Bonnier, p. 69.

ou sa réponse aux défenses, s'aperçoit que la signification qu'elle a faite est incomplète, est libre de réparer son omission en signifiant les pièces qu'elle juge nécessaires au succès de sa cause : la loi ne s'y oppose pas. Mais les frais que ces significations supplémentaires ou additionnelles occasionnent ne peuvent, en aucun cas, être répétés de son adversaire : en aucun cas, c'est-à-dire soit qu'elle perde, soit qu'elle gagne son procès.

Les frais des écritures et notifications qui n'entrent point en taxe sont-ils à la charge de la partie ou de son avoué ?

Mais restent-ils à sa charge ou à la charge de son avoué ? Il faut, à cet égard, distinguer. Si l'omission qui a été réparée vient d'elle, si elle n'a point donné à son avoué toutes les indications nécessaires pour faire une signification complète, c'est à elle de supporter les conséquences de sa négligence. Son avoué pourra donc se faire rembourser par elle les frais qu'il aura été, sur sa demande, obligé de faire pour réparer son oubli. Que si, au contraire, l'avoué ayant en mains toutes les pièces, tous les documents dont il pouvait avoir besoin pour faire de prime abord une signification complète, a négligé de faire valoir quelque moyen qu'il pouvait déduire de ces pièces et documents, les frais qu'il sera obligé de faire pour réparer cette omission demeureront à sa charge.

Les écritures et notifications auxquelles peuvent donner lieu des incidents entrent-elles en taxe?

Encore un mot. Les frais occasionnés par des significations postérieures à l'expiration des délais doivent, suivant la distinction qui vient d'être faite, rester à la charge de la partie qui les a rendues nécessaires ou de son avoué ; l'autre partie, vînt-elle d'ailleurs à succomber, n'est point tenue de les rembourser. Mais remarquons bien qu'il n'en est ainsi que dans les affaires ordinaires, c'est-à-dire qui marchent dégagées de tout incident. Lors donc que des incidents se produisent dans le cours de l'instance, les écritures spéciales qu'ils exigent ne sont plus régies par la disposition que nous venons d'expliquer; elles entrent en taxe, puisqu'on ne peut pas les imputer à faute à celle des parties qui s'est vue dans la nécessité de les signifier. Celui des deux adversaires qui succombe en supporte les frais, conformément au droit commun.

Est-il permis de grossoyer les requêtes ?

Qu'est-ce que grossoyer une écriture?

— La loi, avons-nous dit, a prévenu l'abus des répliques, dupliques et tripliques, en n'admettant en taxe que la signification des défenses et de la réponse aux défenses dans les délais qu'elle a déterminés; mais elle a fait plus encore. Il paraît qu'autrefois il était permis de *grossoyer* les requêtes, c'est-à-dire de les rédiger en gros caractères. Les procureurs, abusant de cette faculté, trouvèrent le moyen de faire une ligne avec quelques mots, une page avec quelques lignes. On a dû mettre un terme à cet abus. De là la prescription suivante : « Les requêtes doivent contenir douze syllabes à la ligne, et vingt-cinq lignes à la page » (art. 72 du tarif).

Quelle autre précaution la loi a-t-elle prise pour prévenir les abus que nous a révélés l'histoire de notre ancien droit ?

— Ce n'est pas tout. On vit souvent, dans notre ancienne jurisprudence, les procureurs insérer après coup dans leur dossier, afin de grossir le plus possible leurs émoluments, d'énormes cahiers d'écritures qui n'avaient jamais été signifiées. Cette fraude n'est plus possible aujourd'hui. Les avoués doivent, en effet, déclarer au bas de leurs requêtes le nombre de *rôles* dont elles se composent, à peine de rejet, lors de la taxe. — On appelle *rôle* le *recto* et le *verso* d'une page d'écriture comprenant douze syllabes à la ligne et vingt-cinq lignes à la page.

Art. 80 et 82.

Qu'est-ce qu'un avenir ?

De l'avenir. — L'avenir est l'acte par lequel l'un des avoués constitués somme l'autre, par acte signifié par un huissier audiencier, de venir à l'audience pour y conclure et plaider la cause au jour désigné dans l'acte (V. la formule 11).

Quel délai doit-il y avoir entre l'avenir et le jour de l'audience ?

La loi n'a point déterminé le délai qui doit s'écouler entre la signification de l'avenir et l'audience. Dès lors rien ne s'oppose à ce qu'elle soit donnée la veille de la comparution ; mais il est d'usage de laisser un jour franc entre le jour où l'avenir a été signifié et le jour qui a été indiqué pour l'audience.

Quand et par qui l'audience peut-elle être poursuivie ?

L'audience peut être poursuivie, soit par le défendeur, immédiatement après sa constitution d'avoué et sans avoir au préalable signifié ses défenses, soit par le demandeur, immédiatement après la signification des défenses et sans être obligé d'y répondre au préalable (V. p. 79), soit, enfin, par l'un ou l'autre, après la signification des défenses et de la réponse aux défenses.

Il n'est admis qu'*un avenir pour chaque partie.*

Quel est le sens de ces mots : Il n'est admis *qu'un seul avenir pour chaque partie?*

Qu'un avenir... Jadis on les multipliait sans mesure ; on se donnait, coup sur coup, des rendez-vous à l'audience, avant de songer sérieusement à y paraître. La loi, afin de prévenir cet abus, n'en permet plus qu'un seul.

Toutefois, si la cause vient à se compliquer d'incidents qui exigent des plaidoiries spéciales, les avenirs que ces débats secondaires auront rendus nécessaires devront évidemment entrer en taxe.

Un seul *pour chaque partie...* — N'en concluez point que l'avoué auquel un avenir a été signifié peut, à son tour, en signifier un autre. Un pareil acte serait complétement inutile et sans objet ; on ne l'admettrait donc point en taxe. Les mots *un seul pour* CHAQUE PARTIE doivent être entendus en ce sens qu'au cas où il existera plus de deux parties en cause, celui des avoués qui poursuivra l'audience pourra signifier autant d'avenirs qu'il aura d'adversaires, un pour *chaque partie*, une fois pour toutes.

TITRE IV.

DE LA COMMUNICATION AU MINISTÈRE PUBLIC.

5e *répétition.*

Art. 83 et 84.

Qu'entend-on par ministère public ? Quelles sont ses fonctions ?

I. DU MINISTÈRE PUBLIC. — La loi désigne, sous cette dénomination, certains magistrats établis près les tribunaux pour y veiller au maintien de l'ordre public et y requérir l'application et l'exécution des lois. On les nomme procureurs impériaux ou substituts du procureur impérial, lorsqu'ils sont attachés à un tribunal de première instance (V. p. 6).

Ses fonctions judiciaires ne sont-elles point de deux sortes?

II. FONCTIONS JUDICIAIRES DES MAGISTRATS DU MINISTÈRE PUBLIC.— Elles sont de deux sortes. Tantôt, en effet, ils agissent comme *partie principale* et *par voie d'action*, tantôt *comme partie jointe* et *par voie de réquisition.*

Qu'est-ce qu'agir *comme partie principale et par voie d'action ?* Dans quels cas le ministère public peut-il agir de cette manière ? Lui applique-t-on alors les mêmes règles qu'aux plaideurs ordinaires ?

Ils agissent *comme partie principale* ou *par voie d'action*, lorsqu'ayant à réclamer directement quelque chose pour la société qu'ils représentent, ils jouent au procès le rôle d'un plaideur ordinaire, par exemple, lorsqu'ils demandent la nullité d'un mariage ou qu'ils provoquent l'interdiction d'une personne. Dans les cas où cette initiative leur est permise (art. 184, 190, 191, 199, 200 et 491 C. N.), ils sont réellement parties dans l'instance, parties principales, puisqu'ils exercent une action au nom et dans l'intérêt direct de la société. Ils sont alors soumis aux mêmes obligations que les plaideurs ordinaires. Remarquons toutefois, d'une part, qu'ils sont dispensés de constituer un avoué; d'autre part, qu'au cas où ils succombent, ils ne peuvent point être condamnés aux dépens du procès (V. à ce sujet, p. 116, l'explic. de l'art. 130).

Qu'est-ce qu'agir comme *partie jointe* et *par voie de réquisition ?*

Ils agissent *comme partie jointe* ou par simple *voie de réquisition*, lorsqu'ils se joignent à l'une ou à l'autre des parties plaidantes pour en soutenir l'intérêt.

Dans la première hypothèse, le débat existe entre un particulier et le ministère public. Dans le second, le procès a lieu entre deux particuliers. Le ministère public n'intervient alors que pour aider l'une des deux parties et lui prêter l'appui de ses lumières.

L'intervention du ministère public comme partie jointe est-elle *obligatoire* ou *facultative ?*

III. Des cas ou le ministère public agit comme partie jointe. — Cette matière est la seule dont nous ayons à traiter ici. Le Code de procédure ne s'occupe point, en effet, des cas où le ministère public peut ou doit agir comme partie principale.

L'intervention du ministère public comme partie jointe est tantôt *facultative* et tantôt *obligée.*

En principe, elle est *facultative.* Ainsi, il lui est permis de se faire entendre *dans toutes les affaires où il juge à propos d'intervenir.*

Il *est tenu*, au contraire, d'intervenir dans certains cas spécialement déterminés par la loi.

Dans le cas où il est obligé d'intervenir, on dit que *l'affaire est sujette à communication*, parce qu'alors le dossier, c'est-à-dire l'ensemble des pièces qui se rattachent au procès, doit être communiqué au ministère public, afin qu'après l'avoir étudié il puisse conclure en parfaite connaissance de cause.

Quelles causes doivent lui être communiquées?

— Sont sujettes à communication les causes suivantes :

1° Celles *qui concernent l'ordre public* (telles, par exemple, que les causes dans lesquelles l'une des parties conclut contre l'autre à une contrainte par corps), *l'État, le domaine, les communes, les établissements publics, les dons et legs au profit des pauvres.*

2° Celles *qui concernent l'état des personnes* (telles que les demandes en désaveu de paternité, de nullité de mariage, en séparation de corps) *et les tutelles* (par exemple, les demandes par lesquelles un tuteur se plaint d'avoir été injustement destitué, ou se pourvoit pour faire admettre des excuses) (art. 440 et 448 C. N.).

Quid, quant aux

3° *Les déclinatoires sur incompétence.* — On appelle déclinatoire sur incompétence l'exception par laquelle un défendeur, assigné devant un tribunal qu'il prétend incompétent, demande son renvoi pour cette cause. La loi distingue deux espèces d'incompétence, savoir 1° l'incompétence *ratione materiæ;* 2° l'incompétence *ratione personæ*. Un tribunal est incompétent *ratione materiæ* lorsqu'il ne fait point partie de la juridiction instituée pour connaître de l'affaire dont il est saisi, comme lorsqu'une affaire *civile* est portée devant un tribunal *de commerce* (V. p. 42 à 44). Il est incompétent *ratione personæ* dans le cas où l'affaire qui a été portée devant lui a été attribuée par la loi à un autre tribunal de la même classe que celle dont il fait lui-même partie, comme lorsqu'une affaire *civile* et *personnelle* a été portée devant un tribunal *civil* autre que celui du domicile du défendeur (V. p. 43 à 44. V. aussi l'explic. des art. 168 à 172 C. pr.).

déclinatoires sur incompétence? Qu'entend-on par déclinatoires? Combien en distingue-t-on d'espèces?

Dans le projet du Code on ne déclarait sujets à communication que les déclinatoires *ratione materiæ;* mais les tribunaux ayant fait remarquer que l'incompétence *ratione personæ*, bien qu'établie dans l'intérêt direct et principal des parties, se rattache néanmoins, dans une certaine mesure, à l'ordre public, le texte de la loi fut généralisé. Le ministère public doit donc être entendu, soit qu'il s'agisse d'incompétence *ratione materiæ*, soit qu'il ne s'agisse que d'une simple incompétence *ratione personæ*.

Mais voyez la différence entre les deux cas!

Dans le premier, l'incompétence étant essentiellement et principalement d'ordre public, le procureur impérial ou le substitut qui le remplace peut, *d'office*, proposer le déclinatoire et demander, même contre la volonté contraire des parties, que le tribunal s'abstienne de connaître de l'affaire portée devant lui. Dans le second, l'intérêt des parties étant bien plus en jeu que l'intérêt général, le ministère public ne peut point, au cas où elles gardent le silence, soulever d'office la question d'incompétence. Il n'a que le droit de faire connaître son avis lorsque le défendeur, proposant le déclinatoire établi en sa faveur, conclut à ce que le tribunal se déclare incompétent.

L'office du ministère public est-il le même dans l'un et l'autre cas?

4° *Les règlements de juges, les récusations et renvois pour parenté ou alliance* (V. p. 20).

5° *Les prises à partie* (V. p. 20). — L'ordre public est directement intéressé dans les causes de ce genre.

6° *Les causes des femmes* NON AUTORISÉES par *leurs maris*, OU MÊME AUTORISÉES, *lorsqu'il s'agit de leur dot et qu'elles sont mariées sous le régime dotal.*

Quelles distinctions faut-il faire quant aux causes des femmes mariées?

Lorsque la femme plaide avec l'autorisation de son mari, elle a près d'elle, pour la conseiller et la diriger, son protecteur naturel; lors, au contraire, qu'elle plaide avec l'autorisation de justice, elle est réputée agir seule, sans aucun guide pour la diriger et lui venir en aide: de là la distinction que fait la loi.

La femme agit-elle avec l'autorisation de justice, la communication au ministère public est obligatoire dans tous les cas: — dans tous les cas, c'est-à-dire quelle que soit la nature du droit engagé, et sous quelque régime que la femme soit mariée.

Plaide-t-elle avec l'autorisation de son mari, la communication au ministère public n'est point nécessaire.

Quel est le cas où, par exception, la communication est nécessaire, bien que la femme plaide avec l'autorisation de son mari ?

Telle est la règle. Mais une exception a été admise : lorsque la femme est mariée sous le *régime dotal*, et que le procès qu'elle soutient concerne *sa dot*, l'autorisation maritale ne dispense point le ministère public de l'obligation d'intervenir.

Quel est le fondement de cette exception ?

Cette exception a son fondement dans une considération d'ordre public. Sous le régime dotal, les immeubles dotaux sont *inaliénables* (art. 1554). L'inaliénabilité dont ils sont frappés a pour objet d'assurer l'avenir de la femme et de ses enfants, en assurant la restitution de la dot ; aussi l'a-t-on toujours considérée comme une règle d'ordre public : *reipublicæ interest, mulieres dotes salvas habere.* Dès lors, il importait de ne point laisser aux époux la faculté d'éluder la prohibition de la loi par des aliénations effectuées secrètement et déguisées sous l'apparence d'un procès. De là l'obligation d'intervenir dans toutes les causes où les dots des femmes dotales se trouvent engagées : — dans toutes les causes, c'est-à-dire, soit que la femme plaide avec l'autorisation de justice, soit même qu'elle agisse avec l'autorisation de son mari (1). — Toutefois, cette exception ayant son fondement dans *l'ina-*

(1) Tel est le motif de la disposition que je viens de rapporter. Telle est aussi l'explication qu'en donnent tous les auteurs qui l'ont commentée. Mais la loi et ses commentateurs sont tombés à cet égard dans une erreur bien singulière. Lors, dit-on, que la femme est mariée sous le régime dotal et qu'elle plaide à l'occasion de sa dot, la communication au ministère public est obligatoire, même dans le cas *où elle agit avec l'autorisation de son mari.* On suppose ainsi que c'est la femme qui est en cause, que c'est elle qui agit comme demanderesse ou défenderesse ; qu'en un mot, c'est par elle ou contre elle, et non par ou contre son mari, qu'est exercée l'action dont le tribunal est saisi. Or, c'est précisément, du moins en principe et sauf une exception, le contraire qui a lieu. Il résulte, en effet, des termes de l'article 1549 du Code Napoléon, que les actions concernant les biens dotaux sont *toutes* exercées non point par la femme elle-même, avec l'autorisation de son mari ou de justice, mais *par le mari seul*, et sans qu'il ait à prendre à cet effet l'autorisation de personne : —*toutes,* ai-je dit, c'est-à-dire tant les actions réelles que les actions personnelles. Dès lors, que devient la disposition de notre article 83 ? Quand s'appliquera-t-elle ? Je suis bien convaincu pour mon compte que celui des rédacteurs qui l'a élaborée avait complétement perdu de vue la disposition de l'article 1549, et qu'ainsi, à son insu, il a réglé une hypothèse impossible dans la plupart des cas.

Toutefois, cette disposition n'est point complétement inutile. On sait, en effet, qu'au cas où la femme obtient la séparation de biens, elle reprend l'exercice de ses actions ; c'est elle alors qui agit, qui joue son propre rôle au procès, soit avec l'autorisation de son mari, soit avec l'autorisation de justice. Dans ce cas, mais dans ce cas seulement, l'affaire devra être communiquée au ministère public.

Peut-être essayera-t-on de soutenir que la communication est obligatoire, même dans le cas où l'action est exercée par le mari, conformément à son droit. Et, en effet, pourra-t-on dire, s'il est bon et utile qu'elle ait lieu quand

liénabilité de la dot, il en résulte qu'elle n'est point applicable au cas où le procès a trait à des choses qui, bien que soumises au régime dotal, ne sont point régies par le principe d'inaliénabilité, c'est-à-dire, soit à des biens *mobiliers*, car, même sous le régime dotal, la dot *mobilière* est *aliénable* (art. 1554), soit même à des immeubles dotaux, lorsqu'ils ont été stipulés *aliénables* par le contrat de mariage (art. 1557).

Est-elle applicable lorsque le bien engagé au procès est *aliénable*, quoique *dotal?*

7° *Les causes des mineurs et généralement toutes les causes où l'une des parties est défendue par un curateur.*—Telles sont celles qui intéressent : 1° l'enfant conçu dont il est parlé dans l'article 393 du Code Napoléon ; — 2° l'enfant soumis à une action en désaveu (art. 318 C. N.) ; — 3° les successions vacantes (art. 812 C. N.).

L'héritier bénéficiaire n'est point *curateur*. Les causes concernant la succession qu'il administre n'appartiennent donc point à notre disposition (V. toutefois l'art. 987 C. pr.).

Les causes intéressant une succession acceptée sous bénéfice d'inventaire sont-elles sujettes à communication ?

Il en est de même de celles qui intéressent les personnes pourvues d'un conseil judiciaire (art. 499 et 513 C. N.). Ces personnes peuvent, en effet, avec la seule assistance de leur conseil, aliéner et hypothéquer leurs biens, emprunter et transiger valablement, faire, en un mot, les actes les plus importants. Or, si elles sont pleinement, absolument capables quand elles sont assistées de leur conseil, où est la nécessité de communiquer au ministère public les affaires qui les intéressent? Leur conseil, d'ailleurs, n'est point *un curateur;* la loi ne les comprend donc point dans sa disposition.

Quid, de celles qui intéressent les personnes pourvues d'un conseil judiciaire ?

8° *Les causes concernant ou intéressant les personnes présumées absentes.* —Bien que le ministère public soit spécialement *chargé de veiller* aux intérêts des présumés absents, il n'en faut point conclure qu'il lui soit permis de former *d'office des demandes judiciaires en leur nom*, et, par exemple, de poursuivre leurs débiteurs ; qu'il puisse, en un mot, agir *comme partie principale* dans leur intérêt. Il ne peut, en effet, agir en cette qualité que dans les cas où la loi lui en donne expressément le droit. Or, quelle loi le lui a conféré dans l'espèce ? Ce n'est point l'article 83 du Code de procédure, puisqu'il ne règle que les cas où il doit agir *comme partie jointe;* ce n'est point non plus l'article 114 du Code Napoléon, car, bien qu'il le charge de veiller aux intérêts des absents, il ne lui confère pourtant que le droit d'*être entendu dans toutes les de-*

Ou les personnes présumées absentes ? Le ministère public pourrait-il, d'office, former des demandes judiciaires en leur nom ?

l'action est exercée par la femme avec l'autorisation du mari, c'est-à-dire en quelque sorte par les deux époux ensemble, à bien plus forte raison en doit-il être de même alors que le mari agit *seul*.

Cette solution ne me semble point admissible. Remarquons, en effet, d'une part, que la loi n'exige point expressément dans l'espèce la communication, puisqu'elle ne vise point l'hypothèse que nous étudions ; d'autre part, que le jugement est frappé de nullité lorsque la communication, dans les cas où elle est obligatoire, n'a pas eu lieu, et que la partie en faveur de laquelle la loi l'a prescrite est précisément celle qui a été condamnée (art. 480). Or, cette pénalité ne saurait être appliquée en dehors des termes exprès de la loi. Les arguments d'analogie ou même par *à fortiori* ne sont point admis dans les matières pénales.

mandes qui les intéressent, c'est-à-dire de les appuyer ou de les contredire.

Quid, pourtant si leur intérêt est compromis?

S'il importe qu'une demande soit formée au nom de l'absent, le ministère public, bien qu'incapable de la former lui-même, ne sera point pour cela désarmé. Il pourra, en effet, s'adresser au tribunal à l'effet de faire nommer un curateur qui fera la poursuite nécessaire.

Ainsi, il ne peut jamais agir que comme partie jointe.

Son intervention n'est même obligatoire qu'à l'égard des *présumés absents*.

Quid, quant aux causes intéressant des personnes *déclarées* absentes?

Quant aux *absents déclarés*, ils sont représentés par les envoyés en possession provisoire, et, comme les envoyés ont un intérêt direct à les bien représenter, la loi n'a point pensé que le secours subsidiaire du ministère public fût indispensable. Mais, bien entendu, s'il juge son intervention nécessaire, il pourra, la loi lui en laisse la faculté, prêter aux envoyés l'appui de son concours; en autres termes, son intervention n'est point *obligatoire*, elle n'est que *facultative*.

Est-il tenu d'intervenir dans tous les cas où le tribunal l'ordonne?

Enfin, *le ministère public doit intervenir toutes les fois que le tribunal l'ordonne.* — Toutefois il est tenu de s'abstenir, nonobstant l'injonction du tribunal, dans les conflits soulevés par l'autorité administrative (art. 27 de la loi du 21 fructidor an III).

Quel est l'office du ministère public quand il agit comme partie jointe?

IV. Du rôle du ministère public agissant comme partie jointe. — Nous venons de voir qu'il est tenu d'intervenir en faveur *de certaines personnes;* de là on pourrait penser qu'il doit toujours conclure dans le sens de leur intérêt exclusif. Il n'en est rien pourtant. Avant tout, le ministère public est l'organe de la loi ; il doit en requérir la rigoureuse application. A la vérité, il est tenu de venir en aide à ceux dont la défense lui est confiée; mais ce n'est, je le répète, que comme organe de la loi qu'il doit le faire. Si donc il est convaincu que le droit est contraire à celle des parties dans l'intérêt de laquelle il intervient, son devoir est de conclure contre elle.

Comment donne-t-il ses conclusions?

— Le ministère public donne ses conclusions par avis motivé. Toutefois il lui est permis de déclarer qu'il s'en rapporte à la prudence du tribunal. Mais il ne satisferait pas au vœu de la loi, s'il se bornait à déposer sur le bureau des conclusions écrites : il doit nécessairement être entendu à l'audience ; le jugement doit même constater ce fait.

A quel moment les donne-t-il?

Les parties peuvent-elles prendre la parole après lui?

Que peuvent-elles faire alors?

Il parle après les parties, lorsqu'elles ont terminé leur défense. Après lui, aucune d'elles ne peut plus prendre la parole : organe de la loi, il ne saurait entrer en lice avec les parties. Ainsi le droit de réplique leur est refusé. Il leur est seulement permis de remettre au président de simples notes énonciatives des faits sur lesquels elles prétendent que l'avis du ministère public a été incomplet ou inexact.

Le ministère public peut-il, par ses conclusions, changer la face du procès?

Il ne peut point, au reste, conclure au delà de ce qui a été demandé. Son devoir est de se renfermer strictement dans les limites tracées par la demande, d'une part, et par la défense, de l'autre. Autrement il pourrait changer la face du procès.

Ajoutons qu'il ne prend aucune part à l'instruction de la cause. Ainsi, il n'a point le droit d'assister aux enquêtes et aux descentes sur les lieux.

Peut-il prendre part à l'instruction de la cause?

V. De la sanction attachée a l'obligation de communiquer l'affaire au ministère public dans les cas ou la loi exige la communication. — Nous avons à rechercher ce qui arrive au cas où la communication n'a pas eu lieu, bien qu'elle fût obligatoire. A cet égard, une distinction est nécessaire.

Qu'arrive-t-il lorsque la communication, bien qu'obligatoire, n'a pas eu lieu?

La partie dans l'intérêt de laquelle la communication était prescrite gagne-t-elle le procès, le défaut de communication, ne lui ayant causé aucun préjudice, n'entraîne aucune conséquence.

Succombe-t-elle, la loi lui permet d'attaquer le jugement par un recours extraordinaire appelé *requête civile* (V. sur ce point l'explic. de l'art. 480-8°).

VI. Comment se fait la communication et dans quel délai. — La communication se fait par le dépôt du dossier au parquet et dans les mains du ministère public. Le parquet est le lieu où les officiers du ministère public tiennent leurs séances pour recevoir les communications.

Comment et dans quel délai se fait la communication?

Qu'est-ce que le *parquet*?

Dans le cas où l'affaire doit être jugée par défaut, il suffit que le dépôt du dossier au parquet précède l'audience où elle devra être appelée.

Lors, au contraire, qu'elle est contradictoire, le dossier doit être déposé trois jours au moins avant l'audience.

Si la communication n'a eu lieu qu'après ces délais expirés, le jugement rendu contre la partie dans l'intérêt de laquelle elle est exigée n'est point, pour cela, susceptible d'être attaqué par la voie de la requête civile, pourvu, d'ailleurs, que le ministère public ait été entendu en ses conclusions; tout ce qui en résultera c'est que l'avoué, qui doit supporter la peine de sa négligence, ne pourra point faire passer la communication en taxe.

Quid, si la communication n'a eu lieu qu'après les délais expirés?

VII. Par quelles personnes peuvent être remplacés les magistrats du ministère public, lorsqu'ils sont empêchés de siéger. — « En cas d'absence ou d'empêchement des procureurs impériaux et de leurs substituts, ils seront remplacés par l'un des juges ou leurs suppléants. » Ajoutez: ou, à défaut de juges, par un avocat ou par un avoué, suivant l'ordre du tableau (V. l'art. 33 du décret du 14 décembre 1810 et l'art. 118 C. pr.).

Par quelles personnes sont remplacés les magistrats du ministère public lorsqu'ils sont empêchés d'agir?

TITRE V.

DES AUDIENCES, DE LEUR PUBLICITÉ ET DE LEUR POLICE.

I. Formalités pour faire venir une affaire a l'audience. — Placet. — Mise de la cause au role. — Distribution des causes. — L'avoué qui poursuit l'audience rédige un acte, appelé *placet* ou *réquisition d'audience*, contenant: 1° les noms et demeures des parties; — 2° ceux de leurs avoués, quand il y a eu constitution de la part du défendeur; — 3° l'objet de la demande; — 4° des conclusions (V. la formule 12).

Par quelles formalités fait-on venir une cause à l'audience?

Qu'est-ce qu'un *placet*?

Le placet doit être, la veille, au plus tard, du jour de l'audience, remis au greffier, qui l'inscrit à son rang sur un registre appelé rôle, lequel est coté et parafé par le président.

Qu'est-ce que la *mise au rôle*?

Cette inscription du placet sur le registre constitue ce qu'on appelle la *mise au rôle*.

Au jour marqué pour se présenter, l'avoué poursuivant dépose le placet, avant l'audience et dans l'auditoire, sur le bureau de l'huissier audiencier. A l'ouverture de l'audience l'huissier fait à haute voix l'appel des placets.

Quid, si sur l'appel des placets l'un des avoués ne se présente point? *Quid*, s'ils font défaut tous les deux? *Quid*, s'ils se présentent?

Si, sur l'appel du placet, l'avoué de l'une des parties ne se présente point, il est donné contre cet avoué défaut faute de conclure (V. l'art. 149 C. pr.). Si les deux avoués font défaut, la cause est retirée du rôle. Que si enfin ils se présentent tous deux, ils sont tenus de poser des qualités et de prendre des conclusions (V. la formule 13), après quoi il leur est indiqué un jour pour plaider. Ces conclusions sont rédigées par écrit et remises au greffier.

Comment procède-t-on dans les tribunaux composés de plusieurs chambres?

Dans les tribunaux composés de plusieurs chambres, le président fait entre elles la distribution des causes inscrites au rôle général. Chaque chambre a un registre ou rôle particulier sur lequel on inscrit, après les avoir extraites du rôle général, les affaires qui lui ont été attribuées.

Le greffier indique, pour chaque affaire, en marge du rôle général et du placet, la chambre devant laquelle l'affaire doit être plaidée.

Au jour indiqué par le poursuivant pour venir plaider, la cause est appelée par l'huissier audiencier, à l'ouverture de l'audience, d'après le rôle particulier de la chambre qui en doit connaître et dans l'ordre de son placement.

Certaines affaires ne doivent-elles pas être réservées à la chambre où siége le président?

Certaines affaires doivent être réservées à la chambre où siége le président. Telles sont, par exemple, les contestations relatives aux avis de parents, à l'interdiction..., ou encore celles qui intéressent le gouvernement, les communes et les établissements publics (V. l'art. 60 du décret du 30 mars 1808).

Quid, quant aux causes à bref délai?

Les causes introduites par assignation à bref délai, toutes les causes urgentes, les déclinatoires et exceptions, sont appelés sur simples mémoires, pour être plaidés et jugés sans remise et sans tour de rôle.

Art. 85.

Les parties peuvent-elles plaider elles-mêmes leur propre cause? *Quid*, si elles abusent de ce droit ou l'exercent de manière à compromettre leur intérêt?

II. De la défense des parties a l'audience. — Des plaidoiries. — La défense étant de droit naturel, les parties ont été admises à plaider elles-mêmes leur propre cause. Toutefois la loi laisse au tribunal la faculté de leur interdire ce droit, s'il reconnaît que la passion ou l'inexpérience les empêche de discuter avec la décence convenable ou la clarté nécessaire pour l'instruction des juges.

La partie qui se défend elle-même doit-elle être assistée d'un avoué? *Quid*, quand elle se fait défendre par un avocat?

La partie qui se défend elle-même doit toujours être assistée de son avoué. Lors, au contraire, qu'elle se fait défendre par un avocat, l'assistance de l'avoué n'est nécessaire qu'autant qu'il s'agit de modifier les conclusions ou de faire un aveu de nature à compromettre l'intérêt de la partie.

Lorsque la partie ne se défend point elle-même, soit qu'elle ait volontairement renoncé à ce droit, soit que le tribunal le lui ait retiré, elle recourt alors à un mandataire. Mais a-t-elle, à cet égard, la liberté du choix, ou doit-elle forcément s'adresser à un avocat?

La partie qui ne se défend point elle-même doit-elle forcément confier sa défense à un avocat?

En matière criminelle, le conseil ou le défenseur de l'accusé ne peut être choisi que parmi les avocats ou avoués de la Cour ou du ressort, à moins que l'accusé n'obtienne du président de la Cour d'assises la permission de confier sa défense à l'un de ses parents ou de ses amis. Quelques personnes, raisonnant par *à contrario,* pensent que cette faculté n'existe point en matière civile, et qu'ainsi les parties qui ne se défendent pas elles-mêmes doivent nécessairement s'adresser à un avocat. Ainsi un *fils* qui n'aurait point la qualité d'avocat ne serait point admis à plaider pour son père ou pour sa mère (1). Dans un autre système on fait remarquer que, si la loi n'accorde point expressément aux parties la faculté de se faire défendre par un parent ou par un ami, elle ne le défend point non plus; que dès lors ce serait créer une prohibition qui n'est point dans la loi qu'écarter la faculté dont il s'agit (2).

Je rappelle, au reste, que, dans certains cas, fort rares d'ailleurs, les avoués sont admis à plaider pour leurs clients (V. p. 7).

Les avoués peuvent-ils plaider pour leurs clients?

Si la partie est libre de se défendre elle-même, et par suite de ne pas recourir au ministère d'un avocat, de son côté, l'avocat auquel elle s'adresse n'est point obligé de se charger de sa défense. Il est vrai que, dans le cas où une partie ne peut trouver aucun avocat pour la défendre, il lui en est nommé un d'office par le tribunal; mais l'avocat ainsi désigné peut, même sans exprimer aucun motif, refuser de se charger de l'affaire. — Cette justification du refus de plaider n'est exigée qu'en matière criminelle.

L'avocat est-il obligé de se charger de la défense qui lui est offerte?

Ainsi, tandis que le ministère de l'avoué est forcé, celui de l'avocat est facultatif.

Art. 86.

Bien que les juges en activité de service et les membres du ministère public conservent leur titre d'avocat, la loi défend aux parties de les charger de leur défense verbale ou par écrit, même à titre de consultation; ils ne peuvent plaider pour autrui ni devant le tribunal où ils exercent leurs fonctions, ni même devant un autre tribunal. Mais, bien entendu, la loi ne leur retire point la faculté de plaider dans leur propre cause. Elle fait plus encore : elle leur permet de se charger de la défense soit de leur femme, soit de leurs parents ou alliés en ligne directe, soit enfin de leurs pupilles.

Les juges et les membres du ministère public peuvent-ils défendre la cause des parties?

Leur propre cause, celle de leurs parents ou alliés?

Art. 87.

III. De la publicité des plaidoiries. — La publicité des audiences a deux avantages bien marqués. D'une part, en effet, elle retient le juge dans les bornes de l'équité et le sollicite fortement à mettre à l'accomplissement de son devoir tout le zèle et toute l'attention qu'exige l'im-

Les audiences sont-elles publiques?

Dans quel but la loi a-t-elle prescrit cette publicité?

(1) Boitard, sur l'article 85.

(2) Voir en ce sens M. Delzers, sur l'article 85; M. Bonnier, sur le même article.

portance de ses fonctions ; d'autre part, elle sert à démontrer à tous les citoyens que les jugements prononcés sur leurs demandes sont si essentiellement justes qu'ils peuvent être entendus de la multitude, sans avoir rien à craindre de sa censure.

Le tribunal peut-il ordonner que les *plaidoiries* auront lieu à huis clos?

Donc, en principe, les plaidoiries et les jugements sont publics. Mais comme certaines affaires sont de telle nature qu'elles ne pourraient être plaidées publiquement sans un grand scandale ou sans de graves inconvénients, la loi a crû devoir laisser aux juges la faculté d'ordonner le huis clos dans les cas où ils le croient nécessaire. Toutefois, et afin que cette exception salutaire ne dégénère point en abus, des précautions ont été prises. Ainsi le tribunal ne peut ordonner qu'une audience sera secrète qu'après en avoir délibéré, et sous la condition d'en rendre compte au procureur général. Lorsque le procès est porté devant une Cour impériale, elle rend compte de sa délibération au ministre de la justice.

Le huis clos peut-il être ordonné quant au prononcé des jugements ?

Comment explique-t-on cette différence?

Le huis clos, au reste, ne peut être ordonné que relativement aux *plaidoiries*. Quant aux *jugements*, ils doivent être prononcés publiquement, même dans les cas où l'affaire a été plaidée hors la présence du public. — L'avocat n'est point, en général, assez maître de son discours pour expliquer décemment les détails scandaleux dans lesquels il est parfois obligé d'entrer. La morale pourrait donc avoir à souffrir de son plaidoyer. Les mêmes détails n'ont pas besoin d'être relatés dans le jugement; les juges d'ailleurs l'arrêtent, libres de toute passion, dans le silence de la Chambre du conseil. Ils peuvent donc, alors même qu'ils statuent sur les faits les plus scandaleux, rédiger leur sentence dans les termes les plus décents et les plus mesurés. De là la différence établie entre les plaidoiries et les jugements.

Certaines décisions ne doivent-elles pas être rendues à huis clos?

Par exception, certaines décisions doivent être rendues secrètement. Tels sont, par exemple, les jugements relatifs aux fautes de discipline des officiers ministériels (Cass., 5 novembre 1806), ou ceux qu'un tribunal de première instance rend en matière d'adoption (Art. 355 et 356 C. N. — V. en outre les art. 779, 861 et 862 C. pr.).

Art. 88 à 92.

A qui appartient la police de l'audience?

Comment ceux qui y assistent doivent-ils s'y tenir ?

IV. De la police de l'audience. — Ceux qui assistent aux audiences doivent se tenir découverts, dans le respect et le silence. Tout ce que le président ordonne pour le maintien de l'ordre doit être exécuté ponctuellement et à l'instant. Ce qui vient d'être dit doit être observé dans les lieux où, soit les juges, soit les procureurs impériaux, exercent leurs fonctions.

Quid, s'ils interrompent le silence ou s'ils donnent des signes d'approbation ou d'improbation, s'ils causent du tumulte ou du désordre ?

Si un ou plusieurs individus, quels qu'ils soient, interrompent le silence, donnent des signes d'approbation ou d'improbation, soit à la défense des parties, soit aux discours des juges ou du ministère public, soit aux interpellations, avertissements ou ordres des président, juge-commissaire ou procureur impérial, soit aux jugements ou ordonnances ; s'ils causent ou excitent du tumulte de quelque manière que ce soit, et si, après l'avertissement des huissiers, ils ne rentrent pas dans l'ordre sur-le-champ, il leur sera enjoint de se retirer, et les résistants seront saisis et déposés à l'instant dans la maison d'arrêt pour vingt-quatre heures. Ils y seront reçus sur l'exhibition de l'ordre du président, qui sera mentionné au procès-verbal de l'audience.

Si le trouble est causé par un individu remplissant des fonctions près le tribunal, il pourra, outre la peine ci-dessus, être suspendu de ses fonctions. La suspension, pour la première fois, ne pourra excéder le terme de trois mois. Le jugement sera exécutoire par provision, comme dans l'espèce précédente.

Quid, si le trouble est causé par un fonctionnaire du tribunal ?

Ceux qui outragent ou qui menacent les juges ou les officiers de justice dans l'exercice de leurs fonctions sont, en vertu de l'ordonnance du président, du juge-commissaire ou du procureur impérial, chacun dans le lieu où la police lui appartient, saisis et déposés à l'instant dans la maison d'arrêt, interrogés dans les vingt-quatre heures et condamnés par le tribunal, sur le vu du procès-verbal qui constate le délit, à une détention qui ne peut excéder le mois, et à une amende qui ne peut être moindre de vingt-cinq francs, ni excéder trois cents francs.

Quels sont, en général, les pouvoirs des juges ou des officiers de justice outragés dans l'exercice de leurs fonctions ?

Si le délinquant ne peut être saisi à l'instant, le tribunal prononce contre lui, dans les vingt-quatre heures, les peines dont il vient d'être parlé, sauf l'opposition que le condamné peut former dans les dix jours du jugement, en se mettant en état de détention.

Dans le cas où les délits commis méritent peine afflictive ou infamante, le prévenu est envoyé en état de mandat de dépôt devant le tribunal compétent, pour être poursuivi et puni suivant les règles établies par la loi.

— Les diverses dispositions qu'on vient de lire ont été modifiées, étendues et complétées, d'une part, par les articles 504 et suivants du Code d'instruction criminelle, d'autre part, par les articles 222 à 224 du Code pénal.

Ces diverses dispositions n'ont-elles pas été modifiées ?

TITRE VI.

DES DÉLIBÉRÉS ET INSTRUCTIONS PAR ÉCRIT.

Les *délibérés*, dont il est parlé sous ce titre (art. 93 et 94), se rattachant à l'explication de l'article 116, j'y renvoie le lecteur.

De l'instruction par écrit.

Art. 95.

I. Ce que c'est que l'instruction par écrit. — Dans quels cas et comment elle peut être ordonnée. — On entend par instruction par écrit une plaidoirie écrite substituée à la plaidoirie orale. Elle se compose des requêtes ou mémoires fournis par les parties, de la production de leurs titres et du rapport que fait sur le tout un des membres du tribunal.

Qu'est-ce que l'instruction par écrit ?

— Elle peut être ordonnée dans les affaires qui, à raison des complications de comptes, de calculs, de chefs de demande et de titres justificatifs qu'elles présentent, ne sauraient être suffisamment expliquées dans tous leurs détails par un débat oral.

Dans quels cas y a-t-il lieu de l'ordonner ?

Comment peut-elle être ordonnée ?

L'instruction par écrit étant beaucoup plus longue et surtout plus dispendieuse que l'instruction orale, la loi a dû prendre des précautions pour empêcher qu'il ne soit fait abus de ce mode de procéder. Ainsi, il ne peut être ordonné qu'à l'audience et à la pluralité des voix.

Peut-elle l'être d'office ?

Le tribunal peut l'ordonner soit d'office, soit sur la demande de l'une des parties.

Art. 96 et 97.

II. PROCÉDURE. — PRODUCTION ET COMMUNICATION DES PIÈCES. — DÉLAIS. — Le jugement qui ordonne l'instruction par écrit doit être levé et signifié au défendeur.

Quelle est la procédure de l'instruction par écrit ?

Dans la quinzaine de cette signification, le demandeur fait signifier une requête contenant, d'une part, ses moyens et, d'autre part, un état, c'est-à-dire une indication sommaire des pièces qu'il produira à l'appui de sa demande.

Cette signification faite, il est tenu, dans les vingt-quatre heures qui la suivent, de *produire*, c'est-à-dire de déposer au greffe les pièces indiquées dans la requête, et de faire signifier sa production au défendeur, avec sommation de faire la sienne et de fournir ses contredits (V. la formule 14).

Le demandeur a signifié sa requête contenant ses moyens; il a fait sa production et signifié son acte de produit; le voici en règle. C'est maintenant au défendeur à agir. Qu'a-t-il donc à faire ? Il doit :

1° Prendre en communication les pièces que le demandeur a déposées au greffe; 2° faire sa requête en réponse, avec état des pièces, et la signifier : le tout dans la quinzaine de la production du demandeur (V. la formule 15).

Dans les vingt-quatre heures qui suivent la signification de sa requête, il rétablit au greffe les pièces qu'il y a prises en communication, y produit les siennes et énonce sa production.

S'il existe plusieurs défendeurs, ayant tout à la fois des avoués et des intérêts distincts, ils ont chacun les délais ci-dessus fixés pour pendre communication, répondre et produire. Les pièces du demandeur leur sont successivement communiquées, à commencer par le plus diligent.

Art. 98 à 101.

Quid, lorsque les parties ou l'une d'elles n'ont point satisfait à leurs obligations dans les délais qui leur sont accordés ?

III. CE QUI ARRIVE DANS LE CAS OU LES PARTIES, OU SEULEMENT L'UNE D'ENTRE ELLES, N'ONT POINT SATISFAIT A LEURS OBLIGATIONS DANS LES DÉLAIS QUI LEUR SONT ACCORDÉS A CET EFFET. — Lorsque le demandeur a laissé passer, sans signifier sa requête et faire sa production, les délais dont il vient d'être parlé, le défendeur peut prendre l'initiative, et faire, dans son intérêt, ce que le demandeur aurait dû faire, c'est-à-dire signifier sa requête, produire et signifier son acte de produit. Le demandeur n'a alors que huit jours pour prendre communication des pièces déposées au greffe par le défendeur et produire les siennes. Ce délai passé, s'il n'a point produit, il est procédé au jugement sur la production du défendeur.

Si le défendeur, ou l'un d'eux, quand il y en a plusieurs, ne produit point dans le délai qui lui est accordé, on procède immédiatement au jugement sur les pièces produites.

Les jugements rendus sur les pièces de l'une des parties, faute par l'autre d'avoir produit, ne sont point susceptibles d'opposition.

Art. 113. Les jugements rendus sur les pièces de l'une des parties seulement sont-ils susceptibles d'opposition ?

IV. Des productions nouvelles. — Lorsque la première production n'est point complète, chacune des parties peut produire les pièces nouvelles qu'elle croit utiles et nécessaires au soutien de sa prétention; mais, afin que cette faculté ne dégénère point en abus, cette production nouvelle ne peut être précédée, accompagnée ou suivie d'aucune écriture ampliative. Ainsi, elle a lieu par simple acte contenant état des pièces, sans requête de production ni écriture. Si les avoués jugent à propos de l'accompagner d'observations, ils le peuvent sans doute, mais ces écritures n'entrent point en taxe.

Art. 102 à 105. Les parties peuvent-elles, après la première production, produire des pièces nouvelles ?

En cas de production nouvelle par une partie, l'autre partie a huitaine pour prendre communication et fournir sa réponse, laquelle ne peut excéder six rôles (V. la formule 16).

A quelles règles cette production supplémentaire est-elle soumise ?

A ce sujet et incidemment la loi décide que les avoués devront déclarer, au bas des originaux et des copies de toutes leurs requêtes et écritures, *le nombre des rôles*, lequel devra être également énoncé dans l'acte de produit, à peine de rejet, lors de la taxe (V. p. 80 et 81, l'explic. de cette disposition). Elle ajoute qu'il ne sera passé en taxe que les écritures et significations énoncées au présent titre.

V. Règles concernant la manière dont les productions doivent être faites. — Leur communication et leur rétablissement. — Les productions se font au moyen de la remise des pièces au greffier, qui les inscrit sur un registre *ad hoc*, divisé en colonnes, contenant la date de la remise, les noms des parties, de leurs avoués et du juge-rapporteur. Cette constatation de la production et des pièces produites en assure la conservation. L'une des colonnes de ce registre est laissée en blanc (V. p. 94, l'utilité de cette colonne).

Art. 108. Comment se font les productions ?

Les pièces produites sont au greffe : c'est là que les avoués viennent les prendre en communication; mais le greffier ne doit s'en dessaisir que sur un *récépissé* des avoués (V. à ce sujet l'explic. de l'art. 189). On appelle ainsi l'acte par lequel l'avoué auquel les pièces sont communiquées déclare qu'il les a reçues.

Art. 106. Comment les avoués prennent-ils communication des pièces produites ?

Si un avoué ne rétablit pas, dans les délais fixés, les pièces qui lui ont été confiées en communication, des mesures coercitives peuvent être prises contre lui. La partie intéressée se fait délivrer par le greffier un certificat qui constate que le dossier communiqué n'a pas été rendu; elle fait signifier ce certificat à l'avoué rétentionnaire, et l'appelle, par un simple acte, à venir plaider. Un jugement intervient alors qui le condamne, personnellement et sans appel : 1° à faire la remise à laquelle il est obligé; 2° aux frais du jugement, sans répétition; 3° à dix francs au moins de dommages et intérêts par chaque jour de retard.

Art. 107. *Quid*, si l'avoué auquel des pièces ont été confiées en communication ne les rétablit point dans les délais fixés ? Sur la demande de qui les condamnations sont-elles prononcées ?

S'il ne fait point, dans la huitaine de la signification de ce jugement, la remise à laquelle il est condamné, le tribunal peut prononcer, sans appel, de plus forts dommages et intérêts, même le condamner par corps, et l'interdire pour le temps qu'il estime convenable.

— La loi, prévoyant que l'avoué de la partie intéressée à obtenir cette remise pourrait, par suite des égards que les avoués se doivent entre eux, refuser d'instrumenter contre son confrère, ou n'agir qu'avec certains ménagements s'il était nommé d'office, a pris soin de décider que les condamnations dont il vient d'être parlé pourront être prononcées sur la demande de la partie elle-même, sans qu'elle ait besoin d'avoué, sur un simple mémoire qu'elle remettra, soit au président, soit au juge-rapporteur, soit au procureur impérial (V. la formule 17).

Art. 109 à 112.

Comment procède-t-on après que les pièces ont été produites et communiquées ?

VI. De l'office du juge-rapporteur. — De ses obligations. — De son remplacement. — Lorsque les parties ont fait leurs productions, ou après l'expiration des délais fixés pour prendre en communication et produire, le greffier, sur la réquisition de la partie la plus diligente, remet les pièces au rapporteur, qui s'en charge en signant sur la colonne laissée en blanc au registre des productions.

Quel est l'office du juge-rapporteur ? — Quel est le droit des parties ?

Le rapporteur étudie, afin de préparer son rapport, les pièces qui lui ont été remises. Lorsque son travail est prêt, il donne connaissance aux avoués du jour où il fera l'exposé de l'affaire. Au jour indiqué il fait son rapport à l'audience ; il résume les faits, mais il n'ouvre aucun avis. Les défenseurs ne peuvent, sous aucun prétexte, prendre la parole après lui. Il leur est permis, toutefois, de remettre sur-le-champ au président de simples notes énonciatives des faits sur lesquels ils prétendent que le rapport a été incomplet ou inexact.

Le ministère public doit-il être entendu ?

Lorsque le rapport est achevé, le procureur impérial est entendu en ses conclusions à l'audience, dans les cas où la cause est sujette à communication.

Que fait le juge rapporteur après le jugement ?

Après le jugement, le rapporteur remet les pièces au greffe, et il en est déchargé par la seule radiation de sa signature sur le registre des productions. A défaut de cette radiation, le rapporteur répond des pièces pendant cinq ans, à compter du jugement (art. 2276 C. N.), ou pendant trente ans, s'il n'y a point eu de jugement.

Quid, s'il décède ou s'il se démet avant d'avoir fait son rapport ?

Il se peut que le juge-rapporteur décède avant d'avoir fait son rapport, qu'il se démette, ou ne puisse pas accomplir la mission qui lui a été confiée. La loi, qui a prévu ce cas, a pris soin de le régler. Il est alors commis un autre rapporteur sur requête (V. la formule 18), par ordonnance du président, signifiée à partie ou à son avoué, trois jours au moins avant le rapport.

Art. 114 et 115.

Comment, après le jugement, se retirent du greffe les pièces que le juge-rapporteur y a remises ?

VII. Comment, après le jugement, se retirent du greffe les pièces que le rapporteur y a remises. — L'avoué le plus diligent fait signifier une sommation aux autres avoués de la cause de se trouver, à jour et heures fixes, pour être présents au retrait des pièces. Tant que cette sommation n'est point représentée au greffier, celui-ci ne doit remettre aucune pièce à l'un des avoués en l'absence des autres (art. 70 du Tarif).

Les avoués qui retirent leurs pièces doivent émarger le registre ; cet émargement sert de décharge au greffier.

TITRE VII.

DES JUGEMENTS.

SECTION I. — DIVISION DES JUGEMENTS.

6e répétition.

On appelle *jugement* la décision d'un tribunal sur un différend qui lui est soumis (1).

Qu'est-ce qu'un jugement ?

Les jugements se classent en plusieurs catégories, dont voici les principales :

Comment divise-t-on les jugements ?

PREMIÈRE CLASSE. — *Les jugements sont* DÉFINITIFS *ou* AVANT FAIRE DROIT.

Les jugements *définitifs* sont ceux qui terminent la contestation, quant au tribunal qui les a rendus.

Qu'est-ce qu'un jugement *définitif ?*

On donne le nom d'*avant faire droit* aux décisions par lesquelles le tribunal, avant de vider le fond du procès, ordonne quelque mesure préalable. On en distingue trois espèces. Les avant dire droit sont, en effet, *provisoires*, *préparatoires* ou *interlocutoires*.

Un *avant dire droit ?*

Comment se divisent les avant dire droit ?

Le jugement *provisoire* est celui par lequel le tribunal pourvoit à certains intérêts qui resteraient en souffrance ou se trouveraient compromis pendant le cours de l'instruction de la cause. Ainsi, la femme qui plaide en séparation de corps peut, dès le début du procès, demander qu'il lui soit alloué une pension alimentaire pour subvenir à ses besoins pendant l'instance. La décision par laquelle le tribunal fait droit à sa demande est un jugement *provisoire*. — Prenons un autre cas. Un immeuble étant revendiqué, le demandeur, qui craint que le défendeur ne le détériore, peut demander qu'il soit retiré de ses mains et confié à une tierce personne qui en prendra soin pendant l'instruction, et le remettra après le procès fini à celui des deux adversaires qui aura triomphé (art. 1961-2° C. N.). La décision par laquelle le tribunal ordonne cette mesure conservatoire est encore un jugement *provisoire*.

Qu'est-ce qu'un jugement *provisoire ?*

Ainsi, les jugements provisoires ont tous pour objet des mesures d'ordre nécessaires pour attendre sans péril la fin du procès ; ils ne se rattachent sous aucun rapport *à l'instruction de la cause*. C'est en cela qu'ils diffèrent, ainsi que nous allons le voir, des autres avant dire droit.

Sous quel rapport diffère-t-il des autres avant dire droit ?

Le jugement *préparatoire* est une décision par laquelle le tribunal ordonne une mesure nécessaire pour l'instruction de la cause et la mettre en état de recevoir jugement définitif, mais *sans préjuger le fond*, c'est-à-dire sans indiquer à l'avance le sens de sa décision à intervenir.

Qu'est-ce qu'un jugement *préparatoire?*

Le jugement *interlocutoire* est celui par lequel le tribunal ordonne une mesure propre à le mettre en état de statuer sur le fond, mais qui, par sa nature, *révèle implicitement la décision qu'il rendra sur le fond.*

Un jugement *interlocutoire ?*

(1) Quant aux *arrêts* et aux *ordonnances*, voir p. 5 et 6.

Qu'ont de commun les jugements préparatoires et interlocutoires ?

Par quel côté se distinguent-ils ?

Ainsi, les jugements *préparatoires* et les jugements *interlocutoires* ont cela de commun qu'ils ont l'un et l'autre pour objet *l'instruction* de la cause; ce qui les sépare et les distingue, c'est que les premiers *préjugent* le fond, tandis que les seconds ne le *préjugent point.*

Les jugements qui ordonnent une communication de pièces, un délibéré ou une remise de cause, sont simplement *préparatoires*, puisqu'ils ne révèlent en aucun sens la tendance de l'opinion des juges sur le droit litigieux.

Ceux qui ordonnent une prestation de serment sont, au contraire, *interlocutoires*, car ils préjugent la solution définitive du procès: — ils la préjugent, puisqu'aux termes de l'article 1361 du Code Napoléon la partie qui refuse de prêter le serment qui lui a été déféré, ou qui ne consent point à le référer, ou l'adversaire à qui il a été référé et qui le refuse, *doit succomber* dans sa demande ou dans son exception.

Quel intérêt y a-t-il à les distinguer ?

Cette distinction est fort importante. Nous la reprendrons lorsque nous aurons à expliquer les articles 451 et 452; nous verrons alors qu'à la différence des jugements préparatoires, qui ne peuvent être attaqués par la voie de l'appel *qu'après le jugement définitif et conjointement avec lui*, les jugements interlocutoires sont immédiatement susceptibles d'appel.

Qu'est-ce qu'un jugement *contradictoire* ?

Deuxième classe. — *Les jugements sont* contradictoires *ou* par défaut: *contradictoires*, lorsqu'ils sont rendus sur les défenses respectives des parties; *par défaut*, quand ils sont rendus contre une partie qui n'a point constitué d'avoué, ou qui, en ayant constitué un, a négligé de se défendre.

Un jugement par défaut ?

Quel intérêt y a-t-il à les distinguer ?

Les jugements *par défaut* peuvent être attaqués par la voie de l'*opposition* (art. 149 et suiv.). Cette voie de recours n'est point admise contre les jugements *contradictoires*.

Qu'est-ce qu'un jugement en premier ressort ?

En dernier ressort ?

Quel intérêt y a-t-il à les distinguer ?

Troisième classe. — *Les jugements sont* en premier ou en dernier ressort. — Les premiers peuvent être attaqués par la voie de *l'appel.* Cette voie de recours n'est point reçue contre les seconds. Nous reviendrons sur cette distinction lorsque nous aurons à traiter de l'appel (art. 443 et suiv.).

Qu'est-ce qu'un jugement *exécutoire par provision* ?

Non exécutoire par provision ?

Quatrième classe. — Les jugements en premier ressort se subdivisent en deux espèces: ils sont, en effet, exécutoires ou non exécutoires par provision. Les premiers sont ceux dont l'exécution peut suivre son cours *nonobstant l'appel formé contre eux.* Les seconds sont ceux dont l'exécution est suspendue ou arrêtée par l'appel (V. l'explic. de l'art. 457).

Enfin on distingue encore :

Qu'est-ce qu'un jugement convenu ou d'expédient ?

1° Les jugements *convenus* ou *d'expédient.* On nomme ainsi les décisions par lesquelles un tribunal légalise les transactions arrêtées par les parties elles-mêmes sous la forme d'un jugement, et qu'elles lui font présenter par le ministère de leurs avoués.

Quels sont les caractères de ce jugement ?

Le jugement *d'expédient* est donc l'œuvre des parties; ce n'est rien autre chose qu'un contrat judiciaire revêtu des formes des jugements. Aussi les parties ne sont-elles point admises à le combattre, soit par la voie de l'appel, soit par le recours en cassation : s'il est entaché de dol, de violence ou d'erreur, il peut être attaqué sans doute, mais comme un contrat ordinaire, c'est-à-dire par action principale.

2° Les jugements *par forclusion*, c'est-à-dire les décisions rendues contre une partie qui n'a point produit ses titres, soit dans une instruction par écrit (art. 113), soit dans une procédure d'ordre (art. 756 C. pr.) ou de distribution par contribution (art. 660).

Qu'est-ce qu'un jugement par *forclusion?*

Ces jugements, bien qu'ils soient par défaut, ne comportent point le recours de l'opposition. La loi les répute *contradictoires* et les traite comme tels (V. p. 95, l'explic. de l'art. 113).

Sous quel rapport diffère-t-il du jugement par défaut?

3° Les jugements rendus sur *requête*, c'est-à-dire sur la demande de l'une des parties, sans contradicteur. Tels sont, par exemple, les jugements d'envoi en possession (art. 120 et 770 C. N.), ceux qui accordent à un héritier bénéficiaire l'autorisation de vendre des immeubles appartenant à la succession (art. 986 C. pr.).

Qu'est-ce qu'un jugement rendu sur requête?

SECTION II. — Des conditions essentielles a la validité des jugements.

Un jugement n'est régulier et valable qu'autant qu'il satisfait aux conditions suivantes; il faut :

Quelles sont les conditions essentielles de la validité des jugements?

I. *Qu'il soit rendu par un tribunal composé de juges en nombre prescrit.* — Les tribunaux civils d'arrondissement ne peuvent rendre aucun jugement s'ils ne sont composés de trois juges au moins. Il en faut au moins sept dans les Cours impériales pour rendre un arrêt.

Combien faut-il de juges pour composer un tribunal et rendre un jugement?

Les parents et alliés, jusqu'au degré d'oncle et de neveu inclusivement, ne peuvent être membres d'un même tribunal ou d'une même Cour sans une dispense du gouvernement. Cette dispense ne peut être accordée que pour les tribunaux composés de huit juges au moins (loi du 20 avril 1810). Lorsque deux juges, parents ou alliés au degré dont il vient d'être parlé, siégent en même temps, leurs voix, quand ils sont du même avis, ne comptent que pour une. Telle est l'opinion généralement admise (1).

Les parents et alliés peuvent-ils être juges devant un même tribunal?

Quid, dans le cas exceptionnel où deux juges, parents et alliés au degré dont il vient d'être parlé, siégent en même temps?

Le président et les vice-présidents doivent être, en cas d'empêchement, remplacés par le juge présent le plus ancien, dans l'ordre des nominations.

Quid, lorsque le président ou les vice-présidents sont empêchés?

En cas d'empêchement de l'un des juges, on le remplace soit par l'un des juges suppléants, soit par un avocat ou un avoué.

Quid, si c'est un juge qui est empêché?

Remarquons : 1° que ces substitutions ne sont permises qu'en cas d'absolue nécessité : ainsi, par exemple, un juge suppléant n'a point qualité pour prendre part à un jugement, lorsque les juges titulaires se trouvent en nombre requis. Son concours est illégal, dès qu'il est inutile.

A quelles conditions ces substitutions sont-elles permises?

2° Que les avocats et les avoués peuvent être appelés, non point pour *remplacer* le tribunal, mais simplement pour le *compléter;* ils n'y peuvent donc figurer *qu'en minorité*. Serait nul, par conséquent, le jugement rendu par un juge et deux avocats. — Quant aux suppléants, on admet

Un tribunal composé d'un juge et de deux avocats, ou de deux avoués, serait-il régulièrement constitué?

Cette disposition concerne-t-elle les juges suppléants?

(1) MM. Rodière, I, p. 349; Boncenne, I, p. 387; Boitard, I, p. 215; Delzers, I, p. 315.

généralement que cette disposition ne les concerne pas. Ainsi serait valable un jugement rendu par trois juges suppléants, ou même par deux juges suppléants et un avocat ou un avoué (1).

Le choix du juge suppléant, de l'avocat ou de l'avoué appelé à remplacer un juge titulaire, est-il laissé à l'arbitraire du tribunal?

3° Que le choix du juge suppléant, de l'avocat ou de l'avoué appelé à remplacer le juge titulaire manquant, n'est point laissé à l'arbitraire du tribunal ; la loi le fait en quelque sorte elle-même. Elle ne permet, en effet, l'appel des avocats qu'*à défaut* de juges suppléants, et l'appel des avoués qu'à défaut d'avocats. Ajoutons que l'appel a lieu, pour les juges suppléants, en suivant l'ordre *des nominations*, et pour les avocats et les avoués, suivant l'ordre *des inscriptions* sur le tableau. De cette manière, les arrangements de faveur ne sont pas à craindre.

Est-il vrai, d'une manière absolue, qu'un juge ne peut participer à un jugement qu'autant qu'il a assisté à chacune des audiences de la cause?

II. *Que les juges qui y participent aient tous assisté à chacune des audiences de la cause.* — Toutefois cette règle doit être entendue avec mesure. Sans doute un juge ne peut point participer à un jugement relatif à un point dont il n'a pas suivi l'instruction ; il ne jugerait pas alors en parfaite connaissance de cause. Mais les incidents qui se produisent dans le cours de l'instance constituant en quelque sorte des causes distinctes, les jugements préparatoires ou interlocutoires auxquels ils donnent lieu peuvent être rendus par des juges différents. Au reste, il est bien évident que le jugement définitif, quoique rendu par des juges qui n'ont point assisté à toutes les audiences, est néanmoins valable, si les conclusions et les plaidoiries ont été reprises devant eux (2).

Comment le jugement est-il délibéré? Pourquoi en secret?

III. *Qu'il soit délibéré en secret*, afin, a-t-on dit, d'assurer l'indépendance de juges et l'autorité morale de leurs décisions.

Où doit-il être prononcé? Doit-il être *motivé*? Pourquoi doit-il l'être?

IV. *Qu'il soit prononcé en audience publique* (V. p. 89 et 90).

V. *Qu'il soit motivé.* — Il importe que le jugement contienne les raisons qui ont déterminé le juge, afin qu'elles soient connues et qu'elles puissent servir de contrôle à sa décision (V. l'explic. de l'art. 141).

SECTION III. — Comment se forme ou s'arrête la décision du tribunal.

Art. 116 à 118.

Comment les juges délibèrent-ils?

Lorsque l'instruction est complète, que les plaidoiries sont terminées, les juges délibèrent. Mais en quelle forme? A cet égard, trois cas différents sont à considérer :

Quelles hypothèses faut-il distinguer?

Quid, dans la première?

La prononciation du jugement a-t-elle lieu immédiatement après qu'il a été arrêté?

Dans quel but doit-elle avoir lieu immédiatement?

1° Si les faits de la cause sont nettement établis, et que l'application du droit ne présente aucune difficulté sérieuse, le président, sans descendre de son siége et séance tenante, recueille les voix. Les voix recueillies, il prononce le jugement *sur-le-champ*. Cette prononciation immédiate du jugement a principalement pour but de mettre les juges à l'abri des sollicitations dont ils seraient assaillis après l'audience, s'ils restaient maîtres de revenir sur leur décision (3).

(1) En ce sens, MM. Boncenne, t. II, p. 373 ; Delzers, t. I, p. 314 ; M. Colmet-Daage sur Boitard, t. I, p. 213.

(2) V. MM. Boncenne, t. II, p. 380 ; Colmet-Daage sur Boitard, t. I, p. 215.

(3) M. Delzers, t. I, p. 316.

Quid, dans la seconde hypothèse ?

2° Si la question à juger présente quelque difficulté, si les points à discuter sont nombreux et divers, s'il est nécessaire de vérifier des textes, d'examiner des pièces, le tribunal (c'est-à-dire les *juges*, car le ministère public et le greffier n'ont point qualité pour prendre part à la délibération) peut se retirer dans la chambre du Conseil pour y délibérer plus à l'aise. Aussitôt que sa décision est arrêtée, le tribunal se remettant en séance, le jugement est immédiatement prononcé par le président.

Quid, dans la troisième ?

3° Que si enfin l'affaire, par les complications qu'elle engage, exige une discussion plus approfondie, le tribunal peut ordonner un *délibéré*.

Combien distingue-t-on de délibérés ?

On distingue deux sortes de délibérés, le délibéré *simple* et le délibéré *sur rapport*.

Qu'est-ce qu'un délibéré simple ?

Ordonner un délibéré *simple*, c'est renvoyer l'affaire à une prochaine audience, afin de laisser aux juges le temps de méditer sur les difficultés que l'instruction leur a révélées et d'arrêter leur décision.

Un délibéré *sur rapport* ?

Dans le cas d'un délibéré *sur rapport*, le tribunal, ne se trouvant point suffisamment éclairé par l'instruction qui a eu lieu, ordonne qu'un des juges, sur le vu des dossiers des parties et après avoir spécialement étudié l'affaire, fera, à tel jour indiqué et en audience publique, un résumé des difficultés qu'elle soulève et des divers moyens plaidés à l'audience pour l'une et l'autre partie. — Les parties et leurs défenseurs sont tenus d'exécuter ce jugement préparatoire sans qu'il soit nécessaire de le lever ni de le signifier, et sans sommation. Les pièces doivent être déposées sur le bureau. Si l'une des parties néglige de faire cette remise, la cause est jugée sur les pièces de l'autre.

Comment les choses se passent-elles en ce cas ?

Ainsi, trois hypothèses :

1° Délibération immédiate et dans la salle même de l'audience ; — 2° délibération immédiate, mais dans la chambre du Conseil ; — 3° remise de l'affaire à une prochaine audience, avec *délibéré simple*, ou avec *délibéré sur rapport*.

Dans quel ordre les juges opinent-ils? Quel est le motif de ce mode de procéder ?

— Le président recueille les voix, après la discussion terminée. Les juges opinent en commençant par le dernier reçu, afin que le vote des plus jeunes ne soit pas influencé par l'autorité des plus anciens. Dans les affaires jugées sur rapport, le rapporteur opine le premier.

A quel moment le jugement est-il acquis aux parties?

— Le jugement n'est acquis aux parties qu'après qu'il a été prononcé ; jusque-là les juges sont maîtres de le modifier, s'ils le jugent à propos.

Combien de voix sont nécessaires pour former le jugement ?

— Reste un point à examiner. Combien de voix sont nécessaires pour former un jugement? Les articles 116, 117 et 118 répondent à cette question. « Les jugements, porte l'article 116, seront rendus *à la pluralité des voix*, » c'est-à-dire, ainsi qu'on l'entend généralement, non point simplement à la majorité *relative*, mais à la majorité *absolue*.

Qu'est-ce que la majorité *relative* ?

Il y a majorité *relative*, lorsqu'une opinion se trouve la plus forte, relativement à chacune des autres considérées isolément. Soient, sur sept juges, six opinions, avec deux voix pour la première, et une pour chacune des cinq autres : la première a la majorité *relative*, puisque, relativement à chacune des autres considérées isolément, elle est la plus forte. En matière de jugements, cette majorité n'est point admise. La loi ne veut point qu'une majorité infime puisse, par cela seul qu'elle est majorité relative, l'emporter sur un grand nombre de dissidents.

Pourquoi n'est-elle point admise en matière de jugements?

Qu'est-ce que la majorité *absolue* ?

Il y a majorité *absolue*, lorsqu'une opinion est plus forte que toutes les autres opinions réunies, ou, ce qui revient au même, lorsqu'elle réunit à elle seule au moins la moitié des voix plus une. Ainsi, pour qu'il y ait jugement, il faut :

Sur trois juges, deux voix réunies contre une;

Sur quatre juges, trois voix contre une;

Sur cinq juges, trois voix contre deux;

Sur sept juges, quatre voix contre trois, et ainsi de suite.

Quid, lorsqu'il se forme plusieurs opinions, et qu'aucune d'elles n'a la majorité absolue ?

Lorsqu'il se forme plusieurs opinions, et qu'aucune d'elles n'a la majorité absolue, des distinctions sont alors nécessaires.

Quid, s'il n'existe, en ce cas, que deux opinions?

Si nous supposons deux opinions seulement sans majorité absolue, les voix sont forcément en nombre égal de chaque côté. L'égalité des voix constitue ce que la loi appelle *le partage;* c'est l'hypothèse de l'article 118.

Comment procède-t-on quand il y a partage ?

Quand il y a partage, le tribunal appelle pour le vider un juge; à défaut de juge, un suppléant; à son défaut, un avocat attaché au barreau, et enfin, à son défaut, un avoué, tous appelés suivant l'ordre du tableau (V. p. 97). L'affaire est de nouveau plaidée, afin que le juge départiteur puisse se décider en connaissance de cause.

Les juges peuvent-ils alors abandonner leur première opinion ?

Les juges conservant la liberté de revenir sur leur avis, tant que le jugement n'a pas été prononcé à l'audience, il en résulte qu'au cas où un juge est appelé pour vider un partage, ils ont le droit de concourir au jugement et d'abandonner leur première opinion. Ce n'est point le juge départiteur qui décide, c'est le tribunal qui juge avec le départiteur (1).

Les parties peuvent-elles présenter de nouveaux moyens?

Peuvent-elles modifier leurs conclusions ?

Le tribunal peut-il ordonner une nouvelle instruction ?

L'affaire devant être de nouveau plaidée, les parties ont évidemment le droit de présenter de nouveaux moyens. Mais peuvent-elles modifier leurs conclusions? Le tribunal peut-il ordonner une nouvelle instruction, et, par exemple, une enquête? La question est controversée. Suivant l'opinion générale, elle doit être résolue par la négative. Le juge départiteur n'ayant été appelé que pour *vider le partage*, on ne peut, dit-on, lui soumettre d'autres questions que celles sur lesquelles le partage s'est formé (2). M. Delzers (I, p. 336) pense, au contraire, que les parties peuvent modifier leurs conclusions à leur gré et requérir de nouvelles instructions. La loi, dit-il, ne le défend pas, et la liberté de la défense l'exige. Si une partie se reconnaît mal fondée sur

(1) MM. Boncenne, II, p. 417; Delzers, I, p. 336; Bonnier, I, p. 97.

(2) En ce sens, MM. Rodière, I, p. 352; Bioche, v° *Partage de voix*, n° 15; Bonnier, I, p. 97.

un point, lui imposera-t-on l'obligation d'y persister? Ce serait violenter sa conscience. A l'inverse, si, mal conseillée dans le principe, elle a donné une mauvaise direction à sa défense, lui interdira-t-on la faculté d'entrer dans une voie plus conforme à son intérêt? Ce serait méconnaître son droit de défense. Lors, en un mot, qu'on passe à de nouvelles plaidoiries pour vider le partage, la cause se produit dans son intégrité comme le jour où les premières plaidoiries furent commencées.

— S'il se forme *plus de deux opinions*, comment les choses se passent-elles alors? Examinons.

S'il se forme plus de deux opinions, comment les choses se passent-elles?

Nous pouvons supposer 1° que toutes les opinions émises sont égales entre elles, et, par exemple, que sur six juges on a trois opinions composées de deux voix chacune. Il y a alors partage, et on procède conformément à l'article 118.

Quid, si toutes les opinions sont égales entre elles?

2° Que deux des opinions émises sont égales entre elles, et supérieures à la troisième: c'est le cas prévu par l'article 117. L'opinion la plus faible est alors obligée de se réunir à l'une ou à l'autre des deux opinions les plus fortes. Soient, sur cinq juges, trois opinions comprenant, la première, deux voix, la deuxième, deux voix également, la troisième, une voix seulement: celle-ci devra s'effacer, et se ranger à l'une ou à l'autre des deux opinions qui l'emportent sur elle.

Quid, si deux opinions sont égales entre elles et *supérieures* à une troisième opinion?

Toutefois, avant de contraindre l'opinion la plus faible à s'annihiler, la loi exige qu'on aille une seconde fois aux voix, laissant à chacun des juges la liberté de revenir sur l'avis qu'il a précédemment émis.

Prenons une espèce. *Primus* revendique la maison A contre *Secundus*. *Tertius*, intervenant au procès, soutient que la maison, objet en litige, lui appartient. Les voix se partagent ainsi: deux pour *Primus*, deux pour *Secundus*, une pour *Tertius*. On va de nouveau aux voix, mais chacun des juges persiste dans son opinion: le juge qui a opiné en faveur de *Tertius* est forcé de se prononcer en faveur de *Primus* ou de *Secundus*.

3° Que deux opinions sont égales entre elles, mais *inférieures* à une troisième opinion, ce qui arrive lorsque sur sept juges, on a deux opinions composées chacune de deux voix, et une troisième opinion à trois voix. Dans ce cas l'article 117 est forcément inapplicable, car les opinions les plus faibles étant *également fortes*, il n'y a aucune raison pour que l'une plus que l'autre soit forcée de disparaître. Toute option étant impossible, on rentre dans l'hypothèse *du partage*.

Quid, lorsque deux opinions sont égales entre elles et *inférieures* à une troisième opinion?

Il en est de même lorsque, dans un tribunal composé de trois juges, chacun d'eux s'attache à une opinion différente. Ainsi dans l'espèce que nous avons faite ci-dessus, *Primus*, *Secundus* et *Tertius*, qui se disputent la propriété de la maison A, obtiennent chacun une voix: il est clair qu'alors aucune option n'est possible; on devra donc vider le partage.

Quid, lorsque chacun des juges s'attache à une opinion différente?

— On s'est demandé si l'on doit, dans les cas où trois opinions également fortes sont en présence, appeler, pour vider le partage, *deux*

Lorsque trois opinions également fortes sont en présence,

doit-on appeler, pour vider le partage, *deux* juges départiteurs ou *un* seulement?

départiteurs, ou *un* seulement. A ne consulter que l'article 118, on ne devrait en appeler qu'un *seul*. Mais, a-t-on dit, si la loi prescrit l'adjonction d'un seul départiteur, c'est qu'elle s'occupe du cas le plus ordinaire, c'est-à-dire de celui où deux opinions seulement se sont formées. Lorsque trois opinions sont aux prises, il convient alors de consulter l'esprit plutôt que la lettre de la loi; car avec un seul départiteur, au lieu de vider le partage, on ne ferait qu'augmenter les chances de le continuer. Qu'on suppose, par exemple, trois opinions composées de deux voix *chacune :* si un seul départiteur est appelé, et que chacun des juges persiste dans l'avis qu'il a émis, l'adjonction du départiteur à l'une des trois opinions ne lui donnant pas la majorité absolue, le partage subsistera. Il est donc plus rationnel d'en appeler deux dès le principe (1).

Mais, a-t-on répondu, il n'y a pas plus de certitude de vider le partage avec deux départiteurs qu'avec un seul; car en supposant qu'ils adhèrent l'un et l'autre à l'une des trois opinions émises, cette opinion, si les autres juges ont persisté dans leur avis, n'aura que quatre voix sur huit, et comme les deux autres resteront égales entre elles, il n'y aura aucune raison pour que l'une plus que l'autre soit forcée de disparaître, ce qui continuera forcément le partage. D'ailleurs la loi est formelle : elle ne permet d'appeler qu'un seul départiteur (2).

Ne peut-il pas arriver qu'avec trois opinions d'égale force, il y ait majorité absolue d'un côté et par suite jugement?

— Encore un mot. Supposons trois opinions égales entre elles, ou deux opinions de même force, mais inférieures à une troisième opinion. Nous avons dit qu'il y avait *partage* dans l'un et l'autre cas (V. p. 101), mais nous devons ajouter qu'il n'en sera pas toujours ainsi. Il se peut, en effet, qu'avec trois opinions de même force, il y ait jugement, ou si l'on veut majorité absolue pour l'une d'elles. Soit l'espèce suivante : Une demande en payement d'une somme de 20,000 francs est portée devant un tribunal composé de trois juges. L'un d'eux émet l'avis qu'il n'est rien dû au demandeur; un autre qu'il est réellement créancier de toute la somme qu'il réclame. Le troisième, se plaçant entre ces deux opinions, lui alloue 10,000 francs. Ainsi trois opinions différentes, et de même force. Il y a cependant jugement, c'est-à-dire condamnation du défendeur pour 10,000 francs; car celui des juges qui a consenti à le condamner pour le tout a par là même reconnu qu'il devait au moins 10,000 francs, ce qui, jusqu'à concurrence de cette somme, donne deux voix sur trois, c'est-à-dire la majorité absolue (3).

SECTION IV. — DES DISPOSITIONS SPÉCIALES ET ACCESSOIRES QUE PEUVENT CONTENIR LES JUGEMENTS.

Quelles dispositions spéciales et accessoires peuvent contenir les jugements?

Ces dispositions sont relatives : 1° à deux voies particulières d'instruction, savoir : *la comparution personnelle des parties devant le tribu-*

(1) En ce sens, M. Bonnier, t. I, p. 96. Voir aussi M. Bioche, et les autorités qu'il cite, v° *Partage de voix*, n° 18.

(2) Voir en ce sens M. Delzers, t. I, p. 334 et 335.

(3) *Id.*, t. I, p. 331.

nal, et *la prestation de serment* (art. 119 à 121). Ces moyens d'instruction étant d'une application extrêmement simple, la loi n'a pas cru devoir leur consacrer des titres spéciaux, ainsi qu'elle l'a fait pour d'autres instructions plus compliquées, telles, par exemple, que les vérifications d'écritures, l'inscription de faux et l'enquête. Elle a pensé qu'elle pouvait, sans inconvénient, en traiter accidentellement à l'occasion de la formation même des jugements. — 2° Aux délais *de grâce*, c'est-à-dire aux délais par lesquels les tribunaux peuvent tempérer les rigueurs de l'exécution souvent trop hâtive des jugements (art. 122 à 125). — 3° A la contrainte par corps (art. 126 et 127). — 4° A certaines condamnations accessoires que peuvent contenir les jugements (art. 128 à 133). — 5° Enfin à l'exécution provisoire des jugements (art. 135 à 137).

§ 1er. Dispositions relatives à la comparution des parties devant le tribunal et au serment.

Art. 119.

Que peut faire le tribunal lorsqu'un fait est contesté?

Lorsqu'un fait est contesté, le tribunal peut, soit d'office, soit sur la demande des parties, employer, pour l'établir, les voies de l'instruction ordinaire, telles que l'enquête, l'expertise, la descente sur les lieux, la vérification d'écriture... Mais l'emploi de ces preuves est long et fort dispendieux. Il est possible, d'ailleurs, qu'après y avoir recouru les doutes subsistent. La loi a paré à ce double inconvénient en permettant de s'adresser à la bonne foi des parties, afin d'obtenir d'elles la déclaration de la vérité. De là 1° la comparution des parties; 2° l'interrogatoire sur faits et articles, et 3° le serment.

Nous montrerons plus tard, après l'explication des articles 324 à 336, où il est traité de l'interrogatoire sur faits et articles, en quoi ce mode d'instruction diffère de la comparution des parties.

Qu'est-ce que la comparution des parties?

1. Comparution des parties. — Ce mode d'instruction consiste à faire comparaître les *parties* en *personne* devant le tribunal pour tirer de leur bouche les éclaircissements qu'on espère en obtenir. L'interrogatoire a lieu publiquement. Le tribunal *entier* y assiste et y prend part.

Comment et où a lieu l'interrogatoire?

Comment les parties doivent-elles comparaître?

Les parties doivent comparaître en personne et sans l'assistance de leurs avoués. Il s'agit, en effet, non point de discuter les faits, mais simplement de donner les éclaircissements qui leur sont demandés.

Comment doivent-elles être répondre?

Elles doivent répondre verbalement aux questions qui leur sont faites. Les réponses par *écrit* ne sont pas reçues en cette matière.

Peut-on interroger l'une des parties en l'absence de l'autre?

Toutes les parties intéressées dans la cause doivent être appelées. Chacune d'elles assiste à l'interrogatoire des autres, afin de relever, s'il y a lieu, les mensonges, les aveux ou contradictions qui peuvent leur échapper. Quelques auteurs pensent toutefois que si l'une d'elles est trop éloignée, il peut lui être fait remise de l'obligation de comparaître. Dans ce cas, le tribunal se borne à l'interrogatoire de la partie appelée. L'article 119 parle, il est vrai, de la comparution *des parties;* mais il n'a rien d'exclusif: il n'a fait que statuer sur le *plerumque fit* (1).

(1) Voir en ce sens M. Rodière, t. III, p. 213. En sens contraire, M. Delzers, p. 337.

Le tribunal peut-il, lorsqu'elles sont présentes, les interroger séparément ?

Mais le tribunal peut-il, lorsque les deux parties ont été appelées et sont présentes, les interroger *séparément*, s'il le juge à propos, et, par exemple, s'il est convaincu que la partie qu'il veut interroger étant injustement intimidée par son adversaire, la présence de celui-ci à l'interrogatoire pourra nuire à la manifestation de la vérité ? M. Chauveau sur Carré tient pour l'affirmative. La négative me semble préférable. Cette manière de procéder imprimerait à l'instruction une marche mystérieuse contraire au principe de publicité qui est essentiel dans l'administration de la justice (1).

Est-il dressé procès-verbal des questions et des réponses?

— Il n'est point dressé procès-verbal des questions qui ont été faites et des réponses qu'elles ont reçues. Toutefois si le jugement définitif est fondé sur des éclaircissements fournis par l'interrogatoire, il doit en être fait mention dans les motifs (2).

Quel est le caractère des aveux que font les parties ?

— Les aveux faits par les parties constituent des aveux *judiciaires* régis par les articles 1354 et suivants du Code Napoléon.

Quid, si l'une d'elles refuse de comparaître ?

Si l'une des parties appelées refuse sans motif légitime de comparaître, les juges ne peuvent point tenir pour avérés les faits allégués contre elle, ainsi que cela est permis dans l'hypothèse prévue par l'article 330; mais ils peuvent déduire de sa non-comparution une présomption assez grave pour motiver la délation du serment supplétoire à l'autre partie (art. 1367 C. N.).

La comparution est-elle permise en toutes matières ?

— La comparution des parties est permise en toutes matières, même dans les cas où la preuve testimoniale ne serait point admissible (V. toutefois l'explic. de l'art. 324).

Le tribunal peut-il l'ordonner d'office? Peut-il refuser de l'ordonner lorsque l'une des parties la requiert ?

Elle peut être ordonnée soit d'office, par le tribunal, soit sur la demande de l'une ou de l'autre des parties; mais il a été jugé qu'au cas où les parties la requièrent, le tribunal n'est pas obligé de faire droit à leur demande. La comparution, dit la Cour de cassation, constitue un moyen d'instruction abandonné à l'arbitrage du tribunal, qui peut l'admettre ou l'écarter sans que sa décision soit sujette à aucun recours (arrêt du 3 janvier 1832).

Le jugement qui l'ordonne doit-il énoncer les faits sur lesquels les parties seront interrogées ?

— Il importe que la partie appelée ne puisse pas combiner des mensonges en préparant à l'avance ses réponses: le jugement qui ordonne la comparution n'énonce donc ni les faits qu'il s'agit d'éclaircir, ni les questions qui seront faites; il se borne à indiquer le jour où elle aura lieu.

Le jugement qui l'ordonne peut-il être exécuté sur-le-champ? Est-il nécessaire de le lever et de le signifier ?

— Si les parties sont présentes à l'audience, alors que le tribunal ordonne leur comparution, le jugement peut être exécuté sur-le-champ, auquel cas il n'y a lieu ni de le lever, ni de le signifier. Mais, bien entendu, il en devra être fait mention dans le jugement définitif (3).

Quand sa signification est nécessaire, à qui le signifie-t-on ?

Que si, au contraire, elles ne sont pas présentes, le jugement qui leur enjoint de comparaître doit alors être levé et signifié, non-seulement à l'avoué, conformément à l'article 147, mais encore à la partie

(1) En ce sens, M. Delzers.

(2) M. Bioche, v° *Comparution*, n° 20.

(3) MM. Boncenne, t. II, p. 470; Bonnier, p. 281.

elle-même; car, s'agissant d'un acte qu'elle doit exécuter en personne, il est indispensable de la mettre personnellement en demeure de satisfaire au jugement (V. la formule 19) (1).

Dans l'usage et lorsque le jugement est contradictoire, on ne le signifie point; les avoués se chargent d'avertir les parties. En procédant ainsi on évite des frais, mais on s'expose à un danger, car la partie adverse, si elle est de mauvaise foi, peut prétendre qu'elle n'a pas été avertie. Tout au moins devrait-on, pour éviter cet inconvénient, procéder par la voie d'une sommation à comparaître au jour indiqué (2).

II. Du serment. — On distingue deux espèces de serments judiciaires, savoir : Art. 120 et 121.

Combien distingue-t-on d'espèces de serments judiciaires ?

1° Le serment *décisoire;*

2° Le serment *supplétoire.*

Qu'est-ce qu'un serment *décisoire ?*

Le premier est celui qui est déféré par l'une des parties à l'autre pour en faire dépendre le jugement de la cause. On le nomme *décisoire,* parce qu'il suffit à lui seul pour terminer le procès.

Un serment *supplétoire ?*

Le second est celui qui est déféré d'office par le tribunal à l'une ou à l'autre des parties, afin de compléter des preuves qui à elles seules sont insuffisantes pour faire naître la conviction dans l'esprit du juge, d'où précisément lui est venu le nom de *supplémentaire* (V. à ce sujet l'explic. des art. 1366 à 1369 C. N.).

Que doit contenir le jugement qui ordonne la prestation d'un serment ?

En est-il de même du jugement qui ordonne la comparution des parties ?

Comment explique-t-on cette différence?

— Nous avons vu, p. 104, que le jugement qui ordonne la comparution des parties doit taire les faits sur lesquels elles seront interrogées : le jugement qui ordonne un serment doit, au contraire, les énoncer. Dans le premier cas, cette énonciation serait dangereuse, puisqu'elle fournirait aux parties le moyen de préparer des réponses contraires à la vérité. Dans le second, le même danger n'existe pas, car la connaissance anticipée que la partie à laquelle le serment est déféré aura des faits sur lesquels elle est appelée à le prêter ne peut avoir aucune influence sur le parti qu'elle prendra.

Un serment ne peut-il être reçu qu'en vertu d'un jugement et sur des faits énoncés à l'avance ?

— « Tout jugement, dit la loi, qui ordonnera un serment, contiendra les faits sur lesquels il sera reçu. » Il semble, d'après la généralité de cette disposition, qu'un serment ne peut être reçu qu'en vertu d'un *jugement* et sur des faits énoncés à l'avance. Cela est parfaitement vrai quant au serment *supplétoire,* puisqu'il ne peut être déféré que par le juge. Quant au serment *décisoire*, une distinction est nécessaire. Nous savons déjà qu'il est déféré par l'une des parties à l'autre ; nous ajoutons que cette délation constitue l'exercice d'un droit spécialement et formellement établi par la loi : elle peut donc, en principe, avoir lieu sans aucune autorisation préalable du tribunal. Ainsi quand les parties sont présentes à l'audience, et que l'une d'elles consent à prêter le serment que l'autre lui défère, il peut être reçu instantanément et sans qu'il soit besoin d'un jugement préalable à cet effet.

(1) MM. Boncenne, t. II, p. 472 ; Bonnier, p. 281.
(2) M. Bonnier, p. 281.

Le tribunal se borne alors à donner aux parties acte de la délation du serment et de sa prestation. Mais, si la délation du serment devient l'objet d'un débat, si la partie à laquelle il est déféré prétend qu'elle n'est point tenue de le prêter, il faut bien que le tribunal intervienne pour vider l'incident. S'il pense que le serment doit être prêté, il ordonne sa prestation et précise les faits sur lesquels il sera reçu (V. la formule 20).

— L'article 121 règle la forme ou la procédure du serment.

Comment le serment est-il prêté ?

« Le serment, y est-il dit, sera fait par la partie en personne et à l'audience. »

Pourquoi par la partie elle-même ? Pourquoi à l'audience ?

« En personne et à l'audience... » La loi a pensé avec raison que l'obligation imposée à la partie de jurer elle-même et de jurer en présence d'un public nombreux était de nature à prévenir des parjures : la partie qui serait disposée peut-être à trahir la vérité, si elle pouvait le faire par le ministère d'un tiers ou par elle-même, mais en secret, n'osera point souvent accomplir en personne et sous les yeux du public l'acte qui engagerait sa conscience.

Quid, au cas d'empêchement légitime et dûment constaté ?

— Dans le cas d'un empêchement légitime et dûment constaté, le serment peut être prêté devant un juge que le tribunal commet à cet effet et qui se transporte chez la partie, assisté du greffier (V. la formule 21).

Quid, si la partie est trop éloignée ?

Si la partie à laquelle le serment est déféré est trop éloignée, le tribunal ordonne qu'elle le prêtera devant le tribunal du lieu de sa résidence.

Doit-il être prêté en présence de l'autre partie ? Pourquoi ?

— Dans tous les cas, le serment doit être prêté en la présence de l'autre partie, ou elle dûment appelée. C'est une garantie de plus contre le danger des parjures ; et, en effet, tel plaideur qui serait disposé à recourir au mensonge s'il pouvait le faire sans témoins, n'osera point se parjurer en présence de la partie qu'il sait instruite des faits qu'il voudrait dénier.

Comment met-on l'adversaire de la partie qui doit prêter le serment en demeure d'assister à sa prestation ?

— La partie qui a le droit d'assister à la prestation du serment doit être appelée à cet effet, par un acte d'avoué à avoué, quand l'instance est contradictoire, ou par un exploit à son propre domicile, quand le défendeur n'a pas constitué d'avoué (V. la formule 22).

Quelle est la formule du serment ?

— La loi n'ayant point déterminé la formule du serment judiciaire, nous en devons conclure qu'elle s'en est rapportée sur ce point à la sagesse des tribunaux. Selon l'usage, le président rappelle à la partie les faits sur lesquels le serment doit porter et lui adresse ces mots: « Vous jurez devant Dieu que... » La partie, la main droite levée, répond : « Je le jure. »

La partie est-elle tenue de jurer d'après les formes particulières à son culte ?

Il a été jugé plusieurs fois qu'un juif obligé de prêter un serment judiciaire est tenu, si son adversaire le requiert, de jurer d'après les formes particulières à son culte. On peut dire à l'appui de cette décision qu'en mettant la conscience du plaideur en face de sa propre religion, on acquiert ainsi une forte et puissante garantie contre le parjure. Mais, si nous ne nous trompons, la loi, ainsi que nous l'avons vu, s'en rapporte à cet égard à la sagesse du tribunal. Il pourrait donc, dans le cas où la partie appelée à jurer appartient à la religion juive, lui enjoindre, suivant les circonstances, de prêter le serment *more judaïco* ou le serment ordinaire. Toutefois, si le plaideur qui doit jurer faisait partie de certaines sectes qui, s'attachant à la lettre de l'Évangile, considèrent le serment comme un acte que Dieu réprouve, le tribunal ne devrait point l'astreindre à le prêter : là où commence l'empire de la conscience, là finit l'empire de la loi. C'est ainsi que les quakers ont été admis à substituer au serment que leur croyance leur défend de prêter une *affirmation en leur âme et conscience*.

Quid, si le culte auquel elle appartient considère le serment comme un acte que Dieu réprouve ?

§ 2. Du délai de grâce.

Art. 122 à 125.

La loi distingue deux espèces de termes : le terme *de droit* et le terme *de grâce*. Le terme de droit est le terme *conventionnel* ; il résulte de la convention expresse ou tacite des parties. Le terme *de grâce* est celui que les tribunaux accordent aux débiteurs contre lesquels ils prononcent des condamnations.

Combien distingue-t-on d'espèces de termes ?

Qu'est-ce que le terme *de droit* ?

Le terme *de grâce* ?

I. Des cas dans lesquels les tribunaux peuvent surseoir a l'exécution de la condamnation qu'ils prononcent. — La faculté d'accorder un délai au débiteur qui, d'après les termes du contrat qui l'oblige, devrait satisfaire immédiatement à son obligation, est contraire au principe que la convention est *la loi des parties* (art. 1134 C. N.) et, par suite, à l'intérêt général du crédit. De là, la recommandation que la loi fait aux juges de n'user de ce pouvoir qu'avec une *grande réserve*, c'est-à-dire de n'accorder que des délais *modérés* et dans le cas seulement où il sera bien établi que le débiteur, incapable quant à présent d'exécuter, sans un grave préjudice, la condamnation prononcée contre lui, sera certainement en mesure, dans un bref délai, de satisfaire son créancier.

Dans quels cas et à quelle condition les juges peuvent-ils accorder un terme de grâce ?

— Les juges peuvent user de ce pouvoir ainsi entendu, dans tous les cas où la loi ne le leur défend point.

La loi le leur défend :

Dans quels cas ne le peuvent-ils pas?

1° Lorsqu'il a été expressément convenu entre un vendeur et un acheteur qu'à défaut de payement du prix au terme fixé la vente sera résolue de plein droit (art. 1656 C. N.) ;

2° Lorsqu'il s'agit de l'exercice d'un réméré (art. 1661 C. N.) ;

3° En matière de lettres de change et de billets à ordre (art. 157 et 187 C. com.) ;

4° Enfin, dans les diverses hypothèses prévues par l'article 124 du Code de procédure (V. p. 109 et 110 l'explic. de cet article) (1).

En dehors des cas qui viennent d'être énumérés, le pouvoir des juges ne reçoit aucune autre limitation. Ils peuvent donc en user nonobstant toute convention contraire ; la faculté que la loi leur donne, étant fondée sur des considérations d'humanité, est par là même d'ordre public, et il n'est point permis aux parties de déroger, par leurs conventions particulières, aux lois de cette nature (art. 6 C. N.).

Peuvent-ils en accorder un, nonobstant toute convention contraire des parties ?

(1) Sur la question de savoir si un délai peut être accordé lorsque le créancier agit en vertu d'un titre exécutoire, voir nos *Répétitions écrites sur le deuxième examen du C. N.*, p. 611 et suiv., quatrième édition.

A quel moment leur est-il permis d'user du pouvoir qui leur est accordé ?

Pourquoi ne peuvent-ils accorder aucun délai, une fois le jugement prononcé ?

II. A QUEL MOMENT IL EST PERMIS AUX JUGES D'USER DU POUVOIR QUI LEUR EST CONFIÉ. — Lorsqu'ils jugent à propos d'accorder un délai au défendeur qu'ils condamnent, ils doivent le faire *par le jugement même qui statue sur la contestation :* ainsi ils ne peuvent point le faire après coup, c'est-à-dire après le jugement prononcé. Quel peut être le motif de cette prohibition ? Les auteurs y voient une application du principe qu'une fois le jugement prononcé, le juge, étant dessaisi de l'affaire, n'a plus qualité pour la modifier : *semel sententiam dixit, desinit esse judex.* Cette explication ne me semble point suffisante. Il est bien vrai que si la condition de la partie condamnée est après le jugement ce qu'elle était au moment où il a été prononcé, le tribunal ne pourra point lui accorder un délai sans violer le principe qui vient d'être rappelé ; mais si l'on suppose qu'immédiatement après le prononcé du jugement des événements fâcheux sont survenus qui rendent le débiteur digne d'une protection particulière, le tribunal qui, sur sa demande, lui viendrait en aide en lui accordant un délai, ne modifierait point sa première décision, puisqu'il statuerait sur un fait nouveau. A mon avis, si les juges ne peuvent point accorder des délais après le jugement rendu, s'ils ne le peuvent point même dans le cas où la position de la partie condamnée a été aggravée et rendue digne d'intérêt par des événements postérieurs, c'est que la loi a pensé qu'en leur laissant cette faculté elle les exposerait à des sollicitations incessantes de la part des débiteurs qui, sous prétexte que leur position n'est plus la même, s'efforceraient de les apitoyer sur leur sort.

De quel jour court le délai de grâce ?

III. DU POINT DE DÉPART DU DÉLAI DE GRACE. — Le délai de grâce court du jour même du jugement, lorsqu'il est contradictoire. C'est une dérogation au principe que les jugements ne produisent d'effet qu'à compter *du jour de leur signification.* Mais on a pensé, d'une part, que la partie condamnée étant instruite soit par elle-même, si elle était présente, soit par son avoué, dans le cas contraire, du délai qui lui a été accordé, une signification devenait inutile ; d'autre part, qu'en décidant autrement on aurait mis le créancier dans la nécessité de lever le jugement, ce qui aurait occasionné des frais sans utilité pour personne.

Dans le cas où le jugement est par défaut, la partie condamnée n'en ayant point connaissance, force est bien de le lui signifier. Le délai qui lui a été accordé ne date alors que du jour de la signification.

Le tribunal peut-il, de sa propre initiative, accorder un délai au défendeur qu'il condamne ?

Ainsi le tribunal peut, sur sa propre initiative, c'est-à-dire bien qu'aucune demande ne lui ait été adressée à ce sujet, accorder un délai au défendeur absent qu'il condamne. Cette faculté, au reste, n'est point contraire au principe d'après lequel les tribunaux ne peuvent statuer que sur une chose demandée (V. l'art. 480-3°) : dans l'espèce, en effet, les juges, statuant sur la demande du créancier, lequel poursuit une condamnation immédiate, décident qu'il n'a droit qu'à une condamnation tempérée par un délai de grâce.

Quels sont les évé-

IV. DES ÉVÉNEMENTS A LA SUITE DESQUELS UN DÉBITEUR NE PEUT NI OBTENIR

UN DÉLAI, NI CONSERVER CELUI QU'IL AVAIT ANTÉRIEUREMENT OBTENU. — Un débiteur n'a droit à aucun délai de grâce :

nements à la suite desquels un débiteur ne peut ni obtenir un délai, ni conserver celui qui a été accordé?

1° *Lorsqu'il tombe en faillite.* — La faillite est l'état d'un débiteur qui a cessé ses payements en tant que commerçant ; elle ne suppose point *nécessairement* l'insolvabilité du débiteur, mais elle la rend au moins très-probable. Il y a là un péril pour le créancier : or, s'il est équitable qu'on vienne en aide au débiteur, il est non moins juste que ce secours cesse dès qu'il devient compromettant pour le créancier ; la loi n'a pas dû le forcer de rester dans l'inaction alors que les autres créanciers de son débiteur vont se distribuer les deniers composant l'actif de sa faillite.

Pourquoi en est-il ainsi en cas de faillite et de deconfiture?

Qu'est-ce que la faillite?

2° *Lorsqu'il tombe en déconfiture* (arg. tiré de l'art. 1913 C. N.). — La déconfiture est l'état d'insolvabilité patente et notoire d'un non-commerçant.

La déconfiture?

3° *Lorsqu'il a par son fait diminué les sûretés spéciales qu'il avait données à son créancier.* — Par exemple, lorsqu'il a détruit ou dégradé la maison qu'il avait affectée par hypothèque au payement de sa dette.

Quid, si le débiteur a diminué par son fait les sûretés spéciales qu'il avait données à son créancier?

— Ces trois premiers faits font également perdre le terme de droit (V. l'explic. de l'art. 1188 C. N.). Les trois faits qui suivent n'éteignent que le délai de grâce.

4° *Lorsque les biens du débiteur condamné sont vendus à la requête d'autres créanciers.* — Si le créancier qui a obtenu la condamnation était obligé de rester inactif alors que les autres créanciers vont se distribuer l'argent provenant de la vente des biens de son débiteur, il en résulterait pour lui un véritable préjudice : c'est ce que la loi ne veut pas.

Quid, dans le cas où ses biens sont vendus à la requête d'autres créanciers?

D'après le texte de notre article, le terme accordé au débiteur subsisterait même après la *saisie* de ses biens et tant qu'ils ne seraient point *vendus;* mais la plupart des auteurs enseignent que la *saisie* suffit pour l'éteindre. Il ne faut pas, disent-ils, prendre la loi au pied de la lettre ; car si le délai était accordé ou maintenu alors qu'une saisie a déjà été pratiquée par d'autres créanciers, il serait à craindre qu'ils ne fussent payés au détriment de celui dont le droit se trouverait momentanément paralysé. J'aurais de la peine à me ranger à cette solution : le texte de la loi y résiste trop énergiquement.

Quid, s'ils sont *saisis,* mais non encore *vendus?*

5° *Lorsqu'il est constitué prisonnier.* — Ici encore les auteurs corrigent le texte de la loi. L'emprisonnement dont elle parle doit, disent-ils, s'entendre d'un emprisonnement *pour dettes.* Il serait, en effet, trop déraisonnable d'admettre qu'un emprisonnement à titre de peine correctionnelle ou de simple police pût rendre le débiteur incapable d'obtenir un délai ou de conserver celui dont il était déjà nanti : ce résultat serait déraisonnable, puisque l'emprisonnement, dans l'espèce, ne change, en aucune façon, la position pécuniaire du condamné.

Quid, lorsque le débiteur est constitué prisonnier?

La loi vise-t-elle seulement le cas où il est emprisonné pour dettes?

Nous pensons, au contraire, qu'il faut laisser à la loi toute l'étendue que ses termes comportent. Elle ne veut point, rappelons-le, que le délai qu'elle permet d'accorder au débiteur puisse compromettre l'intérêt du créancier. Or, le débiteur constitué prisonnier n'étant plus à la tête de ses affaires, et ne pouvant plus les gérer utilement, il est manifeste qu'elles ne peuvent qu'aller en périclitant, et qu'ainsi il est juste que son créancier puisse agir dès à présent. Le débiteur qui a manqué à ses devoirs envers la société ne mérite point d'ailleurs les faveurs de la loi.

Quid, quand il est en état de contumace? Qu'est-ce qu'un contumax?

6° *Lorsqu'il est en état de contumace*, c'est-à-dire lorsqu'étant mis en état d'accusation pour crime, il a refusé de se présenter devant la justice (art. 465 et suiv. C. inst. crim.).—La loi ne doit aucune protection à ceux qui résistent à ses prescriptions. Les biens du contumax sont d'ailleurs placés sous le séquestre, tant qu'il est en fuite ou qu'il se tient caché, ce qui constitue une position périlleuse pour ses intérêts pécuniaires et par conséquent pour la sûreté de ses créanciers.

Quel effet produit le délai de grâce? Quels effets ne produit-il point?

V. DE L'EFFET QUE PRODUIT LE DÉLAI DE GRACE ET DES EFFETS QU'IL NE PRODUIT POINT. — Tant qu'il dure, il arrête et suspend tous les actes *d'exécution*. Là est tout son effet; il n'en produit aucun autre. Ainsi:

1° Il ne suspend point les actes *conservatoires*. Le créancier peut donc, s'il le juge à propos et sans attendre l'expiration du délai, faire inscrire l'hypothèque née de la condamnation prononcée à son profit (art. 2123). Il peut de même faire opposition à la levée des scellés (art. 926 C. pr.), ou s'opposer à ce que son débiteur procède, hors sa présence, à un partage de succession (art. 822 C. N.). — Ce sont là des mesures de conservation qui lui sont permises, afin que le délai qu'il subit ne lui soit point préjudiciable.

2° Il ne fait point obstacle à la compensation. Sous ce rapport, il diffère du terme de droit (V. à ce suj., l'explic. des art. 1291 et 1292 C. N.).

3° Il n'empêche point les intérêts moratoires de courir au profit du créancier, à partir de sa demande, conformément à l'article 1153 du Code Napoléon.

7e *répétition.*

§ 3. De la contrainte par corps.

Art. 126 et 127.

Qu'est-ce que la contrainte par corps?

La contrainte par corps est une voie d'exécution consistant dans l'emprisonnement temporaire du débiteur pour le forcer de payer ce qu'il doit.

Ainsi, deux voies sont ouvertes au créancier pour contraindre son débiteur à l'exécution de son obligation, la saisie de *ses biens* et la saisie de *sa personne même*.

Sous quels rapports diffère-t-elle de la saisie des biens?

Ces moyens de coercition diffèrent entre eux sous plusieurs rapports.

1° La saisie des biens est *de droit commun;* elle est la sanction de toute obligation, quelle qu'elle soit, et si minime que soit son objet. — La contrainte par corps, au contraire, n'est admise, au moins en matière civile, que comme une voie extraordinaire, *exceptionnelle*, dans les cas rigoureusement déterminés par la loi (art. 2059 à 2063 C. N.); en outre, elle ne peut être prononcée que pour une somme de 300 fr. au moins (art. 2065) (1).

(1) Dans les matières civiles et contre les débiteurs français.—Elle peut être prononcée, en matière commerciale, pour 200 fr. de principal; en matière civile ou commerciale, contre les étrangers, pour 150 fr.; en matière criminelle, sans aucune limitation de somme (Voir la loi du 17 avril 1832, les art. 52 et 469 C. pén.).

2° La saisie peut être pratiquée contre tout débiteur, quel que soit son âge ou son sexe. — La contrainte par corps n'a pas lieu, *en principe*, contre les septuagénaires, les mineurs, les femmes et les filles (art. 2064 et 2066. C. N.).

3° La saisie peut être pratiquée en vertu d'un *jugement* ou de *tout autre titre exécutoire*. — La contrainte par corps ne peut jamais être exercée qu'en vertu d'un *jugement* (art 2067).

4° La saisie peut être exercée contre les héritiers du débiteur. — Il n'en est pas de même de la contrainte par corps (art. 2017 C. N.).

Combien en distingue-t-on d'espèces? Qu'est-ce que la contrainte *conventionnelle?* La contrainte *légale?*

— La contrainte par corps est *conventionnelle* ou *légale : conventionnelle* lorsqu'elle a été stipulée par les parties (ce qui n'est plus permis que dans un seul cas, celui où certaines cautions se soumettent, par une clause de leur engagement, à cette voie d'exécution (art. 2060-5° C. N.); *légale* lorsque la loi *ordonne* aux juges ou leur *permet* de la prononcer.

La contrainte par corps peut-elle être prononcée *d'office*?

La contrainte par corps légale est tantôt *impérative* ou *obligatoire* pour le juge, tantôt simplement *facultative*.

Ce point a besoin d'être bien compris. Un juge ne peut *en aucun cas* prononcer d'*office* la contrainte par corps, c'est-à-dire la prononcer quand le créancier n'y a point formellement conclu. En la prononçant d'office, le tribunal s'exposerait à l'appliquer mal à propos; car le défendeur contre lequel elle n'est point demandée ne peut pas fournir les moyens qu'il a peut-être de la faire écarter.

Le tribunal est-il tenu de la prononcer quand le demandeur l'en requiert?

Si le créancier qui a le droit de la demander y conclut, les juges sont-ils obligés de l'accorder? Il faut à cet égard distinguer.

Est-elle *conventionnelle*, ils doivent nécessairement la prononcer : la contrainte par corps *conventionnelle* est toujours *impérative*.

Est-elle *légale*, deux cas sont à considérer : si elle est *impérative*, les juges ne peuvent point ne pas la prononcer; si elle est *facultative*, ils l'accordent ou la refusent suivant qu'ils le jugent à propos, la loi s'en rapporte à leur appréciation.

Quels cas de contrainte prévoit le Code de procédure?

Le Code Napoléon énumère les cas de contrainte conventionnelle et de contrainte légale, impérative ou facultative. Quant au Code de procédure, il se borne à régler deux cas nouveaux de contrainte légale *facultative*.

« Il est laissé, porte l'article 126, à la prudence des juges de prononcer la contrainte par corps :

« 1° Pour dommages et intérêts en matière civile, au-dessus de la somme de 300 fr. »

Quel est le sens de ces mots : *pour dommages et intérêts?*

« Pour *dommages et intérêts....* » Ces expressions ont, ici, un sens particulier qu'il importe de bien saisir. Elles s'appliquent, non point aux restitutions qui constituent l'exécution de l'obligation principale, mais simplement aux indemnités accordées en réparation d'un tort causé d'une manière extrinsèque, par exemple, d'un préjudice causé, soit par des retards, soit par des calomnies ou des vexations injurieuses.

Ainsi, les dommages et intérêts pour lesquels la contrainte par corps peut être prononcée ne comprennent :

Ni la restitution des choses qui font l'objet direct de l'obligation ;

Ni les restitutions de fruits;

Ni enfin les dépens du procès.

Le Code de procédure n'a point, en effet, reproduit la disposition de l'ordonnance de 1667, aux termes de laquelle les dépens et restitutions de fruits étaient rangés dans la catégorie des dommages et intérêts.

Soit donc l'espèce suivante: Action en restitution d'un dépôt; condamnation du dépositaire: 1° à restituer la chose déposée ou sa valeur; 2° à payer, pour retard, des dommages et intérêts liquidés à 150 fr.; 3° à rembourser les dépens ou les frais du procès: — la contrainte par corps ne peut point être prononcée; elle ne pourrait point l'être quand même la valeur de la chose déposée et les dépens, étant additionnés avec les dommages et intérêts, donneraient une somme supérieure à 300 francs.

Il peut paraître singulier que la contrainte par corps ait été attachée à l'obligation accessoire de payer des dommages et intérêts, tandis que l'obligation principale reste destituée de cette sanction. Mais, a-t-on dit, la loi a dû assurer le payement des dommages et intérêts par les moyens les plus énergiques, afin de prévenir les fautes lourdes ou la mauvaise foi des débiteurs.

Les dépens ne peuvent-ils pas au moins servir à prolonger la contrainte prononcée pour une autre cause?

Les *dépens*, avons-nous dit, n'ont point la sanction de la contrainte par corps; mais s'ils ne peuvent point servir de base à une condamnation prononcée sous cette garantie, ils servent néanmoins à prolonger la contrainte par corps prononcée pour une autre cause: le débiteur incarcéré qui veut obtenir son élargissement est, en effet, tenu de rembourser, non-seulement la somme pour laquelle il a été emprisonné, mais encore les dépens (art. 800 C. pr.; — art. 23 de la loi du 17 avril 1832).

La contrainte par corps peut-elle être prononcée, quel que soit le chiffre de la dette?

« En matière civile, au-dessus de 300 fr... » La contrainte par corps, qui est d'exception dans les matières *civiles* et qui n'y peut jamais être prononcée au-dessous de 300 fr., est, au contraire, de droit commun, soit dans les matières *commerciales*, même au-dessous de 300 fr., si d'ailleurs la dette ne descend point au-dessous de 200 fr., soit dans les matières *criminelles*, sans s'arrêter à aucune limitation.

« 2° Pour reliquats de compte de tutelle, curatelle, d'administration de corps et communauté, d'établissements publics ou de toute administration confiée par justice et pour toutes restitutions à faire par suite desdits comptes. »

La contrainte est-elle *facultative* ou *impérative*, quant aux administrateurs comptables d'établissements publics?

Notons qu'en ce qui touche les administrateurs comptables d'établissements publics, la disposition qu'on vient de lire a été modifiée par l'article 9 de la loi du 17 avril 1832. Quant à eux, la contrainte par corps a cessé d'être *facultative*; la loi nouvelle l'a rendue *impérative*.

Que peut faire le tribunal quand il prononce une contrainte par corps?

— « Pourront les juges, *dans les cas énoncés en l'article précédent*, ordonner qu'il sera sursis à l'exécution de la contrainte par corps pendant le temps qu'ils fixeront, après lequel elle sera exercée sans nouveau jugement. Ce sursis ne pourra être accordé que par le jugement qui statuera sur la condamnation et qui énoncera les motifs du délai. »

Dans quels cas

« Dans les cas énoncés en l'article précédent... » Si ces expressions étaient prises à la lettre et dans un sens exclusif, il en résulterait qu'en dehors des cas prévus par l'article 126 du Code de procédure, les condamnations avec contrainte par corps ne peuvent jamais être tempérées par un délai de grâce. Mais cette interprétation n'est point admise. Le délai de grâce peut, dit-on, être accordé dans tous les cas où la contrainte par corps est *facultative*. Le juge, pouvant la refuser, peut, à plus forte raison, en suspendre l'exécution : qui peut le plus peut le moins. L'article 127 n'a d'ailleurs rien d'exclusif; il ne fait que statuer sur les cas qu'il prévoit. — Peut-il user de cette faculté ?

§ 4. **Condamnation à payer des dommages et intérêts. — Liquidation.**

Art. 128.

« Tous jugements qui condamneront en des dommages et intérêts en contiendront la liquidation ou ordonneront qu'ils seront donnés par état. » — Que doivent contenir les jugements qui condamnent à des dommages et intérêts ?

Les dommages et intérêts supposent, soit la violation d'un droit réel, c'est-à-dire un délit ou un quasi-délit, soit l'inexécution d'une obligation. Ils consistent en une indemnité pécuniaire représentative de la perte subie par le créancier et du gain dont il a été privé par suite de l'acte qu'il a souffert (art. 1149 C. N.). — Qu'entend-on par dommages et intérêts ?

Leur *quantum* est déterminé : — Qui en détermine le *quantum* ?

Tantôt par les *parties elles-mêmes*, au moyen d'une *clause pénale*. Le chiffre qu'elles ont ainsi fixé constitue un tarif que les juges ne peuvent ni augmenter ni diminuer (art 1152, C. N.).

Tantôt par *la loi elle-même :* c'est ce qui a lieu dans les obligations qui se bornent au payement d'une somme d'argent. Ils consistent alors dans l'intérêt à 5 0/0 à compter du jour de la demande en justice (art. 1153 C. N.).

Tantôt enfin *par la justice*. Lorsqu'il s'agit d'une obligation autre que celle d'une somme d'argent et que les parties n'ont point fixé à l'avance le chiffre des dommages et intérêts que devra payer le débiteur, s'il n'exécute pas son obligation, cette détermination appartient au tribunal. Les juges ont alors plusieurs vérifications à faire : 1° L'inexécution de l'obligation a-t-elle causé un dommage au créancier ? 2° Quel est le *quantum* de ce dommage ? 3° Le créancier a-t-il été privé d'un gain ? 4° Quel en est le *quantum* ? Ils ne doivent point, en un mot, se borner à décider qu'une indemnité est due ; la loi veut qu'en outre ils en fixent le chiffre. C'est ce qu'on appelle la *liquider*. Ainsi la *liquidation* des dommages et intérêts c'est leur fixation, leur évaluation précise. — Quel est l'office du tribunal saisi d'une demande en dommages et intérêts ? — Qu'est-ce que liquider des dommages et intérêts ?

Quant au motif de cette disposition, il est facile à comprendre. Les biens d'un débiteur ne peuvent être saisis qu'en vertu d'un titre exécutoire et seulement pour choses *liquides* et certaines. Si donc le tribunal se bornait à statuer que des dommages et intérêts sont dus, s'il n'en fixait point le *quantum*, sa condamnation resterait par là même frappée d'impuissance tant que le chiffre des dommages et intérêts alloués resterait lui-même incertain. De là l'obligation qui lui est im- — Dans quel but la loi prescrit-elle leur liquidation ?

posée de les liquider, c'est-à-dire d'en fixer le *quantum* par le jugement même qui les alloue au demandeur.

Quid, si les circonstances rendent impossible, quant à présent, l'évaluation de l'indemnité dont le principe est reconnu ?

Il se peut toutefois que les circonstances du procès rendent impossible, quant à présent, l'évaluation de l'indemnité dont le principe est reconnu. Dans ce cas le tribunal déclare que des dommages-intérêts sont dus et ordonne que la liquidation en sera faite plus tard *par état*, c'est-à-dire en suivant la procédure prescrite par les articles 523 et 524.

Quelle est, dans ce cas, l'utilité de la condamnation ?

Mais, dira-t-on, si le tribunal ne peut point, dès à présent, fixer le *quantum* des dommages-intérêts qu'il croit devoir allouer, que n'attend-il le moment où cette fixation sera praticable? S'il se borne à condamner le défendeur à les payer, quelle sera l'utilité de cette condamnation, tant que l'indemnité à payer ne sera point déterminée? En procédant de la sorte on multiplie les frais, puisqu'au lieu d'un jugement on en rend deux.

On répond que cette condamnation, quoique non liquidée, est fort utile au demandeur, puisqu'elle lui procure, pour la garantie de l'indemnité dont il est reconnu créancier, une *hypothèque générale* sur les biens présents et à venir de son débiteur. Il peut, en effet, sans attendre la liquidation de sa créance, inscrire l'hypothèque dont il est investi et fixer lui-même approximativement, dans son inscription, le montant de l'indemnité qui lui a été allouée, sauf au débiteur, s'il trouve cette évaluation exagérée, à en demander la réduction (art. 2123 et 2132 C. N.).

§ 5. Condamnation à des restitutions de fruits. — Liquidation.

Art. 129.

Quel est l'office du tribunal quand il est saisi d'une demande en restitution de fruits ?

Il arrive souvent qu'une personne est tenue de restituer une certaine quotité de fruits : c'est ce qui a lieu, par exemple, dans les espèces prévues par les articles 127, 549, 856, 928, 1014, 1571, 1614 et 1682 du Code Napoléon. Lorsque cette obligation devient l'objet d'une demande judiciaire, les juges ont d'abord à déterminer la nature et la quotité des fruits qui doivent être restitués. Le défendeur a-t-il perçu du blé, de l'avoine ou des fourrages? et combien d'hectolitres ou de kilos? Si les parties ne s'entendent pas sur ce point, le tribunal ordonne que le compte devra être fourni en justice soit sur des titres, soit d'après une enquête ou une expertise (V. les art. 526 et suiv. C. pr.).

Comment se fait la restitution ?

La nature et la quotité des fruits étant une fois connues, il reste à fixer la manière dont la restitution devra être faite. A cet égard la loi distingue. La restitution a lieu tantôt *en nature*, tantôt par *équivalent*, c'est-à-dire au moyen d'une somme représentative de la valeur des fruits à restituer. Dans ce dernier cas les juges ont, en outre, à déterminer le montant de cette valeur.

Dans quels cas *en nature* ?

La restitution doit avoir lieu en nature :

1° Quant aux fruits « *perçus pendant la dernière année,* » c'est-à-dire *pendant l'année qui a précédé la demande :* — le défendeur ne les a point encore consommés, il ne les a point aliénés, du moins cela est probable, et puisqu'ils sont entre ses mains, il est juste qu'il les rende en nature.

Pourquoi, dans ces deux cas, a-t-elle lieu en nature?

2° Quant aux fruits perçus *depuis la demande*, c'est-à-dire *pendant l'instance*: — le défendeur, en effet, a dû les conserver et les mettre en réserve, puisqu'il a su qu'il serait condamné peut-être à en faire la restitution.

En ce qui touche les fruits perçus dans les années antérieures à l'année qui a précédé la demande, le défendeur étant présumé les avoir consommés ou aliénés, la restitution se fait alors au moyen d'un équivalent en argent.

Dans quels cas a-t-elle lieu au moyen d'un équivalent en argent?

Au reste, ces dispositions ne sont obligatoires qu'autant que la présomption qui leur sert de fondement n'est point démentie par la réalité des faits. Ainsi, dans les deux premiers cas, la restitution aura lieu par équivalent, s'il est démontré que le défendeur n'a plus en sa possession les fruits qu'il a perçus. De même, dans le troisième, elle devra être faite en nature, s'il est établi que les fruits existent encore entre ses mains.

Ces dispositions reçoivent-elles toujours leur application?

Lorsque la restitution doit se faire en argent, il importe de déterminer, afin de fixer le montant de la somme qui devra être payée, la valeur des fruits à restituer. Cette détermination se fait, en principe, non point *au plus haut prix* auquel le défendeur a pu vendre les fruits qu'il a perçus, mais *au prix moyen*. Ce prix moyen se détermine « d'après les mercuriales (1) du marché le plus voisin, eu égard aux saisons et aux prix communs de l'année. » Le prix commun de l'année, eu égard aux quatre saisons, s'obtient d'après le procédé suivant : on réunit les prix communs des premiers marchés qui ont eu lieu au commencement des mois de janvier, avril, juillet et octobre, et l'on prend le quart de la somme totale. Soient donc 100 hectolitres de blé à restituer en argent : le prix commun de l'hectolitre était de 50 francs au premier marché de janvier, de 40 francs au premier marché d'avril, de 55 francs au premier marché de juillet, et enfin de 45 francs au premier marché d'octobre. Ces prix, étant additionnés, forment un total de 180 francs, laquelle somme, étant divisée par 4, donne 45 francs, qui forment le prix moyen. Le défendeur aura donc à restituer cent fois 45 francs, c'est-à-dire 4,500 francs.

Quand la restitution se fait en argent, comment détermine-t-on le *quantum* de la somme à payer?

Mais comment détermine-t-on le montant de la valeur des fruits à restituer?

Dans le cas où le défendeur restitue en argent les fruits qu'il a perçus *pendant l'instance*, la restitution se fait, non plus *au prix moyen*, mais au *plus haut prix* auquel il lui a été possible de les vendre pendant le cours de l'année.

La restitution se fait-elle toujours au prix moyen?

(1) On appelle ainsi les registres sur lesquels les maires ou les commissaires de police notent le prix commun auquel ont été vendus, à chaque marché, les principaux grains qui y ont été apportés. On obtient le prix commun en réunissant les différents prix d'une même denrée, et en divisant la somme totale par le nombre des différentes ventes qui ont eu lieu.

Qu'entend-on par mercuriales?

§ 6. Condamnation aux dépens. — Compensation. — Distraction.

Art. 130 à 133.

Par qui sont supportés les dépens? Qu'entend-on par dépens?

I. CONDAMNATION. — « Toute partie qui succombe est condamnée aux dépens. » On entend par *dépens* les frais auxquels le procès a donné lieu, c'est-à-dire, d'une part, les salaires dus aux officiers judiciaires que les parties ont été obligées d'employer ; et, d'autre part, les droits que le fisc perçoit sur les divers actes de l'instance, tels que les droits de timbre, de greffe et d'enregistrement.

Quels frais la partie qui succombe doit-elle supporter? La loi met-elle à sa charge *tous les déboursés* que la partie gagnante a pu faire?

La partie qui succombe doit supporter non-seulement les frais faits par elle, mais encore ceux qui ont été faits par son adversaire. Toutefois, il ne faut pas croire que la condamnation prononcée contre elle mette, sans distinction, à sa charge *tous les déboursés* que la partie gagnante a pu faire. Les *dépens* qu'elle doit rembourser à son adversaire ne comprennent, en effet, que les frais que la loi passe en taxe. Les frais d'une autre nature, tels que les frais de consultations d'avocats, les frais de voyages, constituent ce qu'on appelle, dans la pratique, de *faux frais*. La partie qui a triomphé n'a pas le droit de les répéter; ils demeurent définitivement à sa charge.

A quel titre les dépens sont-ils mis à la charge de la partie qui succombe?

Les dépens sont dus *propter litem, sed non propter crimen ;* car, bien que la partie qui succombe ait manqué de bonne foi, ou tout au moins de prudence, on ne peut point dire néanmoins que le dol ou la faute qu'elle a commise soit un crime ou même un délit criminel ; ce n'est tout simplement qu'un délit purement civil ou un simple quasi-délit. L'obligation qui en résulte n'a donc rien de pénal (1).

La règle que toute partie qui succombe paye les frais du procès ne reçoit-elle pas une exception ? Quelle est l'étendue de cette exception?

« *Toute partie* qui succombe sera condamnée aux dépens... » « Toute partie qui succombe... » sauf pourtant le ministère public. — Qu'il soit étranger aux dépens du procès, lorsqu'il n'y est intervenu que comme *partie jointe*, on le conçoit sans peine ; mais on a été plus loin : on l'a exonéré des dépens, même dans le cas où il agit comme *partie principale !* Ainsi, supposons qu'il ait formé une demande en nullité de mariage : triomphe-t-il, tous les dépens demeurent à la charge de la partie condamnée, conformément au droit commun; succombe-t-il, la réciproque n'a point lieu ! Les frais résultant de son action restent, il est vrai, au compte de l'administration qui en a fait l'avance; mais c'est tout. Quant aux frais faits et dus par la partie en faveur de laquelle le jugement a été rendu, elle les supporte sans aucun recours (2).

La partie qui succombe doit-elle être condamnée aux dépens du procès, même dans le cas où la partie gagnante n'a point conclu en ce sens?

« Toute partie qui succombe sera condamnée aux dépens... » « Sera *condamnée...* » Faut-il conclure de ces expressions impératives que la partie qui succombe doit être condamnée aux dépens, *même dans le cas où la partie gagnante n'a point conclu en ce sens.* Quelques personnes l'ont pensé ; mais l'opinion contraire est plus générale. Elle prend son point d'appui dans l'article 480, 3°, aux termes duquel il est défendu

(1) M. Boncenne, t. II, p. 535.

(2) L'exception dont nous venons de parler n'a pas lieu lorsque le ministère public agit pour le domaine de l'État.

aux tribunaux d'adjuger à une partie ce à quoi elle n'a pas conclu.

Ainsi toute partie qui veut, en cas de gain, obtenir une condamnation aux dépens contre son adversaire, y doit conclure expressément. Si elle garde le silence, elle est réputée renoncer au bénéfice de notre article 130. Elle ne pourrait donc point, après le jugement, réclamer par une action nouvelle les dépens qu'elle aurait négligé de demander pendant le cours de l'instance (1).

Art. 132.

Comment les choses se passent-elles, quant aux dépens, lorsqu'une partie plaide par un mandataire légal, conventionnel ou judiciaire ?

— Lorsqu'une partie plaide par un mandataire légal, conventionnel ou judiciaire, qui la représente au procès, c'est elle, si elle succombe, et non son représentant, qui doit être condamnée aux dépens. Ainsi, un tuteur plaide-t-il pour son mineur, un curateur pour une succession vacante, un héritier bénéficiaire pour la succession qu'il administre, ou tout autre agent pour la personne morale qu'il représente, les dépens, en cas d'insuccès, doivent être mis non point à la charge du tuteur, du curateur, de l'héritier ou de l'agent, mais au compte du mineur lui-même, de la succession ou de la personne morale qui a été représentée au procès.

Par exception au principe qui vient d'être établi, le mandataire qui a compromis, par ses actes, les intérêts de la personne au nom de laquelle il a figuré au procès, peut être *personnellement*, c'est-à-dire en son nom et sans répétition, condamné aux dépens, et même à des dommages-intérêts, s'il y a lieu, sans préjudice de sa destitution, si la gravité de sa faute l'exige.

La même règle s'applique aux avoués et aux huissiers qui ont excédé les bornes de leur ministère. Ainsi ils peuvent être non-seulement chargés des dépens et des dommages et intérêts alloués à la partie gagnante, mais encore frappés d'interdiction s'il y a lieu.

Art. 130.

Quid, lorsque plusieurs personnes liées par un intérêt commun et engagées dans un même procès viennent à succomber ?

Sont-elles condamnées aux dépens fractionnairement, chacune pour sa part, ou solidairement, chacune pour le tout ?

— Nous avons jusqu'à présent supposé un procès engagé entre deux parties seulement. Plaçons-nous maintenant dans l'hypothèse inverse : supposons, par exemple, une demande formée simultanément contre plusieurs personnes liées par un intérêt commun (V. p. 50 et 51). Si elles succombent, elles devront être condamnées aux dépens ; mais devront-elles l'être fractionnairement, chacune pour sa part, ou solidairement, chacune pour le tout ? Point de difficulté si la dette, objet du litige, n'est point elle-même solidaire. Il est, en effet, évident qu'alors l'obligation de supporter les dépens se fractionnera, comme la dette elle-même (2) : la solidarité n'a lieu que dans les cas où la loi l'a expressément établie (art. 1202 C. N.), et nulle loi ne l'a attachée aux dépens. On est d'accord sur ce point. Mais que décider dans le cas où la dette principale étant solidaire, chacun des défendeurs a été condamné à l'exécuter pour le tout ? La condamnation aux dépens devra-

(1) M. Bonnier, n° 280.

(2) En principe, la division a lieu *pro numero succumbentium*, c'est-à-dire par têtes ou par portions égales (M. Boncenne, t. II, p. 541). Toutefois, il en serait autrement si la présence et l'intérêt de l'une des parties avaient occasionné des frais particuliers. Cette partie les devrait supporter seule.

t-elle être solidaire comme la condamnation principale? La négative est généralement soutenue. La solidarité, dit-on, est d'exception; on ne peut point, par analogie, l'étendre d'un cas à un autre: il est donc impossible de l'admettre en dehors des textes. Or, si la loi a soumis à la solidarité des frais tous les individus condamnés pour *un même crime* (art. 55 C. pén.), elle n'a point étendu cette disposition aux condamnations civiles. Qu'on ne dise point qu'étant l'accessoire, un corollaire de la dette principale, la dette des dépens participe de sa nature. Les dépens ne sont point, en effet, une dépendance de la dette qui a fait l'objet du litige; ils s'en séparent, au contraire, pour former à côté d'elle une seconde dette, une dette distincte (1).

Nous préférons l'opinion contraire. La *solidarité* n'est au fond qu'un *cautionnement sui generis;* elle n'en diffère qu'en ce sens qu'elle oblige les débiteurs plus énergiquement que le cautionnement ordinaire. Or, lorsqu'une demande est formée cumulativement contre un débiteur et sa caution, celle-ci peut être condamnée *pour le tout*, non-seulement quant à la dette à l'occasion de laquelle elle a été poursuivie, mais encore *pour les frais du procès*. L'article 2016 (C. N.) est formel à cet égard. Dès lors où est la raison de ne pas décider de même à l'égard des débiteurs solidaires (2)?

Art. 131.

La règle que toute partie qui succombe doit prendre à sa charge tous les dépens du procès ne reçoit-elle pas un double tempérament?

II. Compensation des dépens. — Nous avons vu qu'aux termes de l'article 130, la partie qui succombe doit supporter tous les frais auxquels le procès a donné lieu, c'est-à-dire tant ceux de son adversaire que ceux qu'elle a faits elle-même. L'article 131 apporte, sous le titre de *compensation* des dépens, une double exception à cette règle.

Cette compensation a lieu, mais avec des effets différents, dans deux cas distincts.

Dans quels cas le tribunal peut-il les compenser?

Quel est le fondement de la compensation prescrite dans le premier cas?

Premier cas. — « Les dépens peuvent être compensés en tout ou en partie entre conjoints, ascendants, descendants, frères et sœurs ou alliés au même degré. » Soit un père plaidant contre son fils; le fils triomphe; la demande formée contre lui a été complétement écartée: d'après le droit commun, le père devrait payer tous les frais, tant ceux qui ont été faits du côté de son fils que ceux qui lui sont propres; mais cette rigoureuse application de la règle pourrait, dans l'espèce, avoir des dangers. Atteint dans son amour-propre, le parent qui a succombé est peu disposé à la réconciliation: or, la charge du total des frais ne ferait qu'irriter davantage et entretenir son ressentiment. C'est ce qu'il importe d'éviter, dans l'intérêt de la paix des familles: de là la faculté que la loi laisse au tribunal, lorsqu'il le juge à propos, de *compenser*, dans ce cas, les dépens en tout ou en partie.

Est-elle totale ou partielle?

Qu'est-ce que compenser les dépens en *totalité?*

Compenser les dépens *en totalité*, c'est décider que chacune des parties supportera pour le tout, et sans aucun recours contre l'autre, les frais qui lui sont propres.

(1) MM. Berriat Saint-Prix, p. 158; Boncenne, t. II, p. 542; Boitard, sur l'article 130.

(2) M. Rodière t. Ier, p. 393. Dans le même sens, mais par d'autres motifs, MM. Chauveau sur Carré, t. I, p. 654; Delzers sur l'article 130; Bonnier, p. 108.

Les compenser *en partie*, c'est décider que le plaideur qui a succombé devra, d'une part, supporter tous les frais faits de son côté, et, d'autre part, une portion, le tiers ou le quart, de ceux qui ont été faits par son adversaire.

En *partie* ?

— Remarquons que cette compensation des dépens n'a, dans l'espèce, aucun rapport de près ou de loin avec la compensation dont il est traité dans le Code Napoléon. La compensation, en effet, est un payement double et abrégé qui éteint deux dettes dont deux personnes sont respectivement tenues l'une envers l'autre. Elle suppose, par conséquent, que les parties entre lesquelles elle a lieu sont, chacune de son côté, *créancière* et *débitrice* l'une de l'autre. Vous me devez 1,000 francs ; je vous dois pareille somme : nos deux dettes se compensent ou se payent par nos deux créances, en ce sens que chacun de nous retient en payement de ce qui lui est dû ce qu'il doit lui-même (V. l'explic. de l'art. 1289 C. N.).

La compensation des dépens admise dans le premier cas a-t-elle quelque analogie avec la compensation dont il est traité dans le Code Napoléon ?

Or, lorsque les dépens sont compensés entre deux parties dont l'une a triomphé sur tous les points, au lieu de deux personnes réciproquement débitrices et créancières l'une de l'autre, nous n'avons qu'un seul débiteur, la partie perdante, un seul créancier, la partie gagnante : donc point de compensation possible. En réalité ce qui se passe est une espèce de *remise* de dette. La partie gagnante est réputée sacrifier à la paix de la famille le droit qu'elle a de répéter de son adversaire les frais qu'elle a faits.

N'est-ce pas plutôt une remise de dette qu'une véritable compensation ?

Deuxième cas. — « Les frais peuvent être compensés en tout ou en partie, lorsque les parties succombent respectivement sur quelques chefs. » Dans cette hypothèse, la compensation des dépens constitue une compensation proprement dite; car intervenant entre deux personnes à la fois créancières et débitrices l'une de l'autre, elle éteint la dette de chacune d'elles par la créance qu'elle a contre l'autre. Si, par exemple, dans un procès engagé entre *Primus* et *Secundus*, chacun des deux adversaires a triomphé sur certains chefs et succombé sur d'autres, *Primus* devra, quant aux chefs sur lesquels il a succombé, non-seulement les frais qui le concernent directement, mais encore ceux qui ont été faits par *Secundus*, tandis que, de son côté, et quant aux chefs sur lesquels *Primus* a triomphé, *Secundus* devra également tous les frais qui auront été faits, tant ceux de *Primus* que les siens propres. Chacun d'eux se trouvera donc être à la fois créancier et débiteur l'un de l'autre : dès lors quoi de plus naturel que d'éteindre leurs dettes par leurs créances réciproques ?

La compensation admise dans le second cas n'est-elle pas, au contraire, une compensation proprement dite ?

Cette compensation est dite compensation *simple*, lorsqu'étant entière et pour le tout, chacune des parties reste chargée des frais qu'elle a faits, sans aucun recours contre l'autre. On l'appelle compensation *proportionnelle* lorsqu'elle n'a lieu *qu'en partie*, c'est-à-dire lorsque l'un des plaideurs, ayant triomphé sur la plupart des chefs engagés au procès, est admis à répéter une fraction, telle que la moitié, un tiers, un quart des frais qu'il a faits, tandis que son adversaire n'a rien à répéter de lui.

N'est-elle pas tantôt *simple*, tantôt *proportionnelle* ?

Bien que semblable à la compensation du Code Napoléon, cette

Sous quels rapports diffère-t-elle de la compensation dont il est traité dans le Code Napoléon ?

compensation simple ou proportionnelle en diffère pourtant sous certains rapports.

1° La compensation du Code Napoléon a lieu de plein droit (art. 1290 C. N.). — La compensation des dépens n'a jamais lieu qu'en vertu de la décision du juge.

2° La première n'a lieu qu'entre des dettes *liquides*, c'est-à-dire dont le chiffre est connu et déterminé (art. 1291 C. N.). — La seconde, au contraire, n'est point subordonnée à cette condition : les dépens, quoique non liquidés, sont compensables entre eux.

3° La compensation ordinaire n'opère, lorsque les deux dettes sont inégales, que jusqu'à concurrence de la plus faible des deux, l'autre subsistant pour le surplus (art. 1290 C. N.).—Celle dont nous nous occupons peut, au contraire, éteindre, dans le même cas, les deux dettes pour le tout (1).

Art. 133.

Qu'entend-on par *distraction* des dépens ?

Sur quel fondement repose-t-elle ?

III. Distraction des dépens au profit de l'avoué de la partie gagnante. — Les parties ne sont point toujours en état de payer, au fur et à mesure des procédures qui se font dans leur intérêt, les frais qu'elles occasionnent ; le plus souvent ce sont les avoués qui en font l'avance, sauf, bien entendu, à les répéter après le procès jugé. Comment les choses se passent-elles alors ? Contre qui l'avoué qui a avancé des frais pour la partie gagnante aura-t-il un recours en répétition ? Contre son client ou contre la partie perdante? Ce sera, en principe, contre son client, sauf à celui-ci à recourir contre la partie perdante. Ainsi supposons qu'un avoué ait avancé des frais pour *Primus*, qui a triomphé dans sa demande contre *Secundus :* ce dernier sera condamné, *envers Primus*, à payer tous les frais ; *tous*, c'est-à-dire même ceux que *Primus* doit à son avoué. Nous aurons alors deux créances parfaitement distinctes, savoir :

D'une part, la créance de *Primus*, partie gagnante, contre *Secundus*, partie perdante ;

D'autre part, la créance de l'avoué de *Primus* contre *Primus* lui-même.

L'avoué créancier de *Primus* pourra, sans doute, s'adresser à *Secundus;* mais au lieu de l'atteindre directement et par une action à lui propre, il ne pourra agir contre lui que du chef de *Primus*, conformément à l'article 1166 du Code Napoléon. Or, cette action *indirecte* présente un double danger pour l'avoué, quand son client est insolvable.

1° Il se peut que *Primus* qui, seul, est directement obligé envers son avoué, soit lui-même, pour une cause étrangère au procès, débiteur envers *Secundus :* auquel cas sa créance en répétition des frais que ce dernier lui doit se trouvera de plein droit éteinte par l'effet de la compensation.

2° Écartons cette hypothèse. L'avoué de *Primus* pourra, du chef de celui-ci, agir contre *Secundus ;* mais ce qu'il en obtiendra devra être rapporté à la faillite de *Primus* pour être distribué au marc le franc

(1) Voir M. Boitard sur l'article 131.

entre tous ses créanciers, ce qui réduira l'avoué à un simple dividende fort minime peut-être.

Que serait-il arrivé en présence de ces périls? Les parties peu solvables n'auraient obtenu de leurs avoués aucun crédit, aucune avance, si fondé d'ailleurs et si légitime qu'aurait pu être l'intérêt qu'elles auraient eu à défendre. Leur pauvreté serait ainsi devenue un obstacle insurmontable à l'exercice de leur droit. C'est ce que la loi a compris, et c'est ce qu'elle n'a pas voulu permettre. Elle a dû, dans ce but, exonérer les avoués des périls que je viens de signaler, et elle y est parvenue par un procédé très-simple. L'avoué de la partie gagnante peut demander la *distraction* à son profit personnel des frais dont il a fait l'avance, c'est-à-dire demander que la partie perdante soit condamnée *directement envers lui* à le désintéresser, comme s'il existait réellement entre elle et lui un rapport direct de créancier à débiteur. De cette manière la créance en répétition des frais dus par la partie perdante prenant directement naissance, non plus en la personne de la partie gagnante, mais en celle de son avoué, celui-ci n'a plus rien à craindre; car, d'une part, la partie condamnée aux dépens ne peut point, puisqu'elle est son débiteur direct, lui opposer en compensation les créances qu'elle peut avoir contre la partie gagnante; d'autre part, les autres créanciers de celle-ci ne peuvent rien prétendre sur les dépens que doit payer la partie perdante, puisqu'il a le droit de les exiger en vertu d'une créance qui lui est propre et personnelle.

Quels avantages procure-t-elle à l'avoué qui l'obtient?

Ainsi, les clients *pauvres* qui ont des droits légitimes à réclamer ou à défendre contre de *riches adversaires* sont sûrs de trouver des avoués disposés à leur venir en aide.

Remarquons, au reste, que l'avoué qui obtient la distraction des dépens ne cesse pas pour cela d'avoir son client pour débiteur; au lieu d'un il en a deux.

A quelle condition peut-il l'obtenir?

Il ne peut, au reste, l'obtenir qu'à la charge par lui d'affirmer, lors du jugement, qu'il a fait, de ses deniers, la plus grande partie des avances.

A quel moment peut-elle être demandée?

Elle peut être demandée au commencement ou même pendant le cours de l'instance, jusqu'au jugement (V. la formule 23); mais après le jugement prononcé ce serait trop tard.

Quid, quand elle a pour objet des dépens non liquidés?

Lorsqu'elle est accordée et qu'elle a pour objet des dépens qui n'ont pas été liquidés par le jugement même, la taxe qui devra en être faite par l'un des juges qui ont assisté au jugement devra l'être sur la demande de l'avoué; l'exécutoire sera délivré en son nom.

§ 7. Du jugement des demandes provisoires.

Art. 134.

Qu'entend-on par demandes *provisoires*?

Les demandes provisoires sont celles par lesquelles on conclut à ce que le tribunal statue immédiatement sur certains points qui, à raison de leur urgence, ne pourraient pas, sans péril, attendre la fin de l'instance.

Telle est, par exemple, la demande par laquelle une femme, plaidant en séparation de corps, conclut à ce que son mari soit condamné à lui faire, pendant l'instance, une pension alimentaire.

Quand peuvent-elle être formées ?

Les demandes provisoires peuvent être formées, soit *avant* l'instance, par la voie d'un référé (art. 806), soit en même temps que la demande principale et par le même exploit, soit enfin pendant le cours de l'instance, par des conclusions motivées.

Comment sont-elles jugées ?

Quid, pourtant si l'affaire est en état, même sur le fond ?

En principe, le tribunal devant lequel elles sont portées statue tout d'abord sur la demande provisoire dont il est saisi, puis, plus tard, sur la demande principale. On a alors deux jugements distincts. Que si pourtant l'affaire est en état, *même sur le fond*, c'est-à-dire si les parties ayant respectivement exposé leurs moyens sur l'affaire, le tribunal est suffisamment éclairé pour statuer sur la demande principale en même temps que sur la demande provisoire, la loi veut qu'au lieu de prononcer séparément sur les deux demandes et par deux jugements distincts, ce qui doublerait les frais, il prononce *sur le tout* par un seul et même jugement.

Mais alors à quoi bon statuer sur la demande provisoire?

Mais, dira-t-on, du moment que le tribunal termine le procès par un jugement définitif sur la demande principale, il ne peut plus être question de provisoire. Si j'ai demandé, par exemple, que le bien que je revendiquais contre vous fût remis, pendant l'instance, aux mains d'un séquestre, il est clair que cette demande n'a plus d'objet dès que le tribunal, reconnaissant que ce bien m'appartient, vous condamne à me le restituer. Dès lors à quoi bon statuer sur elle ?

On répond que bien que les juges statuent sur la demande principale et qu'il semble au premier abord qu'alors la demande provisoire tombe faute d'objet, il importe cependant qu'ils statuent aussi à son égard, afin de vider la question des dépens auxquels elle a donné lieu. Il se peut, en effet, qu'elle soit jugée mal fondée, quoique la demande principale soit reconnue légitime.

Ce n'est pas tout. La décision du tribunal sur la demande provisoire, en même temps que sur la demande principale, est surtout utile, dans les cas où le jugement *est susceptible d'appel*. Alors, en effet, l'appel, bien que suspensif de l'exécution du jugement sur la demande principale, ne l'est point quant à ce qui a été statué sur la demande provisoire. (V. p. 125, l'art. 135, 4° et 7°).

Art. 135.

§ 8. Des jugements exécutoires par provision.

Nous avons vu que les jugements se divisent en jugements rendus en premier ressort et jugements rendus en dernier ressort. Les jugements de la première catégorie sont susceptibles d'appel. L'appel, dès qu'il est formé, est par lui-même et de plein droit *suspensif* de l'exécution du jugement contre lequel il est interjeté. Tel est le droit commun. Toutefois, et à l'égard de certains jugements, cet effet de l'appel n'a point lieu (art. 457).

Qu'est-ce qu'un jugement *exécutoire* par provision ?

Les jugements qui sont exécutoires *nonobstant l'appel interjeté* contre eux prennent le nom de jugements *exécutoires par provision*.

Certains jugements sont *de droit* exécutoires par provision : — *de droit*, c'est-à-dire en vertu d'une disposition formelle de la loi et, par conséquent, bien que la partie qui bénéficie de cet avantage n'y ait point conclu et que le tribunal ne l'ait pas concédé expressément. (V. à ce sujet les art. 89, 90, 263, 276, 512, 439 et 848).

Certains jugements ne sont-ils pas de *plein droit* exécutoires par provision ?

Mais en dehors de ces cas, dont nous n'avons pas à nous occuper ici, un jugement n'est exécutoire par provision qu'autant qu'il a été expressément déclaré tel par le tribunal. Bien plus, le tribunal ne peut point *d'office* y attacher cet effet ; il ne le peut qu'autant qu'il en a été requis par la partie qui en doit bénéficier.

Quid, en dehors de ces cas exceptionnels ?

Ainsi l'exécution provisoire ne peut être ordonnée que sur les conclusions du demandeur. Mais lorsque ces conclusions existent, le tribunal *doit*-il y faire droit ? Peut-il les écarter ? En autres termes, l'exécution provisoire est-elle ou non abandonnée à son appréciation ? A cet égard, la loi distingue. Dans certains cas les juges ne peuvent pas ne point accorder au demandeur qui y conclut le bénéfice de l'exécution provisoire. Dans d'autres, au contraire, ils peuvent l'accorder, mais ils n'y sont pas obligés ; la loi s'en remet alors à leur prudence.

Quand l'exécution provisoire est demandée, le tribunal *doit-il* ou *peut-il* l'accorder ?

— Les juges DOIVENT, lorsqu'ils en sont requis, déclarer leur jugement exécutoire par provision dans les trois cas suivants, savoir :

Dans quels cas le doit-il ?

1° S'il y a *titre authentique ;*

2° *Promesse reconnue ;*

3° *Ou condamnation précédente dont il n'y ait point d'appel.*

Dans ces diverses hypothèses l'exécution provisoire est commandée à raison de la nature du titre produit par le demandeur à l'appui de son droit. Lors, en effet, qu'une demande est admise sur le fondement de l'un des titres que nous venons d'énumérer, la preuve sur laquelle elle repose crée, par la confiance qu'elle inspire, une si forte présomption que le jugement ne sera point réformé, s'il est attaqué, qu'on a dû déclarer qu'à son égard l'appel n'en suspendra point l'exécution. C'est en ce sens qu'on dit que *la provision est due au titre.*

Pourquoi le doit-il dans ces trois cas ?

Reprenons séparément nos trois cas.

1° *S'il y a titre authentique...* L'authenticité de l'acte que j'invoque à l'appui de mon droit n'est pas, je le suppose, contestée par mon adversaire. Le débat porte sur un autre point. Le défendeur prétend, par exemple, que la dette qui fait l'objet du litige, et qui est relatée dans l'acte que je produis contre lui, a cessé d'exister par l'une des causes d'extinction des obligations : si ce moyen de défense est écarté, mon titre demeurera avec toute l'énergie de la présomption de vérité qu'il comporte ; dès lors *provision* lui sera due. Le jugement qui me donnera gain de cause devra donc, si je le demande, être déclaré exécutoire par provision.

Que faut-il supposer pour expliquer le premier cas ?

Ainsi, point de difficulté lorsque l'authenticité de l'acte sur lequel la condamnation repose n'a pas été contestée.

Mais si le défendeur, s'étant inscrit en faux contre l'acte qu'on lui oppose, ne succombe au fond qu'après un débat sur l'authenticité

Si le défendeur, s'étant inscrit en faux contre l'acte qu'on lui oppose, ne succombe au fond qu'après un débat sur l'authenticité même de l'acte, le jugement devra-t-il, même dans ce cas, être déclaré exécutoire par provision ?

même de l'acte, le jugement devra-t-il, *même dans ce cas*, être déclaré exécutoire par provision? Quelques personnes ont soutenu la négative. Du moment, ont-elles dit, que l'authenticité de l'acte produit donne lieu à un débat, elle devient douteuse par là même; c'est donc faire une pétition de principe que s'appuyer sur elle pour en déduire un avantage au profit de l'une des parties contre l'autre. Mais, a-t-on répondu avec raison, les doutes qui pesaient sur l'authenticité contestée tombent et disparaissent dès que la contestation qui les avait fait naître a été jugée mal fondée. D'ailleurs, s'il en était autrement, il suffirait au défendeur qui voudrait échapper à l'exécution provisoire du titre produit contre lui de l'attaquer sans le moindre fondement, et sous le prétexte le plus frivole (1).

Quelle est la seconde hypothèse où l'exécution provisoire est obligatoire pour le tribunal ?

2° *S'il y a promesse reconnue...* Je vous poursuis en payement d'une somme de... dont je me dis votre créancier; à l'appui de ma prétention, j'apporte un titre signé de vous. Au lieu de contester votre signature, vous la reconnaissez; mais vous prétendez que la dette énoncée au titre a cessé d'exister ou qu'elle est nulle; nous plaidons et je triomphe : le jugement rendu en ma faveur devra, sur ma demande, être déclaré exécutoire par provision, puisqu'il a pour fondement une promesse dont l'existence a été reconnue par le défendeur. La loi fait ici l'application du principe que les actes sous seing privé méritent, lorsqu'ils sont reconnus, la même foi que les actes authentiques (V. art. 1322 C. N.).

Quid, dans le cas où la condamnation est prononcée sur le fondement d'une promesse *verbale* non contestée par le défendeur?

Si l'on prenait les mots *promesse reconnue* dans leur sens grammatical et dans toute l'étendue que ce sens comporte, on devrait en conclure que l'exécution provisoire doit également être ordonnée quant aux décisions qui s'appuient sur une promesse *verbale* reconnue en justice par le défendeur; mais nous pensons qu'ils doivent être interprétés *secundum subjectam materiam* et qu'ainsi ils doivent s'entendre d'une promesse *écrite*. Le premier alinéa de l'article 135 n'est, en effet, dans chacune de ses dispositions, qu'une application de l'ancienne maxime : *La provision est due au titre* (2).

Quelle hypothèse peut-on faire pour expliquer la troisième espèce?

3° *S'il y a eu condamnation précédente par jugement dont il n'y ait point d'appel.* — Lorsqu'un second jugement repose sur un premier jugement qui n'est point frappé d'appel, les choses doivent se passer, car les deux cas sont semblables, comme dans l'hypothèse d'un jugement rendu sur la production d'un titre authentique; le premier jugement qui sert de fondement au second constitue, en effet, un titre authentique auquel, par conséquent, la provision est due. Ainsi une saisie a lieu en vertu d'un jugement; la partie condamnée n'a point formé d'appel contre ce jugement, mais elle prétend que la saisie est irrégulière et par conséquent nulle. On plaide sur ce point : si le tri-

(1) MM. Boitard, Delzers, Bonnier, sur l'article 135.

(2) Voir en ce sens M. Delzers, t. I, p. 534; dans le sens contraire, M. Bonnier, sur l'article 135.

bunal reconnaît la validité de la saisie, il devra, s'il en est requis, déclárer sa décision exécutoire par provision.

— L'exécution provisoire est *facultative* pour le tribunal :

Dans quels cas l'exécution provisoire est-elle *facultative* pour le tribunal, c'est-à-dire abandonnée à son appréciation ?

Lorsqu'il s'agit : 1° d'apposition et levée de scellés ou confection d'inventaire; — 2° de réparations urgentes; — 3° d'expulsion des lieux, quand il n'y a pas de bail (c'est-à-dire de bail écrit) ou que le bail est expiré ; — 4° de séquestres, commissaires et gardiens; — 5° de réceptions de cautions et de certificateurs (on appelle certificateur la caution d'une autre caution); — 6° de nominations de tuteurs, curateurs et autres administrateurs, et de redditions de comptes; — 7° de pensions ou provisions alimentaires (la provision est une pension alimentaire accordée à titre provisoire. V. p. 95).

Dans ces divers cas, la prétention sur laquelle le tribunal statue présente un caractère de simplicité et d'urgence qui l'autorise à ordonner l'exécution provisoire de son jugement.

Ainsi une succession vient-elle à s'ouvrir, une société à se dissoudre; un débiteur tombe-t-il en faillite, l'apposition des scellés et l'inventaire des biens constituent une mesure conservatoire qu'il importe de prendre au plus vite, afin de mettre à l'abri des soustractions le gage des créanciers ou les droits de toute autre partie intéressée. Il peut être également nécessaire de lever les scellés immédiatement. Tel est le cas où l'on a besoin d'extraire un titre nécessaire pour interrompre une prescription sur le point de s'accomplir.

Quelle observation y a-t-il à faire quant aux difficultés relatives aux scellés et à l'inventaire ?

Remarquons qu'en certains cas les difficultés auxquelles les scellés et l'inventaire donnent lieu sont portées non plus devant le tribunal, mais en référé, devant le président. L'exécution provisoire a lieu alors de *plein* droit, c'est-à-dire sans qu'il soit nécessaire que le demandeur la réclame et que le président l'accorde expressément (V. les art. 921, 928 et 944 C. pr.).

Quant aux réceptions de cautions?

— En ce qui touche les réceptions de cautions, l'exécution provisoire n'est point *facultative :* c'est à tort que le n° 5 de notre article dit le contraire. Cette contrainte a lieu de droit, ainsi que cela résulte des termes de l'article 521.

Art. 137.

L'exécution provisoire peut-elle être ordonnée pour les dépens ?

Quid, s'ils sont adjugés pour tenir lieu de dommages et intérêts ?

— La nécessité de l'exécution provisoire ne se fait jamais sentir quant au payement des dépens; elle n'aura donc jamais lieu sous ce rapport, et il en sera ainsi, même à l'égard des dépens adjugés *pour tenir lieu de dommages-intérêts*, fût-on d'ailleurs dans l'une des hypothèses où la loi permet de l'accorder *quant à la condamnation principale.* Prenons, à ce sujet, l'espèce suivante : j'ai formé contre vous, qui habitez ma maison en qualité de locataire, une demande en réparations urgentes; ma demande a été jugée légitime, mais, dans le cours de l'instance, je me suis rendu coupable envers vous de vexations, de calomnies et d'injures, et vous avez, pour cette cause, conclu à des dommages-intérêts. Que va faire le tribunal ? Il vous condamnera à faire les réparations dont vous êtes tenu, ce qui devrait, d'après les principes ordinaires, mettre à votre compte la totalité des dépens; mais au lieu de les mettre à votre charge, il vous les adjugera, au contraire, afin qu'ils vous tiennent lieu des dommages-intérêts que vous avez réclamés contre moi. Nous serons donc condamnés tous les deux, vous à faire les réparations, moi à payer les dépens du procès; mais tandis que le tribunal pourra déclarer le jugement exécutoire par provision quant aux réparations à faire, il ne le pourra pas quant aux dépens à payer.

— En résumé l'exécution provisoire est commandée tantôt à raison de la nature du titre produit par le demandeur à l'appui de sa prétention, tantôt en considération de la célérité qu'exige l'affaire en litige. Dans le premier cas, elle est *obligatoire* pour le tribunal, qui ne peut point ne pas l'accorder si le demandeur la réclame; dans le second, elle est simplement *facultative*.

L'exécution provisoire doit-elle être ordonnée avec ou sans caution?

Lorsqu'elle est *obligatoire*, le tribunal doit l'accorder *sans caution*. Dans le cas, au contraire, où elle est *facultative*, la loi lui laisse le pouvoir de décider, d'après les circonstances, si celle des parties qui obtient le droit de faire exécuter dès à présent un jugement qui peut-être sera réformé en appel devra ou non donner caution.

Art. 136.

Qu'arrive-t-il lorsque les juges ont omis de prononcer l'exécution provisoire alors qu'ils devaient ou pouvaient l'accorder?

— Si les juges ont omis de prononcer l'exécution provisoire, alors qu'ils devaient ou pouvaient l'accorder, ils ne peuvent point l'ordonner par un second jugement. C'est une nouvelle application du principe: *Judex corrigere sententiam suam non potest.* Mais s'il survient un appel, la Cour peut, sur la demande de la partie intéressée et sans attendre l'arrêt définitif à intervenir, déclarer que le jugement soumis à son examen sera provisoirement exécutoire (V. l'art. 458).

Quid, dans l'hypothèse inverse?

A l'inverse, si l'exécution provisoire a été ordonnée hors des cas prévus par la loi, la Cour peut, sur la demande de l'appelant, défendre d'exécuter, jusqu'à ce qu'il soit statué sur le fond (V. l'art. 459).

8e *répétition.*

SECTION V. — De la rédaction de la minute et de l'expédition des jugements.

Art. 138 à 140, et 146.

I. Généralités. — Ce que c'est que la minute du jugement. — Ses différences avec l'expédition. — Ce que c'est qu'une grosse. — La *minute* et l'*expédition* des jugements ne doivent pas être confondues.

Qu'est-ce que la *minute* du jugement?

La *minute* du jugement est l'acte qui est dressé par le greffier, sous la dictée du président, afin d'avoir une preuve stable et permanente de la décision du tribunal. Signée du greffier qui l'a rédigée, et du président qui l'a dictée, elle forme l'original même du jugement, la pièce qui doit faire souche et rester perpétuellement dans les archives du greffe, pour que les parties puissent, en tout temps, y recourir et y trouver la règle de leurs droits.

L'*expédition* du jugement? Quelles différences y a-t-il entre ces deux actes?

L'*expédition* n'est que la copie de la minute.

Toutefois, il ne faut pas croire qu'elle n'ait d'autre objet que de la reproduire purement et simplement. En effet, nous verrons bientôt qu'en outre des énonciations qui se trouvent sur la minute et qu'elle reproduit, elle doit contenir d'autres énonciations fort importantes.

Il n'est pas nécessaire qu'elle soit signée du président du tribunal; la signature du greffier suffit.

Au lieu de rester au greffe, elle est remise aux mains de la partie qui la requiert.

La minute est un acte *authentique*, puisqu'elle est dressée par un officier public compétent (V. l'art. 1317 C. N.); mais elle n'est point un acte *exécutoire*, car ce n'est pas sur elle que se met l'intitulé des lois et le mandement aux officiers de la force publique d'avoir à exécuter le jugement. Cette formule, d'où découle la force exécutoire du jugement, ne se trouve que sur l'*expédition* (art. 146 C. pr.).

Qu'est-ce que la *grosse* d'un jugement ?

L'expédition qui contient cette formule prend le nom de *grosse:* on l'appelle ainsi parce qu'elle est écrite en grosses lettres, à la différence de l'original, qui est *minuté*, c'est-à-dire écrit en petits caractères.

Quelle différence y a-t-il entre la grosse et l'expédition ?

La copie qui n'est point exécutoire, c'est-à-dire qui ne contient point la formule dont je viens de parler, conserve le nom de simple expédition ou de simple copie. On voit que si toute grosse est une expédition, la réciproque n'est pas vraie.

Le greffier peut-il délivrer plus d'une grosse ?

Quid, si la partie a perdu celle qui lui a été délivrée ?

Le greffier ne peut jamais, de son propre chef, délivrer plus d'une *grosse;* la partie qui a perdu la grosse qui lui a été délivrée n'en peut obtenir une seconde qu'en vertu d'une permission du président du tribunal (V. les art. 844 et 854 C. pr.).

Quelle différence y a-t-il entre les minutes des actes *notariés* et les minutes des *jugements* ?

— A la différence des minutes notariées, qui sont *secrètes*, en ce sens que le droit de les consulter et d'en tirer des copies n'appartient qu'aux parties qu'elles intéressent directement, les minutes des jugements sont *publiques:* le greffier ne peut pas, en effet, refuser aux tiers qui l'en requièrent, avec offre de payer le salaire de la copie, les expéditions des jugements qu'ils peuvent avoir intérêt à consulter.

II. De la minute des jugements. — Lorsque la décision du tribunal a été arrêtée, elle est prononcée publiquement à l'audience par le président ou par le juge qui en remplit les fonctions. Dès qu'elle est prononcée et avant même qu'il en soit dressé acte, elle constitue *le jugement.*

Quand le jugement a-t-il sa perfection ?

Ainsi le jugement est parfait aussitôt qu'il a été prononcé. Dès ce moment, il appartient aux parties et il n'est plus permis aux juges qui l'ont rendu de le modifier (V. p.99).

Pourquoi la loi veut-elle qu'il en soit dressé acte?

Toutefois il importe qu'il ne reste point *verbal*, car si plus tard son interprétation donnait lieu à un débat, il serait fort difficile d'établir avec certitude les termes et le sens des dispositions dont il se compose : un écrit en sera donc dressé.

Qui dresse cet acte? Pourquoi n'est-ce pas le président ?

Si sa rédaction appartenait au président, le principe que les juges ne peuvent plus modifier leur décision dès qu'elle a été prononcée pourrait être éludé. Aussi n'est-ce point à lui, mais au greffier, qu'elle est confiée.

A quel moment doit-il être dressé ?

Elle pourrait n'être pas parfaitement exacte, si elle était faite après coup et sur de simples souvenirs. La loi veut donc qu'elle ait lieu immédiatement après le prononcé du jugement.

Ainsi : 1° il est dressé acte de la décision du tribunal ; — 2° la rédaction de cet acte est faite par le greffier ; — 3° elle doit avoir lieu à l'audience, immédiatement après le prononcé du jugement.

La minute n'est-elle pas écrite sur une feuille volante? Que fait-on de cette feuille? Qu'est-ce que le *plumitif?*

Cet acte est celui que nous avons appelé la *minute* du jugement. Le greffier l'écrit sur une feuille volante, dite *feuille d'audience.* Toutes les feuilles d'audience sont timbrées et de même format. On les réunit, à la fin de chaque année, en un cahier appelé *registre d'audience* ou *plumitif.*

Que doit contenir la minute du jugement?

— La minute du jugement doit contenir :

1° *Le dispositif*, c'est-à-dire ce qui a été décidé;

2° *Les motifs*, c'est-à-dire l'exposé succinct des raisons sur lesquelles il est fondé;

3° En marge, les noms des juges qui, y ayant pris part, ont assisté à sa prononciation à l'audience, ainsi que celui du procureur impérial.

Que doit faire le président après que la minute a été dressée? Dans quels délais ces signatures doivent-elles être apposées? *Quid*, en cas d'empêchement?

Le président, après avoir vérifié la minute, la signe avec le greffier. Ces signatures doivent être apposées dans les vingt-quatre heures. Si, par suite de quelque accident, le président se trouve dans l'impossibilité de signer, la minute doit être signée, dans les vingt-quatre heures suivantes, par le plus ancien des juges ayant assisté à l'audience. Si c'est le greffier qui se trouve empêché, il faut que le président en fasse la mention en signant (Déc. du 30 mars 1808, art. 37).

Quid, si les signatures n'ont pas été apposées dans les délais de la loi?

Que si, enfin, les signatures n'ont pas été apposées dans les délais qui viennent d'être indiqués, le ministère public en réfère à la Cour impériale. La Cour peut alors, suivant les circonstances et sur les conclusions écrites du procureur général, autoriser l'un des juges qui ont concouru au jugement à le signer.

Le greffier peut-il délivrer des copies de la minute non légalement signée? *Quid*, s'il le fait?

Tant que la minute n'est point signée, le greffier n'en peut délivrer aucune expédition. S'il le faisait, il serait poursuivi comme *faussaire*, puisqu'il attesterait l'existence légale d'un acte qui, légalement parlant, n'existe pas encore.

Quelle précaution la loi a-t-elle prise afin de prévenir les négligences?

— Afin de prévenir toute négligence, la loi veut que les procureurs impériaux se fassent représenter tous les mois les minutes des jugements et vérifient s'il a été satisfait à ce qui a été prescrit. En cas de contravention, ils en dressent procès-verbal pour être procédé ainsi qu'il appartient.

Art. 141 à 146.

Que doit contenir l'expédition d'un jugement?

III. De l'expédition des jugements. — L'expédition d'un jugement doit contenir : 1° les noms des juges qui ont pris part au jugement, ainsi que ceux du procureur impérial, s'il a été entendu; — 2° les noms, professions et demeures des parties; — 3° les noms des avoués qui les ont représentées; — 4° leurs conclusions; — 5° l'exposé sommaire des points de fait et de droit; — 6° les motifs qui ont déterminé la conviction des juges; — 7° enfin, le dispositif.

Où le greffier trouve-t-il tous ces éléments de rédaction?

Mais où le greffier trouvera-t-il tous ces élements de rédaction? Il faut à cet égard distinguer.

Les noms des juges et du procureur impérial, les motifs et le dispositif se trouvent déjà sur la minute : le greffier peut donc s'y reporter.

Qu'entend-on par *qualités?*

Quant aux noms des parties et de leurs avoués, à leurs conclusions, aux points de fait et de droit, le greffier les trouve dans un acte désigné, dans la loi, sous le nom de *qualités.*

Que doit contenir cet acte? Qui le rédige? Quelle en est la procédure?

Quelles règles, en un mot, le régissent? C'est ce qu'il importe d'examiner.

Les *qualités*, c'est-à-dire l'acte désigné sous ce nom, doivent contenir: 1° les noms des parties; — 2° les noms de leurs avoués; — 3° leurs conclusions; — 4° l'exposé sommaire des points de fait et de droit.

Que doivent-elles contenir?

Outre les noms des parties, cet acte doit faire connaître quel rôle elles ont joué au procès, c'est-à-dire en quelle qualité elles y ont figuré : c'est de là que lui vient le nom de *qualités*. Ainsi ont-elles plaidé comme demandeur ou comme défendeur, en leur propre nom ou au nom d'une autre personne, comme héritier pur et simple ou comme héritier bénéficiaire..., ces indications doivent être soigneusement précisées (V. la formule 24).

Les qualités sont rédigées par l'un des avoués qui ont figuré au procès; mais par lequel d'entre eux? Par celui, dit la loi, qui représente la partie qui veut lever le jugement.

Qui les rédige?

Le droit de lever le jugement et par suite de rédiger (par son avoué) les qualités appartient, non point indistinctement à chacune des deux parties, mais à celle des deux qui a obtenu gain de cause.

Mais quelle partie a droit de lever le jugement?

Dans le cas où elles ont, chacune de son côté, gagné et succombé sur certains points, le droit de lever le jugement appartient à celle des deux qui, à raison de l'importance principale des condamnations prononcées à son profit, peut être considérée comme la partie gagnante. Toutes choses égales d'ailleurs, le droit passe à la partie la plus diligente.

Reprenons le cas le plus ordinaire. L'une des parties a triomphé sur tous les points engagés au procès : c'est à elle, à elle exclusivement qu'appartient le droit de lever le jugement. Supposons cependant que, par négligence ou par toute autre cause, elle n'use point de son droit : la partie qui a succombé restera-t-elle privée du droit de se procurer une copie du jugement qui l'a condamnée? Non, car elle peut avoir un intérêt légitime à en étudier les termes, afin de connaître l'étendue de ses obligations et les voies de recours qu'elle peut avoir pour l'attaquer. Mais comment devra-t-elle procéder? Le cas a été prévu. Elle fait sommation à son adversaire d'avoir à lever le jugement dans les trois jours (V. la formule 25). Si la sommation qu'elle lui adresse reste sans effet, elle se substitue en son lieu et place (art. 7 et 8 du décr. du 16 février 1807).

Quid, si la partie qui a le droit de lever reste dans l'inaction?

— L'avoué de la partie gagnante a rédigé les *qualités*, nous le supposons. Va-t-il les remettre directement au greffier? Mais sont-elles exactes? L'avoué qui les a rédigées n'a-t-il pas pu, dans l'intérêt de son client, dénaturer les faits ou tout au moins les présenter sous un aspect favorable? Les noms des parties, leurs professions, leurs domiciles, les qualités en lesquelles elles ont figuré au procès, ont-ils été fidèlement précisés? Ces questions, on le conçoit, ne peuvent pas être vidées par le greffier. Comment donc se fera cette vérification? Et, s'il y a contestation, qui sera juge? A cet égard, la marche tracée par la loi est bien simple. Les qualités, telles qu'elles ont été rédigées par l'avoué de la partie gagnante, doivent être signifiées à l'avoué de la

Lorsque les qualités sont rédigées, les remet-on directement au greffier?

Ne doivent-elles pas être préalablement signifiées à l'avoué de l'autre partie?

Dans quel but cette signification est-elle prescrite?

Quelle autre mesure la loi prescrit-elle?

Dans quel but la prescrit-elle?

partie perdante (V. la formule). L'original de cette signification reste pendant vingt-quatre heures entre les mains des huissiers audienciers. Pendant ce délai, l'autre partie peut en prendre communication et y *former opposition*, c'est-à-dire en demander la rectification, lorsqu'elle juge qu'elles ne sont point exactes (V. la formule 26).

Comment l'opposition aux qualités est-elle réglée?

Si elle y forme opposition, son avoué le déclare à l'huissier qui a signifié les qualités; l'huissier en fait mention en marge de l'original de la signification.

En ce cas et sur un simple avenir (V. la formule 27), les deux avoués comparaissent *en règlement de qualités* devant le président du tribunal, ou, s'il est empêché, devant le plus ancien des juges, suivant l'ordre du tableau. Après les avoir entendus, le magistrat devant lequel ils se sont expliqués maintient ou rectifie la première rédaction. Au premier cas, il met au bas de l'original: *Bon à expédier sur les présentes qualités.* Au second cas, il fait les changements sur les qualités elles-mêmes, et ajoute au bas la même déclaration.

Le mode de procéder qui vient d'être exposé s'applique-t-il dans tous les cas?

Comment procède-t-on à l'égard des qualités des jugements par défaut?

Le mode de procéder que nous venons d'exposer n'est applicable qu'aux jugements *contradictoires* (V. l'art. 142). Lorsque le jugement est *par défaut*, l'avoué qui veut obtenir une expédition remet directement au greffier, sans signification préalable, les qualités qu'il a rédigées; sauf à la partie condamnée à tout remettre en question, jugement et qualités, par l'opposition qu'elle pourra former contre le jugement (1).

Que deviennent les qualités après qu'elles ont été signifiées ou, s'il y a eu opposition, après qu'elles ont été réglées?

Quels sont les divers éléments dont se compose l'expédition du jugement.

— Les qualités une fois signifiées (et réglées, s'il y a eu opposition), l'original est remis au greffier, qui le range parmi ses minutes.

— Tous les éléments nécessaires pour la rédaction de l'expédition du jugement se trouvent alors réunis en ses mains, savoir: 1° la minute du jugement; 2° *les qualités*. Lesdites minutes et qualités, réunies en un seul acte, forment l'expédition.

L'expédition consiste donc dans la reproduction, en un seul acte, de toutes les énonciations dont se composent la *minute* (V. p. 128) et les *qualités* (V. p. 129).

Est-elle exécutoire?

Que faut-il de plus pour lui imprimer ce caractère?

Quels sont les termes de la formule d'où résulte cette force exécutoire?

Toutefois cette expédition ne serait qu'une simple copie, un acte destitué de toute force exécutoire, si elle n'était revêtue de la formule d'où naît, pour les agents de la force publique, l'obligation de prêter main-forte à l'exécution du jugement. Cette formule consiste, d'une part, dans ces mots: *Napoléon, par la grâce de Dieu et la volonté nationale, empereur des Français, à tous présents et à venir salut*, qu'on place en tête de l'expédition, et d'autre part, dans ceux-ci, qui la terminent:

(1) On procède de même lorsque, dans l'hypothèse d'un jugement contradictoire, l'avoué de la partie condamnée a cessé ses fonctions et qu'il n'a pas été remplacé. L'autre avoué remet au greffier les qualités qu'il a rédigées, avec déclaration sur l'original qu'elles n'ont pu être signifiées ni réglées à cause de la cessation des fonctions de l'avoué adverse. — Enfin, dans les juridictions qui n'ont point d'avoués, le greffier rédige les qualités sur la présentation des pièces de procédure; toutefois, dans les tribunaux de commerce, elles sont, selon l'usage, rédigées par l'agréé lui-même.

Mandons et ordonnons à tous huissiers sur ce requis de mettre le présent jugement à exécution ; aux procureurs généraux et aux procureurs près les tribunaux de première instance d'y tenir la main ; à tous commandants et officiers de la force publique de prêter main-forte lorsqu'ils en seront requis (V. la formule 28).

— Nous connaissons les diverses et nombreuses énonciations dont se compose l'expédition d'un jugement. L'une d'elles, la mention *des motifs*, est expressément prescrite *à peine de nullité* (V. l'art. 7 de la loi du 20 avril 1820). Quant aux autres mentions, il n'est rien dit de semblable. En faut-il conclure qu'elles peuvent être omises impunément? A première vue, l'affirmative ne semble point douteuse, car, aux termes de l'article 1030, *aucun exploit, aucun acte de procédure* ne peut être déclaré nul, si la nullité n'en est point formellement prononcée par la loi. Mais, a-t-on dit, cette disposition ne vise que les *exploits* et les *actes de procédure*. Or, un jugement n'est point un *exploit*; ce n'est même pas, à proprement parler, un acte de procédure (1): l'article 1030 ne le régit donc point.

Toutes les énonciations que l'expédition doit contenir sont-elles prescrites à peine de nullité?

Cet article étant écarté, devra-t-on dire que la moindre omission entraînera la nullité? La jurisprudence n'a pas osé aller jusque-là ; elle a composé. Les énonciations prescrites ont été divisées en deux catégories comprenant, l'une, les énonciations *substantielles*, l'autre, les énonciations *accidentelles* ou *secondaires*. L'omission des premières entraine seule la nullité de l'acte.

Mais à quels signes les reconnaître les unes des autres? La loi, à cet égard, s'en rapporte à la sagesse du tribunal. La question de savoir si telle formalité est substantielle ou simplement accidentelle est entièrement laissée à son appréciation.

Les auteurs reconnaissent, en général, comme substantielles, les mentions relatives : 1° aux noms des juges qui ont pris part au jugement ; — 2° à la présence du ministère public et à ses conclusions, lorsqu'il s'agit d'une affaire qui a dû lui être communiquée conformément à l'article 83 ; — 3° aux noms des avoués par lesquels les parties ont été représentées ; — 4° aux indications propres à individualiser les parties qui ont figuré au procès ; — 5° à leurs conclusions ; — 6° au dispositif.

Quant à l'exposé sommaire des points de fait et de droit, on n'y voit qu'une formalité secondaire.

SECTION VI. — De la signification du jugement.

Art. 147 et 148.

La partie qui veut faire exécuter un jugement doit le lever et le signifier à son adversaire.

Que doit faire la partie qui veut faire exécuter un jugement?

Lever un jugement c'est s'en faire délivrer une expédition par le greffier.

Qu'est-ce que lever un jugement?

(1) Sans doute un jugement n'est point un acte de procédure ; mais, dans l'espèce, il s'agit non point *du jugement*, mais, ce qui est bien différent, *de la minute* et de *l'expédition* du jugement. Or, il est bien difficile de soutenir que ces actes ne sont point des procédures.

Qu'est-ce que le signifier?

Le signifier c'est en notifier, par exploit d'huissier, une copie à ceux qui, ayant intérêt à le bien connaître, doivent être mis en position de l'étudier.

Son exécution peut-elle être poursuivie, tant qu'il n'a pas été signifié?

Tant qu'un jugement n'a pas été signifié, son exécution ne peut pas avoir lieu. Ajoutons que les délais accordés à la partie perdante, soit pour accomplir ce à quoi elle a été condamnée, soit pour attaquer le jugement, ne commencent habituellement à courir contre elle qu'à compter du jour où il lui a été signifié.

La signification du jugement n'a-t-elle point un double objet?

La signification a donc deux objets distincts.

1° Elle permet au demandeur d'user du droit qu'il a de mettre à exécution le jugement rendu à son profit. Aussi dit-on qu'elle sert de préambule à l'exécution des jugements.

2° Elle fixe, en général, le point de départ des délais accordés au défendeur, soit pour satisfaire aux obligations que le jugement lui impose, soit pour l'attaquer.

Quel motif lui sert de fondement?

— Le motif qui sert de fondement à cette nécessité de la signification des jugements est bien connu.

Si la partie perdante n'était point présente à l'audience au moment du prononcé du jugement, comment le connaîtra-elle à moins qu'on ne le lui notifie? Supposons qu'elle l'ait entendu prononcer, elle n'en aura qu'une idée très-imparfaite et surtout très-fugitive. Dès lors on ne saurait lui faire un crime de n'avoir point, dès ce jour, obéi aux obligations qu'il renferme. De là pour l'autre partie l'obligation de lui en notifier une copie, afin qu'après l'avoir étudié elle ne puisse plus exciper légitimement de son ignorance.

Ce n'est pas tout. La plupart des plaideurs sont peu versés dans la science des choses qui tiennent à la procédure. Quelle est la nature du jugement? Faut-il y obéir? Convient-il de l'attaquer? Par quelles voies? Dans quels délais? L'avoué peut seul répondre à ces questions et les résoudre. Ce n'est donc pas seulement à la partie, mais aussi à son avoué, et même à son avoué en premier lieu, que le jugement doit être signifié. La loi exige même que la signification à la partie l'avertisse, par une mention spéciale, que le jugement a été signifié à son avoué, et qu'ainsi elle peut recourir à lui pour l'éclairer sur ses droits et ses devoirs.

A qui le jugement doit-il être signifié?

Ainsi, règle générale, les jugements, quelle que soit leur nature, définitifs, provisoires, interlocutoires ou simplement préparatoires, doivent être signifiés à l'avoué (V. la formule 29).

Suffit-il qu'il le soit à l'avoué de la partie?

Ils doivent l'être également à la partie, à son domicile ou à sa personne, mais dans le cas seulement où ils prononcent *des condamnations contre elle* ou prescrivent certaines mesures qu'elle doit accomplir en personne. De là la distinction suivante.

Quelles distinctions faut-il faire à cet égard?

Les jugements *définitifs* et *provisoires* doivent toujours être signifiés à la partie, puisqu'ils contiennent des condamnations ou des ordres qu'elle est tenue d'exécuter.

Quant aux jugements *interlocutoires* et aux jugements *préparatoires*, une sous-distinction est nécessaire. Si la mesure ou la formalité qu'ils prescrivent peut être accomplie sans l'intervention ou sans la présence de la partie, la signification à l'avoué suffit. Tels sont, par exemple, les jugements par lesquels le tribunal a ordonné une expertise, une descente sur les lieux, une communication de pièces. Que si, au contraire, l'acte prescrit exige forcément la présence de la partie, comme lorsqu'il s'agit de la comparution ou d'un serment à prêter, le jugement doit alors lui être signifié (V. la formule 30).

— Dans certains cas le jugement peut être exécuté sans qu'il soit nécessaire de le signifier à la partie, ni même à son avoué. Cette exception a été appliquée aux jugements préparatoires contenant un ordre qui, à raison de sa simplicité et de la facilité avec laquelle on peut le mettre à exécution, doit être exécuté sans subir les lenteurs et les frais d'une signification. On cite, à titre d'exemple, les jugements qui donnent à un avoué acte de sa constitution (art. 76), ceux qui ordonnent un délibéré ou une remise de cause, ou qui déclarent un partage de voix (art. 118. — V. aussi l'art. 94).

Le principe qu'on ne peut mettre un jugement à exécution qu'après l'avoir signifié est-il toujours applicable ?

En résumé : 1° *Jugements prononçant des condamnations ou prescrivant des mesures qui exigent la présence de la partie :* — deux significations sont nécessaires, l'une à l'avoué, l'autre à la partie. — Toutefois si l'avoué est décédé ou s'il a cessé ses fonctions, la signification à partie suffit ; mais il y doit être fait mention du décès ou de la cessation des fonctions de l'avoué, afin qu'elle sache bien qu'elle n'a à attendre de lui aucun conseil, aucun avis.

2° *Jugements interlocutoires ou préparatoires ordonnant des mesures qu'on peut accomplir hors la présence de la partie :* — la signification à l'avoué suffit.

3° *Jugements préparatoires ordonnant des mesures d'une extrême simplicité :* — aucune signification n'est nécessaire.

SECTION VII. — DES EFFETS DES JUGEMENTS.

Quels effets les jugements produisent-ils ?

1° Le jugement, quand il est définitif, termine le procès, sauf les voies de recours par lesquelles il peut être attaqué.

2° Tant qu'il n'a pas été détruit par l'une ou l'autre des voies de droit auxquelles il peut être soumis, il est présumé être la vérité : *res judicata pro veritate habetur* (V. l'explic. de l'art. 1351 C. N.).

3° Il investit le demandeur qui n'avait point de titre, ou qui n'avait qu'un titre sous seing privé, du droit d'obtenir un titre *exécutoire* (V. p. 36 et p. 130).

4° Il crée à son profit et pour la garantie de son droit une hypothèque sur les immeubles présents et à venir de son débiteur (V. l'art. 2123 C. N.).

5° Il transforme les courtes prescriptions en prescriptions trentenaires.

6° Quand il donne gain de cause au défendeur, il anéantit l'interruption de prescription opérée par la demande (V. à ce sujet l'explic. de l'art. 2247 C. N.).

TITRE VIII.

DES JUGEMENTS PAR DÉFAUT ET OPPOSITIONS.

Qu'est-ce qu'un jugement contradictoire ?

DÉFINITIONS DES JUGEMENTS CONTRADICTOIRES ET DES JUGEMENTS PAR DÉFAUT. — DIVISION DES JUGEMENTS PAR DÉFAUT. — Les jugements sont contradictoires lorsqu'ils sont rendus après le *contredit* des parties, c'est-à-dire après l'exposé de leurs moyens respectifs.

Un jugement n'a-t-il ce caractère qu'autant qu'il a été rendu *après plaidoiries* ?

Toutefois il ne faut pas croire que pour qu'un jugement soit contradictoire il faille nécessairement qu'il soit rendu *après plaidoiries;* il suffit, en effet, pour qu'il ait ce caractère, que les parties *aient, à la première audience, respectivement pris des conclusions.*

Mettons ce point en lumière par une espèce. Chacune des parties a constitué avoué. Le défendeur a signifié ses défenses (art. 77) ; le demandeur y a répondu (art. 78). Au jour indiqué par l'avenir et sur l'appel de la cause les deux avoués se présentent, et chacun de son côté pose des conclusions au fond : — dès ce moment l'affaire étant *en état* (art. 343), le jugement à intervenir ne peut plus être par défaut. Peu importe que les parties plaident ou non; dans l'un et l'autre cas le jugement sera contradictoire.

Qu'est-ce qu'un jugement par défaut ?

Ainsi le jugement contradictoire est celui qui est rendu après que des conclusions ont été respectivement prises par les avoués des parties. Dans toute autre hypothèse le jugement est par défaut. Il a donc ce caractère lorsqu'il est rendu soit contre une partie qui n'a point constitué d'avoué, soit contre une partie dont l'avoué constitué ne s'est point présenté à l'audience au jour indiqué par l'avenir ou qui, étant présent, a refusé de conclure au fond.

Combien la loi distingue-t-elle d'espèces de défaut ?

La loi distingue deux genres de défauts, savoir : 1° le défaut de la part du défendeur ; 2° le défaut de la part du demandeur.

SECTION Ire. — DU DÉFAUT DE LA PART DU DÉFENDEUR.

Art. 149 et 150.

De combien de manières un défendeur peut-il faire défaut ?

I. SES ESPÈCES. — Le défendeur peut faire défaut de deux manières différentes. Et d'abord il se peut *qu'il ne constitue point d'avoué.* Il est possible, en outre, qu'au jour indiqué pour l'audience l'avoué qu'il a constitué ne se présente point pour conclure ou, s'il se présente, qu'il s'abstienne de poser des conclusions.

Comment appelle-t-on le premier défaut ?

Dans le premier cas on dit que le défaut est *faute de comparaître*, ou ce qui revient au même, *faute de constituer avoué.* On le nomme alors défaut *contre partie.*

Comment, le second ?

Dans le second on l'appelle défaut *faute de conclure* ou défaut *contre avoué.*

Ainsi, deux espèces de défaut : 1° le défaut *contre partie;* 2° le défaut *contre avoué.*

Quelles différences séparent ces deux espèces de défaut ?

II. DES DIFFÉRENCES ÉTABLIES ENTRE CES DEUX ESPÈCES DE DÉFAUT. — La distinction que nous venons de faire est fort importante; de graves différences séparent, en effet, le défaut *contre partie* du défaut *contre avoué*. Nous les étudierons bientôt dans tous leurs détails ; mais il importe de les indiquer dès à présent.

Défaut contre partie.	*Défaut contre avoué.*
1° *Différence quant à l'huissier qui doit signifier le jugement.* — Le jugement contre partie doit être signifié par un huissier *commis* (art. 156).	Le jugement contre avoué est signifié par un huissier *ordinaire.*
2° *Différence quant au délai dans lequel le jugement doit être exécuté sous peine de péremption.* — Il doit être, sous peine de péremption, exécuté *dans les six mois de son obtention* (art. 156).	Il ne se prescrit que conformément au droit commun, c'est-à-dire *par trente ans.*
3° *Différence quant au délai dans lequel l'opposition doit être formée sous peine de déchéance.* — La partie condamnée peut l'attaquer par la voie de l'opposition, *tant qu'il n'est point exécuté* (art. 158).	L'opposition n'est recevable que *pendant huitaine*, à compter du jour où il a été signifié à avoué.
4° *Différence quant à la forme de l'opposition.* — L'opposition peut être formée, soit par un acte extrajudiciaire, soit par une déclaration que la partie fait insérer sur les commandements qui lui sont signifiés, sur les procès-verbaux de saisie ou sur tout autre acte d'exécution, à la charge de la réitérer, avec constitution d'avoué, par requête dans la huitaine.	Elle doit être formée par requête d'avoué à avoué, avec indication des moyens à l'appui (art. 160 et 161).

Quelle considération explique et justifie ces différences?

La plupart de ces différences s'expliquent et se justifient par une considération fort simple. Lorsque la partie n'a point constitué d'avoué, rien ne prouve qu'elle a été instruite de la demande formée contre elle. Il se peut, en effet, que la personne qui a reçu pour elle la copie de l'exploit ne la lui ait point remise (V. l'art. 68), ou que l'huissier ne l'ait point signifiée : c'est ce qu'on appelle, en langue vulgaire, *souffler la copie.* Du moment, en un mot, qu'elle est complétement restée dans l'inaction, il est naturel de penser qu'elle n'a point reçu l'ajournement et, par suite, qu'elle ignore le jugement qui a été rendu contre elle. Dès lors ce serait manquer de justice à son égard que de la traiter avec trop de rigueur. De là les délais de faveur qu'on lui accorde, les mesures et précautions prescrites dans son intérêt.—Quant à la partie qui a constitué avoué, l'ajournement lui est évidemment parvenu, puisqu'elle y a répondu par une constitution ; elle a été régulièrement mise en demeure de se défendre : si elle ne l'a pas fait, elle est en faute. La loi dès lors ne lui doit aucune protection particulière.

Quel est l'office du tribunal quand le défendeur fait défaut ?

III. De l'office du tribunal quand le défendeur fait défaut. — Lorsque le défendeur ne constitue point d'avoué, ou que l'avoué par lui constitué ne conclut point, le tribunal, sur l'appel de la cause, prononce d'abord le défaut, en constatant que le défendeur ne s'est point présenté.

Que fait-il quand il a constaté et prononcé le défaut ?

Le défaut étant constaté et prononcé, le tribunal en adjuge le *profit* au demandeur. Adjuger *le profit du défaut* au demandeur, c'est juger dans le sens de ses conclusions, c'est, en un mot, condamner le défendeur.

Le défendeur *doit-il* être condamné par cela seul qu'il fait défaut ?

Ne peut-il pas arriver qu'il soit acquitté quoique absent ?

Mais cette condamnation est-elle nécessaire, obligatoire pour le tribunal ? A-t-elle lieu sans aucun examen, sans vérification d'aucune espèce ? En autres termes, les juges peuvent-ils adjuger au demandeur le bénéfice de ses conclusions, par *cela seul que le défendeur fait défaut ?* Il paraît qu'il en était ainsi sous l'ordonnance de 1539. Le défendeur qui ne se présentait pas était censé reconnaître la légitimité de la demande formée contre lui, ce qui entraînait fatalement sa condamnation. Les rédacteurs du Code ont avec raison rejeté cette manière de voir. L'absence du défendeur, ont-ils pensé, peut être forcée ou tout au moins excusable. Son extrême confiance dans la justice et la sagacité des juges l'a peut-être seule empêché de venir se défendre. Dans tous les cas, son inaction ne saurait créer le droit de l'autre partie, à supposer que ce droit n'existe point. De là la disposition suivante : Bien que le défendeur ait fait défaut, les juges ne doivent adjuger au demandeur le bénéfice de ses conclusions « qu'autant qu'elles sont *justes et bien vérifiées.* »

Quand les conclusions du demandeur ne sont-elles point *justes* ?

« *Justes...* » Elles ne le seraient pas si elles étaient contraires à la loi, et, par exemple, si elles tendaient à obtenir le payement d'une dette de jeu (art. 1965 C. N.), l'exécution d'une substitution prohibée (art. 896 C. N.), ou la constatation d'une filiation adultérine ou incestueuse (art. 342 C. N.).

Quand ne sont-elles point *vérifiées* ?

« *Et bien vérifiées...* » Les juges doivent donc examiner les titres produits par le demandeur à l'appui de sa prétention, et s'ils y trouvent la preuve que le droit qu'il réclame n'existe pas, si, par exemple, ils découvrent parmi ces pièces une quittance d'où résulte la preuve de l'extinction de la dette qui fait l'objet de la demande, ils doivent acquitter le défendeur, quoique absent.

Que peut faire le tribunal pour s'éclairer ?

Ce mode de vérification est-il le seul auquel il puisse recourir ?

Peut-il, par exemple, ordonner une enquête ?

Ce devoir de vérification implique pour eux le droit d'ordonner un délibéré et de faire mettre les pièces sur le bureau pour prononcer le jugement à l'audience suivante. Mais ce mode de vérification est-il le seul auquel ils puissent recourir ? Peuvent-ils, lorsqu'ils le jugent insuffisant, ordonner une instruction plus approfondie, une enquête, par exemple ? La négative est soutenue. La loi, dit-on, n'a autorisé qu'un seul mode de vérification, *l'examen des pièces déposées sur le bureau ;* elle l'a permis par une disposition formelle et toute spéciale :

par là même, elle a implicitement exclu tout autre mode d'instruction. Elle a pensé sans doute qu'elle ne devait pas laisser aux juges la faculté de mettre à la charge du défendeur les frais d'une instruction compliquée à laquelle il s'opposerait peut-être, s'il était présent. Les faits allégués par le demandeur doivent, d'ailleurs, être présumés vrais, puisque le défendeur ne les contredit pas. Son silence est un aveu tacite de la justice de la demande; dès lors il est inutile de recourir à une enquête. — Toutefois cette règle n'est point applicable aux affaires dans lesquelles l'aveu même exprès du défendeur ne peut pas servir de preuve contre lui : telles sont les causes relatives à l'état des personnes, c'est-à-dire les demandes en nullité de mariage, en séparation de corps, en désaveu... Dans ces divers cas, le tribunal doit nécessairement recourir à l'enquête, lorsque le demandeur ne justifie point par écrit les faits qu'il allègue (1).

On fait remarquer, dans une autre opinion, qu'aux termes des articles 257 et 261, l'enquête peut être ordonnée contre une partie *qui n'a point d'avoué*. On ajoute que, par la généralité de leurs termes, ces textes sont généraux, quant à la règle qu'ils énoncent ou qu'ils supposent, et qu'ainsi c'est arbitrairement qu'on prétend distinguer entre les affaires dans lesquelles l'aveu du défendeur peut être invoqué contre lui, et celles qui n'admettent point ce genre de preuve. Son absence ne saurait, au reste, équivaloir à un aveu, puisqu'elle peut avoir pour fondement, soit quelque force majeure qui le retient ailleurs, soit sa confiance dans la sagacité des juges et le zèle qu'ils mettront à le défendre (2). On objecte qu'en appelant des témoins pour s'éclairer, les juges mettraient à sa charge, dans le cas où il viendrait à succomber, les frais d'une enquête à laquelle il n'aurait point conclu peut-être, s'il eût été présent. Cela est vrai, il y a là un inconvénient. Mais le système contraire ne serait-il pas plus fâcheux encore? A quels risques n'exposerait-on point les défendeurs, si par cela seul qu'ils ne se présentent point pour repousser une demande dénuée de tout fondement et de toute preuve, ils devaient être fatalement condamnés?

Art. 151 et 152.

Comment procède-t-on lorsque plusieurs personnes étant assignées pour le même objet, aucune d'elles ne se présente?

IV. COMMENT ON PROCÈDE LORSQUE PLUSIEURS PERSONNES ÉTANT ASSIGNÉES POUR LE MÊME OBJET, AUCUNE D'ELLES NE SE PRÉSENTE. — Lorsque plusieurs personnes appelées devant le même tribunal, pour le même objet et à des délais pareils, sont toutes défaillantes, il n'est point permis de requérir autant de jugements qu'il y a de parties : la loi veut qu'elles soient toutes comprises dans le même défaut, c'est-à-dire qu'il ne soit rendu qu'un jugement unique mais commun à chacune d'elles. On évite de cette manière les frais qu'eût entraînés avec elle, et sans utilité pour personne, la multiplicité des jugements.

Quelle est la sanction de cette règle?

La sanction de cette disposition est une pure affaire de taxe. Ainsi lorsque, contrairement à la défense de la loi, l'avoué du demandeur

(1) En ce sens, Boitard, sur l'article 15; Boncenne, t. II, p. 29.
(2) Exposé des motifs, p. 39.

a requis autant de jugements qu'il y avait de défendeurs, les jugements qu'il a ainsi obtenus sont valables néanmoins ; mais comme il a occasionné des frais qu'il pouvait et qu'il devait éviter, ces frais demeurent à sa charge. Il ne peut les répéter ni contre sa propre partie, ni contre les défaillants.

Quid, dans le cas où les parties appelées étaient assignées à des délais inégaux?

— Plaçons-nous dans une autre hypothèse, supposons que les parties appelées aient été assignées *à des délais différents*, soit à raison de la distance inégale de leurs domiciles, soit parce que les assignations leur ont été signifiées à différents jours : l'avoué du demandeur pourra-t-il requérir, le tribunal devra-t-il prononcer, au fur et à mesure des délais, des jugements spéciaux contre chacun des défaillants? Non : ici encore et *par les mêmes motifs*, il ne devra être pris qu'un seul défaut. A cet effet, le tribunal devra attendre l'expiration du plus long délai; alors et si tous les défendeurs sont défaillants, le tribunal les comprendra tous dans le même défaut.

Art. 153.

Quid, lorsque plusieurs personnes étant assignées devant le même tribunal et pour le même objet, les unes comparaissent, tandis que les autres font défaut?

Le demandeur peut-il obtenir un jugement par défaut, contre le défendeur absent, et un jugement contradictoire contre le défendeur présent?

Pourquoi ce mode de procéder n'est-il point permis?

Comment procède-t-on alors?

V. Comment on procède lorsque plusieurs personnes étant assignées devant le même tribunal et pour le même objet, les unes comparaissent, tandis que les autres font défaut. — Du défaut profit joint. — *Primus* et *Secundus* ont été assignés par la même personne et pour le même objet. Les délais qui leur étaient accordés pour comparaître sont expirés. *Primus* comparaît; *Secundus* fait défaut. — Comment les choses vont-elles se passer? Le demandeur pourra-t-il, divisant sa demande, obtenir deux jugements distincts, l'un par défaut, contre le défendeur absent, l'autre contradictoire, contre le défendeur qui a comparu? Non : ce mode de procéder n'est point reçu. La loi l'a écarté afin 1° d'économiser des frais (V. p. 137); 2° d'éviter *la contrariété des jugements sur un même objet*. Supposons, en effet, deux condamnations, l'une contradictoire, contre le défendeur présent, l'autre par défaut, contre le défendeur qui n'a pas comparu : la première, n'étant point susceptible d'opposition, demeurerait définitive; la seconde, au contraire, pourrait être attaquée par cette voie, auquel cas l'affaire devrait être examinée à nouveau à l'égard du défendeur condamné par défaut. Or, qu'arriverait-il si le tribunal, mieux éclairé par ce nouveau débat, lui donnait gain de cause? Nous aurions sur des *faits et des droits identiques* une *condamnation* et un *acquittement*, c'est-à-dire deux décisions contradictoires. C'est ce que la loi a voulu éviter.

Qu'entend-on par défaut *profit joint*?

Quant au mode de procéder qu'elle a tracé dans ce but, il est bien simple. Le tribunal constate d'abord le défaut de celle des parties qui ne comparaît pas ; mais au lieu d'en adjuger *le profit* au *demandeur*, il le joint à la cause du défendeur présent : d'où le nom de défaut *profit joint*.

Qu'est-ce qu'un jugement de jonction?

Ce jugement, qu'on appelle *jugement de jonction*, est ensuite signifié à la partie défaillante par un *huissier commis*.

Cette signification contient *assignation au jour auquel la cause sera appelée* (V. la formule 31).

Si, sur cette seconde invitation à venir se défendre, la partie défaillante persiste à ne point comparaître, il est rendu un seul jugement qui comprend toute la cause et régit toutes les parties, tant absentes que présentes.

Ce jugement est *contradictoire* et par suite *non susceptible d'opposition.*

La condamnation prononcée après un jugement de jonction est-elle contradictoire et non susceptible d'opposition ?

Toutefois quelques auteurs ont cru devoir distinguer. Sans doute, disent-ils, l'opposition n'est point recevable du chef des défendeurs qui *deux fois appelés* ont *fait deux fois défaut.* Toutes les précautions ont été prises pour les mettre en demeure de se défendre ; leur absence n'a plus d'excuse ! On conçoit donc que le jugement rendu contre eux ait tout l'effet d'un jugement contradictoire. Mais il n'en saurait être de même à l'égard de ceux qui étaient présents lors du jugement de jonction, et qui n'ont fait défaut qu'à l'audience où la cause a été réappelée ; c'est leur premier manquement : dès lors où est la raison de leur fermer la voix de l'opposition (1) ?

Quid, en ce qui touche les défendeurs qui étaient présents lors du jugement de jonction, et qui n'ont fait défaut qu'à l'audience où la cause a été reappelée ?

L'opinion contraire est généralement admise. La loi, dit-on, ne fait aucune distinction. Le jugement rendu sur le fond, après le jugement de jonction, est déclaré *contradictoire*, non point relativement à telle ou telle partie, mais d'une manière générale et absolue. Les défendeurs qui étaient présents sur la première assignation ont été avertis qu'à l'audience fixée par le tribunal, il serait rendu un jugement *contradictoire*, un seul qui, embrassant toute la cause, serait commun à toutes les parties. S'ils ne se sont pas présentés au jour indiqué, ils sont en faute ; à quel titre dès lors auraient-ils droit aux faveurs de la loi ? Remarquons, d'ailleurs, qu'en leur ouvrant la voie de l'opposition, on ferait renaître l'inconvénient qu'on a précisément voulu éviter, c'est-à-dire le danger *de la contrariété des jugements sur un même objet* (2).

Art. 156. (première phrase).

VI. DE LA SIGNIFICATION DES JUGEMENTS PAR DÉFAUT. — S'agit-il d'un défaut *faute de constituer avoué*, c'est-à-dire d'un *défaut contre partie*, le jugement doit être signifié par un huissier *commis* par le tribunal ou par le juge du domicile du défaillant que le tribunal aura désigné (V. la formule). — Le défaut est-il *faute de conclure*, c'est-à-dire s'agit-il d'un défaut *contre avoué*, le jugement peut être signifié par un huissier *ordinaire*.

Par quel huissier les jugements par défaut doivent-ils être signifiés ?

Le motif de cette différence nous est déjà connu (V. p. 135). Dans le premier cas, la partie n'ayant point constitué d'avoué, son silence doit s'interpréter favorablement : si elle ne s'est point présentée, c'est que peut-être l'huissier chargé de l'assigner a soufflé la copie ; la personne entre les mains de laquelle la copie a été laissée a peut-être oublié de la lui remettre. Un doute existe au moins : il se peut qu'elle n'ait pas été avertie, et que, par conséquent, elle ignore le jugement rendu contre elle. Il importe donc de prendre des mesures pour qu'il lui soit signifié de telle manière qu'il soit à peu près certain qu'elle en sera instruite. De là pour le tribunal l'obligation de commettre, c'est-à-dire de désigner spécialement, un huissier à cet effet. La loi a

Quel est le fondement de cette distinction ?

(1) En ce sens, M. Colmet-Daage sur Boitard, p. 312, note.

(2) En ce sens, Boitard, sur l'art. 153 ; Boncenne, t. II, p. 41 et suiv. ; M. Bonnier, p. 141.

pensé avec raison que cet huissier, investi de la confiance du tribunal, mettra tous ses soins et tout son zèle à bien remplir la mission qu'il en aura reçue.

Quant à la partie qui, ayant constitué avoué, s'est laissé condamnée faute de conclure, elle a été évidemment avertie ; la copie de l'exploit lui a été certainement remise, sa constitution d'avoué en fait foi : elle n'ignore donc point qu'un jugement par défaut a pu être pris contre elle. A quel titre dès lors prétendrait-elle échapper au droit commun ?

Les significations faites par un huissier ordinaire alors quelles auraient dû l'être par un huissier commis sont-elles nulles?

— Bien que la loi ne prononce point la nullité des significations qui ont été faites par un huissier *ordinaire*, alors qu'elles auraient dû l'être par un huissier *commis*, personne pourtant ne doute qu'elles ne soient nulles. Il est de principe, en effet, qu'une des conditions essentielles de la validité des actes, c'est qu'ils émanent d'un officier ayant qualité pour les faire, et, dans l'espèce, la signification des jugements rendus par défaut contre partie est en dehors de la compétence de tout huissier autre que celui qui a été spécialement désigné par le tribunal pour la faire.

Art. 156 (deuxième phrase).

Par quel laps de temps se périment les jugements par défaut ?

VII. De la péremption des jugements par défaut, c'est-à-dire du délai dans lequel ils doivent être exécutés, sous peine de déchéance. — Nous retrouvons ici encore la distinction que nous avons déjà faite sous le numéro précédent, entre le jugement par défaut *contre partie* et le jugement par défaut *contre avoué*. Le premier doit être exécuté *dans les six mois à compter de son obtention*, sinon il est périmé ou, ce qui revient au même, considéré comme non avenu : telle est la disposition de l'article 156. Quant au second, la loi n'en a point spécialement réglé la prescription. On en a conclu qu'elle l'a laissé sous l'empire du droit commun, et qu'ainsi il conserve son plein et entier effet pendant trente ans.

Ainsi dans le premier cas, prescription de six mois. Prescription de trente ans, dans le second.

Quel est le fondement de cette distinction ?

La raison de cette différence se déduit de la différence même qui sépare le défaut *contre partie* du défaut *contre avoué*.

La partie qui *n'a pas constitué d'avoué* ignore probablement le jugement qui a été pris contre elle. Or, si le demandeur qui l'a obtenu avait trente ans pour l'exécuter, il pourrait ne commencer ses poursuites qu'après un grand nombre d'années, dans l'espoir qu'après un si long espace de temps les pièces ou les titres dont il redoute la production seront détruits ou perdus. A la vérité, la partie condamnée pourrait, dès que les premières poursuites lui révéleraient l'existence du jugement, y former opposition ; mais si à ce moment elle n'avait plus les pièces ou les preuves justificatives de son droit, si, par exemple, elle avait perdu la quittance d'où résultait la preuve de sa libération, son opposition serait infailliblement écartée. La loi a déjoué cette fraude, en exigeant que le jugement soit exécuté à une époque voisine de son obtention.

Lors, au contraire, que le jugement a été rendu par défaut *contre avoué*, la partie condamnée ne l'ignore point ; elle est instruite de son existence et par là même en mesure de pourvoir à sa défense. Dès lors aucune raison n'existe de déroger, quant à elle, aux règles ordinaires de la prescription.

Que doit faire le demandeur pour éviter cette péremption ?

— Les jugements par défaut *contre partie* doivent être, avons-nous dit, *exécutés*, sous peine de déchéance, dans les dix mois de leur obtention. On se demande à ce sujet, si, pour éviter cette péremption, il est nécessaire que leur exécution ait été *consommée* dans les six mois, ou s'il suffit qu'elle ait été *commencée* dans ce délai. La loi ne s'étant pas expliquée à cet égard, il en faut conclure que le jugement est à l'abri de la péremption si le demandeur a fait dans les six mois tout ce qu'il était moralement possible de faire pour l'exécuter. On ne peut rien exiger de plus ; car, pour peu que la liquidation du jugement fût compliquée, il ne serait réellement point possible d'en consommer l'exécution dans un aussi court délai. Le droit du demandeur doit rester intact, du moment qu'on n'a aucun retard à lui imputer. Les juges apprécieront.

Sur quoi porte-t-elle ?

Eteint-elle la procédure qui a précédé le jugement ?

— La péremption qu'encourt le demandeur resté inactif pendant six mois ne porte que *sur le jugement ;* elle le fait considérer comme non avenu, mais elle laisse subsister la *procédure* si elle n'est point d'ailleurs périmée elle-même, conformément à l'article 397. Ainsi, même après la péremption du jugement, et pourvu qu'on ne se trouve point dans l'hypothèse prévue par l'article que nous venons de citer, *l'assignation* qui a servi de base au jugement périmé subsiste avec tous les effets qui lui sont propres, et notamment avec son effet interruptif de la prescription antérieurement commencée. Elle subsiste même en ce sens que le demandeur n'a pas besoin de la renouveler et de réassigner son adversaire pour obtenir un nouveau jugement. L'instance peut être par lui reprise suivant ses derniers errements.

Constitue-t-elle une véritable *prescription ?*

Qu'en faut-il conclure ?

— Encore un mot. La péremption dont nous traitons est une véritable *prescription*. Concluons-en : 1° qu'elle a lieu de *plein droit*, en ce sens qu'elle ne peut pas être couverte par des actes d'exécution commencés après l'expiration des six mois. C'est une différence avec la péremption *d'instance* (V. l'explic. de l'art. 399) ; — 2° que la partie condamnée peut y renoncer, soit expressément, soit tacitement (V. les art. 2220 et 2221 C. N.) ; — 3° que les juges ne peuvent point la prononcer d'office. (art. 2223 C. N.).

Art. 155.

Quand et à quelle condition peut être poursuivie l'exécution d'un jugement par défaut ?

VIII. Du temps pendant lequel un jugement par défaut ne doit pas être mis a exécution. — Les jugements par défaut, de même au reste que tous autres jugements, ne peuvent pas être exécutés *tant qu'ils n'ont pas été signifiés*. Bien plus, et à la différence des jugements contradictoires, dont l'exécution peut être, s'ils sont d'ailleurs en dernier ressort (1), commencée aussitôt après leur signification, ceux qui ont été rendus par défaut ne peuvent pas être exécutés tant qu'il ne s'est pas écoulé *huit jours pleins* à dater de la signification à l'avoué, s'il

(1) *Quid*, s'ils sont susceptibles d'appel ? V. l'article 450.

s'agit d'un défaut faute de conclure, ou à la partie, lorsqu'elle n'a pas constitué d'avoué. Ce délai lui est accordé afin qu'elle puisse délibérer en paix sur le parti que son intérêt lui commande de prendre.

Quelle est l'utilité de ce délai?

Le demandeur peut-il, pendant ce délai, faire certains actes?

La loi, au reste, ne prohibe, pendant ce temps, que les actes *d'exécution*, tels, par exemple, qu'une saisie, une contrainte par corps... Le demandeur peut donc, même avant l'expiration de ce délai, faire des actes *conservatoires* et notamment inscrire l'hypothèque que le jugement lui confère sur les biens de son débiteur.

L'exécution du jugement ne peut-elle pas être suspendue, même après l'expiration de ce délai?

— Ce n'est pas seulement pendant les huit jours dont il vient d'être parlé que l'exécution des jugements par défaut est suspendue; elle peut l'être même après ce délai, par l'effet d'une opposition régulièrement formée.

Ainsi deux causes de suspension, savoir:

1° Le délai de huit jours à compter de la signification du jugement. — Peu importe que le défendeur recoure ou non, pendant ce temps, à l'opposition : par cela seul qu'on se trouve dans cette huitaine, l'exécution ne peut pas avoir lieu.

2° *Une opposition dûment formée.* — Peu importe qu'on soit encore ou qu'on ne soit plus dans la huitaine de la signification du jugement. A quelque époque qu'elle intervienne, l'opposition est suspensive de l'exécution du jugement.

Ces deux causes de suspension ne souffrent-elles point des exceptions?

Ainsi, ne peut-il pas arriver que le jugement soit exécutoire :

1° Pendant les huit jours de sa signification?

Chacune de ces deux causes de suspension a son exception ou son tempérament. Ainsi 1° l'exécution peut avoir lieu, même pendant les huit jours de la signification, lorsque le tribunal l'a permis par une clause expresse du jugement. Toutefois cette exécution provisoire ne peut être autorisée qu'autant que ces deux conditions concourent: il faut, d'une part, qu'on soit dans l'une des hypothèses prévues par l'article 135, et, d'autre part, qu'il y ait *urgence.* Dans tous les cas elle ne peut être commencée ou continuée qu'autant que la partie condamnée ne forme pas opposition; car dès qu'une opposition régulière intervient, toute exécution est suspendue ou arrêtée, à moins pourtant qu'on ne se trouve dans le cas exceptionnel dont il va être parlé.

2° Même nonobstant une opposition régulièrement formée?

— 2° L'exécution peut avoir lieu, *même nonobstant l'opposition*, lorsque le tribunal l'a permis; mais cette autorisation ne peut être accordée qu'autant qu'il y a *péril en la demeure*. Le tribunal l'accorde alors avec ou sans caution. La loi écarte en ce point la distinction qu'elle a faite dans l'article 135 entre les cas où l'exécution provisoire est *obligatoire* et ceux dans lesquels elle est *facultative* pour le tribunal (V. p. 136).

9ᵉ *répétition.*

Qu'est-ce que l'opposition?

IX. De l'opposition. — L'opposition est l'acte par lequel une partie défaillante, s'adressant au tribunal même qui l'a condamnée, lui demande qu'il rétracte sa décision et l'admette à présenter sa défense.

Art. 157 et 158.

Dans quel délai doit-elle être formée? Quel est le fondement de cette distinction?

— *Du délai dans lequel elle doit être formée.* — Ce délai varie suivant qu'il s'agit d'un jugement par défaut *contre avoué* ou d'un jugement par défaut *contre partie.*

A-t-il été rendu *contre avoué*, l'opposition doit être formée *dans la huitaine à compter de la signification du jugement faite à l'avoué.* Passé ce délai, elle n'est plus recevable.

Est-ce un jugement *contre partie*, le délai est beaucoup plus long: l'opposition est recevable alors *jusqu'à l'exécution du jugement*.

Quant au motif de cette différence entre les deux cas, on le devine sans peine. Dans le premier, la partie condamnée n'ignore point qu'un jugement par défaut a dû être pris contre elle. L'avoué qu'elle a constitué l'a d'ailleurs avertie et conseillée: huit jours lui suffisent donc pour se mettre en règle. Dans le second cas, au contraire, il est naturel de supposer qu'elle a ignoré la demande qui été formée contre elle, puisqu'elle n'y a point répondu. A la vérité on a dû lui signifier le jugement; mais cette signification, de même que celle de l'ajournement, a pu ne pas lui parvenir: dès lors il est juste qu'elle puisse recourir à l'opposition jusqu'au moment où un acte d'exécution l'ayant forcément instruite de l'existence du jugement, son inaction cesse d'être excusable.

Reprenons nos deux délais.

Quel est le point de départ des huit jours dont il vient d'être parlé ?

Dans le cas d'un défaut *contre avoué*, la partie condamnée n'a que huit jours pour former son opposition, huit jours à compter de la signification du jugement à l'avoué.

S'agit-il ici d'une huitaine *franche ?*

L'article 1033, aux termes duquel le jour de la signification et celui de l'échéance ne sont pas compris dans les délais des ajournements, ne s'applique point au délai d'opposition ; cette disposition ne vise, en effet, que les significations faites *à personne* ou à domicile, et, dans l'espèce, il s'agit d'une signification faite *à avoué*. L'article 157 fait d'ailleurs suffisamment comprendre, lorsqu'il dit que l'opposition ne sera recevable que *pendant huitaine* à compter de la signification, qu'elle ne l'est plus dès que ces huit jours sont expirés. Ainsi, en supposant le jugement signifié le 1er, c'est dans le cours du huitième jour, non compris celui de la signification, et par conséquent le 9 au plus tard, que l'opposition devra être formée. Elle aurait pu l'être, au contraire, le 10, si la loi eût accordé pour la former une *huitaine franche*.

Art. 159.

Quand le jugement rendu par défaut contre partie est-il *réputé exécuté* à l'effet de fermer le délai d'opposition ?

En autres termes quel est, en ce cas, le moment après lequel l'opposition n'est plus recevable ?

Si le défaut est *contre partie*, l'opposition est recevable non-seulement pendant les huit jours de la signification, mais encore après l'expiration de ce délai et *jusqu'à l'exécution du jugement*. Ainsi elle peut être encore formée le jour et à l'instant même de cette exécution; le lendemain, ce serait trop tard.

Mais quand le jugement est-il réputé *exécuté* à l'effet de fermer le délai *d'opposition?* L'article 159, sainement compris, nous donne sur ce point les règles suivantes :

1° La loi n'exige point, pour arrêter et fermer le délai d'opposition, une exécution complète et entière du jugement, en un mot, une exécution *terminée*.

2° Un simple début d'exécution, une exécution simplement *commencée*, ne suffit point pour le fermer.

C'est entre ces deux extrêmes qu'est la règle à suivre. Le jugement est réputé exécuté et, par conséquent, le dernier moment pour former opposition est arrivé, *lorsque l'exécution est assez avancée pour qu'il soit moralement certain que la partie défaillante est instruite des poursuites dirigées contre elle,* ou, pour nous servir des expressions de la loi, *lorsqu'il est intervenu un acte duquel il résulte nécessairement qu'elle a connu l'exécution du jugement.* Il ne suffit point qu'elle ait connu *l'existence* du jugement, car tant que le demandeur reste inactif, elle peut supposer qu'il ne s'en prévaudra pas. Il faut donc, pour qu'elle ne puisse plus user de son droit d'opposition, qu'il y ait eu un *acte d'exécution,* et que cet acte soit tel, qu'elle ait dû nécessairement en être instruite.

Certains actes d'exécution ne sont-ils point, dès qu'ils existent, réputés connus de la partie qui les subit ?

Certains actes emportent, à raison même de leur nature et de leur gravité, la présomption que la partie qui les a subis les a connus dès qu'ils ont été pratiqués; c'est vainement qu'elle prétendrait qu'en fait elle n'en a pas été instruite. La loi présume qu'elle les a connus, et ne l'admet pas à faire preuve du contraire.

Quels sont ces actes ?

Les actes de cette nature sont énumérés dans l'article 159.

Il en est d'autres que la loi, dans l'impossibilité de tout prévoir et de tout régler, a dû abandonner à l'appréciation des tribunaux.

Ainsi, le jugement est *réputé exécutée :*

1° Lorsque les *meubles* de la partie condamnée ont été SAISIS ET VENDUS;

2° Lorsque la saisie de ses *immeubles* lui a été notifiée ;

3° Lorsqu'ayant été condamnée avec contrainte par corps, elle a été emprisonnée ou *recommandée;*

4° Lorsqu'elle a payé les frais;

5° Enfin, lorsqu'il est intervenu un acte duquel il résulte nécessairement qu'elle a connu l'exécution du jugement.

Lorsque l'exécution a lieu par la saisie des meubles, quel est le moment après lequel l'opposition n'est plus recevable ?

Reprenons un à un ces divers cas.

« 1° Lorsque les *meubles* du débiteur ont été *saisis et vendus...* »

Le créancier qui veut mettre à exécution, sur les meubles de son débiteur, le jugement qu'il a obtenu contre lui, doit d'abord le lui signifier. Cette signification faite, il lui notifie un commandement à l'effet de payer.

Si le débiteur n'y satisfait point, la saisie peut alors être pratiquée; toutefois, elle ne peut l'être qu'un jour ou vingt-quatre heures après le commandement (art. 583 C. pr.).

La saisie est constatée par un procès-verbal. Copie de ce procès-verbal est laissée ou signifiée au débiteur saisi (art. 601 et 602 C. pr.).

Vient ensuite la vente des objets saisis. Mais entre la signification de la saisie et la vente, il faut au moins un intervalle de huit jours. Pendant ce délai, le jour auquel la vente aura lieu est annoncé par la double voie des placards dans certains lieux publics et des journaux. Elle se fait ordinairement au plus prochain marché public, aux jour et heure des marchés ordinaires ou un jour de dimanche (art. 617).

Enfin, et après la vente opérée, l'argent en provenant est distribué aux créanciers.

Telles sont les différentes phases de l'exécution du jugement par la saisie des meubles.

Le délai d'opposition n'est fermé ni par la signification du jugement, ni par le commandement, ni par la saisie, ni même par sa notification : la saisie a pu avoir lieu en l'absence du débiteur, et il est possible que la notification qui lui en a été faite ne lui soit point parvenue.

Mais lorsque la vente des meubles saisis a eu lieu, il est naturel de présumer qu'à raison de la publicité dont il est environné, cet acte a dû, même avant qu'il fût consommé, arriver à la connaissance de la partie saisie. Si donc elle l'a laissé se parachever sans former aucune opposition, son silence est considéré comme un acquiescement tacite au jugement.

Ainsi, l'opposition peut être utilement formée, même après la notification de la saisie, tant que les meubles saisis n'ont pas été vendus. Ce n'est qu'après la consommation de cet acte qu'elle n'est plus recevable.

Quid, quand l'exécution a lieu par la saisie des meubles?

« 2° Lorsque la saisie des *immeubles* du débiteur lui a été notifiée... » La loi n'exige plus ici, comme pour les meubles, que les biens *saisis* aient été *vendus;* il suffit que la saisie qui en a été faite ait été notifiée au débiteur. Dès que cette notification a eu lieu, le délai d'opposition est expiré.

Quelle est la raison de cette distinction ?

Cette différence n'a rien d'arbitraire. La saisie *immobilière* est, en effet, environnée d'actes préparatoires si nombreux et si essentiellement propres à la porter à la connaissance du public, qu'il est impossible que le débiteur n'en ait pas été instruit dès avant même la notification qui lui en a été faite.

Quid, lorsque l'exécution a lieu par la voie de la contrainte par corps ?

Qu'entend-on par débiteur recommandé?

« 3° Lorsque le débiteur a été emprisonné ou *recommandé...* » La *recommandation* est l'acte par lequel un créancier, qui a obtenu une condamnation avec contrainte par corps, déclare au geôlier de la prison où son débiteur se trouve déjà incarcéré, soit pour dettes et à la requête d'un autre créancier, soit comme prévenu d'un délit, qu'il s'oppose à ce qu'il soit mis en liberté (art. 792 C. pr.). Le débiteur recommandé, étant appelé entre les deux guichets de la prison pour y recevoir la copie du procès-verbal de recommandation, peut, à ce moment même, déclarer qu'il se porte opposant au jugement en vertu duquel la recommandation a lieu. S'il néglige de le faire, le jugement devient définitif.

La partie qui a payé les frais du procès peut-elle former opposition ?

« 4° Lorsque les frais ont été payés... » Ce payement implique un acquiescement au jugement, ce qui fait tomber le droit d'opposition.

Existe-t-il d'autres actes d'exécution après lesquels l'opposition n'est plus recevable ?

« 5° Lorsqu'il y a eu quelque acte duquel il résulte que l'exécution du jugement a été connue de la partie défaillante... » La loi est partie de cette idée : le défaillant est mis en demeure de former son opposition par tout acte d'exécution *quel qu'il soit qui arrive à sa connaissance.* S'il ne la forme point à l'instant même, il est déchu de son droit.

Certains actes d'exécution emportent avec eux la preuve légale qu'il les a connus dès qu'ils ont été pratiqués. Ces actes sont au nombre de quatre, savoir : 1° la *vente* de ses meubles, après qu'ils ont été saisis ; — 2° la notification qui lui a été faite de la saisie d'un ou de plusieurs de ses immeubles ; — 3° son emprisonnement ou sa recommandation ; — 4° le payement qu'il a fait des frais auxquels il a été condamné.

En dehors de ces actes, légalement prévus et déterminés, il peut en exister d'autres d'une nature analogue. La loi, qui ne peut pas tout prévoir et tout régler, a dû, à cet égard, s'en rapporter à la sagesse et à l'appréciation des juges. Ainsi, et bien qu'aucun des actes d'exécution spécialement prévus par notre article ne soit encore achevé et entièrement accompli, l'opposition ne sera cependant plus recevable s'il s'est passé quelque autre acte duquel il résulte forcément la preuve que cette exécution commencée a été connue du débiteur. Supposons, par exemple, qu'au moment où l'huissier s'est présenté chez lui pour saisir ses meubles il se soit offert comme gardien, et qu'il ait, après avoir été accepté comme tel, signé le procès-verbal de la saisie (art. 598 C. pr.) : bien que les meubles saisis ne soient pas encore vendus, il ne pourra plus faire opposition. Il a, en effet, forcément connu la saisie, puisqu'il a signé le procès-verbal qui la constate. Il pouvait à cet instant même déclarer son opposition ; s'il ne l'a pas fait, il est réputé avoir renoncé à son droit (1).

Quel caractère ces actes doivent-ils avoir pour produire cet effet ?

Quels exemples en peut-on citer ?

Supposons encore qu'ayant été appréhendé au corps pour être incarcéré, il soit parvenu à s'échapper des mains des recors : s'il n'a pas, au moment même où il a été appréhendé, formé son opposition, elle ne sera plus recevable. Il a su, en effet, *dès cet instant* et bien qu'il ne fût pas encore *emprisonné*, que l'exécution du jugement obtenu contre lui était commencée. La connaissance qu'il a eue de cet acte d'exécution a suffi pour le mettre en demeure d'user de son droit d'opposition (2).

En un mot, tout acte d'exécution qui parvient à la connaissance de la partie condamnée marque le moment fatal après lequel l'opposition n'est plns recevable.

Quand l'exécution du jugement est *complète*, faut-il encore distinguer si la partie condamnée en a été ou non instruite ?

Quelles applications peut-on faire de cette règle ?

Remarquez, au reste, que l'exécution, quand elle est *complète*, *achevée*, ferme toujours par elle-même et par elle seule le délai d'opposition. Il n'y a pas à distinguer alors si la partie défaillante en a été ou non instruite. Peu importe même que cette exécution se soit accomplie par une série d'actes ou par un acte unique et instantané. Dès que l'exécution est *consommée*, il n'y a plus d'opposition possible. Ainsi, suppose-t-on qu'un mariage ait été autorisé par un jugement rendu par défaut : dès que le mariage sera célébré, l'opposition ne sera plus recevable (3).

En résumé, le délai d'opposition est fermé : 1° par l'exécution *ache-*

(1) Boitard, sur l'article 159 ; M. Bonnier, p. 145. — En sens contraire, M. Delzers, sur le même article.

(2) Boitard et M. Bonnier, sur l'article 159. — En sens contraire, M. Delzers, sur le même article.

(3) Boitard, *ibid.* ; M. Bonnier, p. 144.

vée et *consommée* du jugement, de quelque nature qu'elle soit et sans qu'il y ait à rechercher si la partie défaillante l'a ou non connue; — 2° par l'exécution *commencée*, à partir du moment où il s'est passé un acte duquel il résulte forcément la preuve que la partie condamnée en a eu connaissance.

— *De la procédure ou des formes de l'opposition.* — Nous avons ici encore deux cas à considérer. Art. 160 à 162.

Quelle distinction la loi fait-elle quant à la forme de l'opposition?

Premier cas. — *Jugement par défaut contre avoué.* — L'opposition doit être formée *par requête d'avoué à avoué.* « Par *requête*..., » c'est-à-dire par un mémoire adressé aux présidents et juges du tribunal qui a rendu le jugement attaqué, et contenant la déclaration que la partie condamnée se porte opposante à ce jugement.

Comment se forme l'opposition dans le cas où le jugement est par défaut *contre avoué*.

Cette requête doit être signée de l'avoué de l'opposant, et signifiée par un simple acte à l'avoué qui a obtenu le jugement.

« Elle doit contenir les moyens d'opposition, à moins que des moyens de défense n'aient été signifiés avant le jugement (art. 79), auquel cas il suffit de déclarer qu'on les emploie comme moyens d'opposition... » (V. la formule 32.)

Que doit contenir la requête d'opposition? Les doit-elle toujours contenir?

La requête qui n'est point *motivée* est irrégulière ou nulle. Toutefois, il n'est point nécessaire que les moyens indiqués soient complets; il suffit qu'elle en contienne quelques-uns, pourvu d'ailleurs qu'ils soient sérieux et ne se réduisent pas à de vaines énonciations. L'opposant pourra, s'il le juge convenable, les compléter par une seconde requête; mais ce second acte n'entrera pas en taxe.

La requête non motivée est-elle valable? *Quid*, si les moyens énoncés sont incomplets?

Deuxième cas. — *Jugement par défaut contre partie.* — La partie défaillante n'ayant point d'avoué, on a dû organiser, quant à elle, un mode particulier d'opposition, et lui faciliter autant que possible l'exercice de son droit. De là la procédure suivante :

Comment se forme l'opposition dans le cas où le jugement est par défaut *contre partie*?

L'opposition peut être formée : 1° par un acte *extrajudiciaire;* — 2° par une *déclaration sur les commandements, procès-verbaux de saisie, d'emprisonnement, ou tout autre acte d'exécution.* Ainsi, deux voies d'opposition lui sont ouvertes. Et d'abord elle peut, au moment même où l'huissier se présente chez elle pour lui notifier un commandement ou pratiquer une saisie, lui déclarer qu'elle s'oppose au jugement, et demander que sa déclaration soit mentionnée sur le commandement qu'il lui signifie, ou sur le procès-verbal de saisie qu'il dresse. Elle peut, de même, quand elle est appréhendée au corps pour être conduite à la prison d'arrêt, faire à l'instant même sa déclaration d'opposition, et la faire constater sur le procès-verbal d'emprisonnement (V. la formule 33). Sa déclaration suspend instantanément l'exécution ultérieure du jugement.

Elle n'est point, au reste, obligée d'attendre, pour former son opposition, qu'on ait procédé contre elle à quelque acte d'exécution; libre à elle de prendre les devants. Elle peut enfin la former même après l'exécution commencée, si d'ailleurs l'acte d'exécution qui a été pratiqué n'est point l'un de ceux qui ont pour effet de fermer le délai d'opposition (V. p. 144 et suiv.). Dans l'un et l'autre cas, elle forme son

Quand peut-elle être formée?

opposition par un exploit d'huissier qu'elle fait signifier à l'avoué du demandeur, et par lequel elle lui déclare qu'elle se porte opposante au jugement. — Cet exploit est soumis aux solennités et formalités essentielles à son existence ; mais il n'est point nécessaire qu'il contienne ni l'exposé des moyens d'opposition, ni une assignation pour voir statuer sur l'opposition (V. la formule 34).

Lorsque l'opposition a été formée par exploit ou par déclaration sur les procès-verbaux d'exécution, est-elle complète ?

— Lorsque l'opposition a été formée conformément à l'un ou à l'autre des deux modes qui viennent d'être décrits, elle n'est pas encore complète : elle suffit, sans doute, pour arrêter ou suspendre l'exécution du jugement ; mais c'est *à la charge*, c'est-à-dire sous la condition qu'elle sera réitérée dans la huitaine suivante par requête contenant, d'une part, constitution d'avoué, et d'autre part, bien que la loi ne le dise pas expressément, l'exposé des moyens justificatifs de l'opposition. Si elle n'a point été ainsi régularisée dans ce délai, elle n'est plus recevable, et l'exécution du jugement est continuée sans qu'il soit besoin de le faire ordonner.

Que doit donc faire en outre l'opposant?

Quid, s'il ne réitère point son opposition?

Comment les choses se passent-elles lorsque la partie gagnante n'a plus d'avoué pour la représenter ?

La requête en réitération de l'opposition doit être signifiée à l'avoué de la partie gagnante. Mais si cet avoué est décédé, ou s'il a cessé de postuler, comment procéder alors ? La loi a prévu le cas. La partie gagnante qui n'a plus d'avoué pour la représenter est obligée d'en constituer un autre et d'en donner avis au défaillant qui alors doit, dans la huitaine de cette notification, réitérer son opposition, ainsi qu'il vient d'être dit. Il est bien entendu, au reste, qu'il n'est point tenu d'attendre, pour se mettre en règle, que son adversaire lui ait notifié la constitution d'un nouvel avoué ; le demandeur ne peut point, en effet, paralyser, en restant dans l'inaction, son droit d'opposition. On admet donc qu'au cas où le demandeur dont l'avoué est décédé ou ne postule plus néglige d'en constituer un autre et d'en donner avis à la partie perdante, celle-ci peut lui signifier, à sa personne ou à son domicile, une requête en réitération d'opposition avec assignation en constitution de nouvel avoué (1).

Quels sont les effets de l'opposition ?

— *Des effets de l'opposition.* — Elle en produit deux principaux :

1° Elle arrête ou suspend l'exécution du jugement, à moins qu'il n'ait été déclaré *exécutoire par provision* (V. p. 142).

2° Elle donne à l'opposant le droit de plaider sur la double question de savoir si son opposition est régulière quant à la forme et quant au fond.

Reprenons successivement chacun de ces deux effets.

A quelle condition est-elle suspensive de l'exécution du jugement ?

Quel intérêt la partie gagnante a-t-elle à la faire écarter quand elle est nulle ?

1° Elle *arrête l'exécution du jugement.* Mais pour cela il faut qu'elle soit *régulière,* c'est-à-dire qu'elle ait été formée dans les délais et dans les formes déterminés par la loi. « L'opposition, dit l'article 161, qui ne sera pas formée dans la forme légale n'arrêtera pas l'exécution du jugement ; elle sera rejetée sur un simple acte et sans qu'il soit besoin d'aucune autre instruction. » (V. la formule 35.) Mais, dira-t-on peut-être, si l'opposition qui est irrégulière *n'arrête pas l'exécution* du

(1) Voir M. Bonnier, p. 148.

jugement, c'est qu'elle n'a aucune valeur, aucun effet légal, c'est qu'en un mot elle est nulle de plein droit. Or, s'il en est ainsi, où est la nécessité pour la partie gagnante de s'adresser aux juges à l'effet de la faire rejeter? On répond qu'en effet elle peut, si elle est convaincue de l'irrégularité de l'opposition, passer outre et continuer l'exécution; mais il se peut que la partie qui l'a formée soutienne au contraire sa régularité, auquel cas la question devra forcément être portée devant la justice. Et alors de deux choses l'une : l'opposition est-elle jugée irrégulière, les actes d'exécution qui ont été pratiqués sont maintenus; la régularité est-elle reconnue, l'exécution est annulée. On voit, d'après cela, que pour peu que la régularité de l'opposition soit douteuse, la partie gagnante fera bien de suspendre l'exécution du jugement et de porter immédiatement la question devant la justice.

2° Elle donne à l'opposant le droit de plaider sur la question de savoir, d'une part, si son opposition est recevable, d'autre part, si elle est fondée.

Ainsi le tribunal peut avoir deux points à examiner :

Quel est l'office du tribunal saisi de l'opposition?

1° L'opposition est-elle *régulière?* A-t-elle ou non été formée dans le délaiet dans les formes prescrits par la loi?

S'il juge qu'elle n'est point régulière, il déclare *qu'elle n'est point recevable*, et alors tout est terminé. Le jugement devient définitif, pourvu que les délais accordés pour l'opposition soient expirés, car tant qu'ils durent, la partie condamnée peut former une opposition nouvelle.

S'il décide qu'elle est régulière, il la maintient, ce qui nécessite l'examen du second point dont nous allons parler.

2° Lorsque l'opposition a été jugée recevable, le tribunal doit examiner si elle est ou non *fondée dans ses motifs*. Admet-il l'affirmative, il décharge l'opposant des condamnations prononcées contre lui; l'affaire est jugée de nouveau.

Admet-il la négative, il annule l'opposition et déclare que le jugement sortira (produira) son plein et entier effet.

Art. 163 et 164.

Quelle obligation la loi impose-t-elle à l'avoué de l'opposant? Quelle est l'utilité de cette mention?

— *De la mention qui doit être faite de l'opposition sur un registre existant à cet effet au greffe du tribunal.* — « Il est tenu au greffe un registre sur lequel l'avoué de l'opposant doit faire mention sommaire de l'opposition, en énonçant les noms des parties et de leurs avoués, les dates du jugement et de l'opposition. » Telle est la disposition de l'article 163. Quant à son utilité, l'article 164 l'explique. « Aucun jugement par défaut, y est-il dit, ne sera exécuté *à l'égard des tiers* que *sur un certificat du greffier* constatant qu'il n'y a aucune opposition portée sur le registre. »

« *A l'égard des tiers...* » Il arrive souvent qu'un jugement ordonne un payement ou toute autre chose à faire par un tiers ou à la charge d'un tiers, c'est-à-dire d'une personne qui n'a pas été partie au procès.

L'opposition suspend l'exécution du jugement, *même à l'égard des tiers;* aussi doivent-ils, lorsqu'elle a eu lieu, refuser d'accomplir l'ordre qui leur a été donné.

La partie qui a obtenu le jugement et qui veut le faire exécuter doit donc leur apporter la preuve qu'il n'y a point d'opposition. Cette preuve résulte du *certificat* dont nous venons de parler.

Soient les espèces suivantes.

J'ai obtenu contre vous, mais par défaut, un jugement qui m'autorise à faire radier une inscription hypothécaire que vous avez prise sur mes biens : — je devrai, lorsque je demanderai au conservateur des hypothèques la radiation de cette inscription, lui rapporter un certificat du greffier constatant qu'il n'y a point d'opposition sur son registre.

Après avoir saisi et arrêté entre vos mains 1,000 francs que vous devez à Paul, mon débiteur, j'ai obtenu contre ce dernier un jugement par défaut qui déclare ma saisie valable et vous ordonne, en conséquence, d'avoir à payer entre mes mains la somme que vous lui devez : — lorsque je viendrai vous demander le payement de cette somme, vous ne devrez l'effectuer que sur un certificat du greffier, constatant que Paul n'a point fait d'opposition.

Art. 165. — *Des jugements par défaut qui ne sont point susceptibles d'opposition.*

Tous les jugements par défaut sont-ils susceptibles d'opposition?

— L'opposition n'est point admise :

1° Contre les jugements par défaut qui ont débouté d'une première opposition : *opposition sur opposition ne vaut.* Vous avez fait opposition à un jugement qui vous a condamné par défaut ; vous ne venez point défendre votre opposition et un jugement par défaut vous *en déboute,* c'est-à-dire vous en déclare déchu : ce second jugement, bien que rendu par défaut, sera réputé contradictoire. Autrement, c'est-à-dire s'il vous était permis de l'attaquer à son tour par une seconde opposition, vous pourriez ainsi, par des oppositions successives, retarder indéfiniment votre condamnation.

2° Contre les jugements rendus sur défaut *profit joint* (V. p. 139.)

3° Contre les jugements par défaut faute de produire sur délibéré ou instruction par écrit (V. p. 93).

Art. 154.

SECTION II. — Du défaut de la part du demandeur.

Le défendeur auquel un exploit d'ajournement a été signifié a d'abord huit jours pour constituer avoué (art. 75), puis quinze jours à compter de sa constitution d'avoué pour signifier ses défenses (art. 77).

Quand le défendeur peut-il poursuivre l'audience et demander défaut contre le demandeur?

Il ne peut point, tant qu'il n'a pas constitué avoué, poursuivre l'audience et forcer le demandeur de venir soutenir sa demande.

Le second délai lui appartient, au contraire, exclusivement ; il peut donc y renoncer (V. p. 79).

De là pour lui la faculté de poursuivre l'audience par un simple acte, sans attendre l'expiration de la quinzaine qui lui est accordée pour fournir ses défenses et même sans les avoir fournies. Si, sur cette sommation d'audience et au jour indiqué, l'avoué du demandeur ne vient point poser ses conclusions, l'avoué du défendeur peut prendre défaut contre lui.

Deux différences principales existent entre le défaut de la part du défendeur et le défaut de la part du demandeur.

Quelles différences y a-t-il entre le défaut du défendeur et celui du demandeur?

1° De la part du défendeur il peut y avoir deux espèces de défaut, le défaut *faute de constituer avoué* et le défaut *faute de conclure* (V. p. 154). De la part du *demandeur* le défaut *faute de conclure* est le seul possible. Le défaut *faute de constituer avoué* ne peut pas avoir lieu, en effet, puisque l'acte introductif de la demande, l'exploit d'ajournement, doit nécessairement, c'est-à-dire à peine de nullité, contenir une constitution d'avoué (V. p. 57).

2° Le défendeur n'est point nécessairement condamné par cela seul qu'il fait défaut : son absence ne dispense point, en effet, les juges de l'obligation d'examiner l'affaire quant au fond, et ce n'est qu'autant que les conclusions du demandeur leur paraissent *justes et bien justifiées* qu'elles lui sont adjugées (V. p. 156). Lors, au contraire, que le demandeur ne se présente point pour soutenir son action, la loi ne prescrit aucun examen aux juges (art. 154). Ils peuvent donc, ils doivent même, par cela seul qu'il fait défaut et sans vérifier si la défense est juste et bien fondée, renvoyer le défendeur de la demande (V. toutefois ce qui est dit ci-dessous, p. 152).

— Quelques personnes admettent une troisième différence; mais comme elle est contestée, nous la mettons en question.

Lorsque, sur le défaut du défendeur, les conclusions du demandeur lui ont été accordées après avoir été reconnues justes et bien fondées, l'affaire se trouve jugée quant au fond; le défendeur est bien et dûment condamné, sous la réserve de son droit d'opposition.

Lorsque le demandeur fait défaut, le tribunal doit-il, sans aucun examen, adjuger au défendeur le bénéfice de ses conclusions?

Le demandeur est-il alors condamné *quant au fond*?

Est-il obligé, s'il entend reproduire sa demande, d'attaquer au préalable, par la voie de l'opposition, le jugement prononcé contre lui?

En autres termes, quels sont la nature et les effets d'un jugement prononcé par défaut contre le demandeur?

En est-il de même du jugement pris par défaut contre le demandeur? Les conclusions que le défendeur a formulées à l'appui de sa défense lui sont-elles adjugées? Est-il acquitté quant au fond ? Y a-t-il, en un mot, rejet de la demande, de telle manière que le demandeur doive, pour être admis à la reproduire, attaquer au préalable, par la voie de l'opposition, le jugement prononcé contre lui? Faut-il dire, au contraire, que le jugement n'a d'autre effet que de *relever le défendeur de l'assignation*, et qu'ainsi les choses restent, quant au fond, en l'état où elles étaient avant l'ajournement, ce qui implique pour le demandeur la faculté de renouveler sa demande quand et comme il le voudra, c'est-à-dire sans être obligé de se pourvoir au préalable par la voie de l'opposition?

Boitard (sur l'art. 154) et M. Bonnier (p. 132) pensent que le défaut prononcé contre le demandeur n'est qu'un *relaxe ou un simple renvoi de l'assignation*. Et, en effet, disent-ils, condamner l'une des parties, c'est déclarer, d'une part, que ses conclusions ne sont pas justes, et qu'à l'inverse celles de l'autre partie sont légitimes et bien fondées, ce qui implique évidemment, de la part des juges, un examen préalable des prétentions dont ils sont saisis. Or, dans l'espèce, ils adjugent au défendeur le profit du défaut *sans vérifier le mérite de ses conclusions :* il ne peut donc pas y avoir condamnation sur le fond, puisque précisément le fond est resté en dehors de tout débat.

Dans un autre système, on distingue.

Si le défendeur, sans discuter au fond la prétention du demandeur, se borne à demander défaut contre lui, le tribunal n'a aucune vérification à faire; il accorde le profit du défaut dans tous les cas, mais alors le défendeur n'obtient *qu'un simple relaxe de l'assignation.*

Mais, au lieu de réclamer seulement un simple *défaut-congé*, c'est-à-dire un renvoi de l'assignation, il peut demander que la cause soit appréciée, examinée et jugée quant au fond : il le peut, car du moment qu'une prétention a été formée contre lui, il a le droit de la faire juger dès à présent, afin de la faire déclarer mal fondée. La décision à intervenir ne pourra, en ce cas, être prise qu'après un examen préalable des conclusions du défendeur; mais si elle lui est favorable, si sa défense a été reconnue juste et bien fondée, le profit du défaut qui lui sera adjugé consistera alors dans le renvoi *de la demande elle-même* (V. à ce sujet l'art. 454), sauf la faculté, pour le demandeur, de l'attaquer par la voie et dans les délais de l'opposition (1).

TITRE IX.

DES EXCEPTIONS.

Généralités.

Comment répond-on à une demande ?

I. Division des défenses. — Défenses proprement dites. — Exceptions. — Intérêt de cette distinction. — On répond à une demande par *des défenses.*

Combien distingue-t-on d'espèces de défenses ?

Les défenses sont de deux sortes, savoir : 1° les *défenses proprement dites* ou les *défenses au fond;* 2° les *exceptions.*

Qu'est-ce qu'une *défense proprement dite ?*

Les *défenses proprement dites* sont les moyens par lesquels le défendeur tend à établir que la demande *n'est point fondée* et qu'ainsi il en doit être absous; ou, ce qui revient au même, les motifs qu'il met en avant pour démontrer que le droit réclamé contre lui n'a jamais existé ou qu'il est éteint.

Une *exception ?*

Les *exceptions* sont les moyens qui, sans attaquer le fond ou le mérite de la demande, tendent à la faire écarter pendant un certain temps ou jusqu'à l'accomplissement de certaines conditions.

Le défendeur qui invoque *une défense* accepte le débat; il entre en lutte avec son adversaire, cherchant à démontrer que sa prétention doit être rejetée faute d'un fondement légitime.

Que si, au contraire, il propose d'abord une *exception*, il refuse d'entrer en lice dès à présent; au lieu de consentir à discuter la prétention élevée contre lui et à la combattre, il soutient qu'il n'est point tenu d'y répondre, soit parce que la qualité de son adversaire l'expo-

(1) Carré, n° 617. — Consultez aussi M. Delzers sur l'article 154.

serait à certains dangers contre lesquels il doit être garanti au préalable (art. 166), soit parce que le tribunal saisi de l'affaire n'est pas celui qui en doit connaître (art. 168), soit parce qu'elle a été irrégulièrement engagée (art. 173), soit enfin parce qu'il est autorisé à en faire différer l'examen pendant un certain temps (art. 174).

Supposons donc qu'une personne soit actionnée en payement d'une somme ou d'une chose dont on affirme qu'elle est débitrice. Soutient-elle que la dette, objet du litige, est *nulle*, *annulable* ou *éteinte*, elle accepte le débat et se défend quant au fond, puisqu'elle tend à démontrer que la demande qu'elle discute, n'ayant aucune espèce de fondement, doit être rejetée. Les moyens qu'elle invoquera pour établir la nullité de la dette (absence d'objet ou d'une cause licite...), son annulabilité (dol, violence, erreur ou incapacité), ou enfin son extinction (payement, novation, compensation, remise de dette...), constitueront des *défenses proprement dites*.

Refuse-t-elle de répondre quant à présent, sous le prétexte, par exemple, qu'elle a été appelée devant un tribunal incompétent, ou que l'exploit introductif de la demande n'est point conforme aux prescriptions de la loi, les moyens qu'elle invoque pour justifier son refus d'entrer en lice et de se défendre, l'incompétence du tribunal saisi ou la nullité de l'ajournement, ne sont que des *exceptions*.

Cette distinction est fort importante. Nous verrons, en effet :

Quel est l'intérêt de cette distinction ?

1° Que, tandis que les *défenses* peuvent être présentées *en tout état de cause*, les exceptions doivent être, à peine de déchéance, proposées *in limine litis* et par conséquent *avant les défenses*. Ainsi le défendeur qui débute par *une défense* est réputé renoncer au bénéfice des exceptions qui peuvent exister à son profit ; il n'en peut plus présenter aucune, sauf ce qui sera dit sous l'article 170.

2° Que les défenses, quand le défendeur en a plusieurs à faire valoir, peuvent être proposées dans l'ordre qu'il lui plaît de choisir, celle-ci avant celle-là, ou celle-là avant celle-ci. Les exceptions, au contraire, devant être présentées dans un ordre hiérarchique tracé par la loi, il en résulte que celles qui, dans cette classification, viennent avant l'exception qui a été proposée, sont couvertes par là même ; il n'est plus permis de les présenter. — Nous reviendrons sur ce point délicat.

3° Que les défenses peuvent être, du moins en général, suppléées par le juge ; quant aux exceptions, c'est la règle inverse qui a lieu.

Combien distinguait-on d'espèces d'exceptions dans notre ancien droit ?

II. Des différentes espèces d'exceptions. — On distinguait dans notre ancienne jurisprudence trois espèces ou classes d'exceptions, savoir :

1° Les *exceptions déclinatoires*, c'est-à-dire celles par lesquelles le défendeur, déclinant la juridiction ou la compétence du tribunal saisi, soutenait qu'il n'était point tenu de se défendre devant ce tribunal.

2° Les *exceptions dilatoires*, ou celles qui tendaient à faire retarder l'examen de la demande pendant un certain temps. Telle était, par exemple, l'exception tirée du délai accordé aux héritiers pour faire inventaire et délibérer (V. l'art. 174).

3° Les *exceptions péremptoires*.

Cette dernière classe se subdivisait elle-même. On distinguait, en effet:

Comment y subdivisait-on les exceptions péremptoires?

1° Les exceptions péremptoires *quant à la forme;*

2° Les exceptions péremptoires *quant au fond.*

Quelle différence y avait-il entre ces deux espèces d'exceptions?

Les exceptions péremptoires *en la forme* étaient celles par lesquelles le défendeur, prétendant que la *procédure* de la demande était vicieuse et irrégulière, demandait à la faire écarter pour cette cause. On les appelait *péremptoires*, de *perimere*, « détruire, » parce qu'elles avaient pour but et pour effet de détruire ou de faire tomber les actes de procédure entachés de nullité.

Les exceptions péremptoires *du fond* étaient celles qui, sans entrer dans le mérite de la demande, tendaient à établir que, le demandeur n'ayant pas le droit de la former, elle devait être écartée sans aucun autre examen. Tels étaient, par exemple, les moyens tirés de la prescription ou de l'autorité de la chose jugée. — Soit une action formée à l'effet d'obtenir le payement d'une dette exigible depuis plus de trente ans : si le défendeur invoquait l'exception de prescription, le tribunal devait déclarer la demande non recevable, encore bien qu'il ne fût point établi qu'elle était injuste et quoique peut-être il eût la conviction que la somme réclamée était réellement due.

Ainsi les exceptions péremptoires *quant à la forme* tendaient simplement à démontrer l'irrégularité ou les vices de la procédure ; les exceptions péremptoires *quant au fond* s'attaquaient au droit lui-même. Dans le premier cas, la procédure reconnue vicieuse tombait, mais le droit engagé au procès, continuant de subsister, pouvait être de nouveau porté en justice. Dans le second, la prétention du demandeur ayant été jugée non recevable, son droit se trouvait par là même détruit, ce qui excluait la faculté d'en faire l'objet d'une demande nouvelle.

Les exceptions péremptoires du fond ressemblaient donc, sous ce rapport, aux *défenses proprement dites*. Cette analogie avait même fait décider que, de même que les défenses, elles pouvaient être proposées *en tout état de cause*, sauf au défendeur à supporter les frais qu'il avait imprudemment occasionnés par ses défenses sur le fond.

Cette subdivision a-t-elle été maintenue? Comment notre Code considère-t-il les moyens que notre ancien droit appelait exceptions péremptoires quant au fond?

Cette doctrine n'a pas été reproduite dans notre Code de procédure. Les exceptions dites *péremptoires du fond*, n'ayant aucun des caractères particuliers aux exceptions, ont été laissées dans la classe des défenses proprement dites. Nous n'avons plus aujourd'hui que les exceptions péremptoires *quant à la forme* (V. l'explic. de l'art. 173).

Quelles exceptions reconnaît-il?

— Notre Code énumère quatre exceptions, savoir :

1° L'exception tirée de l'obligation imposée à l'étranger *demandeur* de donner caution (art. 166). Cette caution est ordinairement désignée sous le nom de *cautio judicatum solvi*. Quelques auteurs l'appellent *caution du jugé* (M. Bonnier, p. 134) ;

2° *Les renvois* ou *les exceptions déclinatoires* (art. 168) ;

3° Les nullités de procédure ou les exceptions *péremptoires quant à la forme* (art. 173) ;

4° Les exceptions *dilatoires* (art. 174 et suiv.).

§ Ier. De la caution judicatum solvi.

I. Du fondement de cette exception ou de son motif. — Les étrangers sont admis à former en France des demandes judiciaires contre les Français (V. les art. 15 et 3 C. N.), mais l'exercice de ce droit est subordonné à une condition : le *Français* assigné par un *étranger* peut, en effet, refuser d'engager aucun débat judiciaire avec lui, tant qu'il ne présente point une personne solvable qui consente à payer, au cas où il ne le fera pas lui-même, les frais et dommages et intérêts auxquels il pourra être condamné. S'il ne veut point ou s'il ne peut pas donner cette garantie, la justice française refuse de l'écouter.

Art. 166 et 167.

Qu'est-ce que l'exception *judicatum solvi ?*

Cette caution s'appelle caution *judicatum solvi*, parce que la personne qui se porte garant de l'étranger assure, par l'engagement qu'elle prend, le payement de ce à quoi il pourra être condamné.

Quant au motif qui sert de fondement à cette garantie que le Français attaqué par un étranger a droit de se faire donner, on le devine sans peine.

Sur quel motif est elle fondée ?

Si la demande formée contre lui est mal fondée, il aura le droit de se faire rembourser les frais faits à sa requête. Si elle est entachée de mauvaise foi, des dommages et intérêts pourront lui être alloués en réparation du préjudice qu'elle lui aura causé. Mais comment se fera-t-il payer si son adversaire, qui, nous le supposons, n'a point d'immeubles en France, vient tout à coup à disparaître ? Comment obtenir l'exécution des condamnations obtenues contre lui ? En saisissant ses biens à l'étranger ? Mais les jugements que rend la justice française ne sont exécutoires qu'en France. Le défendeur qui plaide avec un étranger n'a donc aucune garantie : c'est pour lui en donner une qu'on lui permet d'exiger la *caution judicatum solvi* (V. la formule 36).

II. De l'étendue de l'engagement pris par la caution judicatum solvi. — Elle doit s'engager à payer :

A quoi doit s'engager la caution que présente l'étranger demandeur ?

1° Les frais du procès ;

2° Les dommages et intérêts *qui en résulteront.* Telle est la disposition de l'article 16 du Code Napoléon. L'article 166 du Code de procédure porte que la caution devra prendre l'engagement de payer les dommages et intérêts *auxquels le demandeur pourra être condamné;* mais cette seconde disposition est moins exacte que la première ; car, bien évidemment, si le demandeur est condamné à payer des dommages et intérêts résultant, non point *du procès*, mais d'*une cause antérieure*, cette condamnation restera en dehors de l'engagement de la caution. La loi n'a eu, en effet, d'autre but que de mettre le défendeur à l'abri du préjudice que le demandeur pourrait lui causer dans le cours du procès. On est donc d'accord que les dommages et intérêts que la caution sera tenue de payer comprennent seulement les indemnités allouées au défendeur à raison du préjudice que le demandeur lui aura causé, soit par des injures et vexations qu'il se sera permises pendant le procès, soit par le dérangement qu'il lui aura occasionné dans ses affaires.

L'étranger défendeur peut-il être contraint de donner une caution ?

III. De la distinction faite par la loi entre l'étranger demandeur et l'étranger défendeur. — La caution *judicatum solvi* n'est due que par les *étrangers demandeurs*. Ainsi l'étranger *défendeur* n'est pas obligé de la donner. L'obligation de la fournir, a-t-on dit, apporterait, dans bien des cas, un obstacle insurmontable à la défense, car les étrangers ont souvent de la peine à trouver une personne solvable qui consente à s'obliger pour eux. Or, rien ne serait plus injuste que cette entrave; la défense est de droit naturel (1)!

L'étranger demandeur qui ne se trouve pas dans l'un des cas exceptionnels où il en est dispensé est-il obligé de la donner, quel que soit son rang ou sa dignité ?

Tout étranger demandeur, quel que soit son rang ou sa dignité, peut être contraint de la donner, à moins qu'il ne se trouve dans l'un des cas exceptionnels dont nous parlerons bientôt.

Peu importe qu'il soit demandeur *principal* ou demandeur *intervenant*. Le demandeur *principal* est celui qui engage le procès.

Quid, s'il est demandeur *intervenant?*

Dans quel intérêt peut-il intervenir ?

La caution est-elle due dans ces divers cas ?

Un tiers peut *intervenir* dans un procès de trois manières différentes. Il peut, en effet, s'y présenter, soit dans son intérêt particulier et exclusif, soit dans l'intérêt du demandeur, afin de se joindre à lui et de lui venir en aide, soit enfin dans l'intérêt du défendeur pour l'aider dans sa défense (V. l'explic. de l'art. 339). Dans les deux premiers cas, l'intervenant joue le rôle de *demandeur :* la caution *judicatum solvi* peut être exigée. Il est *défendeur* dans le troisième : il n'y a point lieu à la caution.

L'étranger défendeur doit-il la donner quant aux demandes reconventionnelles qu'il forme dans le cours du procès ?

L'étranger *défendeur* en est affranchi, même en ce qui touche les *demandes reconventionnelles* qu'il peut former, pendant le cours du procès, contre son adversaire. Ces demandes sont, en effet, considérées par la loi elle-même comme *des défenses* à l'action principale (V. à ce sujet p. 32. V. aussi l'explic. de l'art. 464).

Quid, s'il est demandeur en appel après avoir été défendeur en première instance ?

Il n'y est point non plus assujetti lorsqu'ayant succombé comme *défendeur* en première instance, il forme appel contre le jugement qui l'a condamné : son appel n'est, en effet, que *la continuation* de sa défense.

Quid, dans le cas où étant demandeur sans caution en première instance il est encore demandeur en appel ?

Que décider, si étant, en première instance, *demandeur sans caution*, il est encore demandeur en appel? En principe, il ne la doit pas; le défendeur, ne l'ayant pas demandée en première instance, est réputé y avoir renoncé. Il en serait différemment toutefois, si le défendeur ne l'a point requise, parce que le demandeur se trouvait alors dans un cas de dispense qui a cessé depuis (2).

Quid, s'il forme un recours en cassation ou en requête civile, après avoir succombé une première fois comme défendeur ?

L'étranger qui a succombé comme défendeur en première instance et en appel, et qui attaque le jugement par la voie extraordinaire de la requête civile ou du recours en cassation, peut être contraint de la donner, car le premier procès étant *terminé* par le jugement passé en force de chose jugée qui l'a condamné, l'attaque qu'il dirige contre lui constitue une *véritable demande* (3).

(1) Cette raison est bien certainement celle qui a déterminé la loi; mais elle est fort peu démonstrative (Voir mes *Répétitions écrites sur le premier examen du Code Napoléon*, p. 75).

(2) M. Demante, t. I, p. 89; M. Marcadé, sur l'article 16.

(3) M. Demante, *ibid.*

IV. EN QUELLES MATIÈRES ELLE DOIT ÊTRE DONNÉE. — Elle doit l'être en *toutes matières autres que celles de commerce.* Ainsi quelles que soient la modicité de l'affaire et la nature de la demande, qu'elle soit réelle, personnelle ou mixte, de la compétence d'un juge de paix ou d'un tribunal de première instance, d'un tribunal civil ou d'un tribunal criminel, il n'importe, la caution est toujours due. L'étranger qui se porte *partie civile* contre un Français engagé dans un procès criminel est donc tenu de la donner, si l'accusé la requiert.

En quelles matières la caution *judicatum solvi* doit-elle être donnée ?

V. QUELLES PERSONNES ONT LE DROIT DE L'EXIGER. — Elle est due aux défendeurs *français*. Les défendeurs *étrangers* qui ont été admis par le gouvernement à fixer leur domicile en France y ont également droit (art. 13 C. N.).

Quelles personnes ont le droit de l'exiger ?

Ce droit n'appartient-il qu'aux défendeurs français ?

Que décider à l'égard des étrangers ordinaires ? Peuvent-ils, lorsqu'ils sont actionnés en France par un autre étranger, exiger la caution du jugé ?

Quid, quand le procès existe entre deux étrangers ?

Mais, dira-t-on, la question posée est vaine et sans objet. L'étranger assigné en France par un autre étranger peut, en effet, décliner la compétence du tribunal devant lequel il est appelé. Or, s'il peut se couvrir par l'exception *déclinatoire,* qu'a-t-il besoin de l'exception *judicatum solvi ?*

On répond qu'en certains cas les tribunaux sont compétents pour statuer sur les différends engagés même entre étrangers : c'est ce qui a lieu, par exemple, dans les matières *réelles immobilières* (art. 3 C. N.) et dans les matières *criminelles*. Ainsi, lorsqu'un étranger revendique un immeuble situé en France, ou qu'il se porte partie civile dans un procès criminel, les tribunaux peuvent et doivent connaître de sa demande, quelle que soit la qualité du défendeur, fût-il même étranger. Notre question peut donc être utilement posée dans ces divers cas.

Elle peut l'être encore même dans les matières *civiles* et *personnelles*, si l'on suppose qu'au lieu d'user de l'exception déclinatoire qu'il serait en droit d'invoquer, le défendeur accepte la compétence du tribunal devant lequel il a été cité.

Nous pouvons donc la formuler ainsi : l'étranger assigné en France par un autre étranger peut-il, dans le cas où l'exception déclinatoire ne lui est pas ouverte ou lorsqu'il y renonce, invoquer l'exception *judicatum solvi ?*

Affirmative. — Les articles 16 C. N. et 166 C. pr. sont généraux et absolus dans leurs termes : *tout demandeur étranger,* y est-il dit, doit la caution du jugé. Aucune distinction n'est faite au sujet du défendeur. Peu importe donc qu'il soit *étranger* ou *Français.* On ne comprendrait point d'ailleurs qu'après avoir assimilé les étrangers aux Français quant à l'obligation de se défendre en France (art. 3 C. N.), la loi leur eût refusé les garanties qu'elle accorde aux nationaux. Leur retirer ces garanties, c'eût été en quelque sorte leur refuser *le droit* de se défendre en France après leur en avoir imposé *l'obligation,* et par conséquent commettre la plus choquante des contradictions. Ajoutons enfin que les termes généraux des articles 16 C. N. et 166

C. pr. trouvent un nouveau point d'appui dans les errements du passé. Pothier nous apprend, en effet, que, de son temps déjà, l'étranger défendeur était admis au bénéfice de la caution du jugé (1).

Négative. — A défaut d'un traité entre leur gouvernement et le nôtre les étrangers n'ont en France que *les droits civils qui leur sont accordés par une disposition expresse ou implicite de quelqu'une de nos lois* (art. 11 C. N.) (2).

Le droit de se faire donner la caution *judicatum solvi* est une *faveur* tirée de nos lois positives et par conséquent un *pur droit civil*. Cela résulte au reste de la place qu'il occupe dans le Code Napoléon. L'article 16, où il est organisé, appartient, en effet, au chapitre *De la jouissance des* DROITS CIVILS. Aucune loi ne l'accorde aux étrangers : les étrangers n'y peuvent donc point prétendre.

La loi dit, il est vrai, en termes généraux, dans l'article 16 du Code Napoléon, que tout demandeur étranger est obligé de fournir caution ; mais, par sa relation même avec l'article 15, cet article suppose évidemment que le défendeur est *Français*.

Quel a été, d'ailleurs, le but des rédacteurs du Code? Ils ont voulu établir entre les parties plaidantes une sorte d'équilibre ou d'égalité judiciaire. Les Français, étant attachés à la patrie par les mille liens qui les y retiennent, offrent des garanties de domicile, d'établissement et par conséquent de solvabilité, qu'on ne trouve point chez les étrangers. De là pour le défendeur français le droit d'exiger la garantie d'un cautionnement, au cas où son adversaire est un étranger. Or, lorsque le débat est entre deux étrangers, la condition étant égale pour chacun d'eux, la caution *judicatum solvi* n'a plus aucune raison d'être.

Quant à l'argument tiré de l'autorité historique, il est absolument sans valeur. On ne peut pas, en effet, soutenir que les règles de notre ancienne jurisprudence sur ce point ont été maintenues ; car si l'on persistait dans cette donnée, on serait obligé de reconnaître, et personne ne va jusque-là, qu'aujourd'hui encore, de même qu'au temps de Pothier, l'obligation de donner caution est *réciproque entre les parties*, et qu'ainsi cette garantie peut être demandée tout à la fois par chacune d'elles contre l'autre (3).

(1) En ce sens, Merlin, *Rép.*, v° *Caution judicatum solvi*, § 1 ; Carré, sur l'article 166, quest. 702 ; Boitard, t. I, p. 348 ; Boncenne, t. III, p. 183 ; Coin-Delisle, *De la jouissance des droits civils*, sur l'article 16 ; Delvincourt, sur le même article ; Demante, t. I, p. 88 ; Valette sur Proudhon, t. I, p. 157 ; Demangeat sur Félix, *Traité du droit international*, t. I, p. 275. — Voir aussi mes *Répétitions écrites* sur l'article 11 du Code Napoléon.

(2) Si je ne me trompe, la vérité réside dans la proposition inverse : les étrangers ont, en France, tous les droits civils que la loi française ne leur a pas expressément ou implicitement retirés (Voir mes *Répétitions écrites* sur l'article 16 du Code Napoléon).

(3) En ce sens, MM. Duranton, t. I, p. 166 ; Dalloz, *Rép. alph.*, t. XIV

VI. DES EXCEPTIONS AU PRINCIPE QUE L'ÉTRANGER DEMANDEUR DOIT DONNER CAUTION. — Il en est dispensé dans les cas suivants :

Le principe que l'étranger demandeur doit donner caution reçoit-il des exceptions ?

1° *En matière commerciale.* — Les affaires de commerce ont été dispensées de la caution par deux raisons : la première c'est qu'on admet généralement en Europe que les commerçants *sont de tous les pays ;* la seconde c'est que la nécessité de fournir cette garantie aurait entravé le commerce avec les étrangers. Il y aurait eu entrave, en effet, car les étrangers, gênés dans l'exercice du droit de se faire rendre justice en France, n'auraient jamais traité *qu'au comptant* avec des Français (1).

La caution ne peut-elle pas être remplacée par une autre garantie ?

2° *En toute matière, lorsque le demandeur justifie qu'il a en France des immeubles suffisants pour répondre de la somme jusqu'à concurrence de laquelle le tribunal juge que l'intérêt du défendeur doit être sauvegardé.* — Dans ce cas, tout danger disparaît : il est peu probable, en effet, qu'après avoir été condamné, l'étranger prenne le parti d'aliéner à la hâte et par conséquent à vil prix les immeubles qu'il possède en France. Le Français pourrait d'ailleurs, le plus souvent au moins, faire annuler ces aliénations comme étant faites en fraude de ses droits (art. 1167 C. N.) (2

3° A défaut d'immeubles, *lorsqu'il consigne la somme jusqu'à concurrence de laquelle le tribunal estime que l'intérêt du défendeur doit être sauvegardé.*

4° En toute matière, et alors même que l'étranger n'a aucun immeuble en France, *lorsque cette faveur lui a été accordée par un traité passé entre son gouvernement et le gouvernement français* (art. 11, C. N.).

5° Dans tous les cas possibles, *lorsqu'il a été autorisé par le gouvernement français à fixer son domicile en France* (art. 13 C. N.).

§ II. Des renvois.

10e *répétition.*

Art. 168 à 172.

Les *renvois*, dont il est traité sous ce paragraphe, constituent ce que la loi appelle elle-même des *exceptions d'incompétence* (art. 173) ou des *déclinatoires* (art. 83, 424 et 425).

Combien le Code reconnaît-il d'exceptions déclinatoires ?

La loi distingue trois espèces d'*exceptions déclinatoires*, savoir : 1° l'ex-

p. 232 ; Marcadé, sur l'article 16 ; Demolombe, t. I, n° 255 ; Ducaurroy, Bonnier et Roustain, sur l'article 16.

(1) M. Bugnet, à son cours.

(2) L'acte par lequel le tribunal constate la valeur des immeubles et prononce en conséquence la dispense de donner caution n'a point pour effet de les affecter par hypothèque au droit éventuel du défendeur. Le tribunal n'a pas même le droit d'exiger que l'étranger consente sur eux une hypothèque ; car, d'une part, la loi ne l'exige point, et, d'autre part, ce serait en réalité l'astreindre à donner un cautionnement *sui generis,* dans le cas où précisément la loi l'en dispense. Toutefois, le tribunal, étant juge de la question de savoir si la valeur de ces immeubles est ou non suffisante, peut ne les admettre comme suffisants que sous la condition que le demandeur les affectera, par hypothèque, à la sûreté du défendeur (M. Demante, t. I, p. 90).

ception d'*incompétence* (art. 168) ; 2° l'exception de *litispendance* (art. 171) ; 3° l'exception de *connexité* (art. 171).

Quelle différence y a-t-il entre les déclinatoires ou demandes en renvoi pour *cause d'incompétence*, et les demandes en renvoi pour *cause de parenté ou d'alliance ?*

— Les déclinatoires ou renvois pour cause d'*incompétence* ne doivent pas être confondus avec les *renvois* pour cause de *parenté et d'alliance*, dont il est traité dans les articles 368 à 377.

Lorsque le renvoi est demandé pour cause de parenté ou d'alliance (art. 368), le tribunal, s'il reconnaît que la demande est fondée, ne se borne point à déclarer *qu'il ne statuera pas sur l'affaire qui a été portée devant lui; il la renvoie, en l'état où elle se trouve, devant un autre tribunal qu'il désigne lui-même* (art. 373). Ainsi l'action subsiste, les procédures qui ont eu lieu sont maintenues. La cause, en un mot, passe, entamée et toute liée, du tribunal saisi au tribunal qu'il indique pour la continuer.

Dans l'hypothèse des déclinatoires, au contraire, rien de semblable n'a lieu. Ainsi lorsqu'une exception d'incompétence est jugée fondée, le tribunal saisi de l'affaire ne la renvoie point *devant un autre tribunal;* car, en principe, et sauf l'exception admise par l'article 373 que nous venons de citer, un tribunal n'a pas le droit d'appeler un autre tribunal à statuer sur l'affaire dont il se dessaisit. Il se borne donc à déclarer qu'étant incompétent pour la juger il n'en connaîtra pas, sauf au demandeur à la porter, s'il lui convient d'y donner suite, *devant qui de droit*. Les choses se passent alors comme si l'action n'avait pas été intentée; la procédure, étant regardée comme vicieuse, est annulée. Un nouvel ajournement est par conséquent nécessaire pour saisir le tribunal devant lequel l'affaire sera portée. — Notons toutefois qu'en ce qui touche *l'interruption de prescription*, le premier ajournement, bien que mis à néant sous tout autre rapport, est encore considéré comme subsistant (art. 2246 C. N.).

Ainsi c'est fort inexactement que les exceptions déclinatoires sont comprises sous l'expression générique de *renvois*. Conservons-leur le nom qui leur convient et appelons-les désormais des *déclinatoires*.

Combien la loi reconnaît-elle d'espèces d'incompétence?

I. Du déclinatoire pour cause d'incompétence. — La loi reconnaît deux espèces d'incompétence, l'incompétence *ratione materiæ* et l'incompétence *ratione personæ*.

Qu'est-ce que l'incompétence *ratione materiæ ?*

Un tribunal est incompétent *ratione materiæ* lorsque l'affaire dont il est saisi a été placée par la loi dans les attributions d'un tribunal *d'un autre ordre*, comme lorsqu'une affaire placée dans la juridiction d'un tribunal de paix ou de commerce est portée devant un tribunal de première instance, ou réciproquement. En d'autres termes, l'incompétence est *ratione materiæ* lorsque la cause est, *par sa nature*, hors des attributions du tribunal saisi.

L'incompétence *ratione personæ ?*

Un tribunal est incompétent *ratione personæ*, lorsque le différend porté devant lui a été attribué à un tribunal *du même ordre*, lors, en un mot, qu'il en pourrait connaître, abstraction faite *du domicile du défendeur* ou *de la situation de l'objet litigieux*. Supposons donc qu'une action placée dans les attributions des tribunaux de première instance ait été portée devant un tribunal *de cette catégorie :* ce tribunal sera bien compétent *ratione materiæ*, mais il pourra arriver qu'il ne le soit pas *ratione personæ*. C'est ce qui aura lieu si l'action, étant *personnelle*, a été portée devant un tribunal *autre que celui du domicile du défendeur*, ou si, étant *réelle immobilière*, elle a été portée devant un tribunal *autre que celui de la situation de l'objet litigieux* (V. p. 43 et 44).

L'incompétence *ratione materiæ*, se rattachant directement à l'attribution des pouvoirs entre les divers tribunaux, est *essentiellement d'ordre public*; les parties n'y peuvent donc point déroger par leurs arrangements particuliers (art. 6 C. N.). C'est vainement qu'elles consentent à rester en cause devant le tribunal saisi : quoi qu'elles fassent, l'incompétence dont il est frappé subsistant, il ne lui est point permis d'accepter la juridiction dont elles offrent de l'investir.

L'incompétence *ratione materiæ* peut-elle être couverte par le silence des parties?

L'incompétence *ratione personæ*, au contraire, a été principalement instituée *dans l'intérêt particulier du défendeur*. Aussi y peut-il renoncer soit expressément, soit même tacitement, en acceptant le débat devant le tribunal saisi.

Quid, quant à l'incompétence *ratione personæ*?

— Cette donnée explique les différences que nous avons à signaler entre ces deux espèces d'incompétence.

Quelles différences séparent ces deux espèces d'exceptions?

1° L'incompétence *ratione materiæ*, ne pouvant pas être effacée ou couverte par le consentement exprès ou tacite des parties, peut être proposée *en tout état de cause*, c'est-à-dire pendant toutes les phases du procès. — L'incompétence *ratione personæ*, au contraire, doit l'être, sous peine de déchéance, *in limine litis*, c'est-à-dire *avant toutes autres exceptions* et, à bien plus forte raison, *avant toute défense*. Lors donc qu'au lieu de l'opposer dès le principe, le défendeur propose soit une autre exception, soit une défense, la loi présume qu'il consent à rester en cause devant le tribunal saisi et qu'ainsi il renonce au bénéfice de l'exception déclinatoire dont il pourrait se prévaloir.

A quel moment de l'instance peuvent-elles être proposées?

2° L'incompétence *ratione materiæ*, étant d'ordre public, peut être invoquée aussi bien par le *demandeur* que par le *défendeur*. — L'incompétence *ratione personæ* ayant été introduite dans l'intérêt exclusif du défendeur, lui seul a qualité pour l'invoquer.

Par qui peuvent-elles l'être?

3° L'incompétence *ratione materiæ* doit être prononcée d'*office* par le tribunal ou sur la réquisition du ministère public, lorsque les parties, soit par ignorance de leur droit, soit par toute autre cause, ne l'invoquent point. Ainsi il ne lui est point permis, même en présence de leur silence, de rester saisi de l'affaire qui a été portée devant lui. — Il n'en est point de même dans l'hypothèse de l'incompétence *ratione personæ*. Si le défendeur garde le silence, le tribunal n'est point sans doute tenu de garder l'affaire et de la juger; il peut, s'il le juge à propos, et dans l'intérêt même de ses propres justiciables, refuser de s'occuper du différend que la loi a placé dans la juridiction du tribunal d'un autre ressort : il le *peut*, mais il n'y est *pas obligé* (arg. *à contrario*, tiré de l'art. 7).

Peuvent-elles être prononcées d'office?

II et III. Du déclinatoire pour cause de litispendance et de connexité. — Il y a *litispendance* lorsque deux demandes ont été formées pour le même objet, la même cause, entre les mêmes parties, devant deux tri-

Quand y a-t-il *litispendance*?

bunaux, ou, ce qui revient au même, lorsque l'affaire dont un tribunal est saisi est déjà pendante devant un autre tribunal.

Connexité ?

Il y a *connexité* lorsque deux affaires, non *identiques* entre elles, mais liées ensemble par un rapport intime et nécessaire, sont portées devant deux tribunaux.

Je vous ai assigné devant le tribunal de votre domicile ordinaire en payement d'une somme de... dont je prétends être votre créancier. Pendant l'instance, je meurs, et mon héritier, qui n'a point connaissance de la demande que j'ai formée contre vous, vous assigne devant le tribunal du domicile par vous élu pour faciliter l'exécution du contrat qui vous a constitué mon débiteur (V. p. 50). — Ces deux demandes ont le même objet; elles sont fondées sur la même cause et formées entre les mêmes parties; l'identité la plus parfaite existe entre elles. C'est le cas de la *litispendance*.

Je vous ai assigné en délivrance d'un immeuble que vous m'avez vendu ; ma demande a été portée devant le tribunal de la situation de l'immeuble. De votre côté, vous m'assignez devant le tribunal de mon domicile en payement du prix de vente. — Il n'y a point identité entre ces deux demandes, puisqu'elles ont chacune un objet différent; mais il existe entre elles un rapport si étroit, une affinité si intime que le jugement de l'une influera nécessairement sur le jugement de l'autre. C'est le cas de la *connexité*. Veut-on un autre exemple? Nous pouvons le tirer de notre première espèce, mais en la modifiant. J'ai formé contre vous devant le tribunal de votre domicile ordinaire une demande en payement d'une somme que je dis vous avoir prêtée; pendant l'instance, je vous assigne devant le tribunal de votre domicile d'élection, en payement des intérêts de cette somme: ces deux demandes, ayant chacune un objet différent, l'une un *capital*, l'autre des *intérêts*, ne sont point identiques, mais il existe certainement entre elles une étroite *connexité*.

Quid, quand il y a litispendance ou connexité ?

Dans ces divers cas, si les parties étaient obligées de plaider devant les deux tribunaux qui ont été saisis, il en résulterait un double inconvénient. D'abord on aurait deux instances, deux instructions, ce qui doublerait les frais. Ensuite, on aboutirait peut-être à deux décisions contradictoires et exclusives l'une de l'autre, ce qu'il importe d'éviter dans l'intérêt même de la dignité de la justice. De là, la faculté accordée aux parties de demander leur *renvoi*.

Lequel des deux tribunaux doit se dessaisir ?

Devant lequel d'entre eux doit être proposée l'exception de litispendance ou de connexité ?

Quelles différences y a-t-il entre les déclinatoires pour *cause d'incompétence*, et les déclinatoires pour cause de *litispendance* ou de *connexité ?*

C'est au tribunal saisi le second à se dessaisir ; c'est, par conséquent, devant lui que doit être formée l'exception de litispendance ou de connexité. S'il l'admet, il ne se borne point, comme dans le cas du déclinatoire *pour cause d'incompétence*, à se déclarer désinvesti de la cause, sauf aux parties à se pourvoir *devant qui de droit :* il doit la renvoyer spécialement devant le tribunal qui en a été saisi le premier. L'exception de litispendance ou de connexité constitue donc, à la différence de l'exception d'incompétence, *une demande en renvoi* proprement dit.

Ce n'est pas, au reste, la seule différence que nous ayons à signaler. Nous avons vu : 1° que l'exception d'incompétence *ratione personæ* doit être, sous peine de déchéance, proposée *in limine litis;* 2° que l'incompétence *ratione materiæ* peut l'être *en tout état de cause*, et que même elle peut être appliquée d'*office* par le tribunal (V. p. 161). La loi ne dit rien de semblable des exceptions de litispendance ou de connexité. En effet, l'article 171, qui les règle, porte simplement que le renvoi pourra être *demandé* et ordonné. Mais à quel moment devra-t-il être demandé? S'il est demandé, le tribunal devra-t-il l'ordonner? Si les parties ne le demandent point, le tribunal devra-t-il le prononcer d'office? Sur ces divers points, la loi est restée absolument muette. On en a conclu :

1° Que la règle suivant laquelle les exceptions d'incompétence *ratione personæ* doivent être, sous peine de déchéance, présentées *in limine litis*, ne s'applique point aux exceptions de litispendance et de connexité. Les *déchéances*, a-t-on dit, ne se suppléent point. D'ailleurs il arrive souvent que la litispendance et, surtout, la connexité, au lieu d'apparaître tout d'abord, ne se révèlent aux parties que dans le cours des débats, auquel cas toute justice serait ouvertement violée si la règle dont il vient d'être parlé devait recevoir son application.

2° Qu'au cas où le renvoi n'est pas demandé, le tribunal *peut* l'ordonner d'office, mais qu'il n'y est point *obligé*. La loi s'en rapporte à sa sagesse. Qu'on suppose, par exemple, que l'affaire soit très-avancée devant le second tribunal, tandis qu'elle n'est guère qu'à son début devant le premier : il importera alors que le second tribunal reste saisi et vide le procès par un jugement immédiat. Dans l'hypothèse inverse, le renvoi vaudrait mieux. Tout dépend donc des circonstances (1).

L'exception de litispendance se confond-elle avec l'exception d'incompétence?

— Un dernier point nous reste à régler. Il semble, au premier abord, que l'exception de *litispendance* se confond avec l'exception d'*incompétence* et qu'ainsi elle est inutile. Lors, en effet, qu'une affaire déjà pendante devant un tribunal est portée devant un autre tribunal, l'un de ces deux tribunaux, dira-t-on, est incompétent pour en connaître : dès lors à quoi bon recourir à l'exception de litispendance? On ne le peut même pas, si l'un des deux tribunaux est incompétent *ratione materiæ!*

Cette difficulté n'est qu'apparente. Il est bien vrai qu'en principe et dans la plupart des cas l'un des deux tribunaux qui auront été saisis de la même affaire pourra être écarté pour cause d'incompétence; mais comme certaines affaires admettent une compétence double, il peut arriver que la même demande soit portée devant deux tribunaux compétents. C'est ce qui a lieu, par exemple :

Peut-il arriver que la même demande soit formée devant deux tribunaux compétents?

1° Dans le cas d'élection de domicile par un débiteur : — il peut, en effet, être assigné devant le tribunal de son domicile ordinaire ou devant celui de son domicile élu (V. p. 49 et 50);

2° En matière personnelle ou mobilière, lorsqu'il existe plusieurs défendeurs domiciliés dans des arrondissements différents : — les tri-

(1) En ce sens, Boitard, t. I, p. 363; M. Bonnier, p. 162 et 163.

bunaux placés dans ces divers arrondissements sont, en effet, tous également compétents (art. 59);

3° En matière *immobilière mixte :* — deux tribunaux sont encore compétents, le tribunal de la situation de l'immeuble et celui du domicile du débiteur (art. 59).

Dans ces divers cas, si l'affaire est portée concurremment devant les tribunaux qui en peuvent connaître, l'exception d'incompétence faisant défaut, le défendeur recourra alors à l'exception de litispendance.

Si l'un des tribunaux saisis est incompétent, l'exception de litispendance peut-elle être utile, même dans ce cas ?

Remarquons enfin qu'alors même que l'un des deux tribunaux qui ont été saisis serait incompétent, l'exception de litispendance pourra encore être utile : elle deviendra précieuse, en effet, si on suppose, d'une part, qu'il s'agit d'une incompétence *ratione personæ* et, d'autre part, que l'exception qui en résulte est couverte faute d'avoir été proposée *in limine litis* (1).

Comment se proposent les exceptions d'incompétence, de litispendance et de connexité ?

Comment doivent-elles être jugées ?

— Les exceptions d'incompétence, de litispendance et de connexité sont formées par une requête (V. la formule 57). C'est aussi par une requête en défense qu'elles sont discutées (art. 75 du tarif).

— Elles doivent être jugées *sommairement*. Ce qui ne veut point dire qu'elles soient des *matières sommaires;* car dans les affaires *sommaires* proprement dites les requêtes dont nous venons de parler ne sont point admises (V. les art. 404 et suiv.). Lors donc que la loi déclare qu'elles devront être jugées *sommairement*, elle entend simplement dire qu'elles devront l'être avec célérité. C'est un simple conseil qu'elle donne aux juges (2).

Peuvent-elles être réservées et jointes au principal ?

Le tribunal peut-il, quand il les écarte, passer immédiatement après au jugement du fond ?

— Elles ne peuvent être ni *réservées* ni *jointes au principal*. Ainsi le tribunal auquel une exception est soumise ne peut point, refusant de s'en occuper dès à présent, la joindre au fond, afin de statuer sur le tout par un seul jugement : il doit la juger avant de passer à l'examen du fond. Bien plus, et à supposer qu'il l'écarte, un délai de huitaine au moins devra s'écouler entre sa décision et le jugement à intervenir sur le principal. Les jugements qui statuent sur une question d'incompétence sont, en effet, susceptibles d'appel dans tous les cas (art. 454), et il est de principe qu'un jugement qui peut être attaqué par la voie de l'appel ne doit pas être mis à exécution tant qu'il ne s'est pas écoulé huit jours depuis sa prononciation (art. 450). Ajoutons qu'on ne pourra plaider au fond, qu'autant que le jugement qui aura rejeté l'exception aura été préalablement signifié à avoué (art. 147).

(1) Lorsque deux tribunaux sont saisis de la même affaire ou de deux affaires connexes, les parties peuvent, à leur choix, recourir à l'exception de litispendance ou de connexité, ou prendre la voie *du règlement de juges* (V. l'explic. des articles 363 et suiv.).

(2) Boitard, p. 364 et 365.

§ III. Des nullités.

Art. 173.

Quelles sont les nullités dont s'occupe la loi sous ce paragraphe ?

Les nullités qui font l'objet de ce paragraphe sont celles dont peut être entaché l'exploit d'ajournement ou tout autre acte de procédure, tel, par exemple, qu'une enquête, une expertise.

Les nullités dont l'exploit est entaché peuvent-elles être couvertes?

I. DES NULLITÉS DE L'EXPLOIT D'AJOURNEMENT. — Ces nullités ont été introduites dans l'intérêt privé du défendeur : il peut donc y renoncer expressément ou même tacitement. Lorsqu'il y renonce, on dit qu'elles sont *couvertes*.

Il y renonce tacitement et, par conséquent, elles sont couvertes, lorsqu'au lieu de s'en prévaloir tout d'abord, il passe outre et aborde le fond même du débat. Elles doivent donc, sous peine de déchéance, être proposées *in limine litis* (V. la formule 38). Point de difficulté à cet égard.

Quand doivent-elles être proposées?

Sont-elles également couvertes par la comparution du défendeur?

Mais on s'est demandé si elles sont également couvertes *par la comparution* du défendeur. Sur ce point une distinction a été proposée. Si l'exploit, a-t-on dit, n'est point daté, s'il ne contient point l'objet de la demande ou les motifs sur lesquels elle est fondée, la partie assignée peut, *même après sa constitution d'avoué*, se prévaloir de ces omissions. Mais si la formalité oubliée ou mal accomplie avait uniquement pour objet d'assurer la remise fidèle de l'exploit ; si, par exemple, ce dernier ne contient point exactement les noms et la demeure de la partie assignée, ou s'il n'indique point la personne à laquelle il a été remis, *la comparution de la partie* démontrant virtuellement qu'il lui est parvenu, la nullité dont il était entaché perd alors toute raison d'être.

Cette distinction n'a point prévalu. On a dû la rejeter par une raison bien simple. Si la comparution devait avoir pour effet de couvrir les nullités relatives à la remise de l'assignation, le défendeur mal assigné ne manquerait jamais de se laisser condamner par défaut, sauf à prétendre plus tard que, l'exploit ne lui étant point parvenu, toutes les procédures et poursuites qui ont eu lieu contre lui sont nulles et, par conséquent, à la charge du demandeur, et, comme alors il se garderait bien de montrer la copie qui lui a été remise, son opposition devrait forcément réussir. Il vaut assurément mieux qu'il comparaisse et qu'il puisse, nonobstant la réception de l'ajournement, se prévaloir des omissions dont il est entaché. La loi d'ailleurs ne distingue point.

Quand doivent être proposées les nullités dont sont entachés les actes de procédure autres que l'exploit?

II. DES NULLITÉS DES ACTES DE PROCÉDURE AUTRES QUE L'EXPLOIT. — Ces nullités se rattachant à des actes faits *pendant le cours de l'instance*, il n'est point possible, sans doute, de les proposer *in limine litis;* mais le principe subsiste en ce sens qu'elles doivent être présentées avant de discuter le mérite de l'acte où elles se rencontrent, c'est-à-dire avant de contester les conséquences légales que le demandeur en prétend tirer. Ainsi, lorsqu'une enquête ne réunit point les conditions prescrites pour sa validité, la nullité dont elle est entachée serait couverte, si le défendeur, au lieu de la proposer tout d'abord, s'avisait d'aborder au fond l'examen des dépositions.

La règle que les nullités doivent être proposées *in limine litis* est-elle applicable à toute espèce de nullités?

— Nous venons de voir que les exceptions de nullité doivent être, sous peine de déchéance, proposées *in limine litis;* mais remarquons que cette règle ne regarde que les nullités dont les exploits ou autres actes de procédure sont entachés et qu'ainsi elle ne régit point :

1° Les nullités résultant de l'inobservation des formes prescrites par le Code Napoléon pour la validité de l'acte qui sert de fondement à la demande. Si nous supposons, par exemple, une donation faite par acte sous seing privé, ou même par acte notarié, mais non revêtu de toutes les formes prescrites pour sa perfection, le moyen tiré de cette irrégularité ne constitue pas *une exception de procédure :* c'est une *défense* proprement dite. Le défendeur pourra donc le proposer en tout état de cause.

2° Les nullités tirées *du défaut de qualité* du demandeur. Ainsi une demande a-t-elle été formée par une personne incapable d'ester en justice, par exemple, par un mineur non émancipé, le défendeur peut la faire écarter, et il est admis à l'exercice de ce droit pendant tout le cours de l'instance. A-t-elle été formée par une personne capable de plaider par elle-même, mais sous certaines conditions prescrites par la loi, le défendeur pourra bien, en l'absence de ces conditions, — et il le pourra en tout état de cause, — se prévaloir de l'irrégularité qui en résulte, mais au lieu d'écarter l'action, le tribunal accordera au demandeur un délai pour la régulariser. Soit, par exemple, une demande formée par un mineur émancipé, mais non assisté de son curateur : point de doute que le défendeur ne puisse légitimement refuser d'engager ou de continuer le débat en l'absence du curateur; mais s'il use de son droit à cet égard, la demande, au lieu d'être annulée, restera suspendue et en l'état où elle se trouve jusqu'à ce que le curateur vienne la régulariser par sa présence (1).

Sous quels rapports les exceptions de nullité diffèrent-elles des exceptions déclinatoires?

— Les exceptions de nullité diffèrent, sous plusieurs rapports, des exceptions déclinatoires :

1° L'incompétence, quand elle est *ratione materiæ*, peut être proposée en tout état de cause et même prononcée d'office par le tribunal. — Les nullités doivent toujours être proposées *in limine litis*, et le tribunal ne peut jamais les suppléer d'office, au moins dans les causes contradictoires (2).

2° Les exceptions déclinatoires ne peuvent être *réservées ni jointes au principal* (V. p. 164). — Cette prohibition n'a pas été étendue aux exceptions de nullité. Le tribunal peut donc les joindre au fond et statuer sur le tout par un seul jugement (3).

3° Lorsqu'une exception d'incompétence a été proposée et admise, toute la procédure, y compris l'exploit, est par là même annulée.

(1) M. Rodière, t. I, p. 56.

(2) En est-il de même lorsque le défendeur fait défaut? M. Bonnier enseigne la négative (p. 165).

(3) Lors du moins que le défendeur a conclu à *toutes fins*, c'est-à-dire sur la nullité d'abord, et subsidiairement sur le principal. Il en serait différemment, suivant quelques auteurs, dans le cas contraire (V. Bioche, v° *Exception*, n° 176).

Toutefois, bien qu'annulé, l'exploit conserve son effet interruptif de la prescription (V. p. 74, n° VII). — Il n'en est plus de même lorsque l'exploit est écarté par suite d'un défaut de formes. Dans ce cas, l'interruption de la prescription se trouve elle-même effacée (art. 2246 et 2247 C. N.). Ainsi la péremption de l'instance, quand elle est fondée sur l'incompétence du tribunal, ne porte aucune atteinte au fond du droit; la demande peut toujours être renouvelée. Lors, au contraire, que l'annulation de la procédure vient d'un vice de forme, la prescription ayant continué de courir, nonobstant la notification de l'exploit, il se peut que le droit qui faisait le fondement de la demande soit lui-même éteint. Dans ce cas la péremption de l'instance emporte implicitement la péremption du droit de renouveler la demande.

Quel effet produit l'exception de nullité quand elle est admise?

§ IV. Des exceptions dilatoires.

La loi ne donne la qualification d'exception *dilatoire* qu'à deux exceptions seulement.

Combien la loi reconnaît-elle d'exceptions *dilatoires* ?

La première a trait aux délais accordés à l'héritier (1) pour faire inventaire et délibérer (art. 174).

La seconde est relative aux délais que le défendeur a le droit d'obtenir à l'effet de mettre un garant en cause (art. 175 à 185).

Ces deux exceptions ont pour objet direct et avoué l'obtention d'un délai. Elles ont donc pour effet de retarder, de différer, pendant un certain temps, l'examen de la demande. C'est pour cela qu'on les appelle *dilatoires*.

Mais, dira-t-on, n'est-ce point le propre de toute exception de *retarder pendant un certain temps la marche d'un procès?* Toute exception, quelle que soit sa nature, est donc *dilatoire!*

Toutes les exceptions n'ont-elles point pour effet *de retarder pendant un certain temps la marche du procès?*

L'observation est juste. Mais remarquez la différence! Dans les exceptions que la loi appelle *dilatoires*, le défendeur sollicite ouvertement et directement l'obtention d'un délai. Dans les autres exceptions, au contraire, le défendeur conclut à tout autre chose. Propose-t-il l'exception *judicatum solvi :* c'est une garantie qu'il réclame; l'exception *déclinatoire :* il demande son renvoi devant qui de droit; l'exception de nullité : il conclut à l'annulation de l'exploit ou d'un acte de procédure. Dans ces divers cas, il gagnera du temps, sans doute, puisque dans le premier, l'affaire sera suspendue jusqu'à ce que la caution qu'il demande lui soit fournie, et, que dans les deux autres, un nouvel exploit sera nécessaire pour recommencer le procès, ce qui donnera lieu à de nouveaux délais dont il profitera. Mais le répit qu'il obtient par cette voie n'a pas été le but *direct* et *avoué* de son exception : ce n'est que par voie de conséquence, indirectement et comme un effet secondaire, qu'il en résulte.

Toutes les exceptions sont donc *dilatoires?*

Nous dirons donc, en partant de cette donnée, que les exceptions *dilatoires proprement dites* sont celles *qui ont pour objet direct et avoué l'obtention d'un délai.*

Par quel côté les exceptions dilatoires proprement dites se distinguent-elles donc des autres exceptions?

(1) Ou à une femme veuve ou séparée de biens, assignée comme commune.

Art. 174.

Lorsqu'une succession est ouverte, comment les choses se passent-elles entre l'héritier et les créanciers ?

I. DES DÉLAIS POUR FAIRE INVENTAIRE ET DÉLIBÉRER. — Une succession est ouverte : comment les choses vont-elles se passer entre l'héritier et les créanciers du défunt? A cet égard plusieurs distinctions sont nécessaires.

1° Deux délais sont accordés à l'héritier, savoir, trois mois pour faire l'inventaire des forces de la succession, et quarante jours pour délibérer sur le parti qu'il lui importe de prendre. Si l'inventaire a été fait avant les trois mois, les quarante jours courent du jour qu'il a été parachevé; dans le cas contraire, ils ne commencent à courir qu'à partir de l'expiration des trois mois.

S'il justifie que l'inventaire n'a pu être fait dans les trois mois, il peut s'adresser à la justice, qui alors lui accordera un délai convenable pour le faire et quarante jours pour délibérer, ce qui sera jugé sommairement(V. la formule 39).

Les créanciers peuvent-ils l'actionner immédiatement ?

S'ils l'actionnent, est-il obligé de leur répondre ?

Quels délais lui accorde-t-on ?

Pendant ces délais les créanciers dont la créance est exigible peuvent valablement l'actionner; mais, comme il n'est pas encore en demeure de prendre qualité, il n'est pas obligé de leur répondre et d'entrer en lutte avec eux. Il peut donc recourir à l'exception dilatoire introduite en sa faveur et demander qu'il soit sursis à l'examen de la demande jusqu'à l'expiration des délais dont il vient d'être parlé (V. la formule 40).

Quel intérêt les créanciers peuvent-ils avoir à l'actionner avant l'expiration de ces délais ?

Mais, dira-t-on, s'il en est ainsi, si l'action peut être paralysée pendant ce temps, quel intérêt les créanciers ont-ils à l'intenter dès à présent ? Au premier abord, il semble qu'ils n'en ont aucun, mais ce n'est qu'une fausse apparence. L'exception dilatoire, remarquons-le bien, n'a point pour effet de faire tomber la demande en annulant l'ajournement; elle en retarde seulement l'examen. La demande, valablement formée dès le principe, subsiste donc pour reprendre son cours ordinaire aussitôt que le délai de l'exception sera expiré. Dès lors tous les effets qu'elle avait produits (V. p. 74), et notamment son effet interruptif de la prescription, sont, comme elle, subsistants.

Quid, si l'héritier, étant encore dans les délais, accepte ?

— Si l'héritier, étant encore dans les délais, accepte soit purement et simplement, soit sous bénéfice d'inventaire, l'examen de la demande, un instant suspendu, commence alors et suit son cours ordinaire.

Quid, s'il renonce ?

Que si, au contraire, il renonce, il se dégage de l'action intentée contre lui; il s'efface du procès, mais la demande subsiste contre la succession avec tous les effets qui lui sont propres. L'instance continuera donc soit avec le nouvel héritier qui se présentera, soit, s'il ne s'en présente aucun, avec un curateur que le demandeur aura le droit de faire nommer.

Quid, s'il laisse passer les délais sans prendre aucun parti ?

— Il se peut que l'héritier ait laissé passer, sans prendre aucun parti, les délais dont il jouit. L'action étant alors affranchie de l'exception dilatoire qui la paralysait, l'héritier sera condamné comme héritier pur et simple, s'il ne s'empresse de renoncer ou d'accepter sous bénéfice d'inventaire.

Peut-il, même après l'expiration des délais, accepter sous bénéfice d'inventaire ?

Cela suppose que l'expiration des délais n'entraîne point la déchéance du droit d'accepter sous bénéfice d'inventaire. La loi, en effet, en fait la remarque. L'héritier, est-il dit dans notre article 174, conserve, même après l'expiration des délais ci-dessus accordés, la faculté de faire encore inventaire et de se porter héritier bénéficiaire, s'il n'a point fait d'ailleurs acte d'héritier ou s'il n'existe pas contre lui de jugement passé en force de chose jugée qui le condamne en qualité d'héritier pur et simple.

Quelle différence y a-t-il donc entre l'héritier qui est et l'héritier qui n'est plus dans les délais?

Ainsi l'héritier est-il encore dans les délais, il n'est point tenu de prendre qualité et de répondre au demandeur. N'y est-il plus, il peut encore accepter sous bénéfice d'inventaire ou renoncer; mais il faut qu'il se hâte, car alors, la demande suivant son cours ordinaire contre lui, une condamnation pourra intervenir et, si elle intervient avant qu'il se soit prononcé, la loi le réputera dès ce moment héritier pur et simple (V. à ce sujet l'explic. des art. 795 et suiv. C. N.).

— Si l'héritier renonce pendant les délais, tous les frais auxquels ont donné lieu les demandes formées contre lui demeurent à la charge de la succession. Que si, au contraire, sa renonciation n'intervient qu'après les délais expirés, les mêmes frais devront être par lui supportés sans aucun recours contre la succession (art. 799 C. N.).

Qui supporte les frais des demandes formées contre lui?

Art. 175.

II. Des délais accordés au défendeur pour appeler un garant en cause ou de l'exception de garantie. — 1° *Ce que c'est que la garantie.* — La garantie est, dans un sens général, l'obligation dont une personne est tenue envers une autre de la mettre à l'abri d'un préjudice dont elle est menacée et de l'indemniser si elle n'y réussit point. On appelle *garant* la personne tenue de cette obligation, *garanti* la personne envers laquelle elle existe.

Qu'est-ce que la garantie?

Qu'est-ce qu'un garant, un garanti?

Plaçons-nous, par exemple, dans l'hypothèse d'une vente : le vendeur, étant tenu de mettre l'acheteur à l'abri de toute éviction (art. 1625 C. N.), doit le défendre contre toute action réelle qui pourra être intentée contre lui et l'indemniser, s'il ne parvient point à la faire écarter, du dommage qu'elle lui aura causé. Cette obligation s'appelle *garantie*. Le vendeur est le *garant*, l'acheteur le *garanti*.

Prenons maintenant l'hypothèse d'un *cautionnement* : le débiteur principal, c'est-à-dire la personne cautionnée, doit mettre la caution à l'abri des poursuites du créancier, la défendre contre la prétention de ce dernier, ou l'indemniser s'il n'y parvient point. La caution est le *garanti*, le débiteur principal le *garant*.

Nous devons ici mettre le lecteur en garde contre une confusion à laquelle peut donner lieu le double sens qu'ont dans notre droit les mots *garant* et *garanti*. On vient de voir que dans l'hypothèse d'un cautionnement le débiteur principal joue le rôle de *garant*, la caution celui de *garanti*. Or, sous un autre rapport, les mêmes rôles sont précisément intervertis : la caution est le *garant*, le débiteur principal le *garanti*. La caution, en effet, est le *garant* du débiteur, puisqu'elle a, répondant de lui, garanti au créancier le payement de la dette; par contre, le débiteur principal se trouve être le *garanti*. Tout dépend donc du point de vue auquel on se place. Si on considère le cautionnement en lui-même et par rapport à son objet, la caution

La même personne ne peut-elle pas être à la fois un garant et un garanti?

est le *garant*, le débiteur principal le *garanti*. Que si, au contraire, on l'envisage au point de vue de la procédure, c'est-à-dire sous le rapport de l'exception à laquelle il peut donner lieu, le débiteur principal est le *garant*, la caution le *garanti* (1).

La demande en garantie est-elle toujours formée par le défendeur à la demande originaire ?

2° *Par qui la demande en garantie peut être formée.* — Le plus ordinairement la demande en garantie est formée par le défendeur à l'action originaire. Cependant il n'est pas impossible que le demandeur originaire soit en même temps demandeur en garantie. C'est ce qui a lieu, par exemple, dans les espèces suivantes. Vous m'avez vendu une créance de 1,000 francs, que vous prétendiez avoir contre Paul. J'assigne ce dernier en payement de la somme cédée. S'il nie sa dette, je pourrai vous appeler en cause et vous mettre en demeure de m'aider dans ma poursuite (art. 1693 C. N.). Je serai alors tout à la fois demandeur originaire et demandeur en garantie. — Vous m'avez vendu un immeuble avec déclaration qu'une servitude existe à son profit sur un fonds voisin : si le propriétaire de ce fonds s'oppose à l'exercice de cette servitude, je pourrai agir contre lui par action principale et contre vous par action incidente en garantie.

Combien la loi distingue-t-elle d'espèces de garanties ?

3° *Des différentes espèces de garantie.* — Il y a deux espèces de garanties, la *formelle* et la *simple*.

La première a lieu dans les actions *réelles*, la seconde dans les actions *personnelles*.

Qu'est-ce que la garantie *formelle* ?

La garantie *formelle* est donc l'obligation où se trouve une personne d'en défendre une autre contre une action *réelle*. Ainsi est *formelle* la garantie dont est tenu un vendeur envers son acheteur, au cas où ce dernier est, en sa qualité de détenteur de la chose vendue, inquiété par un tiers qui la réclame comme sienne ou qui affirme avoir sur elle quelque démembrement du droit de propriété ou un droit d'hypothèque.

La garantie *simple* ?

La garantie *simple* est l'obligation où se trouve une personne d'en défendre une autre contre une action *personnelle*. Telle est la garantie dont est tenu le débiteur principal envers sa caution, au cas où elle est actionnée par le créancier (V. p. 169).

Quel est l'intérêt de cette distinction ?

— Dans la garantie *formelle* le garant peut prendre *le fait et cause* du garanti, c'est-à-dire prendre sa place au procès. Ce point sera plus tard expliqué dans tous ses détails (V. p. 175 l'explic. des art. 182, 183 et 185).

Quelles sont les différentes manières d'exercer l'action en garantie ?

4° *Des différentes manières dont peut s'exercer la garantie.* — La garantie s'exerce par action *principale et introductive d'instance* ou par action *incidente* : par action *principale*, lorsque le garanti, ayant défendu seul à l'action originaire et ayant succombé, recourt ensuite contre son garant ; par action *incidente*, lorsque le garanti, ne voulant point se charger seul de la responsabilité du procès, appelle son garant en cause (V. la formule 41). Ainsi, supposons qu'une caution soit actionnée par le créancier : deux partis lui sont ouverts. Elle peut, en effet et à son

(1) Boitard, p. 396.

choix, mettre en cause le débiteur principal, afin, d'une part, qu'il l'aide à se défendre, et que, d'autre part, si elle succombe, le jugement qui la condamnera à satisfaire le créancier condamne en même temps le débiteur à l'indemniser elle-même du tort que le procès lui aura causé; ou plaider seule contre le créancier, sauf, si elle est condamnée, à recourir ensuite contre le débiteur. La garantie est exercée, dans le premier cas, par action *incidente*, dans le second par action *principale et introductive d'instance.* — L'acheteur défendeur à une action en revendication a le même choix : il peut, la loi lui en laisse le droit, rester seul en cause, sauf, s'il succombe, à revenir ensuite contre son vendeur; ou l'appeler en garantie contre l'action qui vient d'être formée contre lui et le mettre ainsi en demeure de la faire tomber, sous peine, s'il n'y réussit point, d'être condamné à l'indemniser du tort que l'éviction lui causera.

L'action *incidente* en garantie a sur l'action *principale* plusieurs avantages. Lequel de ces deux modes de procéder est le plus utile ?

Et d'abord au lieu de *deux* procès on n'en a qu'*un*. Le tribunal saisi de l'action originaire et de la demande incidente en garantie statue en effet sur le tout, par un seul et même jugement. De là une économie de temps et une économie de frais. Quelles différences y a-t-il entre eux ?

En second lieu, le garanti qui, au lieu de mettre son garant en cause, se décide à plaider seul, s'expose au reproche de *s'être mal défendu*, ce qui peut entraîner la perte de son droit en garantie. Aucune indemnité, en effet, ne lui sera due, s'il est établi qu'il n'a succombé que faute par lui d'avoir présenté tel ou tel moyen qui eût été décisif en sa faveur (V. l'art. 1640 C. N.). Ce danger n'existe pas lorsque le garant, ayant été mis en cause, a été par là même mis en demeure de se défendre lui-même.

Ce n'est pas tout : le garant qui n'a pas été mis en cause peut soutenir que s'il eût été appelé il eût arrêté le procès dès le début en satisfaisant le demandeur ou en reconnaissant son droit, et qu'ainsi les frais qui ont suivi la demande doivent rester à la charge du garanti (art. 2028 C. N.).

— Nous savons, en outre, que tandis que la demande *incidente* en garantie est dispensée du préliminaire de conciliation, la demande *principale* y est, au contraire, soumise (V. p. 23).

— Enfin nous verrons tout à l'heure que la compétence du tribunal devant lequel doit être portée la demande en garantie varie suivant que la demande est *principale* ou *incidente*.

Art. 181. Devant quel tribunal doivent être portées les demandes en garantie ?

5° *Du tribunal devant lequel doivent être portées les demandes en garantie.* — La loi distingue si la garantie s'exerce par action *principale* ou par action *incidente*. Dans le premier cas, l'action, étant *personnelle*, doit être portée devant le tribunal du domicile du garant, conformément au principe général : *actor forum sequitur rei* (art. 59, § 1er). Dans le second, l'action ne change point de nature ; c'est toujours une action *personnelle*. Il semble donc qu'elle devrait être, à ce titre, portée devant le tribunal du domicile du garant; mais la loi, afin d'abréger les procédures, d'économiser les frais, et surtout afin d'éviter la possibilité de décisions judiciaires opposées sur la même question, veut qu'elle soit jugée par le tribunal saisi de la demande originaire (art. 59, § 8) (1); c'est une dérogation au principe : *actor forum sequitur rei.* Soient une caution et un débiteur principal; le créancier assigne la caution devant le tribunal du lieu où elle a son domicile : le débiteur principal, assigné en garantie par la caution, est obligé de procéder devant le même tribunal. Supposons qu'un acheteur soit actionné par un tiers en délaissement de l'immeuble vendu : l'action en revendication (la demande originaire) sera formée devant le tribunal de la situation de l'immeuble (art. 59, § 3), et c'est devant le même tribunal que le vendeur, appelé en garantie, devra procéder.

Quid, si le garant dénie la garantie?

Et il en est ainsi dans l'un et l'autre cas, *encore que le garant dénie la garantie.* Si, par exemple, une demande en garantie étant formée par un acheteur contre son vendeur, celui-ci soutient qu'il a vendu sans garantie, aux risques et périls de l'acheteur, et qu'ainsi il ne lui doit aucune garantie, cette question préjudicielle sera jugée, non point par le tribunal du domicile du vendeur, mais par celui où la demande originaire est pendante.

La loi n'apporte-t-elle point un certain tempérament à cette règle?

Toutefois, s'il est établi par écrit ou par l'évidence des faits que la demande originaire n'a été formée que pour traduire le garant hors de son tribunal, il y sera renvoyé s'il le demande. Prenons l'espèce suivante. Vous m'avez acheté une créance de 10,000 francs que j'ai sur Paul : je vous dois garantie de l'existence de cette créance (art. 1693 C. N.). Si vous procédez loyalement, vous assignerez Paul en payement des 10,000 francs dont il est débiteur, sauf, s'il conteste, à m'appeler en garantie. Mais au lieu de suivre cette marche naturelle, et sous prétexte que vous avez fait contre Paul des poursuites restées inutiles, vous m'assignez directement devant le tribunal de mon domicile, en remboursement de la somme cédée. J'appelle alors Paul en garantie pour voir dire qu'il est réellement débiteur des 10,000 francs que j'ai cédés et le faire condamner au payement de cette somme. Cette manière de procéder n'a eu évidemment d'autre objet que de priver Paul de ses juges naturels : il pourra donc demander que l'affaire soit renvoyée devant le tribunal de son domicile.

— Nous n'avons, dans ce qui nous reste à dire, qu'à traiter de la demande *incidente* en garantie. On l'appelle exception dilatoire de garantie, parce qu'elle a pour effet de retarder le jugement de la demande originaire.

Art. 175 à 180.

Dans quel délai la demande en garantie doit-elle être formée?

6° *Des délais dans lesquels elle doit être formée.* — Celui qui prétend avoir droit d'appeler en garantie est tenu de le faire dans la huitaine du jour de la demande originaire, outre un jour par trois myriamètres de distance entre le domicile du garanti et celui du garant.

(1) Il en serait différemment, toutefois, si le tribunal où la demande originaire est pendante était, relativement à la demande en garantie, incompétent *ratione materiæ* (V. à ce sujet MM. Boncenne, t. III, p. 402; Boitard sur l'art. 181, et Bonnier sur le même article).

Ainsi, le garanti et le garant sont-ils domiciliés dans le même lieu, la demande en garantie doit être formée dans la huitaine de la demande originaire. Si donc nous supposons le garanti assigné, le 1er janvier, à comparaître à huitaine franche, c'est-à-dire le 10, il devra assigner son garant le 9, au plus tard.

Sont-ils, au contraire, domiciliés dans des lieux différents, alors au délai de huitaine vient s'ajouter un jour par trois myriamètres de distance. Ainsi, avec trois myriamètres de distance, l'assignation pourra être donnée contre le garant le 10; avec six myriamètres elle pourra l'être le 11, et ainsi de suite.

Quid, lorsque plusieurs personnes sont tenues de la même garantie envers la même partie ?

— Lorsque plusieurs personnes sont tenues de la même garantie envers la même partie, comme lorsqu'un immeuble a été vendu par plusieurs propriétaires indivis, ou qu'ayant été vendu par un seul propriétaire, le vendeur est mort laissant plusieurs héritiers, le garanti n'a point pour cela plusieurs délais pour assigner ses garants ; la loi ne lui en accorde qu'un seul, lequel est calculé d'après la distance du domicile du garant le plus éloigné.

Quid, dans le cas où le garant prétend avoir droit d'appeler un sous-garant ?

— Dans le cas où le garant prétend avoir droit d'appeler un *sous-garant*, il est tenu de le faire dans les délais ci-dessus, à compter de la demande en garantie formée contre lui, ce qui est successivement observé à l'égard des sous-garants ultérieurs. Supposons donc qu'un immeuble ait été vendu successivement par *Primus* à *Secundus* et par *Secundus* à *Tertius* : *Tertius*, étant assigné en revendication par un tiers, a huit jours pour assigner *Secundus* en garantie, huit jours à compter de la demande originaire ; *Secundus*, à son tour, aura huit jours pour assigner *Primus* au même titre, huit jours à compter de la demande en garantie formée contre lui par *Tertius*.

Les délais dont il vient d'être parlé sont-ils les mêmes en quelque matière que ce soit ?

— Il n'y a point d'autre délai pour appeler garant, en quelque matière que ce soit, même sous prétexte de minorité ou de *toute autre cause privilégiée:* ainsi les parties les plus favorables, telles que les mineurs, les hospices, les fabriques et autres établissements du même genre, n'ont droit à aucune augmentation des délais ordinaires.

Quid, dans le cas où le défendeur originaire est assigné en qualité d'héritier ?

Toutefois si le défendeur originaire est assigné en qualité d'héritier et pendant qu'il est encore dans les délais pour faire inventaire et délibérer, les huit jours qui lui sont accordés pour assigner un garant courent alors, non plus du jour de la demande originaire, mais du jour de l'expiration des trois mois et quarante jours.

Quel est le point de départ des délais accordés en matière de garantie ?

Nous ajoutons, et cela sera vrai à l'égard de toute personne, que le délai pour appeler garant ne datera point du jour de la demande originaire, toutes les fois que la nécessité du recours en garantie ne se sera produite que dans le cours de l'instance et à l'occasion d'une demande incidente. Dans ce cas les huit jours courront du jour où se sera produit l'incident qui nécessitera le recours en garantie.

L'inobservation de ces délais entraîne-t-elle la déchéance du droit de former une demande incidente en garantie ?

— L'inobservation des délais dont il vient d'être parlé n'entraîne point la déchéance du droit de former une demande incidente en garantie. Et d'abord le garant ne peut point, sous prétexte qu'il n'a pas été appelé dans les délais, refuser de procéder devant le tribunal où la demande originaire est pendante. Tant que cette demande n'est point jugée, il ne lui est point permis de demander son renvoi devant le tribunal de son domicile. Nos délais sont, en effet, établis, non dans son intérêt particulier, mais dans l'intérêt exclusif du défendeur originaire.

Bien plus, le demandeur originaire ne peut point lui-même faire écarter la demande incidente en garantie, sous prétexte qu'elle n'a été formée qu'après les délais expirés : il n'a, en effet, que le droit d'exiger qu'elle n'apporte aucun retard à l'examen et au jugement de sa demande.

Art. 179.

Comment doit être proposée l'exception de garantie ?

7° *De la manière dont doit être proposée l'exception de garantie.* — Deux cas sont à considérer.

Quid, si les délais de l'assignation en garantie sont échus en même temps que les délais de l'assignation originaire ?

Y a-t-il lieu, en ce cas, à l'exception de garantie ?

PREMIER CAS. — *Les délais de l'assignation en garantie sont échus en même temps que les délais de l'assignation originaire.* — Cette hypothèse se présentera rarement, mais elle est possible. Soient les faits suivants. Une caution a été assignée le premier jour du mois; elle a *le jour même* assigné en garantie la personne pour laquelle elle a répondu; il n'y a lieu, je le suppose, ni pour l'une ni pour l'autre à un délai supplémentaire : l'assignation donnée contre le débiteur principal (le garant) écherra le même jour que l'assignation donnée contre la caution (le garanti). Ils devront donc, l'un et l'autre, constituer avoué le 10 au plus tard. — Dans ce cas, le défendeur n'a aucun délai à demander; l'exception de garantie n'a pas lieu : la cause se trouve, en effet, engagée entre les trois parties, et elle suit son cours ordinaire.

Comment les choses se passent-elles lorsque les délais de l'assignation originaire sont échus avant ceux de l'assignation en garantie ?

DEUXIÈME CAS. — *Les délais de l'assignation originaire sont échus avant ceux de l'assignation en garantie.* — Supposons que la caution, ayant été assignée le 1er, n'ait donné que le 9 son assignation en garantie : elle devra faire sa constitution d'avoué le 10, tandis que le garant aura jusqu'au 18 pour faire la sienne. — Dans cette hypothèse, le demandeur ne peut point, à l'expiration des délais de son assignation, demander défaut contre le défendeur; l'examen de sa demande est suspendu jusqu'à l'expiration des délais de l'assignation en garantie.

Mais, évidemment, pour qu'il en soit ainsi, il faut qu'il sache que le défendeur a formé un recours en garantie, ou qu'il est encore dans les délais à cet effet. De là, pour le défendeur, l'obligation de lui déclarer, par acte d'avoué à avoué, qu'il a formé une demande en garantie contre un tel, ou qu'il se dispose à la former (V. la formule 42). Sur cette simple notification, le demandeur doit s'arrêter : il n'a, quant à présent, aucune justification à demander. Le défendeur serait, en effet, le plus souvent au moins, dans l'impossibilité de faire la preuve de l'assignation en garantie qu'il a lancée, car cette justification exigerait la représentation de l'original, et, dans la plupart des cas, cet original sera en route pour revenir.

Mais lorsque les délais pour appeler garant et le délai nécessaire pour que l'exploit ait pu revenir entre les mains du défendeur (V. l'art. 1033) sont expirés, le demandeur est alors en droit d'exiger la preuve du recours en garantie : d'où pour le défendeur l'obligation de représenter la copie de l'exploit qu'il a fait donner au garant. A défaut de cette justification, le demandeur peut exiger qu'il soit statué sans aucun retard sur sa demande, et même réclamer des dommages et intérêts, si la demande en garantie alléguée par le défendeur se trouve n'avoir pas été faite.

Si le demandeur originaire conteste l'exception en garantie (V. la formule 45), s'il prétend, par exemple, qu'aucune garantie n'est due au défendeur (ce qui aurait lieu notamment dans le cas où le défendeur, actionné en revendication d'un immeuble, le détiendrait en qualité de donataire), ou qu'ayant défendu au fond, il a par là même renoncé au bénéfice de l'exception, l'incident est jugé sommairement. Si le demandeur originaire conteste la garantie, comment est jugé l'incident?

8° *Du rôle du garant et du garanti au procès.* — C'est ici principalement que se place l'intérêt de la distinction que nous avons faite, page 170, entre la garantie *simple* et la garantie *formelle*. Art. 182 et 183.

S'agit-il d'une garantie *simple*, le garant appelé en cause n'a que le droit *d'y intervenir;* il ne lui est point permis *de prendre le fait et cause du garanti*, c'est-à-dire de se substituer en son lieu et place. On comprend sans peine pourquoi il ne le peut pas. Le défendeur, dans la garantie simple, est poursuivi à raison de *son propre fait*, c'est-à-dire à raison d'une *obligation dont il est*, au dire du demandeur, *tenu personnellement* envers ce dernier. Or, si sa propre obligation est l'objet même de l'action dirigée contre lui, comment et sous quel prétexte pourrait-il disparaître du procès? Autant vaudrait dire qu'un débiteur peut se soustraire à son obligation en mettant un autre débiteur à sa place! Quel est le rôle du garant et du garanti dans la garantie *simple?* Le garant peut-il prendre le fait et cause du garanti et se substituer en son lieu et place? Pourquoi ne le peut-il pas?

Le garanti reste donc partie directe et principale au procès. Le garant y intervient sans y rien changer. Seulement, deux actions existent : l'une, qui est principale, formée par le créancier contre son débiteur (le garanti), l'autre, qui est incidente, formée par le garanti contre son garant. Si la demande principale réussit et que la garantie invoquée par le défendeur soit jugée fondée, un jugement commun intervient alors par lequel le tribunal condamne le garanti envers le demandeur originaire et le garant envers le garanti. Ainsi supposons qu'une caution actionnée par le créancier appelle le débiteur principal en garantie : si la demande est reconnue fondée, le tribunal condamnera la caution envers le demandeur, et le débiteur principal envers la caution. Comment les choses se passent-elles en ce cas?

Est-on dans l'hypothèse d'une garantie *formelle*, les situations ne sont plus les mêmes. L'action principale ou originaire, est, on se le rappelle, une action *réelle*. Or, contre qui s'intente l'action en revendication d'une chose ou d'un droit réel sur une chose? contre la personne, *quelle qu'elle soit*, qui la possède. Le défendeur n'est donc plus ici, comme dans l'hypothèse de la garantie simple, *obligé personnellement* envers le demandeur; ce n'est qu'accidentellement qu'il se trouve lié au procès. Si on l'attaque, c'est que la chose, objet unique de l'action, ne pouvant point contredire elle-même la demande à laquelle elle donne lieu, force est bien d'agir contre la personne entre les mains de laquelle elle se trouve : *res, non persona convenitur*. Dès lors, qu'importe Le garant peut-il, dans l'hypothèse d'une garantie *formelle*, prendre le fait et cause du garanti? Pourquoi le peut-il en ce cas?

au demandeur d'avoir pour contradicteur telle personne ou telle autre? Sa demande restera toujours la même, quel que soit le défendeur avec lequel il se trouvera aux prises. De là la faculté accordée au garant de prendre le fait et cause du garanti, c'est-à-dire de se substituer en son lieu et place dans le procès, et de se constituer personnellement le contradicteur direct du demandeur originaire, qui alors est obligé de procéder avec lui. Ainsi, étant actionné en revendication d'un immeuble, vous appelez votre vendeur en garantie : le demandeur n'a aucun intérêt à plaider contre vous plutôt que contre votre vendeur ; celui-ci pourra donc, prenant votre place au procès, vous faire mettre hors de cause.

Le peut-il toujours ?

Telle est la règle ; mais elle a ses exceptions, ou au moins des tempéraments. Nous ne la comprendrons bien, au reste, qu'en distinguant les diverses espèces auxquelles elle se rattache.

Comment les choses se passent-elles lors, d'une part, que le garant n'a point déclaré prendre le fait et cause du garanti, et que, d'autre part, celui-ci n'a point réclamé sa mise hors de cause ?

PREMIER CAS. — Le garant appelé dans l'instance n'a point déclaré prendre le fait et cause du défendeur ; celui-ci n'a point requis sa mise hors de cause. — L'action principale continue alors son cours contre le défendeur originaire ; le demandeur n'a affaire qu'à lui. Quant au garant, il n'a au procès, relativement à l'action principale, qu'un rôle passif ; il n'y assiste, il n'est lié à l'affaire qu'au regard du défendeur et au point de vue seulement des dommages et intérêts auxquels ce dernier pourra, s'il succombe, le faire condamner. Ainsi, et à supposer que l'action principale soit reconnue fondée, le jugement qui condamnera le défendeur à délaisser la chose qu'il détient lui adjugera en même temps les dommages et intérêts que lui doit le garant.

Si le garant déclare qu'il entend prendre le fait et cause du garanti, que peut faire ce dernier ?

DEUXIÈME CAS. — Le garant déclare qu'il entend se substituer au lieu et place du défendeur. — Que peut faire alors ce dernier? La loi lui laisse le choix entre ces deux partis ; il peut :

S'il entend demander sa mise hors de cause pure et simple, à quel moment doit-il faire sa réquisition ?

1° *Requérir sa mise hors de cause pure et simple.* Cette réquisition doit être faite « *avant le premier jugement,* » c'est-à-dire avant qu'un jugement préparatoire, interlocutoire ou provisoire ait été rendu ; car en y prenant part, le garanti ferait cause commune avec son garant; il s'associerait définitivement à l'instance. Ainsi le défendeur qui était encore en cause au moment où le tribunal a ordonné une enquête n'en peut plus sortir.

Comment les choses se passent-elles quand le garanti a été purement et simplement mis hors de cause ?

Lorsque le défendeur s'est fait mettre purement et simplement hors de cause, les choses se passent comme si l'action principale avait été directement et de prime abord formée contre le garant : le garanti disparaît du procès. Il en résulte, d'une part, qu'à supposer même que l'action originaire réussisse, il ne sera point, son garant fût-il d'ailleurs insolvable, responsable des frais du procès; d'autre part, que le jugement rendu contre le garant au profit du demandeur originaire ne pouvant point condamner en même temps le garant envers le garanti, celui-ci sera obligé de former, par action principale, son recours en garantie.

Est-il alors absolument étranger au procès ?

Toutefois, et quoique mis hors de cause, le garanti n'est pas absolument étranger au procès. Le garant, en effet, l'y représente. Aussi verrons-nous que le jugement qui ordonne le délaissement de la chose réclamée est directement exécutoire contre le garanti lui-même (art. 185).

2° *Déclarer, tout en requérant sa mise hors de cause, qu'il entend rester au procès pour la conservation de ses droits.* — Cette hypothèse paraît fort singulière. On a peine à comprendre la position d'une partie qui, *bien que mise hors de cause, y reste néanmoins*, non point seulement comme un auditeur indifférent, mais *comme partie*, avec un avoué à la barre. Voici ce qu'on peut dire pour l'expliquer.

Peut-il déclarer, tout en requérant sa mise hors de cause, qu'il entend rester au procès pour la conservation de ses droits ?

Mais comment comprendre la position d'une partie qui, *bien que mise hors de cause, y reste néanmoins ?*

Le défendeur originaire a intérêt à se faire mettre hors de cause, afin d'échapper à la responsabilité des dépens et des dommages et intérêts dont il est parlé dans l'article 185. Mais si sa mise hors de cause lui procure cet avantage, elle emporte avec elle un double inconvénient. Et d'abord il se peut que le garant se défende mal, ou que même il colude avec le demandeur originaire. Le défendeur mis hors de cause purement et simplement ne sera point en mesure de parer directement à ce danger. Il pourra sans doute rentrer au procès pour y défendre ses droits menacés, mais il devra alors se soumettre aux formes prescrites pour l'introduction d'une demande en intervention (V. art. 339).

Quel intérêt le garanti a-t-il à rester ainsi partie au procès ?

Quel avantage lui procure, d'autre part, sa mise hors de cause ?

En outre, le défendeur, mis purement et simplement hors de cause, n'a point qualité pour faire statuer, par le jugement même qui condamne le garant, sur son recours en garantie. Ce recours ne peut alors être formé que par action principale.

Or, qu'a fait la loi? Elle a permis au défendeur de conserver les avantages de la mise hors de cause sans en subir les inconvénients. Il peut donc, d'une part, demander sa mise hors de cause, afin d'échapper à la responsabilité des frais du procès (art. 185), et, d'autre part, déclarer qu'il entend assister au procès, soit pour y veiller à ce que son garant ne trahisse point son droit en ne se défendant pas ou en se défendant mal, soit afin d'obtenir, en cas d'éviction, la réparation du dommage qu'elle lui causera (1).

Si le garant n'offre point de prendre le fait et cause du garanti, celui-ci peut-il néanmoins demander sa mise hors de cause ?

Quid alors ?

Troisième cas. — *Le garant n'offre point de prendre la place du défendeur, mais celui-ci requiert, avant tout jugement et par des conclusions formelles, sa mise hors de cause.* — Si la garantie n'est point contestée, ou si elle est reconnue fondée, le tribunal, faisant droit à sa demande, le déclare hors de cause; ce qui met le garant dans la nécessité de procéder comme si la demande originaire avait été directement formée contre lui.

Le garanti peut-il s'opposer à ce que le garant prenne son fait et cause ?

Quatrième cas. — *Le garant déclare qu'il entend prendre le fait et cause du défendeur. — Celui-ci s'y oppose.* — Son opposition n'est point fondée. Qu'il reste en cause s'il le juge à propos, c'est son droit, et personne ne le lui conteste. Mais il ne peut pas empêcher que le garant, qui est le principal et le véritable intéressé au procès, puisque c'est sur lui qu'en doit retomber tout l'effet, si le demandeur triomphe, y prenne un rôle principal et direct.

(1) Voir M. Boitard, sur l'article 182.

Le demandeur originaire peut-il exiger que le garanti reste en cause?

Cinquième cas. — *Le garant déclare prendre la place du garanti; celui-ci requiert sa mise hors de cause, mais le demandeur originaire demande qu'il y reste.* — Le garanti est-il alors tenu de demeurer en cause? La loi distingue : si le demandeur prétend l'y faire rester, sous ce prétexte que le garant étant insolvable et, par conséquent, incapable de payer les frais que le procès va occasionner, il a, lui demandeur, intérêt à ce que le défendeur originaire ne disparaisse point de la cause, le tribunal ne devra point l'écouter; sa prétention, au contraire, devra être admise s'il a un intérêt direct à s'opposer à la retraite du garanti, c'est-à-dire s'il a quelque droit à faire valoir personnellement contre lui. C'est ce qui a lieu dans le cas où le défendeur se trouve personnellement débiteur des fruits qu'il a perçus, ou des détériorations qu'il a commises (1).

Art. 184.

Comment doivent être jugées la demande originaire et la demande incidente en garantie?

9° *Comment doivent être jugées la demande originaire ou principale et la demande incidente en garantie.* — Lorsque le défendeur appelle un garant en cause, le tribunal rend d'abord un jugement préparatoire par lequel il *joint* les deux instances. Si, étant simples toutes les deux, elles ont marché de front et se trouvent l'une et l'autre en état d'être jugées, il y est fait droit conjointement par un seul et même jugement. Mais le contraire peut arriver. Il se peut, en effet, que l'instruction de l'action principale soit déjà complète, tant elle a été prompte et simple, tandis que la demande en garantie, ayant été fortement contestée, se sera compliquée d'incidents qui ne permettront point de la juger dès à présent. Le demandeur originaire, on le conçoit, ne saurait souffrir de ces lenteurs. Il lui est donc permis de faire disjoindre ou séparer les deux instances et de réclamer un jugement à part, sauf au tribunal, s'il y échet, à faire droit plus tard et par un jugement spécial sur la demande en garantie.

Art. 185.

Dans l'hypothèse de la garantie simple, contre qui s'exécute le jugement obtenu par le demandeur originaire?

La loi s'explique-t-elle sur ce cas?

Pourquoi n'en parle-t-elle point?

10° *De l'exécution du jugement rendu au profit du demandeur principal ou originaire.* — Dans l'hypothèse de la garantie *simple*, l'obligation personnelle à l'occasion de laquelle le garanti est recherché le contraint à rester au procès avec la qualité de défendeur direct (V. p. 175) : c'est donc personnellement, et contre lui seulement, qu'est rendu le jugement de condamnation auquel donne lieu la prétention du demandeur quand elle est reconnue fondée. Et puisque c'est lui personnellement qui est condamné, c'est également contre lui que la condamnation sera exécutée. La loi n'a pas eu à s'expliquer sur ce point, tant il est évident.

(1) Nous venons de voir que le garanti, quoique mis hors de cause, peut néanmoins y *assister* soit sur sa propre demande et pour la conservation de ses droits, soit sur la réquisition et pour la conservation des droits du demandeur originaire. Les actes du procès doivent-ils alors lui être signifiés? La question est controversée. M. Rodière la résout par une distinction qui me paraît juste. « Le garanti, dit-il, a droit à ces significations lorsqu'il assiste au procès pour la conservation de ses droits, sauf à supporter le surcroît de frais qu'elles peuvent occasionner. Quand, au contraire, c'est le demandeur originaire qui l'a fait rester en cause, il n'est nécessaire de lui signifier que les actes dirigés personnellement contre lui. »

Dans la garantie *formelle*, au contraire, le garanti peut obtenir sa mise hors de cause. On sait que dans ce cas, le procès n'existe plus, en ce qui touche l'action principale, qu'entre le demandeur originaire et le garant (V. p. 175 et 176). C'est donc contre ce dernier, et contre lui seulement, qu'est prononcée la condamnation qu'obtient le demandeur. Dès lors il semble que cette condamnation ne devrait être exécutoire que contre le garant, puisqu'il est seul condamné ; mais la loi a dû décider autrement, et cela pour deux raisons tirées, l'une, de la nécessité même des choses, l'autre, des règles du droit. Et, en effet, bien que condamné au délaissement de la chose réclamée, le garant ne peut point exécuter lui-même cette condamnation, puisque la chose à délaisser est possédée, non par lui, mais par le garanti. L'exécution du jugement serait donc impossible, s'il n'était exécutoire contre le garanti lui-même. Celui-ci, d'ailleurs, a été représenté au procès ; car s'y étant fait remplacer par son garant, il l'a par là même constitué son mandataire ou son représentant.

Quid, dans le cas de la garantie formelle ?

Le jugement peut-il être exécuté contre le garanti mis hors de cause ?

Ainsi, bien que mis hors de cause, le garanti peut être contraint d'exécuter le jugement obtenu par le demandeur contre le garant ; il suffit, à cet effet, de le lui signifier dans les formes ordinaires, sans qu'il soit besoin d'autre demande ou procédure. S'il refuse de délaisser la chose qu'il détient, on pourra l'y contraindre par corps ; mais ce moyen de contrainte ne pourra être employé qu'en vertu d'un jugement que le demandeur devra obtenir directement contre lui (V. l'art. 2061 C. N.).

Quid, s'il refuse de l'exécuter ?

— Le jugement rendu contre le garant n'est au reste exécutoire contre le garanti qu'au point de vue *de la condamnation principale*, c'est-à-dire qu'en ce sens seulement qu'il peut être contraint de délaisser la chose qu'il détient ou de souffrir sur elle le droit réel réclamé par le demandeur. Quant *aux condamnations accessoires et relatives aux dépens* ou *aux dommages et intérêts*, l'exécution du jugement ne peut avoir lieu que contre le garant.

L'exécution peut-elle avoir lieu contre lui, même en ce qui touche les condamnations accessoires et relatives aux dépens, aux dommages et intérêts ?

Toutefois cela n'est vrai qu'à l'égard du garanti *mis hors de cause*. S'il *est resté au procès*, les choses se passeront alors autrement. Les frais du procès pourront, en effet, être poursuivis contre lui, mais subsidiairement et au cas seulement où le garant sera insolvable. Il pourra même être condamné à des dommages et intérêts, s'il y a lieu.

Quid, dans le cas où le garant n'a point pris son fait et cause ?

11e répétition.

—

III. De l'ordre dans lequel les exceptions dilatoires doivent être proposées. — Les exceptions dilatoires peuvent être proposées après les exceptions *judicatum solvi*, les déclinatoires et les nullités, mais elles doivent l'être *avant toutes défenses au fond* (art. 186). Ainsi l'héritier qui, étant poursuivi en payement d'une dette du défunt, conteste tout d'abord l'existence de cette dette, ne peut plus être admis à proposer l'exception des délais pour faire inventaire et délibérer. De même le possesseur qui, étant actionné en revendication de l'immeuble qu'il détient, débute au procès par contester la prétention du demandeur, perd par là même le droit d'obtenir un délai à l'effet d'appeler en garantie son vendeur.

Art. 186 et 187.

A quel moment les exceptions dilatoires doivent-elles être proposées ?

Si le défendeur actionné en qualité de caution soutient tout d'abord qu'il n'a point cette qualité, sera-t-il par là même, à supposer qu'il succombe sur ce chef, déchu du droit d'appeler en cause le débiteur principal?

— Si le défendeur, actionné en qualité de caution, soutient tout d'abord qu'il n'a point cette qualité, sera-t-il par là même, à supposer qu'il succombe sur ce chef, privé du droit d'appeler en cause le débiteur principal? Cette déchéance, si on l'admet, paraîtra bien rigoureuse et surtout bien peu logique. Pourquoi contraindre, en effet, le défendeur à se prévaloir d'une exception attachée à la qualité de caution, alors que précisément il prétend ne pas avoir cette qualité? Que gagne-t-on à exiger de lui qu'il débute par une exception qui peut-être n'existe pas, dont les frais devront retomber à la charge de l'autre partie, si le moyen de défense qu'il invoque réussit? Ne peut-on pas soutenir d'ailleurs que cette exception, par sa nature, implique l'existence du cautionnement, et qu'ainsi forcer le défendeur de l'invoquer tout d'abord, c'est en quelque sorte le contraindre de reconnaître implicitement la qualité dont précisément il entend nier l'existence?

Quoi qu'il en soit, la loi est formelle. Le défendeur doit donc, bien qu'il ait l'intention de contester la qualité de caution à l'occasion de laquelle il est actionné, appeler en cause le débiteur principal, en prévision du cas où le débat qu'il se propose d'engager sur la qualité qu'on lui donne viendrait à tourner contre lui.

Comment les exceptions dilatoires doivent-elles être proposées, quand le défendeur en a plusieurs à présenter?

Le Code de procédure ne reconnaît que deux exceptions dilatoires: après avoir dit qu'elles devront être proposées *conjointement*, la loi ajoute que l'une des deux (l'exception des délais pour faire inventaire et délibérer) peut être proposée *avant l'autre* (l'exception de garantie): n'y a-t-il pas antinomie entre ces deux propositions?

Cette difficulté n'a-t-elle pas donné lieu à deux explications différentes?

— Les exceptions dilatoires, quand le défendeur en a plusieurs à proposer, doivent l'être *conjointement*. Mais à cet égard la loi a créé une difficulté qui semble insoluble. Constatons d'abord qu'elle ne reconnaît, du moins nommément, que *deux* exceptions dilatoires, savoir: l'exception résultant des délais pour faire inventaire et délibérer (art. 174) et l'exception de garantie (art. 175). Cela posé, que nous dit-elle? « Que les exceptions dilatoires doivent être proposées *conjointement* (art. 186). » Après quoi elle ajoute: « L'héritier pourra ne proposer ses exceptions dilatoires qu'après l'échéance des délais pour faire inventaire et délibérer (art. 187). » On voit la contradiction! S'il n'existe que deux exceptions dilatoires et s'il est vrai que l'une des deux peut être proposée *après* l'autre, il est par là même inexact de dire qu'elles *doivent être présentées conjointement*.

S'il existait d'autres exceptions dilatoires que celles qui sont spécialement dénommées dans le Code de procédure, les deux dispositions que nous venons de rapporter n'auraient entre elles rien de contradictoire. Sauf l'exception dilatoire des trois mois et quarante jours qui peut être présentée isolément, *les autres*, dirait-on, doivent l'être conjointement. Mais en existe-t-il d'autres? Les auteurs le prétendent. Il est bien vrai, disent-ils, que la loi ne s'est occupée spécialement, au titre des exceptions et dans les articles qui ont trait aux exceptions dilatoires, que des délais pour faire inventaire et délibérer ou pour appeler un garant en cause. Mais d'autres exceptions dilatoires existent ailleurs, soit dans d'autres parties du Code de procédure lui-même, soit dans le Code Napoléon. On donne pour exemple *l'exception de discussion*, établie par l'article 2021 du Code Napoléon et au moyen de laquelle la caution directement actionnée peut arrêter le cours des poursuites, en demandant que le créancier saisisse au préalable les bien du débiteur principal. Cette exception devra être proposée *sur les premières poursuites* et concurremment avec l'exception de garantie (1).

M. Boitard présente une autre explication. Les articles 186 et 187 ont été, dit-il, tirés de l'ancien droit. C'est donc historiquement qu'on les doit expliquer. L'ordonnance de 1667 reconnaissait un grand nombre d'exceptions dilatoires. Ainsi on admettait comme ayant ce caractère non-seulement l'exception opposée par l'héritier ou par le garanti, mais encore l'exception du débiteur actionné *avant l'échéance du terme* ou par un créancier qui, ne s'étant point muni des autorisations nécessaires pour couvrir son incapacité, se trouvait incapable d'agir en justice. Dans ce système, on avait pu dire avec raison qu'à part l'exception de l'héritier, qui peut être proposée isolément, les exceptions dilatoires doivent être présentées conjointement. Or, qu'ont fait les rédacteurs du Code? Ils ont considéré, et en ce point ils ont eu raison, comme *des défenses proprement dites,* les moyens tirés de l'existence d'un terme non échu ou de l'incapacité du demandeur (V. p. 154), et, par suite, limité à *deux* les exceptions dilatoires. Cette innovation aurait dû amener la suppression de la règle que les exceptions de cette nature, autres que l'exception des délais pour faire inventaire et délibérer, doivent être présentées concurremment et par un même acte ; mais comme on copiait l'ancien droit, on l'a reproduite sans prendre garde que dans le droit actuel elle n'a plus aucune raison d'être.

§ V. De la communication des pièces.

Art. 188 à 192.

Chacune des parties a-t-elle le droit de demander la communication des pièces qui seront produites contre elle? Quel intérêt a-t-elle à la demander?

I. Du droit a la communication des pièces. — On sait qu'aux termes de l'article 77 le défendeur doit, dans la quinzaine de la constitution d'avoué, offrir de communiquer les pièces dont il fera usage pour sa défense.

Il importe que le demandeur puisse les étudier avant d'engager le débat; autrement comment pourrait-il préparer ses réponses?

Quant au demandeur, on se rappelle qu'il est tenu de fournir, avec l'exploit introductif de sa demande, *copie* des pièces sur lesquelles il prétend la fonder. Il semble donc que le défendeur n'a aucun intérêt à en exiger la communication. Il n'en est rien pourtant. Les copies peuvent, en effet, n'être pas exactes. Il se peut d'ailleurs que les originaux soient entachés de quelque nullité ou qu'ils soient susceptibles d'être argués de faux. Le défendeur a, par conséquent, un intérêt légitime à se les faire communiquer.

Ainsi le droit de demander la communication des pièces qui seront produites au procès est réciproque : il appartient à chacune des parties contre l'autre.

Quelles sont les pièces dont la communication peut être exigée?

II. Des pièces dont la communication peut être exigée. — A ne consulter que les termes de l'article 188, la communication ne serait obligatoire que pour les pièces *signifiées* ou *employées.* Mais en s'exprimant

(1) V. M. Bonnier, p. 187.

ainsi, la loi n'a fait que prévoir le cas le plus habituel; elle n'a rien d'exclusif. On admet donc généralement que chacune des parties a le droit de se faire communiquer non-seulement les pièces qui lui ont été signifiées ou qui sont employées contre elle par son adversaire, mais encore :

1° Toutes celles qui sont communes aux parties, par exemple, un titre de partage fait entre elles ou tous autres actes synallagmatiquement obligatoires et dont l'une d'elles aurait égaré le double ;

2° Les pièces décisives dont le détenteur ne parle point, précisément parce qu'elles lui sont contraires (arg. tiré de l'art. 480-10°); à moins pourtant qu'il ne s'agisse d'une lettre confidentielle susceptible de compromettre la réputation ou le crédit d'une personne étrangère au procès (1).

Dans quel délai doit être formée la demande en communication?

III. Du délai dans lequel doit être formée la demande en communication. — Cette demande, ayant pour effet de suspendre la décision du procès, doit être formée dans un bref délai. Ce délai est de trois jours à compter du jour où les pièces ont été signifiées ou employées. Toutefois, quant au défendeur et en ce qui touche les pièces dont copie lui a été donnée avec l'exploit introductif de la demande, les trois jours ne courent qu'à compter de la constitution d'avoué, puisque c'est par acte d'avoué à avoué que s'introduit la demande en communication.

L'expiration des trois jours n'emporte point fatalement la déchéance du droit à la communication. Les juges peuvent, en effet, l'autoriser, lorsqu'ils estiment qu'il n'en résultera aucun retard préjudiciable.

Comment s'introduit-elle?

IV. Comment s'introduit la demande en communication et de quelle manière la communication a lieu. — La communication se demande par un simple acte d'avoué à avoué (V. la formule 44). Si elle est refusée, le tribunal l'ordonne par un jugement. La partie qui la doit résiste-t-elle à l'ordre du tribunal, sa demande ou son exception est écartée.

Lorsque c'est à l'audience qu'une pièce est employée pour la première fois, la communication est ordonnée sur la demande verbale de l'autre partie.

De quelle manière se fait la communication?

— La communication se fait de l'une de ces deux manières : ou entre avoués, sur récépissé (V. la formule 45), ou par dépôt au greffe, au choix de la partie qui la doit.

Dans le premier cas, l'avoué qui fait la communication dresse, en double, un bordereau ou état des pièces communiquées ; l'avoué qui la reçoit appose son *récépissé* sur l'un des doubles du bordereau et s'engage à rendre, dans un délai convenu, les pièces qui y sont désignées.

Dans le second cas, le greffier dresse un procès-verbal du dépôt des pièces (V. la formule 46). Ce dépôt est signifié à l'avoué du demandeur en communication (V. la formule 47).

Les pièces déposées au greffe ne peuvent être déplacées, à moins

(1) V. Chauveau sur Carré, t. II, p. 290 ; M. Bonnier, sur l'article 188.

qu'il n'y en ait minute, ou que la partie n'y consente. En cas de déplacement, l'avoué doit donner au greffier un récépissé des pièces qu'il déplace.

V. DU DÉLAI ACCORDÉ POUR PRENDRE COMMUNICATION ET DE LA RESTITUTION DES PIÈCES. — Ce délai est fixé ou par le récépissé de l'avoué ou par le jugement qui a ordonné la communication. S'il n'est pas fixé, il est de trois jours; il peut être prorogé, s'il est reconnu insuffisant.

Quel délai a-t-on pour prendre communication des pièces et en opérer la restitution ?

Les pièces prises en communication doivent être rendues dans le délai dont il vient d'être parlé. Si l'avoué les retient indûment, il sera, sur simple requête et même sur simple mémoire de la partie (V. p. 94) (V. la formule 48), rendu *ordonnance* portant qu'il sera contraint à ladite remise incontinent et *par corps*, même à payer 3 francs de dommages et intérêts à l'autre partie, par chaque jour de retard, du jour de la signification de ladite ordonnance, outre les frais desdites requête et ordonnance, qu'il ne pourra répéter contre son client.

Quid, si l'avoué qui les a prises en communication n'en opère point la restitution ?

C'est à tort que la loi appelle *ordonnance* l'acte par lequel l'avoué du détenteur des pièces est condamné à les restituer. Cet acte est et ne peut être qu'un *jugement*. Il porte, en effet, condamnation *avec contrainte par corps :* or, ce moyen de contrainte ne peut être employé qu'en vertu *d'un jugement* (art. 2067 C. N.). L'ordonnance dont il s'agit devra donc être rendue, non point par le président du tribunal, mais par le tribunal lui-même (1).

L'avoué peut former opposition à l'ordonnance qui le condamne; l'incident est alors jugé sommairement. Si l'avoué succombe, il est condamné aux dépens, même en tels autres dommages-intérêts qu'il appartient, suivant la nature des circonstances.

VI. OBSERVATION SUR LA NATURE DE L'EXCEPTION A FIN DE COMMUNICATION DE PIÈCES.—Les exceptions, on se le rappelle, doivent, en général, être opposées *in limine litis* (V. p. 153). Il en est différemment de l'exception à fin de communication de pièces. Elle peut, en effet, être invoquée en tout état de cause, puisque le tribunal est autorisé à l'admettre toutes les fois qu'il le peut faire sans un retard préjudiciable (V. p. 182). Ainsi, on y peut recourir même en appel.

Quand peut être invoquée l'exception à fin de communication de pièces ?

§ VI. De l'ordre dans lequel doivent être proposées les exceptions.

Art. 166, 169, 173 et 186.

L'exception *judicatum solvi*, les déclinatoires *ratione personæ* et les nullités de procédure doivent être proposées *avant toutes autres exceptions*, sous peine de déchéance. Ainsi le défendeur au profit duquel elles existent est réputé y renoncer, s'il invoque de prime-abord une exception *dilatoire*, l'exception de garantie, par exemple.

Dans quel ordre les exceptions doivent-elles être proposées quand le défendeur en a plusieurs à présenter?

L'exception *judicatum solvi*, les déclinatoires *ratione personæ* et les exceptions de nullité ne doivent-elles pas être proposées avant toutes autres et, par conséquent, avant les dilatoires ?

Mais dans quel ordre ces trois exceptions doivent-elles être présentées lorsqu'elles concourent dans la même affaire ?

Soit l'espèce suivante. Un *Français* est assigné devant un tribunal

Mais dans quel or-

(1) V. en ce sens MM. Chauveau sur Carré, t. II, p. 296; Boncenne, t. III, p. 436; Rodière, t. II, p. 78; Bonnier, sur l'article 190.

dre doivent-elles être proposées lorsqu'elles concourent dans la même affaire?

incompétent ratione personæ, par un exploit *irrégulier quant à la forme*, et signifié à la requête *d'un étranger* : trois exceptions lui sont ouvertes. Il peut, en effet, 1° exiger la caution *judicatum solvi*;—2° demander, pour cause d'incompétence, son renvoi devant qui de droit;—3° proposer la nullité de l'exploit qui lui a été signifié. Laquelle de ces trois exceptions doit être proposée la première?

La réponse n'est pas facile.

Aux termes de l'article 166, l'exception *judicatum solvi* doit être proposée *avant* toutes autres exceptions.

Il en est de même, d'après l'article 169, de l'exception d'incompétence.

Ces deux exceptions devraient donc, lorsqu'elles se trouvent réunies dans la même affaire, être proposées chacune de son côté la première. Or, la chose est tout simplement impossible!

Ce n'est pas tout : l'exception de nullité, qui peut n'être présentée qu'après l'exception d'imcompétence, doit l'être *avant toutes autres exceptions* (art. 173), et, par conséquent, *avant* l'exception *judicatum solvi*, laquelle, à son tour, doit l'être *avant toutes autres*, et, par conséquent encore, *avant l'exception de nullité !*

En présence de dispositions aussi contradictoires, la pensée de la loi échappe. M. Bonnier (p. 159) en a conclu « qu'il n'est point permis, dans le doute, de déclarer le défendeur déchu de la faculté de faire valoir un de ces moyens, par cela seul qu'il en aurait invoqué un autre. »

Ne serait-il pas plus rationnel de résoudre le problème d'après l'esprit général de la loi? Nous le pensons. Si l'on consent à se placer à ce point de vue, voici la marche qui devra, ce nous semble, être suivie.

Le défendeur devra, *avant tout*, proposer l'incompétence du tribunal devant lequel il est appelé; car si ce tribunal est effectivement incompétent, tout ce qui serait fait par lui ou devant lui serait frappé de nullité. Il serait d'ailleurs peu logique qu'un tribunal pût se livrer à des actes dont la solidité ne serait point certaine.

Mais comme le procès auquel donnera lieu l'exception d'incompétence occasionnera des frais, le défendeur pourra dire à son adversaire : « Je ne vous admettrai à débattre avec moi la question d'incompétence que je soulève qu'autant que le remboursement des frais dont je serai obligé de faire l'avance me sera garanti par la caution *judicatum solvi*. »

Cette garantie ne pourra être exigée et ordonnée que relativement aux frais qui résulteront du procès engagé sur l'exception d'incompétence; elle ne pourra pas l'être relativement à ceux qu'occasionneront plus tard les exceptions ou le débat sur le fond. Le tribunal ne peut, en effet, l'ordonner que dans la limite de sa compétence : or, s'il est réellement incompétent quant au fond, il n'a qu'un pouvoir limité et restreint, le droit de juger la question de compétence qui lui est soumise et d'ordonner les mesures qui s'y réfèrent.

Il est bien entendu, au reste, que le défendeur devra conclure à l'exception *judicatum solvi* avant d'accepter le débat sur la question d'incompétence qu'il soulève. Elle devra donc être proposée par l'acte même par lequel il invoquera l'exception d'incompétence, ou, au plus tard, avant que le débat d'incompétence ait été lié. Autrement il n'aurait plus le droit de l'exiger; mais il n'en serait déchu que par rapport au procès actuellement engagé sur la question d'incompétence.

Si l'exception d'incompétence est rejetée, l'exception de nullité devra alors être proposée. Ce second procès devant également occasionner des frais, le défendeur devra, sous peine de déchéance, demander immédiatement, comme dans la précédente hypothèse, que le payement de ces frais lui soit garanti par la caution *judicatum solvi*. Mais alors il ne devra point se borner à la demander pour les frais qu'entraînera l'exception de nullité; le tribunal étant pleinement compétent pour connaître de l'exception proposée, de celles qui pourront l'être dans la suite et du fond même de l'affaire, la caution devra être demandée une fois pour toutes, c'est-à-dire pour tous les frais qu'entraîneront les divers incidents du procès.

En résumé, comment se classent les exceptions?

Ainsi, suivant nous, les exceptions se rangent dans l'ordre suivant:

1° L'exception d'incompétence *ratione personæ*, *avant toutes autres;*

2° L'exception *judicatum solvi*, avant toutes exceptions autres que les déclinatoires;

3° Les nullités avant toutes exceptions autres que les déclinatoires et l'exception *judicatum solvi;*

4° Les exceptions dilatoires, *après* les déclinatoires, l'exception *judicatum solvi* et les nullités, mais concurremment entre elles, sauf l'exception des délais pour faire inventaire et délibérer, laquelle peut être proposée séparément et après les autres (V. p. 180).

Quant à l'exception déclinatoire *ratione materiæ* et à l'exception en communication des pièces, elles n'ont point de rang, puisqu'elles peuvent être proposées *en tout état* de cause (V. p. 161. et p. 183).

TITRE X.

DE LA VÉRIFICATION DES ÉCRITURES.

§ I. Généralités.

Comment se divisent les titres propres à prouver l'existence ou l'extinction d'un droit?

I. Objet de ce titre. — Imperfection de sa rubrique. — Les titres ou écrits propres à prouver l'existence ou l'extinction d'un droit sont *authentiques* ou *privés*.

Quelle différence essentielle y a-t-il entre le titre *authentique* et le titre *privé*? Quelle différence pratique cette différence juridique entraîne-t-elle?

Les actes qui ont les signes apparents de l'authenticité sont réputés authentiques. L'authenticité imprime aux actes où elle se rencontre un privilége particulier : *tout y est réputé vrai*. C'est ce que la loi exprime en ces termes : Les actes authentiques *font pleine foi des conventions qu'ils renferment* (1). A cette double présomption se rattache, comme un corrélatif nécessaire, pour la partie contre laquelle on les produit, *l'obligation d'en prouver la fausseté*, lorsqu'elle nie leur propre authenti-

(1) Voir dans le *Deuxième examen* C. N., art. 1317 et suiv., les motifs qui servent de fondement à ces présomptions.

cité ou les déclarations, dires et aveux qui y sont relatés. Ainsi, ce n'est point à la partie qui les invoque à démontrer leur sincérité, c'est à celle qui les combat à faire la preuve qu'ils sont faux ou mensongers; ils sont, en un mot, tenus pour vrais tant que leur fausseté n'est pas démontrée. Il n'est même point permis de recourir, pour faire cette démonstration, à toute espèce de preuves. La loi a tracé à cet égard des règles toutes spéciales dont nous traiterons dans le titre suivant, sous le nom de *faux incident civil.*

Les actes *privés* n'ont point et ne peuvent point avoir la même force probante. Si, en effet, j'affirme que tel écrit est de vous, tandis que vous niez en être l'auteur, il n'existe aucune raison d'admettre mon affirmation plutôt que votre dénégation. Un doute existe donc, et le *doute* n'est pas une *preuve.* De là le principe que les actes privés ne font foi *qu'autant qu'ils sont reconnus par celui auquel on les oppose ou qu'ils ont été légalement tenus pour reconnus* (art. 1322 C. N.). Ils sont donc, *lorsqu'ils sont déniés, réputés faux, tant que leur sincérité n'est point démontrée.* Ainsi, ce n'est pas à la partie qui les nie à prouver qu'ils sont faux, c'est à celle qui les produit à démontrer qu'ils sont vrais. La procédure à suivre pour l'administration de cette preuve prend le nom de *vérification* d'écritures; elle fait l'objet de notre titre.

Que suppose la *vérification d'écritures?*

— La *vérification* d'écritures suppose que l'acte à vérifier *a été dénié.* On ne peut donc former une demande en vérification qu'après avoir au préalable mis l'autre partie en demeure de reconnaître ou de désavouer l'écrit qu'on prétend lui opposer. Si elle le désavoue, la vérification devient alors nécessaire, mais alors seulement. Ainsi, toute demande en *vérification* suppose qu'une demande *en reconnaissance* de l'écriture à vérifier a déjà eu lieu, et que sur cette demande il est intervenu un désaveu.

La demande en reconnaissance d'écriture peut-elle être expresse ou tacite? Quand est-elle expresse? Quand tacite?

Au reste, la demande en reconnaissance peut être *expresse* ou *tacite:* elle est expresse lorsqu'en dehors de toute instance pendante le possesseur d'un acte, dont il aura plus tard à faire usage, assigne dès à présent l'auteur de cet acte en reconnaissance de son écriture; elle est *tacite* ou *implicite,* dans le cas où l'acte est produit dans une instance à l'appui de la prétention de l'une des parties contre l'autre. Cette production équivaut, en effet, par elle-même, à une demande incidente en reconnaissance, puisqu'elle met l'autre partie en demeure de reconnaître l'écrit qu'on lui oppose ou de le désavouer.

La rubrique de notre titre est donc incomplète; elle eût été plus exacte si la loi eût dit: des *reconnaissances* et *vérifications d'écritures.*

Combien distingue-t-on d'espèces de demandes en vérification d'écritures? Quand la demande est-elle incidente?

II. Combien on distingue d'espèces de demandes en vérification d'écritures.—Utilité de la demande principale.—La demande en vérification d'écritures peut être *incidente* ou *principale.* Elle est incidente, lorsqu'elle a lieu dans le cours d'une instance. Je vous assigne en payement d'une somme de..., dont je prétends être votre créancier, et, à l'appui de ma prétention, je produis un billet où ma créance se trouve reconnue et que je dis signé de vous. Vous répondez que la signature qui se trouve au bas du billet n'est pas la vôtre. De là la nécessité d'une vérification.

Quand principale? Quel intérêt peut-on avoir à former une demande *principale* en vérification d'écritures?

Elle est *principale*, lorsqu'elle est formée en dehors de toute instance déjà pendante. Mais, dira-t-on, à quoi bon prendre ainsi les devants, et poursuivre la vérification d'un écrit qui peut-être ne sera point dénié? N'est-il pas plus naturel d'assigner tout d'abord votre débiteur en payement de sa dette, sauf à conclure ensuite à la vérification de votre titre s'il est dénié? Sans doute cette marche est la plus simple, et c'est aussi la plus habituelle; mais il est quelquefois utile de procéder autrement. C'est ce qu'il importe de bien comprendre.

Votre créance, je le suppose, n'est pas encore *exigible*. Dès lors vous ne pouvez point former, dès à présent, une demande en payement de ce qui vous est dû. Cependant vous avez des inquiétudes, vous craignez que votre débiteur ne nie plus tard sa signature, ou que ses héritiers, s'il vient à mourir, ne refusent de la reconnaître. S'il vous fallait attendre, pour agir, l'échéance de votre créance, les preuves de la vérité de votre titre pourraient, pendant ce temps, disparaître, les témoins que vous pouvez produire pourraient mourir ou s'absenter. La loi, qui a prévu ce danger, vous ouvre un moyen de le prévenir en vous permettant d'agir dès à présent, non point en payement de votre créance, puisqu'elle n'est pas encore échue, mais en reconnaissance de votre titre.

Allons plus loin. Votre titre ne sera point dénié, vous en avez la conviction; la bonne foi de votre débiteur et de ses héritiers éventuels vous rassurent pleinement à cet égard. Mais des craintes d'une autre nature vous préoccupent : les affaires de votre débiteur sont en mauvais état, son crédit est en souffrance, le péril de son insolvabilité est menaçant. Que faire? Vous pouvez attendre l'échéance de votre créance et, le jour où elle sera exigible, former une demande en payement ; le jugement que vous obtiendrez vous investira même d'une hypothèque pour la garantie de votre droit (art. 2123 C. N.). Mais comme entre le jour de votre demande et le jour du jugement il peut s'écouler un temps très-long, pendant lequel votre débiteur pourra disposer de ses biens à votre préjudice, l'hypothèque que la loi vous accorde viendra souvent trop tard. Une voie vous est ouverte pour parer à ce danger. Vous pouvez, *sans attendre l'échéance de votre créance,* former contre votre débiteur une demande principale en reconnaissance de votre titre : le reconnaît-il, le tribunal vous donne acte de sa reconnaissance ; vient-il à le dénier, vous obtenez un jugement de vérification. Or, cet acte judiciaire ou ce jugement emporte hypothèque à votre profit (art. 2123 C. N.). Vous ne pourrez point, il est vrai, en requérir l'inscription, tant que le terme de votre créance ne sera point échu (loi du 3 septembre 1807) ; mais au moins ne serez-vous point obligé de rester à découvert depuis le jour de l'exigibilité de votre droit jusqu'au jour de la condamnation de votre débiteur. Dès que votre créance sera devenue exigible vous pourrez inscrire votre hypothèque et parer ainsi aux dangers de l'avenir.

Ce n'est pas tout. Votre créance est exigible, je le suppose : vous pourriez aujourd'hui même former une demande en remboursement de votre créance. Il se peut néanmoins que vous ayez intérêt à former tout d'abord une demande principale en reconnaissance de votre titre. La demande en payement est, en effet, soumise au préliminaire de conciliation, ce qui entraîne un premier délai; puis viennent les délais accordés au défendeur pour constituer avoué et signifier ses défenses. Le jugement que vous poursuivez ne sera donc rendu qu'après un temps assez long. La demande en reconnaissance et en vérification d'écritures est, au contraire, très-expéditive. Et d'abord elle est affranchie du préliminaire de conciliation (art. 49-7°). En outre, le délai accordé au débiteur pour se mettre en règle n'est que de *trois* jours au lieu de *huit* (comparez les art. 193 et 72). Enfin, on évite le délai de quinzaine dont il est parlé dans l'article 77, car la procédure de la vérification ne comporte point de signification de défenses. On voit quel temps on économise par la voie de la demande principale en reconnaissance de son titre! Or, gagner du temps, c'est souvent sauver sa créance.

§ II. De la demande en reconnaissance d'écritures.

Art. 193.
(1er alinéa).

Le créancier ou l'acquéreur, muni d'un acte privé, peut-il, même avant l'exigibilité de son droit, assigner en reconnaissance d'écriture?

Sous quel rapport cette demande diffère-t-elle des demandes ordinaires?

Comment justifie-t-on cette dérogation au droit commun?

« Le créancier ou l'acquéreur (1) muni d'un acte privé peut, même avant l'exigibilité de son droit, sans permission du juge et sans préliminaire de conciliation, assigner son débiteur *à trois jours* pour avoir acte de la reconnaissance ou pour faire tenir l'écrit pour reconnu (V. la formule 49). »

« *Sans permission du juge et à trois jours...* ». C'est une dérogation au droit commun. Le délai ordinaire des ajournements est, en effet, de huitaine franche, et quand le demandeur veut assigner à un délai moins long, sous prétexte que la cause exige célérité, il ne le peut faire qu'en vertu d'une permission du juge (art. 72). S'il en est autrement dans l'espèce, cela tient à deux considérations que le lecteur devine. Et d'abord le besoin de célérité est ici manifeste; en second lieu, quoi de moins compliqué que l'objet de la demande? Il s'agit d'un aveu à faire. Or, le fait sur lequel on le provoque est si simple, que le défendeur saura sans le moindre effort, sans qu'il ait besoin de prendre, à cet effet, l'avis préalable d'un avocat et, par conséquent, dans le plus bref délai, la réponse qu'il doit faire.

Quel est l'objet d'une demande en reconnaissance d'écriture? A quoi conclut le demandeur?

— Il n'est point, en général, nécessaire, pour la validité des actes, qu'ils soient écrits par les parties elles-mêmes; il suffit qu'ils soient signés d'elles. Cette règle souffre une double exception. Il existe, en effet, d'une part, des actes qui doivent être écrits par la personne même qui est obligée ou, tout au moins, porter, en outre de sa signature, la formule : « Bon pour la somme de..., » écrite de sa main (art. 1326 C. N.); d'autre part et en sens inverse, des écrits qui sont valables quoique non signés (art. 1329 à 1332 C. N.).

(1) Un débiteur qui a retiré une quittance sous seing privé peut également assigner son ancien créancier ou ses héritiers en reconnaissance d'écritures; mais ce cas se présente rarement dans la pratique.

La demande en reconnaissance aura donc pour objet, dans la première de ces trois hypothèses, la *signature* apposée sur le titre du demandeur; dans la seconde, l'*écriture du titre* ou du *Bon pour la somme de...* et la *signature;* dans la troisième, l'*écriture seulement.*

— La partie assignée en reconnaissance est obligée de s'expliquer; mais que doit-elle déclarer? Il faut à cet égard distinguer.

La partie assignée est-elle tenue de s'expliquer? Mais que doit-elle déclarer? Ne faut-il pas, à cet égard, faire une distinction?

Si le demandeur soutient qu'elle est l'auteur de l'acte qu'il présente, elle doit l'avouer ou le désavouer formellement : elle ne pourrait point se borner à répondre *qu'elle ne le connaît pas,* car elle doit savoir s'il est ou non émané d'elle.

Que si, au contraire, l'écrit est présenté comme signé ou écrit non par elle, mais *par son auteur*, c'est-à-dire par une autre personne qu'elle représente et, par exemple, par l'un de ses parents dont elle est l'héritière, elle peut alors déclarer simplement qu'elle *ne connaît point la signature ou l'écriture de la personne dont elle tient la place* (art. 1323 C. N.). On ne peut pas, en effet, exiger qu'elle affirme ce qu'elle peut très-légitimement ignorer.

— La voici en demeure de s'expliquer : quel parti va-t-elle prendre? La loi se place, à cet égard, dans trois hypothèses différentes :

Art. 193 (2e alinéa) à 195.

Quel parti peut prendre le défendeur?

1° *Le défendeur reconnaît l'écriture ou la signature de l'acte attribué soit à lui-même, soit à son auteur.* — Le tribunal donne au demandeur acte de cette reconnaissance et tout est terminé. L'écrit ainsi reconnu acquiert pour l'avenir une force probante aussi grande que celle que la loi attache aux actes authentiques (art. 1322 et 1319 C. N.).

Quid, s'il reconnaît l'écriture ou la signature de l'acte attribué soit à lui-même, soit à son auteur?

Dans ce cas, tous les frais relatifs à la reconnaissance, même ceux de l'enregistrement de l'acte, restent à la charge du demandeur, et c'est justice. Le défendeur est, en effet, dans l'espèce, exempt de toute faute; on ne peut absolument rien lui reprocher. Le demandeur a cherché une sécurité pour l'avenir, il se l'est procurée : c'est donc à lui à en supporter les frais.

Toutefois le coût de l'enregistrement de l'acte reconnu devra retomber à la charge du défendeur, si, à l'échéance de sa dette, il a mis, par son refus de payer, le demandeur dans la nécessité de recourir à des poursuites contre lui. Sa résistance aurait, en effet, nécessité, à cette époque, l'enregistrement de l'acte où son obligation se trouve relatée : or, qu'importe que cette mesure ait été prise d'avance, puisqu'en définitive il l'aurait, par son refus de payer, rendue nécessaire (loi du 3 septembre 1807)?

2° *La partie assignée en reconnaissance ne comparaît pas.* — Il est alors donné défaut contre elle, et l'écrit *est tenu pour reconnu*. Son silence équivaut à un aveu. Ce cas rentre donc dans le premier.

Quid, s'il ne comparaît pas?

Remarquez que dans l'espèce, le tribunal doit, — la loi, en effet, est impérative, — prononcer le défaut et tenir l'écrit pour reconnu, *sans aucun examen préalable*. C'est une dérogation à l'article 150, aux termes duquel les conclusions du demandeur ne doivent lui être adjugées, quand son adversaire fait défaut, *qu'autant qu'elles sont justes et bien vérifiées.*

Quid, s'il dénie l'écrit qui lui est attribué, ou déclare ne pas connaître l'écriture ou la signature de l'acte attribué à son auteur?

3° *La partie assignée comparaît et dénie l'écrit qui lui est attribué ou déclare ne pas connaître l'écriture ou la signature de l'acte attribué à son auteur* (V. la formule 50).— Que va faire alors le tribunal? A ne consulter que les termes de l'article 1324 du Code Napoléon, il *devrait* ordonner la vérification ; mais le Code de procédure paraît lui laisser à cet égard un certain pouvoir discrétionnaire. La vérification, est-il dit dans l'article 195, *pourra* être ordonnée. On décide donc généralement, d'une part, que les juges peuvent, sans avoir recours à la procédure de vérification, écarter l'écrit s'il leur paraît dès l'abord évidemment faux, et tel serait le cas où il serait de notoriété publique que la partie à laquelle il est attribué ne sait pas écrire; d'autre part, qu'ils peuvent à l'inverse le tenir immédiatement pour vrai si sa vérité se trouve démontrée par d'autres faits constants et acquis au procès.

Ils n'en ordonnent donc la vérification qu'au cas où ils ne trouvent point dans la cause des éléments suffisants de décision.

§ III. De la vérification des écrits déniés ou méconnus.

Art. 195.

Quels sont les moyens de vérification qu'admet la loi? Ces moyens peuvent-ils être employés cumulativement? Quand y a-t-il vérification *par titres*?

I. Des moyens de vérification. — La loi en admet trois : la vérification pourra, dit-elle, être faite soit par *titres*, soit par *témoins*, soit par *experts*. Ces trois modes de preuve peuvent être employés cumulativement; on peut aussi n'en employer qu'un seul. La loi s'en rapporte, sur ce point, à la sagesse du tribunal.

— La vérification par *titres* consiste à prouver la sincérité du titre en litige par d'autres écrits *non contestés* où sa teneur se trouve relatée ou qui contiennent des faits assez précis et assez positifs pour en établir la vérité. C'est la plus sûre de toutes les preuves; mais elle est fort rare.

Art. 211 et 212.

La vérification peut-elle être faite *par témoins*, même dans les cas où l'intérêt du demandeur dépasse 150 fr.?

— La vérification par *témoins* est admise même dans le cas où l'objet de l'écrit contesté est supérieur à 150 francs. La loi ne distingue pas et elle ne devait pas distinguer. La preuve testimoniale est, en effet, permise, à quelque chiffre que s'élève l'intérêt du demandeur, toutes les fois que le fait à prouver est de telle nature ou s'est passé dans de telles circonstances qu'il a été impossible de s'en procurer une preuve littérale (art. 1348 C. N.). Or, c'est précisément ce qui a lieu dans l'espèce; car, on le conçoit, il n'a pas été possible au bénéficiaire du titre de se procurer d'avance une preuve écrite de sa véracité.

Sur quel point devra alors porter l'enquête?

Il est bien entendu, au reste, que si la convention relatée dans l'acte dénié ou méconnu ne peut point, à cause de l'importance de son objet, être prouvée par témoins, ceux qui seront appelés pour la vérification du titre ne devront pas être admis à déposer *sur ce qui a été convenu entre les parties*, c'est-à-dire sur l'existence même du droit réclamé par l'une des parties contre l'autre; l'enquête devra uniquement porter sur la vérité de l'écriture, sur la formation matérielle de l'acte Autrement rien ne serait plus facile que d'éluder, sous l'apparence de la vérification du titre, la prohibition de la preuve testimoniale au-dessus de 150 francs. Ainsi il sera demandé aux témoins s'ils ont vu écrire ou signer l'écrit en question ou s'ils ont connaissance de faits propres à établir sa véracité. Là est toute l'enquête à faire.

Les pièces déniées ou méconnues doivent être présentées aux témoins et être par eux paraphées; il doit en être fait mention, ainsi que de leur refus. Doivent, au surplus, être observées les règles prescrites pour les enquêtes.

A quelles règles cette enquête est-elle soumise?

— La vérification par *experts* nécessite plus de détails.

Art. 196 et 197.

II. Du jugement autorisant la vérification par experts. — Du dépôt au greffe du titre à vérifier. — Le jugement par lequel le tribunal ordonne la vérification doit :

Que doit contenir le jugement portant que la vérification aura lieu par la voie de *l'expertise?*

1° Nommer *trois experts*, à moins que les parties ne se soient accordées pour les désigner elles-mêmes.

Par qui les experts sont-ils nommés?

— Dans les matières ordinaires, les parties peuvent convenir qu'il ne sera procédé à l'expertise que par *un* expert (art. 303). Il en est différemment dans l'espèce. L'article 196 exige, en effet, *trois* experts, et sa disposition, tout impérative, n'est modifiée par aucun tempérament. La vérification d'écritures a paru sans doute trop importante, et surtout trop délicate, pour être confiée à l'expérience et aux lumières d'une seule personne.

Les parties peuvent-elles convenir qu'il n'en sera nommé qu'un seul?

2° Nommer l'un des juges du tribunal, à l'effet de diriger les opérations de la vérification. On l'appelle juge-commis ou juge-commissaire.

En cas de récusation contre les experts ou le juge-commissaire, il sera procédé ainsi qu'il est prescrit aux titres XIV et XXI du présent livre (art. 197).

A quelles règles est soumise la récusation des experts?

3° Ordonner que la pièce à vérifier sera déposée au greffe du tribunal après que son état aura été constaté, et qu'elle aura été signée et paraphée par le demandeur ou son avoué et par le greffier, lequel dressera procès-verbal du tout.

Ce dépôt est fait dans le délai fixé par le tribunal. Il a pour objet d'assurer la conservation de la pièce contestée, et de mettre le défendeur à même d'en prendre communication.

Dans quel délai la pièce à vérifier devra-t-elle être déposée au greffe?

Le greffier constate l'état de la pièce déposée, en indiquant, sur le procès-verbal du dépôt, sa dimension, le nombre de rôles dont elle se compose, les ratures, surcharges et renvois qui s'y trouvent, ou plus généralement toutes les circonstances propres à la faire reconnaître (V. la formule 51).

Que doit faire le greffier dépositaire?

Le demandeur doit la signer et la parapher, afin qu'il ne puisse pas prétendre plus tard qu'une autre pièce lui a été substituée ultérieurement.

Quelle obligation est imposée au déposant?

Art. 198.

Il est d'usage de sommer le défendeur d'assister au dépôt de la pièce.—Trois jours lui sont accordés pour en prendre communication.

Le défendeur doit-il être appelé au dépôt?

Ce délai court du jour du dépôt si le défendeur y a assisté, ou, dans le cas contraire, du jour où il lui a été notifié.

Peut-il prendre communication de la pièce déposée?

Quel délai a-t-il à cet effet?

— La communication se fait au greffe et sans déplacement de la pièce déposée. La pièce communiquée doit être, lors de sa communication, paraphée par le défendeur, ou par son avoué, ou par son fondé de pouvoir spécial. Il en est dressé procès-verbal par le greffier.

Comment se fait la communication?

Art. 199.

En quoi consiste la vérification par experts ?

III. Du choix des pièces de comparaison. — La vérification par experts consiste à déduire la vérité ou la fausseté de l'acte en litige des rapports de ressemblance ou de dissemblance qu'elle peut avoir avec d'autres pièces d'écritures incontestablement émanées de la personne à laquelle est attribuée l'écriture ou la signature à vérifier.

Que doivent faire les parties à l'effet de s'entendre sur le choix des pièces de comparaison?

Il importe donc tout d'abord que les parties s'entendent sur le choix de ces pièces de comparaison. Elles doivent, à cet effet, comparaître devant le juge-commissaire au jour indiqué par son ordonnance et sur la sommation de la partie la plus diligente signifiée à avoué, s'il en a été constitué, sinon à domicile, par un huissier commis par le juge en la même ordonnance (V. la formnle 52).

Quatre hypothèses peuvent alors se présenter :

Quid, si le demandeur ne se présente point au jour indiqué pour ce choix ?

1° *Le demandeur en vérification ne se présente point au jour indiqué.* — La pièce par lui produite, et sur laquelle il entendait appuyer sa prétention, est rejetée.

Quid, si le défendeur ne comparaît point?

2° *Le défendeur ne comparaît point.* — La loi est moins rigoureuse à son égard : Les juges pourront, dit-elle, tenir la pièce pour reconnue. Elle leur laisse donc la faculté d'apprécier les motifs de son silence, et, s'ils leur paraissent admissibles, d'ordonner, nonobstant son absence, la vérification, qui alors se fait sur les pièces produites par le demandeur.

Par qui, dans l'un et l'autre cas, le jugement à rendre contre la partie défaillante doit-il être rendu ?

— Remarquons, sur l'un et l'autre cas :

D'une part, que le jugement à rendre contre le demandeur ou le défendeur défaillant rentre dans l'office du tribunal. Le juge-commissaire renvoie les parties à la prochaine audience, sans qu'il y ait besoin d'acte à venir plaider, et le tribunal prononce sur son rapport.

Ce jugement est-il susceptible d'opposition ?

D'autre part, que le jugement est par défaut, puisqu'il est rendu contre une partie absente, et qu'ainsi il est susceptible d'opposition.

Quid, quand les deux parties comparaissent et s'accordent sur les pièces de comparaison ?

3° *Les deux parties comparaissent, et conviennent à l'amiable des pièces de comparaison.* — Le juge-commissaire dresse procès-verbal de cet accord, après quoi commence la vérification.

Art. 200.

Quid, quand elles ne s'accordent point?

Quelles pièces de comparaison le tribunal peut-il admettre ?

4° *Les deux parties comparaissent, mais elles ne s'accordent point sur les pièces de comparaison.* — C'est alors au juge qu'est confié le soin de les désigner. Mais, à cet égard, la loi a renfermé ses pouvoirs dans certaines limites qu'il ne peut point dépasser. Elle indique, en effet, quelles pièces pourront être reçues, et quelles pièces ne devront pas l'être. On sent, au reste, qu'elle n'a dû admettre que les écritures ou signatures incontestables ou incontestées. Une pièce qui aurait elle-même besoin d'être vérifiée ne saurait servir de base à la vérification d'un autre titre. Ainsi, pourront être acceptées comme pièces de comparaison :

1° « Les signatures apposées aux actes par-devant notaires. » — J'ai produit un billet que je dis signé de vous ; vous prétendez que la signature qui y est apposée n'est point la vôtre. A l'appui de ma prétention, je produis un acte authentique étranger au débat, mais que vous avez signé, ainsi que cela est affirmé par le notaire qui l'a dressé. Vous ne vous inscrivez point en faux contre cet acte ; il est donc *certain* que la signature qui s'y trouve est la vôtre. C'est par elle, et en la comparant avec celle qui se trouve sur le billet en litige, qu'on arrivera à reconnaître si le billet contesté est ou non émané de vous.

2° « Les signatures apposées aux actes judiciaires, en présence d'un juge et de son greffier. » Telles seraient, par exemple, la signature d'un témoin sur un procès-verbal d'enquête (art. 274), celle d'un plaideur sur un procès-verbal d'interrogatoire (art. 334). — Bien que le procès-verbal de conciliation, dressé par le juge de paix, assisté de son greffier, ne soit point, à proprement parler, un acte *judiciaire* (V. p. 14), la plupart des auteurs l'admettent pourtant comme pièce de comparaison, au cas où il a été signé par les parties.

3° « Les pièces *écrites et signées* par celui dont il s'agit de comparer l'écriture, en qualité de juge, greffier, notaire, avoué, huissier, ou comme faisant à tout autre titre fonction de personne publique, par exemple, comme officier de l'état civil. » — *Écrites et signées*... n'en concluez point que la signature apposée par un officier public sur un acte qu'il n'a pas écrit de sa main doive être rejetée : un tel rigorisme dans l'interprétation de la loi en fausserait l'esprit.

4° « Les écritures et signatures privées, reconnues par celui à qui est attribuée la pièce à vérifier. »

5° « Le surplus de la pièce à vérifier, lorsqu'une partie seulement est déniée ou méconnue. »

Quelles signatures et écritures lui est-il défendu de recevoir comme pièces de comparaison, quand les parties ne sont point d'accord pour les admettre ?

— Ne peuvent pas, en cas de contestation entre les parties, être reçues comme pièces de comparaison :

1° Les signatures mises sur des actes *extrajudiciaires* autres que les actes notariés, sur des registres de l'état civil, par exemple. L'officier de l'état civil, a-t-on dit, n'étant pas obligé de connaître les parties et de s'assurer de leur identité, rien n'atteste avec certitude que la personne qui s'est présentée devant lui, et qui a signé l'acte qu'il a dressé, est bien réellement celle à laquelle cette signature est attribuée.

Mais s'il s'agissait de vérifier la signature de l'officier de l'état civil lui-même, le registre qu'il a signé pourrait être admis comme pièce de comparaison (V. ci-dessus le n° 3).

2° Les signatures privées apposées sur les actes judiciaires dressés par un juge, hors la présence de son greffier, ou par un greffier sans le concours du juge.

3° Les signatures et écritures déniées ou non reconnues par celui à qui est attribuée la pièce à vérifier, *encore* qu'elles eussent été précédemment vérifiées et reconnues être de lui. L'art des experts en vérification a, dit-on, paru trop conjectural et trop incertain pour attacher à l'acte vérifié un degré suffisant d'authenticité.

Est-ce au juge-commissaire ou au tribunal qu'est laissé le choix des pièces de comparaison ?

— Nous venons de dire qu'au cas de contestation entre les parties, les pièces de comparaison sont choisies par *le juge*; mais remarquons qu'ici les mots *le juge* doivent s'entendre *du tribunal* entier. Il s'agit, en effet, d'une décision à rendre, et d'une décision fort importante qui, par sa nature, est en dehors des attributions d'un juge-commissaire, puisqu'il a simplement pour mission de préparer les préliminaires de la vérification et d'en surveiller les détails. On a fait remarquer d'ailleurs que, sur les observations du Tribunat, la loi a toujours pris soin d'ajouter le mot *commissaire* au mot *juge*, lorsqu'elle lui attribue le pouvoir d'agir seul et par lui-même.

Art. 201.

Les tiers détenteurs des actes admis comme pièces de comparaison sont-ils obligés de les représenter lorsqu'ils en sont requis?

Quid, si ces pièces sont entre les mains du défendeur à la vérification ?

Cette obligation n'admet-elle point une certaine excuse?

IV. De l'apport des pièces admises comme pièces de comparaison. — Nul ne peut refuser son concours à la justice. Les tiers détenteurs des pièces de comparaison sont donc tenus de les représenter lorsqu'ils en sont requis. Cette obligation est imposée à toutes personnes, aux dépositaires publics, tels qu'un notaire ou un greffier, de même qu'aux simples particuliers. Le défendeur à la vérification est lui-même obligé de fournir les pièces qui sont en sa possession. La loi ne distingue pas (V. d'ailleurs l'art. 201).

Cette obligation de présenter et fournir les pièces de comparaison n'admet point d'excuse. Toutefois, comme il ne serait pas juste qu'un tiers supportât lui-même un préjudice à l'occasion d'un procès qui lui est étranger, il peut être dispensé de fournir les actes dont la production pourrait divulguer certains faits qu'il lui importe de tenir secrets, ou entraîner contre lui une peine fiscale, telle qu'une amende ou un double droit. Mais dans ce dernier cas le demandeur en vérification pourra exiger la production en offrant de prendre à son compte les peines pécuniaires auxquelles elle donnera lieu.

Comment contraint-on les détenteurs des pièces à les représenter?

Dans quel délai l'apport doit-il être effectué?

Ainsi, et sauf le tempérament dont nous venons de parler, tout détenteur de pièces de comparaison est tenu de les fournir. A cet effet, le juge-commissaire rend une ordonnance par laquelle il enjoint à ceux qui les détiennent d'avoir à les apporter, aux jour et heure qu'il indique, au lieu où se fera la vérification. La loi ne fixe point le délai dans lequel cet apport devra être effectué : il est donc laissé à l'arbitrage du juge-commissaire, qui le fixe eu égard aux distances.

Quid, si les dépositaires des pièces refusent de les représenter?

Les dépositaires publics qui n'obéissent point à la sommation (V. la formule 53) qui leur est faite d'apporter les pièces qu'ils détiennent, peuvent être directement contraints par corps (art. 2060-6°, C. N.).

A l'égard des simples particuliers en retard d'apporter les pièces qui sont en leur possession, la loi est moins rigoureuse. Elle veut en effet qu'on ne recoure contre eux à la contrainte par corps qu'après qu'on aura, mais en vain, employé les autres voies de contrainte. Ainsi, ils devront d'abord être condamnés à des dommages et intérêts ; si ce premier moyen ne réussit point, alors, mais alors seulement, la contrainte par corps pourra être employée.

Qui prononce cette condamnation ?

Il est bien entendu, au reste, que ces condamnations ne peuvent être prononcées que par le tribunal (V. p. 185).

—Lorsque les dépositaires sommés d'apporter les pièces ne se présentent point, le juge-commissaire dresse procès-verbal de leur non-comparution et déclare qu'il en sera fait rapport au tribunal à tel jour indiqué. Ce procès-verbal leur est signifié avec assignation à comparaître à l'audience. Au jour indiqué le tribunal prononce sur le rapport du juge-commissaire.

Art. 201 et 202.

Dans quel lieu les pièces doivent-elles être apportées ?

Quid, dans le cas où elles ne peuvent pas être déplacées ?

En principe les pièces doivent être apportées là où se fait la vérification. Mais il se peut qu'elles ne puissent pas être déplacées, comme lorsqu'il s'agit d'opérer sur un registre courant de l'état civil, ou que ceux qui les détiennent soient trop éloignés : comment procéder alors? La loi a prévu le cas. Elle laisse au tribunal le pouvoir d'ordonner, sur le rapport du juge-commissaire, et après avoir entendu le procureur impérial, que la vérification se fera dans le lieu de la demeure des dépositaires, ou dans le lieu le plus proche, ou que, dans un délai déterminé, les pièces seront envoyées au greffe par les voies qu'il indiquera.

S'il prend le premier de ces deux partis, sa décision peut s'exécuter de deux manières différentes. Le lieu où se trouvent les pièces est-il situé dans son ressort, et à une distance peu éloignée, il ordonne que le juge-commissaire et le greffier iront dans ce lieu procéder eux-mêmes à la vérification. Se trouve-t-il au contraire en dehors de son ressort, ou dans son ressort, mais à une distance très-éloignée, il ordonne qu'il sera procédé à la vérification, soit par un juge de paix, ou un juge qu'il commet lui-même à cet effet, soit par un juge de paix ou un juge que désignera le tribunal du lieu où elle doit être faite (art. 1035).

Art. 203.

Si le juge-commissaire en ordonne le déplacement, que doit faire le dépositaire public entre les mains duquel elles se trouvent ?

S'il prend le second parti, c'est-à-dire s'il ordonne le déplacement des pièces, le dépositaire, si c'est une personne publique, un notaire par exemple, devra, avant de s'en dessaisir et dans la crainte qu'elles ne s'égarent, en faire une expédition ou copie collationnée, laquelle sera vérifiée sur la minute ou original par le président du tribunal de son arrondissement, qui en dressera procès-verbal ; le président et le greffier devront en outre la signer : autrement rien n'attesterait que c'est bien elle qu'ils ont collationnée.

Cette copie ainsi collationnée, vérifiée et signée, est mise par le dépositaire au rang de ses minutes pour en tenir lieu jusqu'au renvoi des pièces. Il avance au greffier les frais du procès-verbal de collation ; mais ils lui sont remboursés par le demandeur en vérification, sur la taxe qui en est faite par le juge qui a dressé le procès-verbal, d'après lequel est délivré exécutoire.

Quid, si elles sont entre les mains d'un particulier ?

Les dépositaires particuliers, lorsqu'ils y ont un intérêt évident, peuvent, de même que les dépositaires publics, se faire donner par un notaire, aux frais du demandeur, une copie des actes originaux qu'ils sont obligés de déplacer pour le besoin de la vérification (1). Mais ils ne pourraient point, comme les dépositaires publics, obtenir exécutoire pour le recouvrement de leurs frais. Ils devraient donc, pour s'en faire rembourser, intenter une action en indemnité contre qui de droit (2).

Art. 205.

Quid, si les dépositaires tiennent à ne pas perdre de vue les pièces dont ils effectuent l'apport ?

Les dépositaires qui apportent les pièces tiennent quelquefois à ne pas les perdre de vue : aussi peuvent-ils demander à assister à la vérification pour les retirer et les représenter à chaque séance ou vacation. Toutefois, le juge-commissaire n'est pas tenu de faire droit à leur demande. La loi, qui s'en rapporte à sa prudence, lui permet d'or-

(1) Carré, n° 839.
(2) M. Bonnier, sur l'article 203.

donner, s'il le juge convenable, que les pièces resteront déposées entre les mains du greffier.

Si, pendant que les pièces apportées par les dépositaires publics restent déposées au greffe, il y a lieu d'en tirer des copies, comment procède-t-on ?

— Si, pendant que les pièces apportées par des dépositaires publics restent déposées au greffe, les personnes que ces pièces intéressent ont besoin d'en avoir une copie ou une expédition, comment pourront-elles se la procurer? Qui la délivrera? Sur ce point trois cas sont à considérer.

1° L'officier public nanti des pièces à déposer les a envoyées au greffe du tribunal où se fait la vérification, mais après avoir pris soin d'en tirer au préalable une copie collationnée : — le président la vérifie sur l'original, après quoi elle est mise au rang des minutes de l'officier qui l'a tirée, et c'est sur elle qu'il est autorisé à délivrer des copies ou grosses qui ont la même foi que si elles avaient été tirées sur l'original même (V. p. 195).

2° Il les a apportées lui-même, mais il a obtenu du juge-commissaire l'autorisation de rester présent à la vérification pour la garde de ses pièces, et de les retirer après chaque séance, sauf à les représenter à la vacation suivante : — dans ce cas, il peut en faire expédition encore que le lieu où se fait la vérification soit hors de l'arrondissement dans lequel il a le droit d'instrumenter.

3° Il se peut, d'une part, que l'officier public qui a fait le dépôt n'ait point tiré une copie collationnée de l'original qu'il a été obligé de déplacer; d'autre part, qu'il n'ait pas été autorisé à rester présent à la vérification : — les expéditions des piècee déposées sont alors délivrées par le greffier à la garde duquel elles restent confiées (V. p. 215).

Art. 206.

Comment les choses se passent-elles lorsqu'il n'existe point de pièces de comparaison ou que les pièces produites sont insuffisantes?

V. COMMENT ON PROCÈDE LORSQU'IL N'EXISTE POINT DE PIÈCES DE COMPARAISON OU QU'ELLES SONT INSUFFISANTES. — Le juge-commissaire peut, s'il le juge convenable, soit d'office, soit sur la demande du poursuivant, ordonner que le défendeur fera un corps d'écriture sur lequel devront opérer les experts. Le défendeur écrit sous la dictée des experts, le demandeur présent ou dûment appelé, et, quoique la loi ne le dise pas expressément, en la présence du juge-commissaire.

Si le défendeur fait défaut ou refuse de faire le corps d'écriture, le juge-commissaire le constate et renvoie l'incident à la prochaine audience. Sur son rapport, le tribunal peut déclarer que la pièce à vérifier sera tenue pour reconnue (arg. tiré des art. 199 C. pr. et 1361 C. N.).

Art. 204.

Quelle est la procédure de la vérification ?

VI. VÉRIFICATION.—Sur la requête de la partie la plus diligente, le juge-commissaire rend une ordonnance par laquelle il indique les lieu, jour et heure auxquels devront se trouver les experts et les détenteurs des pièces à déposer : les premiers, à l'effet de prêter serment et de procéder à la vérification; les seconds, à l'effet de présenter les pièces qu'ils sont tenus de produire.

La partie la plus diligente lève cette ordonnance et la fait signifier par acte d'avoué à avoué aux experts, aux dépositaires et à l'autre partie, avec sommation de se trouver aux lieu, jour et heure indiqués (V. la formule 54).

Il est du tout dressé procès-verbal et il en est donné aux dépositaires copie par extrait, en ce qui les concerne, ainsi que du jugement qui a ordonné la vérification.

Si les dépositaires ne se présentent point, on procède contre eux, ainsi qu'il a été dit page 194.

Si c'est un expert qui fait défaut, les parties peuvent s'accorder de suite pour le remplacer; sinon le juge-commissaire en réfère au tribunal, qui pourvoit au remplacement de l'expert absent.

Art. 207 à 210.

Comment les choses se passent-elles après que les experts ont prêté serment?

Les experts ayant prêté serment, les pièces de comparaison leur étant communiquées, ou le corps d'écriture fait, les parties se retirent après avoir fait, sur le procès-verbal du juge-commissaire, telles réquisitions et observations qu'elles avisent.

Les experts procèdent conjointement à la vérification, au greffe, devant le greffier ou devant le juge, s'il l'a ainsi ordonné. — S'ils ne peuvent terminer le même jour, ils remettent à jour et heure certains, indiqués par le juge ou par le greffier.

Comment leur rapport doit-il être dressé?

Quid, s'ils émettent des avis différents?

Ils doivent dresser un rapport commun et motivé, et ne former qu'un seul avis, à la pluralité des voix. — Que s'il y a des avis différents, le rapport en devra contenir les motifs, sans qu'il soit permis de personnaliser chaque avis, c'est-à-dire de faire connaître l'avis particulier de chacun des trois experts (V. p. 250, l'explic. de l'art. 318).

Leur rapport dressé, à quel acte doit-il être annexé?

Comment obtiennent-ils le payement des honoraires qui leur sont alloués?

Leur rapport sera annexé à la minute du procès-verbal du juge-commissaire, sans qu'il soit besoin par les experts d'en affirmer la vérité par un nouveau serment. La taxe de leurs journées ou vacations sera faite sur le procès-verbal, et il en sera délivré exécutoire contre le demandeur en vérification (art. 319).

Que deviennent les pièces de comparaison après la vérification?

— Les pièces de comparaison seront remises aux dépositaires, qui en déchargeront le greffier sur le procès-verbal. Si les dépositaires résident dans un autre lieu, le greffier leur renvoie les pièces par les voies qu'indique le tribunal. Dans ce cas, ils n'auront point de décharge à donner au greffier; elle résultera pour lui des pièces justificatives du renvoi, telles que le récépissé du directeur des postes ou messageries.

Les juges sont-ils tenus de suivre l'avis des experts?

— Les juges ne sont point astreints à suivre l'avis des experts, si leur conviction s'y oppose. — Ils peuvent, s'ils le jugent convenable, ordonner une nouvelle expertise, ou appeler des témoins pour confirmer ou combattre celle qui a déjà eu lieu.

Art. 213.

Que doit faire le tribunal quand il n'est point établi que la pièce en litige est émanée de celui auquel elle est attribuée?

Quid, dans l'hypothèse inverse?

Quelles peines encourt alors le défendeur qui succombe?

VII. DU JUGEMENT QUI STATUE SUR LA VÉRIFICATION ET DE SES EFFETS.—S'il n'est point établi que la pièce en litige est émanée de celui auquel elle est attribuée, le tribunal l'écarte et met au compte du demandeur tous les frais du procès. Dans l'hypothèse inverse la pièce est tenue pour reconnue. Quant aux condamnations à prononcer contre le défendeur qui succombe, une distinction est nécessaire.

Si la pièce a été présentée comme *émanée de lui* et qu'il l'ait déniée, sa dénégation n'a pu lui être suggérée que par une insigne mauvaise foi. De là certaines rigueurs contre lui. Il est, bien entendu, condamné aux dépens du procès et aux dommages et intérêts de la partie; mais là ne se bornent point les effets de sa déloyauté.

La loi veut, en outre : 1° qu'il encoure une amende de 150 francs; — 2° qu'il puisse être condamné *par corps*, non-seulement pour les dépens et dommages et intérêts auxquels la vérification a donné lieu, mais encore pour le montant de la cause principale, en un mot pour toutes les suites du procès.

Quelle distinction faut-il faire à cet égard ?

Si la pièce a été présentée comme étant émanée d'une autre personne au lieu et place de laquelle il se trouve soit en qualité d'héritier, soit à un autre titre, et qu'il ait déclaré ne point connaître l'écriture ou la signature de cette personne, cette déclaration n'est point nécessairement entachée de mauvaise foi, et comme la loi ne présume jamais le dol, sa méconnaissance est réputée loyale. Sa bonne foi ne le mettra point, sans doute, à l'abri des dépens (art. 130); il pourra même, suivant les circonstances, être condamné à des dommages et intérêts; mais 1° il n'encourt aucune amende; — 2° il n'est passible de la contrainte par corps ni pour le principal du procès, ni pour les dépens, lesquels, ainsi qu'on le sait, ne sont point, en général, recouvrables par cette voie (V. p. 112).

Quelle est la force probante de l'acte qui, après vérification, a été tenu pour reconnu ?

— L'acte qui, après vérification, a été tenu pour reconnu, acquiert contre ceux qui l'ont souscrit, leurs héritiers et ayants cause, la même foi que l'acte authentique.

Quel avantage naît pour le demandeur de la reconnaissance ou de la vérification de l'acte ?

Il en est de même de l'acte *reconnu* par la partie contre laquelle il a été produit.

A quel moment cette hypothèque peut-elle être inscrite?

— Nous rappelons que la reconnaissance ou la vérification d'un acte sous seing privé fait naître, pour la garantie des créances qui y sont décrites, une hypothèque judiciaire; mais nous devons ajouter que cette hypothèque ne peut être inscrite qu'à défaut du payement de la dette après son échéance (V. p. 187).

TITRE XI.

DU FAUX INCIDENT CIVIL.

12e *répétition*.

§ I. Généralités.

Qu'est-ce que le faux en écriture publique ou privée?

I. Ce que c'est que le faux en écriture publique ou privée. — Ses différentes espèces. — Le faux consiste soit dans la contrefaçon de l'écriture ou de la signature d'une personne publique ou privée, dans le but de fabriquer un acte contraire à la vérité, soit dans l'altération d'une pièce au moyen de ratures, additions ou surcharges, soit enfin dans la narration de faits mensongers dans un acte dressé pour recevoir les dires, aveux et conventions des parties (art. 145 à 152 C. pén.).

Combien en distingue-t-on d'espèces ?

On en distingue deux espèces, savoir :

1° Le faux *matériel* ou *formel*; 2° le faux *intellectuel* ou *moral*.

Qu'est-ce que le faux *matériel* ou *formel*?

Le premier consiste soit dans la fabrication d'un acte à l'aide de fausses signatures ou par imitation de l'écriture d'autrui, soit dans l'altération par additions, ratures ou surcharges, d'un acte originairement vrai. On l'appelle matériel, parce qu'il est susceptible d'être reconnu physiquement, au moyen d'un procédé quelconque.

Le second a lieu lorsque le véritable auteur de l'acte y écrit des faits mensongers, comme lorsqu'un notaire insère dans l'acte qu'il dresse des dires, aveux et accords autres que ceux qui sont intervenus entre les parties. Ce faux n'a rien de matériel, aucun signe palpable ou visible ne le révèle; l'intelligence seule peut le saisir, et, pour le découvrir, il faut recourir au raisonnement. De là, le nom d'*intellectuel* qui lui a été donné.

Le faux *intellectuel* ou *moral?*

II. DES DIFFÉRENTES ACTIONS AUXQUELLES LE FAUX PEUT DONNER LIEU. — DE LEUR OBJET. — DES PERSONNES AUXQUELLES ELLES APPARTIENNENT. — DES TRIBUNAUX COMPÉTENTS POUR EN CONNAITRE. — DE LEUR PRESCRIPTION ET ENFIN DES TRANSACTIONS AUXQUELLES L'UNE D'ELLES PEUT DONNER LIEU. — Le faux, constituant un crime, engendre deux actions, l'une *publique*, l'autre *civile*.

Quelles actions naissent du faux?

L'action *publique* a pour objet la punition de l'auteur du faux. Elle appartient au ministère public et ne peut être portée que devant la justice criminelle (art. 448 C. inst. crim.).

Quel est l'objet de l'action *publique?* de l'action *civile?*

Par qui ces actions peuvent-elles être exercées et devant quel tribunal?

L'action *civile* a pour objet la réparation du préjudice que le faux a pu causer, la suppression de la pièce fausse ou le rétablissement de la pièce falsifiée. Elle appartient aux personnes qui ont souffert du faux ou auxquelles il peut préjudicier. Deux tribunaux en peuvent connaître : elle peut, en effet, être portée, au choix de la partie qu'elle intéresse, soit devant un tribunal civil, soit devant le tribunal criminel saisi de l'action publique (art. 3 C. inst. crim.).

— Lorsque l'auteur du faux décède, l'action publique s'éteint. Il n'en est point de même de l'action civile. Elle subsiste, dans ce cas, contre les héritiers du coupable et contre le possesseur de la pièce arguée de faux; mais alors elle ne peut être intentée que devant le tribunal civil (art. 2, C. inst. crim.).

S'éteignent-elles par la mort de l'auteur du faux?

— L'action publique se prescrit par dix ans, à compter du jour du faux ou de la dernière poursuite. En est-il de même de l'action civile? L'affirmative paraît certaine, lorsqu'on s'attache aux termes de l'article 637 du Code d'instruction criminelle. Il y est dit, en effet, que l'action civile née d'un crime se prescrit *comme* et *avec l'action publique*. Nous croyons cependant devoir distinguer. L'action civile, à l'effet d'obtenir de l'auteur du faux la *réparation du préjudice* qu'il a causé, se prescrit en même temps que l'action publique (1), nous le reconnaissons; mais, si nous ne nous trompons, *le droit de repousser la pièce fausse et d'en demander la suppression, la lacération, la radiation, la réformation ou le rétablissement* est perpétuel. L'acte faux est, en effet, frappé d'une nullité radicale; c'est un acte légalement inexis-

Par quel laps de temps se prescrit l'action publique?

En est-il de même de l'action civile?

(1) A moins pourtant que la prescription ait été interrompue par des poursuites purement civiles, auquel cas l'action civile subsisterait, nonobstant la prescription de l'action publique (V. M. Bonnier, p. 225).

tant, et il est de principe que ce qui est nul, absolument nul, ne peut jamais valoir (1).

Dans quels cas les tribunaux civils sont-ils *seuls* compétents pour statuer sur l'action civile ?

Quid, en dehors de ces cas ?

Lorsqu'elle a été tout d'abord portée devant le tribunal civil, la partie qui l'a formée peut-elle l'abandonner pour la porter devant le tribunal criminel ?

Ainsi donc, les tribunaux civils sont seuls compétents pour statuer sur l'action civile : 1° lorsque l'auteur du faux est décédé; 2° lorsque l'action publique est prescrite; ajoutons 3° lorsque l'auteur du faux est inconnu. Hors ces cas, elle peut être intentée ou devant le tribunal civil, ou devant le tribunal criminel saisi de l'action publique. Remarquez qu'alors même qu'elle a été tout d'abord portée devant le tribunal civil, la partie qui l'a formée peut l'abandonner pour la porter devant le tribunal criminel (art. 250 C. pr.). Il est cependant admis, en jurisprudence, qu'on ne peut prendre la voie la plus dure après avoir pris la voie la plus douce; mais la loi a dérogé ici à ce principe. Elle a considéré, sans doute, que le plaideur auquel on oppose, dans le cours d'une instance civile, une pièce entachée de faux, étant intéressé à la repousser à l'instant même, il lui est fort difficile de choisir sur-le-champ la voie la plus favorable. De là, la faculté qui lui est laissée de prendre la voie criminelle, lorsque les premiers actes de l'instruction commencée au civil lui ont fourni des éléments suffisants *pour agir au criminel*.

Comment, et en quelle qualité agit-elle *au criminel?*

Que doit-elle faire quand elle veut prendre cette voie?

Quid, lorsque l'action civile est portée devant un tribunal civil pendant que l'action publique est pendante devant le tribunal criminel ?

Pour agir au criminel... en se portant *partie civile*, bien entendu. L'action publique criminelle appartient, en effet, exclusivement au ministère public, et ne peut être exercée que par lui. Le plaideur qui veut poursuivre le faux par la voie criminelle doit donc le dénoncer aux magistrats chargés de la recherche des crimes, après quoi il se porte partie civile devant le tribunal saisi de l'action criminelle par le ministère public. C'est ainsi qu'il faut entendre l'article 250, aux termes duquel le demandeur en faux peut toujours « se pourvoir par la voie criminelle. »

Lorsque l'action publique est portée devant un tribunal civil alors que l'action publique est pendante devant un tribunal criminel, son exercice est suspendu tant qu'il n'a pas été définitivement statué sur l'action publique (art. 3 C. inst. crim.).

Dans ce cas, il est sursis au jugement du procès civil (2) dans le cours duquel a été produite la pièce arguée de faux. Toutefois, si les juges estiment qu'il puisse être jugé indépendamment de cette pièce, ils peuvent passer outre au jugement; et il en est ainsi non-seulement dans le cas où l'action publique est exercée sur l'initiative de la partie intéressée (art. 250), mais encore lorsqu'elle a été spontanément introduite par le ministère public. La raison est la même dans l'un et l'autre cas (3).

Art. 251. — Nous avons dit que l'action publique appartient exclusivement au ministère public et, réciproquement, que l'action civile appartient en-

Quand l'action ci-

(1) M. Bonnier, p. 225.

(2) En ce qui touche la suspension de la force *exécutoire* que peut avoir l'acte argué de faux, V. l'explic. de l'article 1319 C. N.

(3) V. Boitard, sur l'article 250 ; M. Bonnier, sur le même article.

tièrement à la partie que la pièce arguée de faux intéresse. Mais remarquez qu'aucun jugement ne peut, en matière de faux, être rendu, même au civil, que sur les conclusions du ministère public. La procédure engagée devant le tribunal civil pouvant révéler l'existence d'un crime, il importe que le ministère public puisse en suivre toutes les phases, afin d'être toujours à même d'intenter l'action publique, si les faits mis en lumière lui paraissent assez graves pour motiver une poursuite criminelle.

vile est portée devant un tribunal civil, le ministère public doit-il être entendu?

—C'est dans le même but et par le même motif qu'il est dit, dans l'article 249 : « Aucune transaction sur la poursuite du faux ne pourra être exécutée, si elle n'a été homologuée en justice, après avoir été communiquée au ministère public, lequel pourra faire à ce sujet telles réquisitions qu'il jugera à propos. » Mais cette disposition a besoin d'être bien comprise. Lorsqu'un crime a été commis, la partie qui en a souffert peut transiger sur l'action civile qui en résulte, c'est-à-dire sur les réparations pécuniaires qui peuvent lui être dues, l'action publique restant intacte et entière, bien entendu (art. 2046 C. N., et 4 C. inst. crim.). Cela posé, la règle que la transaction intervenue au sujet d'un faux ne peut être exécutée qu'autant qu'elle a été homologuée par la justice, doit évidemment être entendue dans un sens restrictif. Au point de vue de l'action civile et des intérêts pécuniaires qui s'y rattachent, la transaction est pleinement valable par elle-même, et indépendamment de toute homologation. Ce n'est qu'en tant qu'elle pourrait nuire à l'action publique, que son exécution est subordonnée à l'homologation du tribunal. Ainsi, les parties ne peuvent convenir de l'enlèvement et de la suppression de la pièce que sous les yeux et avec l'approbation de la justice (1).

Art. 249.

Les parties peuvent-elles transiger sur le faux?

La transaction est-elle destituée de tout effet?

Sous quel rapport cet effet est-il subordonné à l'homologation du tribunal?

III. Observation sur la rubrique du titre. — Du faux incident civil. — Du faux principal. — Le faux a reçu dans l'article 1319 du Code Napoléon la qualification de *faux principal*, quand il est poursuivi en justice criminelle. Dans la rubrique de notre titre la loi le qualifie de *faux incident civil*, au cas où c'est un tribunal civil qui est appelé à en connaître. Il semblerait d'après cela qu'au criminel il n'y a point de faux *incident*, et réciproquement qu'en matière civile il n'y a point de faux *principal;* mais bien évidemment rien de semblable n'a lieu.

Qu'est-ce, d'après l'art. 1319 du Code Napoléon, que le faux *principal?*

Qu'est-ce, d'après la rubrique de notre titre, que le faux *incident?*

Quelle conséquence peut-on tirer de ce rapprochement?

Cette conséquence est-elle fondée?

Et d'abord il se peut très-bien que même dans le cours d'un procès criminel, une pièce fausse étant produite, il soit nécessaire de l'attaquer et de la faire rejeter (V. l'art. 458 C. inst. crim.). Dans ce cas, et bien qu'on procède devant un tribunal criminel, la poursuite en faux constitue un véritable faux *incident*.

Le faux ne peut-il pas être *incident*, même au criminel, et réciproquement être principal, même au civil?

En second lieu, nulle loi, que nous sachions, ne défend de poursuivre le faux par action civile *principale*. Si le Code de procédure ne traite que du faux *incident*, c'est que l'action *principale* est extrêmement rare en pratique. La loi statue sur le *plerumque fit*, mais elle n'a

(1) En ce sens, Demiau, p. 183; Boitard, sur l'article 249; M. Bonnier, sur le même article. En sens contraire, MM. Rodière, p. 210 et 211; Chauveau sur Carré, quest. 958.

rien d'exclusif. Prenons donc l'hypothèse suivante. Je soupçonne entre les mains d'un tiers l'existence d'une pièce fausse et susceptible de compromettre mes intérêts. Il m'importe, on le conçoit, de la faire disparaître dès à présent, surtout s'il y a lieu de craindre la disparition des preuves du faux. Comment vais-je procéder? Si l'auteur du crime est connu et vivant, et que les preuves de sa culpabilité soient certaines et suffisamment décisives, je puis, à supposer encore que l'action publique ne soit pas prescrite, agir par la voie criminelle, c'est-à-dire porter plainte contre lui et me constituer, si je le juge à propos, partie civile dans le procès criminel auquel ma plainte va donner lieu (V. p. 200).

Mais si l'auteur du crime est inconnu, ou s'il est décédé, ou enfin si l'action publique est prescrite, la voie criminelle m'est fermée. Serai-je donc alors obligé de rester inactif en présence du danger auquel je suis exposé, et me faudra-t-il attendre, pour agir devant le tribunal civil, qu'un procès soit engagé entre moi et le possesseur de la pièce fausse? Non, assurément. Mon intérêt serait compromis peut-être si je n'agissais dès à présent, et cela suffit pour que la loi, et la justice qui la représente, me viennent en aide. Je puis donc, dès ce jour, et bien qu'il n'y ait aucun procès pendant entre moi et le détenteur de la pièce fausse, prendre l'offensive, et, agissant au civil par action principale, demander la suppression, la réformation ou le rétablissement de la pièce arguée de faux.

L'action publique fût-elle possible, la voie principale me serait encore ouverte, et j'aurais intérêt à la suivre, si les preuves du faux n'étaient point assez caractérisées pour entraîner sûrement la condamnation du coupable. La loi aurait, en effet, manqué de justice à mon égard si elle m'eût contraint de m'engager, pour la défense de mon droit, dans la voie toujours si périlleuse d'une dénonciation criminelle.

Quel est l'objet de la poursuite au criminel?

— Lorsque le faux est poursuivi au criminel, on fait tout à la fois le procès à l'auteur de l'acte et à l'acte lui-même : à l'auteur de l'acte pour le faire punir ; à l'acte lui-même pour le faire rétablir, rayer ou réformer (art. 463 C. inst. crim.).

Quid, quand le faux est poursuivi devant un tribunal civil?

Quand il est poursuivi devant le tribunal civil seulement, soit par action principale, soit par action incidente, c'est l'*acte* seulement qu'on attaque. L'auteur de l'acte est laissé de côté.

De quelle poursuite traite le Code de procédure?

— Le Code de procédure ne traite, ainsi que nous l'avons dit, que du faux incident civil. Une pièce est produite, pendant le cours d'une instance civile, par l'une des parties contre l'autre. Celle-ci soutient, sans alléguer que son adversaire soit l'auteur du faux, que l'acte dont il se prévaut contre elle est contraire à la vérité et demande à en prouver la fausseté. Telle est l'espèce dont nous aurons désormais à nous occuper.

Art. 214.

Quels sont les actes contre lesquels on peut s'inscrire en faux?

IV. Des actes contre lesquels on peut s'inscrire en faux. — On peut s'inscrire en faux :

1° *Contre les actes authentiques.* —La force probante des actes authentiques repose sur une double présomption. D'une part, en effet, l'écrit qui a les caractères et les signes *apparents* d'un acte authentique est réputé l'être *réellement*; d'autre part, tous les faits qui y sont rapportés sont réputés vrais (V. l'explic. de l'art. 1319).

Ces présomptions peuvent être l'une et l'autre combattues et détruites par la preuve contraire; mais on n'est point admis à la faire par les voies ordinaires : la loi a tracé, sous le titre d'inscription de faux, une marche particulière, une procédure spéciale, dont il n'est point permis de s'écarter.

Est-il toujours nécessaire de prendre la voie de l'inscription contre les actes authentiques qu'on attaque? Ne faut-il pas à cet égard faire une distinction?

Toutefois l'inscription de faux n'est point nécessaire dans tous les cas. Nous avons à cet égard une distinction à faire. Si la partie à laquelle l'acte est opposé prétend qu'il n'est point réellement authentique, si elle soutient par exemple que la signature qui s'y trouve n'est point celle de l'officier public auquel il est attribué, elle doit s'inscrire en faux; elle le doit encore lorsqu'elle demande à prouver que l'officier public qui a dressé l'acte y a inséré des conventions autres que celles qui lui ont été déclarées, ou qu'il y a constaté, comme s'étant passés devant lui, des faits qui n'ont pas eu lieu. Mais supposons qu'elle vienne dire : « Oui, l'acte est bien émané de l'officier public auquel il est attribué; oui, cet officier public a été narrateur fidèle des faits qui se sont passés devant lui, des conventions, dires et aveux qui lui ont été déclarés; mais il a été trompé lui-même. Ces faits, ces conventions, dires et aveux sont contraires à la vérité. » Ce n'est plus alors contre l'authenticité de l'*acte* qu'elle entend agir; elle attaque non plus le témoignage de l'*officier public*, mais la *véracité de son adversaire* ou même la sienne propre. Rien ne l'oblige dès lors de prendre la voie de l'inscription de faux; elle peut faire sa preuve par les voies ordinaires. Soit l'espèce suivante. Un acte de vente porte que le vendeur a déclaré avoir été payé comptant : si le vendeur soutient qu'à la vérité il a fait cette déclaration, mais qu'en réalité le payement du prix n'a pas été effectué, ce fait négatif pourra être établi sans qu'il soit nécessaire de procéder par la voie de l'inscription de faux.

— L'inscription de faux n'est point non plus nécessaire pour combattre les énonciations qui ne rentrent point dans les attributions de l'officier public qui a dressé l'acte. Telle serait, par exemple, l'attestation, faite par un notaire dans un testament public, que le testateur était sain d'esprit (1).

Que peut faire la partie à laquelle un acte sous seing privé est opposé? Quel intérêt a-t-elle à procéder par la voie de l'inscription de faux plutôt que par la vérification d'écritures?

2° *Contre les actes sous seing privé.* — La partie à laquelle un acte de cette nature est opposé peut, à son choix, se borner à le dénier ou à le méconnaître, auquel cas son adversaire est obligé d'en démontrer la sincérité (V. p. 186), ou prendre la voie de l'inscription de faux, ce qui l'oblige d'apporter la preuve de la fausseté de la pièce qu'on produit contre elle. Dès lors on se demande quel intérêt elle peut avoir à procéder par cette voie plutôt que par la vérification d'écriture? Elle

(1) V. pour plus de détails nos *Répétitions écrites sur le Premier examen du Code Napoléon*, art. 45, et sur le *Deuxième examen*, art. 1317.

y trouve, a-t-on dit, plusieurs avantages. Et d'abord, tandis que la vérification d'écriture se fait sans le contrôle du ministère public, l'inscription de faux a lieu sous sa surveillance ; il est présent à tout ce qui se fait. Or, son assistance peut être précieuse pour la découverte de la vérité. En second lieu, l'inscription de faux est plus propre que la vérification d'écriture à inspirer au faussaire une frayeur capable de lui faire abandonner la pièce en litige. Ajoutez enfin que, dans la vérification d'écriture, celle des parties qui produit la pièce, étant obligée d'en prouver la sincérité, se trouve par là même investie du droit de diriger la procédure ; l'autre partie n'a que le droit de la surveiller. Dans l'inscription de faux, au contraire, c'est précisément l'inverse qui a lieu : celle des parties contre laquelle la pièce est produite, étant tenue d'en établir la fausseté, a par là même l'offensive et, par suite, la direction de la procédure à suivre.

Peut-on s'inscrire en faux contre les actes sous seing privé qui ont été vérifiés en justice? Quel est le fondement de ce droit?

3° *Contre les actes sous seing privé, quoique vérifiés en justice.* — Ainsi un acte sous seing privé a été produit ; la partie à laquelle il a été opposé l'a dénié ou méconnu, ce qui a nécessité sa vérification. Après examen, cet acte a été reconnu vrai. Il semble qu'il devrait être désormais à l'abri de toute attaque : il n'en est rien pourtant. La loi permet de l'attaquer encore par la voie de l'inscription de faux ; ce qui a été admis, dit-on, par suite du peu de confiance qu'inspire l'art si peu sûr des experts vérificateurs, et surtout dans l'espoir que l'inscription de faux mettra la justice sur les traces du coupable.

Quels sont les actes contre lesquels la voie de l'inscription n'est point permise?

— L'inscription n'est permise, ni contre les actes authentiques, ni contre les actes sous seing privé, lorsque dans une procédure de faux principal ou incident, engagée entre les deux parties aux prises, ils ont déjà été reconnus vrais. La loi fait ici l'application de la règle *res judicata pro veritate habetur*.

§ II. De la procédure du faux incident civil.

Quelles sont les différentes parties ou périodes de la procédure du faux incident civil?

On peut la diviser en trois parties ou périodes distinctes, aboutissant chacune à un jugement spécial.

La première comprend les formalités qui précèdent l'inscription de faux et le jugement qui l'autorise (art. 214-218).

La seconde embrasse la remise de la pièce arguée de faux, sa description, la signification des moyens que le demandeur en faux prétend mettre au service de sa prétention, et enfin le jugement qui en ordonne la preuve, après les avoir reconnus admissibles (art. 219-233).

La troisième est relative à la preuve ou à l'instruction du faux, au jugement qui statue sur cette instruction et sur les conséquences qu'il entraîne (art. 234-248).

Quels sont les différents jugements auxquels elle donne lieu?

Ainsi trois jugements : le premier qui autorise ou rejette l'inscription ; le second qui ordonne, s'il y a lieu, la preuve du faux ; et le troisième qui juge le faux.

PREMIÈRE PÉRIODE. — De l'inscription de faux.

Art. 215 à 218.

La partie qui veut attaquer un acte produit contre elle peut-elle de prime abord s'inscrire en faux ? Que doit-elle faire au préalable ?

La partie contre laquelle est produite ou communiquée, ou à laquelle est signifiée, dans le cours d'une instance, une pièce qu'elle prétend fausse ou falsifiée, ne peut point de prime abord s'inscrire en faux. Elle doit au préalable sommer son adversaire, par acte d'avoué à avoué, de déclarer s'il veut ou non se servir de la pièce, l'avertissant que s'il persiste dans le dessein de s'en prévaloir, elle s'inscrira contre sa véracité (V. la formule 55.). La loi tend ainsi une main secourable à celui qui voudrait profiter du faux. Elle veut qu'il soit averti du danger auquel il va s'exposer s'il persévère dans la voie funeste où il paraît vouloir s'engager.

Quel délai accorde-t-on à l'autre partie pour se décider ?

Huit jours lui sont accordés pour se décider. Il fait connaître, par une réponse signée de lui ou du porteur de sa procuration spéciale et authentique, dont copie doit être donnée, le parti auquel il s'est arrêté.

On admet généralement : 1° que ce délai de huitaine est régi par l'article 1033 (V. cet art.); 2° qu'il n'est point fatal, et qu'ainsi le défendeur est recevable à fournir sa déclaration aussi longtemps que le tribunal n'aura point, sur la poursuite du demandeur, rejeté la pièce.

Quid, si elle déclare qu'elle ne se servira point de la pièce ou si elle ne fait aucune déclaration ?

S'il déclare qu'il ne se servira point de la pièce (V. la formule 56), ou si, gardant le silence, il ne fait aucune déclaration à cet égard, le demandeur peut se pourvoir à l'audience sur un simple acte pour faire ordonner que la pièce maintenue fausse sera rejetée *par rapport au défendeur* (V. la formule 57).

La pièce est-elle alors rejetée d'une manière absolue ?

Par rapport au défendeur... elle est donc maintenue au procès, dans l'intérêt du demandeur! Il pourra, en effet, en tirer telles inductions ou conséquences qu'il jugera à propos, ou former telles demandes qu'il avisera pour ses dommages et intérêts.

Ainsi le défendeur n'en peut plus tirer aucun parti ; mais comme il l'a volontairement produite, il ne peut point empêcher le demandeur d'y puiser les moyens qu'elle peut lui fournir.

Le tribunal doit-il nécessairement la rejeter ?

—Le demandeur, je le suppose, a demandé le rejet de la pièce : le tribunal *doit-il* nécessairement la rejeter ? Sans aucun doute ! En déclarant qu'il entendait l'abandonner, ou en gardant le silence, le défendeur a implicitement avoué qu'elle était fausse ; or, l'aveu est une preuve décisive qui oblige le tribunal. Toutefois, il en serait autrement s'il s'agissait d'un acte relatif à une question d'état, par exemple, d'un acte de mariage. Le silence de la partie qui l'a produit, pas plus que sa renonciation expresse, ne saurait motiver dans ce cas le rejet de la pièce ; car, en cette matière, l'aveu des parties n'a et ne peut avoir aucune valeur juridique (1).

Quid, si le défendeur déclare qu'il se servira de la pièce qu'il a produite ? Comment l'autre partie réalise-t-elle alors son inscription de faux ?

Si le défendeur déclare qu'il entend se servir de la pièce, le demandeur peut alors, réalisant sa menace, s'inscrire en faux (V. la formule 58).

Il se rend à cet effet en personne au greffe du tribunal et déclare au greffier qui a dressé acte qu'il entend poursuivre comme fausse la pièce que son adversaire a produite, et dont il a déclaré vouloir se

(1) MM. Rodière, p. 203 ; Bonnier, p. 215.

servir. C'est cette déclaration qu'on nomme inscription de faux. On l'appelle *inscription*, parce qu'elle est inscrite ou mentionnée sur un registre spécial, existant dans ce but au greffe du tribunal (V. la formule 59).

Comment les choses se passent-elles après que l'inscription a été réalisée ?

Le tribunal est-il tenu d'admettre l'inscription ?

L'inscription étant ainsi réalisée, il reste à la faire admettre par le tribunal. A cet effet, le demandeur poursuit l'audience sur un simple acte (V. la formule 60). Le tribunal, après avoir examiné, admet l'inscription, *s'il y échet* (art. 214), c'est-à-dire s'il y a lieu. La loi lui laisse donc à cet égard un pouvoir d'appréciation. Ainsi, il peut rejeter la demande d'inscription :

1° S'il estime que la pièce arguée de faux ne peut avoir, même en la supposant vraie, aucune influence sur le sort du litige. A quoi bon, en effet, embarrasser le procès d'un incident inutile? *Frustra probatur quod probatum non relevat!*

2° Si, dans l'hypothèse d'un faux *matériel*, la seule inspection de la pièce suffit pour démontrer qu'elle est sincère. Dans ce cas, la pièce est maintenue comme vraie au procès.

3° Si le faux est tellement évident qu'il se révèle à la première inspection de l'acte. La pièce est alors écartée du procès.

Que doit-il faire s'il l'admet ?

— Lorsque le tribunal admet l'inscription, il nomme, par le jugement même qui l'autorise, un juge-commissaire devant lequel sera poursuivie l'instruction à laquelle elle va donner lieu.

Il peut aussi, s'il le juge à propos, suspendre provisoirement l'exécution de l'acte, quand il est revêtu de la formule exécutoire (art. 1319 C. N.).

DEUXIÈME PÉRIODE. — De la procédure depuis l'admission de l'inscription de faux jusqu'au jugement qui admet la preuve des moyens.

Art. 219 à 233.

Lorsque l'inscription a été autorisée, quelle obligation est imposée au défendeur ?

Dans quel délai doit-il l'accomplir ?

Ce délai est-il augmenté à raison des distances ?

I. De la remise des pièces arguées de faux et des minutes de ces pièces. — De la description de leur état. — Le jugement qui admet l'inscription de faux est levé et signifié au défendeur. Dans les trois jours de cette signification, le défendeur est tenu de remettre au greffe la pièce arguée de faux.

Ce délai de trois jours ne reçoit point d'augmentation à raison des distances. La remise s'effectue, en effet, par l'avoué (art. 91 du tarif), entre les mains duquel elle se trouve forcément, et il n'est point nécessaire que la partie qu'il représente assiste au dépôt.

Est-il fatal ?

Mais s'il ne doit pas être augmenté à raison des distances, il n'est point fatal, car il n'est point établi à peine de déchéance et les déchéances ne se suppléent point (art. 1030).

Quid, si la pièce n'a pas été déposée dans le délai dont il vient d'être parlé ?

Si le dépôt de la pièce n'a pas été effectué dans les trois jours dont il vient d'être parlé, une alternative est laissée au demandeur; il peut :

Que peut faire alors le demandeur ?

Se pourvoir à l'audience pour faire ordonner que la pièce maintenue fausse sera rejetée du procès, par rapport au défendeur (V. p. 205);

Ou, s'il le préfère, demander qu'il lui soit permis de faire remettre ladite pièce au greffe (V. la formule 61). Il est alors tenu d'avancer les frais du dépôt; mais il en est remboursé par le défendeur comme de frais préjudiciaux, à l'effet de quoi il lui en est délivré exécutoire, sans attendre l'issue de la contestation.

Il semble, au premier abord, qu'il n'a aucun intérêt à prendre ce second parti. Que gagne-t-il, peut-on dire, à se jeter dans la voie périlleuse d'une inscription de faux, alors qu'il peut faire rejeter du procès la pièce qu'on lui oppose? Cependant il peut avoir un intérêt marqué à procéder ainsi. Et, en effet, s'il opte pour le premier parti, qu'arrivera-t-il? La pièce sera écartée du procès, il est vrai, mais remarquez qu'elle subsistera et pourra être invoquée contre lui dans toute autre circonstance, auquel cas il sera forcé de l'attaquer par la voie de l'inscription. Or, il peut craindre que les preuves du faux ne disparaissent ou ne s'affaiblissent. Il lui importe donc d'engager dès à présent le débat sur le faux.

Quel intérêt a-t-il à prendre ce second parti?

Au reste, cette alternative ne lui est offerte qu'autant qu'il peut effectuer la remise de la pièce, ce qui n'est possible qu'au cas où il en existe une minute ou un double dans quelque dépôt public ou dans les mains d'un tiers. Il ne saurait, en effet, contraindre son adversaire à s'en dessaisir, si c'est lui qui la possède.

Cette alternative lui est-elle toujours offerte?

—Si le défendeur apporte ou fait remettre la pièce au greffe, il doit, dans les trois jours du dépôt, signifier au défendeur l'acte de remise (V. la formule 62).

Que doit faire le défendeur quand il effectue le dépôt de la pièce?

—Lorsqu'il existe une minute de la pièce arguée de faux, il peut être utile de rapprocher la copie de l'original : l'apport de la minute, quand il est jugé utile, peut donc être ordonné. Mais par qui? Par le juge-commissaire, en principe, et sur la requête du demandeur (V. la formule 63). Mais remarquons : 1° que si le demandeur ne requiert point cet apport, le juge-commissaire ne peut point l'ordonner d'office. Il doit alors en référer au tribunal qui, — suivant nous, du moins, — pourra l'ordonner, s'il le juge nécessaire pour s'éclairer sur la contestation; 2° qu'alors même qu'il est requis par le demandeur, le juge-commissaire peut, en cas de difficulté grave et s'il ne veut point prendre sur lui de décider, en référer au tribunal.

L'apport de la *minute* de l'acte argué de faux peut-il être ordonné?

Qui peut donner cet ordre?

Peut-il être donné d'office?

Le juge-commissaire peut-il, avant de le donner, en référer au tribunal?

Enfin, il est généralement admis que la remise de la minute peut être ordonnée, sur la réquisition du demandeur, par le jugement même qui autorise l'inscription en faux.

L'apport de la minute ne peut-il pas être ordonné dès le principe?

L'apport de la minute est donc ordonné, tantôt par une *ordonnance*, et tantôt par un *jugement*.

Si cet apport doit entraîner une trop grande perte de temps ou éprouver quelque difficulté inattendue; si, par exemple, la minute se trouve déposée dans un lieu très-éloigné, en sorte qu'il y ait sujet de craindre que les preuves du faux ne disparaissent pendant le temps nécessaire pour se la procurer, le tribunal peut, sur le rapport du juge-commissaire, ordonner que, sans attendre sa remise au greffe, il sera procédé à la continuation de la poursuite du faux.

Quid, si cet apport doit entraîner une trop grande perte de temps ou éprouver quelque difficulté inattendue?

S'il est impossible de se la procurer, par exemple, s'il est justifié qu'elle a été soustraite ou qu'elle est perdue, il est également laissé à la prudence du tribunal de statuer ce qu'il appartiendra.

Quid, s'il est impossible de se procurer la minute?

Comment cette impossibilité doit-elle être constatée ?

L'impossibilité d'apporter la minute doit être constatée par un certificat délivré par la personne entre les mains de laquelle elle était présumée être.

A quels délais donne lieu l'ordre d'apporter la minute ?

— Lorsqu'il y a lieu à l'apport de la minute, le défendeur est tenu de *la faire* apporter. Les tiers qui la détiennent sont tenus *d'en effectuer l'apport*. De là, la nécessité de deux délais, l'un accordé au défendeur, l'autre aux dépositaires de la minute.

Que doit faire le défendeur pour obéir à cet ordre et le faire exécuter ?

Le défendeur doit, dans le délai qui lui est fixé à cet effet, avertir les dépositaires d'avoir à effectuer l'apport. Il satisfait à cette obligation en leur signifiant copie de la signification qui lui a été faite de l'ordonnance ou du jugement ordonnant l'apport, sans qu'il ait besoin de lever expédition de ladite ordonnance ou dudit jugement (V. la formule 64). Faute par lui d'avoir fait les diligences dont il vient d'être parlé, le demandeur peut se pourvoir à l'audience, ainsi qu'il a été dit, page 205.

Comment les dépositaires qui détiennent la minute peuvent-ils être contraints à en effectuer l'apport ?

— Les dépositaires de la minute doivent en effectuer la remise dans le délai qui leur est concédé à cet effet. Ils peuvent y être contraints, les fonctionnaires publics par corps, les simples particuliers par amende, saisie et même par corps s'il y échet (V. p. 194).

Qui fixe les délais dont il vient d'être parlé ?

— Les délais dont il vient d'être parlé sont fixés par le juge-commissaire ou par le tribunal ; ils varient suivant les circonstances et, par exemple, suivant l'éloignement du lieu où la minute se trouve déposée.

De quels jours courent-ils ?

Le délai accordé au défendeur commence à courir du jour où l'ordonnance ou le jugement qui a ordonné l'apport a été signifié à son avoué.

Le délai pour l'apport de la minute court du jour où cette ordonnance ou ce jugement a été signifié au domicile de la personne qui la détient.

Quelles formalités suivent la remise de la pièce arguée de faux ou de la minute ?

— Lorsque la pièce arguée de faux a été déposée au greffe, soit par le défendeur, soit sur ses diligences, par les tiers entre les mains desquels elle se trouvait, l'acte de ce dépôt doit être signifié à l'avoué du demandeur, avec sommation d'être présent au procès-verbal dont il (V. la formule 65) sera parlé ci-après. Ce procès-verbal doit être dressé trois jours après la signification du dépôt de la pièce.

Dans le cas où c'est le demandeur qui en a fait faire la remise, ledit procès-verbal doit être fait dans les trois jours de l'apport, sommation préalablement faite au défendeur d'y être présent.

S'il a été ordonné que les minutes seraient apportées, le procès-verbal sera dressé conjointement, tant desdites minutes que des expéditions arguées de faux, dans les délais ci-dessus. Pourra néanmoins le tribunal ordonner, suivant l'exigence des cas, qu'il sera d'abord dressé procès-verbal desdites expéditions, sans attendre l'apport des minutes, de l'état desquelles il sera, en ce cas, dressé procès-verbal séparément.

Que doit contenir le procès-verbal servant à constater l'état de la pièce déposée ?

Le procès-verbal destiné à constater l'état des pièces doit mentionner et décrire les ratures, surcharges, interlignes et autres circonstances du même genre, telles que les altérations du papier, ses coupures, ses déchirures, les teintes différentes de l'encre, la disposition des signatures, *omnia vestigia veritatis*.

Il doit être dressé par le juge-commissaire, en présence du procureur impérial, du demandeur et du défendeur ou de leurs fondés de procurations authentiques et spéciales.

Par qui et en présence de qui doit-il être dressé?

Lesdites pièces et minutes sont paraphées par le juge-commissaire et par le procureur impérial, par le défendeur et le demandeur, s'ils peuvent ou veulent les parapher; sinon, il en est fait mention.

Par qui les pièces et minutes doivent-elles être paraphées?

Dans le cas de non-comparution de l'une ou de l'autre des parties, il est donné défaut et passé outre au procès-verbal.

Quid, si l'une des parties fait défaut?

—Si le demandeur a besoin d'examiner attentivement les pièces arguées de faux, il peut, par lui-même ou par son avoué, en prendre communication en tout état de cause, par les mains du greffier, mais sans déplacement et sans retard.

Que peut faire le demandeur s'il a besoin d'examiner attentivement les pièces?

Cet examen des pièces exigera souvent des connaissances spéciales que n'aura point le demandeur et qu'il ne trouvera point peut-être chez son avoué lui-même. On ne saurait donc lui refuser le droit d'y procéder avec l'assistance d'un conseil expert en écritures.

Peut-il faire cet examen avec l'assistance d'un tiers?

Au reste, si le demandeur a le droit de se faire communiquer les pièces, afin d'y puiser des moyens d'attaque, le défendeur doit évidemment obtenir la même communication; autrement, comment pourrait-il préparer sa défense? Si la loi ne le dit pas expressément, c'est qu'il lui a paru inutile de faire un texte exprès pour accorder au propriétaire même de la pièce le droit de la consulter. Le doute ici n'était point possible.

Le défendeur peut-il également exiger que les pièces lui soient communiquées?

—Remarquons, en terminant cette matière, que les règles qui y sont tracées ne peuvent guère s'appliquer qu'au faux matériel, c'est-à-dire au cas où l'une des parties prétend que la pièce produite contre elle a été confectionnée par une autre personne que l'officier public auquel elle est attribuée, ou qu'elle a été altérée après coup par des ratures, surcharges ou additions. On conçoit alors l'utilité de sa remise au greffe et la description de son état; mais lorsqu'il s'agit d'un faux purement intellectuel (V. p. 199), l'état matériel de la pièce n'étant point contesté, sa remise au greffe et la description de son état seraient vraiment sans objet. On devrait donc, en ce cas, procéder de suite à la signification des moyens de faux. La remise de la pièce et sa description ne seraient nécessaires qu'autant que les parties ne seraient point d'accord sur sa teneur (1).

A quel faux ces différentes règles sont-elles applicables?

II. Signification des moyens de faux. — Jugement qui en ordonne la preuve après les avoir jugés admissibles. — La pièce arguée de faux a été déposée au greffe et décrite; le demandeur a pu en prendre communication et préparer ses moyens. Le moment est venu de les faire connaître. La signification qu'il est tenu d'en faire au défendeur doit contenir les faits, circonstances et preuves par lesquels il prétend établir le faux. Ainsi, il ne lui est point permis de se borner à nier simplement la sincérité de l'acte ou des énonciations qu'il renferme. La loi veut qu'il précise les faits ou circonstances desquels il prétend induire

Que doit faire le demandeur après que les pièces lui ont été communiquées?

Que doit contenir cette signification?

(1) Boitard, t. I, p. 443; M. Bonnier, p. 216.

la preuve du faux (V. la formule 66). Si, pour prendre une espèce, il soutient qu'il n'a point assisté à la passation de l'acte, quoique sa présence y soit mentionnée, il ne peut point se contenter de dire qu'il n'y a pris aucune part, qu'il n'était point présent au moment de sa rédaction ; il doit articuler des faits positifs et circonstanciés propres à établir sa négation, tels, par exemple, qu'une maladie trop grave pour qu'on puisse supposer qu'il ait pu y participer, ou sa présence dans un lieu autre que celui où l'acte a été passé.

Dans quel délai doit-elle être faite ?

Le demandeur a huit jours pour signifier ses moyens. Ce délai court du jour de la rédaction du procès-verbal descriptif de l'état des pièces déposées au greffe. Que si deux procès-verbaux ont eu lieu séparément, l'un pour l'expédition ou la copie, l'autre pour la minute (V. p. 208), les huit jours ne courent qu'à partir de la rédaction du dernier procès-verbal.

Quid, s'il laisse passer le délai sans la faire ?

— Si le demandeur laisse passer, sans signifier ses moyens, les huit jours qui lui sont accordés à cet effet, le défendeur peut faire ordonner que ledit demandeur sera déchu de son inscription en faux (V. la formule 67). Cette déchéance sera prononcée, *s'il y échet*... Le délai de huitaine accordé au demandeur, pour la signification de ses moyens, n'est donc que *comminatoire*. Concluons-en : 1° qu'il peut utilement les signifier, même après l'expiration de ce délai, pourvu qu'il le fasse avant que le tribunal l'ait déclaré déchu ; — 2° que dans le cas même où ils n'ont pas été signifiés au moment où il s'agit de statuer, les juges peuvent lui accorder un délai supplémentaire, s'il donne de son retard une explication satisfaisante.

Le défendeur auquel les moyens ont été signifiés est-il tenu de signifier une réponse en défense ?
Quel délai a-t-il pour faire cette signification ?

— Suivant le droit commun, le défendeur auquel des moyens ont été signifiés peut, sans y répondre par écrit, poursuivre immédiatement l'audience (V. p. 79) et présenter verbalement sa défense. Il en est différemment en matière de faux. Dans les huit jours de la signification des moyens de faux, le défendeur y doit répondre par écrit (V. la formule 68), sinon le demandeur peut se pourvoir à l'audience pour faire rejeter la pièce, suivant ce qui est prescrit par l'article 217 (V. p. 205 l'explic. de cet art.).

Quid, après qu'elle a été faite ?
Quel est alors l'office du tribunal ?
Quels sont, relativement aux moyens, les différents partis qu'il peut prendre ?

Trois jours après cette réponse, la partie la plus diligente peut poursuivre l'audience.

— Le tribunal examine alors si les moyens de faux produits par le demandeur et combattus par le défendeur sont ou non pertinents et *admissibles*. Ils sont pertinents et *admissibles* lorsqu'à supposer constants et prouvés les faits invoqués par le demandeur à l'appui de sa prétention, la preuve du faux en résulte forcément ; dans l'hypothèse inverse ils sont inadmissibles.

Le tribunal peut les admettre tous, s'ils sont tous admissibles, ou les écarter tous dans le cas contraire.

Mais entre ces deux extrêmes se place une hypothèse intermédiaire. Le tribunal peut, en effet, « ordonner, s'il y échet, que les moyens ou aucuns d'eux seront joints soit à l'incident en faux, si quelques-uns desdits moyens ont été admis, soit à la cause ou au procès principal ; le tout suivant la qualité des moyens et l'exigence des cas. » Ainsi lorsque certains moyens ne sont ni suffisamment caractérisés pour être admis dès à présent, ni assez peu démonstratifs pour être immédiatement écartés, le tribunal peut les réserver pour les reprendre plus tard, s'ils reçoivent une plus forte consistance par suite de l'instruction des moyens admis ou de la cause elle-même. Les moyens réservés sont alors joints à l'incident en faux, si l'admission de quelques-uns des moyens l'a fait maintenir en instance; sinon, on les joint au fond. Lorsqu'il résulte de l'instruction de l'incident en faux ou de la cause elle-même que les moyens réservés offrent des indices suffisants pour les rendre admissibles, le tribunal en ordonne la preuve, avant de statuer soit sur l'incident, soit sur le fond. Dans le cas contraire il les écarte définitivement.

Quid, s'il prononce l'admission des moyens? Par qui les experts sont-ils nommés?

— Le jugement qui prononce l'admission des moyens ordonne que la preuve en sera faite tant par *titres* que par *témoins* (sauf au défendeur la preuve contraire) et qu'il sera procédé à la vérification des pièces par *trois experts écrivains, qu'il nomme d'office*. En matière de vérification d'écriture, les experts peuvent être nommés par les parties elles-mêmes (V. p. 191). Ici ils ne peuvent l'être que par le tribunal.

Quels modes de preuve peuvent être admis? Doivent-ils être ordonnés cumulativement?

Le tribunal doit ordonner les trois genres de preuve dont il vient d'être parlé, la preuve par titres, la preuve par témoins, et enfin la preuve par experts; l'article 232 est impératif sur ce point (comparez-le avec l'art. 195). Mais, bien entendu, si tel ou tel mode de preuve est impossible, s'il n'existe point de titres, par exemple, une seule des trois preuves ordonnées pourra suffire.

Dans quelles limites la preuve doit-elle rester?

— La preuve ne peut porter que sur les moyens qui ont été déclarés pertinents et admissibles. De là pour le tribunal l'obligation de les énoncer expressément et spécialement dans le dispositif de son jugement. Il ne peut être fait preuve d'aucun autre moyen. — Toutefois, il n'est point défendu aux experts de faire sur les pièces prétendues fausses telles observations dépendantes de leur art qu'ils jugent à propos, sauf aux juges à y avoir tel égard que de raison.

TROISIÈME PÉRIODE. — DE LA PREUVE OU DE L'INSTRUCTION DU FAUX. — DU JUGEMENT QUI STATUE SUR CETTE INSTRUCTION ET DES CONSÉQUENCES QU'IL ENTRAINE.

Art. 234 à 248.

Comment la preuve du faux peut-elle résulter d'un autre acte?

I. DE LA PREUVE OU DE L'INSTRUCTION DU FAUX. — 1° *Preuve par titres.* — La preuve de la fausseté de l'acte produit peut, en effet, résulter d'un autre acte non contesté. Ainsi, lorsqu'un acte porte qu'une telle personne était présente au moment de sa passation et qu'elle a fait telle ou telle déclaration, cette personne peut démontrer la fausseté de cette déclaration en rapportant un autre titre duquel résulte la preuve qu'au jour de la passation de l'acte argué de faux, elle se trouvait dans un lieu autre que celui où il a été passé.

Art. 234 et 235.

Quelles règles devra-t-on observer

2° *Preuve par témoins.* — On observe dans l'audition des témoins les formalités prescrites pour les enquêtes (V. ci-après le titre XII). — Les pièces prétendues fausses leur sont représentées et ils les paraphent,

dans l'audition des témoins ?

Les pièces prétendues fausses doivent-elles leur être présentées ?

Ne doivent-ils pas les parapher ?

Quid, s'ils refusent de le faire ?

Doit-on également leur représenter les pièces de comparaison ?

Quid, s'ils représentent eux-mêmes quelque pièce ?

s'ils peuvent ou veulent le faire, sinon il en est fait mention. — A l'égard des pièces de comparaison et autres qui doivent être représentées aux experts, elles peuvent l'être aussi aux témoins, en tout ou en partie, si le juge-commissaire l'estime convenable ; auquel cas elles sont par eux paraphées, ainsi qu'il vient d'être dit.

Si les témoins représentent quelques pièces lors de leur déposition, elles y demeurent jointes après avoir été paraphées, tant par le juge-commissaire que par lesdits témoins, sinon il en est fait mention ; et si lesdites pièces font preuve du faux ou de la vérité des pièces arguées, elles sont représentées aux autres témoins qui en ont connaissance, et elles sont par eux paraphées, suivant ce qui est ci-dessus prescrit.

Peut-on entendre, dans l'enquête sur le faux, l'officier public qui a dressé l'acte en litige et les témoins signataires ?

— On s'est demandé si l'on peut entendre, dans l'enquête sur le faux, l'officier public qui a dressé l'acte en litige et les témoins signataires. Les auteurs tenaient, en général, la négative dans l'ancien droit. Comment, disaient-ils, admettre pour témoins, à l'effet de démontrer la fausseté d'un acte, ceux-là même qui en ont attesté déjà la sincérité ? Quelle foi pourra-t-on avoir dans leur témoignage, alors qu'on les place dans cette alternative immorale d'être ou d'avoir été faussaires ? L'affirmative semble pourtant prévaloir aujourd'hui. La loi, dit-on, a énuméré limitativement les personnes qui doivent être écartées ou qui peuvent être reprochées comme témoins (V. les art. 268, 283 et 285). Or, l'officier rédacteur de l'acte argué de faux et les témoins qui l'ont assisté ne sont point compris dans cette énumération. Ils peuvent donc être entendus, sauf au tribunal à avoir à leurs dépositions tel égard que de raison.

Peut-on prouver par témoins que l'officier public a mis dans l'acte des dires, aveux ou consentements *autres que ceux qui lui ont été dictés ou déclarés* ?

—Une autre difficulté a été soulevée. On sait qu'aux termes de l'article 1341 (C. N.) il n'est reçu aucune preuve par témoins contre et outre le contenu aux actes. De là la question de savoir si l'on peut prouver par témoins que l'officier public a mis dans l'acte des dires, aveux ou consentements autres que ceux qui lui ont été dictés ou déclarés ?

L'affirmative nous semble bien fondée. La preuve testimoniale des faits dont il a été impossible de se procurer une preuve écrite est toujours admissible (art. 1348 C. N.). Or, la partie qui s'inscrit en faux n'a pas pu, on le conçoit, se prémunir d'un écrit à l'effet de prouver la prévarication de l'officier public (1).

Art. 236 et 237.

Comment se fait la preuve par experts ?

3° *Preuve par experts.* — Elle se fait en la forme suivante. 1° Les pièces de comparaison sont convenues entre les parties ou indiquées par le juge, ainsi qu'il est dit à l'article 200 (V. p. 199). — 2° On remet aux experts le jugement qui a admis l'inscription de faux, les pièces prétendues fausses, le procès-verbal de leur état, le jugement qui a admis les moyens de faux et ordonné le rapport d'experts, les pièces de comparaison, lorsqu'il en aura été fourni, ainsi que le procès-verbal de leur présentation et le jugement par lequel elles auront été reçues. — Les experts mentionnent dans leur rapport la remise de

(1) V. en ce sens MM. Chauveau sur Carré, t. II, p. 421 ; Bonnier, p. 222.

toutes les pièces et l'examen auquel ils ont procédé, sans pouvoir en dresser aucun procès-verbal. Ils paraphent les pièces prétendues fausses. — Dans le cas où des témoins auraient joint des pièces à leur déposition, la partie peut requérir et le juge-commissaire ordonner qu'elles seront représentées aux experts. — 3° Doivent être, au surplus, observées audit rapport les règles prescrites au titre de la vérification d'écritures (V. p. 197).

En cas de récusation, soit contre le juge-commissaire, soit contre les experts, il y est procédé ainsi qu'il est prescrit aux titres XIV et XXI du livre II.

Art. 239 et 240,

Quid, si l'instruction achevée ou en cours d'exécution révèle des indices suffisants pour faire présumer l'existence d'un crime?

— Lorsque l'instruction achevée ou en cours d'exécution a révélé des indices suffisants pour faire présumer l'existence d'un crime, le président du tribunal, prenant alors le rôle d'un officier de police judiciaire, délivre un mandat d'amener contre les prévenus, si d'ailleurs l'action publique n'est point prescrite.

— Le président, avons-nous dit, délivre un mandat d'amener... Telle est la disposition de l'article 239 du Code de procédure ; mais elle a été modifiée par l'article 462 du Code d'instruction criminelle. D'après cet article, le président transmet les pièces au juge d'instruction et ne délivre le mandat d'amener qu'autant qu'il le juge à propos: ce n'est plus une obligation qu'on lui impose, c'est une faculté qu'on lui laisse. La même faculté est accordée à l'officier chargé du ministère public.

Quid alors, si le faux est poursuivi criminellement?

Si, sur cette dénonciation du président ou du ministère public, le faux est poursuivi criminellement, il est sursis à statuer sur le faux incident civil jusqu'après le jugement de la poursuite criminelle (V. p. 200).

Art. 238.

Comment, après l'instruction, l'audience est-elle poursuivie?

II. Du jugement sur le faux et de ses suites. — L'instruction achevée, la partie la plus diligente poursuit l'audience par un simple avenir, pour faire prononcer sur l'incident. La loi n'autorise aucunes écritures ni requêtes, mais il est indispensable de signifier à l'adversaire les procès-verbaux d'enquête et d'expertise (V. la formule 69). Ces pièces doivent également être communiquées au ministère public.

Quels sont les différents chefs que contient le jugement par lequel le tribunal reconnaît la fausseté de la pièce?

Si le tribunal reconnaît la fausseté de la pièce, son jugement contient trois chefs particuliers ou décisions spéciales.

Premier chef. « Le tribunal ordonne la *suppression*, la *lacération* ou la *radiation en tout ou en partie*, même la *réformation* ou le *rétablissement* de la pièce. »

Art. 241.

Qu'est-ce que la *suppression* de la pièce?

La suppression... Supprimer un écrit, c'est l'anéantir matériellement, soit en le lacérant, soit en le brûlant.

Sa *lacération*?

La lacération... C'est l'un des modes de *suppression* auxquels le tribunal peut avoir recours.

Sa *radiation* en tout ou en partie?

La radiation en tout ou en partie... Si la pièce est fausse en certains points et vraie en d'autres, sa suppression n'est plus praticable: on se contente alors de radier ou rayer ses parties fausses. C'est le cas de la radiation *partielle*. Quoique fausse dans toutes ses parties, on la radie encore, mais alors en totalité, toutes les fois que sa *suppression* est légalement impossible. C'est ce qui a lieu dans le cas où la pièce fausse fait partie d'un acte plus considérable ou d'un registre public qu'il n'est jamais permis de détruire, tel, par exemple, que le registre du conservateur des hypothèques.

Sa *réformation?*

La réformation... c'est-à-dire la suppression ou la radiation non plus matérielle, mais morale ou légale. Le tribunal la prononce en déclarant que la pièce reconnue fausse n'aura désormais aucune force et ne pourra produire aucun effet. Elle a lieu lorsqu'il est impossible au tribunal d'atteindre la pièce pour la lacérer ou la radier, lorsque, par exemple, la personne qui la détient est inconnue. On la pratique encore dans le cas où il s'agit d'actes dont la loi défend la suppression ou la radiation : tels sont les actes de l'état civil. Dans cette hypothèse, le jugement de réformation est inscrit en marge de l'acte supprimé (V. à ce sujet l'explic. de l'art. 101 C. N.).

Son *rétablissement?*

Le rétablissement... On l'effectue en écrivant dans l'acte ce qui y a été omis, ou en remettant à sa place ce qui a été transposé.

A qui est confiée l'exécution de ces diverses opérations? Peuvent-elles avoir lieu immédiatement?

C'est au greffier du tribunal qu'est confiée l'exécution de ces différentes opérations. Mais il doit attendre, pour l'effectuer, que les délais d'appel, de requête civile ou de cassation soient expirés, à moins que la partie n'ait déjà acquiescé au jugement.

La décision du tribunal peut, en effet, être réformée ou rétractée et ce qu'il a reconnu faux être déclaré vrai. Il convient donc, afin de ne point s'exposer au danger de supprimer ou de radier des actes légitimes, de n'y toucher qu'après que leur sort est irrévocablement fixé.

Quid, si le jugement est attaqué par la voie de la tierce opposition ou du désaveu?

Cette disposition est limitative, puisque la loi a pris soin d'énumérer spécialement les cas dans lesquels l'exécution du jugement doit être suspendue. Concluons-en que bien qu'il puisse être attaqué par la voie de la tierce opposition ou par le désaveu, il ne serait point nécessaire d'attendre, pour l'exécuter, l'expiration des délais accordés pour l'exercice de ces voies de recours.

Quid, dans le cas où il est par défaut?

S'il est par défaut contre avoué, son exécution sera évidemment suspendue pendant la huitaine à partir de sa signification : la loi, à la vérité, ne le dit pas expressément, mais cela va de droit (art. 155). Que si enfin il a été rendu par défaut *contre partie*, il ne sera point non plus permis de l'exécuter, quant à la suppression ou radiation des pièces reconnues fausses, tant que les délais d'opposition ne seront point expirés, c'est-à-dire, tant qu'il n'aura pas été exécuté sous un autre rapport, au point de vue, par exemple, de l'amende dont il sera parlé ci-après (1).

Art. 242.

Que doit faire le tribunal par le jugement qui intervient sur le faux?

DEUXIÈME CHEF. — Par le jugement même qui intervient sur le faux, le tribunal statue ainsi qu'il appartient sur la remise des pièces, soit aux parties, soit aux témoins qui les ont fournies ou représentées; ce qui a lieu même à l'égard des pièces prétendues fausses, lorsqu'elles

(1) Sur ces divers points, Boitard, sur l'article 241 ; M. Bonnier, sur le même article.

n'ont pas été jugées telles, ou de celles qui, n'ayant été reconnues fausses qu'en partie, ont été réformées, rétablies ou partiellement radiées.

A l'égard de celles qui ont été tirées d'un dépôt public, il est ordonné qu'elles seront remises aux dépositaires, ou qu'elles leur seront renvoyées par le greffier de la manière que prescrit le tribunal. (V. p. 197.)

Comment se fait la remise des pièces qui ont été tirées d'un dépôt public ?

Art. 243.

La remise de ces diverses pièces ne peut être effectuée tant que la partie condamnée est dans le délai de se pourvoir, par appel, requête civile ou cassation. Toutefois, le tribunal peut, dans les cas où les parties ont un besoin urgent desdites pièces, ordonner, sur leur demande, qu'elles leur seront remises immédiatement.

A quel moment la remise des pièces peut-elle être effectuée ?

Art. 245.

—Il se peut que pendant que les pièces demeurent au greffe, il y ait lieu d'en délivrer des copies. Par qui et comment ces copies sont-elles délivrées? La loi fait à cet égard une distinction.

Il se peut que pendant que les pièces sont au greffe, il y ait lieu d'en délivrer des copies : par qui et comment ces copies sont-elles tirées?

Les copies des pièces arguées de faux ne peuvent être tirées et expédiées que par le greffier et en vertu d'un jugement qui l'y autorise. Les parties qui les demandent exposent, par requête au tribunal, le besoin qu'elles en ont et l'usage quelles se proposent d'en faire. Le greffier qui les tire doit en faire mention en marge du jugement qui en a autorisé la délivrance.

Quant aux autres pièces, les copies sont délivrées sans qu'il soit besoin d'un jugement spécial à cet effet. Elles peuvent l'être, soit par les dépositaires, si, avant de les remettre au greffe, ils ont eu soin d'en tirer une copie dûment collationnée par le président du tribunal, suivant les formes prescrites en matière de vérification d'écriture (V. p. 195), soit, dans l'hypothèse contraire, par le greffier, sans qu'il puisse prendre de plus grands droits que ceux qui seraient dus aux dépositaires eux-mêmes.

Art. 244.

Les greffiers doivent, sous certaines peines, se conformer aux dispositions précédentes. S'ils remettent les pièces avant l'expiration des délais dont il vient d'être parlé, s'ils refusent de les remettre lorsqu'il leur est enjoint d'en effectuer la remise, s'ils les font disparaître..... ils encourent les peines d'interdiction et d'amende. L'amende ne peut être moindre de 100 fr. Ils peuvent de plus être condamnés à des dommages et intérêts envers la partie. Que si la faute par eux commise constitue un crime ou un délit, s'il est prouvé, par exemple, qu'ils ont reçu de l'argent pour supprimer des pièces, ils sont poursuivis criminellement.

Sous quelles peines les greffiers doivent-ils se conformer aux dispositions qui précèdent ?

Art. 246 à 248.

Troisième chef. —La partie qui, après s'être inscrite en faux et avoir fait admettre son inscription, ne réussit point à faire déclarer la pièce fausse, ou à la faire écarter, encourt une amende dont le minimum est de 300 fr. Cette amende est encourue, soit que la pièce arguée de faux étant reconnue vraie, le demandeur succombe, soit qu'il se désiste, ou que, faute par lui d'avoir satisfait aux diligences et formalités ci-dessus prescrites (V. p. 209 et suiv.), les parties soient mises hors de procès, quels que soient d'ailleurs les termes du jugement et en-

Quelles peines le demandeur en faux encourt-il quand il succombe, qu'il se désiste ou que sa demande est rejetée faute d'avoir fait les diligences prescrites pour la faire juger?

core qu'il ne porte point condamnation d'amende : le tout quand même le demandeur offrirait de poursuivre le faux par la voie criminelle.

Dans quels cas n'y a-t-il point lieu à l'amende ?

Il résulte de ce qui vient d'être dit qu'il n'y a point lieu à l'amende : 1° lorsque la pièce ou une des pièces arguées de faux a été déclarée fausse en tout ou en partie ; 2° lorsqu'elle a été rejetée de la cause (V. p. 205 et p. 206) ; 3° lorsque la demande en inscription de faux n'a pas été admise ; et ce, de quelques termes que les juges se soient servis pour rejeter la dite demande.

— Le demandeur en faux qui succombe peut, en outre, être condamné, s'il y a lieu, à des dommages et intérêts envers l'autre partie.

Quelle différence la loi a-t-elle établie entre l'amende et les dommages et intérêts ?

A la différence de l'amende, les dommages et intérêts ne sont point dus de plein droit. Le tribunal ne peut même les accorder que sur la demande de la partie intéressée.

TITRE XII.

DES ENQUÊTES.

SECTION I. — GÉNÉRALITÉS.

13e *répétition.*

—

Qu'est-ce que l'enquête ?

I. Ce que c'est que l'enquête. — Des cas où la loi l'autorise ou la défend. — L'enquête est la mise en pratique des règles tracées par le Code Napoléon, sur la preuve testimoniale. On la définit : la recherche, au moyen du témoignage des hommes, de la vérité d'un fait avancé par l'une des parties et contesté par l'autre.

Ce mode de preuve est-il de droit commun ?

Ce mode de preuve n'a été admis qu'avec une extrême réserve. La crainte de la subornation des témoins, d'une part, et la crainte de la multiplicité des procès, d'autre part, expliquent et justifient les limites étroites dans lesquelles son application a été renfermée.

Ainsi, tandis que la preuve littérale est toujours admissible, la preuve par témoins n'est permise que dans certains cas déterminés.

Les cas où elle est autorisée et ceux où elle est prohibée ont été énumérés et précisés dans les articles 1341 à 1348 du Code Napoléon.

Dans quels cas est-il admissible ?

Elle est admissible : 1° lorsque l'objet du procès n'excède pas 150 fr. (art. 1341). Telle est la règle, mais elle comporte des exceptions que nous indiquerons tout à l'heure (V. p. 217 les 2° et 3°) ;

2° Même au-dessus de 150 francs, lorsqu'il existe *un commencement de preuve par écrit*, c'est-à-dire un acte émané du défendeur ou de son auteur, et qui rend vraisemblable le fait allégué par le demandeur (V. l'explic. de l'art. 1347 C. N.) ;

3° Même en l'absence d'un commencement de preuve par écrit et quoiqu'il s'agisse d'un intérêt supérieur à 150 francs, lorsqu'il a été impossible au demandeur de se procurer une preuve par écrit, ou 4° lorsqu'il a, par suite de quelque cas fortuit ou de force majeure, perdu l'écrit qu'il avait eu le soin de faire dresser (art. 1348 C. N.).

Dans quels cas ne l'est-il point ?

Elle n'est point reçue — à moins qu'on ne se trouve dans l'un des cas exceptionnels qui viennent d'être énumérés (V. p. 216, les 2°, 3° et 4°) : — 1° au delà de 150 francs. Ainsi, en principe et en l'absence d'un commencement de preuve par écrit, point de preuve testimoniale pour celui qui, ayant pu se procurer une preuve écrite de son droit, ne l'a pas fait (art. 1341 et 1348 C. N.) ;

2° Même au-dessous de 150 francs, contre et outre le contenu aux actes (art. 1341 C. N.) ;

3° Lorsqu'une somme inférieure à 150 francs est réclamée comme reliquat d'une somme plus forte, sauf toujours, bien entendu, les cas exceptionnels déjà énoncés (art. 1344 C. N.) ;

4° Au cas où l'action contient, outre la demande du capital, une demande d'intérêts qui, réunis au capital, excèdent la somme de 150 fr. (art. 1342 C. N.);

5° Si dans la même instance une partie fait plusieurs demandes, dont il n'y a point de titre par écrit, et que, jointes ensemble, elles excèdent la somme de 150 francs, à moins que les droits qu'elles ont pour objet ne procèdent, par succession ou autrement, de personnes différentes (art. 1345 C. N.);

6° Lorsqu'il s'agit d'un louage de choses (art. 1715 C. N.), ou d'une transaction (2044 C. N.). Mais on controverse dans ces deux cas la question de savoir si la prohibition doit ou non être écartée, lorsqu'il existe un commencement de preuve par écrit (V. l'explic. de ces articles).

Peut-il, nonobstant la prohibition de la loi, être ordonné dans ces divers cas, quand les parties y consentent ?

— On s'est demandé si, dans ces divers cas, l'enquête peut être ordonnée nonobstant la prohibition de la loi, lorsque celle des parties qui a le droit de s'y opposer consent à ce qu'elle ait lieu. La négative paraît bien certaine. Remarquons, en effet, d'une part, que l'exclusion de ce mode de preuve est d'*ordre public*, puisqu'elle a pour objet d'éviter la multiplicité des procès ; d'autre part, qu'aux termes formels de l'article 253, les juges ne peuvent ordonner l'emploi de cette preuve que dans les cas où *la loi ne la défend point*. L'affirmative a cependant prévalu en jurisprudence. Une partie, a-t-on dit, peut préférer s'exposer au danger de la preuve testimoniale plutôt que de laisser planer sur elle un soupçon de mauvaise foi, et ce serait mal comprendre la pensée de la loi que de s'opposer à un aussi louable dessein. Sans doute ces prohibitions tiennent à l'ordre public dans une certaine mesure ; mais elles ne s'y rattachent qu'indirectement, puisqu'en définitive elles ont principalement pour objet l'intérêt privé et purement pécuniaire des parties.

En est-il toujours ainsi ?

Il existe toutefois certains cas où la prohibition de la loi est essentiellement et directement d'ordre public. C'est ce qui a lieu, par exemple, lorsqu'elle se rattache à l'organisation de la famille, à l'état des personnes (V. à ce sujet les art. 46, 194, 323, 341 du C. N.). Dans cette hypothèse l'enquête devrait être écartée, quand même les deux parties seraient d'accord pour la faire admettre.

Combien distingue-t-on d'espèces d'enquêtes ?

II. Différentes espèces d'enquêtes. — L'enquête peut être :

1° *Publique* ou *secrète*.

Qu'est-ce que l'enquête *publique* ?

L'enquête *publique* est celle qui se fait dans la salle d'audience, de-

En dresse-t-on alors un procès-verbal?

vant le tribunal entier. Si la cause est sujette à appel, le greffier dresse procès-verbal de la déposition des témoins. Que si, au contraire, elle est susceptible d'être jugée en dernier ressort, il n'y a point lieu à procès-verbal. Mais le jugement qui statue sur le fond doit contenir le *résultat des dépositions*, c'est-à-dire, non point la déposition particulière de chaque témoin, mais ce qui résulte de leurs dépositions, appréciées dans leur ensemble (art. 39, 40, 407, 411 et 432). — Nous reviendrons sur ce point.

Qu'est-ce que l'enquête *secrète*?

L'enquête *secrète* est celle qui se fait, non plus devant le tribunal et en présence du public, mais à huis clos, dans la chambre du conseil, sous la direction d'un juge désigné par le tribunal, et en présence seulement des parties intéressées. Le tribunal qui doit juger l'affaire n'étant point, dans l'espèce, appelé à entendre les témoins par lui-même, il est indispensable que le juge qu'il a délégué pour recevoir leurs dépositions (on l'appelle le juge-commissaire) les consigne par écrit; ce n'est que par l'intermédiaire du procès-verbal qui en est dressé que le tribunal les peut connaître et apprécier : ce procès-verbal est donc nécessaire dans tous les cas, c'est-à-dire, sans qu'il y ait à distinguer si la cause est ou non sujette à l'appel.

En dresse-t-on un procès-verbal?

Dans quels cas est-elle publique? Dans quels cas secrète?

L'enquête est toujours *publique* devant les tribunaux de paix et de commerce (art. 39, 34 et suiv., art. 432).

Devant les tribunaux de première instance la loi distingue : l'enquête y est *publique* dans les matières *sommaires* (art. 407), et *secrète* dans les matières *ordinaires* (art. 255).

L'enquête secrète fera, quant à présent, l'objet exclusif de notre étude.

Qu'est-ce que l'enquête *incidente?*

2° *Incidente* ou *principale*.

L'enquête incidente est celle qui est ordonnée à l'occasion d'un procès dont le tribunal est actuellement saisi.

L'enquête *principale?* Quelle est l'utilité de cette enquête?

L'enquête *principale,* autrefois désignée sous le nom d'enquête *in futurum* ou *à futur*, est celle qui est faite, non point en vue d'un procès déjà pendant, mais en prévision d'un procès futur. Le tribunal l'ordonne lorsque le demandeur, étant empêché d'agir dès à présent, parce que son droit n'est pas encore exigible, a juste raison de craindre que les personnes dont il réclame l'audition immédiate ne puissent point être citées plus tard en témoignage; c'est ce qui a lieu, par exemple, au cas où ces personnes sont très-avancées en âge ou sur le point de s'absenter (V. à ce sujet ce que nous avons dit p. 187).

Est-elle permise?

Ces espèces d'enquêtes furent prohibées par l'ordonnance de 1667; mais le Code n'ayant point reproduit cette prohibition, on les admet aujourd'hui (1). Elles sont, au reste, fort rarement appliquées.

Quelle est la force probante de la preuve testimoniale?

III. De la force probante de la preuve testimoniale. — Les tribunaux devaient autrefois déterminer, d'après des règles fixes tracées par la loi même, le degré de foi que méritait le témoignage des témoins. Ainsi c'était un principe reçu qu'un *seul* témoignage ne pouvait suffire

(1) V. MM. Colmet-Daage sur Boitard, p. 484, et Bonnier, p. 230 et 231.

pour déterminer la conviction du juge : *Testis unus*, disait-on, *testis nullus*. A l'inverse, les dépositions concordantes de deux témoins faisaient pleine foi et liaient le juge. Aujourd'hui rien de semblable n'a lieu. Nous n'avons plus de témoignages légalement non probants ou légalement obligatoires pour les tribunaux. C'est à eux d'apprécier; la loi s'en rapporte à leur sagesse. Les juges, dit Merlin, sont, dans les matières civiles, comme des jurés dans les matières criminelles; leur conviction n'est plus qu'une affaire de conscience et de sentiment intime.

SECTION II. — De l'admissibilité de l'enquête et du jugement qui l'autorise.

L'enquête peut-elle avoir lieu sans un jugement qui l'ordonne?

I. Observation. — En principe, et sauf une exception dont il sera parlé ci-après, l'emploi de la preuve testimoniale n'a point lieu *de plano*. Ainsi, point d'enquête sans un jugement qui l'ordonne.

Ce jugement peut être rendu, soit sur la demande des parties, soit d'office et directement par le tribunal.

Comment la demande-t-on?

II. Comment se demande l'enquête. — La partie qui veut faire entendre ses témoins sur certains faits dont il lui importe d'établir l'existence doit formuler une demande à cet effet.

Cette demande est formée par un simple acte de conclusion, notifié d'avoué à avoué, sans aucune autre écriture ou requête à l'appui. On l'appelle acte de *conclusion*, parce qu'on y conclut à l'admission de l'enquête.

Qu'est-ce qu'articuler succinctement les faits dont on demande à faire la preuve?

Les faits dont on demande à faire la preuve y sont *articulés succinctement*.

Articulés, c'est-à-dire indiqués non point en masse et d'une manière vague, mais fait par fait, afin qu'ils soient bien précis et en quelque sorte *individualisés*.

Succinctement, c'est-à-dire brièvement et sans aucun commentaire sur les conséquences de fait ou de droit qu'on en pourra tirer pour la solution du procès (V. la formule 70).

Comment le défendeur répond-il à la demande?

L'avoué de la partie à laquelle cet acte a été notifié y doit répondre dans les trois jours. Sa réponse est faite dans la même forme que la demande, c'est-à-dire par un simple acte d'avoué à avoué (V. la formule 71).

Quid, si le demandeur a omis dans sa demande certains faits qui lui paraissent importants?

On admet généralement : 1° que le demandeur en preuve qui a omis dans ses conclusions certains faits qui lui paraissent importants peut, tant que le jugement sur sa première demande n'a pas été rendu, notifier des conclusions additionnelles, à l'effet d'être admis à faire preuve des faits nouveaux qu'il articule. Mais, bien entendu, les frais de ce second acte resteront, dans tous les cas, à sa charge. Ajoutons que l'autre partie aura droit à un nouveau délai de trois jours pour y répondre.

Le délai accordé au défendeur pour répondre est-il fatal?

2° Que le délai de trois jours accordé au défendeur pour répondre à une demande d'enquête n'est point *fatal*, et qu'ainsi la partie contre laquelle cette demande a été formée y peut répondre, même après l'expiration de ces trois jours, tant que le tribunal n'a point prononcé.

Quels sont les différents partis que peut prendre celui contre lequel une demande d'enquête a été formée?

III. DES DIFFÉRENTS PARTIS QUE PEUT PRENDRE CELUI CONTRE LEQUEL UNE DEMANDE D'ENQUÊTE A ÉTÉ FORMÉE, ET DE L'OFFICE DU TRIBUNAL DANS CES DIVERSES HYPOTHÈSES. — On sait que la partie à laquelle ont été notifiés les faits dont son adversaire demande à faire la preuve a trois jours pour préparer sa réponse. Trois partis s'offrent à elle. Elle peut, en effet, dénier les faits, les reconnaître ou se taire.

Que devra ou pourra faire le tribunal dans ces divers cas? Examinons.

Quid, s'il dénie les faits?

PREMIER CAS. — *Les faits ont été déniés.* — Le tribunal pourra en ordonner la preuve, si d'ailleurs les autres conditions auxquelles est subordonnée l'admissibilité de l'enquête se rencontrent dans la cause. Nous dirons tout à l'heure quelles sont ces conditions.

Quid, s'il les reconnaît?

DEUXIÈME CAS.—*Les faits ont été reconnus.*—En principe, il n'y a point lieu à l'enquête ; elle serait inutile et sans objet. Ce principe toutefois reçoit une exception : bien que les faits articulés par l'une des parties aient été reconnus par l'autre, la preuve en peut être ordonnée lorsqu'on se trouve dans l'un des cas où l'*aveu* n'est point reçu comme moyen de preuve. C'est ce qui a lieu dans les causes relatives à l'état des personnes, comme, par exemple, lorsqu'il s'agit d'un procès en séparation de corps, en nullité de mariage, ou en désaveu de paternité.

Quid, s'il garde le silence?

Le tribunal *doit-il* alors tenir les faits pour confessés ou avérés?

En quels cas pourront-ils n'être pas tenus pour confessés ou avérés?

TROISIÈME CAS.—*Le délai de trois jours accordé pour répondre est expiré, et il n'y a pas eu de réponse.* — « Les faits, dit la loi, *peuvent* alors être tenus pour confessés ou avérés. » *Peuvent...* La loi laisse donc un certain pouvoir discrétionnaire aux juges. Concluons-en qu'en certains cas les faits pourront, malgré le silence de la partie intéressée à les dénier, n'être point tenus pour confessés ou avérés. Quels sont ces cas? On en cite trois. Le tribunal peut considérer les faits comme n'étant point avérés et en ordonner la preuve :

1° S'il estime que le silence de la partie intéressée à les dénier n'implique point, à raison des circonstances de la cause, un *aveu tacite*. Il se peut, en effet, qu'étant fort éloignée du lieu où se plaide l'affaire, elle n'ait pas eu le temps d'assembler les documents dont elle avait besoin pour prendre parti, ou pour envoyer à son avoué un pouvoir à l'effet de dénier les faits articulés contre elle. Dans ce cas, le tribunal peut, soit ordonner l'enquête, soit accorder une prorogation du délai :

2° Quand l'affaire est telle qu'elle ne comporte point, comme moyen de preuve, l'*aveu* des parties (V. ci-dessus le deuxième cas) ;

3° Enfin, lorsque la partie contre laquelle une demande d'enquête a été formée est *mineure* ou *interdite*. Tenir, dans ce cas, les faits pour confessés, ce serait donner ouverture à requête civile (V. l'explic. de l'art. 481). Il est bien plus naturel d'en ordonner la preuve.

Art. 253.

A quelles conditions l'enquête peut-elle être ordonnée?

IV. A QUELLES CONDITIONS L'ENQUÊTE PEUT ÊTRE ORDONNÉE.—Pour qu'une enquête demandée puisse être ordonnée, trois conditions sont nécessaires. Il faut :

1° Que les faits articulés par le demandeur en preuve aient été *déniés* par l'autre partie, ou qu'on se trouve dans l'une des trois exceptions qui ont été énumérées ci-dessus.

2° Qu'ils soient *admissibles*, c'est-à-dire *pertinents* et *concluants*.

Les faits ne sont point *pertinents* lorsqu'ils n'ont point un rapport direct avec l'affaire dont il s'agit.

Quand les faits sont-ils *pertinents* ?

Ils ne sont point *concluants*, lorsqu'à les supposer constants ils ne peuvent avoir aucune influence sur la solution du procès. Ainsi, qu'une femme plaidant en séparation de corps demande à faire preuve de l'adultère de son mari, elle ne devra point être écoutée, car si le fait qu'elle articule est pertinent, il n'est point *concluant*, puisque, bien que constant, il n'entraînerait point la séparation de corps. On sait, en effet, que la femme ne peut l'obtenir, pour cause d'adultère, qu'autant qu'elle établit que son mari a entretenu sa concubine dans la maison commune (art. 306 et 230 C. N.).

Quand sont-ils *concluants* ?

Pertinents et concluants... Il eût suffi de dire *concluants ;* car si un fait *pertinent* peut n'être pas *concluant*, la réciproque n'est point vraie : tout fait *concluant* est nécessairement *pertinent*.

Un fait concluant n'est-il point pertinent par là même ?

3° *Que la loi n'en défende pas la preuve* (V. ce que nous avons dit à ce sujet, p. 216 et 217).

— Lorsque les faits articulés ont été déniés, qu'ils sont concluants et que la loi n'en défend pas la preuve, le tribunal *peut* ordonner l'enquête ; mais il n'y est point *obligé*. Ainsi, il peut se dispenser d'y recourir lorsqu'elle lui paraît inutile, c'est-à-dire lorsque l'instruction du procès lui a fourni des documents suffisants pour fixer son opinion.

Lorsque les conditions qui viennent d'être énumérées concourent, le tribunal est-il *obligé* d'ordonner l'enquête ?

Art. 254.

Il n'est point essentiel, au reste, nous l'avons dit déjà, qu'une des parties poursuive l'enquête pour qu'elle soit ordonnée. Le tribunal peut, en effet, l'ordonner d'office lorsqu'il la juge nécessaire pour l'instruction de la cause. Cette enquête, de même que la précédente, ne peut avoir lieu que sur des faits contestés, concluants et dont la loi ne défend point la preuve.

Peut-il l'ordonner d'office ?

Art. 255.

V. DU JUGEMENT QUI ORDONNE L'ENQUÊTE. — CE QU'IL DOIT CONTENIR. — Ce jugement doit contenir, indépendamment des énonciations ordinaires :

Que doit contenir le jugement qui ordonne une enquête ?

1° *La désignation précise des faits à prouver.* — Lorsque plus tard les témoins seront appelés pour déposer, on devra leur faire connaître, à l'avance, les faits sur lesquels ils seront entendus. A cet effet, il leur sera signifié copie, non point du jugement entier qui aura ordonné l'enquête, mais de son *dispositif* (art. 260). C'est donc dans cette partie du jugement que doivent être énoncés les faits à prouver. Cette énonciation est substantielle. Le jugement qui ne la contiendrait point serait frappé de nullité.

Pourquoi doit-il contenir la désignation précise des faits à prouver ?

Dans quelle partie du jugement doit-elle être faite ?

Mais que décider si les faits, au lieu d'être précisés dans le dispositif du jugement, n'étaient indiqués que par relation à l'acte de conclusion dans lequel ils ont été articulés par le demandeur ? Suivant l'opinion générale une distinction est nécessaire.

Quid, si les faits, au lieu d'être désignés dans le dispositif du jugement, ne sont indiqués que par relation à l'acte de conclusion dans lequel ils ont été articulés par le demandeur ?

Si le jugement reproduit dans une autre partie l'acte de conclusion où les faits sont articulés, il peut, par son dispositif, s'y référer ; cette énonciation sera vicieuse, sans doute, mais elle ne sera point irrégulière jusqu'à la nullité. Il n'est point, en effet, de l'essence du jugement que les faits à prouver soient énoncés dans telle partie plutôt que dans une autre, pourvu qu'ils y soient en définitive. — En ce cas, on devra signifier aux témoins, lorsqu'ils seront appelés pour déposer, non point seulement le dispositif du jugement, mais le jugement en son entier.

Que si, au contraire, le jugement se contente d'ordonner la preuve des faits qui ont été articulés dans l'acte de conclusion, sans reproduire nulle part les faits énoncés dans cet acte, c'est alors comme s'il ne contenait aucune énonciation. Toutefois la nullité qui en résulterait serait couverte, si les parties procédaient à l'enquête (1).

M. Bonnier ne fait aucune distinction. Selon lui il n'y a point nullité, même dans le cas où le jugement, sans reproduire l'acte de conclusion dans lequel les faits sont articulés, déclare simplement que l'enquête aura lieu sur les faits énoncés en cet acte. Il y a alors, dit-il, un équipollent suffisant. — Dans ce système on devrait alors signifier aux témoins, d'une part, le jugement qui ordonne l'enquête et, d'autre part, l'acte de conclusion auquel il se réfère.

Est-il essentiel que le jugement contienne la nomination du juge-commissaire ?

Parmi quels juges doit-il être choisi ?

Quid, si celui qui a été désigné ne peut pas remplir sa mission ?

2° *La nomination du juge devant qui l'enquête sera faite.* — Cette nomination n'est point substantielle ; elle pourrait donc être faite après coup. — Le juge-commissaire peut être choisi, soit parmi les membres du tribunal qui ont concouru à rendre le jugement, soit en dehors d'eux. Si le juge désigné est empêché de remplir sa mission, il est remplacé par un autre juge que désigne le *président* du tribunal, sur la requête de l'une des parties (argument d'analogie tiré de l'art. 110).

Qu'ordonne le tribunal quand les témoins sont domiciliés à une très-grande distance du lieu où il siége ?

— Il se peut que les témoins qui devront être entendus soient domiciliés fort loin du tribunal qui ordonne l'enquête. Dans ce cas, et afin d'éviter aux parties les frais considérables qu'entraînerait le déplacement des témoins, le tribunal peut recourir, soit sur la demande de l'une d'elles, soit même d'office, à une *commission rogatoire*. Il ordonne alors que l'enquête sera faite, dans le ressort du tribunal où les témoins sont domiciliés, par un juge dont il confie la nomination à ce tribunal ou qu'il commet directement lui-même (V. d'ailleurs l'art. 1035).

Art. 256.

N'existe-t-il point une enquête qui a lieu *de droit* ?

En quel sens la contre-enquête a-t-elle lieu de droit ?

VI. De la contre-enquête. — Nous avons dit qu'en principe une partie ne peut point, sans un jugement qui l'y autorise, faire entendre des témoins sur les faits qu'il lui importe d'établir ; mais nous avons annoncé une exception à cette règle (V. p. 219). Cette exception est relative à la *contre-enquête*. Ainsi, lorsque l'une des parties a été, sur sa demande, autorisée à faire entendre des témoins sur certains faits, l'autre partie est, de *plein droit*, c'est-à-dire sans qu'elle ait besoin d'articuler aucun fait et d'obtenir aucun jugement à cet effet, admise

(1) V. MM. Dalloz, t. VI, p. 845, n° 8 ; Pigeau, t. I, p. 496 ; Thomines Desmazure, t. I, p. 439 ; Chauveau sur Carré, t. II, p. 505 et 506 ; Rodière, t. II, p. 123 ; Bioche, t. II, p. 445.

à faire la preuve contraire. Mais, bien entendu, l'enquête à laquelle elle peut faire procéder ne peut porter que sur des faits *contraires* à ceux qui sont allégués contre elle, qui en sont la *négation directe*. Si, par exemple, votre adversaire a été autorisé à prouver par témoins qu'il est, en vertu d'un prêt, votre créancier de la somme de..., vous êtes de plein droit admis à prouver, également par témoins, l'inexistence de ce prêt prétendu. Mais si, avouant le prêt, vous prétendez que la dette à laquelle il avait donné naissance a *cessé d'exister* par l'effet d'un payement ou de toute autre cause de libération, ce n'est plus le cas d'une contre-enquête, puisque le fait que vous alléguez ne contredit point celui qui est affirmé contre vous. Vous pourrez, sans doute, vous faire autoriser, s'il y a lieu, à en administrer la preuve; mais il vous faudra pour cela signifier des conclusions, préciser les faits qu'il vous importe d'établir et obtenir un jugement.

Sur quels faits peut-elle porter?

Ainsi, les faits allégués par la partie contre laquelle une enquête a été autorisée sont-ils la *négation directe* des faits allégués par l'autre partie, c'est le cas de la contre-enquête, et la contre-enquête est de droit; sont-ce des faits nouveaux, la partie qui les allègue doit les articuler dans un acte de conclusion, et obtenir un jugement qui l'autorise à en faire la preuve.

SECTION III. — Des témoins.

Art. 268, 283, et 285.

Quelles personnes peuvent être appelées en témoignage?

Cette règle ne souffre-t-elle point des exceptions?

Ces exceptions sont-elles de même nature?

I. Des personnes qui peuvent être appelées en témoignage. — Toute personne instruite d'un fait contesté peut être appelée en justice pour y dire ce qu'elle sait. Telle est la règle; mais des exceptions existent. Ces exceptions sont de deux sortes. Certaines personnes sont, en effet, déclarées incapables d'être assignées comme témoins, et leur incapacité est si essentielle que le juge-commissaire doit refuser de les entendre, alors même que les parties ne s'opposent point à leur audition : leur incapacité est, en quelque sorte, d'ordre public. D'autres peuvent être valablement appelées à témoigner; mais la partie contre laquelle elles déposent est autorisée *à les reprocher*, si elle le juge à propos.

Ainsi, deux classes d'incapables, savoir : 1° les personnes dont l'incapacité ne peut pas être couverte par le silence des parties et que le juge-commissaire doit écarter d'office; 2° les personnes dont l'incapacité est couverte par le consentement exprès ou tacite de la partie qui, les pouvant reprocher, ne les reproche pas.

Quelles sont les personnes qui ne peuvent pas être appelées comme témoins et que le juge-commissaire doit, même d'office, refuser d'entendre lorsqu'elles ont été appelées?

II. Des personnes qui ne peuvent pas être assignées comme témoins et que le juge-commissaire doit refuser d'entendre lorsqu'elles ont été appelées. — Sont dans cette catégorie les parents (légitimes ou naturels, car la loi ne distingue pas), et les alliés *en ligne directe* de l'une ou de l'autre des parties ou son conjoint. Ainsi : 1° les ascendants ne peuvent être appelés à déposer ni par leur descendant contre son adversaire, ni par celui-ci contre leur descendant; 2° les descendants ne peuvent de même déposer ni pour ni contre leur ascendant; 3° les ascendants du conjoint de l'une des parties ou les enfants que le conjoint a eus d'un précédent mariage sont également incapables de témoigner pour ou contre elle.

Cette prohibition est fort ancienne. On a dans tous les temps considéré qu'un parent en ligne directe, un allié dans la même ligne, ou un conjoint est naturellement suspect de *bienveillance* ou *d'inimitié*, suivant qu'il dépose pour ou contre son parent, son allié ou son conjoint. Si, en effet, la parenté et l'alliance produisent, en général, l'affection, quelquefois aussi les haines et les mésintelligences les plus vives séparent ceux-là même que la nature ou le mariage devait unir.

Cette exception ne souffre-t-elle point elle-même une exception?

Toutefois, une exception a été admise. Les faits qui servent de fondement à une demande en séparation de corps, étant intérieurs le plus souvent, ne peuvent guère être attestés que par les personnes qui font partie de la maison. De là, la faculté de faire comparaître dans la cause les *ascendants* des parties; mais la prohibition subsiste quant à leurs *descendants* (art. 251 C. N., appliqué par analogie à la séparation de corps).

Quelles personnes peuvent être appelées comme témoins, sauf, pour l'autre partie, la faculté de les reprocher?

III. DES PERSONNES QUI PEUVENT ÊTRE ASSIGNÉES COMME TÉMOINS MAIS QUI PEUVENT ÊTRE REPROCHÉES PAR LA PARTIE CONTRE LAQUELLE ELLES SONT APPELÉES A DÉPOSER. — Peuvent être reprochés :

Jusqu'à quel degré les parents ou alliés peuvent-ils être reprochés?

1° LES PARENTS OU ALLIÉS EN LIGNE COLLATÉRALE DE L'UNE OU DE L'AUTRE DES PARTIES, *jusqu'au degré de cousin issu de germain inclusivement*. Ainsi les parents et alliés *en ligne directe* ne peuvent ni être assignés ni être entendus; les parents et alliés en *ligne collatérale* jusqu'au degré de cousin issu de germain, peuvent être assignées, sauf à la partie contre laquelle ils sont produits à les reprocher, si elle le juge à propos. Au delà de ce degré, les parents et alliés ne sont pas même reprochables.

Par qui peuvent-ils l'être?

Les parents ou alliés dont il vient d'être parlé peuvent être reprochés tant par leur parent ou allié que par la partie adverse. Je puis donc reprocher non-seulement le frère de mon adversaire, mais encore mon propre frère lorsqu'il est appelé à venir déposer contre moi.

La mort de l'un des conjoints dissout-elle l'alliance?

2° *Les parents ou alliés des conjoints au degré ci-dessus, si le conjoint est vivant, ou, le conjoint étant décédé, si la partie en a des enfants vivants.* — La présence des enfants perpétue l'alliance.

3° *Les parents et alliés en ligne directe du conjoint de l'une ou de l'autre des parties, ses frères, sœurs, beaux-frères et belles-sœurs, lorsque le conjoint est décédé sans enfants ou que les enfants qu'il a laissés ont cessé d'exister.*—Dans ce cas il n'y a plus d'alliance, mais les rapports qu'elle avait crées étaient trop intimes pour qu'on cessât d'en tenir compte.

Ainsi, ou l'alliance subsiste ou elle a cessé d'exister.

Au premier cas, peuvent être reprochés non-seulement les frères, sœurs, beaux-frères et belles-sœurs de mon conjoint, mais encore les parents et alliés jusqu'au degré de cousin issu de germain.

Quand l'alliance est dissoute, cesse-t-elle d'être une cause de reproche?

Au second cas, le reproche n'est plus applicable qu'à ses parents et alliés en ligne directe (1), à ses frères, sœurs, beaux-frères et belles-sœurs.

(1) C'est évidemment par inadvertance que les parents et alliés en ligne di-

4° *Le témoin héritier présomptif ou donataire.* — L'héritier présomptif est suspect parce que, d'une part, il peut craindre d'être déshérité s'il témoigne contre la partie dont il attend la succession, et que, d'autre part, il est indirectement intéressé dans l'affaire ; le donataire, parce que la reconnaissance qu'il est réputé avoir pour le donateur peut altérer son indépendance.— Ce reproche n'est que *relatif* : il ne peut être proposé que par l'adversaire de la partie dont le témoin est l'héritier présomptif ou le donataire.

Pourquoi la loi permet-elle de reprocher l'héritier présomptif ou le donataire ? Par qui peut-il être reproché ?

5° *Ceux qui ont bu ou mangé avec la partie et à ses frais depuis la prononciation du jugement qui a ordonné l'enquête.*— Leur déposition pourrait être le résultat d'une séduction d'autant plus dangereuse qu'elle s'exerce à l'insu de la personne même qui la subit. Tout le monde connaît ce vieux dicton : « Qui mieux abreuve, mieux preuve. » — Il est bien entendu, au reste, que ce reproche ne peut être proposé que par l'adversaire de la partie chez laquelle le témoin a bu ou mangé.

Ceux qui ont bu ou mangé avec l'une des parties peuvent-ils être reprochés ? Pourquoi et par qui peuvent-ils l'être en ce cas ?

6° *Ceux qui ont donné des certificats sur les faits relatifs au procès.* — Il était à craindre qu'après avoir manifesté leur opinion sur l'affaire, l'obstination de leur amour-propre ne pesât trop lourdement sur leur indépendance : la loi se défie de l'orgueil humain.

Quel est le fondement du reproche que la loi permet de former contre ceux qui ont donné un certificat sur les faits relatifs au procès ?

Il suffit, pour que ce reproche puisse être proposé, que le certificat ait été donné sur l'un ou l'autre des faits du procès.

Peu importe donc que le fait auquel il se rapporte ne soit point le même que celui sur lequel le témoin est appelé à témoigner.

Il faut, au reste, qu'il ait été donné sur la demande de l'une des parties. Ainsi, ne peuvent être reprochés ni le notaire, ni les témoins qui ont concouru à un acte notarié (V. p. 212).

Ajoutons que ce reproche ne peut jamais être proposé que par l'adversaire de la partie qui a demandé et obtenu le certificat.

Peut-il être invoqué contre le notaire et les témoins signataires d'un acte ? Par qui peut-il être invoqué ?

7° *Les serviteurs ou domestiques de la partie qui les produit.* — L'autre partie peut seule les reprocher. Remarquez, en outre, que le reproche ne devrait point être admis à l'égard du domestique qui, longtemps avant le jugement qui a ordonné l'enquête, aurait quitté le service de la partie par laquelle il est appelé. C'est, en effet, à raison de leur état de dépendance que les domestiques peuvent être écartés. Or, dans l'espèce, cette cause de suspicion n'a plus aucune raison d'être.

Les serviteurs et domestiques peuvent-ils être reprochés ? Pourquoi et par qui peuvent-ils l'être?

— Dans les procès en séparation de corps, les domestiques et serviteurs ne peuvent point être reprochés (art. 251. C. N. — V. ci-dessus, p. 224).

Cette règle ne souffre-t-elle point une exception ?

On entend par domestiques et serviteurs tous ceux qui, étant attachés à la personne d'un maître ou au service de sa maison, reçoivent de lui un salaire en retour des services qu'ils lui rendent.

Qu'entend-on par serviteurs et domestiques ?

— On ne saurait ranger dans cette classe, ni les fermiers, ni même les colons ou métayers. La qualification de domestique ou serviteur ne

recte sont ici mentionnés. Nous avons vu, en effet, qu'ils sont bien plus que reprochables ; ils ne peuvent être ni assignés, ni entendus, même du consentement des parties (V. p 223). Consultez Boitard sur l'article 283.

s'applique guère qu'aux gens que le maître peut renvoyer à tout instant (1).

Qu'entend-on par *ceux qui sont en état d'accusation?*

8° *Ceux qui sont en état d'accusation*, c'est-à-dire à l'égard desquels il a été déclaré par la Chambre des mises en accusation, qu'il existe contre eux des charges suffisantes pour les renvoyer devant la Cour d'assises (art. 221 C. inst. crim.). Le témoin en état *de prévention* ne serait donc point reprochable.

Quelles condamnations sont des causes de reproche?

9° *Ceux qui ont été condamnés soit à une peine afflictive ou infamante, soit même à une peine correctionnelle pour cause de vol.*

Les reproches qui viennent d'être énumérés sont-ils obligatoires pour le juge? Peut-il en admettre d'autres?

— Les reproches qui viennent d'être énumérés sont *obligatoires* pour le juge en ce sens qu'il ne peut point ne pas les admettre lorsqu'ils sont proposés et justifiés. Mais ce sont les seuls qu'il puisse recevoir; autrement, le soin qu'a pris la loi de les préciser et de les énumérer n'aurait point d'objet.

Ce travail même indique assez que, dans sa pensée, l'énumération qu'elle donne est rigoureusement limitative. Il n'y faut donc rien ajouter.

Cette limitation est-elle absolue? Le témoin qui a un intérêt direct et immédiat dans le procès ne pourrait-il point être reproché?

Toutefois, la loi ayant permis de reprocher, à raison de l'intérêt *indirect* qu'il a dans le procès, l'héritier présomptif de la partie qui le produit (V. p. 225), on en a conclu par *a fortiori* qu'un témoin peut être reproché lorsqu'il a un intérêt *direct et immédiat* à la solution du procès. Ainsi, les habitants d'une commune seraient reprochables quant aux procès relatifs à des biens sur lesquels ils exercent des droits d'usage. Un témoin assigné à la requête de son associé serait également reprochable si les biens engagés au procès dépendaient de la société.

Art. 270 et 282.

IV. PAR QUI, COMMENT ET A QUEL MOMENT DOIVENT ÊTRE PROPOSÉS LES REPROCHES. — DE L'OFFICE DU JUGE-COMMISSAIRE EN CETTE MATIÈRE. — 1° *Par qui.*

Par qui les reproches peuvent-ils être proposés?

— Ils peuvent l'être soit par la partie elle-même, soit par son avoué. Il n'est point nécessaire que l'avoué soit, à cet effet, muni d'un pouvoir spécial.

Comment les propose-t-on?

2° *Comment.* — Ils doivent être *pertinents* et *circonstanciés*, et non en termes vagues et généraux. Ainsi, par exemple, lorsque c'est pour cause de parenté qu'un témoin est reproché, il faut préciser la nature et le degré de parenté qui l'unit à l'une des parties.

A quel moment?

3° *A quel moment.* — La loi distingue. Les reproches, porte l'article 270, seront proposés *avant la déposition du témoin*; mais, ajoute l'article 282, ils pourront l'être *après*, *s'ils sont justifiés par écrit.*

Quel est le motif de cette distinction?

Ainsi, la partie qui a un reproche à faire valoir n'en peut-elle prouver l'existence qu'au moyen d'une enquête, elle doit, sous peine de déchéance, le proposer avant que le témoin qu'elle veut faire écarter ait été entendu : on a voulu, par cette précaution, éviter les reproches par esprit de récrimination.

Peut-elle, au contraire, l'établir *par écrit* et sans recourir à une enquête, a-t-elle, par exemple, en sa possession le certificat que le témoin qu'elle entend écarter a donné dans l'affaire, elle est admise à le

(1) M. Rodière, t. II, p. 142.

reprocher *même après sa déposition* : les reproches justifiés par écrit ne sauraient être réputés imaginés après coup.

Art. 284.

Quel est l'office du juge-commissaire lorsqu'un reproche est proposé ?

Qui jugera le reproche ?

Le témoin reproché doit-il être entendu ?

4° *De l'office du juge-commissaire.* — Le juge-commissaire entend les reproches, la réponse des témoins reprochés, et consigne le tout sur son procès-verbal ; mais ce n'est pas à lui qu'appartient le droit de juger les reproches, c'est-à-dire de les admettre ou de les écarter. Ce droit demeure dans les attributions du tribunal.

Le tribunal n'étant appelé à juger les reproches qu'après que l'enquête terminée est portée devant lui, il est impossible de savoir *à priori* ce qui adviendra du reproche. Peut-être sera-t-il admis ; mais peut-être aussi sera-t-il écarté. De là pour le juge commissaire l'obligation d'entendre le témoin reproché. Ainsi le reproche, quoique proposé, ne fait point obstacle à la déposition du témoin. Ce ne sera que plus tard que se débattra, devant le tribunal, la question de savoir si le reproche qui a été proposé doit être admis ou écarté. L'admet-il, on ne lit point la déposition du témoin : elle est donc considérée comme non avenue. L'écarte-il, elle conserve alors tout son effet.

Art. 287 à 291.

Comment se jugent les reproches ?

V. Comment sont jugés les reproches. — Lorsque l'enquête est terminée, la partie la plus diligente, après avoir signifié à avoué les procès-verbaux qui ont été dressés par le juge-commissaire, poursuit l'audience ; alors s'engage le débat relatif aux reproches.

Toutefois, le tribunal peut se dispenser de les juger si, abstraction faite des témoins reprochés, l'enquête lui semble suffisamment concluante.

Les reproches, quand le tribunal estime qu'il y a lieu de s'en occuper, doivent être jugés *sommairement*, c'est-à-dire sans écritures grossoyées, et préalablement à la cause principale, à moins qu'elle ne soit en état, auquel cas il peut être statué sur le tout par un seul jugement.

Si les reproches sont justifiés par écrit, on les discute immédiatement à l'audience.

Quid, si le reproche n'est point justifié par écrit ?

A quel moment cette preuve de reproche doit-elle être offerte ?

Dans le cas contraire, la partie qui a proposé le reproche doit en *offrir la preuve et désigner les témoins qu'elle entend produire ;* autrement elle n'y sera plus reçue (V. la formule 72). — Quelques personnes ont pensé que cette preuve du reproche doit être offerte, au moment même où il est proposé, c'est-à-dire avant la déposition du témoin, et devant le juge-commissaire ; mais cette interprétation n'a point prévalu. Suivant l'opinion générale, c'est seulement après l'enquête terminée et alors que le tribunal est saisi du reproche à juger, que la partie qui l'a proposé est tenue d'en offrir la preuve et d'indiquer ses témoins. Ce qui le prouve, a-t-on dit, c'est qu'aux termes de l'article 71 du tarif, cette offre et cette désignation sont faites par acte d'avoué à avoué, avec réponse dans la même forme, ce qui *implique une procédure suivie devant le tribunal.*

Quel est alors l'office du tribunal ?

Cette offre et cette désignation étant faites, le tribunal examine s'il y a lieu de passer à la preuve du reproche. Lui paraît-il dénué de toute vraisemblance, il le rejette dès l'abord (art. 290, argum. tiré des mots :

s'il y échet). Est-il douteux, il en ordonne la preuve, sauf à l'autre partie à le combattre par la preuve contraire.

Comment se fait l'enquête ordonnée pour la preuve du reproche ?

Les témoins produits peuvent-ils être reprochés ?

L'enquête ordonnée pour la preuve d'un reproche se fait suivant les règles établies pour les matières sommaires (V. les art. 407 et suiv.). Aucun reproche ne peut y être proposé *s'il n'est établi par écrit*. Ainsi, un témoin ayant été reproché par une partie sur ce motif qu'il a bu et mangé chez l'adversaire et aux frais de ce dernier, une enquête a été ouverte sur ce point : les témoins produits dans cette enquête pourront être reprochés sans doute, mais la preuve de ces nouveaux reproches ne pourra être faite que *par écrit*. Si cette seconde enquête avait pu donner lieu à une troisième enquête, celle-ci aurait pu en amener une quatrième, et ainsi de suite. C'est ce que la loi n'a pas voulu.

La partie qui a proposé un reproche qu'elle n'a pas pu faire admettre encourt-elle une condamnation ?

— La partie qui a proposé un reproche et n'a pas été admise à en faire la preuve, ou qui, ayant été autorisée à la faire, n'y est point parvenue, peut être condamnée à des dommages et intérêts envers le témoin ; c'est ce qui aura lieu, par exemple, s'il est établi que le reproche formulé contre lui a porté atteinte à son honneur.

Art. 285.

La grande jeunesse d'un témoin est-elle une cause de reproche ?

Quelle est la disposition de la loi relative aux témoins âgés de moins de quinze ans révolus ?

VI. De l'âge des témoins. — La grande jeunesse d'un témoin n'est point une cause de reproche. Ainsi, les individus âgés de moins de quinze ans révolus peuvent être entendus, sauf au tribunal, ajoute la loi, à avoir à leur déposition tel égard que de raison ; ce qui était inutile à dire, puisque les juges ont, *dans tous les cas*, le droit d'apprécier et de peser dans leur conscience la déposition des témoins (V. p. 218 et 219).

Doivent-ils prêter serment ?

En matière criminelle, les enfants au-dessous de quinze ans peuvent également être entendus par forme de déclaration, mais ils ne prêtent point serment (art. 79 C. inst. crim.). En est-il de même dans les matières civile ?

Pour l'affirmative, on fait remarquer que le Code de procédure ne distingue point; sa disposition est générale : tout témoin admis à déposer — et l'enfant au-dessous de quinze ans fait une véritable déposition (art. 285) — doit au préalable prêter serment de dire vérité (art. 262).

Dans le sens contraire, on répond qu'il n'existe aucune bonne raison d'exiger, dans les matières civiles, des garanties qui n'ont point été prescrites au criminel. On ajoute que la loi range les témoins au-dessous de quinze ans dans une classe à part ; qu'elle n'attache point, en un mot, à leur déposition, la même autorité qu'au témoignage des témoins ordinaires, puisqu'elle ne l'accepte que sous la réserve expresse du droit qu'elle laisse aux juges d'y avoir tel égard que de raison. Enfin, fait-on remarquer encore, la prestation de serment implique la peine de faux témoignage, lorsque le témoin est convaincu de mensonge : or, comment soumettre un enfant à une accusation aussi grave (1) ?

(1) V. en ce sens Boitard, sur l'article 285 ; M. Bonnier, sur le même article.

VII. Du nombre des témoins a produire. — Lorsqu'une enquête a été autorisée, chacune des parties peut appeler tel nombre de témoins qu'elle juge convenable. Toutefois, et afin d'empêcher l'abus, celle d'entre elles qui gagne son procès ne peut répéter de l'autre que les frais de cinq témoins *sur un même fait*.

Art. 281.

Chaque partie peut-elle appeler le nombre de témoins qu'elle juge convenable ?

SECTION IV. — Des délais dans lesquels l'enquête doit être commencée et terminée.

Art. 257 à 259; 278 à 280 et 294.

La loi n'a-t-elle pas prescrit des délais dans lesquels l'enquête doit être commencée et parachevée ?

I. Motif de ces délais. — La loi, qui se défie de la preuve testimoniale, a voulu que l'enquête fût commencée et parachevée dans des délais assez courts, afin de ne point laisser aux parties le temps de séduire et corrompre les témoins.

Quel est le fondement de cette disposition ?

II. Du délai dans lequel elle doit être commencée. — Ce délai est de *huit jours*, dans le cas où elle doit être faite au lieu même où le jugement a été rendu ou dans la distance de trois myriamètres. — L'enquête qui n'est point commencée dans ce délai est nulle.

Art. 257 et 258.

Dans quel délai l'enquête doit-elle être commencée ?

Quelle distinction la loi fait-elle à cet égard ?

Lorsqu'elle doit être faite à une distance de plus de trois myriamètres, la loi laisse aux juges le soin de fixer eux-mêmes le délai dans lequel elle devra être commencée. Mais est-elle nulle si elle n'est point commencée dans le délai fixé? L'article 258 garde le silence à cet égard. Quelques auteurs en ont conclu qu'il n'y a point, dans ce cas, lieu à nullité. Les nullités, ont-ils dit, ne se suppléent point (art. 1030).

Dans la seconde hypothèse, l'enquête est-elle nulle, si elle n'a pas été commencée dans le délai fixé ?

L'opinion contraire est plus généralement admise. La nullité n'est point, à la vérité, textuellement écrite dans l'article 258, mais elle s'y trouve implicitement écrite, par suite de la relation étroite et intime que la loi a établie entre cet article et l'article 257 (1).

— Nous connaissons les délais dans lesquels l'enquête doit être commencée; mais quel est *leur point de départ?* De quel jour courent-ils? A cet égard, trois cas sont à considérer.

Premier cas. — Lorsque l'enquête a été contradictoirement ordonnée contre une partie ayant un avoué, les délais courent de la signification du jugement à avoué.

Quel est le point de départ du délai accordé pour la commencer ?

Cette signification les fait courir non-seulement contre celui qui l'a reçue, mais encore contre celui qui l'a faite. C'est une dérogation au principe que *nul ne se forclôt lui-même*. Ainsi, l'enquête qui a été ordonnée et la contre-enquête, qui est de droit, devront, à peine de déchéance, être commencées l'une et l'autre dans la huitaine à compter du jour où le jugement aura été signifié par l'un des deux avoués à l'autre.

La signification du jugement fait-elle courir le délai contre la partie qui l'a faite ?

Deuxième cas. — Si le jugement est rendu contre une partie qui *n'avait point d'avoué*, le délai court du jour de la signification faite, non plus, comme dans la précédente hypothèse, à avoué, puisque la chose est impossible, mais à la partie elle-même ou à son domicile.

De quel jour le délai court-il quand le jugement a été rendu contre une partie *qui n'a point d'avoué?*

(1) Boitard, sur l'art. 258.

Quid, si le jugement est susceptible d'opposition?

TROISIÈME CAS. — Si le jugement est *susceptible d'opposition*, le délai court du jour de l'expiration des délais de l'opposition.

Cette troisième hypothèse contredit-elle la seconde? Comment les concilie-t-on?

Le jugement rendu contre une partie *qui n'a point* d'avoué étant par *défaut* et, à ce titre, *susceptible d'opposition*, il semble que le deuxième et le troisième cas se confondent pour n'en faire qu'un. Cependant la loi, les distinguant, applique à chacun d'eux une règle particulière. Y a-t-il donc anomalie? Non. Il se peut, en effet, qu'un jugement soit *contradictoire*, bien que rendu contre une partie *non munie d'un avoué*. C'est ce qui a lieu, notamment, dans le cas du *défaut* profit-joint (V. p. 138). On peut encore citer le cas où l'avoué de la partie, la cause étant déjà liée contradictoirement, meurt ou est interdit avant le prononcé du jugement. C'est à ces hypothèses que se réfère notre deuxième cas.

Ainsi, 1° le jugement a-t-il été rendu contradictoirement entre deux parties munies chacune d'un avoué, les délais courent du jour de sa signification *à avoué*.

2° Est-il *contradictoire* mais rendu contre une partie non munie d'un avoué, ils courent du jour de sa signification à *cette partie* ou à *son domicile*.

3° Est-il *par défaut*, ils ne commencent à courir qu'à compter *du jour de l'expiration des délais d'opposition*.

De quel jour court le délai quand le jugement qui a ordonné l'enquête a été rendu par défaut *contre partie*?

— Arrêtons-nous sur cette troisième hypothèse. La loi distingue, on se le rappelle, deux espèces de défaut, le défaut *contre partie* et le défaut *contre avoué* (V. p. 134). Si le jugement qui a ordonné l'enquête est par défaut *contre avoué*, point de difficulté : le délai pour la commencer court alors à dater de l'expiration des huit jours qui ont suivi la signification du jugement à avoué (art. 157). Mais supposons-le rendu *contre partie* : dans ce cas l'opposition est recevable *jusqu'à l'exécution du jugement* (art. 158). Dès lors, et à prendre la loi au pied de la lettre, on aboutit à ce non-sens que l'enquête *doit être* COMMENCÉE dans la huitaine *à compter du jour où elle a été* COMMENCÉE.

On s'est, sur ce point, tiré d'affaire au moyen d'une explication historique. Autrefois, a-t-on dit, le délai d'opposition n'était dans *tous les cas* que de huitaine. La distinction établie par les articles 157 et 158 est, en effet, de droit nouveau. Il est donc probable que les rédacteurs de l'article 258, perdant de vue cette distinction nouvelle, se sont référés, en le rédigeant, aux anciens principes. Dès lors leur pensée doit être ainsi traduite : L'enquête ordonnée par un jugement rendu par défaut soit *contre partie*, soit *contre avoué*, doit être commencée dans la huitaine à compter de l'expiration des huit jours qui ont suivi la signification du jugement (1).

L'opposition est-elle suspensive de l'enquête?

— Nous n'avons pas besoin de dire que l'opposition, une fois formée, a un effet suspensif (art. 159 et 161).

Les délais d'appel suspendent-ils, comme ceux d'opposition, les délais de l'enquête?

— Quant à *l'appel*, la loi n'en parle point. On en a conclu qu'elle se réfère, en ce point, au droit commun. Il en résulte :

(1) Boitard, sur l'art. 257.

1° Qu'à la différence des délais d'opposition qui suspendent les délais d'enquête, les délais d'appel n'ont ici, comme ailleurs, rien de suspensif. Toutefois, l'exécution des jugements susceptibles d'appel ne pouvant pas être commencée avant l'expiration des huit jours qui suivent le prononcé du jugement (art. 450), les délais accordés pour ouvrir l'enquête ne courront point tant que cette huitaine ne sera point expirée (1).

L'appel interjeté les suspend-il? Suspend-il l'enquête commencée?

2° Que l'appel, une fois interjeté, suspend, non-seulement les délais accordés pour commencer l'enquête, mais encore les opérations de l'enquête commencée antérieurement. Les délais ou les opérations, ainsi suspendus, ne reprennent leur cours qu'à partir de la signification de l'arrêt confirmatif.

Art. 259.

A quel moment l'enquête est-elle réputée commencée? En autres termes, que doit faire la partie qui veut la commencer?

— Reste un point à examiner. Nous connaissons les délais dans lesquels l'enquête doit être commencée; mais qu'est-ce que *commencer l'enquête?* Quel est l'acte après l'accomplissement duquel elle est considérée comme commencée? A ne s'en tenir qu'au langage ordinaire, le commencement de l'enquête consisterait dans *l'audition du premier témoin*. C'est ainsi, en effet, que cela se pratiquait autrefois; tant qu'aucun témoin n'avait été entendu, l'enquête n'était point commencée. Mais comme il arrivait souvent qu'il était impossible de procéder, dans les délais accordés, à l'audition des témoins, ce qui arrivait lorsqu'ils étaient domiciliés à de grandes distances, les rédacteurs du Code se sont écartés de l'ancien droit sur ce point. Aujourd'hui l'enquête est commencée *même avant l'audition*, bien plus *même avant l'assignation des témoins*. L'acte qui constitue son commencement consiste, en effet, dans *l'obtention de l'ordonnance que rend le juge-commissaire à l'effet d'assigner les témoins aux jour et heure qu'il indique*. — Ces jour et heure doivent être fixés à raison du domicile des témoins les plus éloignés du lieu où l'enquête doit être faite.

Ainsi ne l'oublions point, l'enquête est *réputée commencée*, pour chacune des parties respectivement, par l'ordonnance qu'elle obtient du juge-commissaire, à l'effet d'assigner les témoins aux jour et heure par lui indiqués. — Cette ordonnance est demandée par requête et insérée au bas de la requête. On admet toutefois qu'elle peut être rendue sur simple réquisition verbale.

Comment l'ordonnance du juge-commissaire est-elle requise? Où est-elle insérée?

Dans tous les cas, le juge-commissaire ouvre immédiatement les procès-verbaux respectifs d'enquête par la mention de la réquisition et de la délivrance de son ordonnance.

Que fait le juge-commissaire, après qu'il la délivrée?

III. Du délai dans lequel l'enquête doit être terminée. — Ce délai est de huit jours, à moins que le jugement qui a ordonné l'enquête n'ait fixé un délai plus long.

Art. 278 à 280 et 294.

Dans quel délai l'enquête doit-elle être terminée? De quel jour court ce délai?

Ce délai court, non point du jour où l'enquête est *réputée commencée*, c'est-à-dire du jour de la délivrance de l'ordonnance dont il a été parlé ci-dessus, mais du jour où elle a été effectivement et réellement commencée, c'est-à-dire du jour de l'audition du premier témoin. Ainsi l'enquête directe du demandeur doit être achevée dans la hui-

(1) Boitard, sur les art. 257 et 258.

taine de l'audition du premier témoin assigné à sa requête. De même la contre-enquête doit l'être dans la huitaine de l'audition du premier témoin cité à la requête du défendeur.

Lorsque le témoin qui a témoigné le premier a été entendu, non point le jour même fixé pour son audition, mais le lendemain ou plus tard, de quel jour court le délai ?

Est-ce du jour fixé pour son audition, ou du jour de son audition ?

— Une question a été soulevée. L'enquête, porte l'article 278, doit être achevée dans la huitaine de *l'audition du premier témoin*. Doit-on prendre ces dernières expressions à la lettre ? Si le témoin qui a été le premier entendu l'a été, non point le jour même fixé à cet effet par le juge-commissaire, mais quelques jours après, les huit jours accordés pour terminer l'enquête courront-ils du jour où le témoin a été entendu, ou du jour fixé pour son audition ? Si, par exemple, nous supposons que son audition ayant été fixée au 10 du mois, la partie l'a fait citer à comparaître le 14, aura-t-elle pour parachever l'enquête huit jours à compter du 10 ou à compter du 14 ?

Boitard et M. Bonnier pensent que le délai court du jour où le témoin *aurait dû être entendu*, c'est-à-dire, dans l'espèce, à compter du 10. Ainsi le veut, sinon le texte, au moins l'esprit de la loi ; autrement il dépendrait de la partie de se procurer, par cette voie, un supplément de délai dont elle profiterait peut-être pour corrompre ses témoins (1).

Nous n'adoptons point cette solution. Il n'y a de nullité que celles qui sont écrites dans la loi (art. 1030), et ce serait en *créer* une qu'admettre que l'enquête doit être achevée dans la huitaine du jour fixé pour l'audition des témoins, alors qu'aux termes bien formels de l'article 278, le délai ne commence à courir qu'à compter du jour où le témoin a été effectivement entendu. Qu'on dise qu'en ce point la loi s'est montrée inconséquente, nous le voulons bien ; mais l'imperfection de la loi ne nous donne point le droit de la corriger. Autrement combien d'articles, parmi ceux qui ont trait à l'enquête, resteraient debout (2) ?

La partie peut-elle obtenir une prorogation ?

— Lorsque la partie ne peut faire entendre, dans le délai de huitaine, tous les témoins qu'elle juge à propos de produire, elle peut demander une prorogation ; mais il n'en peut être accordé *qu'une seule*, à peine de nullité.

Cette prorogation peut être accordée alors même, — car la loi ne distingue pas, — que le jugement qui a ordonné l'enquête aurait d'avance fixé un délai de plus de huit jours pour entendre les témoins. Ce délai, en effet, n'avait été fixé que par approximation ; les faits postérieurs peuvent en démontrer l'insuffisance.

Qui l'accorde ? Comment la demande-t-on ?

Elle est accordée, non point par le juge-commissaire, mais par le tribunal, sur le rapport du juge-commissaire. Ainsi la partie qui en a besoin la demande par une déclaration qu'elle adresse au juge-commissaire (V. la formule 73). Celui-ci mentionne cette déclaration sur le procès-verbal d'enquête, après quoi il renvoie les parties à l'audience, pour y entendre son rapport aux jour et heure qu'il indique. Le tribunal, sur son rapport, accorde ou refuse la prorogation.

(1) Dans le même sens, M. Dalloz, t. VI, p. 870.
(2) En ce sens, M. Rodière, t. II, p. 145.

Ainsi point de sommation, point d'avenir. Toutefois, si les parties ou leurs avoués n'étaient point présents à l'enquête, lorsque la prorogation a été demandée, un avenir serait alors nécessaire pour appeler à l'audience la partie absente (Voir la formule 74).

— L'enquête qui n'est point terminée dans les délais dont il vient d'être parlé est nulle. Il est bien entendu, au reste, que cette nullité porte, non point sur l'enquête entière, mais seulement sur les dépositions qui ont eu lieu après le délai expiré : *utile per inutile non vitiatur* (art. 294).

Art. 294. L'enquête qui n'est point terminée dans le délai de la loi est-elle nulle pour le tout ?

SECTION V. — DE LA PROCÉDURE DE L'ENQUÊTE.

14e *répétition.*

I. Division de la matière. — Les témoins sont assignés à comparaître devant le juge-commissaire, aux jour et heure par lui indiqués.

S'ils ne se présentent point, le juge-commissaire recourt contre eux aux moyens de contrainte que la loi a mis à sa disposition.

La partie contre laquelle se fait l'enquête doit y être également appelée.

Aux jour et heure indiqués, le juge-commissaire interroge les témoins et dresse procès-verbal de leurs dépositions.

Tels sont les différents points dont nous avons à nous occuper.

II. Assignation aux témoins.—Le juge-commissaire doit refuser d'entendre les témoins qui se présentent de leur propre mouvement, c'est-à-dire sans avoir été appelés : la loi les suspecte de partialité en faveur de la partie qui les amène. Ainsi sont entendus ceux-là seulement qui ont été valablement assignés.

Art. 260. Le juge-commissaire peut-il entendre des témoins qui se présentent sans avoir été assignés ?

La partie qui veut faire procéder à l'enquête requiert du juge-commissaire une ordonnance portant permission d'assigner les témoins aux jour et heure qu'il indique (V. la formule 75) ; après quoi elle procède à leur assignation.

Que doit faire la partie avant de les assigner ?

1° *Comment les témoins sont assignés.* — Ils le sont à personne ou à domicile par un exploit d'huissier soumis aux formes ordinaires des ajournements.

Comment sont-ils assignés ?

2° *Des actes dont il doit leur être donné copie.*— Il leur est donné, avec l'exploit d'assignation, copie, non point du jugement qui a ordonné l'enquête, mais de la partie de ce jugement où sont énoncés les faits à prouver, c'est-à-dire de son dispositif (V. p. 221 et 222). Ainsi prévenus des faits sur lesquels ils devront être interrogés, il leur sera possible de se recueillir et de fixer leurs souvenirs avant de déposer.

Quels sont les actes dont il doit leur être donné copie ? Quelle est l'utilité de cette signification ?

Il leur est en outre donné copie *de l'ordonnance du juge-commissaire.* C'est là qu'ils trouveront l'indication des jour et heure auxquels ils devront se présenter (V. la formule 76).

3° *Du délai qui leur est accordé pour comparaître.* — Lorsqu'ils sont domiciliés dans l'étendue de trois myriamètres du lieu où se fait l'enquête, ils doivent être assignés au moins *un jour franc* avant leur audition. Si donc ils doivent être entendus le *cinq,* ils devront être assignés le *trois.* S'ils sont domiciliés à une plus grande distance, il est ajouté un jour par trois myriamètres.

Quel délai leur accorde-t-on pour comparaître?

Art. 261.

La partie défenderesse à l'enquête ne doit-elle pas être mise en demeure d'y assister si elle le juge convenable ?

III. Assignation a la partie. — 1° *Comment elle est assignée.* — Elle doit l'être au domicile de son avoué. L'assignation qui lui serait donnée à son propre domicile ou parlant à sa personne serait nulle ; la loi veut qu'elle soit assignée au domicile de son avoué, afin qu'il la prévienne de l'intérêt qu'elle a à suivre l'enquête et de la rapidité avec laquelle elle se fait.

Où doit-elle être assignée ?

Peut-elle l'être à son propre domicile?

Pourquoi non ?

Quid, si elle n'a point d'avoué ?

— Lorsqu'elle n'a point d'avoué, elle est assignée, conformément au droit commun, à personne ou à domicile.

Dans l'un et l'autre cas, et bien que la loi ne le dise pas expressément, cette assignation doit lui être donnée, non point par acte d'avoué à avoué, mais par un exploit revêtu des formes ordinaires. C'est ce qui résulte de la relation de l'article 261 avec l'article 260.

Quelle notification lui fait-on ?

2° *Notification qui doit lui être faite dans l'exploit d'assignation.* — Nous avons vu qu'on devait donner aux témoins copie du dispositif du jugement qui a ordonné l'enquête et de l'ordonnance du juge-commissaire (V. p. 230). La partie assignée ne recoit ni l'une ni l'autre de ces notifications : aucune disposition de la loi ne prescrit de les lui donner. Cependant il importe qu'elle sache les jour et heure de l'enquête : ils doivent donc lui être indiqués par l'assignation même qui lui est donnée. Quant aux faits sur lesquels seront entendus les témoins, elle est réputée les connaître.

Comment cette notification lui est-elle faite ?

Dans quel but la lui fait-on ?

Mais si elle ne reçoit point les notifications dont il vient d'être parlé, il en est une qui lui est faite et que ne reçoivent point les témoins : la loi exige, en effet, qu'on lui notifie les noms, professions et demeures des témoins à produire contre elle (V. la formule 77). Cette notification peut lui être faite soit par l'assignation même qui lui est donnée, soit par un acte séparé. Quant à son motif, on le devine sans peine. Elle a pour objet de mettre la partie qui la reçoit à même de s'enquérir des causes de reproches dont elle pourra se prévaloir contre les témoins qui seront produits contre elle.

Quel délai lui accorde-t-on pour comparaître ?

Pourquoi un délai plus long qu'aux témoins ?

3° *Du délai qui lui est accordé pour comparaître.* — L'assignation à comparaître et la liste des témoins à produire doivent lui être notifiés trois jours au moins avant l'audition des témoins : trois jours *francs*, avec un jour d'augmentation par trois myriamètres de distance entre son domicile et le lieu où doit se faire l'enquête (art. 1033).

Ainsi, la partie a *trois* jours pour comparaître, et un *seul* jour est accordé aux témoins dans le même but. Cette différence a sa raison d'être. Les témoins n'ont qu'à rappeler leurs souvenirs sur les faits qui doivent faire l'objet de l'enquête : un jour suffit amplement à cet effet. La partie, au contraire, a quelque chose de plus à faire ; elle a à rechercher si, parmi les témoins qui seront produits contre elle, il en est qui sont en état d'être reprochés : il faut donc qu'elle s'informe, et les renseignements qu'il lui importe d'avoir ne se prennent point en un jour.

Art. 263 à 266.

Comment contraint-on les témoins à comparaître lorsqu'ils ne

IV. Comment on contraint les témoins a comparaitre lorsqu'ils ne se présentent point aux jour et heure indiqués. — La partie et les témoins ont été, nous le supposons, régulièrement assignés à comparaître. Si la partie ne se présente point, on procède sans elle. Tout ce que la loi exige, c'est qu'elle soit appelée, sauf à elle à comparaître si elle le juge à propos. Il n'en est point de même des témoins. La vérité est une dette que chaque individu doit à la société et qu'il ne peut se refuser d'acquitter. De là, pour tout témoin régulièrement assigné, l'obligation de comparaître (sauf les exceptions dont il sera parlé ci-après). se présentent point aux jour et heure indiqués?

S'il ne comparaît point aux jour et heure indiqués ou, ce qui revient au même, si, comparaissant, il refuse de prêter serment et de répondre, on le contraint à l'accomplissement de son devoir par une triple condamnation : *Quid*, si la partie ne se présente point?

1° *Il est* condamné à une somme qui ne peut être moindre de 10 fr., au profit de la partie, à titre de dommages et intérêts. Quelles condamnations les témoins défaillants encourent-ils ?

2° *Il peut*, de plus, être condamné à une amende dont le maximum est de 100 francs.

Remarquez que, tandis que la condamnation aux dommages et intérêts envers la partie est *impérative* et par conséquent obligatoire pour le juge, la condamnation à l'amende est *facultative*. Quelle différence y a-t-il entre la condamnation aux dommages et intérêts et l'amende ?

3° Il est ordonné qu'il sera réassigné *à ses frais* (V. la formule 78).

Ces condamnations sont prononcées par le juge-commissaire. Son ordonnance est susceptible d'*opposition* ou d'*appel*, mais elle est exécutoire *par provision*, et cela sans caution. Qui prononce ces condamnations ?

Le témoin réassigné persiste-il dans sa résistance, la loi redouble alors de sévérité contre lui. Si, porte l'article 264, le témoin réassigné est encore défaillant, *il sera* condamné, *et par corps*, à une amende de 100 *francs*. *Quid*, si le témoin réassigné persiste dans sa résistance ?

Il sera... La condamnation à l'amende n'est donc plus *facultative* comme dans la première hypothèse.

Et *par corps*... Dans le premier cas, au contraire, la contrainte par corps n'a point lieu.

Le même article ajoute : que le juge-commissaire pourra même décerner contre lui *un mandat d'amener*.

On s'est demandé si c'est également au juge-commissaire qu'appartient le droit de prononcer la *contrainte par corps* pour le payement de l'amende. L'affirmative est généralement admise. Du moment, dit-on, que le juge-commissaire représente le tribunal à l'effet de condamner à l'amende, il ne se peut pas qu'il n'ait point le même mandat et le même pouvoir, quant à la contrainte par corps, cette seconde condamnation n'étant qu'un *accessoire* de la première (Voyez cependant ce que nous avons dit p. 111, 3°; p. 183 et 194). Est-ce au juge-commissaire qu'appartient le droit de prononcer la contrainte par corps ?

Le témoin réassigné, qui se présente aux jour et heure qui lui ont été indiqués, est admis à expliquer et justifier son défaut de non-comparution sur la première assignation. Si les motifs qu'il expose sont satisfaisants et paraissent plausibles, le juge-commissaire le décharge, après sa déposition, de *l'amende* et *des frais de réassignation*. La loi ne dit point expressément qu'il devra également obtenir la remise des *dommages et intérêts* auxquels il a été condamné envers la partie ; Le témoin réassigné qui se présente aux jour et heure indiqués peut-il obtenir la remise des condamnations qui ont été prononcées contre lui ?

Peut-il être relevé de la condamnation aux dommages et intérêts ?

mais il est évident que le silence qu'elle garde sur ce point ne peut être attribué qu'à une omission qui doit être réparée par le juge.

Le témoin qui a de justes motifs de ne point comparaître, peut-il éviter toute condamnation ?

Que faut-il qu'il fasse à cet effet ?

— Le témoin qui a de justes motifs de ne point comparaître peut même éviter toute condamnation en les faisant connaître, en temps utile, au juge-commissaire. C'est ce que décide l'article 266. Si, y est-il dit, le témoin assigné à comparaître justifie qu'il est dans l'impossibilité de se présenter aux jour et heure indiqués, le juge-commissaire lui accordera un délai, lequel ne pourra excéder celui qui est fixé pour l'enquête, ou se transportera à son domicile pour y recevoir sa déposition.

Quid, s'il est très-éloigné du lieu où se fait l'enquête ?

Si le témoin est éloigné, le juge-commissaire renverra devant le président du tribunal du lieu, qui entendra le témoin ou commettra un juge. Le greffier de ce tribunal fera parvenir de suite la minute du procès-verbal au greffe du tribunal où le procès est pendant, sauf à lui à prendre exécutoire pour les frais contre la partie à la requête de qui le témoin aura été entendu.

Tout témoin assigné est-il tenu de se présenter et de révéler ce qu'il sait sur les faits relatifs au procès ?

— Nous avons dit que tout témoin régulièrement assigné est tenu de se présenter et de révéler à la justice les faits dont il a connaissance; mais nous avons ajouté que cette règle n'est point absolue. Les exceptions qu'elle subit sont relatives aux personnes qui, *par état*, sont tenues au secret. Tels sont les confesseurs, les avocats, les avoués, les médecins, chirurgiens, pharmaciens et les sages-femmes (V. à ce sujet l'art. 378 du C. pén.). Mais remarquez que cette prérogative du silence n'a trait qu'aux faits qui ne sont venus à la connaissance de ces personnes qu'à l'occasion de leurs fonctions.

Art. 262.

Que doit faire le juge-commissaire avant d'interroger le témoin ?

V. De l'audition des témoins et du procès-verbal qui doit être dressé de leurs dépositions. — 1° *Formalités qui précèdent la déposition.* — Avant d'interroger le témoin, le juge-commissaire a trois formalités à remplir. Il doit, en effet, d'une part, se faire représenter copie de l'assignation qui a été donnée au témoin qui va déposer; car ceux-là seulement peuvent être entendus qui ont été régulièrement assignés (V. p. 233); d'autre part, lui demander ses noms, profession, âge et demeure, s'il est parent ou allié de l'une des parties, à quel degré, s'il est serviteur ou domestique de l'une d'elles, afin que l'on sache bien quel est le témoin qui va déposer. Sa réponse permet d'ailleurs à la partie contre laquelle il est produit de le reprocher, s'il y a lieu.

Il doit enfin lui faire prêter serment *de dire vérité*. — Les témoins appelés à déposer devant un tribunal de police correctionnelle jurent de dire *toute la vérité, rien que la vérité* (art. 75 C. inst. crim.). Devant les cours d'assises ils s'engagent, de plus, à parler *sans crainte* et *sans haine* (art. 317 C. inst. crim.).

Comment les témoins déposent-ils ?

Pourquoi séparément ?

2° *Comment déposent les témoins.* — Ils déposent *séparément*, en présence des parties, si elles ont jugé à propos d'assister à l'enquête, sinon en leur absence (v. p. 235) : *séparément*, afin d'éviter, d'une part, les colloques entre les témoins, et, d'autre part, cet esprit d'imitation qui souvent peut-être les eût portés à se copier les uns les autres.

Il ne leur est point permis de déposer *par écrit :* la loi se défie des témoignages préparés à l'avance. Un témoin n'a besoin ni d'*art* ni de préparation pour déposer ; sa mémoire et sa conscience lui suffisent. Art. 271. Peuvent-ils déposer par écrit ? Pourquoi non ?

Toutefois, s'il est muet, il peut, non point sans doute apporter une déposition écrite, mais répondre par écrit aux questions que lui adresse le juge-commissaire. *Quid*, si le témoin est muet ?

S'il ne sait pas écrire, le juge-commissaire nomme un interprète instruit du langage des sourds-muets, lequel prête serment et transmet au juge les déclarations du témoin. On procède de même à l'égard des témoins qui ne savent parler qu'en langue étrangère. *Quid*, s'il ne connaît point la langue française ?

Ainsi, et sauf le tempérament dont il vient d'être parlé, toute déposition est orale ou verbale. Mais remarquez qu'il n'est point permis au juge-commissaire de procéder par questions de détail, c'est-à-dire de mettre le témoin en position de répondre par oui et par non aux interrogations successives qui lui seraient adressées. Il se borne donc à lui demander *ce qu'il sait de relatif aux faits qui font l'objet de l'enquête.* Le témoin raconte, comme il peut, ce qu'il sait. Si son récit paraît obscur ou incomplet, le juge-commissaire peut alors, *mais alors seulement*, lui faire les interpellations qu'il croit convenables pour éclaircir sa déposition. Quant aux parties, on a dû éviter les altercations qu'auraient entraînées des rapports trop immédiats entre elles et le témoin : la loi ne leur permet donc ni d'interrompre sa déposition, quand il la fait, ni même, après qu'elle est achevée, de lui faire aucune interpellation directe. Elles doivent, lorsqu'elles jugent à propos de lui faire des observations et interpellations, emprunter l'organe du juge-commissaire. Si elles s'adressent directement au témoin, elles peuvent être condamnées à 10 francs d'amende et même à une plus forte amende ou à l'exclusion en cas de récidive. Ces condamnations sont exécutoires nonobstant appel. Art. 273 et 276. Quelle question le juge-commissaire pose-t-il au témoin ? Peut-il l'interroger par questions de détails ? *Quid*, si le récit du témoin est obscur ou incomplet ? Les parties peuvent-elles interrompre le témoin et lui adresser des interpellations directes ? Que doivent-elles faire quand elles jugent à propos de lui adresser des observations ou interpellations ?

3° *Rédaction de la déposition.* — A mesure que le témoin dépose, le greffier transcrit au procès-verbal sa déposition, sous la dictée du juge-commissaire. Art. 269, 272, 274 et 275. Que doivent faire le juge-commissaire et le greffier à mesure que le témoin dépose ?

Il n'est point exigé que la dictée du juge-commissaire reproduise mot pour mot la déposition du témoin, et, par exemple, les expressions oiseuses ou incorrectes qui ont pu lui échapper. Mais le juge-commissaire doit s'attacher à rapporter, jusque dans les moindres détails, fidèlement et avec clarté, tout ce qui a été déclaré par le témoin. La déposition doit-elle être reproduite mot pour mot ?

Cette rédaction achevée, le juge-commissaire en fait donner lecture au témoin et lui demande s'il y persiste. N'en doit-on pas donner lecture au témoin ? Est-il tenu d'y persister ?

Si, après sa déposition achevée, des interpellations lui ont été faites par le juge-commissaire, soit d'office, soit sur la demande de l'une ou de l'autre des parties, ses réponses sont écrites, comme il vient d'être dit, sur le procès-verbal, et il lui en est donné lecture. Que si, sur ces lectures, il estime que sa déposition ou ses réponses aux interpellations qui lui ont été adressées n'ont pas été exactement rendues ou qu'elles lui paraissent incomplètes, il lui est permis d'y faire tels changements et additions que bon lui semble. Ces changements et addi- Où doit-il être fait mention des interpellations qui lui ont été faites et des réponses ?

tions sont écrits à la suite ou à la marge de sa déposition, et il lui en est donné lecture, ainsi que de sa déposition.

Par qui doivent être signés la déposition du témoin, ses réponses aux interpellations, les changements et additions qu'il a faits à sa déposition?

— Sa déposition, ses réponses aux interpellations qui lui ont été adressées, les changements et additions qu'il a faits à sa déposition, doivent être signés de lui après qu'il lui ont été lus, ou mention sera faite s'il ne veut ou ne peut signer. Ils doivent également être signés du juge et du greffier.

Art. 277.

Qu'est-ce que la taxe?

Ne doit-on pas prévenir le témoin qu'il a le droit de la requérir?

Quid, s'il la requiert?

4° *De la taxe.* — Lorsqu'après la lecture de sa déposition au témoin il lui a été demandé s'il y persiste, le juge-commissaire l'avertit qu'il a droit à la taxe et lui demande s'il la requiert. S'il la requiert, elle est faite sur la copie de son assignation, laquelle vaut exécutoire. — La taxe est l'indemnité pécuniaire que reçoit le témoin pour la perte de temps que l'enquête lui a fait éprouver.

5° *Ce que doit faire le juge-commissaire, lorsqu'il ne lui est point possible d'entendre tous les témoins le même jour.* — Il remet alors à jour et heure certains l'audition des témoins qui n'ont pas été entendus et leur fait, ainsi qu'aux parties, si elles sont présentes, lecture de cette remise. Aussi ne leur est-il point donné nouvelle assignation à comparaître.

Art. 275.

Que doit contenir le procès-verbal d'enquête?

Quelle est l'utilité de ces diverses mentions?

6° *Du procès-verbal d'enquête.* — Il ne suffit point que les formalités prescrites pour la validité de l'enquête aient été accomplies; la loi veut en outre qu'elles soient, à peine de nullité, *mentionnées* dans le procès-verbal. La nécessité de cette mention prévient les omissions. Le juge-commissaire qui mentionnerait comme accomplie une formalité qui ne l'aurait pas été encourrait, en effet, les peines du faux. Dès lors on comprend combien il est personnellement intéressé à remplir fidèlement et avec une parfaite exactitude chacune des formalités prescrites.

Comment doivent-elles être faites?

Le procès-verbal qu'il est tenu de dresser doit, à peine de nullité, contenir la date des jour et heure, ainsi que les remises à autres jour et heure certains, la représentation des assignations et enfin la mention de l'observation des formalités prescrites par les articles 261, 262, 269, 270, 271, 272, 273 et 274. Chaque mention doit préciser la nature et l'objet de ces divers articles. Il est bon, en outre, qu'elle soit faite au fur et à mesure de l'accomplissement de chacune des formalités et pour chaque déposition. Ainsi serait insuffisante la formule générale : L'enquête a été confectionnée conformément aux articles 261, 262, etc. (1). A plus forte raison en serait-il de même de la mention que l'*enquête* a été rédigée et suivie conformément au Code de procédure.

Par qui le procès-verbal doit-il être signé?

— Les procès-verbaux d'enquête doivent être signés, à la fin, par le juge, le greffier et les parties, si elles le veulent ou le peuvent. En cas de refus, il en est fait mention.

(1) M. Bonnier, p. 245.

SECTION VI. — PROCÉDURE POSTÉRIEURE A L'ENQUÊTE. — NULLITÉS.

Lorsque les délais d'enquête sont expirés, ou même avant, si l'enquête ou la contre-enquête sont déjà terminées, la partie la plus diligente fait signifier à avoué copie des *procès-verbaux* d'enquête et poursuit l'audience sur un simple acte (V. la formule 79). Art. 286.

Comment les choses se passent-elles après que l'enquête est terminée ?

Des procès-verbaux... La partie qui veut faire usage d'une enquête doit donc signifier tout à la fois l'enquête faite à sa requête et celle qui a été faite par son adversaire. Ces deux enquêtes forment, en effet, un tout indivisible, dont il n'est point permis de prendre une partie et de négliger l'autre. — Celle des parties qui signifie le procès-verbal de l'enquête de son adversaire ne faisant, en agissant ainsi, que se conformer à une prescription que lui impose la loi, il va de soi qu'elle peut, nonobstant cette signification, se prévaloir des nullités que cette enquête renferme. L'accomplissement d'un devoir ne peut pas avoir pour effet de la priver d'un droit aussi précieux (1).

— Le tribunal, une fois saisi, examine si l'enquête est valable. Si elle est valable, il juge les reproches et statue sur le fond, comme il a été dit ci-dessus (V. p. 227).

— L'enquête peut être jugée nulle pour *le tout*, ou *en partie* seulement. Est-elle entachée d'un vice qui, touchant à *sa substance même*, l'affecte non point dans l'une ou l'autre de ses parties, mais dans son ensemble, elle est *entièrement nulle*. Telle serait, par exemple, l'absence des signatures du juge-commissaire et du greffier sur le procès-verbal. L'irrégularité commise n'a-t-elle trait qu'à la déposition d'un ou de plusieurs témoins, ces dépositions sont nulles, mais l'enquête reste valable pour le surplus. Art. 292 à 294.

L'enquête peut-elle n'être nulle qu'en partie ?

Quand l'est-elle pour le tout ?

Supposons l'enquête déclarée nulle : pourra-t-elle être recommencée ? La loi distingue si sa nullité provient de la faute du juge-commissaire, ou soit de l'avoué, soit de l'huissier de la partie. Dans le premier cas elle peut être recommencée ; elle ne peut pas l'être dans le second.

L'enquête qui a été déclarée nulle peut-elle être recommencée ?

Quelle distinction la loi fait-elle à cet égard ?

Deux motifs justifient, dit-on, cette différence.

Quel est le fondement de cette distinction ?

1° Quand l'enquête est nulle par la faute du juge-commissaire, la partie ne doit point souffrir de l'erreur qu'il a commise, *puisqu'elle ne l'a pas choisi* et qu'il ne lui a pas même été possible de s'opposer à sa désignation. Aucune faute ne lui est imputable. — L'avoué qu'elle a constitué, l'huissier dont elle s'est servie est, au contraire, l'homme de son choix ; il la représente. La faute qu'il a commise devient ainsi la sienne.

2° La loi veut que l'enquête soit menée rapidement, afin que les parties n'aient pas le temps de séduire les témoins qu'elles produisent. Le juge-commissaire n'étant point l'homme des parties, il n'y a pas lieu de craindre qu'il s'entende avec elles, à l'effet de glisser dans l'enquête une nullité qui, leur donnant le droit de la recommencer, allon-

(1) M. Bonnier.

gerait indirectement les délais. Ce concert frauduleux a, au contraire, été pris en considération au regard de l'avoué ou de l'huissier.

Ce second motif a été critiqué et avec raison. Comment, a-t-on dit, une partie pourrait-elle indirectement obtenir une prolongation des délais en s'entendant avec son avoué ou avec son huissier ? Cela supposerait qu'elle peut demander la nullité de sa propre enquête : or, il est admis qu'elle n'y est point recevable (1) !

L'enquête déclarée nulle par la faute du juge - commissaire doit - elle toujours être recommencée ?

— L'enquête, déclarée nulle par la faute du juge-commissaire, « *sera recommencée.* » Tels sont les termes de la loi (art. 292). Mais bien qu'ils soient impératifs, il est généralement reçu que le tribunal peut immédiatement statuer sur le fond, sans ordonner une nouvelle enquête, si, depuis le jugement qui a ordonné l'enquête aujourd'hui annulée, de nouvelles pièces et de nouveaux documents ayant été produits, il se trouve suffisamment édifié sur la contestation.

Aux frais de qui est-elle recommencée ?

— Lorsque le tribunal déclare qu'elle sera recommencée, la nouvelle enquête se fait aux frais du juge-commissaire.

De quel jour courent les délais pour la commencer ?

Les délais pour la commencer courent du jour de la signification du jugement qui l'a ordonnée.

Quid, si parmi les témoins entendus dans la première enquête, quelques-uns ne peuvent point se présenter de nouveau ?

La partie peut faire entendre *les mêmes témoins ;* si quelques-uns d'entre eux ne peuvent être entendus, le tribunal aura tel égard que de raison aux dépositions par eux faites dans la première enquête.

Peut-on faire entendre de nouveaux témoins ?

Les mêmes témoins pourront être entendus, dit la loi ; mais la partie en peut-elle faire entendre de nouveaux, sauf à supporter l'excédant de frais qu'occasionneront leurs dépositions ? Pour la négative, on fait remarquer que la loi permet, non point de faire une *enquête nouvelle*, mais, ce qui est bien différent, de *recommencer l'enquête annulée.* Que la partie, ajoute-t-on, ne souffre point de la faute du juge-commissaire, c'est justice ; mais à quel titre prétendrait-elle en bénéficier ? — Dans le système contraire, on répond que l'annulation de l'enquête a pour effet de remettre les parties dans l'état où elles étaient auparavant, et qu'ainsi elles ont le droit de faire entendre tous les témoins qu'elles auraient pu produire dès le principe. On ajoute que sous l'empire de l'ordonnance de 1667, la question de savoir si la partie pourrait faire entendre *les mêmes témoins* ayant été soulevée, l'affirmative prévalut : la faculté de produire de nouveaux témoins n'était donc autrefois contestée par personne, puisque, de la part de ceux qui refusaient d'entendre *les mêmes témoins*, la question posée impliquait forcément le droit d'en produire de nouveaux. Or, l'article 292 n'a fait que reproduire les termes de l'ancienne ordonnance (2).

A la charge de qui sont les frais de l'enquête annulée par la faute de l'huissier ou de l'avoué ?

— Lorsque l'enquête est annulée par la faute de l'avoué ou de l'huissier, la partie peut en répéter les frais contre eux. Elle peut même réclamer des dommages et intérêts, en cas de manifeste négligence, ce qui est laissé à l'arbitrage des juges ; mais il ne lui est point permis de recommencer l'enquête. Toutefois on s'est demandé si le tri-

Le tribunal peut-il, en ce cas, ordonner d'office une nouvelle enquête ?

(1) MM. Rodière, t. II, p. 156 ; Bonnier, p. 257.

(2) V. en ce sens M. Bonnier, p. 256.

bunal ne peut point, conformément à l'article 254, qui lui donne le droit d'ordonner d'office la preuve des faits contestés, ordonner une nouvelle enquête. La négative a prévalu en pratique. Si, a-t-on dit, le tribunal pouvait, dans l'espèce, ordonner d'office une enquête nouvelle, il le *devrait toujours*, car en ordonnant la première il a reconnu la nécessité de vérifier les faits articulés ; dès lors, l'article 293, aux termes duquel l'enquête annulée par la faute de l'avoué ou de l'huissier ne doit pas être recommencée, ne serait plus qu'une disposition vaine et sans objet.

TITRE XIII.

DES DESCENTES SUR LES LIEUX.

I. CE QUE C'EST QU'UNE DESCENTE SUR LES LIEUX. — SON BUT, SON UTILITÉ. — On appelle ainsi l'action d'un juge qui, se transportant sur des lieux contentieux, les étudie au point de vue du litige dont ils sont l'objet et constate, en un procès-verbal, le résultat de son examen.

Qu'entend-on par une descente sur les lieux ? Quel est l'objet de cette mesure ?

Le transport d'un juge sur les lieux a donc pour objet spécial de procurer au tribunal des notions que ne pourraient lui donner ni les plaidoiries des parties, ni une enquête, ni même un rapport d'experts, notions qu'on n'obtient, en un mot, que par l'inspection et l'étude attentive des lieux engagés au débat. C'est ainsi, par exemple, qu'en matière de servitudes, il n'est guère possible de se procurer les éléments d'une bonne décision que par l'examen même des immeubles sur lesquels et au profit desquels on les dit établies.

— L'inspection des lieux se combine quelquefois avec l'enquête. Ainsi, lorsque le tribunal estime que les témoins ne pourront être bien compris qu'autant qu'ils seront interrogés en présence des lieux contentieux, il peut ordonner que l'enquête se fera sur les lieux mêmes.

Peut-elle être employée concurremment avec d'autres modes de preuve ?

Elle peut également, ainsi que nous allons le voir tout à l'heure, se combiner avec l'expertise.

II. DANS QUELS CAS ELLE PEUT ÊTRE ORDONNÉE. — Le tribunal peut l'ordonner soit d'office, soit sur la demande de l'une des parties : telle est la règle. Mais, par exception, aucune initiative ne lui est laissée dans les affaires *où la loi prescrit spécialement un rapport d'experts* (V. les art. 824, 1678 et 1716 C. N.). En pareil cas, la descente sur les lieux ne peut être ordonnée que sur la réquisition de l'une des parties. Elle a alors principalement pour objet de mettre les experts sous la protection du juge-commissaire, dont la présence prévient ou arrête les obstacles que l'autre partie pourrait apporter à l'expertise.

Art. 295.

Dans quels cas peut-elle être ordonnée ? Le tribunal peut-il l'ordonner d'office ? Quel est son objet quand elle se combine avec l'expertise?

III. A QUI ELLE DOIT ÊTRE CONFIÉE. — Elle doit l'être *à l'un des juges qui ont pris part au jugement qui l'a ordonnée.* La loi présume qu'instruit de l'affaire et des points de fait et de droit qui s'y trouvent engagés, ce juge comprendra mieux que tout autre les renseignements qu'il

Art. 296.

A quel juge doit-elle être confiée ? Quel est le fondement de cette règle ?

Est-elle absolue? importe de se procurer. — Toutefois on admet généralement que le tribunal peut, dans un intérêt d'économie, la confier au juge de paix du canton où se trouvent les lieux à visiter, ou même, lorsqu'ils sont situés en dehors de son ressort, au tribunal de leur situation, conformément à l'article 1035.

Que doit contenir le jugement qui ordonne une inspection de lieux?

Doit-il préciser les faits à vérifier?

IV. CE QUE DOIT CONTENIR LE JUGEMENT QUI L'ORDONNE. — Il contient la désignation de celui des juges auquel elle est confiée et des lieux à visiter. Mais doit-il aussi indiquer et préciser *les faits à vérifier?* La loi ne l'exige pas. Elle s'en rapporte donc, à cet égard, à la sagesse du tribunal. Craint-il, par exemple, que les parties, s'il les instruit à l'avance de l'objet spécial de l'examen à faire, n'altèrent, avant la visite, l'état des lieux, il peut se borner à ordonner la descente, sans en préciser l'objet.

Le tribunal a-t-il toujours le choix entre ces deux partis?

Mais, bien entendu, ce secret n'est point praticable lorsque la descente est confiée à un juge pris en dehors de ceux qui ont suivi l'affaire qu'elle intéresse (V. ci-dessus). Dans cette hypothèse, le jugement qui l'ordonne devra préciser les faits à vérifier, afin d'indiquer au juge désigné l'objet de sa mission (1).

Art. 297.

Le juge auquel l'inspection des lieux a été confiée peut-il y procéder d'office?

Quelle partie a le droit de le requérir d'y procéder?

Comment les choses se passent-elles, une fois cette réquisition faite?

V. COMMENT ON Y PROCÈDE. — Le juge auquel elle a été confiée ne peut point y procéder d'office ; il ne le peut que sur la réquisition qui lui en est faite par la partie la plus diligente (V. la formule 80). Sur cette réquisition, il rend une ordonnance par laquelle il fixe les lieu, jour et heure de la descente (V. la formule 81). Cette ordonnance est signifiée par acte d'avoué à avoué, et vaut sommation. Les parties sont ainsi, l'une et l'autre, en demeure de se présenter aux jour et heure indiqués.

La signification de cette ordonnance suffit-elle? Ne faut-il pas aussi signifier le jugement qui a ordonné la descente? La loi ne le dit point, mais la disposition générale de l'article 297 supplée à son silence. Tout jugement, même préparatoire, doit en principe être signifié avant d'être mis à exécution (2).

Art. 301.

Pourquoi la loi exige-t-elle que les frais qu'occasionnera le déplacement du juge soient consignés au préalable?

Par qui doivent-ils l'être?

Quid, si l'une et l'autre partie restent dans l'inaction?

Ce n'est pas tout: comme il serait peu convenable qu'un juge fût obligé d'actionner un plaideur à l'effet d'obtenir de lui le remboursement de ses dépenses, la loi veut que les frais que lui occasionnera son déplacement soient au préalable consignés au greffe « *par la partie requérante* ».

La partie requérante est évidemment celle qui requiert du juge sa descente sur les lieux. Cette réquisition, nous l'avons dit déjà, peut être faite par la partie *la plus diligente*. Mais, supposons que ni l'une ni l'autre partie ne la fassent: une distinction est alors nécessaire. La descente a-t-elle été ordonnée d'office, les choses restent en état aussi longtemps que les parties restent dans l'inaction. A-t-elle été ordonnée sur la réquisition de l'une des parties, l'autre partie peut de-

(1) M. Bonnier, p. 260.

(2) M. Rodière, t. II, p. 179. — En sens contraire, M. Bonnier, p. 261, note.

mander que ses conclusions lui soient purement et simplement adjugées; car, en refusant d'aller en avant, son adversaire reconnaît implicitement le mal fondé de ses prétentions (1).

Le juge procède-t-il seul à l'examen des lieux?

— Le juge désigné pour la descente doit être accompagné du greffier (art. 1040). Il peut aussi, s'il le juge à propos, exiger l'assistance d'un huissier audiencier.

Art. 300.

La présence du ministère public est-elle nécessaire ?

— La présence du ministère public n'est nécessaire que dans les cas où il agit comme *partie principale* (V. à ce sujet l'art. 114 C. N.).

Art. 298.

Est-il dressé procès-verbal de la visite des lieux?

Que doit contenir ce procès-verbal ?

— Un procès-verbal de la visite doit être dressé sur les lieux mêmes. Le juge-commissaire doit y relater tout ce qui peut être de nature à éclairer le tribunal, les opérations auxquelles il s'est livré, les dires et observations des parties ou de leurs avoués, et enfin les jours employés au transport, séjour et retour (V. la formule 82).

Art. 299.

Comment et dans quel délai se poursuit l'audience après la visite terminée ?

— La partie la plus diligente signifie ce procès-verbal aux avoués des autres parties (V. la formule 83); trois jours après, elle peut poursuivre l'audience. Ce délai est accordé aux parties pour leur donner le temps de se mettre en mesure de combattre ce qu'il peut y avoir de défavorable contre elles dans ce rapport.

Les juges peuvent-ils visiter à l'amiable, et sans rendre à cet effet un jugement préalable, les lieux en litige?

Les parties ne doivent-elles point alors être averties?

VI. Observation. — Nous avons dit que la descente sur les lieux ne peut être pratiquée qu'en vertu d'un jugement, par l'un des membres du tribunal qui l'a ordonnée, et qu'il en doit être dressé procès-verbal; mais nous devons ajouter que dans l'usage, il arrive souvent, lorsque les lieux sont peu éloignés de la ville où le tribunal siége, que les juges les visitent à l'amiable, c'est-à-dire sans ordonner la descente, sans procès-verbal et sans frais pour les parties. Toutefois, comme elles ont le droit de concourir à toute instruction qui les intéresse, le tribunal doit les avertir du jour et de l'heure auxquels la visite aura lieu, afin qu'elles puissent y assister et faire leurs observations; autrement il ne lui serait point permis de prendre pour base de sa décision l'inspection personnelle qu'il aurait faite de l'état des lieux.

TITRE XIV.

DES RAPPORTS D'EXPERTS.

1. Ce que c'est que l'expertise. — Dans quels cas il y a lieu de l'ordonner. — On appelle :

Qu'est-ce qu'un *expert ?*

Experts, les personnes désignées par un tribunal pour l'éclairer sur des faits qu'il ne peut apprécier par lui-même, parce qu'ils exigent des notions et connaissances spéciales qu'il n'a point;

Une expertise?

Expertise, l'opération par laquelle les experts procèdent à l'examen des faits soumis à leur appréciation;

Un rapport d'experts ?

Rapport d'experts, l'exposé par écrit de cette opération, c'est-à-dire des travaux, recherches et calculs auxquels ils se sont livrés, avec l'indication des appréciations qu'ils en ont déduites.

(1) V. MM. Rodière, t. II, p. 180; Bioche, t. II, p. 120.

Art. 302.

L'expertise est-elle *facultative* ou *forcée?* Dans quels cas les juges doivent-ils l'ordonner ?

— L'expertise est *facultative* : tel est le droit commun. Elle n'est *forcée* que par exception.

L'expertise est *forcée* dans les cas où la loi la prescrit par une disposition spéciale et impérative. C'est ainsi, par exemple, que dans les partages faits en justice, l'estimation des immeubles et les bases du partage doivent être fixées par des experts (art. 824 C. N.). C'est par la même voie que doit se faire la preuve de la lésion, lorsqu'un vendeur, se prétendant lésé de plus des sept douzièmes, demande, pour cette cause, la rescision de la vente (art. 1678 C. N.). Dans ces diverses hypothèses, l'expertise est obligatoire pour le tribunal, il ne peut point se dispenser de l'ordonner.

L'expertise facultative peut-elle être ordonnée d'office ?

A part ces exceptions, l'expertise est facultative. Le tribunal, alors même que les parties ne la requièrent point, peut l'ordonner toutes les fois qu'il la juge nécessaire. Elle peut aussi être requise par les parties.

Ainsi elle est ordonnée tantôt d'office par le tribunal, tantôt sur la demande de l'une ou de l'autre des parties.

Les juges sont-ils obligés de l'ordonner lorsqu'elle est requise par l'une des parties?

Mais lorsque l'une des parties la requiert, le tribunal est-il *obligé* de l'ordonner ? Nous ne le pensons pas. Il est, en effet, de principe qu'en général la question de savoir si telle voie d'instruction est ou n'est pas nécessaire, est abandonnée au pouvoir discrétionnaire des juges.

Ainsi, quoique requise, ils pourront l'écarter : 1° s'ils trouvent dans la cause des éléments d'instruction suffisants; 2° lorsque, ayant des connaissances scientifiques et artistiques suffisantes pour apprécier par eux-mêmes les faits qui leur sont soumis, ils jugent à propos de se diriger d'après leurs propres lumières. C'est ainsi qu'il a été admis qu'un tribunal de commerce peut se faire représenter des marchandises pour décider par lui-même si elles sont ou non recevables (1).

Art. 303 à 306.

Que doit contenir le jugement qui ordonne une expertise ?

II. DU JUGEMENT QUI ORDONNE UNE EXPERTISE. — DE LA NOMINATION DES EXPERTS. — DE LEUR NOMBRE. — Le jugement qui ordonne une expertise doit contenir :

Dans quel but la loi exige-t-elle que l'objet de l'expertise soit énoncé dans le jugement qui l'ordonne ?

1° *L'énoncé des objets de l'expertise.* — Cet énoncé est le guide des experts. Ils ne peuvent, en effet, porter leur examen sur des objets autres que ceux qui sont spécialement indiqués dans le jugement. Vont-ils au delà, ils agissent en dehors de leur mandat; laissent-ils dans l'oubli quelques-uns des faits à apprécier, leur rapport est insuffisant.

Qui reçoit le serment des experts ?

2° *La nomination d'un juge-commissaire qui recevra leur serment.* —

(1) Quelques personnes vont même plus loin. Selon elles, les juges peuvent, même dans les cas où l'expertise est spécialement ordonnée par la loi, n'y point recourir, si la question qui leur est soumise ne présente aucun doute sérieux, ou s'il existe d'autres moyens de découvrir la vérité. C'est ainsi, par exemple, qu'en matière de rescision de vente pour cause de lésion, la valeur de l'immeuble peut être vérifiée par des preuves littérales, telles que des ventes antécédentes, des partages, d'anciens baux, bien que pourtant il soit expressément dit dans l'article 1678 C. N., que la preuve de la lésion ne pourra se faire que par un rapport d'experts (V. en ce sens M. Troplong, sur l'article 1678 ; M. Bonnier, p. 262).

Peut néanmoins le tribunal ordonner qu'ils le prêteront devant le juge de paix du canton où ils procéderont.

3° *La désignation des arbitres nommés par les parties ou d'office par le tribunal.* — En principe et sauf l'exception relative au faux incident (V. l'art. 232), le choix des experts appartient aux parties. Si elles ne s'accordent point pour les nommer, le tribunal les nomme d'office. Voici, au reste, comment les choses se passent : si, au moment où le tribunal ordonne l'expertise, les parties se sont accordées ou s'accordent pour nommer les experts, il leur est donné acte de leur convention par le jugement même; que si, au contraire, elles n'ont pas pu s'entendre, le tribunal ordonne qu'elles devront, dans les trois jours de la signification du jugement, essayer de se mettre d'accord, les prévenant que si elles n'y parviennent pas, il sera procédé à l'opération par des experts, qu'il nomme d'office et à l'avance, en prévision du cas où leur désaccord viendrait à subsister. Parviennent-elles à s'entendre, elles doivent, par une déclaration au greffe, faire connaître les experts qu'elles ont désignés (V. la formule 84), auquel cas tombe comme inutile la nomination d'office et provisoire dont il vient d'être parlé. Leur désaccord a-t-il persévéré, la nomination des experts désignés par le tribunal cesse d'être provisoire. Toutefois, le délai de trois jours accordé aux parties pour faire leur choix n'étant point fatal, on en doit conclure que l'exercice du droit de nomination que la loi leur confère ne cesse réellement qu'à partir du jour où l'expertise est réputée commencée, et on ne peut pas la tenir pour commencée, tant que les experts désignés par le tribunal n'ont pas prêté serment.

Qui les nomme? *Quid*, si les parties ne s'accordent point? Comment les choses se passent-elles alors ?

Sous l'empire de l'ancien droit, les parties pouvaient limiter à *deux* les experts qu'elles nommaient. Chacune d'elles pouvait même désigner séparément le sien. Or, comme elle avait le soin de choisir une personne dont elle était sûre, chaque expert, épousant aveuglément les intérêts de la partie qui l'avait nommé, s'attachait bien plus à les défendre qu'à reconnaître de quel côté était le bon droit. Aussi aboutissait-on presque toujours à des avis diamétralement opposés. De là la nécessité d'une nouvelle procédure pour faire nommer un troisième expert; de là un nouveau rapport, de nouveaux frais et une perte de temps. La loi a fait disparaître ces abus en ordonnant, d'une part, que les experts appelés seront toujours en nombre impair, et, d'autre part, qu'ils seront choisis non plus séparément par chaque partie, mais par une convention intervenue entre elles, ou, si elles ne tombent point d'accord, par le tribunal lui-même.

Les parties ne pouvaient-elles pas, dans l'ancien droit, limiter à deux les experts qu'elles nommaient ? Ne pouvaient-elles point nommer séparément chacune le sien ? Cette double faculté existe-t-elle encore ? Pourquoi l'a-t-on abrogée ?

En principe, l'expertise ne peut se faire que par *trois* experts; mais les parties peuvent convenir qu'il y sera procédé par *un seul*. Le tribunal, quand il les nomme d'office, doit en nommer trois, à moins que les parties ne l'aient expressément autorisé à n'en désigner qu'un seul, ou que ce droit ne lui soit accordé par une disposition spéciale de la loi (V. art. 955 C. pr.).

En résumé, combien d'experts peuvent être nommés ?

Ainsi *un* ou *trois* experts: jamais *plus de trois*, jamais *deux*.

Quid, quand les parties sont en dissidence sur le choix du troisième expert?

Remarquons en terminant qu'au cas où les parties sont d'accord pour le choix de deux experts et en dissentiment sur le choix du troisième, le tribunal doit les nommer tous (art. 304 et 305 combinés).

Quelles personnes peuvent être nommées experts?

III. Des personnes qui peuvent être nommées experts. — Des experts qui peuvent être récusés. — Du déport des experts. — 1° *Des personnes qui peuvent être nommées experts.* — Il existait autrefois près les tribunaux des experts assermentés en titre d'office, et investis d'un privilége particulier. Ils avaient seuls qualité pour procéder aux expertises. Ce monopole a disparu. Nos tribunaux sont bien encore dans l'usage de dresser une liste des gens de l'art auxquels ils confient habituellement les expertises; mais ces listes n'ont rien d'obligatoire pour le tribunal. Toute personne est donc aujourd'hui apte à remplir les fonctions d'expert. Tel est le principe.

Quelles personnes ne peuvent pas l'être?

Par exception, ne peuvent point être nommées experts : 1° les personnes condamnées à la peine des travaux forcés à temps, de la réclusion ou du bannissement (art. 34-3° C. pén.); 2° les individus qui ont été déclarés incapables de cette fonction par un tribunal jugeant correctionnellement (art. 42-70°, C. pén.); 3° enfin les personnes atteintes de folie ou de démence.

Quid, quant aux étrangers, aux femmes et aux mineurs?

Mais que décider à l'égard des *étrangers*, des *femmes* et des *mineurs*? Ces personnes peuvent-elles être nommées experts? La loi ne le permet ni ne le défend expressément : de là des controverses. M. Bonnier est pour la négative. « Les experts, dit-il, dressent un procès-verbal *qui fait foi jusqu'à inscription de faux:* ils reçoivent donc une sorte de délégation des fonctions judiciaires, et deviennent ainsi des fonctionnaires publics momentanés. Or, les étrangers, les femmes et les mineurs ne sauraient recevoir l'investiture d'une fonction publique. »

Dans le système contraire, on fait remarquer que les experts n'exercent aucune fonction judiciaire, puisqu'ils ne sont appelés qu'à émettre un avis qui n'a rien d'obligatoire pour le tribunal (art. 323); qu'ils n'ont d'autre mission que d'éclairer les juges. Aussi la loi les assimile-t-elle à de simples témoins (art. 310). Dès lors, où est la raison d'écarter *l'avis* des personnes dont la loi admettrait le *témoignage?* Si un étranger, une femme ou un mineur est, plus que toute autre personne, capable d'éclairer la justice, pourquoi refuser au tribunal la faculté d'user de ce secours? On objecte que le procès-verbal dressé par un expert ayant la même force qu'un acte reçu par un officier public, il est juridiquement impossible de confier l'expertise à ceux dont la condition civile est incompatible avec l'investiture d'une fonction publique (1). Mais à supposer que cette objection soit fondée, il serait facile de faire disparaître l'obstacle qu'elle soulève; les juges pourraient, en effet, ordonner que le procès-verbal serait, dans l'es-

(1) Un domestique est bien certainement incapable de remplir une fonction publique; il peut cependant être nommé expert, sauf aux parties à le récuser si elles le jugent à propos (art. 310).

pèce, dressé non point par l'expert nommé, mais par le greffier du juge de paix du lieu où se ferait l'expertise (arg. tiré de l'art. 317) (1).

Art. 310.

Les experts peuvent-ils être reprochés?

Pour quelles causes?

2° *Des experts qui peuvent être récusés.* — Les experts peuvent être récusés par les motifs pour lesquels les témoins peuvent être reprochés (V. p. 224 et suiv.).

Art. 308.

Peuvent-ils être récusés quand ils ont été nommés par les parties elles-mêmes?

Les experts nommés par les parties elles-mêmes ne sont récusables que pour des causes survenues depuis leur nomination. En les nommant, elles ont implicitement renoncé au droit de se prévaloir des causes *antérieures* de récusation. Toutefois, si ces causes étaient inconnues alors, si l'erreur des parties a été invincible, leur droit de récusation subsisterait.

Art. 309.

Les récusations peuvent-elles être proposées après l'expertise commencée?

Quand est-elle réputée commencée?

A quel moment les moyens de récusation doivent-ils donc être présentés?

Quant aux experts nommés par le tribunal, ils peuvent être récusés *même pour des causes antérieures à leur nomination.*

Au reste, une fois l'expertise commencée, et elle est réputée l'être du jour où les experts ont prêté serment, aucune récusation ne peut plus être présentée.

La partie qui a des moyens de récusation à proposer est tenue de le faire dans les trois jours *de la nomination*. Ce délai expiré, la récusation n'est plus recevable. Remarquons qu'il court non point seulement à compter de la signification du jugement qui a nommé l'expert, mais du jour même où ce jugement a été rendu ; la loi est formelle (2). Toutefois, si le jugement a été rendu par défaut, les trois jours ne commenceront à courir qu'à compter des époques fixées par l'art. 383 (arg. d'analogie).

De quel jour court ce délai?

Ajoutons que ce délai ne peut s'appliquer qu'aux causes de récusation *antérieures* à la nomination. Les causes survenues depuis peuvent être proposées jusqu'à la prestation du serment.

Le suit-on dans tous les cas?

— La récusation se propose par un simple acte. Cet acte doit contenir les causes sur lesquelles on prétend la fonder, les preuves de leur existence, s'il y en a, ou l'offre de les prouver par témoins. Il doit être signé par la partie demanderesse en récusation, ou par un mandataire muni d'un pouvoir spécial à cet effet (V. la formule 85).

Comment se propose la récusation?

Art. 311.

Qui peut la contester?

Comment est-elle jugée?

Le tribunal peut-il, pour la juger, ordonner une enquête?

A quelles règles cette enquête est-elle soumise?

Si la récusation est contestée (V. la formule 86), — et elle peut l'être soit par l'adversaire de la partie qui la propose, soit par l'expert contre lequel elle est invoquée, car il peut avoir intérêt à la repousser, si elle est de nature à entacher son honneur, — elle est jugée sommairement à l'audience, sur un simple acte, le ministère public entendu. Si les juges ordonnent une enquête, on y procède selon la forme ci-après prescrite pour les enquêtes sommaires (art. 407 et suiv.).

Art. 312.

Le jugement rendu sur la récusation est-il susceptible d'appel?

— Le jugement rendu sur la récusation est susceptible d'appel, lorsque l'affaire qui donne lieu à l'expertise en est elle-même susceptible. Mais faut-il aller plus loin et décider que l'appel est permis même dans le cas où la cause principale peut être jugée *en dernier*

(1) En ce sens, M. Colmet-Daage sur Boitard, p. 514 et 515. — M. Rodière, t. II, p. 167, n'admet point que le procès-verbal des experts fasse foi jusqu'à inscription de faux.

(2) M. Colmet-Daage, p. 516; en sens contraire, M. Bonnier, p. 265.

ressort? Nous ne le pensons pas. Il est, en effet, de principe que les incidents suivent le sort du principal, lorsque la loi n'en a pas disposé autrement. Il est vrai qu'aux termes de l'art 391, le jugement qui admet ou rejette la récusation d'un juge peut être attaqué par la voie de l'appel, alors même qu'il s'agit d'une matière susceptible d'être jugée en dernier ressort; mais cette disposition, étant exceptionnelle, ne peut être étendue par analogie d'un cas à un autre. Il n'y a point d'analogie d'ailleurs entre la récusation d'un expert et la récusation d'un juge; car la dignité d'un expert ne se rattache point, comme celle d'un juge, à l'ordre public lui-même (1).

L'appel est-il suspensif de l'exécution du jugement?

— Le jugement qui admet ou écarte la récusation d'un expert est exécutoire nonobstant appel.

On procède donc immédiatement à l'expertise, quand la récusation est rejetée?

La récusation est-elle rejetée, il est passé outre à l'expertise. Mais, bien entendu, le rapport fait par l'expert récusé sera annulé, si, sur l'appel, la récusation vient à être prononcée.

Quid, alors, si la récusation est admise en appel?

Est-elle admise, le tribunal, afin d'éviter de nouveaux retards, nomme d'office, par le même jugement, un nouvel expert ou de nouveaux experts, à la place de celui ou de ceux qui ont été écartés, sauf aux parties à les récuser, s'il y a lieu (2).

Art. 313.

Que doit faire le tribunal quand il admet la récusation? Les experts qu'il nomme peuvent-ils procéder immédiatement à l'expertise? Que devient leur rapport si le jugement qui a admis la récusation est infirmé en appel?

— Les experts nommés d'office au lieu et place des experts récusés doivent, nonobstant l'appel, procéder à l'expertise. Mais que deviendra leur rapport si le jugement qui a admis la récusation est infirmé en appel? Les auteurs sont d'avis qu'il demeure néanmoins valable; car, disent-ils, il importe peu que l'expertise soit faite par tel homme de l'art ou par tel autre. Le seul avantage que recueille alors l'appelant est de gagner les frais ou d'obtenir, s'il y a lieu, des dommages et intérêts.

Art. 314.

Quelles condamnations peut encourir le demandeur en récusation, quand il succombe?

— Le demandeur en récusation peut être condamné, lorsqu'il succombe, à des dommages et intérêts: 1° envers son adversaire à raison du préjudice qu'a pu lui occasionner le retard né de l'incident; 2° envers l'expert, lorsque les faits allégués contre lui ont porté atteinte à son honneur et à sa réputation. Mais si ce dernier les réclame, il ne peut plus être expert: il s'est montré trop sensible à l'injure qu'il a reçue pour que son impartialité ne soit point suspecte.

Art. 316.

Les experts nommés peuvent-ils refuser la mission qui leur est confiée? Quand ne le peuvent-ils plus? *Quid*, si après avoir accepté ils s'abstiennent?

3° *Du déport des experts.* — Le ministère des experts, nommés par les parties ou d'office par le tribunal, est entièrement libre. Ils peuvent donc accepter ou refuser la mission qui leur est offerte; mais s'ils prêtent serment, ils acceptent: un contrat judiciaire se forme alors entre eux et les parties. Si donc ils refusent d'accomplir leur mandat, ils peuvent être condamnés, d'une part, aux frais frustratoires qu'ils ont occasionnés, et, d'autre part, s'il y a lieu, à des dommages et intérêts.

(1) En ce sens, MM. Rodière, t. II, p. 165; Colmet-Daage sur Boitard, t. I, p. 516; Bonnier, sur l'article 312.

(2) Quelques auteurs pensent que les parties peuvent elles-mêmes remplacer, par des arbitres de leur choix, les experts récusés (V. MM. Rodière, t, II, p. 166; Colmet-Daage, sur l'article 313.

— Lorsqu'un expert n'accepte point, ou qu'après avoir accepté il refuse de remplir sa mission, les parties doivent s'accorder sur-le-champ pour en nommer un autre à sa place. Sinon, la nomination peut être faite d'office par le tribunal.

Quid, s'ils refusent avant d'avoir accepté?

IV. Des opérations des experts.— Avant de procéder à l'expertise, les experts doivent prêter serment de remplir fidèlement leur mission. A cet effet, et après l'expiration des trois jours dont il est parlé dans l'art. 305, la partie la plus diligente présente une requête au juge désigné pour recevoir le serment des experts (V. la formule 87). Le juge, sur cette requête, rend une ordonnance par laquelle il indique les jour et heure de la prestation du serment. Munie de cette ordonnance, la partie qui l'a obtenue fait sommation aux experts d'avoir à se présenter devant le juge, aux jour et heure indiqués, pour faire le serment qu'ils doivent prêter (V. la formule 88).

Art. 307.
Quelles formalités doivent précéder le commencement de l'expertise?

— Dès qu'ils ont prêté serment, les experts indiquent le lieu où ils opéreront, ainsi que le jour et l'heure de l'opération. Le juge dresse procès-verbal du tout.

Art. 315.
Que doit contenir le procès-verbal de la prestation de serment?
Qui le dresse?

— Il n'est point nécessaire que les parties assistent à la prestation de serment. Si elles y ont assisté par elles-mêmes ou par leurs avoués, l'indication que les experts ont faite du lieu et des jour et heure de leur opération vaut sommation d'y assister. En cas d'absence, il leur est fait sommation, par acte d'avoué à avoué, de se trouver aux lieu, jour et heure indiqués (V. la formule 89), afin que les experts entendent, s'il y a lieu, leurs explications. Si l'expertise exige plusieurs vacations, les experts indiquent où et quand aura lieu la vacation suivante. Cette indication vaut, dans tous les cas, sommation aux parties : dans tous les cas, c'est-à-dire sans qu'il y ait à distinguer si elles étaient ou non présentes quand elle a été faite. Elles ont dû assister à la première vacation et, par conséquent, elles ont pu être instruites des jour et heure des autres vacations. Dès lors elles ne peuvent s'en prendre qu'à elles-mêmes si quelque opération s'est faite en leur absence (art. 1034 C. pr.).

Est-il nécessaire que les parties assistent à la prestation de serment?
Quid, si elles y ont assisté?
Quid, si elle a eu lieu en leur absence?
Quid, si l'expertise exige plusieurs vacations?

— Les parties et les experts se réunissent sur les lieux contentieux aux jour et heure indiqués. Là, les experts, avant de commencer leur opération, reçoivent des mains des parties copie du jugement qui a ordonné l'expertise : — il importe qu'ils aient sous les yeux les termes du mandat qui leur est confié, afin qu'ils connaissent exactement l'objet spécial de l'examen auquel ils doivent se livrer. En outre, ils reçoivent en communication les pièces qui, se rapportant au litige, sont de nature à les diriger et à les éclairer dans leurs recherches.

Art. 317.
Comment procède-t-on à l'expertise?
Quelles pièces remet-on aux experts?

Ces communications faites, les experts commencent leur opération. Les parties peuvent faire tels dires et réquisitions qu'elles jugent convenables. Toutefois, si ces réquisitions ne rentrent point directement dans l'objet spécial de l'expertise, les experts peuvent n'y point déférer; que s'ils ont des doutes à cet égard, ils peuvent renvoyer les parties à l'audience.

Les parties peuvent-elles leur adresser des observations?

— Les experts ont souvent besoin, pour s'éclairer, d'interroger les

Les experts peuvent-ils, afin de s'éclairer, appeler les gens du pays et les interroger ?

Peuvent-ils leur faire prêter serment?

gens du pays, notamment en ce qui concerne les usages des localités. Ils peuvent alors procéder à l'interrogatoire des personnes qui sont en état de les renseigner; mais cette instruction ne leur est permise qu'autant qu'ils ont été autorisés à la faire, soit par le jugement qui a ordonné l'expertise, soit par un jugement postérieur. Ajoutons qu'ils n'ont point qualité pour exiger un serment des personnes qu'ils interrogent. Les déclarations qu'ils en reçoivent ne sont, par conséquent, que de simples renseignements.

Art. 318 et 317.

Que doivent faire les experts après les vérifications terminées?

— Les vérifications terminées, les experts dressent leur rapport. Il n'en doit être dressé qu'un seul.

Comment se divise leur rapport ?

Le rapport se divise en deux parties.

Que contient la première partie ?

La première retrace la remise de la copie du jugement qui a ordonné l'expertise et des pièces relatives au procès, le transport des experts et la présence ou l'absence des parties, leurs dires et réquisitions, les opérations des experts et les indications qu'ils ont obtenues...

Peuvent-ils former plus d'un avis?

La seconde contient l'avis des experts (V. la formule 90).

Quid, pourtant s'ils en émettent plusieurs ?

Ils ne doivent former qu'un seul avis, à la pluralité des voix. Néanmoins, en cas d'avis différents, ils indiquent et précisent les motifs de chacun d'eux, mais *sans faire connaître personnellement les experts qui les ont émis.*

Pourquoi cette indication des motifs ?

L'indication des motifs éclaire les juges et les met à même d'opter, en connaissance de cause, entre les avis émis; elle leur permet, en outre, de mieux préciser l'objet d'une seconde expertise, s'ils jugent à propos de l'ordonner (art. 322).

Dans quel but ce secret relatif aux auteurs de ces avis ?

Le secret que le rapport doit garder au sujet des auteurs de ces avis a pour objet d'assurer l'indépendance des experts, en les mettant à l'abri du ressentiment des parties. La loi désire, d'ailleurs, que les juges discutent, non les personnes, mais les avis eux-mêmes.

Par qui et en présence de qui le rapport doit-il être rédigé ?

— Le rapport doit être rédigé dans le lieu contentieux ou dans le lieu et aux jour et heure indiqués par les experts.

La première partie est dressée en présence des plaideurs et de leurs avoués, à supposer qu'ils aient comparu.

Quant à la partie du rapport où les experts énoncent leur avis ou leurs avis, elle doit être rédigée secrètement, puisque la loi ne permet point que les parties sachent à quel expert telle ou telle opinion appartient.

Quid, si les experts ou l'un deux ne sait pas écrire ?

— Si tous les experts savent écrire, le rapport est rédigé par l'un d'eux et signé par tous. Dans le cas contraire, c'est-à-dire si aucun d'eux ne sait écrire, ou si quelques-uns d'eux seulement le savent, il est rédigé et signé par le greffier du juge de paix du lieu où ils ont procédé.

La loi a pensé qu'au cas où l'un des experts ne sait pas écrire, cet expert étant privé de tout moyen de contrôle, il importait que le rapport fût rédigé par un tiers désintéressé (1).

(1) Si l'un des experts, quoique sachant écrire, refuse de signer le rapport, on suit alors, par analogie, la disposition de l'article 1016.

— Lorsque le rapport est achevé, l'un des experts, ou le greffier de la justice de paix, si c'est lui qui l'a rédigé, en dépose la minute au greffe du tribunal qui a ordonné l'expertise. Le greffier dresse procès-verbal de ce dépôt. Les experts n'ont pas besoin, pour le faire, de prêter un nouveau serment.

Art. 319.
Que devient le rapport après qu'il a été rédigé?

— Les frais et vacations dus aux experts, ainsi que ceux de rédaction dus au greffier de la justice de paix, quand on a eu recours à son office, sont taxés par le président du tribunal au bas de la minute du rapport (V. les art. 159 et suiv. du tarif), et il en est délivré exécutoire.

Qui en taxe les frais?

Exécutoire contre qui? En d'autres termes, les experts peuvent-ils agir, en payement des frais qui leur sont dus, contre l'une et l'autre partie ou contre l'une d'elles seulement? A cet égard, plusieurs distinctions sont à faire.

Contre quelle partie l'exécutoire est-il donné?
En autres termes, contre qui les experts peuvent-ils agir en payement des frais qui leur sont dus?

1° *L'expertise a été requise par les deux parties, ou, ayant été demandée par l'une d'elles seulement, l'autre y a adhéré en concourant à la nomination des experts.* — Les experts ont alors une action solidaire contre les deux parties (art. 2002 C. N.). C'est donc contre chacune d'elles que l'exécutoire doit être délivré.

2° *L'expertise n'a été requise que par l'une des parties; l'autre plaideur n'y a adhéré ni expressément, ni tacitement, en concourant à la nomination des experts.* — Tant que le procès n'est point terminé, les frais de l'expertise sont exclusivement dus par la partie qui l'a requise : c'est, par conséquent, contre elle seulement que l'exécutoire doit être donné. Si elle triomphe au principal, l'autre partie, étant condamnée aux frais du procès, deviendra par là même débitrice des frais de l'expertise. Les experts pourront donc l'actionner en payement de leur salaire. Mais supposons que la partie qui a requis l'expertise succombe : si elle est insolvable, les experts pourront-ils recourir contre l'autre partie? A quel titre le pourraient-ils? Ils n'ont, en ce cas, qu'un débiteur unique, la partie qui a demandé leur intervention et qui a succombé. Si elle n'est pas en mesure de les payer, ils ont à s'imputer de n'avoir pas exigé, avant d'accepter la mission qui leur était offerte, la consignation préalable des frais qu'elle devait entraîner.

3° *L'expertise a été ordonnée d'office.* — Ici une sous-distinction est nécessaire. Les deux parties ont-elles, d'un commun accord, nommé elles-mêmes les experts, elles sont réputées l'une et l'autre avoir adhéré à l'expertise, ce qui amène l'application de la règle énoncée ci-dessus dans notre 1°. — Les experts ont-ils été nommés d'office, celle des parties qui a poursuivi l'expertise est réputée seule y avoir adhéré; c'est alors comme si elle l'avait seule requise : on retombe ainsi dans l'hypothèse prévue et réglée dans notre 2°.

— En cas de retard ou de refus de la part des experts de déposer leur rapport, ils peuvent être assignés à trois jours, sans préliminaire de conciliation, par-devant le tribunal qui les a commis, pour se voir condamner, même par corps, s'il y échet, à faire ledit dépôt et à indemniser les parties du préjudice que leur retard a pu leur causer

Art. 320.
Quid, en cas de refus ou de retard de la part des experts de déposer leur rapport?

(art. 316) (V. la formule 91). Il est statué sommairement et sans instruction.

Art. 321 à 323.

Comment le rapport est-il porté à l'audience ?

Comment le discute-t-on ?

V. DES RÉSULTATS ET DES SUITES DU RAPPORT. — Le rapport, dont la minute a été déposée au greffe du tribunal, est levé et signifié à avoué par la partie la plus diligente, après quoi l'audience est poursuivie *sur un simple acte*. Le mérite du rapport ne peut donc être discuté qu'à l'audience et sur plaidoiries.

Les écritures ne sont point admises en cette matière. Toutefois, si l'une des parties croit utile de développer par écrit les moyens qu'elle invoque pour ou contre le rapport, elle peut le faire, sans doute, mais à ses frais bien entendu.

Sur quels points porte cette discussion ?

— Au jour indiqué pour l'audience une discussion s'engage ; deux points sont à examiner:

Dans quels cas le rapport peut-il être déclaré nul ?

1° Le rapport est-il régulier ou nul ? On sait combien la loi s'est montrée prodigue de nullités quant aux enquêtes. Ici c'est l'inverse qui a lieu. Aucune des formalités relatives à l'expertise n'a été expressément prescrite à peine de nullité. Les nullités ne sont donc point reçues en cette matière. Toutefois, les formalités qui tiennent à la substance même de l'expertise ne sauraient être violées impunément. Leur inobservation, constituant un vice essentiel de l'expertise, l'entache forcément de nullité. Mais quelles formalités sont substantielles ? La loi étant, sur ce point, absolument muette, c'est à la jurisprudence qu'appartient le droit de décider. On reconnaît, en général, que les formalités substantielles sont celles en l'absence desquelles l'expertise n'aurait aucune force probante ou ne remplirait pas le but pour lequel elle a été ordonnée. Ainsi, par exemple, il y aurait nullité si quelqu'un des experts n'avait point les qualités requises pour exercer cette fonction, ou si l'un d'eux n'avait point prêté serment. Il en serait de même si l'expertise avait été faite en présence de l'une des parties seulement, et sans que l'autre partie y eût été appelée.

Quand il est régulier, oblige-t-il les juges ?

2° Le rapport, s'il est régulier, est-il concluant et décisif ? Sur cette question, le tribunal est tout à fait omnipotent. Les experts ne décident jamais par eux-mêmes le procès ; ils ne sont chargés que d'éclairer la religion des juges et de les mettre à même de rendre leur décision. D'où la règle suivante : « Les juges ne sont point astreints à suivre l'avis des experts, si leur conviction s'y oppose. *Dictum expertorum nunquam transit in rem judicatam* (1). »

Quid, s'ils le jugent insuffisant ?

— Lorsque les juges ne trouvent point dans le rapport des éclaircissements suffisants, il leur est permis d'ordonner d'office une nouvelle expertise.

Les parties peuvent le solliciter d'user de ce droit, mais la demande qu'elles lui adressent à ce sujet ne l'oblige nullement. Ainsi, elles

(1) Toutefois, lorsqu'aux termes des lois des 22 frimaire an VII et 27 ventôse an IX, la régie de l'enregistrement a fait estimer un bien, afin de percevoir un supplément de droit sur une vente qu'elle croit avoir été faite pour un prix supérieur à celui qui a été déclaré, le tribunal est lié par l'avis des experts.

n'ont point le droit d'*exiger* une nouvelle expertise, et il peut en être ordonné une même contre leur gré.

— Les nouvelles expertises diffèrent des premières sous deux rapports.

Sous quels rapports la nouvelle expertise diffère-t-elle de la première ?

1° Le tribunal qui ordonne une expertise nouvelle peut la confier à un *seul* expert, sans prendre, à cet effet, le consentement des parties (V. p. 245). — Quelques personnes enseignent même, en s'appuyant sur les expressions de l'article 322 : « un ou *plusieurs* experts, » qu'il peut en nommer *deux* aussi bien que *un* ou *trois;* mais nous pensons que les termes de la loi ne sont pas assez explicites pour y trouver une dérogation à l'excellente règle du nombre impair prescrite par l'article 303 (1).

2° Il nomme d'office les nouveaux experts, sans réserver aux parties le droit de les remplacer par des experts de leur choix (V. p. 245). La loi a voulu éviter les retards que l'exercice de cette faculté aurait entraînés.

La nouvelle expertise peut-elle être confiée aux premiers experts ?

— La nouvelle expertise peut être confiée aux experts qui ont déjà procédé : la loi ne s'y oppose point.

Les nouveaux experts peuvent-ils consulter ceux qui ont procédé à la première expertise ?

— Les nouveaux experts peuvent demander aux experts précédents les renseignements qu'ils jugent convenables.

Par quelle autre mesure le tribunal peut-il se dispenser d'ordonner une nouvelle expertise ?

— Au lieu de prescrire une seconde expertise, le tribunal peut appeler les experts à l'audience pour donner verbalement des explications sur les points que leur rapport n'a pas suffisamment éclaircis. Cette manière de procéder n'est point, il est vrai, expressément permise par la loi, mais elle rentre parfaitement dans son esprit, puisqu'elle épargne aux parties les frais, et leur évite les lenteurs d'une expertise nouvelle. Toutefois il n'est permis d'y recourir qu'autant que les experts n'ont émis qu'un seul avis; dans le cas contraire, leurs explications divulgueraient l'avis personnel de chacun d'eux, ce que la loi défend (art. 318) (2).

TITRE XV.

15e *répétition.*

DE L'INTERROGATOIRE SUR FAITS ET ARTICLES.

Art. 324.

Quel est l'objet de l'interrogatoire sur faits et articles ?

I. OBJET DE L'INTERROGATOIRE SUR FAITS ET ARTICLES. — SES RAPPORTS AVEC LA COMPARUTION DES PARTIES. — SA DÉFINITION. — L'aveu de la partie est assurément la plus sûre et la plus probante de toutes les preuves, *probatio probatissima.* Malheureusement c'est la plus difficile à obtenir. Lorsque vous n'avez point de titres à produire à l'appui de votre prétention, et qu'il vous est défendu de recourir à la preuve testimoniale, ou que les témoins vous manquent, vous avez la ressource de la délation du serment; mais comme cette voie est périlleuse pour celui qui l'emploie, on n'y recourt que bien rarement : c'est l'*ultimatum subsi-*

(1) M. Colmet-Daage sur l'article 322.

(2) V. MM. Rodière, t. II, p. 521, et Colmet-Daage sur l'article 322.

dium du plaideur en détresse. Que faire alors? Tenter d'obtenir un aveu de votre adversaire? mais puisqu'il nie ce que vous affirmez, cet aveu il ne le fera point, au moins spontanément.

Toutefois il se peut qu'étant appelé devant la justice et mis en demeure de s'expliquer sur les faits en litige, il soit amené, par des questions habilement dirigées, à reconnaître la vérité des faits articulés contre lui. Deux modes de procéder ont été organisés dans ce but, savoir : 1° la *comparution des parties* (V. p. 103); 2° l'*interrogatoire* sur faits et articles. — Ces deux voies d'instruction, quoique tendant au même but, se séparent par des différences nombreuses et radicales. Signalons-les.

Quelles différences existent entre l'interrogatoire sur faits et articles et la comparution des parties?

1° *Dans la comparution,* les parties sont interrogées chacune à leur tour, *mais en présence l'une de l'autre*, afin que chacune d'elles puisse contrôler les réponses de son adversaire, signaler ses contradictions et relever ses aveux. — *L'interrogatoire sur faits et articles* se fait, au contraire, *hors la présence* de la partie qui l'a requis.

2° La *comparution* a lieu *à la barre du tribunal même,* siégeant en audience publique. — L'*interrogatoire* se pratique *au greffe du tribunal ou en la chambre du conseil,* en la présence seulement et par le ministère du président (assisté du greffier) ou d'un juge par lui commis. Ainsi, tandis que le premier mode d'instruction est *public*, le second est *secret.*

3° La *comparution* ayant lieu devant le tribunal même, il n'est point dressé procès-verbal des questions posées aux parties et de leurs réponses. Le tribunal se borne à reproduire leurs déclarations dans le jugement même, qu'elles servent à motiver. — L'*interrogatoire* exige, au contraire, la rédaction d'un procès-verbal des réponses de la partie interrogée, puisque le tribunal qui sera appelé à les apprécier ne les entend point par lui-même.

4° Dans le cas de la *comparution,* les parties ne reçoivent point avant l'interrogatoire communication des faits sur lesquels elles devront répondre (V. p. 104). — Cette communication préalable est, au contraire, prescrite quant à l'*interrogatoire* sur faits et articles. La partie contre laquelle il a été requis doit, en effet, recevoir, vingt-quatre heures à l'avance, notification des faits sur lesquels elle sera interrogée.

5° Enfin, tandis que la *comparution* peut être ordonnée soit sur la demande de l'une ou de l'autre des parties, soit d'office par le tribunal, l'*interrogatoire* sur faits et articles ne peut l'être que sur la requête de l'une des parties. Telle est au moins l'opinion générale (1)

Ces différences sont-elles bien rationnelles?

Quant aux raisons justificatives de ces différences, il serait bien difficile de les donner. Si, en effet, la loi veut que la comparution des parties ait lieu : 1° devant le tribunal entier; 2° publiquement 3° en la présence des deux parties ; 4° sans communication préalable

(1) MM. Pigeau, *Procédure civile;* Dalloz, t. IX, p. 572, n° 1 ; Boncenne, t. IV p. 523; Chauveau sur Carré, t. III, p. 163. — En sens contraire, Boitard, t. I p. 522.

des faits qui doivent être l'objet de leur interrogatoire, c'est qu'elle a pensé :

1° Que le tribunal, quand il entend par lui-même les réponses de la partie interrogée, les apprécie et les juge plus sûrement que lorsqu'elles lui sont transmises par la voie d'un procès-verbal ;

2° Que la publicité de l'audience arrête souvent le mensonge sur les lèvres de celui qui est prêt à trahir la vérité, et le force en quelque sorte à sauvegarder son honneur : — on ne ment point facilement sous l'œil du public ;

3° Que la présence de la partie à l'interrogatoire de son adversaire constitue une chance de plus d'obtenir la vérité, puisqu'elle place en face de celui qu'on interroge un contradicteur attentif, toujours prêt à signaler ses tergiversations et à relever ses contradictions ;

4° Enfin que la communication préalable des faits sur lesquels roulera l'interrogatoire serait un obstacle à la découverte de la vérité, puisqu'elle donnerait aux parties le temps de combiner des mensonges en préparant leurs réponses.

Ces considérations sont fort sages, et jamais personne n'a songé à s'inscrire contre elles. Dès lors on ne comprend pas pourquoi, après avoir établi, selon ces vues, la comparution, la loi a cru devoir organiser, au rebours des mêmes idées, l'interrogatoire sur faits et articles.

Qu'est-ce, en résumé, que l'interrogatoire sur faits et articles ?

— D'après ce qui vient d'être dit, l'interrogatoire sur faits et articles peut être défini : une voie d'instruction par laquelle une partie est appelée au greffe du tribunal ou en la chambre du conseil pour y être interrogée, hors la présence de son adversaire, par le président du tribunal ou par un juge commis, sur les faits relatifs au procès.

En quelles matières peut-il être ordonné ?

II. DES CAS OU IL PEUT Y AVOIR LIEU A L'INTERROGATOIRE SUR FAITS ET ARTICLES. — Il peut être ordonné *en toutes matières, sur des faits pertinents.*

Cette règle ne souffre-t-elle point une exception ?

En toutes matières..., ordinaires ou sommaires, et même dans les cas où la preuve testimoniale ne serait pas admissible. Un témoin peut, se laissant corrompre, faire une déposition favorable à la partie qui le paye ; mais comment suspecter l'aveu qu'une partie fait contre elle ?

Toutefois, et si absolue que soit la disposition de la loi quant à ses termes, les matières dans lesquelles l'aveu de la partie ne peut point faire preuve contre elle ne comportent point ce mode d'instruction. Il serait, en effet, contradictoire de chercher à obtenir un aveu auquel les juges ne devraient ajouter aucune foi. L'interrogatoire sur faits et articles n'est donc point admissible dans les cas où le droit engagé au procès n'est point susceptible de faire la matière d'une transaction.

Tels sont les procès en séparation de corps ou de biens (art. 870 C. pr.), ou plus généralement les questions d'état (1).

Sur quels faits peut-il porter ?

Sur des faits pertinents... ajoutez et *concluants* (v. p. 221).

(1) V. cependant M. Bonnier, p. 273 et 274.

Quelles personnes peut-on faire interroger ?

III. Des personnes que l'on peut faire interroger. — Si les tiers avaient pu être appelés à répondre sur les faits engagés au procès, rien n'eût été plus facile que d'éluder les dispositions prohibitives de la loi sur la preuve testimoniale : c'est ce qu'elle n'a pas dû permettre. Les *parties* peuvent donc seules être soumises à l'interrogatoire, et encore faut-il en excepter celles qui, n'ayant point la pleine et entière disposition de leur droit, ne peuvent point le compromettre par un aveu.

Peut-on demander l'interrogatoire :

1° D'un mineur en tutelle ?

Ainsi on ne peut point faire interroger :

1° Les mineurs en tutelle ; à moins pourtant qu'il ne s'agisse de faits illicites, car en ce qui touche les délits et quasi-délits qu'ils commettent, la loi les assimile à des majeurs (art. 1310 C. N.) ;

2° D'un mineur émancipé ?

2° Les mineurs émancipés, si ce n'est en ce qui concerne les faits relatifs soit à l'administration de leurs biens, soit au commerce ou à la profession qu'ils ont été autorisés à exercer (art. 481 et 1308, C. N.) ;

3° D'un tuteur ?

3° Les tuteurs plaidant au nom et pour le compte du mineur qu'ils représentent, si toutefois le droit engagé au procès est immobilier ; car quant aux droits mobiliers, la loi leur en laisse la disposition (art. 464 C. N., arg. *à contrario*).

4° D'une femme mariée, quand elle plaide par le ministère de son représentant légal, son mari ?

— On s'est demandé si la femme peut être interrogée sur les faits relatifs au procès engagés ou soutenus en son nom par son mari, son mandataire légal (art. 1428 et 1549 C. N.). L'affirmative est généralement admise (1). — Cependant quelques auteurs pensent que l'interrogatoire n'est permis qu'autant qu'on a eu le soin de mettre la femme en cause (2).

A quel moment peut se demander l'interrogatoire?

IV. A quel moment de la procédure se demande l'interrogatoire. — Il peut être demandé *en tout état de cause*, mais *sans retard de l'instruction ou du jugement.*

En tout état de cause... C'est-à-dire tant que le ministère public n'a pas pris la parole (v. p. 36), et même en appel.

Comment entend-on ces expressions de la loi : *sans retard de l'instruction ou du jugement ?*

Sans retard de l'instruction ou du jugement... Mais, dira-t-on, si l'interrogatoire peut être ordonné même après les plaidoiries, le jugement se trouvera évidemment retardé. Cela est vrai. Aussi a-t-on fait remarquer que les expressions : *sans retard* de l'instruction ou du jugement, contiennent plutôt un conseil aux juges qu'une règle prohibitive. La loi a simplement voulu leur faire entendre qu'ils doivent écarter l'interrogatoire lorsqu'ils sont convaincus que la partie qui le demande n'a d'autre objet que de gagner du temps, en retardant la solution de l'affaire.

Art. 325.

Comment demande-t-on l'interrogatoire ?

V. Comment on le demande. — Il ne peut être ordonné que sur requête (V. la formule 92) ; le tribunal ne peut donc point l'ordonner d'office.

(1) M. Bonnier, p. 73.

(2) M. Bugnet sur Pothier, t. X, p. 90, note 3. — Ces solutions sont-elles bien fondées? La femme ne peut point, par son aveu, disposer indirectement des droits dont elle n'a pas l'exercice, car ce serait les aliéner au préjudice de son mari, et elle ne le peut point. Or, si elle est incapable de faire un aveu utile, c'est-à-dire susceptible de produire un effet contre son mari, à quoi bon l'interroger?

La partie qui veut faire interroger son adversaire adresse aux juges du tribunal une requête contenant les faits sur lesquels devra porter l'interrogatoire. La partie contre laquelle il est demandé ne doit ni recevoir la signification de cette requête (V. l'art. 79 du tarif), ni être assignée pour être présente et plaider à l'audience où le tribunal devra prononcer sur la demande dont il est saisi. Tout doit être secret à son égard, afin qu'elle n'acquière point une connaissance des faits qu'elle ne doit avoir qu'à une époque très-rapprochée de l'interrogatoire (art. 329).

La demande doit-elle être signifiée à la partie qu'on veut faire interroger?

Cette partie doit-elle être appelée à l'audience?

Art. 325 et 326.

VI. COMMENT ON Y PROCÈDE. — L'interrogatoire a lieu soit devant le président du tribunal, soit devant un juge par lui commis. — En cas d'éloignement, le président peut commettre le président du tribunal dans le ressort duquel réside la partie qui doit être interrogée, ou le juge de paix du canton de cette résidence.

Devant qui l'interrogatoire a-t-il lieu? *Quid*, en cas d'éloignement de la partie?

Art. 327.

La partie autorisée à faire interroger son adversaire requiert du président ou du juge commis une ordonnance par laquelle il indique les jour et heure auxquels l'interrogatoire aura lieu.

Que doit faire la partie qui veut faire procéder à l'interrogatoire?

Cette ordonnance est mise au bas du jugement qui a ordonné l'interrogatoire, quand le président y procède lui-même, ou, dans le cas contraire, au bas de l'ordonnance portant nomination d'un autre juge.

Dans tous les cas, et à la différence de la marche suivie dans les enquêtes (V. p. 231), il n'est point nécessaire de dresser un procès-verbal de la réquisition et de la délivrance de cette ordonnance.

Dresse-t-on procès-verbal de la réquisition et de la délivrance de l'ordonnance?

Art. 329.

— Dès que cette ordonnance a été rendue, la partie qui poursuit l'interrogatoire fait donner à son adversaire, par le ministère d'un huissier commis, assignation à comparaître aux jour et heure indiqués. Elle lui fait, en outre, signifier par le même exploit, vingt-quatre heures au moins avant l'audience : 1° la requête dont il a été parlé ci-dessus ; 2° le jugement qui a ordonné l'interrogatoire ; 3° l'ordonnance contenant l'indication des jour et heure auxquels il aura lieu (V. la formule 93).

Que doit faire le demandeur après qu'il a obtenu l'ordonnance du juge qui doit procéder à l'interrogatoire?

Quels actes doivent être signifiés au défendeur?

Par quel huissier et dans quel délai cette signification doit-elle être faite?

Art. 330.

S'il ne comparaît point, ou si, ayant comparu, il refuse de répondre, il est dressé procès-verbal de son absence ou de son refus de répondre. Alors, dit la loi, les faits articulés contre lui POURRONT *être tenus pour avérés*. Ainsi, tout dépendra des circonstances : la loi s'en rapporte à l'appréciation des juges.

Quid, si le défendeur ne comparait point ou s'il refuse de répondre?

Art. 328 et 332.

Si, au jour où elle doit se présenter, la partie assignée justifie d'un empêchement légitime et *temporaire*, le juge indique sur son procès-verbal un autre jour pour son interrogatoire, sans nouvelle assignation. Quand l'empêchement est permanent, le juge se transporte au lieu où elle est retenue.

Quid, s'il ne peut point se présenter au jour indiqué?

Art. 331.

— Il se peut qu'ayant fait défaut sur l'assignation, l'assigné se présente, avant le jugement, au président ou au juge commis, et déclare qu'il est prêt à répondre : devra-t-on alors faire droit à sa demande? La loi l'exige. Seulement, il devra payer, sans répétition, les frais du premier procès-verbal et de sa signification. — Cette disposition a été critiquée. Elle n'est point, a-t-on dit, en harmonie avec l'esprit de la

Si ayant fait défaut sur l'assignation, il se présente avant le jugement, devra-t-on l'interroger?

Cette disposition n'a-t-elle pas été critiquée?

loi sur cette matière. Si, en effet, la partie contre laquelle l'interrogatoire a été ordonné ne doit connaître les faits que vingt-quatre heures à l'avance, c'est apparemment afin qu'elle n'ait point le loisir de préparer ses réponses de manière à éviter les surprises que la justice ménage à sa mauvaise foi. Or, qui ne voit qu'elle peut, *en payant certains frais*, éluder cette sage précaution et se procurer indirectement tout le temps nécessaire pour méditer et concerter ses réponses?

Art. 333.

La partie qui poursuit l'interrogatoire a-t-elle le droit d'y assister?

Comment la partie qui le subit doit-elle répondre?

— L'interrogatoire, ainsi que nous l'avons dit, est secret. Il a lieu en présence du juge et de son greffier seulement. La partie qui l'a requis ne peut y assister ni par elle-même, ni par son avoué.

La partie qui le subit doit répondre en personne, sans pouvoir lire aucun projet de réponse par écrit et sans l'assistance d'un conseil, afin qu'elle ne puisse pas apporter des réponses concertées à l'avance ou se faire dicter par un conseil habile ce qu'elle peut dire sans compromettre son intérêt. Ses réponses doivent être précises et pertinentes, et sans aucun terme injurieux ou calomnieux.

Sur quels faits est-elle tenue de répondre?

Elle est tenue de répondre non-seulement aux faits qui lui ont été communiqués à l'avance et dont elle trouve le détail dans la requête qui lui a été signifiée (V. p. 257), mais encore sur ceux à l'égard desquels le juge croit devoir l'interroger d'office. En laissant ainsi au juge la faculté de faire des questions que la partie n'a pas pu prévoir, et contre le danger desquelles elle n'a pas pu se mettre en garde, la loi écarte en partie les inconvénients de la communication préalable des faits sur lesquels doit porter l'interrogatoire (V. p. 254, 4°).

Art. 334.

Que doit faire le juge après l'interrogatoire de la partie?

Quid, si elle fait des additions?

Doit-elle signer l'interrogatoire?

Le juge et le greffier doivent-ils également le signer?

— L'interrogatoire achevé est lu à la partie qui l'a subi, et elle doit être interpellée de déclarer si elle a dit la vérité et persiste. Si elle ajoute, l'addition est rédigée en marge ou à la suite de l'interrogatoire; elle lui est lue et il lui est fait la même interpellation. Elle signe l'interrogatoire et les additions. Si elle ne sait ou ne veut signer, il en est fait mention.

L'interrogatoire doit également être signé par le juge et par le greffier, car il est de principe que les officiers instrumentaires d'un acte doivent le certifier par leur signature.

Art. 336.

Comment les choses se passent-elles, lorsque la personne que l'on veut faire interroger est une personne morale ou fictive?

— Lorsque la partie contre laquelle l'interrogatoire a été demandé est une personne fictive, un être moral, tel qu'une société de commerce, la procédure dont nous venons de tracer les règles n'est plus praticable. Une personne morale ou fictive ne peut pas, en effet, être soumise à un interrogatoire proprement dit. La loi a donc dû admettre en ce cas un mode particulier de procéder.

Les personnes morales, ne pouvant point répondre de vive voix, répondent par écrit. L'acte qui contient leurs réponses et où elles sont expliquées et affirmées véritables est remis au juge par un mandataire qu'elles munissent à cet effet d'un pouvoir spécial.

Toutefois le juge a le droit d'appeler devant lui les administrateurs et agents de la corporation obligée de répondre, et de les interroger sur les faits qui leur sont personnels; mais, bien entendu, leurs réponses n'auront que la valeur d'un simple renseignement : le tribunal, dit la loi, y aura tel égard que de raison. Autrement ils pourraient lier, par leurs aveux, l'administration qu'ils représentent, ce qui ne saurait être permis.

VII. Des effets et des suites de l'interrogatoire. — La partie qui a fait interroger son adversaire et qui veut faire usage de l'interrogatoire lève le procès-verbal qui le constate et le fait signifier, sans qu'il puisse être un sujet d'écritures de part ni d'autre. Ainsi, dès qu'il est signifié, l'audience peut être poursuivie; les réponses y sont discutées verbalement. Art. 335. Que doit faire le demandeur lorsqu'il veut faire usage de l'interrogatoire?

— L'interrogatoire ne peut jamais faire preuve au profit de la partie qui l'a subi. Son adversaire peut seul s'en prévaloir et en déduire, dans son intérêt, soit une preuve complète, soit un commencement de preuve par écrit à l'effet de faire entendre des témoins (art. 1347 C. N.). L'interrogatoire peut-il faire preuve au profit de la partie qui l'a subi?

— Les aveux résultant de l'interrogatoire sont de véritables aveux judiciaires; ils en produisent les effets et sont, comme eux, indivisibles (art. 1356 C. N.). Ainsi il n'est point permis de diviser les réponses qui ont été faites : la partie qui veut s'en prévaloir doit les prendre en leur entier; il ne lui est point permis de rejeter une partie de telle ou telle réponse et de tirer avantage de l'autre. Mais, bien entendu, cette indivisibilité ne s'applique qu'à l'aveu portant sur un seul et même fait. Les aveux qu'il contient et dont l'autre partie peut se prévaloir sont-ils divisibles?

— Sous l'empire de l'ancienne ordonnance, les frais de l'interrogatoire restaient dans tous les cas au compte de la partie qui l'avait requis. Cette injuste disposition n'a pas été reproduite : les frais dont il s'agit seront donc, conformément au droit commun, à la charge de la partie qui succombera. A la charge de qui sont les frais de l'interrogatoire?

TITRE XVI.

DES INCIDENTS.

La procédure d'une instance est *ordinaire* ou *incidente*.

La procédure *ordinaire* comprend l'ajournement, la constitution d'avoué, les défenses et réponses, les formalités nécessaires pour faire venir l'affaire à l'audience, la communication au ministère public quand il y a lieu, l'instruction par écrit en certains cas, les délibérés et enfin les jugements. Qu'entend-on par procédure *ordinaire*?

La procédure *incidente* a trait aux faits et événements de toute nature qui, pendant le cours d'une instance, viennent entraver, arrêter ou compliquer la discussion et le jugement. Elle commence aux exceptions et se continue sans interruption jusqu'au désistement. Qu'est-ce que la procédure *incidente*?

Le mot *incident*, du latin *incidere*, « interrompre, » s'entend donc de tout événement qui, venant à surgir dans le cours d'une instance, en interrompt la marche ordinaire. Qu'est-ce qu'un incident, *lato sensu*?

Ainsi sont des incidents :

1° Les exceptions de toute espèce, déclinatoires, péremptoires ou dilatoires;

2° Les divers modes de preuve auxquels il est permis de recourir : ce qui comprend la vérification d'écriture, le faux incident civil, les enquêtes, les descentes sur les lieux, les rapports d'experts, l'interrogatoire sur faits et articles, la comparution des parties devant le tribunal, et enfin la délation du serment ;

3° Les demandes nouvelles qui viennent agrandir la sphère du procès (art. 337 à 341);

4° Les reprises d'instance et constitutions de nouvel avoué (art. 342 à 351);

5° Les demandes formées par une partie contre son avoué, à l'effet de faire tomber et considérer comme nuls certains actes qu'il a passés en dehors de ses pouvoirs (art. 352 à 362);

6° Les demandes en réglement de juges (art. 363 à 367), en renvoi devant un autre tribunal pour parenté ou alliance (art. 368 à 377), ou en récusation (art. 378 à 396);

7° Enfin, la péremption (art. 397 à 401) et le désistement (art. 402 et 403).

Qu'entend-on par incident dans un sens plus restreint ? Combien distingue-t-on de demandes incidentes ? Quel nom donne-t-on à chacune d'elles ?

Dans un sens plus restreint, la loi appelle spécialement incidents les demandes nouvelles qui viennent étendre la sphère d'un procès (V. ci-dessus le n° 3).

Ces demandes font l'objet de notre titre.

On les appelle incidentes ou *additionnelles*, lorsqu'elles sont formées par le demandeur originaire ;

Reconventionnelles, de *iterum convenire*, quand c'est le défendeur qui les présente ;

Interventions, dans le cas où elles émanent d'un tiers.

§ Ier. Des demandes additionnelles et des demandes reconventionnelles.

Quels avantages sont attachés à la procédure incidente? En autres termes, sous quels rapports les demandes *incidentes* diffèrent-elles des demandes principales et introductives d'instance ?

I. De l'utilité des demandes incidentes. — Elles offrent un quadruple avantage aux parties qui les forment :

1° Les incidents sont affranchis du préliminaire de conciliation (V. p. 16 et 17). — De là, une plus grande rapidité dans la marche de l'affaire.

2° Au lieu de deux procédures et de deux jugements distincts, l'incident et la demande principale se résument, le plus souvent au moins, en un procès unique. — De là, une nouvelle économie de temps et des frais de moins.

3° Les demandes incidentes se forment, non point *par un exploit*, ce qui impliquerait pour le défendeur un délai de quinze jours pour faire sa réponse (art. 77), mais par *un simple acte d'avoué à avoué*, avec obligation pour le défendeur de faire connaître sa réponse dans un délai fort bref, que le tribunal détermine eu égard aux circonstances. — On évite ainsi les frais et les lenteurs de la procédure ordinaire.

4° Enfin, l'incident, devant être porté devant le tribunal saisi de l'action principale, échappe dans certains cas aux règles ordinaires de la compétence. Soit l'espèce suivante. Une demande a été formée contre vous, en payement d'une somme d'argent; vous formez incidemment une demande en compensation : cette demande, étant incidente, devra être portée devant le tribunal saisi de la demande dirigée contre vous, c'est-à-dire devant le tribunal de votre domicile, tandis qu'elle devrait l'être devant le tribunal du domicile de votre adversaire, si vous l'attaquiez par action principale.

II. Des demandes qui peuvent être formées incidemment. — Il ne faut pas croire que le demandeur originaire puisse à son gré former incidemment toutes les demandes qu'il lui plaît d'introduire.

Quelles demandes le demandeur originaire peut-il former incidemment?

S'il en était ainsi, rien ne serait plus facile que de se soustraire au préliminaire de conciliation et aux délais que l'article 77 accorde au défendeur pour préparer sa défense. Nous avons donc des distinctions à faire.

Le demandeur peut former incidemment toutes les demandes qui, ayant un rapport intime, une parfaite connexité d'origine avec sa demande principale, n'en sont en quelque sorte que le développement.

Les demandes nées *ex aliâ causâ*, c'est-à-dire d'une cause autre que celle qui sert de fondement à sa première prétention, ne peuvent être formées que par action principale.

Ainsi, par exemple, le créancier qui a conclu au payement d'un capital peut incidemment réclamer les intérêts que, par mégarde, il n'a point compris dans sa première demande.

Un propriétaire, demandeur en payement de ses loyers arriérés, peut de même, par des conclusions additionnelles, étendre sa demande aux loyers échus pendant le cours de l'instance ou demander, par la même voie, des dommages et intérêts, si, pendant le même temps, le locataire a dégradé les lieux. — C'est ainsi, encore, qu'un demandeur en revendication est admis à demander incidemment le séquestre de l'immeuble litigieux, c'est-à-dire sa remise entre les mains d'une tierce personne qui en prendra soin jusqu'à la fin du litige ; — ou enfin qu'une femme, demanderesse en séparation de corps, est reçue à réclamer des aliments pendant l'instance.

Dans ces diverses hypothèses, en effet, la seconde demande se rattache à la première par l'affinité la plus étroite.

Mais si, après avoir conclu au payement d'une somme d'argent, je m'avise de réclamer incidemment le délaissement d'un immeuble, ma demande ne sera point recevable en cette forme, car elle n'a aucun lien, aucun rapport avec ma demande originaire.

— Quant aux demandes *reconventionnelles*, elles sont permises non-seulement lorsqu'elles sont *connexes avec la demande principale par identité d'origine*, mais encore indépendamment de cette condition, *lorsqu'elles servent de défense* à l'action principale (art. 464, arg. d'analogie).

Quid, quant au défendeur?

Peut-il former incidemment une demande qui n'a aucune connexité avec celle qui a été formée contre lui?

Ainsi, un locataire, assigné à l'effet de se voir contraint d'exécuter les obligations dont il est tenu, par exemple, de garnir de meubles suffisants l'appartement qu'il habite, peut reconventionnellement demander que le propriétaire fasse les réparations nécessaires pour le rendre habitable. Ces deux demandes, dérivant du même contrat, sont *connexes* entre elles.

Un débiteur, actionné en payement d'une somme d'argent, prétend que son adversaire lui devant une somme semblable et actuellement exigible, il y a lieu à compensation : — sa demande, bien qu'incidente, est recevable, car si elle n'a point la même origine que la demande principale, si elle ne dérive point du même contrat, au moins s'y rattache-t-elle par un certain côté, *puisqu'elle lui sert de défense* (art. 1289 C. N. — V. ce qui a été dit à ce sujet, p. 32. V. en outre l'explic. de l'art. 464).

Que si, au contraire, étant actionné en payement d'une obligation née d'un emprunt, je prétends que mon adversaire m'a vendu un droit de passage sur un immeuble à lui appartenant, ma prétention ne sera point recevable en la forme d'une reconvention ; car, d'une part, elle n'a aucun lien, aucune connexité avec la demande principale, et, d'autre part, elle ne lui sert point de défense.

Art. 337.

Comment s'introduisent les demandes incidentes formées par l'une des parties contre l'autre ?

III. COMMENT S'INTRODUISENT LES DEMANDES INCIDENTES, ADDITIONNELLES OU RECONVENTIONNELLES. — On les forme par un *simple acte d'avoué à avoué*, contenant les moyens et les conclusions, avec offre de communiquer les pièces justificatives sur récépissé ou par dépôt au greffe (V. la formule 94).

Par un simple acte... Ainsi on ne peut les introduire ni par un *exploit*, ni par une *requête grossoyée*.

Sont-elles nulles quand elles sont formées par exploit ?

N'en concluez pas, toutefois, qu'elles seraient inadmissibles par cela seul qu'elles auraient été formées par un exploit. Même en cette forme elles sont valablement introduites. Mais, comme ce mode de procéder est plus dispendieux que celui que prescrit la loi, l'excédant de frais qui en résulte demeure, dans tous les cas, à la charge du demandeur : — dans tous les cas, c'est-à-dire soit qu'il succombe, soit qu'il triomphe, quant à l'incident qu'il a soulevé.

Peut-on les former par de simples conclusions à l'audience?

J'admets également qu'elles peuvent être formulées sous la forme de conclusions à l'audience. Cela se fait dans l'usage, et la loi n'y apporte aucun obstacle ; car en prescrivant un simple acte d'avoué à avoué elle a entendu proscrire, non point tout autre mode *même plus économique* de procéder, mais simplement la forme ordinaire de l'exploit, ou l'emploi de la requête grossoyée. — Le défendeur devra, bien entendu, obtenir, en ce cas, s'il y a lieu, un délai pour préparer sa défense.

Comment les forme-t-on quand le défendeur n'a point constitué d'avoué ?

— Lorsque le défendeur n'a point constitué d'avoué, la voie du simple acte n'est plus possible. L'incident s'introduit alors par un exploit, sauf à le faire joindre au principal.

Art. 338.

Quid, si la même partie a plusieurs demandes incidentes à former ?

— Dans tous les cas il importe qu'une partie ne puisse point grossir les frais outre mesure et retarder indéfiniment la décision de la cause par des incidents réitérés. De là la prescription suivante : les incidents doivent être proposés *en même temps*, et par un même acte.

Quelle est la sanction de l'inobservation de cette formalité ?

L'inobservation de cette disposition n'entraîne point la déchéance du droit de former *successivement* plusieurs demandes incidentes : la loi ne va pas jusque-là. Ainsi, après avoir soulevé un premier incident, on peut valablement en former un second ; seulement, les frais des incidents tardivement formés n'entrent point en taxe. Tout cela se résume en une simple règle de tarif (1).

— Inutile d'ajouter que notre règle ne s'applique point aux demandes dont les causes sont nées *postérieurement au premier incident*. Si donc, après avoir conclu incidemment au payement des loyers échus pendant le cours d'une instance principale, engagée par moi contre mon locataire, je réclame des dommages et intérêts pour dégradations commises depuis ma première demande incidente, les frais de ce second incident resteront à la charge du défendeur, s'il succombe.

Cette disposition est-elle toujours applicable ?

— La réponse aux demandes incidentes se fait dans la même forme que la demande, par un simple acte.

Le délai dans lequel elle doit être faite n'ayant pas été réglé par la loi, le tribunal le fixe lui-même, d'après les circonstances.

Comment et dans quel délai se fait la réponse à une demande incidente ?

IV. Comment se jugent les demandes incidentes. — Elles sont jugées *par préalable, s'il y a lieu.*

Comment se jugent les demandes incidentes ?

Par préalable... c'est-à-dire avant la demande principale.

S'il y a lieu... Tel est le cas où la demande incidente tend à faire ordonner un séquestre ou à obtenir une pension alimentaire (V. p. 95).

Mais il arrive souvent que l'incident, étant subordonné, quant à son principe même, à la demande principale, ne peut pas être isolé d'elle. Force est bien alors de le joindre au fond, afin de statuer sur le tout par un seul et même jugement. C'est ce qui a lieu, par exemple, dans le cas où l'incident a pour objet les intérêts d'un capital réclamé isolément par action principale (V. p. 261), ou les fruits d'un immeuble qu'on a revendiqué comme sien.

N'est-on point, en certains cas, obligé de les joindre au fond ?

— Dans les affaires qui s'instruisent par écrit, l'incident est porté à l'audience et jugé par préalable sur plaidoiries, à moins que les juges n'y découvrent des complications analogues à celles que présente le principal, auquel cas il est joint au fond et compris dans l'instruction par écrit.

Comment procède-t-on dans les affaires qui s'instruisent par écrit ?

§ II. De l'intervention.

I. Ce que c'est que l'intervention. — Ses rapports avec la tierce opposition. — L'intervention est l'action par laquelle un tiers qui prétend avoir des intérêts engagés dans une instance pendante entre d'autres parties demande à y être reçu lui-même comme partie pour la défense de son droit ; ou, si l'on veut, *l'apparition d'un nouvel adversaire dans une cause.*

Qu'est-ce que l'intervention ? Quel rapport a-t-elle avec la tierce opposition ?

La tierce opposition est l'action par laquelle un tiers demande qu'un jugement rendu à la suite d'une instance dans laquelle il n'a pas été partie soit réformé en tant qu'il préjudicie à ses droits (V. l'explic. de l'art. 474).

(1) Il en est différemment dans l'hypothèse prévue et réglée par l'article 1346 du Code Napoléon. — V. l'explic. de cet article.

On voit par quelle affinité ces deux procédures se rencontrent.

L'une est un moyen *préventif*, l'autre un moyen *de réparation*. La tierce opposition tend, en effet, à faire disparaître le dommage qu'on aurait prévenu par l'intervention, si on y avait eu recours. Aussi a-t-on pu dire avec raison qu'elle n'est qu'une intervention, mais une intervention après coup (1).

Quelles personnes ont le droit d'intervenir dans une instance ?

Ce droit n'appartient-il qu'à ceux qui seraient recevables à former tierce opposition contre le jugement ?

II. Des personnes qui ont ou qui n'ont point qualité pour intervenir. — Tous ceux qui seraient en droit d'attaquer le jugement qui sera rendu à la suite de l'instance engagée ont évidemment qualité pour y intervenir : il est plus naturel de prévenir un dommage que d'avoir à le réparer. Mais doit-on dire que ceux-là seulement peuvent y prendre part qui seraient recevables à former une tierce opposition contre le jugement?

A ne consulter que l'article 466, l'affirmative ne serait point douteuse ; mais cette disposition étant spéciale *à l'appel*, puisqu'on ne la retrouve point reproduite ailleurs et appliquée à d'autres matières, on a été amené à en conclure *qu'en première instance* toute personne qui a un intérêt légitime à défendre a un titre suffisant pour intervenir, quoique d'ailleurs elle ne figure point parmi ceux auxquels compète le droit de tierce opposition. Ainsi, par exemple, bien que les créanciers ne puissent pas, en général, attaquer par cette voie les jugements rendus contre leur débiteur (V. l'explic. de l'art. 474), ils peuvent, néanmoins, lorsqu'il se trouve engagé dans une instance, y intervenir pour la conservation de leurs droits.

Dans quel intérêt ou dans quel but une tierce personne peut-elle intervenir ?

N'est-ce pas tantôt dans l'intérêt du demandeur originaire ?

Tantôt dans l'intérêt du défendeur ?

Tantôt enfin dans son intérêt exclusif ?

III. De ceux contre lesquels ou au profit desquels l'intervention peut avoir lieu. — L'intervenant peut prendre part au débat :

1° *Dans l'intérêt du demandeur contre le défendeur.* — Je vous ai vendu un fonds et j'ai déclaré, en vous le vendant, qu'une servitude active existait à son profit sur un fonds voisin ; le propriétaire du fonds servant ayant apporté un obstacle à l'exercice de cette servitude dont il nie l'existence, vous avez formé une demande contre lui : — je puis intervenir au procès et m'associer à votre demande. J'y ai intérêt, car si vous succombiez, vous auriez contre moi un recours en garantie.

2° *Au profit du défendeur contre le demandeur.* — Un tiers revendique contre vous un immeuble que je vous ai vendu : — je puis intervenir et, réunissant mes efforts aux vôtres, vous aider dans votre défense. J'y suis intéressé ; car, en faisant écarter la demande formée contre vous, j'éviterai par là même le recours en dommages et intérêts que vous auriez contre moi, en cas d'éviction (V. l'art. 1630 C. N.).

3° *Dans son intérêt exclusif, et par conséquent à la fois contre le demandeur et le défendeur.* — Tel est le cas où il intervient pour revendiquer comme sien un héritage dont les parties, déjà engagées dans l'instance, se disputent la propriété.

Art. 339.

L'intervention se forme-t-elle par un exploit ?

IV. Comment se forme l'intervention. — Nous avons vu que les demandes incidentes, formées par l'une des parties contre l'autre,

(1) M. Bonnier, p. 445.

s'introduisent par la voie d'un simple acte d'avoué à avoué, dont l'étendue est fixée à l'avance. Nous avons même admis qu'on les pouvait former à l'audience par de simples conclusions verbales (V. p. 262). Rien de semblable n'a lieu quant à l'intervention. Et d'abord elle n'a jamais lieu à l'audience. On ne peut pas admettre qu'un plaideur puisse s'introduire en justice sans un acte en forme et signifié à l'avance (1).

Par un simple acte d'avoué à avoué ?

Peut-elle être formée par des conclusions prises à l'audience ?

Un simple acte d'avoué à avoué ne suffirait même pas à cet effet : la loi exige une *requête*, c'est-à-dire un acte d'avoué à avoué dont l'étendue peut varier à l'infini, suivant la nature et l'importance de l'affaire.

Comment donc la forme-t-on ?

Ainsi, la partie qui veut former une intervention constitue directement un avoué. L'avoué constitué rédige une requête dans laquelle il développe l'*objet et les moyens* de l'intervention, après quoi il notifie, par un même acte, aux avoués des parties en cause : 1° sa constitution, 2° la requête qu'il a rédigée au nom de l'intervenant ; 3° la copie des pièces qu'il entend produire à l'appui de l'intervention.

Il n'est point nécessaire de notifier la requête au président et aux juges du tribunal ; sa signification aux avoués des parties suffit, sauf au tribunal, si l'intervention est contestée, à décider si elle est ou non admissible.

La requête doit-elle être signifiée au président et aux juges ?

Quant aux énonciations qu'elle doit contenir, la loi ne prescrit expressément que la mention des conclusions de l'intervenant et des moyens de l'intervention ; mais puisqu'elle a pour objet d'introduire une tierce personne dans l'instance, peut-être doit-on dire, qu'à l'exemple de l'exploit dont elle est l'équivalent et qu'elle remplace, il est de son essence qu'elle mentionne l'indication des nom, prénoms, profession et domicile de l'intervenant (2) (V. la formule 95).

Quelles énonciations doit-elle contenir ?

Les parties qui reçoivent copie de la requête des interventions y répondent par une requête également grossoyée (art. 72 du tarif).

Comment les autres parties répondent-elles ?

Aucun délai n'étant fixé pour cette réponse, on en a conclu qu'elle devait être faite immédiatement et sans retard de l'instance.

Art. 340.

V. A QUEL MOMENT DE L'INSTANCE PEUT SE PRODUIRE UNE DEMANDE EN INTERVENTION. — « L'intervention, porte l'article 340, ne peut retarder le jugement de la cause principale quand elle est en état. » Une affaire est en état lorsque les plaidoiries sont commencées, et elles sont réputées commencées dès que des conclusions ont été contradictoirement prises à l'audience (art. 343). Quelques personnes ont conclu de la combinaison de ces deux dispositions qu'une fois les conclusions prises à l'audience aucune intervention n'est plus possible. Mais cette interprétation est évidemment inadmissible : la loi, en effet, ne dit point qu'aucune intervention ne sera recevable, *l'affaire étant en état* ; elle se borne simplement à déclarer que l'intervention, au cas où elle a lieu l'affaire étant déjà en état, ne devra point retarder le jugement.

A quel moment l'intervention peut-elle être formée ?

Peut-elle l'être lorsque l'affaire est en état ?

(1) M. Bonnier, p. 290.

(2) En ce sens, M. Bonnier, p. 290.

Ainsi, l'intervention peut se produire *en tout état de cause.*

L'intervenant peut-il obtenir des délais pour préparer sa défense ?

A-t-elle lieu alors que l'affaire n'est pas en état, l'intervenant peut obtenir les délais qui lui sont nécessaires pour préparer sa défense.

L'affaire est-elle déjà en état quand elle se produit, l'intervenant doit être prêt à plaider; il n'a droit alors à aucun délai, car le jugement de l'affaire principale ne doit subir aucun retard. Que s'il n'est pas prêt, qu'il laisse prononcer le jugement : il lui restera, en ce cas, la ressource de la tierce opposition.

Art. 341.

Comment se juge l'intervention ?

VI. Comment se juge l'intervention. — Dans les causes d'audience l'intervention qui *n'est point contestée* est de plein droit jointe au fond. Le tribunal statue sur le tout par un seul et même jugement. Si elle est contestée par les parties en cause ou par l'une d'elles, les juges doivent examiner, *au préalable,* si elle est ou non recevable. S'ils l'admettent, ils la joignent au fond. — Toutefois, si l'affaire principale est en état, la question de savoir si l'intervention est ou non admissible se plaide en même temps que le fond, et un seul jugement fait droit sur le tout.

Dans les affaires qui s'instruisent par écrit, la recevabilité de l'intervention, quand elle est contestée, est portée à l'audience. Si elle est admise, le jugement la joint au principal.

Qu'est-ce qu'une demande en déclaration de jugement commun ou l'intervention *forcée* ?

VII. De la demande en déclaration de jugement commun ou de l'intervention forcée. — La demande en déclaration de jugement commun est l'action par laquelle l'une des parties engagées dans une instance y appelle un tiers qui aurait le droit, s'il n'y était point appelé, d'attaquer, par la voie de la tierce opposition, le jugement à intervenir. Elle conclut alors à ce que la décision du litige soit rendue contre le tiers qu'elle met en cause, en même temps que contre la partie qui y est déjà et avec laquelle il se trouve avoir des intérêts identiques. Supposons, par exemple, qu'après avoir formé contre *Primus* une action en revendication, je vienne à découvrir, pendant le cours de l'instance, que l'immeuble que je revendique est *indivis* entre mon adversaire actuel et *Secundus :* j'appellerai ce dernier en cause et demanderai que le jugement à intervenir soit rendu tant contre lui que contre *Primus.*

Sous quels rapports diffère-t-elle de l'intervention *volontaire* ?

Cette intervention d'un tiers contraint de venir se lier à une instance engagée entre deux parties, et que pour cela on appelle *intervention forcée,* diffère sous deux rapports de l'intervention *volontaire* :

1° Elle est formée, non point par une *requête,* mais par un *exploit* (V. la formule 96).

2° Elle peut retarder la décision du principal, même lorsque l'affaire est en état, car alors on ne peut point faire à l'intervenant un reproche de la tardiveté de son intervention (1).

Peut-on la former relativement à un jugement *déjà rendu* ?

— La demande en déclaration de jugement commun est surtout utile lorsqu'elle est *incidente,* c'est-à-dire lorsqu'elle a lieu par rapport à un jugement *à rendre;* mais rien ne s'oppose à ce qu'on l'applique à

(1) M. Bonnier, p. 291.

un jugement déjà rendu. Remarquez seulement qu'en ce cas elle est soumise au préliminaire de conciliation, car alors elle est, tout à la fois, *principale et introductive d'instance*.

N'est-elle pas alors principale et introductive d'instance? Qu'en conclure?

TITRE XVII.

DES REPRISES D'INSTANCES ET CONSTITUTION DE NOUVEL AVOUÉ.

I. DES ÉVÉNEMENTS QUI INTERROMPENT OU QUI N'INTERROMPENT POINT L'INSTANCE. — Deux idées principales dominent cette matière. Art. 342 à 345.

1° *L'intérêt public commande à la loi de simplifier les procédures, de n'en point retarder la marche, afin que les procès soient promptement jugés.*

De là, la règle suivante :

Lorsqu'une instance est engagée, elle continue, nonobstant le changement d'état des parties ou la cessation des fonctions dans lesquelles elles procédaient.

L'instance est-elle suspendue par le changement d'état des parties ou la cessation des fonctions dans lesquelles elles procédaient?

Ainsi, qu'une partie majeure vienne à être interdite, qu'une femme mariée engagée dans une instance devienne veuve, ou qu'une fille ou une veuve se marie; qu'un tuteur, plaidant en cette qualité, soit remplacé par un autre ou qu'il vienne à cesser ses fonctions, par suite de la majorité de la partie qu'il représente, il n'importe, l'instance *n'est point interrompue*.

La partie que ces changements intéressent n'est point, en effet, impuissante à se défendre, car elle peut agir soit par elle-même et par elle seule, quand elle recouvre la plénitude de ses droits, soit avec l'assistance de son curateur, lorsqu'un surveillant a été placé près d'elle pour la protéger, soit par son tuteur, au cas où elle devient incapable d'ester elle-même en justice.

Supposons, par exemple, qu'une partie mineure devienne majeure : son ancien tuteur l'avertira aussitôt de l'état des choses et la mettra en mesure de lui succéder dans l'instance.

Ou bien encore que la tutelle change de mains : le tuteur qui disparaîtra s'empressera de donner avis au tuteur qui le remplacera du procès engagé par ou contre lui.

La procédure commencée peut donc, dans ces divers cas, suivre son cours sans inconvénient.

Peu importe, au reste, à quel moment de l'instance ces changements surviennent; *fût-ce à son début*, elle suit son cours.

Quid, si ces changements ont lieu au début de l'instance?

— Toutefois, ce principe souffre une exception ou au moins un tempérament.

Lorsque le demandeur change d'état *avant que l'instance se trouve liée par une constitution d'avoué de la part du défendeur*, celui-ci pouvant croire que le changement d'état survenu dans la personne du demandeur amènera peut-être l'abandon des poursuites, la loi exige, afin d'éviter toute surprise, qu'il soit assigné de nouveau à un délai de

Quid, pourtant si le demandeur change d'état ou s'il décède avant que le défendeur ait constitué avoué?

huitaine pour voir adjuger les conclusions, sans recourir d'ailleurs à une nouvelle tentative de conciliation. A défaut de cette réassignation, aucun défaut ne peut être pris contre lui.

Le défendeur ne peut-il point renoncer au bénéfice de cette disposition ?

Remarquez, au reste, que cette disposition, ayant pour but de mettre le défendeur à l'abri de toute surprise, est toute en sa faveur, et qu'ainsi il y peut renoncer. Si donc il constitue avoué sur la première assignation qui lui a été donnée, l'instance suivra son cours ordinaire, sans le secours d'une assignation nouvelle.

S'il ne constitue point d'avoué, la nouvelle assignation qui lui est donnée anéantit-elle la première ?

Ajoutons qu'au cas où le défendeur reste dans l'inaction, la seconde assignation qui lui est donnée n'annule point la première. Ainsi, les intérêts courent, la prescription est interrompue non point seulement du jour de la seconde, mais de la première assignation (1).

— Ce que nous venons de dire du *changement d'état* survenu dans la personne du demandeur, avant que le défendeur ait constitué avoué, s'applique également à son *décès*. Les héritiers du demandeur ne peuvent donc point, en vertu de l'assignation donnée à sa requête, obtenir un jugement par défaut contre le défendeur qui n'a pas constitué d'avoué. S'ils veulent le mettre en demeure de lier l'instance, ils doivent l'assigner de nouveau.

Tout ce que nous venons de dire s'applique-t-il au cas de cessation des fonctions dans lesquelles le demandeur procédait ?

Enfin, quoique la loi ne le dise point expressément, nous déciderions, par analogie, que la même marche doit être suivie au cas de cessation des fonctions dans lesquelles le demandeur procédait.

2° *Aucune partie ne peut être jugée si elle n'a présenté ou pu présenter les moyens justificatifs de sa prétention.*

Quels événements interrompent ou suspendent le cours de l'instance ?

Lorsqu'une partie *décède*, la défense de son droit devient impossible; car, d'une part, elle n'est plus là pour présenter ses moyens et, d'autre part, ses héritiers, qui peut-être ignorent le procès dans lequel elle était engagée, ne sont point en mesure de prendre en main la direction de l'affaire.

La même impossibilité se présente lorsqu'une partie n'a plus d'avoué pour la représenter, ce qui arrive lorsque celui qu'elle avait constitué décède ou lorsqu'il se démet de ses fonctions, ou enfin qu'il est interdit ou destitué. Alors, en effet, la partie qu'il représentait est dans l'impuissance de pourvoir à ses intérêts, puisqu'on ne peut point ester en justice sans le ministère d'un avoué.

De là, la règle suivante :

Lorsqu'une partie décède ou qu'elle perd son avoué, alors que sa défense n'était pas complète, l'instance est interrompue jusqu'à ce qu'elle soit reprise par les héritiers de la partie décédée, ou jusqu'à ce qu'un nouvel avoué ait été constitué.

Ainsi, le *décès* de l'une des parties ou *la cessation des fonctions de son avoué* sont les seuls événements qui interrompent l'instance.

Quelle différence y a-t-il entre l'interruption de l'instance par le *décès* de l'une

Ces deux causes d'interruption se séparent par une différence qu'il importe de signaler : l'une n'a son effet qu'à compter du jour où l'événement duquel elle résulte a été notifié à l'avoué de l'autre partie;

(1) Boitard, sur l'article 345. — M. Bonnier, sur le même article.

l'autre a lieu de plein droit à la date même de l'événement qui la produit.

des parties, et l'interruption par *la cessation des fonctions de son avoué?*

Je m'explique :

Une partie vient à décéder : l'instance est-elle *instantanément* interrompue? non. L'autre partie peut ignorer le décès de son adversaire, et ce serait manquer de justice à son égard que d'annuler les procédures qu'elle aura faites dans l'ignorance de cet événement. La loi fait donc une distinction.

Si l'avoué de la partie décédée a notifié son décès à l'avoué de l'autre partie (V. la formule 97), l'instance étant interrompue à partir de ce moment, les procédures ultérieures sont frappées de nullité.

A défaut de cette notification et tant qu'elle n'intervient point, la procédure suit son cours ordinaire.

Cette distinction est inapplicable aux cas du décès, de la démission, de l'interdiction ou de la destitution de l'avoué de l'une des parties. Dans cette hypothèse, l'instance s'arrête aussitôt, sans qu'il soit besoin de notifier à l'autre avoué l'événement qui l'interrompt. Cette notification n'est point nécessaire, alors, car les avoués ont quotidiennement entre eux des rapports si répétés qu'il est impossible que le décès, la démission, l'interdiction ou la destitution de l'un d'eux soient ignorés des autres ; dès qu'un événement de cette nature arrive, il est connu.

Le décès de l'une des parties ou la perte de son avoué interrompent - elles *toujours* l'instance ? Il y a donc une distinction à faire ? Quelle distinction?

— Au reste, il faut bien se garder de croire que le décès de l'une des parties et la perte de son avoué interrompent *toujours* l'instance (toujours, c'est-à-dire à quelque période de l'instruction que ces événements arrivent) : ils n'ont cet effet qu'autant qu'ils se produisent *l'affaire n'étant pas encore en état.*

Ainsi, en résumé, l'affaire *est-elle en état*, rien n'en peut différer le jugement, ni le changement d'état des parties, ni la cessation des fonctions dans lesquelles elles procédaient, ni même leur décès ou la perte de leur avoué.

Ne l'est-elle point, ces deux derniers événements, mais eux seuls, ont un effet interruptif.

Quand une affaire est-elle *en état?* Ne faut-il pas à cet égard distinguer entre les causes verbales ou d'audience et les causes qui s'instruisent par écrit?

II. Du MOMENT A PARTIR DUQUEL UNE CAUSE EST EN ÉTAT. — Plaçons-nous d'abord dans l'hypothèse d'une cause *verbale* ou *d'audience :* c'est le cas le plus ordinaire. D'après l'ancien droit, il ne suffisait point, pour qu'une affaire fût en état, que les plaidoiries fussent *commencées*, il les fallait *terminées.* Sous l'empire du Code, au contraire, il suffit qu'elles soient commencées, et elles sont réputées l'être dès que les conclusions ont été contradictoirement prises par les avoués des parties.

Cette innovation a été critiquée. Que le décès d'une partie ou la perte de son avoué n'interrompe point l'instance et ne puisse point retarder la décision de l'affaire *lorsque l'instruction est complète*, que les plaidoiries sont terminées, qu'en un mot le rôle des parties, de leurs avoués et de leurs avocats, est achevé, cela se conçoit : les juges peuvent alors juger en parfaite connaissance de cause, et il est bon qu'ils le fassent immédiatement ; mais quand les plaidoiries sont simplement commencées, c'est-à-dire lorsque les conclusions ont été contradictoirement prises, la défense des parties est-elle complète? leur rôle est-il achevé? n'ont-elles plus rien à faire, rien à dire, aucun renseignement à donner à leurs avocats? Dès lors n'est-il pas à craindre que la défense de la partie décédée ou privée de son avoué ne reste inachevée?

Quoi qu'il en soit, la loi est formelle: dès que les conclusions ont été contradictoirement prises, l'affaire est réputée être en état.

— Quant aux causes qui s'intruisent par écrit, on est resté dans les principes suivis dans notre ancienne jurisprudence: elles sont en état alors seulement que l'instruction *est complète* ou quand les délais pour les productions et réponses sont expirés.

Art. 346 à 351.

Quand y a-t-il lieu à reprise d'instance? A constitution d'un nouvel avoué? La constitution d'un nouvel avoué n'est-elle point elle-même une *reprise de l'instance*? La reprise d'instance n'est-elle pas volontaire ou forcée?

III. De la reprise d'instance et de la constitution d'un nouvel avoué. —Il y a lieu *à reprise d'instance* lorsque l'instruction a été interrompue par le décès de l'une des parties; *à constitution d'un nouvel avoué*, lorsque l'interruption de l'instance provient du décès, de la démission, de l'interdiction ou de la destitution de l'un des avoués constitués. Remarquez que la constitution d'un nouvel avoué est elle-même une reprise de l'instance, puisqu'elle fait cesser son interruption.

— La reprise d'instance, — et par ces mots nous entendons tout à la fois la reprise proprement dite et la constitution d'un nouvel avoué, — est *volontaire* ou *forcée*.

Quand est-elle *volontaire*?

Volontaire... Les héritiers de la partie décédée peuvent, en effet, sans attendre qu'ils soient assignés à cet effet, déclarer par acte d'avoué à avoué qu'ils reprennent l'instance. — La partie qui a perdu son avoué peut de même constituer de suite un nouvel avoué et notifier cette constitution à l'avoué de l'autre partie, auquel cas l'instance se trouve immédiatement renouée (V. la formule 98).

Quand est-elle *forcée*? Comment se forme une demande en reprise d'instance?

Forcée... Si la partie qui peut volontairement reprendre l'instance n'en fait rien, son adversaire recourt à la justice pour l'y contraindre. La demande qu'il introduit à cet effet est formée par une assignation dans les délais fixés pour les ajournements, avec indication des avoués qui occupaient et du juge rapporteur, s'il y en a (V. la formule 99).

Trois cas sont alors à considérer.

Quid, si la partie assignée défère à la demande?

Si la partie assignée en reprise d'instance défère à la demande, la reprise ou la constitution d'un nouvel avoué se fait par acte d'avoué à avoué. Dès lors, le débat sur l'incident étant terminé, le tribunal n'a aucun jugement à rendre.

Quid, si elle conteste?

Que si au contraire elle conteste, si elle soutient, par exemple, qu'elle n'est point l'héritière de la partie décédée ou qu'elle est dans les délais pour faire inventaire et délibérer, l'incident est jugé sommairement.

Quid, si elle fait défaut?

Enfin, il se peut qu'elle ne se présente point sur l'assignation qui lui a été donnée. Il est alors rendu un jugement qui déclare la cause reprise et ordonne qu'il sera procédé suivant les derniers errements, sans qu'il puisse y avoir d'autres délais que ceux qui restent à courir. Ce jugement doit être signifié par un huissier commis. Si l'affaire est en rapport, la signification énonce le nom du rapporteur.

—La partie contre laquelle ce jugement a été rendu peut évidemment y former opposition. Use-t-elle de ce recours, son opposition est portée à l'audience, même dans les affaires en rapport. Garde-t-elle le silence, le tribunal, après l'expiration des délais pour former opposition, procède au jugement définitif, lequel est également rendu par défaut.

Quid, si elle forme opposition à ce jugement?

TITRE XVIII.

DU DÉSAVEU.

I. CE QUE C'EST QUE LE DÉSAVEU. — DU MANDATAIRE AD NEGOTIUM ET DU MANDATAIRE AD LITEM. — DIFFÉRENCES. — DÉFINITION DU DÉSAVEU. — On appelle mandataire *ad negotium* la personne qui a été chargée par une autre de faire pour elle et en son nom une affaire ordinaire; mandataire *ad litem*, l'officier ministériel constitué par une partie pour faire, dans un procès où elle est engagée, les actes de son ministère. Le premier est une personne *privée;* le second, une personne *publique*. De là, la différence suivante :

Qu'est-ce qu'un mandataire ad negotium?

Un mandataire ad litem?

Lorsqu'un mandat *ad negotium* est contesté, c'est-à-dire lorsque la personne au nom de laquelle une affaire a été gérée prétend qu'elle n'a donné aucun pouvoir à cet effet ou que l'affaire dont il s'agit a été conclue en dehors des pouvoirs qu'elle a donnés, il n'existe aucune raison d'admettre l'affirmation contraire du prétendu mandataire, puisqu'il n'a aucun caractère qui oblige de croire à sa parole plutôt qu'à celle de son adversaire. Il affirme l'existence du mandat: il doit donc l'établir. Tant qu'il n'en rapporte point la preuve, l'acte qu'il a fait est réputé inexistant à l'égard de la partie au nom de laquelle il a été passé; elle n'a pas besoin de l'attaquer en justice, il lui suffit d'attendre qu'on l'invoque contre elle et de répondre alors qu'ayant été fait sans son consentement, il n'a et ne peut avoir aucun effet contre elle.

Quel est l'intérêt de cette distinction?

Lors, au contraire, qu'il s'agit d'un acte émané d'un officier ministériel, la règle est tout autre. Le caractère public dont est revêtu un officier ministériel exige qu'on prête foi à ce qu'il affirme. Lors donc qu'il soutient qu'il a été autorisé par la partie qui l'a constitué à faire l'acte qu'elle repousse comme ayant été fait sans son consentement, la loi, présumant l'existence de ce consentement, tient l'acte pour valable jusqu'à la preuve du contraire. C'est donc à la partie que cet acte intéresse à rapporter la preuve qu'il a été fait sans mandat. Bien plus, elle doit recourir, pour la faire, à une procédure particulière organisée sous le nom de *désaveu*.

Ainsi, tandis qu'en cas de conflit, le mandat *ad negotium* est présumé inexistant, c'est la présomption contraire qui a lieu quant au mandat *ad litem*.

Les actes passés sans mandat par une personne privée au nom d'une autre, ou par un mandataire en dehors de ses pouvoirs, sont nuls de plein droit. Ceux qui émanent d'un officier ministériel non autorisé à les faire sont seulement annulables par l'action en désaveu.

Qu'est-ce que le désaveu ?

Le désaveu est donc l'action par laquelle une partie, après avoir déclaré qu'elle n'a point donné pouvoir à un officier ministériel de faire ce qu'il a fait pour elle, désapprouve l'acte qui a eu lieu et en demande la nullité.

Quels mandataires doivent être *désavoués*, quand on prétend qu'ils ont agi en dehors de leurs pouvoirs ?

Quid, quant aux huissiers ?

II. Des personnes qui peuvent être désavouées. — A ne considérer que les termes des articles 354 et 355, la théorie du désaveu ne concernerait que les *avoués;* mais il est universellement admis qu'elle est également applicable aux *huissiers*. Il en était ainsi du temps de Pothier, et il n'est pas probable que les rédacteurs du Code se soient écartés sur ce point des principes suivis dans notre ancien droit. Les articles 354 et 355 ne parlent, il est vrai, que des avoués; mais ces textes n'ont rien d'exclusif. L'article 352 porte, d'ailleurs, *sans distinguer de quel officier ministériel* ils émanent, « que les actes qui y sont désignés peuvent être désavoués ». Le Tribunat fit même remarquer que cette disposition était commune aux avoués et aux huissiers.

Quid, quant aux avocats ?

Quant aux avocats, leurs actes n'obligent point au désaveu. Il suffit à la partie qui prétend qu'elle n'a point autorisé la déclaration qui a été faite en son nom, d'affirmer qu'elle n'y a consenti en aucune manière, sauf à l'avocat à faire la preuve du contraire.—Toutefois, l'avoué qui entend l'avocat faire un aveu susceptible de compromettre le droit de son client doit avoir le soin de protester au moment même; autrement, son silence serait considéré comme un acquiescement, ce qui ferait naître la présomption d'un consentement donné par la partie elle-même, sauf l'action en désaveu contre l'avoué.

Quid, si l'avoué qui entend l'avocat faire un aveu garde le silence ?

Que décider à l'égard des agréés au tribunal de commerce ?

— Que décider à l'égard des agréés au tribunal de commerce? Doit-on les considérer, quant au désaveu, comme des mandataires *ad litem* ou comme des mandataires *ad negotium?* La jurisprudence tient pour le premier parti; elle les assimile aux avoués et aux huissiers.

L'opinion contraire nous semble mieux fondée: « Le mot *désaveu*, « faisait remarquer le Tribunat, peut s'appliquer, dans un sens général, à toute espèce de mandataire qui a excédé ses pouvoirs.

« Cependant, telle n'est point l'acception dans laquelle le désaveu « est pris dans ce titre; *il n'a trait qu'aux officiers ministériels* qui ont « nui à leur partie en excédant leurs pouvoirs.

« Les règles établies en cette matière sont communes aux *avoués* et « aux *huissiers* (1) ».

Les agréés près les tribunaux de commerce ne sont point des *officiers ministériels:* or, s'ils n'ont aucun caractère public, à quel titre et de quel droit leur en attribue-t-on les prérogatives (2) ?

Art. 352.

Quels actes peuvent donner lieu au désaveu ?

III. Des actes qui peuvent donner lieu au désaveu. — On peut, en ce qui touche les officiers ministériels et notamment les avoués, distinguer deux espèces d'actes, savoir :

(1) Locré, t. II, p. 16.

(2) En ce sens, MM. Bonnier, p. 329; Colmet-Daage sur Boitard, t. I, p. 546.

1° Les actes qui ne sont qu'une suite, une dépendance naturelle et nécessaire du mandat général que l'avoué a reçu d'ester en justice pour la partie qui l'a constitué. Ainsi, la constitution d'avoué implique le pouvoir, pour l'avoué constitué, de faire tous les actes ordinaires de la procédure, de notifier des moyens à l'appui de l'ajournement ou des défenses pour les contester, de conclure devant le tribunal, de rédiger les qualités (V. p. 129, l'explic. de ce mot), ou d'y faire opposition. En lui conférant le pouvoir de la représenter en justice, la partie qui l'a constitué l'a nécessairement autorisé à faire les actes de cette nature. Ils échappent donc au désaveu.

2° Les actes qui, engageant à un très-haut degré la responsabilité de la partie, excèdent les pouvoirs généraux dont elle a investi son avoué.

Cette seconde catégorie se subdivise elle-même.

Parmi les actes qu'elle embrasse, les uns ne peuvent être faits que par la partie elle-même ou par un mandataire spécial muni à cet effet d'un mandat exprès, soumis, dans certains cas, aux conditions de l'authenticité. Faits par l'avoué sans un pouvoir spécial et exprès, ces actes sont nuls *ab initio*. Il est inutile de les désavouer, puisqu'ils n'ont même pas une valeur apparente qu'il soit nécessaire de détruire. Tels sont les déclarations à faire en matière de faux (art. 216 et 218; v. p. 205), les actes de récusation d'experts ou de juges (art. 309; v. p. 247; art. 384), de désistement (art. 402), et de prise à partie (art. 511).

Les autres sont, jusqu'à la preuve du contraire, présumés ou réputés compris dans le mandat général dont l'avoué a été investi. Ils sont donc, lorsque l'avoué les passe sans avoir à cet effet un mandat spécial et exprès, *provisoirement* valables; mais la partie à laquelle ils préjudicient et qui prétend ne les avoir pas autorisés peut les attaquer et les faire tomber par la voie du désaveu. Tels sont les *offres* (art. 1257 C. N.), *aveux* et *consentements*.

Ces trois actes sont les seuls auxquels la loi applique expressément la théorie du désaveu. Mais cette énumération est-elle limitative? L'affirmative est généralement admise.

Cette énumération est-elle limitative ?

Toutefois, que faudrait-il décider si la constitution d'avoué était elle-même contestée? Ainsi, un avoué, ayant reçu des pièces pour les examiner et donner son avis au client qui le consultait, a, de sa propre initiative, formé une demande au nom de son client et s'est, à cet effet, constitué son avoué. La partie dont il s'est constitué le représentant peut-elle se borner à dire qu'elle ne lui a donné aucun pouvoir, et par là faire tomber, avec la constitution d'avoué, tous les actes qui ont été faits en son nom? Doit-elle, au contraire, prendre la voie du désaveu? En un mot, la présomption est-elle pour ou contre le mandat? Elle était autrefois en faveur du mandat, ce qui entraînait la nécessité du désaveu (1). La même solution est encore suivie aujourd'hui. En principe, a-t-on dit, et sauf les cas exceptionnels que nous

Quid, quant à la constitution d'avoué, dans le cas où elle est elle-même contestée?

(1) Pothier, *Traité du mandat*, n° 126.

avons énumérés ci dessus, les officiers ministériels, étant revêtus d'un caractère public, sont par là même, a-t-on dit, réputés, lorsqu'ils font un acte de leur ministère, agir conformément à l'instruction des parties.

Combien la loi distingue-t-elle d'espèces de désaveu ?

IV. Des différentes espèces de désaveu. — L'aveu est *incident* ou *principal :*

Qu'est-ce que le désaveu *incident* ?

Incident, lorsqu'il a pour objet un acte produit dans le cours d'une instance;

Le désaveu *principal* ?

Principal, quand il intervient en dehors de toute instance.

Art. 356 et 358.

Quel tribunal est compétent pour statuer sur une demande en désaveu ?

Quelle distinction faut-il faire à cet égard ?

V. Du tribunal compétent en matière de désaveu. — Deux cas sont ici à considérer :

1° L'acte désavoué a-t-il été fait *dans le cours et à l'occasion d'un procès*, l'action en désaveu doit être portée au tribunal devant lequel cet acte a eu lieu. Peu importe que le désaveu soit principal ou incident ; la règle est la même dans l'un et l'autre cas. Bien plus, elle reçoit son application, alors même que l'acte désavoué est produit devant un tribunal autre que celui devant lequel il a été fait.

Soit donc l'espèce suivante.

Vous m'avez assigné devant le tribunal de Versailles en payement d'une somme de 3,000 fr. Mon avoué, sans avoir reçu aucun mandat à cet effet, avoue l'existence de la dette. Je m'empresse, afin de prévenir la condamnation que cet aveu va motiver contre moi, de le désavouer. Ma demande en désaveu est *incidente* en ce cas ; elle devra donc naturellement être portée devant le tribunal où nous sommes déjà en instance.

Modifions l'espèce.

Je n'ai point connu l'aveu qui a été fait en mon nom ; un jugement est intervenu, qui m'a condamné à payer la somme dont j'ai été reconnu débiteur. Ce n'est qu'après l'expiration des délais d'appel que j'apprends la cause de ma condamnation. Je forme alors un désaveu. Ma demande, quoique *principale*, devra être portée au tribunal devant lequel a eu lieu l'aveu qui me préjudicie ; et il en serait ainsi quand même mon avoué aurait donné sa démission et transporté son domicile dans un autre ressort.

Enfin, supposons qu'étant encore dans les délais pour appeler du jugement rendu contre moi, j'use de mon droit, et que l'aveu fait par mon avoué en première instance me soit opposé en appel : ma demande en désaveu, bien qu'elle ait lieu dans le cours d'une instance pendante devant un tribunal autre que celui qui a connu de l'affaire à l'occasion et dans le cours de laquelle l'aveu a été fait, devra, même en ce cas, être soumise aux juges devant lesquels il a eu lieu.

La loi a pensé, avec raison, que le tribunal où s'est passé l'acte désavoué est, dans tous les cas, plus que tout autre, capable d'apprécier en parfaite connaissance de cause le désaveu auquel il donne lieu. Il est d'ailleurs bien naturel qu'il connaisse d'une demande dont l'effet doit être, à supposer qu'elle soit admise, l'annulation de la procédure qu'il a sanctionnée.

2° L'acte désavoué est-il *extrajudiciaire*, a-t-il été fait en dehors de toute instance; s'agit-il, par exemple, d'offres réelles faites ou acceptées par un huissier sans pouvoir, alors, mais alors seulement, on rentre dans le droit commun. L'action en désaveu appartient au tribunal *du domicile* du défendeur.

VI. De la procédure du désaveu.—1° *Délai*.—La loi n'ayant point fixé le délai dans lequel l'action en désaveu doit être formée, il en faut conclure qu'elle peut l'être tant que l'acte à désavouer n'a pas été ratifié par la partie dont il compromet les droits. Toutefois, si l'instance dans le cours de laquelle cet acte a été fait est terminée par un jugement rendu en dernier ressort ou en premier ressort, mais passé en force de chose jugée par l'expiration des délais d'appel, le désaveu doit être formé, sous peine de déchéance, dans la huitaine à dater du jour où le jugement sera réputé exécuté aux termes de l'article 159. A partir de ce moment, la partie intéressée connaît le jugement qui a été rendu contre elle; si elle reste dans l'inaction pendant huit jours, son silence est considéré comme une ratification tacite de l'acte qui a été fait en son nom.

Art. 362.
Dans quel délai l'action en désaveu doit-elle être formée?
Quid, pourtant, si l'instance dans le cours de laquelle l'acte qu'il s'agit de désavouer a été fait est terminée par un jugement ayant acquis force de chose jugée?

2° *Formes*. — Le désaveu, principal ou incident, ne s'introduit ni par une assignation, ni par une requête. La loi prescrit, en cette matière, une forme particulière.

Art. 353.
Comment se forme le désaveu?

La partie qui veut former un désaveu se rend, en personne ou par un mandataire muni d'un pouvoir spécial, au greffe du tribunal : là, elle déclare qu'elle désavoue l'acte qu'elle désigne. Le greffier dresse un acte de cette déclaration et le signe conjointement avec le désavouant ou avec son mandataire. — La signature du désavouant ou de son mandataire est prescrite afin qu'après avoir formulé un désaveu, il ne puisse pas plus tard le désavouer.

L'acte contenant la déclaration du désaveu doit indiquer les moyens et conclusions du désavouant, ainsi que la désignation de l'avoué qu'il a constitué pour le soutenir (V. la formule 100).

Quant aux procédures ultérieures, il importe de distinguer entre le désaveu principal et le désaveu incident.

Art. 354 et 355.

Désaveu principal. — Le désavouant lève une expédition de l'acte de désaveu qui a été dressé au greffe, et le signifie, par exploit d'huissier, 1° à l'officier désavoué; 2° aux parties intéressées au maintien de l'acte dont l'annulation est demandée.

Désaveu incident. — La signification doit être faite tout à la fois à l'avoué contre lequel le désaveu est dirigé, et aux avoués des autres parties engagées dans la cause; mais, au lieu de l'être, comme dans la précédente hypothèse, *par un exploit*, elle se fait *par un simple acte d'avoué à avoué*. Cette notification vaut sommation de défendre au désaveu (V. la formule n° 101).

Que doit faire le désavouant après qu'il a fait au greffe l'acte de désaveu?
A quelles personnes cet acte doit-il être signifié?
Comment se fait cette signification?

— La règle que le désaveu incident se signifie par un simple acte d'avoué à avoué reçoit une double exception :

1° Lorsque l'avoué auteur de l'acte désavoué n'exerce plus ses fonctions, ou lorsqu'il est décédé, le désaveu, bien qu'incident, ne peut

Le désaveu incident se signifie-t-il toujours par un simple acte d'avoué à avoué?

être alors notifié par acte d'avoué à avoué : on le signifie, en ce cas, comme le désaveu principal, au domicile de l'avoué, s'il vit encore, ou de ses héritiers, quand il est décédé, par exploit d'huissier, avec assignation à comparaître devant le tribunal devant lequel l'affaire est pendante. Quant aux parties intéressées au maintien de l'acte, la règle est maintenue : le désaveu est notifié à leurs avoués par acte d'avoué à avoué.

2° Si l'instance dans le cours de laquelle un acte est désavoué est pendante en un tribunal autre que celui qui doit connaître du désaveu (V. p. 274), il est impossible de procéder par notification d'avoué à avoué, puisque les parties n'ont plus aucun avoué devant le tribunal saisi du désaveu. On le signifie alors par assignation à personne ou à domicile, soit quant à l'officier qu'on désavoue, soit quant aux parties intéressées (1).

Art. 359.

La demande en désaveu doit-elle être communiquée au ministère public ?

— La demande en désaveu engage l'honneur d'un officier ministériel ; elle se rattache donc à l'ordre public. Aussi est-elle, dans tous les cas, dispensée du préliminaire de conciliation, mais sujette à communication au ministère public.

Art. 357.

La demande en désaveu n'a-t-elle point un certain effet dès qu'elle est formée ?

VII. Des effets de la demande en désaveu.— Du jugement auquel elle donne lieu. — Dès que le désaveu a été fait au greffe et notifié ainsi qu'il vient d'être dit, l'instance dans le cours de laquelle il intervient est arrêtée dans sa marche. « Il est sursis, porte l'article 357, à toute procédure et au jugement de l'affaire principale, jusqu'à celui du désaveu, à peine de nullité. » Toutefois, et afin que le demandeur ne trouve point dans ce sursis un moyen de paralyser indéfiniment l'action principale, la loi permet aux juges d'ordonner qu'il devra faire juger le désaveu dans un délai fixe, sinon qu'il sera fait droit.

Art. 360 et 361.

Quid, quand le désaveu est reconnu fondé ?

Quant au jugement par lequel le tribunal statue sur le désaveu, deux cas doivent être considérés :

1° Le désaveu est-il reconnu fondé, l'acte désavoué est déclaré nul, et avec lui tombent toutes les conséquences qu'on en avait déduites, c'est-à-dire tous les actes auxquels il a donné lieu. Si donc il a servi à motiver un jugement, ce jugement, ou celles de ses dispositions qui sont relatives au chef qui a donné lieu au désaveu, demeurent annulés ou comme non avenus.

L'officier ministériel désavoué est condamné envers le demandeur et les autres parties en tous dommages et intérêts, même puni d'interdiction, ou poursuivi extraordinairement, suivant la gravité des cas et la nature des circonstances.

Quid, s'il est, au contraire, jugé mal fondé ?

2° Le désaveu est-il écarté, l'acte désavoué et tout ce qui s'en est suivi se trouve par là même maintenu.

Le jugement de rejet doit être mentionné par le greffier sur la minute et en marge de l'acte de désaveu, afin que cet acte porte avec lui la preuve que l'honneur de l'officier ministériel mis en suspicion est sorti intact du débat.

(1) Boitard, t. Ier, p. 551.

La partie qui a succombé dans sa demande peut être condamnée envers l'officier désavoué, et même envers les autres parties, en tels dommages et intérêts qu'il appartient.

TITRE XIX.

DES RÈGLEMENTS DE JUGES.

Art. 363.

I. CE QUE C'EST QU'UN RÈGLEMENT DE JUGES. — DU CONFLIT DE JURIDICTION. — SES DIFFÉRENTES ESPÈCES. — On appelle règlement de juges la décision par laquelle un tribunal supérieur détermine lequel de plusieurs tribunaux devra connaître d'une cause.

Qu'est-ce qu'un règlement de juges ? Que suppose-t-il ?

Le règlement de juges suppose donc une contestation sur la question de savoir lequel de plusieurs tribunaux devra connaître d'une affaire.

Cette contestation ou cette incertitude s'appelle *conflit de juridiction* (1).

Combien distingue-t-on d'espèces de conflits ?

Il y a deux sortes de conflits, savoir : le conflit *positif* et le conflit *négatif*.

Qu'est-ce qu'un conflit *positif* ?

Le conflit est *positif* lorsque deux tribunaux saisis de la même affaire se déclarent l'un et l'autre compétents.

Un conflit *négatif* ?

Négatif dans l'hypothèse inverse, c'est-à-dire lorsqu'ils se déclarent incompétents tous les deux.

Est-il nécessaire, pour qu'il y ait conflit, qu'il soit intervenu de la part de l'un des tribunaux saisis une déclaration de compétence ?

Il n'est point nécessaire pour qu'il y ait conflit, et par suite pour qu'il y ait lieu au règlement de juges, qu'il soit intervenu de la part de l'un des tribunaux saisis une déclaration de compétence ; il suffit qu'un même différend ait été porté devant deux tribunaux.

Est-il nécessaire que les demandes dont ils sont saisis soient identiques ?

Bien plus, il n'est même pas nécessaire que les demandes dont ils sont saisis soient *identiques* entre elles ; il suffit qu'elles soient *connexes*.

Dans quels cas, en un mot, y a-t-il lieu au règlement de juges ?

Le règlement de juges peut donc être provoqué à l'occasion : 1° d'une question *de compétence proprement dite ;* 2° d'une question de *litispendance* ou de *connexité* (V. p. 161 et 162 l'explic. de ces mots).

II. DES CAS DANS LESQUELS IL Y A LIEU AU RÈGLEMENT DE JUGES. — DES CAS OÙ CE MODE DE PROCÉDER EST FACULTATIF ET DE CEUX OÙ IL EST INDISPENSABLE. — Nous avons dit déjà qu'il y a lieu à règlement de juges lorsqu'on se trouve en présence d'un conflit *positif* ou d'un conflit *négatif*. Mais nous devons à cet égard entrer dans quelques détails et éclairer la matière par des espèces.

Comment les choses se passent-elles lorsque deux débiteurs solidaires sont actionnés séparément chacun devant le tribunal de son domicile ?

1° *Du conflit positif.* — Supposons qu'un créancier ayant deux débiteurs solidaires, séparément domiciliés, les ait assignés l'un et l'autre, mais séparément, chacun devant le tribunal de son propre domicile. — Un même différend se trouve ainsi porté devant deux tribunaux éga-

(1) On le nomme conflit d'attributions lorsque la lutte existe entre un tribunal de l'ordre judiciaire et un tribunal de l'ordre administratif. Le règlement de cette espèce de conflit appartient au Conseil d'Etat.

lement compétents (art. 59-2°). C'est l'une des hypothèses du conflit positif. Comment les choses vont-elles se passer? Chacun des défendeurs peut à la rigueur accepter le tribunal devant lequel il a été appelé; mais si l'on procède ainsi, deux décisions contraires pourront être rendues sur un même différend, auquel cas il faudra recourir à l'appel pour faire réformer l'une d'elles, si elles sont en premier ressort, ou, dans l'hypothèse contraire, employer la voie de la cassation (art. 504). Que de frais alors et quelles lenteurs! On conçoit qu'il est bien plus simple d'exiger que les deux demandes soient portées devant le même tribunal et qu'il y soit statué par un seul et même jugement. De là, pour chacun des défendeurs, le droit de recourir immédiatement à un tribunal supérieur, afin de faire décider lequel des deux tribunaux saisis devra connaître de l'affaire.

Quid, quand un débiteur est assigné, pour la même dette, devant le tribunal de son domicile réel et devant le tribunal d'un domicile spécial d'élection?

Je vous ai assigné devant le tribunal de votre domicile *réel* en payement d'une somme de...; je décède pendant l'instance et mon héritier, qui ne connaît point la demande que j'ai déjà formée contre vous, vous assigne en payement de la même somme devant le tribunal du domicile par vous *élu* pour faciliter l'exécution de votre obligation (c'est l'un des cas de *litispendance*) (V. p. 162): — quel parti peut prendre le défendeur ainsi assigné deux fois pour le même objet et devant deux tribunaux? Il peut, à son choix, opposer devant le tribunal saisi le dernier *l'exception de litispendance*, ou prendre directement la voie du règlement de juges. Dans le premier cas, le tribunal le dernier saisi décide lui-même la question de litispendance; dans le second, la question est portée devant un tribunal supérieur (art. 363).

Supposons que le défendeur ait pris le premier parti et que le tribunal (le dernier saisi) devant lequel il a proposé son exception de litispendance l'ait écartée: — que fera-t-il alors? Ici encore il pourra, à son choix, proposer son exception devant le tribunal saisi le premier, ou former une demande en règlement de juges.

Il prend le premier parti, mais le tribunal (le premier saisi) auquel il s'adresse se déclare également compétent: — il ne lui reste plus alors que le recours au règlement de juges.

Quid, dans le cas où le détenteur d'un immeuble est actionné en revendication devant le tribunal de la situation de l'immeuble et en restitution de fruits devant le tribunal de son domicile?

Je revendique contre vous un immeuble dont je me dis propriétaire, et vous assigne devant le tribunal du lieu où cet immeuble est situé; pendant l'instance je vous assigne devant le tribunal de votre domicile, en restitution des fruits que vous avez tirés de l'immeuble, ou en dommages et intérêts pour les dégradations que vous avez commises. — Les choses se passeront comme dans la précédente espèce, sauf qu'au lieu d'une exception de *litispendance* à opposer, c'est une exception de *connexité* que vous aurez à présenter, s'il vous convient de prendre cette voie.

Quid, lorsque des deux tribunaux saisis nul n'a consenti à retenir l'affaire?

Y a-t-il alors lieu à règlement de juges?

2° *Du conflit négatif*. — Je vous ai actionné devant le tribunal de votre domicile en payement de la somme de...; vous m'avez répondu par une exception d'incompétence *ratione personæ* et vous êtes parvenu à convaincre le tribunal devant lequel je vous ai cité que vous n'avez point votre domicile dans son ressort.

Je vous assigne alors de nouveau devant le tribunal dans le ressort duquel je vous crois domicilié. Vous m'opposez une nouvelle exception d'incompétence et vous la faites admettre. Ainsi, des deux tribunaux saisis, nul n'a consenti à retenir l'affaire; ils se sont tous les deux déclarés *incompétents* (c'est le cas du conflit *négatif*) : y a-t-il lieu à un règlement de juges? Non, dira-t-on, car aux termes de l'article 363, cette voie n'est ouverte que pour le cas où la même affaire *est portée* devant deux tribunaux, ce qui les suppose saisis l'un et l'autre : or, dans l'espèce, ils ne le sont ni l'un ni l'autre. Cette interprétation littérale de la loi a paru trop rigoureuse; elle n'a point prévalu dans la pratique. Sans doute, a-t-on dit, la partie dont la demande a été deux fois écartée pour cause d'incompétence doit d'abord procéder par la voie de l'appel ou du recours en cassation, si ces voies lui sont ouvertes et les délais pour y recourir non expirés; mais si les décisions qui lui sont opposées sont irrévocables ou passées en force de chose jugée, force est bien de lui reconnaître le droit d'agir en règlement de juges, autrement toute action judiciaire lui serait refusée, ce qui constituerait un déni de justice.

— En résumé, il y a lieu à règlement de juges :

1° Lorsque deux tribunaux sont saisis de la même affaire, sans que ni l'un ni l'autre aient statué sur la compétence ou sur le fond;

2° Lorsqu'ils se sont tous les deux déclarés compétents ou incompétents;

3° Lorsqu'un tribunal s'est déclaré compétent et qu'un autre tribunal est saisi de la même affaire, sans que sa compétence ait été mise en question (1).

III. Du tribunal devant lequel doit être portée la demande en règlement de juges. — Elle doit l'être devant le tribunal *immédiatement supérieur* aux tribunaux entre lesquels il y a conflit, à supposer toutefois qu'il les ait tous les deux dans son ressort. *Devant quel tribunal doit être portée la demande en règlement de juges?*

Ainsi, par exemple, le conflit existe-t-il :

1° Entre deux tribunaux de paix placés dans le ressort d'un tribunal de première instance, le règlement devra être porté devant ce tribunal. — S'ils sont situés dans les ressorts de deux tribunaux de première instance, on s'adresse à la Cour impériale. — Que si, enfin, ils n'appartiennent point à la même Cour, c'est alors la Cour de cassation qui est compétente.

2° Entre deux tribunaux de première instance, ressortissant à la même Cour impériale, le règlement sera donné par cette Cour. Dans l'hypothèse inverse, on devra s'adresser à la Cour de cassation.

IV. Procédure. — Jugement. — 1° *Procédure.* — La partie qui soulève le conflit doit, avant de former sa demande en règlement, obtenir du tribunal compétent pour la juger une permission à l'effet d'assigner l'autre partie. Dans ce but, elle adresse au tribunal une requête qu'elle remet au président. Cette requête doit être accompagnée des Art. 364 à 366. *Comment l'introduit-on?*

(1) Boitard, t. I, p. 559.

pièces justificatives, mais il n'est point nécessaire de la signifier à l'autre partie (V. la formule 102).

Le tribunal auquel la requête est communiquée y répond par un jugement.

Le tribunal auquel la requête est adressée doit-il, dans tous les cas, accorder la permission qui lui est demandée ?

A ne consulter que les termes de l'article 364, la permission devrait être accordée dans tous les cas; mais s'il en était ainsi, où serait l'utilité d'une telle permission? On décide donc que le tribunal peut la refuser, lorsqu'il estime que la demande en règlement n'est qu'une vaine chicane.

La permission qu'il accorde suspend-elle, en cas de conflit positif, les procédures devant les tribunaux saisis ?

— Quand le conflit est *positif*, le tribunal peut, en accordant la permission d'assigner en règlement, ordonner qu'il sera sursis à toute procédure devant les tribunaux saisis.

Quid, s'il déclare que toutes choses demeureront en état?

S'il déclare que toutes choses demeureront en état, les poursuites faites par le demandeur depuis le jugement seront nulles de droit. Quant aux procédures qui émanent du défendeur, celles-là seulement seront nulles, qui seront postérieures à la signification du jugement (1).

Que doit faire le demandeur en règlement, la permission d'assigner une fois obtenue ?

— La permission d'assigner une fois accordée, le demandeur lève le jugement, le signifie et assigne les parties au domicile de leurs avoués.

Dans quel délai doivent être faites cette signification et l'assignation qui l'accompagne ?

Quid, si elles n'ont point lieu dans ce délai ?

Cette signification et l'assignation qui l'accompagne doivent être faites dans la quinzaine à compter du jugement, sinon la demande en règlement tombe de plein droit. Le tribunal saisi par le défendeur en règlement retient alors définitivement l'affaire : les poursuites sont continuées devant lui.

Il faut, pour l'application de cette règle, supposer que la même affaire a donné lieu à deux demandes formées par chacune des parties l'une contre l'autre et devant deux tribunaux différents. Soit l'espèce suivante. Paul et Pierre, propriétaires par indivis, ont formé l'un contre l'autre, aux tribunaux de Paris et d'Orléans, une demande en licitation de l'immeuble qui leur appartient en commun. Paul, qui a porté sa demande devant le tribunal de Paris, s'est fait autoriser à assigner Pierre en règlement de juges, mais il a laissé passer, sans donner son assignation, le délai qui lui est imparti à cet effet. — Le tribunal d'Orléans devant lequel Pierre, défendeur en règlement, a porté sa demande, restera définitivement saisi.

Cette règle peut-elle avoir son application dans le cas où la même partie est défenderesse devant deux tribunaux qui se sont déclarés compétents ?

Dans le cas où la même partie est défenderesse devant deux tribunaux qui se sont déclarés compétents, notre règle ne peut plus recevoir d'application ; car, dans l'espèce, les deux tribunaux ayant été saisis par le défendeur en règlement, la déchéance qu'encourt le demandeur, faute d'avoir donné son assignation dans la quinzaine du jugement, ne peut point avoir lieu, puisqu'il est impossible de savoir devant lequel des deux tribunaux les poursuites devront être continuées.

Quid, dans l'hypothèse d'un conflit négatif ?

Il en est de même dans l'hypothèse d'un conflit *négatif* : les deux tribunaux entre lesquels le conflit existe s'étant déclarés incompé-

(1) M. Bonnier, p. 298.

tents tous les deux, les poursuites ne peuvent, en effet, être continuées ni devant l'un ni devant l'autre.

Dans l'un et l'autre de ces deux cas, le conflit subsistant, le demandeur peut requérir une nouvelle permission d'assigner (1).

— Le défendeur, ainsi assigné dans le délai dont il vient d'être parlé, a, pour comparaître, le délai ordinaire des ajournements, en comptant les distances d'après le domicile respectif, non point des parties, mais de leurs avoués.

Quel délai la loi accorde-t-elle au défendeur pour comparaître ?

2° *Jugement.* — Lorsque le conflit est reconnu, le tribunal fixe la juridiction. Si des deux tribunaux saisis un seul est compétent, les parties sont renvoyées devant ce tribunal. S'ils sont compétents tous les deux, on applique les règles relatives aux exceptions de litispendance ou de connexité (V. p. 161 à 164). Que si, enfin, ils sont l'un et l'autre incompétents, il n'y a point matière à règlement (2).

Art. 367.

Quid, lorsque le conflit est reconnu ?

— Quant aux frais, le tribunal peut, suivant les circonstances, les réserver jusqu'à la fin du procès ou les mettre, dès à présent, à la charge de la partie qui succombe. Dans tous les cas, le demandeur, lorsque sa demande est écartée, peut être condamné à des dommages et intérêts.

Qui supporte les frais auxquels donne lieu le règlement ?

TITRE XX.

DU RENVOI A UN AUTRE TRIBUNAL POUR CAUSE DE PARENTÉ OU D'ALLIANCE.

I. Ce que c'est que le renvoi. — Il ne faut point confondre le *renvoi proprement dit* avec les *exceptions en renvoi.*

Le renvoi proprement dit se confond-il avec les exceptions en renvoi ?

Une partie recourt au *renvoi proprement dit*, lorsqu'ayant été assignée devant un tribunal *compétent*, elle le prétend *suspect de partialité*, et refuse de plaider devant lui.

Elle invoque l'*exception en renvoi*, quand elle soutient que le tribunal saisi de l'affaire n'en doit point connaître, soit parce qu'il est incompétent, soit parce qu'elle est déjà pendante devant un autre tribunal ou qu'elle est connexe à une autre affaire dont est saisi un autre tribunal.

Dans l'hypothèse *du renvoi proprement dit*, le tribunal indique le tribunal devant lequel devra être portée l'affaire dont il se dessaisit. Dans le cas de l'*exception en renvoi*, au contraire, le tribunal se borne à se dessaisir de l'affaire, sauf aux parties à la porter devant qui de droit (V. p. 159 et suiv.).

II. Du renvoi proprement dit. — Ses espèces. — Le renvoi proprement dit est l'acte par lequel un tribunal, bien que compétent pour connaître d'une affaire qui a été portée devant lui, s'en dessaisit pour cause, soit de parenté ou d'alliance, soit de suspicion légitime ou de

Art. 368.

Qu'est-ce que le renvoi proprement dit ?

(1) M. Colmet-Daage, t. Ier, p. 562.
(2) *Id.*, t. Ier, p. 563.

sûreté publique, et la renvoie devant un autre tribunal qu'il indique.

Combien en distingue-t-on d'espèces?

On distingue donc trois espèces de renvois, savoir :

1° Le renvoi pour cause de parenté ou d'alliance ;

2° Le renvoi pour cause de suspicion légitime ;

3° Le renvoi pour cause d'utilité publique.

Quel est celui dont s'occupe le Code de procédure?

Le premier de ces renvois est le seul dont s'occupe le Code de procédure (1).

Dans quels cas le renvoi peut-il être demandé pour cause de parenté ou d'alliance?

III. Des cas dans lesquels le renvoi peut être demandé pour cause de parenté ou d'alliance. — La partie assignée devant un tribunal de première instance peut demander son renvoi lorsque son adversaire a, *parmi les juges*, deux parents ou alliés jusqu'au degré de cousin issu de germain inclusivement. Si son adversaire siége lui-même comme juge, il suffit alors qu'il ait, parmi les autres juges, un parent ou allié au degré indiqué.

La partie assignée devant une Cour impériale ne peut recourir au renvoi qu'autant que son adversaire compte trois parents ou alliés au degré dont il vient d'être parlé, parmi les juges de la cour, ou deux parents ou alliés, lorsque lui-même en est membre.

Pourquoi lui est-il permis, dans ces divers cas, de récuser le tribunal tout entier?

Ainsi, elle ne se contente point de récuser les juges parents ou alliés de son adversaire ; elle récuse le tribunal entier. La loi a pensé avec raison que, bien que descendus de leurs siéges, les magistrats récusés exerceraient peut-être une influence coupable ou tout au moins dangereuse sur l'esprit de leurs collègues restés juges.

« Parents ou alliés *parmi les juges...* » Cette expression, *les juges*, étant générale, embrasse tous les juges du tribunal, encore qu'ils appartiennent à des chambres différentes, et sans qu'il y ait à distinguer entre les juges *titulaires* et les juges *suppléants*.

La loi tient-elle compte de la parenté ou de l'alliance de l'une des parties avec le greffier du tribunal?

Quant aux *greffiers*, ils font partie du tribunal, sans doute, mais ils ne sont point *juges*. Leur parenté ou leur alliance avec l'une des parties ne serait donc point prise en considération.

Avec l'un ou l'autre des magistrats du ministère public?

J'en dis autant des *magistrats du ministère public*. Quoique membres du tribunal, ils ne *jugent point*.

Notre article ne les concerne donc pas. Il est vrai qu'en ce qui touche la matière du renvoi, notre ancien droit les assimilait *aux juges ;* mais le Code de procédure, n'ayant point reproduit cette assimilation, l'a écartée par là même. Cela résulte d'ailleurs, par *à contrario*, de la disposition de l'article 381, aux termes duquel les membres du ministère public sont, *quant à la simple récusation*, assimilés aux juges. La loi ne dit rien de semblable de la *demande en renvoi :* or, *qui dicit de uno, de altero negat* (2).

La partie qui a des parents ou des alliés parmi les juges peut-elle *les récuser?*

IV. Qui peut demander le renvoi. — La partie qui a des parents ou alliés parmi les juges peut bien les récuser, la loi l'y autorise

(1) Voir, quant aux deux autres, l'article 542 du Code d'instruction criminelle. Sa disposition est, par analogie, applicable aux matières civiles.

(2) En ce sens, M. Bonnier, p. 300. — En sens contraire, M. Colmet-Daage sur Boitard, t. Ier, p. 564.

(V. l'art. 378); mais il ne lui est point permis de demander son renvoi devant un autre tribunal : ce droit n'appartient qu'à son adversaire.— La loi a considéré sans doute qu'au lieu de sentir indirectement l'effet de la haine que les juges récusés portent à leur parent ou allié, leurs collègues sauront trouver en elle une garantie contre d'indiscrètes sollicitations. Les haines se communiquent moins aisément que les affections.

Peut-elle demander *son renvoi?*

Par qui le renvoi peut-il donc être demandé?

Le renvoi peut-il être demandé par un garant appelé en cause par l'une des parties? Pourquoi non? N'est-il pas *partie* au procès, et par conséquent l'adversaire de l'une des parties au moins? Dès lors, où est la raison de lui refuser le droit dont elles sont elles-mêmes investies?

Peut-il l'être par un garant appelé en cause par l'une des parties?

Mais que décider à l'égard d'*un intervenant volontaire?* Peut-il recourir au renvoi? Quelques personnes lui refusent ce droit. Du moment qu'il intervient volontairement, il accepte implicitement, disent-elles, la juridiction du tribunal devant lequel il se présente. Mais, s'il en était ainsi, quelle condition ferait-on à ceux qui, ayant à soutenir un intérêt dans un procès engagé entre d'autres parties, sont, en quelque sorte, contraints d'y intervenir? faudra-t-il donc qu'ils s'abstiennent ou qu'ils consentent à se laisser juger par des juges suspects de partialité? Cette alternative est trop peu juridique pour être admise. Après tout, la loi ne distingue point entre les parties originaires et celles qui n'ont pris part au procès qu'après qu'il était déjà commencé (1).

Par un intervenant volontaire?

Art. 369.

V. Devant quel tribunal et jusqu'à quel moment le renvoi peut être demandé. — La demande en renvoi doit être formée devant le tribunal saisi de l'affaire principale; mais, bien entendu, les juges dont la parenté ou l'alliance sert de fondement au renvoi demandé ne concourent point au jugement à intervenir.

Devant quel tribunal et jusqu'à quel moment le renvoi peut-il être demandé?

A la différence des déclinatoires pour cause d'incompétence *ratione personæ*, lesquels doivent être proposés *in limine litis*, sous peine de déchéance, la demande en renvoi pour cause de parenté ou d'alliance peut être formée *tant que la plaidoirie n'est point commencée*, ou, si l'affaire est en rapport, tant que l'instruction n'est pas achevée ou que les délais ne sont point expirés.

On décide même qu'elle peut l'être *après la plaidoirie commencée ou l'instruction achevée*, lorsque les causes qui la motivent sont survenues *postérieurement* à cette période de l'instance. Comment, en effet, opposer à une partie une déchéance qu'il n'a pas été en son pouvoir de prévenir?

Art. 370.

VI. Comment se forme la demande en renvoi.— Elle ne peut être formée que par la partie elle-même ou par un mandataire muni à cet effet d'un pouvoir exprès et authentique. Ainsi, son avoué ne pourrait point, en l'absence de ce mandat, agir pour elle.

Comment se forme la demande en renvoi?

Elle forme sa demande par une déclaration qu'elle fait, par elle-même ou par son mandataire, au greffe du tribunal. Si elle se présente elle-même ou par un mandataire autre que son avoué, celui-ci doit assister le déclarant.

Par qui cette déclaration doit-elle être faite?

(1) En ce sens, M. Colmet-Daage sur Boitard, t. Ier, p. 565.

Que doit-elle contenir ?

Le greffier dresse acte de cette déclaration. Cet acte contient les moyens qui servent de fondement au renvoi demandé. Il doit être signé de la partie ou de son mandataire (V. la formule 103).

Art. 371 et 372.

Quid, après qu'elle a été faite et que le greffier en a dressé acte ?

— Lorsque le renvoi a été proposé au greffe, ainsi qu'il vient d'être dit, le greffier, sur la demande de la partie, remet une expédition de l'acte au président du tribunal. On y joint les pièces justificatives de la parenté ou de l'alliance qui peut donner lieu au renvoi.

Quelles pièces justificatives y doit-on joindre ?

Que doit faire le tribunal avant de prononcer ?

Le tribunal, avant de prononcer, rend un jugement par lequel il ordonne : 1° que l'acte de renvoi et les pièces justificatives seront communiqués, d'une part, aux juges à raison desquels le renvoi est demandé, lesquels doivent, dans un délai fixe, faire leur déclaration au bas de l'expédition du jugement ; d'autre part, au ministère public ; 2° qu'il sera fait un rapport au jour indiqué par l'un des juges nommés par ledit jugement.

Quid, après qu'il a prononcé ?

L'expédition de l'acte à fin de renvoi, les pièces y annexées et le jugement préparatoire dont il vient d'être parlé doivent être signifiés aux autres parties, par acte d'avoué à avoué, ou, si elles n'ont pas d'avoué, par acte d'huissier à leur domicile.

Art. 373 et 375.

Que fait le tribunal au jour d'audience fixé par son premier jugement ?

Quid, si les causes de la demande en renvoi ne sont point justifiées ?

Quid, dans le cas contraire ?

En quel état l'affaire passe-t-elle au tribunal désigné pour en connaître ?

Comment y est-elle reprise ?

Au jour d'audience fixé par le jugement, le tribunal, ouï le juge rapporteur, les parties et le ministère public, rend un jugement définitif. Si les causes de la demande ne sont point justifiées, il l'écarte et reste saisi. Si elles sont avouées, ou si, ayant été contestées, elles ont été justifiées, il se dessaisit de l'affaire et la renvoie devant l'un des autres tribunaux ressortissant en la même Cour impériale, ou, quand c'est une Cour impériale qui statue, devant l'une des trois Cours les plus voisines. S'il n'y a point d'appel, ou si l'appelant a succombé, l'affaire passe au tribunal désigné en l'état où elle se trouvait devant le tribunal qui s'en est dessaisi. La procédure y est donc continuée suivant les derniers errements ; elle y est reprise sur simple assignation à la personne ou au domicile réel de la partie.

Art. 376 et 377.

Le jugement sur une demande en renvoi est-il, dans tous les cas, susceptible d'appel ?

A quelles règles l'appel est-il soumis ?

— Le jugement sur une demande en renvoi est susceptible d'appel, si minime que soit l'intérêt pécuniaire engagé au procès. L'appel auquel il donne lieu est suspensif et soumis aux dispositions des articles 392, 393, 394, 395, sur la récusation.

Art. 374.

Le demandeur qui succombe encourt-il une amende ?

Est-ce tout ?

— La partie qui succombe sur sa demande en renvoi *doit* être condamnée à une amende dont le minimum est de cinquante francs. Elle peut, en outre, s'il y a lieu, être condamnée à des dommages-intérêts envers l'autre partie.

TITRE XXI.

16e *répétition.*

DE LA RÉCUSATION.

Qu'est-ce que la *récusation* ?

I. Ce que c'est que la récusation. — En quoi elle diffère du renvoi a un autre tribunal pour cause de parenté ou d'alliance. — La récusation est l'action par laquelle une partie, en instance devant un tribunal dont elle ne conteste point la compétence, demande que l'un ou plusieurs des juges s'abstiennent de connaître de l'affaire qui lui est déférée.

La *récusation* est donc au renvoi pour cause de parenté ou d'alliance, ce que la fraction est à l'entier. Dans l'hypothèse du renvoi, la partie ne se borne point à récuser tel ou tel juge, dans la crainte que les autres juges ne se laissent influencer par celui d'entre eux qui lui est suspect, elle récuse le tribunal tout entier, ce qui nécessite son renvoi devant un autre tribunal. Dans le cas de la récusation, au contraire, elle demande simplement que le juge qu'elle suspecte soit écarté, sans conclure à l'exclusion des autres juges. Le juge qu'elle récuse une fois écarté, le tribunal devant lequel elle est en instance demeure saisi.

Sous quel rapport diffère-t-elle du renvoi ?

II. Des causes de récusation. — Le juge qui peut être excité à favoriser une partie, soit par quelque affection, soit par son intérêt personnel, soit par amour-propre, ou se prononcer contre elle par suite de quelque grave inimitié, est naturellement suspect de partialité. De là, les causes suivantes de récusation :

Art. 378 et 379.

Pour quelles causes un juge peut-il être récusé ?

Tout juge peut être récusé :

1° *S'il est parent ou allié des parties, ou de l'une d'elles, jusqu'au degré de cousin issu de germain inclusivement.*

« Parent ou allié *des parties*... » Ainsi, la circonstance que le juge est parent ou allié *des deux parties* ne fait pas obstacle à sa récusation. Tandis qu'il affectionne l'un, il n'a peut-être pour l'autre que de l'indifférence ou de la haine; car si, en général, la parenté ou l'alliance engendre l'affection, elle fait naître parfois des inimitiés implacables.

Le juge qui est parent ou allié *des deux parties* peut-il l'être ?

Lorsqu'il est parent ou allié de l'une d'elles seulement, par qui peut-il être récusé ?

« Ou *de l'une d'elles*... » Remarquez que, dans ce cas, comme dans le précédent, car la loi ne distingue pas, la récusation peut être proposée *par l'une ou l'autre des parties*, c'est-à-dire tant par celle d'entre elles qui est parente ou alliée à l'un des juges que par celle qui lui est étrangère. C'est une différence entre la récusation et le renvoi pour cause de parenté ou d'alliance (V. p. 283).

—Lorsque l'un des juges est parent de la personne qui représente les parties ou les assiste au procès, il n'y a point lieu à récusation, si d'ailleurs cette personne n'a aucun intérêt direct et personnel dans l'affaire. « La récusation, porte l'article 379, n'est point reçue dans le cas où le juge est parent du tuteur, du curateur de l'une des parties, ou des membres ou administrateurs d'un établissement, société, direction ou union (V. p. 69, l'explic. de ces mots) partie dans la cause, à moins que lesdits tuteurs, administrateurs... n'aient eux-mêmes un intérêt distinct et personnel. »

Le juge parent de la personne qui représente les parties ou les assiste au procès peut-il l'être ?

2° *Si la femme du juge est parente ou alliée de l'une des parties, ou si le juge est parent ou allié de la femme de l'une des parties au degré ci-dessus, pourvu, dans l'un et l'autre cas, que la femme soit vivante, ou qu'étant décédée, il en existe des enfants.* — Quand elle est décédée et qu'il n'y a point d'enfants, la parenté ou l'alliance n'existant plus, la cause de récusation cesse. Toutefois elle subsiste encore à l'égard *du gendre, du beau-père* et *des beaux-frères* (Voyez, à ce sujet, ce qui a été dit p. 224).

Quid, à l'égard du juge dont la femme est parente ou alliée de l'une des parties, ou à l'égard du juge parent ou allié de la femme de l'une des parties ?

Quid, si elle est décédée ?

Pourquoi la loi permet-elle de récuser le juge, lorsque lui, sa femme, ses ascendants, ses descendants ou alliés dans la même ligne, ont un différend actuellement engagé sur une question pareille à celle dont il s'agit entre les parties ?

3° *Si le juge, sa femme, leurs ascendants et descendants ou alliés dans la même ligne ont un différend actuellement engagé sur pareille question que celle dont il s'agit entre les parties.* — Il serait à craindre, s'il restait juge, que son intérêt personnel ou l'intérêt qu'il porte à ses proches ne l'amenât, peut-être même à son insu, à se prononcer, sur le débat qui lui est étranger, dans un sens conforme à cet intérêt, afin de créer un précédent en sa faveur ou en faveur des siens.

Par qui cette cause de récusation peut-elle être proposée ?

Cette cause de récusation ne peut être, au reste, proposée que par celle des parties qui plaide un système contraire à celui que le juge ou les siens produisent dans une autre affaire où ils sont eux-mêmes parties.

Quelles autres causes de récusation sont admises ?

Sur quel fondement chacune d'elles repose-t-elle ?

4° *Si le juge, sa femme, leurs ascendants et descendants ou alliés dans la même ligne ont un procès dans un tribunal où l'une des parties est juge.* — On a craint que le juge ne donnât gain de cause à la partie qui plaide devant elle et qui est elle-même juge devant un autre tribunal, afin de la gagner à sa propre cause et d'obtenir d'elle une faveur semblable.

4° bis. *S'ils sont créanciers ou débiteurs de l'une des parties.* — Créancier, le juge aurait intérêt à donner gain de cause à son débiteur, afin d'augmenter son patrimoine, et par suite d'assurer le gage que la loi lui confère sur ses biens (art. 2092 C. N.). *Débiteur,* il aurait à le ménager, afin d'obtenir de lui des délais de faveur ou des accommodements.

Y a-t-il lieu à récusation lorsqu'il y a ou qu'il y a eu un procès entre le juge, ou sa femme, ses ascendants, descendants ou alliés dans la même ligne, et l'une des parties, ou son conjoint, ou ses parents et alliés en ligne directe ?

Quelle distinction la loi fait-elle à cet égard ?

Quel est le fondement de cette distinction ?

5° *Si, dans les cinq ans qui ont précédé la récusation, il y a eu procès criminel entre eux et l'une des parties, ou son conjoint, ou ses parents ou alliés en ligne directe.*

6° *S'il y a procès civil entre le juge, sa femme, leurs ascendants et descendants ou alliés dans la même ligne et l'une des parties, et que ce procès, s'il a été intenté par la partie, l'ait été avant l'instance dans laquelle la récusation est proposée ; si ce procès étant terminé, il ne l'a été que dans les six mois précédant la récusation.* — Tout procès engendre entre ceux qui y sont engagés et leurs parents ou alliés en ligne directe des souvenirs fâcheux, une irritation qui souvent est voisine de la haine ; mais le ressentiment que les intéressés éprouvent l'un contre l'autre est plus ou moins vif, et par conséquent plus ou moins durable, suivant qu'il s'agit d'un procès *criminel* ou d'un procès *civil*. De là la différence suivante : les procès *civils* ne sont une cause de récusation qu'autant qu'ils sont actuellement existants ou terminés *au plus depuis six mois ;* pour les procès *criminels*, au contraire, il suffit qu'ils aient eu lieu *depuis moins de cinq ans*.

Remarquons, en outre, d'une part, qu'en ce qui touche les procès *civils,* le tribunal n'en doit tenir compte qu'autant qu'ils intéressent *la partie elle-même,* tandis que pour les procès *criminels*, la récusation est admise alors même qu'ils ne concernent que le conjoint, les parents ou alliés de la partie ;

D'autre part, que le procès *criminel*, bien que commencé pendant le litige qui donne lieu à la récusation, la motive, sans qu'il y ait à distinguer s'il a été engagé par le juge contre la partie ou par la partie contre le juge, tandis que le procès *civil, intenté pendant l'instance*, n'est à considérer qu'autant qu'il a été engagé *par le juge contre la partie.* — La loi n'a pas voulu laisser aux parties la faculté de créer ainsi, par leur propre fait, une cause de récusation contre un juge dont peut-être elles redoutent les lumières.

— Nous venons de voir les différences existantes entre un procès *criminel* et un procès *civil*. Mais que faut-il entendre par procès *criminel?*

Que faut-il entendre par procès criminel?

Dans une première opinion on prend le mot *criminel* par opposition au mot *civil*, et on en conclut que sous la dénomination de procès criminel la loi a compris tout à la fois les procès poursuivis soit devant une Cour d'assises, soit devant un tribunal correctionnel, soit même devant un tribunal de simple police (1).

Dans un autre système on écarte les procès relatifs à de simples contraventions de police. Ils sont, dit-on, trop peu importants pour susciter des ressentiments de nature à servir de base à une récusation (2). — Si on admet cette solution, les procès en simple police devront, au moins, être assimilés à des procès civils (3).

— Encore un mot. Nous avons supposé un procès criminel engagé entre le juge et la partie. Mais, dira-t-on, les procès criminels ont lieu, non point entre deux personnes privées, mais entre le ministère public et l'accusé. Dès lors, quand donc s'appliquera la loi? La réponse est bien simple. La loi s'appliquera lorsque le juge se sera porté partie civile dans un procès criminel où la partie était accusée, ou réciproquement. Elle s'appliquera encore lorsqu'un procès correctionnel aura existé *entre eux*, ce qui est possible, car les procès de cette espèce peuvent s'intenter par une citation directe donnée par une partie contre l'autre.

Un procès criminel peut-il exister entre un juge et l'une des parties? Que faut-il supposer pour cela?

7° *Si le juge est tuteur, subrogé tuteur ou curateur de l'une des parties.* — L'intérêt et l'affection qu'il porte à l'incapable confié à ses soins se concilieraient mal avec l'impartialité du juge.

Quid, à l'égard du juge tuteur, subrogé tuteur ou curateur de l'une des parties?

S'il est héritier présomptif de l'une des parties. — Il a, en effet, un intérêt éventuel à grossir le patrimoine de cette partie, ou tout au moins à la ménager, dans la crainte qu'elle ne le déshérite.

Ou son donataire... La reconnaissance l'engage envers elle.

Son maître ou son commensal... Il est *maître* dans ses rapports avec ses domestiques, ses commis, ses secrétaires et autres personnes qu'il a chez lui en qualité de salariés. Il est *commensal* d'une partie lorsqu'il mange *habituellement* chez elle, ou réciproquement.

Du juge héritier présomptif ou donataire de l'une d'elles, son maître ou son commensal?

S'il est administrateur de quelque établissement, société ou direction partie dans la cause. — La loi n'a pas dû le placer entre son devoir de juge et son devoir d'administrateur.

Du juge administrateur d'un établissement, d'une société..., partie dans la cause?

Enfin si l'une des parties est sa présomptive héritière. — On est, en gé-

Du juge dont l'une des parties est la présomptive héritière?

(1) Pigeau, t. Ier, p. 654; Bourbeau, t. Ier, p. 494; Chauveau, n° 1375; Bioche, v° *Récusation*, n° 56.

(2) MM. Colmet-Daage sur Boitard, t. I, p. 572; Bonnier, p. 307.

(3) En ce sens, M. Rodière, t. II, p. 85 et 86.

néral, bien disposé en faveur de la personne qui doit nous représenter après notre mort.

Du juge qui a donné conseil, plaidé ou écrit sur le différend ?

8° *Si le juge a donné conseil, plaidé ou écrit sur le différend.*—Peut-être persisterait-il, par amour-propre, dans l'opinion qu'il a précédemment émise. Il est bien entendu, toutefois, qu'on ne pourrait point le récuser, sous prétexte qu'il a traité dans un ouvrage des questions de droit semblables à celles qu'engage le procès actuel.

Du juge qui en a précédemment connu comme juge ou comme arbitre ?

S'il en a précédemment connu comme jugé ou comme arbitre.— Ainsi lorsque parmi les juges d'un tribunal d'appel il s'en trouve un qui a connu de l'affaire en première instance, il est permis de le récuser.

Du juge qui a sollicité, recommandé ou fourni aux frais du procès ?

S'il a sollicité, recommandé ou fourni aux frais du procès.— Il a pris au débat une part trop active et trop passionnée pour y conserver une parfaite impartialité.

Du juge qui a déposé comme témoin ?

S'il a déposé comme témoin.— Il a déjà émis une opinion sur les faits contestés ; peut-être se croirait-il obligé de persister quand même.

Du juge qui a bu ou mangé avec l'une des parties dans sa maison, ou qui en a reçu des présents ?

S'il a bu ou mangé avec l'une ou l'autre des parties dans leur maison (V. p. 225), *ou s'il en a reçu des présents.*

Peut-il y avoir récusation pour cause d'inimitié ?

9° *Enfin s'il y a inimitié capitale entre lui et l'une des parties (question de fait laissée à l'arbitrage des juges); s'il y a eu de sa part agression, injures ou menaces, verbalement ou par écrit, depuis l'instance ou dans les six mois précédant la récusation proposée.*

L'énumération des causes de récusation est-elle limitative ?

Un juge est-il récusable lorsqu'il est lui-même partie ?

Quid, si la femme est l'une des parties ?

— Le soin qu'a pris la loi de préciser et d'énumérer une à une les causes de récusation montre clairement que dans sa pensée son énumération est essentiellement limitative, et qu'ainsi on n'y peut rien ajouter. — Toutefois, et bien que la loi ne le dise pas expressément, j'admettrais volontiers que le juge est récusable dans sa propre cause, ou encore lorsque sa femme est l'une des parties. Dans ces deux cas, en effet, le 1° de notre article nous fournit un *à fortiori* trop directement décisif pour qu'on puisse l'écarter.

Quelles personnes sont sujettes à récusation ?

III. Des personnes sujettes a récusation. — Tout juge en la personne duquel réside l'une des causes de récusation qui viennent d'être énumérées peut être récusé. *Tout juge...* c'est-à-dire les juges titulaires, les juges suppléants, et même les avocats et les avoués, lorsqu'ils sont appelés à siéger en l'absence d'un juge.

Art. 381.

Quid, à l'égard des magistrats du ministère public ?

Les causes de récusation relatives aux juges ont été même appliquées au ministère public, mais sous une distinction. Agit-il comme *partie jointe*, la récusation peut l'atteindre. Plaide-t-il comme *partie principale* (V. p. 81 et 82 l'explic. de ces mots), il n'est pas plus récusable qu'un plaideur ordinaire ne le serait lui-même.

Art. 380.

Que doit faire le juge qui sait cause de récusation en sa personne ?

Que décide alors le tribunal ?

IV. Ce que doit faire le juge qui sait cause de récusation en sa personne. — La récusation a toujours un côté fâcheux pour la dignité du juge dont on requiert l'abstention. Le juge qui se sait récusable ne doit donc point attendre qu'on le récuse ; la loi veut qu'il prévienne la récusation, non point en s'abstenant de lui-même, car il ne peut point, de son propre gré, se dispenser de ses devoirs, mais en déclarant à ses collègues, lorsqu'ils sont réunis en la Chambre du conseil, la cause de récusation qui existe ou qu'il croit exister en sa personne. S'ils estiment que ses scrupules sont exagérés et qu'ainsi il doit siéger, il est tenu d'obéir. Quelle que soit, au reste, leur décision, il n'est point nécessaire d'en faire l'objet d'un jugement ou d'un procès-verbal ; et comme elle constitue une mesure de discipline intérieure étrangère aux parties, il n'y a point lieu de la leur signifier.

Un juge peut-il être autorisé à s'abstenir, bien qu'il ne se trouve point dans l'un des cas de récusation énumérés par la loi ?

— Un juge peut être autorisé par ses collègues à s'abstenir, alors même qu'il ne se trouve point dans l'un des cas de récusation énumérés par la loi. Ce point est généralement admis.

Dans quels cas la partie doit-elle prendre l'initiative de la récusation, si elle juge à propos d'y recourir ?

Si le juge récusable ignore la cause de récusation qui existe en sa personne, ou si, la connaissant, il ne l'a point déclarée à ses collègues, ou enfin, si, l'ayant déclarée, ils ont décidé qu'il devait siéger, la partie intéressée peut alors recourir à la récusation.

Art. 382.

Jusqu'à quel moment la récusation peut-elle être proposée ?

V. Jusqu'à quel moment la récusation peut être proposée. — La loi distingue à cet égard entre les juges qui doivent statuer sur l'affaire et les juges commis pour procéder à une instruction préparatoire.

1° *Des juges qui doivent statuer sur l'affaire.* — La partie qui les veut récuser doit le faire *avant le commencement de la plaidoirie*, et, si l'affaire est en rapport, avant que l'instruction soit achevée, ou que les délais soient expirés, à moins que, dans l'un et l'autre cas, les causes de récusation ne soient survenues postérieurement (V. p. 283 une disposition semblable).

Comment doivent s'entendre les expressions : avant le commencement de la plaidoirie ?

Avant le commencement de la plaidoirie..... En quel sens ces expressions doivent-elles être entendues? Suivant l'opinion générale, la plaidoirie étant, aux termes de l'article 343, réputée commencée dès que les conclusions ont été contradictoirement prises à l'audience (V. p. 269), toute demande en récusation introduite depuis ce moment serait tardive, quoique la plaidoirie proprement dite ne fût point réellement commencée. M. Colmet-Daage (1) pense au contraire, et nous sommes de son avis, que l'article 343 est inapplicable à la matière des récusations. Il se peut, dit-il, qu'un intervalle de temps assez long s'écoule entre la remise des conclusions sur le bureau du tribunal et la plaidoirie proprement dite, c'est-à-dire le développement des conclusions par l'avocat. Or, il est difficile d'admettre qu'une partie soit tenue de proposer la récusation avant de déposer ses conclusions, c'est-à-dire à une époque où elle ne sait point peut-être comment le tribunal sera composé au jour de l'audience. La *plaidoirie* dont il est parlé dans l'article 382 doit donc s'entendre de la véritable plaidoirie.

Art. 383.

Dans quel délai doivent être récusés les juges commis pour procéder à une instruction, par exemple à une enquête ?

2° *Des juges commis pour procéder à une instruction*, par exemple, à une descente sur lieux, à une enquête. — La partie qui veut les récuser doit le faire dans les trois jours à compter :

1° Du jour du jugement qui a ordonné l'instruction à laquelle ils ont été commis, si ce jugement est contradictoire.

2° Du jour de l'expiration de la huitaine pour former opposition, s'il est par défaut et qu'il n'y ait pas eu d'opposition. — Cette disposition ne vise que les jugements par défaut *faute de plaider*, puisque le

(1) Tome I, p. 577 et 578.

délai de huitaine accordé au défendeur pour former son opposition ne s'applique qu'à eux (V. p. 142). Quant aux jugements par défaut *faute de constituer avoué,* la loi ne s'en étant pas occupée dans l'espèce, on en a conclu que la récusation peut être proposée tant que l'instruction qu'ils prescrivent n'a pas été commencée (1).

5° S'il y a eu opposition, du jour où elle aura été écartée, même par défaut.

Ce délai de trois jours doit-il être augmenté à raison des distances?

— Le délai de trois jours dont il vient d'être parlé n'est point augmenté à raison des distances. Si la partie est éloignée et que son avoué n'ait point, par avance, reçu pouvoir de faire la récusation, il faut s'adresser au tribunal et lui demander une prorogation.

Art. 384 et 385.

Comment s'introduit la demande en récusation?

VI. De la procédure de la récusation. — La procédure de la récusation est, à peu de chose près, la même que celle qui est suivie en matière de renvoi pour cause de parenté ou d'alliance. Ainsi la récusation est proposée au greffe par un acte qui en contient les moyens, et qui doit être signé de la partie ou du fondé de sa procuration authentique et spéciale, laquelle reste annexée à l'acte (V. la formule 104). Une expédition de l'acte de récusation est, dans les vingt-quatre heures, remise au président du tribunal. Ce magistrat fait son rapport. Le ministère public est entendu. Le rapport, les conclusions du ministère public, et le jugement qui sera rendu doivent avoir lieu à l'audience publique, la loi n'ayant point dérogé à cet égard au principe de la publicité.

L'acte de récusation doit-il être notifié à l'adversaire du récusant? au juge récusé?

Le récusant et son adversaire sont-ils entendus?

Le juge récusé peut-il prendre part au jugement?

Quel est l'office du tribunal?

Quid, si la récusation n'est point fondée, ou si elle a été formée après l'expiration des délais accordés à cet effet?

Quid, dans le cas contraire?

— L'acte de récusation n'est signifié ni à l'adversaire du récusant, ni au juge récusé. Le juge récusé, le récusant et son adversaire ne sont point entendus, tout se passe sans plaidoirie. Enfin je n'ai pas besoin d'ajouter que le juge récusé ne peut point prendre part au jugement dont il va être parlé. Sur le rapport du président et les conclusions du ministère public, le tribunal écarte, *de plano*, la récusation, et la déclare inadmissible, si elle n'est point fondée sur l'une des causes admises par la loi, ou si elle est formée après l'expiration des délais accordés à cet effet.

Si elle est fondée sur l'une de ces causes et formée en temps utile, il l'admet *à vérifier* et alors il ordonne :

1° La communication au juge récusé, pour s'expliquer en termes précis sur les faits, dans un délai que le jugement détermine;

2° La communication au ministère public;

3° Un rapport par l'un des juges nommé par le jugement.

Art. 387.

Quels sont les effets du jugement qui admet la récusation à vérifier?

Quid, pourtant si l'une des parties prétend que l'opération est urgente et qu'il y aurait péril dans le retard?

Du jour de ce jugement, tous jugements et opérations sont de plein droit suspendus, jusqu'au moment où il sera décidé si la récusation est ou non fondée. Toutefois, si l'une des parties prétend que l'opération est urgente et qu'il y aurait péril dans le retard, l'incident est porté à l'audience et le tribunal peut ordonner qu'il sera procédé par un autre juge (V. la formule 105). C'est ce qui aurait lieu, par exemple, dans le cas de la récusation du juge nommé pour procéder

(1) M. Colmet-Daage sur Boitard, t. I, p. 578 et 579.

à une enquête qu'il est urgent de faire, parce que les témoins à produire sont valétudinaires ou sur le point d'entreprendre un voyage. Art. 386.

— Le juge doit faire sa déclaration dans le délai qui lui a été accordé à cet effet. Cette déclaration a lieu au greffe du tribunal; le greffier qui la reçoit l'inscrit à la suite de la minute de l'acte de récusation (V. la formule 106).

Que doit faire le juge récusé? Où et dans quel délai doit-il faire cette déclaration? Quel est l'office du greffier qui la reçoit?

Si le juge convient des faits qui ont motivé sa récusation, ou si ces faits sont prouvés, le tribunal ordonne qu'il s'abstiendra. Art. 388 et 389.

S'il les conteste et que le récusant n'ait point de preuve écrite à présenter, ce dernier peut recourir à la preuve testimoniale s'il a un commencement de preuve par écrit. Dans le cas contraire, la loi laisse à la prudence du tribunal de rejeter la récusation sur la simple déclaration du juge ou d'ordonner la preuve testimoniale.

Quid, si le juge récusé convient des faits qui ont motivé la récusation, ou si ces faits sont prouvés? *Quid*, s'il les conteste et que le récusant n'ait point de preuve écrite à présenter?

Dans tous les cas, la partie dont la demande en récusation aura été déclarée non admissible, ou non recevable, sera condamnée à telle amende qu'il plaira au tribunal, laquelle toutefois ne pourra être moindre de 100 francs, sans préjudice, s'il y a lieu, de l'action du juge en réparation et dommages et intérêts, auquel cas il ne pourra demeurer juge (V. à cet égard ce qui a été dit p. 248 sur un cas analogue). Art. 390.

Quelles condamnations encourt ou peut encourir le récusant qui succombe?

VII. Par quelle voie peuvent être attaqués les jugements rendus sur une demande en récusation. — Suivant notre ancien droit, les jugements rendus en matière de récusation pouvaient être attaqués, soit par la voie de l'appel, soit par la voie de l'opposition. Le Code de procédure n'autorise expressément que l'appel; l'opposition n'est donc point permise. La loi, d'ailleurs, n'admet point les parties à plaider contradictoirement sur la demande en récusation (V. p. 290); dès lors, il ne saurait y avoir lieu, en cette matière, à des jugements par défaut proprement dits. Art. 391.

Par quelle voie peuvent être attaqués les jugements rendus sur une demande en récusation?

VIII. De l'appel. — Quels jugements y peuvent donner lieu. — Quelles personnes y peuvent recourir. — Dans quel délai il doit être formé. — Ses formes. — Ses effets. — 1° *Quels jugements y peuvent donner lieu.* — L'appel est ouvert contre *tout jugement* rendu en matière de récusation. *Tout jugement*..., c'est-à-dire : 1° le jugement qui déclare la récusation inadmissible, non recevable ou mal fondée; — 2° le jugement qui l'admet à vérifier; — 3° le jugement qui la déclare fondée; — 4° enfin le jugement qui admet la preuve testimoniale des faits allégués.

Quels jugements peuvent donner lieu à l'appel?

L'appel est permis même dans les cas où la récusation a lieu à l'occasion d'une affaire susceptible d'être jugée *en dernier ressort*. La récusation, touchant à la dignité du juge récusé, et par conséquent à l'ordre public, a une importance complétement indépendante de l'intérêt pécuniaire engagé au procès principal.

L'appel est-il permis si la récusation a été demandée dans une affaire susceptible d'être jugée en dernier ressort?

2° *Quelles personnes y peuvent recourir.* — Le droit d'appeler appartient, sans aucun doute, à celui dont la demande en récusation a été rejetée. Mais quand elle a été admise, son adversaire a-t-il le même droit? Quelques personnes le lui refusent. Il n'est point, disent-elles, partie dans l'instance en récusation; dès lors il ne saurait appeler du jugement qui la termine. Aussi les articles 391 et 396 supposent-ils exclu-

Quelles personnes peuvent appeler? L'adversaire du récusant le peut-il?

sivement un appel formé par celui dont la demande en récusation a été rejetée. L'adversaire du récusant n'a d'ailleurs aucun intérêt à combattre le jugement qui admet la récusation, puisque le juge récusé est remplacé par un autre. Dans l'opinion contraire, on fait remarquer, d'une part, qu'il a un intérêt légitime à conserver un juge dans les lumières duquel il a placé tout son espoir, d'autre part, que la loi admet l'appel contre *tout jugement* rendu sur récusation, sans distinguer entre le jugement qui *écarte* et le jugement qui *admet* la récusation. On ajoute que l'appel est de droit commun et qu'ainsi on y peut recourir toutes les fois que la loi ne le défend pas (1).

Quid, quant au juge récusé?

Quant au juge recusé, il ne peut point former appel dans le seul but de rester juge : sous ce rapport, sa prétention serait destituée de tout intérêt. Mais si son honneur est compromis par le jugement qui prononce sa récusation, ou s'il a conclu à des dommages et intérêts, l'appel lui est permis (2).

Art. 392.

Dans quel délai l'appel doit-il être formé?

3° *Dans quel délai il doit être formé.* — Suivant le droit commun, le délai pour appeler est de trois mois, à compter non point du jour du prononcé du jugement, mais du jour de sa signification (art. 443). La loi n'a pas voulu que l'honneur ou la dignité du magistrat restât aussi longtemps sous le soupçon; l'appel doit donc, en cette matière, être formé dans un très-bref délai. Ce délai est de *cinq jours* seulement, lesquels courent *du jour même du prononcé du jugement*. Il n'est point susceptible d'augmentation à raison des distances : le récusant a dû, dans la prévision du rejet de sa demande, autoriser par avance son avoué à former appel dans les termes de la loi.

Comment le forme-t-on?

4° *Ses formes.* — La partie qui veut former appel n'a pas besoin de lever le jugement et de le signifier; elle se rend au greffe assistée de son avoué et là elle fait sa déclaration d'appel par un acte contenant d'une part, les motifs de l'appel, et, d'autre part, l'énonciation du dépôt au greffe des pièces à l'appui (V. la formule 107).

La loi n'exige point que l'acte d'appel soit, comme la demande en récusation, signée de la partie elle-même ou d'un fondé de sa procuration spéciale et authentique. Il serait donc valable sous la seule signature de l'avoué et en l'absence même d'une procuration authentique. Mais l'avoué qui ne voudra point s'exposer au désaveu devra se munir, à l'avance, d'un pouvoir spécial.

Art. 393.

Que doit faire le greffier après que l'appel a été réalisé au greffe?

— Lorsque l'appel a été réalisé au greffe, le greffier doit, *dans les trois jours*, à la requête et aux frais de l'appelant, faire parvenir au greffier de la Cour impériale une expédition : 1° de l'acte de récusation; — 2° de la déclaration du juge récusé; — 3° du jugement; — 4° de l'acte d'appel. Il y doit joindre les pièces qui ont été produites à l'appui.

Art. 394.

Que doit faire le greffier de la Cour auquel cet envoi est parvenu?

Le greffier de la Cour impériale auquel cette expédition et les pièces ont été envoyées doit, dans les trois jours de la remise, les présenter à la Cour. Sur cette présentation, la Cour commet un de ses membres

(1) M. Berriat, p. 332, note 38.
(2) *Id.*, *ibid.*

pour en faire un rapport à jour indiqué. Le juge commis à cet effet fait son rapport ; le ministère public est entendu. Sur ce rapport et sur les conclusions du ministère public, il est rendu un jugement à l'audience, sans qu'il soit besoin d'appeler les parties, les pièces produites suffisant à éclairer la Cour. — Dans les vingt-quatre heures de l'expédition de l'arrêt, le greffier de la Cour renvoie les pièces à lui adressées, au greffier du tribunal de première instance.

Que fait alors la Cour ?

Quel est l'office du juge qu'elle commet ?

Comment décide la Cour ?

Art. 395.

Que fait le greffier de la Cour après qu'elle a statué ?

5° *Ses effets.* — Dès qu'il est formé, l'appel est suspensif. Toute procédure devant le tribunal de première instance est suspendue.

Toutefois cette suspension souffre un double tempérament.

Art. 394 et 396.

Quel est l'effet de l'appel ?

Cette suspension ne reçoit-elle point un double tempérament ?

1° Si l'une des parties soutient qu'attendu l'urgence il est nécessaire de procéder à une opération sans attendre que l'appel soit jugé, l'incident est porté à l'audience sur un simple acte, et le tribunal qui a rejeté la récusation pourra ordonner qu'il sera procédé à l'opération par un autre juge (V. p. 290) (V. la formule 108).

2° La loi, dans un intérêt de célérité, afin que l'appel ne devienne pas un moyen de prolonger la contestation, veut que l'appelant, dans le mois du jour du jugement de première instance qui a rejeté sa demande en récusation, signifie à son adversaire l'arrêt de la Cour, si l'appel est jugé, ou, dans le cas contraire, un certificat du greffier de la Cour contenant la déclaration que l'instance d'appel est encore pendante, avec indication du jour où l'appel sera jugé. A défaut de cette signification, le jugement par lequel le tribunal a rejeté la récusation est exécuté par provision. La suspension qui avait eu lieu jusqu'alors est levée ; l'instance reprend son cours, et tout ce qui est fait reste valable, quel que soit le résultat ultérieur, l'appel fût-il favorable au récusant.

TITRE XXII.

DE LA PÉREMPTION.

I. Ce que c'est que la péremption. — Des motifs qui la justifient. — Ses différences avec la prescription.— 1° *Ce que c'est.*— La péremption (de *perimere*, détruire) est un désistement tacite de la demande, ou en d'autres termes, l'extinction de l'instance par la cessation de poursuites pendant un certain temps. Le demandeur qui, au lieu de presser la procédure et de marcher promptement vers la solution du procès, reste inactif, est, en effet, réputé, lorsque son inaction se prolonge pendant un certain temps, abandonner sa demande et consentir à remettre les choses au même état qu'auparavant.

Art. 397, 399 et 401.

Qu'est-ce que la péremption ?

2° *Ses motifs.* — La péremption, disait au Corps législatif l'orateur du Tribunat, a été imaginée afin d'empêcher que les procès ne s'éternisent indéfiniment : *ne lites pene immortales.* Loin de s'endormir dans une indifférence coupable, ou de rester, par calcul, dans l'inaction, le demandeur mettra tous ses soins et toute son activité à presser la conclusion de l'instance, lorsqu'il saura qu'il court le risque, en suspendant

Sur quels motifs est-elle fondée ?

ses poursuites, d'anéantir l'exploit introductif de sa demande et toutes les procédures qui l'ont suivi.

Sous quels rapports diffère-t-elle de la prescription?

3° *Ses différences avec la prescription.* — La péremption est une espèce de prescription, mais elle diffère de la prescription proprement dite, sous trois rapports principaux :

Quel est l'effet de la prescription?

1° La *prescription* porte sur le fond du droit; elle éteint l'*action* elle-même, c'est-à-dire le droit de poursuivre en justice ce qui nous est dû ou ce qui nous appartient.

Vous me deviez une somme de...; depuis le jour où votre dette est devenue exigible, trente années se sont écoulées sans aucune réclamation de ma part; je lance enfin une assignation contre vous; vous m'opposez la prescription (art. 2262 et 2257-3° C. N.) : — quel effet avons-nous? Votre dette est éteinte et avec elle mon action ou ma créance (art. 2219 C. N.). Vous êtes désormais à l'abri de toute atteinte.

De la péremption?

La péremption, au contraire, ne porte que sur l'*instance* ou la *procédure* commencée; quant à l'*action*, c'est-à-dire, quant au *droit* lui-même, elle le laisse intact. Déchu de sa demande, le demandeur en peut aussitôt former une nouvelle.

Je vous ai poursuivi en payement d'une somme de...; vous m'avez notifié une constitution d'avoué et des défenses; ma réponse vous a été signifiée dans le délai de la loi; une enquête a eu lieu; à partir de ce moment je me suis arrêté, et trois ans se sont écoulés sans que j'aie rien fait pour obtenir jugement; vous demandez alors la péremption : — quel effet produit-elle? Mon exploit introductif d'instance et tous les actes de procédure qui l'ont suivi sont éteints, mais, ma *créance subsistant*, je puis de nouveau vous actionner en justice.

Ainsi, tandis que la prescription éteint l'*action*, la péremption n'éteint que l'*instance*. — Toutefois nous trouverons plus bas, sous l'article 401 (V. p. 298), deux cas où la péremption entraîne indirectement l'extinction de l'*action elle-même*.

Comment faut-il entendre la règle que la prescription a lieu de plein droit?

2° La prescription a lieu *de plein droit*. Il en est différemment de la péremption. Ce point a besoin d'être éclairci.

La prescription a lieu *de plein droit*... Qu'est-ce à dire? Cela signifie-t-il qu'aussitôt qu'arrive la dernière minute du temps dont elle se compose elle produit son effet? que dès cet instant, et sans qu'il soit nécessaire que la partie qui en doit bénéficier l'invoque, l'action contre laquelle elle a couru est instantanément éteinte? Non! tant qu'elle n'est pas invoquée, son effet reste en suspens (1). La règle que la prescription a lieu de plein droit doit donc être entendue en ce sens seulement, qu'une fois le temps nécessaire pour la compléter écoulé, il y a, dès cet instant, pour le débiteur ou le possesseur au profit duquel elle s'est accomplie, *droit acquis de l'invoquer*, droit acquis et *irrévocable*: il y peut renoncer sans doute, mais il n'en peut être dépouillé que par un acte de sa volonté. Quoi que fasse l'autre partie, et bien

(1) V. à ce sujet mes *Répétitions écrites sur le Code Napoléon*, troisième volume, p. 656.

qu'elle ait réclamé avant que la prescription lui ait été opposée, elle la doit subir, s'il convient au prescrivant de l'invoquer.

La péremption est d'une tout autre nature. Tant que la partie qui a le droit de l'invoquer n'a point formé une demande afin de s'en faire adjuger le bénéfice, l'autre partie peut s'y soustraire en reprenant l'instance là où elle l'avait laissée, c'est-à-dire en signifiant des actes valables de procédure. On dit alors qu'elle est couverte. Ainsi, la règle que la péremption n'a pas lieu de plein droit signifie que tant qu'elle n'a pas été demandée elle est susceptible d'être couverte par des significations d'actes, émanés non-seulement du chef de la partie qui a le droit d'en bénéficier, mais encore du chef de l'autre partie.

La règle que la péremption n'a point lieu de plein droit?

3° Certaines actions ne sont point susceptibles de prescription : telles sont les actions en réclamation d'état (art. 328 C. N.). Au contraire, la péremption s'applique à toute instance sans exception, même aux instances relatives à des actions imprescriptibles.

Les actions qui ne sont point prescriptibles échappent-elles à la péremption?

II. DES ACTES QUI PEUVENT OU NE PEUVENT PAS TOMBER EN PÉREMPTION. — Toute *instance* est sujette à péremption. Peu importe qu'elle ait pour objet des droits prescriptibles ou imprescriptibles, la loi ne distingue pas. — Et il en est ainsi, même dans le cas où le défendeur n'a pas constitué d'avoué.

Quels actes sont sujets à péremption?

On entend par *instance* la procédure qui se fait pour parvenir au jugement, ce qui comprend l'exploit introductif de la demande et les divers actes de procédure qui en sont la suite.

Qu'entend-on par instance?

Les actes de procédure qui ne se rattachent point à une instance, les actes *extrajudiciaires*, en un mot, ne sont donc point, du moins en général, susceptibles de péremption. Tels sont, par exemple :

1° La citation en conciliation, puisqu'elle précède l'instance (V. p. 14);

2° Le commandement à fin de saisie, car il ne constitue point une instance. Toutefois, en matière de saisie immobilière, en cette matière seulement, le commandement est périmé au bout de trois ans, si la saisie n'est point pratiquée dans ce délai (art. 674 C. pr.). — Remarquons même que, bien que périmé en ce sens qu'on est tenu de le renouvler pour procéder à la saisie, il subsiste encore comme acte interruptif de prescription (1);

La péremption s'applique-t-elle :

1° A la citation en conciliation?

2° Au commandement à fin de saisie?

3° Le commandemement à fin de contrainte par corps (art. 784) ;

4° Les saisies mobilières ou immobilières, au moins tant qu'elles n'ont point fait naître d'incidents *judiciaires*.

3° Au commandement à fin de contrainte par corps?

4° Aux saisies?

III. DANS QUELLES JURIDICTIONS LES INSTANCES PEUVENT SE PÉRIMER. — Le Code ne traite de la péremption qu'à l'occasion des tribunaux *de première instance*.

Dans quelles juridictions la péremption est-elle admise?

Toutefois, il résulte de l'article 469 qu'elle est également reçue devant *les Cours impériales*.

Quid, devant les Cours impériales?

En ce qui touche les *justices de paix*, nous avons l'article 15 : « Si, y est-il dit, la cause n'est point définitivement jugée, au plus tard dans les quatre mois du jour où un interlocutoire aura été ordonné, l'in-

Devant les justices de paix?

(1) M. Berriat Saint-Prix, p. 569, n° 19.

stance sera périmée de droit. » Mais s'il n'y a pas eu d'interlocutoire, l'instance pourra-t-elle tomber en péremption? La loi ne le dit pas.

Devant les tribunaux de commerce?

Quant aux *tribunaux de commerce*, elle est également muette. De là des controverses sur la question de savoir si la péremption peut avoir lieu, soit devant les tribunaux de commerce, soit devant les justices de paix, en dehors du cas spécial prévu par l'article 15. Mais aujourd'hui l'affirmative est généralement admise. Il serait contradictoire, a-t-on dit, que la péremption, qui a été imaginée pour activer les procédures, fût écartée précisément devant les juridictions où le besoin de célérité se fait le plus sentir.

Devant la Cour de cassation? Devant des arbitres?

Les instances suivies devant la Cour de cassation ne tombent point en péremption (1). Quant à celles qui ont lieu devant des arbitres, voyez l'article 1007.

Art. 397.

Par quel laps de temps s'accomplit la péremption?

IV. Par quel laps de temps s'accomplit la péremption. — En principe, le délai après lequel elle est accomplie est de trois ans à compter du dernier acte de procédure.

Quelle distinction la loi fait-elle à cet égard?

Toutefois, ce délai est augmenté de six mois dans tous les cas où, pendant le cours de l'instance, il survient un événement donnant lieu à une demande en reprise d'instance ou à constitution de nouvel avoué, c'est-à-dire, lorsque l'une des parties décède ou perd son avoué (art. 344). Peu importe que cet événement provienne du côté du demandeur ou du côté du défendeur; il n'y a point non plus à distinguer s'il est survenu *avant* ou *après* l'expiration des trois ans, pourvu que dans ce dernier cas il soit antérieur à la demande en péremption. — On sait que le décès, la destitution ou la démission de l'avoué de l'une des parties interrompt de plein droit l'instance, tandis que le décès de la partie ne l'arrête qu'à compter du jour où il a été notifié (V. p. 268 et 269). Quelques personnes en ont conclu qu'au cas où l'une des parties décède, ses héritiers ne peuvent profiter de la prorogation de six mois qu'autant qu'ils ont eu le soin d'en donner avis à l'autre partie; car, disent-elles, il n'y a réellement lieu à reprise d'instance que lorsque le décès qui l'a interrompue a été notifié. La pratique paraît pencher vers l'opinion contraire. Si, dit-on, la loi accorde aux héritiers de la partie décédée une prorogation de six mois, c'est qu'elle estime qu'ils ignorent, dans les premiers temps de son décès, l'existence du procès. Dès lors, le but qu'elle veut atteindre serait manqué si le secours qu'elle leur accorde était subordonné à une notification qu'en fait ils sont dans l'impossibilité d'accomplir, au moins dans la plupart des cas. L'article 397 ne parle point d'ailleurs de notification.

Quid, dans le cas où le décès de l'une des parties n'a pas été notifié à l'autre partie? y a-t-il lieu alors à l'augmentation des six mois?

Art. 398.

Par qui et contre qui la péremption peut-elle être demandée?

V. Par qui et contre qui la péremption peut être demandée. — Elle peut l'être par le défendeur contre le demandeur; mais la réciproque n'est point vraie. La demande en péremption du chef du demandeur ne serait autre chose qu'une demande en désistement: or, nous verrons bientôt que la péremption et le désistement ne doivent pas être confondus (2).

(1) M. Bonnier, p. 319.
(2) M. Rodière, t. II, p. 246.

Mais, bien entendu, il en serait autrement si le défendeur avait formé une demande reconventionnelle (V. p. 261); le demandeur originaire, étant *défendeur* quant à cette demande, pourrait, à ce titre, en demander la péremption.

La péremption peut être demandée contre *tout demandeur quel qu'il soit*. Ainsi, elle peut l'être contre l'Etat, les établissements publics, même contre les mineurs, sauf leur recours contre leurs tuteurs et administrateurs.

Peut-elle être demandée contre les mineurs non pourvus d'un tuteur?

Ces derniers mots, *sauf leur recours contre leurs tuteurs*, ont amené certains auteurs à décider que la péremption ne court point contre les mineurs non pourvus de tuteurs, puisqu'alors ils seraient privés de tout recours. Cette solution n'a point prévalu. On a, avec raison, fait remarquer que si, à la vérité, la loi accorde aux mineurs contre lesquels une péremption est invoquée un recours contre leur tuteur quand ils en ont un, la réserve de ce recours n'a pas été établie comme une condition du droit qu'elle confère à leur adversaire de se prévaloir de la péremption contre eux. Et d'ailleurs si on décidait autrement, où ne serait-on pas conduit? Il faudrait aller jusqu'à dire, ce qui est vraiment inadmissible, que la péremption ne court point contre les mineurs dont le tuteur est *insolvable!*

Art. 399.

De quelle manière s'opère la péremption?

Comment peut-elle être couverte?

En autres termes, quand est-elle acquise, et, par suite, l'instance éteinte?

VI. De quelle manière s'opère la péremption et comment elle peut être couverte. — Elle ne s'opère point de plein droit, nous l'avons dit déjà (V. p. 295). Ainsi, bien que le temps après lequel elle est accomplie soit complet, l'instance n'est pas encore périmée ou éteinte. Il n'est même pas sûr qu'elle le sera. Et d'abord il se peut qu'au lieu de bénéficier de la péremption, le défendeur préfère ne point s'en prévaloir. Il y peut donc renoncer soit expressément, soit tacitement. Si, par exemple, il signifie quelque acte valable de procédure, cette reprise volontaire de l'instance est considérée comme une renonciation implicite au droit qu'il avait de la faire tomber. On dit alors que la péremption est *couverte.*

Mais ce n'est pas tout. Si, après que le temps de la péremption est complet, le défendeur qui a l'intention de s'en prévaloir ne se hâte point de former une demande à l'effet de s'en faire adjuger le bénéfice, le demandeur peut y échapper par la signification d'un acte de procédure quelconque, pourvu d'ailleurs qu'il se rattache à l'affaire et qu'il soit valable. Peu importe que cet acte soit ou ne soit pas admis en taxe; il suffit que la loi n'en prononce point la nullité.

Ainsi, tant que la péremption n'a point été demandée, elle peut être couverte du chef de l'une ou de l'autre des parties.

Après la demande, et tant qu'il n'est pas intervenu de jugement, elle peut l'être encore du chef du défendeur, car il est le maître de retirer sa demande et de reprendre l'instance, si son intérêt le lui conseille.

Art. 400.

Comment la demande-t-on? Quelle distinction faut-il faire à cet égard?

VII. Comment elle est demandée. — La loi distingue. Lorsqu'il y a avoué en cause, on procède par une requête d'avoué à avoué (V. la formule 109). Dans le cas contraire, c'est-à-dire si l'avoué de la partie contre laquelle la péremption doit être demandée est décédé, interdit ou suspendu, soit depuis le moment où la péremption est accomplie, soit même avant (la loi, il est vrai, ne prévoit que la première de ces deux hypothèses, mais il ne faut voir là qu'une inadvertance), la demande a lieu par exploit signifié à la personne ou à domicile. C'est ainsi, au reste, que les choses se passent devant les justices de paix ou les tribunaux de commerce, puisqu'il n'y a point d'avoués devant ces juridictions.

Art. 401. Quels effets produit-elle ?

VIII. Des effets de la péremption. — La péremption remet les parties au même état qu'auparavant. L'exploit introductif de l'instance est rétroactivement mis à néant; tous les effets qu'il avait produits (V. p. 74) sont réputés n'avoir jamais eu lieu. Ainsi les intérêts qu'il avait fait courir n'ont point couru; la prescription qu'il avait interrompue a continué de courir.

Fait-elle tomber les actes probatoires, tels que les enquêtes, les expertises ?

Comme l'exploit et avec lui, tombent tous les actes de procédure qui l'ont suivi, même les actes *probatoires*, tels que les enquêtes, les expertises ou descentes de lieux. Le demandeur ne peut s'en prévaloir. Toutefois quelques auteurs enseignent que l'aveu fait par la partie survit à l'extinction de l'instance dans laquelle il a été obtenu (1). Tel n'est point l'avis de M. Bonnier. Le Tribunat, dit-il, avait demandé qu'on ajoutât dans notre article que le demandeur contre lequel la péremption serait prononcée ne pût se prévaloir *de ce qui aurait été fait, dit* ou *écrit*. Or, si cette addition n'a point passé dans le texte, c'est qu'elle a été considérée comme superflue (2).

Éteint-elle l'*action* de même que la *procédure*, ou l'*instance* ?

— La péremption n'éteint que la *procédure* ou l'*instance*. Quant à l'*action*, elle la laisse subsister. Le demandeur peut donc, après la péremption prononcée contre lui, introduire une nouvelle demande.

Ne se peut-il point qu'elle éteigne indirectement l'action elle-même ?

Ce principe, toutefois, reçoit une double exception. Il existe, en effet, deux cas où la péremption entraîne indirectement l'extinction de l'*action* elle-même.

Dans quels cas cet effet a-t-il lieu ?

Premier cas. — L'action elle-même est éteinte, lorsque la prescription s'est accomplie contre elle pendant l'instance périmée. Je vous ai poursuivi en payement d'une dette exigible depuis vingt-sept ans. La prescription, qui était sur le point de s'accomplir contre moi, a été interrompue par l'effet de mon exploit (V. p. 56); mais une fois ma demande formée je suis resté inactif pendant trois ans. Ce temps expiré, vous avez demandé la péremption, et elle vous a été adjugée: — mon exploit étant rétroactivement anéanti, la prescription, qu'il avait interrompue, a continué de courir et elle s'est même accomplie, puisque, en ajoutant aux vingt-sept ans pendant lesquels je n'ai point exercé mon droit les trois ans qui ont couru depuis ma demande, nous avons un intervalle de trente années. Mon action est donc éteinte; je n'ai plus de demande à former. Ainsi, en anéantissant l'interruption

(1) M. Rodière, t. II, p. 250; Boitard, t. I, p. 592.
(2) Bonnier, t. I, p. 323.

de la prescription, la péremption peut produire indirectement l'extinction du droit lui-même.

Deuxième cas. — La péremption *de l'appel* entraîne également l'extinction de l'action; car, par cela même qu'elle le fait considérer comme non avenu, elle imprime au jugement la force de la chose jugée. Je vous ai poursuivi en payement d'une somme de 2,000 fr.; ma demande a été écartée. Le jugement étant en premier ressort, je puis l'attaquer par la voie de l'appel, et trois mois à compter du jour où il m'a été signifié me sont accordés à cet effet (art. 443). J'ai formé mon appel dans les trois mois, mais après l'avoir introduit je reste dans l'inaction pendant trois ans. Vous demandez et vous obtenez la péremption. Mon appel est donc périmé. Puis-je le renouveler? Mais comment le pourrais-je? Les trois mois pendant lesquels il m'était permis de l'introduire étant depuis longtemps expirés, le jugement a acquis force de chose jugée. Tout est désormais irrévocable. Mon action est donc éteinte (art. 469.)

— Au cas de péremption, le demandeur est condamné à tous les frais de la procédure périmée.

Qui supporte les frais de l'instance périmée?

TITRE XXIII.

DU DÉSISTEMENT.

Art. 402 et 403.

I. Ce que c'est que le désistement. — Ses différentes espèces. — Le désistement est un abandon émané du demandeur.

Qu'est-ce que le désistement?

Le demandeur peut renoncer soit au *droit* engagé au procès, soit simplement à l'*instance*.

On distingue donc deux espèces de désistement, savoir :

Combien en distingue-t-on d'espèces?

1° Le désistement qui porte sur le fond même du droit, ou le *désistement d'action*;

2° Le désistement qui a pour objet non point l'action, mais simplement la procédure commencée, ou le *désistement d'instance.*

Le premier éteint le procès dans le présent et dans l'avenir.

Le second l'éteint dans le présent; mais comme il ne détruit que l'instance sans toucher au fond du droit, l'action peut être de nouveau portée en justice. C'est ce qu'exprime la loi lorsqu'elle dit qu'après le désistement *les choses sont remises dans l'état où elles étaient avant la demande.*

Le Code de procédure ne traite que du désistement d'instance. C'est le seul par conséquent dont nous ayons à nous occuper.

Quel est celui des deux dont il est traité dans le Code de procédure?

II. Des motifs qui peuvent porter le demandeur à se désister. — Ces motifs sont assez nombreux. Citons-en quelques-uns. Le demandeur peut renoncer à sa demande :

Quels motifs peuvent déterminer le demandeur à le faire?

1° Lorsqu'il l'a portée devant un tribunal incompétent, pour éviter l'exception déclinatoire en saisissant, par une demande nouvelle, le juge compétent;

2° lorsqu'elle est irrégulière, pour la former régulièrement;

3° Lorsque son droit étant à terme ou conditionnel, il a formé sa demande *pendente die* ou *pendente conditione:* — il l'abandonne alors, afin de la former quand le terme sera échu ou la condition réalisée;

4° Enfin lorsqu'il estime que le moment qu'il a choisi pour agir est peu favorable, afin de former sa demande en temps plus opportun.

Quelles personnes peuvent faire un désistement d'*action?*

III. Des personnes qui sont ou ne sont point capables de faire un désistement. — On est d'accord sur ce point, que le désistement *d'action* ne peut être fait que par ceux qui, ayant l'entière et pleine disposition du droit litigieux, n'ont besoin d'autre volonté que la leur pour engager le procès. Ainsi un tuteur ne peut point, sans l'autorisation du conseil de famille, se désister d'un droit immobilier.

Un désistement d'*instance?*

Quant au désistement *d'instance*, deux opinions bien tranchées sont en présence.

Selon la première, la capacité nécessaire pour faire un désistement de cette nature serait la même que celle qui est prescrite pour un désistement d'action (1).

Suivant la seconde, le désistement *d'action* et le désistement *d'instance*, n'étant point semblables dans leurs effets, ne doivent pas être régis de même. On conçoit, dit-on, qu'un désistement *d'action* ne puisse être fait que par ceux qui ont la libre disposition du droit engagé au procès, car, dans ce cas, c'est ce droit lui-même qui est abandonné. Mais rien de semblable n'a lieu quand le désistement ne porte que sur l'instance. Et, en effet, dans quel but le fait-on alors? Pour anéantir une procédure compromettante et donner au procès une meilleure direction. Il constitue donc un simple acte et un acte très-sage d'administration. Dès lors, tout demandeur est capable d'abandonner sa demande. Il n'y a pas à distinguer à cet égard s'il a pu la former seul ou s'il lui a fallu, à cet effet, le concours d'une volonté étrangère. Ainsi le tuteur demandeur en revendication d'un droit immobilier n'aurait pas besoin, pour se désister de sa demande, d'obtenir au préalable l'autorisation du conseil de famille, bien qu'elle lui ait été nécessaire pour la former (art. 464 C. N.).

Toutefois, il en serait autrement dans le cas où le désistement devrait entraîner indirectement l'extinction du droit lui-même. C'est ce qui aurait lieu si le délai de la prescription était complété depuis l'exploit introductif de la demande (V. p. 298). On rentrerait alors dans l'hypothèse du désistement d'action (2).

Que faut-il pour que le désistement existe?

Mais le défendeur peut-il refuser d'accepter l'offre qui lui est faite, et demander que le procès suive son cours jusqu'au bout?

IV. De l'acceptation du désistement. — Tant qu'il n'est point accepté par le défendeur, le désistement n'est qu'une *offre* que le demandeur peut retirer si son intérêt le lui conseille. Une fois accepté, il y a contrat, le désistement est consommé et l'instance périmée. Mais le défendeur peut-il refuser de l'accepter et demander que le procès suive son

(1) Berriat Saint-Prix, p. 367; Carré, n° 452; Demiau, art. 402; Thomine, t. Ier, p. 618; Dalloz, t. V, p. 147, n° 1.

(2) Pigeau, t. I, p. 454; Chauveau sur Carré, t. III, p. 449 et 450.

cours jusqu'au bout? Bien que l'affirmative résulte de l'article 403, dont les termes sont absolus, il importe, ce me semble, de distinguer : quand le défendeur a un intérêt légitime à ce que le procès suive son cours, il peut évidemment refuser le désistement que lui offre son adversaire ; dans le cas contraire, le désistement peut avoir lieu, même contre son gré : *malitiis non est indulgendum.*

Ainsi, supposons que la demande ait été formée régulièrement et devant un tribunal compétent. Le demandeur, qui s'aperçoit que les choses tournent à son désavantage, se désiste de sa demande, afin de pouvoir la renouveler dans un temps plus favorable. Dans ce cas, le défendeur pourra refuser le désistement qu'on lui offre et demander que le litige engagé entre lui et son adversaire soit vidé une fois pour toutes par un jugement. Cela vaut mieux assurément que de rester indéfiniment en présence de la menace d'un procès éventuel. L'intérêt du défendeur à demander la continuation de l'instance serait surtout évident, s'il avait formé quelque demande reconventionnelle, ou si une enquête avait tourné à son avantage.

Mais si la demande est irrégulière, ou si, étant régulière, elle a été portée devant un tribunal incompétent *ratione personæ*, il ne peut refuser le désistement qui lui est offert qu'autant qu'il déclare renoncer au bénéfice de son exception de nullité ou d'incompétence.

V. Comment se font l'offre et l'acceptation d'un désistement. — La loi indique aux parties un moyen très-expéditif de procéder, mais sans le leur imposer. « Le désistement, dit-elle, *peut être* offert et accepté par de simples actes signés des parties ou de leurs mandataires et signifiés d'avoué à avoué (V. la formule 110). » Il peut donc l'être de toute autre manière, et, par exemple, par acte authentique reçu par un notaire ; ou même par de simples déclarations faites à l'audience et dont le tribunal donne acte aux parties. Comment se font l'offre et l'acceptation du désistement?

VI. Des effets du désistement. — Trois cas sont à considérer.

1° *Désistement d'action.* — Le droit réclamé par le demandeur est considéré comme n'ayant jamais existé en sa personne ; il s'efface, il disparaît, et avec lui tombe l'instance à laquelle il a donné lieu. Le procès ne peut plus être recommencé. Quels effets produit-il?

2° *Désistement d'instance.*—Il éteint *l'instance*, mais il laisse subsister *l'action.* Ainsi les parties sont remises en l'état où elles seraient s'il n'y avait eu aucune demande formée. Le demandeur peut donc introduire une demande nouvelle, si toutefois son action ne se trouve point prescrite par le temps écoulé depuis la demande périmée joint au temps antérieur (V. p. 298).

— On voit combien ces deux désistements diffèrent et combien il importe de les distinguer. Les parties ont en général le soin de s'expliquer très-catégoriquement sur la nature et les effets du désistement qu'elles ont en vue. Dans le doute, l'acte devrait être interprété dans le sens d'un simple désistement d'instance; car, en principe, l'abandon d'un droit ne se présume point.

3° *Désistement limité à un acte déterminé de l'instance.* — Dans ce cas l'action et l'instance subsistent; l'acte dont le demandeur s'est désisté est seul éteint.

Qui supporte les frais de l'instance qu'éteint le désistement ? Comment se fait leur liquidation ?

— Le demandeur qui se désiste doit, dans tous les cas, supporter les frais de la procédure périmée.

Quant à leur liquidation, une distinction est nécessaire.

Si le tribunal est appelé à statuer sur le désistement soit pour en donner acte, soit pour en prononcer la validité (V. p. 301), il liquide les dépens, comme en matière sommaire, par son jugement même.

Lors, au contraire, que le désistement ne donne lieu à aucun jugement, et c'est le cas le plus fréquent, la liquidation se fait d'après le mode suivant :

L'avoué qui requiert la taxe dépose au greffe l'état des dépens et les pièces justificatives à l'appui (décret du 16 février 1807). Ce dépôt effectué, il adresse au président une requête à l'effet de faire nommer un juge taxateur. Le juge désigné fait la taxe en l'absence des parties. La taxe faite, le président, parties présentes ou appelées, met au bas : « Ordonnance qui enjoint de payer, et, à défaut, de contraindre. »

Cette ordonnance, lorsqu'elle émane du président d'un tribunal de première instance, est susceptible *d'opposition* ou *d'appel*.

L'ordonnance qui enjoint de les payer peut-elle être attaquée par opposition quand elle a été rendue en présence des parties ? Où l'opposition doit-elle être portée ?

D'opposition..., alors même que l'ordonnance a été rendue en la présence des parties, car la taxe n'a subi aucune épreuve contradictoire (1). Mais où l'opposition devra-t-elle être portée ? Devant le tribunal ou devant le président ? Quelques personnes pensent qu'elle doit l'être devant le président. Et, en effet, disent-elles, toute opposition doit être portée devant l'autorité même de laquelle émane l'acte attaqué. Mais on a répondu qu'il ne peut pas plus réformer la taxe, à laquelle d'ailleurs il n'a point participé, qu'il ne pourrait apprécier le mérite, au fond, d'une sentence arbitrale qu'il rend exécutoire (2).

Cette ordonnance peut-elle donner lieu à l'appel ?

D'appel..., lorsque dans les trois jours de la signification de l'exécutoire, il n'a point été formé d'opposition et à supposer que la taxe excède 1,500 fr.

Quant aux délais pour former opposition ou appel, voyez le décret du 16 février 1807.

Quid, quand elle émane du président d'une Cour ?

— L'ordonnance qui émane du président d'une Cour impériale ne peut être attaquée que par la voie de l'opposition.

Est-elle exécutoire par provision ?

— Dans tous les cas, c'est-à-dire quel que soit le président qui l'ait rendue, elle est exécutoire par provision.

(1) M. Bioche, t. III, p. 167.

(2) MM. Bioche, *Ibid.*; Bonnier, p. 327.

TITRE XXIV.

DES MATIÈRES SOMMAIRES.

17e *répétition.*

Art. 404.

Qu'entend-on par matières sommaires?

A quels signes généraux les reconnaît-on?

I. Ce qu'on entend par matières sommaires. — Des signes généraux auxquels on les distingue. — On entend par matières sommaires certaines affaires qui, soit par la simplicité des questions de fait ou de droit qu'elles soulèvent, soit par la modicité de l'intérêt qu'elles engagent, soit enfin par le besoin de célérité qui s'y fait sentir, exigent une procédure plus simple, plus rapide et moins dispendieuse que celle des affaires ordinaires.

Ainsi, simplicité des questions que soulève l'affaire, modicité de l'intérêt qui fait la matière du litige, célérité qu'elle exige, telles sont les considérations de nature diverse qui peuvent faire entrer une cause dans la classe des matières sommaires. Il n'est point nécessaire, au reste, que les trois caractères y soient réunis; il suffit que l'un d'eux s'y rencontre.

Quel but la loi s'est-elle proposé en les distinguant des autres affaires?

Economie de frais, ou économie de temps, tel est le but que la loi se propose.

Quelles affaires sont sommaires?

II. Quelles affaires sont sommaires. — Sont réputés matières sommaires et doivent être instruits comme tels :

Pourquoi la loi range-t-elle dans cette classe les appels des jugements rendus par un juge de paix?

1° *Les appels des jugements rendus par un juge de paix.* — Les causes sur lesquelles les juges de paix sont appelés à statuer n'engagent, en général, qu'un intérêt modique; lorsque par exception elles s'élèvent à une haute valeur, elles ne soulèvent le plus souvent que des questions exemptes de toute complication. Dans la plupart des cas, d'ailleurs, le besoin de célérité s'y fait sentir. Dès lors, il importe qu'elles soient instruites économiquement et jugées rapidement, lorsqu'elles sont portées, par la voie de l'appel, devant un tribunal de première instance.

Que faut-il entendre par demandes *pures personnelles*?

2° *Les demandes pures personnelles, à quelque somme qu'elles puissent monter, quand il y a titre, pourvu qu'il ne soit pas contesté.* — Par demandes *pures* personnelles, il faut entendre toutes les demandes autres que celles qui sont *réelles* ou *mixtes*. (V. p. 39 et 40 et suiv. l'explic. de ces mots.)

Les matières *réelles* ou *mixtes* sont-elles sommaires quand elles sont fondées sur un titre non contesté?

D'où vient cette différence avec les matières pures personnelles?

Les matières *réelles* ou *mixtes* restent dans la classe des affaires ordinaires, lors même qu'elles sont fondées sur un titre non contesté, parce qu'en général les questions qu'elles présentent à résoudre sont difficiles et compliquées. Toutefois, elles passent dans les matières sommaires, lorsque la valeur de leur objet n'excède point 1,500 francs. C'est ce que nous verrons tout à l'heure.

Comment peut-il y avoir procès quand la demande est fondée sur un titre *non contesté*?

Quant aux demandes *pures personnelles*, tout y est simple et facile lorsque, d'une part, le demandeur produit un titre à l'appui de sa prétention, et que, d'autre part, le défendeur auquel ce titre est opposé n'en conteste point la validité. Il semble même qu'alors le procès est impossible; car, au premier abord, on n'aperçoit point l'objet du litige.

Mais ce n'est qu'une fausse apparence. Et, en effet, bien que le demandeur produise un titre, et quoique ce titre ne soit point contesté, il y aura procès néanmoins, si le défendeur soutient que le droit qui s'y trouve relaté, et qui a existé dans le principe, est aujourd'hui éteint par l'effet, soit d'un payement, soit d'une compensation ou de toute autre cause d'extinction d'obligation.

L'affaire est-elle sommaire quand le titre produit est sous seing-privé ?

Quid, dans le cas où la demande est fondée sur une *promesse verbale* non contestée?

L'affaire est sommaire sans qu'il y ait à distinguer si le titre que produit le demandeur, et que le défendeur ne conteste pas, est authentique ou simplement sous signature privée. Nous pensons même qu'au cas où le demandeur invoque une promesse verbale l'affaire devrait être réglée comme sommaire, si le défendeur ne contestait ni l'existence, ni la validité de la promesse qu'on lui oppose, car toute promesse reconnue équivaut à un titre (1).

Quand le titre est-il contesté ?

Lorsque le titre produit est contesté, l'affaire, se compliquant, reste ordinaire. Il est contesté, non-seulement lorsqu'on soutient qu'il est nul dans la forme, ou qu'on l'argue de faux, mais encore lorsque, sans en nier l'existence matérielle, on prétend que la créance qui y est inscrite est entachée de violence, de dol ou d'erreur.

Une affaire peut-elle être sommaire, même en l'absence d'un titre ?

Quid, dans ce cas, si l'affaire est réelle ou mixte ?

3° *Les demandes formées sans titre lorsqu'elles n'excèdent pas* 1,500 *francs* en capital, en matière mobilière, ou 60 francs de revenu en matière immobilière (*loi du* 11 *avril* 1838).— Si l'affaire est ici sommaire, c'est uniquement en considération de *la modicité de la valeur de son objet*. Dès lors, peu importe que la demande soit pure personnelle, réelle ou mixte, qu'il y ait titre ou qu'il n'y en ait point; qu'il soit contesté ou non, il n'importe encore : la loi ne distingue pas.

— Remarquons le rapport existant entre le dernier ressort et la nature sommaire de l'affaire. Nous verrons, en effet, que toute affaire dont l'objet n'excède point 1,500 francs en matière mobilière, ou 60 francs de revenu en matière immobilière, est jugée en dernier ressort et sans appel. Or, ce sont précisément ces affaires que notre 3° place parmi les matières sommaires.

Nous pouvons donc dire d'une manière générale que toute affaire susceptible d'être jugée en dernier ressort est sommaire dans tous les cas.

Une affaire peut-elle être sommaire, bien qu'elle ne soit susceptible d'être jugée qu'en premier ressort ?

Mais la réciproque n'est point vraie : une affaire peut être sommaire et n'être pourtant susceptible d'être jugée qu'en premier ressort. Ainsi, lorsqu'elle est purement personnelle et appuyée sur un titre non contesté, ou même, quoiqu'il n'y ait point de titre, et quoique l'affaire soit réelle ou mixte, si elle exige célérité, elle est sommaire *à quelque somme qu'elle puisse monter*, ce qui la range parmi les matières de premier ressort, lorsque son objet excède 1,500 francs en capital, ou 60 francs de revenu.

Comment reconnaîtra-t-on si l'objet de la demande excède ou non 1,500 fr. en capital ou 60 fr. de revenu.

Quant à la question de savoir comment on reconnaîtra, dans le cas où la demande n'aura point pour objet une somme d'argent, si elle excède ou non 1,500 francs en capital, ou 60 francs de revenu, nous nous en expliquerons au titre de l'appel.

Quelles demandes sont provisoires ?

4° *Les demandes provisoires ou qui requièrent célérité.* — La loi a évité

(1) MM. Rodière, t. II, p. 260; Bonnier, p. 338.

avec raison d'entrer dans des détails sur ce point. Elle donne une règle et s'en rapporte pour son application à la sagacité des juges.

Quelles requièrent célérité?

5° *Les demandes en payement de loyers, fermages et arrérages de rentes.* — Ces demandes rentrent dans notre 4°; car, en général, elles exigent célérité.

Pourquoi les demandes en payement de loyers, fermages et arrérages de rentes ont-elles été rangées parmi les matières sommaires?

— Remarquons en terminant que si une demande introduite comme sommaire cesse de l'être pendant le cours de l'instance, si, par exemple, dans le cas d'une demande pure personnelle, dont l'objet excède 1,500 francs, le titre, qui d'abord n'avait donné lieu à aucun débat, vient à être contesté, on rentre alors dans la procédure ordinaire.

Quid, si une matière, sommaire à l'origine, cesse de l'être pendant le cours de l'instance?

Art. 405 et 406.

III. Des ressemblances et des dissemblances entre la procédure ordinaire et la procédure sommaire. — Les affaires sommaires sont soumises aux règles de la procédure ordinaire dont elles n'ont pas été formellement dispensées.

A quelles règles sont soumises les matières sommaires?

Ainsi, 1° elles doivent être précédées du préliminaire de conciliation, à moins qu'elles ne rentrent dans l'un des cas exceptionnels prévus par l'article 49. Le caractère sommaire d'une affaire ne suffit donc point par lui-même pour la dispenser de cette épreuve.

Sont-elles soumises au préliminaire de conciliation?

Il en résulte que si la même affaire peut être à la fois sommaire et dispensée de l'essai de conciliation, il se peut aussi qu'elle soit sommaire sans donner lieu à cette épreuve, ou, réciproquement, qu'elle y soit soumise sans être sommaire. Prenons, à cet égard, quelques exemples.

Les appels des jugements rendus par des juges de paix, toutes les demandes qui exigent célérité, les demandes en payement de fermages, de loyers ou d'arrérages de rente, sont sommaires et dispensés de la tentative de conciliation.

Les demandes pures personnelles, à quelque somme qu'elles puissent s'élever, quand elles sont fondées sur un titre non contesté, les demandes personnelles ou autres, quoique formées sans titre, ou appuyées sur un titre contesté, lorsqu'elles n'excèdent pas 1,500 francs en capital, ou 60 francs de revenu, y sont, au contraire, soumises, *quoique sommaires.*

Les demandes qui intéressent l'Etat, le domaine...; les demandes en intervention ou en garantie...; et enfin les demandes formées contre plus de deux parties, encore qu'elles aient le même intérêt, ne sont, en aucun cas, sujettes au préliminaire de conciliation, tandis qu'elles sont sommaires lorsque l'un ou l'autre des caractères déterminés par l'article 404 s'y rencontre.

2° Elles s'introduisent, comme les demandes ordinaires, par un exploit régi de tous points par les articles 61 et suivants.

Comment s'introduisent-elles?

3° Le défendeur, comme dans les matières ordinaires, a huit jours francs pour constituer avoué. Sa constitution doit être faite conformément aux articles 75 et 76.

Quel délai le défendeur a-t-il pour constituer avoué?

4° Enfin, nous appliquerons aux matières sommaires toutes les règles concernant l'avenir, la plaidoirie, la publicité des audiences, les

Quid, quant à l'avenir, aux plaidoiries, à la publicité des audiences, aux jugements, aux exceptions, à la communication au ministère public, aux reprises d'instance... ?

jugements, les exceptions, la communication au ministère public, les reprises d'instance, la péremption et le désistement.

Quant aux dissemblances qui séparent les matières sommaires des matières ordinaires, nous signalerons les suivantes :

Sous quels rapports les matières sommaires diffèrent-elles donc des matières ordinaires ?

Première différence. — On sait que dans les matières ordinaires la procédure, lorsqu'elle est dégagée de tout incident, comprend l'*ajournement* par lequel le demandeur introduit sa demande, *la constitution de l'avoué du défendeur*, la signification de ses défenses, et enfin la réponse du demandeur, en tout quatre actes et, par conséquent, trois délais successifs, comprenant : le premier huit jours francs, le second quinze jours, le troisième huit jours comme le premier (art. 61, 75 à 79). Ces divers actes étant accomplis, la partie la plus diligente poursuit l'audience par un simple acte d'avoué à avoué (art. 80).

Quand l'affaire est sommaire, au lieu de quatre actes et trois délais, nous n'avons plus que deux actes seulement, l'ajournement et la constitution de l'avoué du défendeur, ce qui n'exige qu'un seul délai. La signification des défenses et la réponse aux défenses sont supprimées. Dès que le défendeur a constitué avoué, la partie la plus diligente poursuit l'audience par un simple avenir.

Toutefois, la loi ne défend point absolument aux parties de se signifier des conclusions motivées. Tout ce qu'on peut conclure de sa prohibition, c'est que ces significations n'entreront point en taxe et ne pourront en aucun cas retarder la procédure.

Deuxième différence. — Dans les matières ordinaires, les demandes incidentes et en intervention se forment par des requêtes *grossoyées :* ainsi elles contiennent l'énonciation de leur objet et le développement des moyens présentés à l'appui (V. p. 45). Dans les affaires sommaires, au contraire, les interventions s'introduisent, comme les demandes incidentes formées par l'une des parties contre l'autre, par des requêtes non grossoyées. Elles doivent énoncer simplement leur objet, les motifs qu'on entend produire, mais sans les développer.

Troisième différence. — Elle concerne les enquêtes, et c'est la plus importante.

Art. 407 à 413.

Comment se demande l'enquête en matière ordinaire ?

Comment en matière sommaire ?

1° L'enquête ordinaire se demande par *écrit*, c'est-à-dire par un acte de conclusions dans lequel sont articulés les faits dont on demande à faire preuve, avec sommation de les reconnaître ou de les dénier dans les trois jours (art. 252). — L'enquête sommaire, au contraire, se demande *verbalement* à l'audience : c'est là que le demandeur articule les faits qu'il entend comprendre dans l'enquête, là que le défendeur les reconnaît ou les dénie. Il est bien entendu, au reste, qu'ils doivent être énoncés dans le jugement qui ordonne l'enquête.

Où se fait l'enquête ordinaire ?

Où l'enquête sommaire ?

2° L'enquête ordinaire est secrète ; elle se fait devant *un juge commissaire* (V. p. 217 et 218). — C'est devant *le tribunal même* que se fait l'enquête sommaire ; elle est donc publique.

Dresse-t-on un procès-verbal de l'enquête ordinaire ?

Quid, quand elle est sommaire ?

3° Dans l'enquête ordinaire, le juge-commissaire qui reçoit les dépositions des témoins doit, dans tous les cas, en dresser un procès-verbal détaillé et circonstancié. — En est-il de même pour l'enquête sommaire ?

Le tribunal qui entend les témoins doit-il dresser procès-verbal de la déposition de chacun d'eux? La loi distingue :

L'affaire est-elle susceptible d'être jugée *en dernier ressort*, un procès-verbal d'enquête serait inutile : il n'aurait, en effet, aucune raison d'être, puisque, d'une part, la décision de l'affaire appartient au tribunal qui vient d'entendre par lui-même les témoins, et que, d'autre part, elle ne peut pas être portée, par appel, devant un tribunal supérieur. Ainsi, point de procès-verbal. Dans ce cas, le tribunal se borne à mentionner dans son jugement, non point l'exposé séparé de chaque déposition, mais le *résultat de l'enquête*, c'est-à-dire de toutes les dépositions prises dans leur ensemble.

Quid, quand l'enquête sommaire se fait devant un tribunal autre que celui qui l'a ordonnée?

Toutefois, il en serait autrement, si l'enquête se faisait devant un tribunal autre que celui qui l'a ordonnée. C'est ce qui résulte de l'article 412 : « Si les témoins sont éloignés ou empêchés, y est-il dit, le tribunal pourra commettre le tribunal ou le juge de paix de leur résidence. Dans ce cas, l'enquête sera rédigée par écrit; il en sera dressé procès-verbal. »

L'affaire ne comporte-t-elle, au contraire, qu'une décision *en premier ressort*, un procès-verbal d'enquête devient nécessaire, afin de fournir aux juges d'appel, si elle est portée devant eux, le moyen d'apprécier, en les étudiant, les dépositions qu'il n'a pas entendues. On évite ainsi la nécessité d'une seconde enquête.

Que doit contenir ce procès-verbal?

Ce procès-verbal doit contenir les serments des témoins, leurs déclarations, s'ils sont parents, alliés ou serviteurs des parties, les reproches formés contre eux, et enfin le *résultat de leur déposition*.

Doit-il énoncer chaque déposition en particulier?

Le résultat de leur déposition... La loi s'exprimant ici de la même manière que dans la précédente hypothèse, quelques personnes en ont conclu que le tribunal, au lieu d'énoncer chaque déposition en particulier, peut se borner à consigner le *résultat* général de l'enquête, c'est-à-dire l'impression que les dépositions prises en masse ont laissée dans son esprit. Mais s'il en était ainsi, le tribunal d'appel serait obligé de juger non point d'après ses propres inspirations, mais sur l'impression que le tribunal inférieur lui aurait transmise; cela serait tout à fait contraire à la nature de l'appel. Le procès-verbal doit donc, dans l'espèce, contenir la substance de chacune des dépositions.

Comment les choses se passent-elles, en matière ordinaire, lorsqu'un reproche est allégué contre l'un des témoins?

Comment en matière sommaire?

4° Lorsque, dans une enquête ordinaire, un reproche est allégué contre l'un des témoins, le juge-commissaire, n'ayant point qualité pour le juger, doit recevoir la déposition du témoin reproché. Le tribunal admet-il le reproche, la déposition reçue par le juge-commissaire est écartée. Le déclare-t-il mal fondé, la déposition est maintenue (V. p. 227). — Les choses ne se passent plus de même dans l'enquête sommaire. Le tribunal devant lequel elle a lieu a plein pouvoir pour apprécier les reproches proposés; il doit donc les juger *de plano*. S'il les admet, les témoins reprochés ne sont pas entendus. Et il en est ainsi, sans qu'il y ait à distinguer si l'affaire est susceptible d'être jugée en dernier ressort, ou en premier ressort seulement. Il est vrai que, dans ce dernier cas et à supposer qu'il y ait appel, le tribunal supérieur pourra écarter le reproche, ce qui nécessitera une nouvelle enquête pour obtenir la déposition du témoin injustement reproché ; mais ce n'est là qu'un faible inconvénient : le mal serait plus grand dans le système contraire. Et, en effet, qu'arriverait-il si le tribunal de première instance était obligé d'entendre le témoin reproché ? Que cette déposition, quoique nulle, puisqu'elle émane d'un témoin reproché, exercerait néanmoins une certaine influence sur l'esprit des juges qui l'auraient reçue ; car il leur serait bien difficile d'en faire complétement abstraction. Or, c'est précisément ce que la loi ne veut point (1).

Qui, dans l'enquête ordinaire, fixe les jour et heure de l'audition des témoins ? Qui dans l'enquête sommaire ?

5° Dans l'enquête ordinaire, le juge-commissaire détermine, par son ordonnance, les jour et heure de l'audition des témoins (V. p. 231 et 233). — Dans l'enquête sommaire, le jugement qui ordonne l'enquête fixe lui-même les jour et heure auxquels elle aura lieu. Si l'une des parties demande une prorogation, l'incident est jugé sur-le-champ.

Sous tous autres rapports, l'enquête sommaire n'est-elle point régie comme l'enquête ordinaire ?

Quant aux délais accordés aux témoins pour se présenter, la signification qui leur est faite de la copie du dispositif du jugement qui a ordonné l'enquête, la signification de leurs noms à la partie, l'amende contre ceux qui, étant dûment appelés, ne se présentent point, les reproches qui peuvent être proposés contre eux, les interpellations qui peuvent leur être faites, la prohibition d'entendre les conjoints des parties, leurs parents ou alliés en ligne directe, la faculté de citer en témoignage les individus âgés de moins de quinze ans, la taxe des témoins, on suit, pour l'enquête sommaire, les règles tracées en matière ordinaire.

Quels sont les droits de l'avoué en matière ordinaire ? En matière sommaire ?

Quatrième différence. — Dans les matières ordinaires, l'avoué a droit : 1° à ses déboursés ; 2° à des honoraires particuliers *pour chacun de ses actes*. Dans les matières sommaires, il a droit à ses déboursés, cela est évident ; mais au lieu d'appliquer un salaire particulier *à chacun de ses actes*, on ne lui alloue, quel que soit leur nombre, qu'une somme fixe d'honoraires, dont le chiffre varie suivant l'importance de l'affaire (V. le tarif, art. 67, dernier alinéa). De cette manière, l'avoué n'a aucun intérêt à grossir son dossier.

La loi établit-elle des différences entre les affaires qui doivent être *instruites et jugées comme sommaires*, et celles qui doivent être *jugées sommairement* ?

IV. Des affaires qui doivent être jugées sommairement. — Les affaires énumérées dans notre article 404 doivent être *instruites* et *jugées* comme sommaires. Ailleurs, et en parlant de certaines demandes, la loi dit simplement qu'elles doivent être *jugées sommairement*. Telles sont notamment les déclinatoires (art. 168 et 172), les reproches de témoins (art. 287), les oppositions aux demandes en garantie et en restitution de pièces (art. 180, 192), les demandes en reprise d'instance (art. 348).

Cette variante dans les mots établit-elle une différence quant au fond du droit ?

Quelques personnes admettent l'affirmative. Les affaires *sommaires* et les affaires qui doivent être *jugées sommairement* ne doivent point,

(1) V. en ce sens M. Bonnier, p. 344.

disent-elles, être confondues. Les premières sont tout à la fois *instruites* et *jugées* sommairement; les secondes sont jugées sommairement, mais *instruites comme les matières ordinaires*. Ainsi toute la *procédure* est ordinaire; le *jugement* seul est *sommaire*. En autres termes, lorsque la loi dit simplement qu'une affaire doit être jugée sommairement, elle entend uniquement adresser aux juges une recommandation de célérité (1).

Ce système paraît abandonné aujourd'hui. Suivant l'opinion générale des auteurs, les affaires qui doivent être jugées sommairement *requièrent célérité;* elles rentrent donc, à ce titre, dans la classe des matières sommaires. Ainsi ce n'est point seulement le jugement qui doit être sommaire; la procédure ou l'instruction doit l'être également. On doit, par conséquent, la *tarifer* comme matière sommaire, sauf à allouer à l'avoué les actes exceptionnels que le tarif autorise en certains cas (art. 71, 75 et 95 du tarif) (2).

TITRE XXV.

PROCÉDURE DEVANT LES TRIBUNAUX DE COMMERCE.

I. Esprit de ce titre. — Les affaires de commerce sont, en général, fort simples et, pour les apprécier, pas n'est besoin d'avoir une connaissance approfondie des lois; l'habitude des opérations commerciales suffit pleinement à cet effet. On les soumet donc, non point à la juridiction ordinaire, mais à des tribunaux exceptionnels composés de commerçants. Dans quelles vues générales la loi traite-t-elle spécialement des matières de commerce?

Outre qu'elles ne soulèvent que des questions faciles à juger, elles sont urgentes par essence, car la célérité est l'âme du commerce. Dès lors, on a dû les exonérer des lenteurs de la procédure ordinaire. De là les formes simples et rapides qui font l'objet de ce titre.

II. Composition des tribunaux de commerce. — Les villes importantes ont des tribunaux de commerce proprement dits. Nous appelons ainsi les tribunaux composés de commerçants désignés conformément à la loi (V. les art. 615 à 630 C. com.). Qui les juge?

Dans les villes qui n'ont point un tribunal de commerce proprement dit, le tribunal civil en remplit les fonctions. C'est donc devant lui que sont portées les affaires commerciales; mais alors il procède comme tribunal de commerce et, par conséquent, d'après les formes simples et expéditives de notre titre. Qui, dans les villes où il n'existe point un tribunal de commerce? Comment procède alors ce tribunal?

— Les tribunaux civils comprennent des juges, un ministère public et un greffier; des avoués et des huissiers y sont attachés. Les tribunaux de commerce ont-ils un ministère public?

Les tribunaux de commerce proprement dits et les tribunaux civils, dans le cas où ils fonctionnent comme tribunaux de commerce, n'ont Des avoués?

(1) En ce sens, Berriat Saint-Prix, p. 375 et 376.

(2) En ce sens, Boitard, t. Ier, p. 606, et M. Bonnier, p. 339 et 340.

point de ministère public ; le ministère des avoués y est également inconnu. Nous reviendrons tout à l'heure sur ce point.

Art. 424 et 426.

Lorsqu'une affaire est commerciale, doit-elle être portée devant un tribunal de commerce, quoiqu'elle existe entre des non-commerçants ?

On considère donc non point la qualité des parties, mais la nature de l'affaire ?

Comment peut-on savoir si elle est non commerciale ?

III. De la compétence des tribunaux de commerce. — 1° *Compétence ratione materiæ.* — Une affaire étant donnée, il importe tout d'abord de savoir devant quelle juridiction elle devra être portée. Est-elle *civile*, elle appartient aux tribunaux ordinaires. Est-elle *commerciale*, elle passe dans les attributions des tribunaux de commerce.

Ainsi, toute affaire commerciale, entre toutes personnes, commerçantes ou non commerçantes, doit être portée devant un tribunal de commerce. On considère, non point la qualité des parties entre lesquelles elle existe, mais la nature de l'acte qui y donne lieu. Quant à la question de savoir si l'acte auquel elle se rattache est *civil* ou *commercial*, il faut, pour la résoudre, se reporter aux articles 631 à 638 du Code de commerce.

Où doivent procéder les héritiers et les veuves des justiciables d'un tribunal de commerce ?

Quid, lorsqu'un acte est signé d'un commerçant ?

D'un non-commerçant ?

D'un commerçant et d'un non-commerçant ?

Les héritiers des justiciables d'un tribunal de commerce doivent y être assignés en reprise d'instance ou par action directe, sans qu'il y ait à distinguer s'ils sont ou non eux-mêmes commerçants. Il en est de même de leurs veuves, lorsqu'elles sont communes en biens.

— Les tribunaux de commerce, avons-nous dit, sont compétents à raison de la nature de l'affaire et indépendamment de la qualité des parties : la règle est vraie, mais elle a besoin d'un tempérament. Tout acte *émané d'un commerçant* et se rattachant à des causes relatives à son commerce est, en effet, par cela même et par cela seul, *réputé*, jusqu'à la preuve du contraire, *acte de commerce*, ce qui le soumet à la juridiction commerciale, lorsqu'il devient l'objet d'un litige. A l'égard des actes souscrits par un non commerçant, c'est la présomption inverse qui a lieu (art. 638 C. c.). — Ajoutons qu'au cas où un billet à ordre porte la signature d'un ou de plusieurs négociants et de non négociants, le tribunal de commerce est compétent même à l'égard des signataires non commerçants (art. 637 C. com.).

Art. 420.

Lorsqu'une affaire est commerciale, elle doit être portée devant un tribunal de commerce ; mais devant lequel ?

2° *Compétence relative ou ratione personæ.* — Lorsqu'un acte est commercial, le procès auquel il donne lieu doit être porté devant un tribunal de commerce. Mais devant lequel ? Nous savons qu'en matière civile, la compétence varie suivant la nature de l'action. Est-elle *personnelle* ou même *réelle*, mais mobilière, elle est portée devant le tribunal du domicile du défendeur. Est-elle *réelle immobilière*, elle appartient au tribunal de la situation de l'objet litigieux. Enfin, quand elle est *mixte*, elle peut être formée, au choix du demandeur, devant le tribunal de la situation de l'objet litigieux ou devant celui du domicile du défendeur (V. p. 39 et suiv.). Les matières commerciales ne comportent guère que des actions *mobilières*, personnelles ou réelles. Le principe *actor forum sequitur rei*, y est donc dominant. Toutefois il n'y est point exclusivement attributif de juridiction. Dans certaines affaires, en effet, le demandeur a le choix entre trois tribunaux différents. « Il peut, porte l'article 420, assigner, à son choix,

« Soit devant le tribunal du domicile du défendeur ;

« Soit devant le tribunal dans l'arrondissement duquel la promesse a été faite, ET la marchandise livrée (ce tribunal n'est compétent qu'autant que ces deux circonstances concourent);

« Soit enfin devant celui dans l'arrondissement duquel le payement doit être effectué. »

Ainsi des marchandises ont été vendues et livrées à *Paris;* l'acheteur a son domicile à *Rouen;* il a été convenu que le prix de vente sera payé à *Orléans :* les tribunaux de commerce de *Paris*, de *Rouen* et d'*Orléans* seront également compétents; le demandeur pourra agir devant celui des trois qu'il lui plaira de choisir. Cette faculté a été admise afin de faciliter aux commerçants les moyens d'arriver promptement à l'exécution de leurs transactions.

Art. 426 et 428.

Un tribunal de commerce peut-il connaître des incidents qui, bien que se rattachant intimement à l'affaire commerciale dont il est saisi n'ont, par eux-mêmes, rien de commercial?

Cette règle ne souffre-t-elle pas deux exceptions?

—Les tribunaux de commerce peuvent, en général, connaître des incidents qui se rattachent intimement à l'affaire dont ils sont valablement saisis, et il en est ainsi, même à l'égard des incidents dont la nature est telle qu'à les supposer formés par action principale et directe, ils appartiendraient à la juridiction civile. Il a toujours été admis, en effet, que le juge de l'action reste juge de l'exception. Ainsi, par exemple, si un contrat étant invoqué dans le cours d'une instance engagée devant un tribunal de commerce, le défendeur en demande incidemment la rescision pour cause d'erreur, de violence ou de dol, ce point demeure dans les attributions du tribunal devant lequel il est soulevé.

Toutefois certains incidents ont paru si essentiellement rentrer dans les matières civiles qu'on a dû les renvoyer aux tribunaux ordinaires. Ainsi 1° lorsqu'une personne, assignée devant un tribunal de commerce en qualité d'héritière ou de veuve commune d'un justiciable de ce tribunal, élève un conflit sur sa qualité, soit qu'elle soutienne qu'elle n'est point héritière, soit qu'elle prétende qu'elle a renoncé à la succession du défunt, ou qu'elle est encore dans les délais pour faire inventaire et délibérer, ce débat étant essentiellement civil, le tribunal de commerce devant lequel il est soulevé doit d'office s'abstenir d'en connaître, et renvoyer les parties à procéder devant les juges ordinaires, sauf, quand ce point aura été civilement réglé, à revenir devant lui pour être statué sur le fond.

2° De même, si une pièce produite est méconnue et que la partie qui l'invoque persiste à vouloir s'en servir, ou s'il y a inscription de faux légalement formée, le tribunal doit, même d'office, renvoyer les parties, soit pour la vérification d'écritures, soit pour l'inscription de faux, devant le tribunal civil. — Néanmoins si la pièce n'est relative qu'à un des chefs de la demande, il peut être passé outre au jugement des autres chefs.

Y a-t-il lieu à renvoi, dans ces deux cas, lorsque le tribunal saisi est un tribunal civil faisant fonction de tribunal de commerce?

En quel sens alors a lieu le renvoi?

Dans ces deux cas, il y a lieu au renvoi, alors même que le tribunal saisi est un tribunal civil, faisant fonction de tribunal de commerce : le renvoi a lieu alors, en ce sens, que le tribunal doit, pour connaître de l'incident, se constituer comme tribunal civil, c'est-à-dire appeler le ministère public à siéger et contraindre les parties à recourir au ministère des avoués (1).

(1) Boitard, p. 681 et 685.

Art. 415.

Comment s'introduisent les demandes devant les tribunaux de commerce ?

L'assimilation est-elle complète ?

IV. Comment s'introduisent les demandes devant les tribunaux de commerce. — Des délais en matière commerciale. — Les demandes commerciales ne sont point sujettes au préliminaire de conciliation (V. p. 19, 4°).

Elles sont introduites, comme les demandes civiles, par un exploit d'huissier, suivant les formalités prescrites au titre *des Ajournements*. Notons seulement que cet exploit ne contient point de constitution d'avoué, le ministère de ces officiers ministériels étant interdit devant les tribunaux de commerce (V. la formule 111).

Art. 416 à 418.

Quelles différences y a-t-il entre les matières de commerce et les matières civiles, quant aux délais accordés au défendeur pour comparaître ?

Quant aux délais d'ajournement, nous avons, entre les matières civiles et les matières commerciales, des différences assez notables à signaler.

1° En matière civile, le délai est de huit jours francs (V. p. 73 et 76). — En matière commerciale, il peut n'être que d'un jour. Ce délai est, au reste, un délai franc, quoique la loi ne le dise pas expressément (art. 1033 C. pr.).

2° Dans les causes qui présentent un caractère d'urgence, le président du tribunal civil peut autoriser l'assignation *à bref délai*, c'est-à-dire à trois jours, ou même, selon quelques auteurs, de jour à jour (V. p. 73). — Dans le même cas, le président du tribunal de commerce peut permettre d'assigner non-seulement de *jour à jour*, par exemple le 4 pour le 5, mais encore *d'heure à heure*, par exemple le 4 à midi, pour le même jour à deux heures.

3° En matière ordinaire, l'assignation à bref délai ne peut, *en aucun cas*, être donnée sans une autorisation du président. — Cette autorisation, au contraire, n'est point *toujours* nécessaire en matière de commerce. Ainsi l'assignation de jour à jour ou d'heure à heure peut être donnée *de plano*, sans aucune autorisation, non point en toute matière, mais au moins pour certaines affaires d'une extrême urgence, savoir dans les affaires MARITIMES *où il existe des parties non domiciliées*, et dans *celles où il s'agit d'agrès, victuailles, équipages et radoubs de vaisseaux prêts à mettre à la voile*, et *autres matières urgentes et provisoires*, pourvu toujours qu'elles soient *maritimes*.

Le président du tribunal de commerce ne jouit-il point d'une prérogative que n'a point le président d'un tribunal civil ?

4° Le président du tribunal de commerce jouit même d'un pouvoir que n'a point le président d'un tribunal civil. Quelque prompte que soit l'assignation à bref délai, il est à craindre qu'elle demeure inefficace. Le débiteur peut, en effet, prendre la fuite et emporter avec lui les marchandises, qui peut-être sont le gage unique de son créancier. La loi a prévu ce danger et y a remédié. Le président du tribunal peut, s'il l'estime nécessaire, autoriser la saisie *immédiate*, mais provisoire, des effets du débiteur (V. la formule 112). C'est une exception fort notable aux règles du droit commun. La saisie, même mobilière, ne peut, en effet, être pratiquée qu'en vertu d'un titre authentique et exécutoire signifié préalablement au débiteur. Elle ne peut même avoir lieu que le lendemain du commandement (art. 545 et 583 C. pr.). Ici toutes entraves disparaissent. La saisie est pratiquée sans commandement préalable, et bien que le créancier n'ait point de titre ou que le titre qu'il possède soit simplement sous seing privé. L'ordonnance du président lui tient lieu de titre exécutoire.

Si la saisie ainsi pratiquée est, en définitive, jugée mal fondée, le demandeur devra réparer le préjudice qu'il aura causé au saisi. Il faut donc à ce dernier une garantie contre cette éventualité. De là le pouvoir accordé au président d'ordonner, suivant l'exigence des cas, que la saisie n'aura lieu qu'à la charge par le demandeur de donner caution ou de justifier d'une solvabilité suffisante. Le demandeur fera cette justification soit par la production de son dernier inventaire (V. art. 9 C. com.), s'il en résulte que son actif dépasse notablement son passif, soit même, sans produire aucun titre, par la notoriété publique.

Le saisissant ne doit-il pas en ce cas, fournir une certaine garantie ?

Le président doit-il toujours le contraindre à la donner ?

— Notons en terminant que les ordonnances par lesquelles le président permet une assignation à bref délai ou une saisie immédiate et provisoire peuvent être attaquées par la voie de l'opposition ou de l'appel ; mais, bien entendu, elles sont exécutoires par provision.

Comment peuvent être attaquées les ordonnances que rendent les présidents des tribunaux de commerce ?

Sont-elles exécutoires par provision?

V. Où et a qui peut être remise la copie de l'exploit d'ajournement. — Elle peut être remise au défendeur, parlant à sa personne, en quelque lieu qu'il se trouve, soit à son domicile, parlant à l'une des personnes énumérées dans l'article 68, soit enfin à un voisin, dans l'hypothèse prévue par le même article. La loi ajoute « que toutes assignations données à bord *à la personne assignée* seront valables. » Cette disposition prête à l'amphibologie. Prise à la lettre, elle nous conduirait à dire que l'assignation peut bien être donnée à bord, mais *à la personne même de l'assigné.* Si nous devions l'entendre ainsi, elle serait complétement inutile, puisqu'il est de principe qu'une assignation peut être donnée au défendeur, parlant à sa personne, *en quelque lieu qu'on le trouve* (V. p. 63). Or les lois devant toujours être entendues dans le sens avec lequel elles peuvent avoir un effet, plutôt que dans le sens avec lequel elles n'en pourraient produire aucun, nous devons admettre que la copie de l'exploit peut être valablement remise *à bord*, non-seulement à la personne assignée, mais encore, en son absence, à une personne employée au service du navire.

Art. 419.

Où et à qui peut être remise la copie de l'exploit d'ajournement?

Peut-elle être remise à bord, à un employé du navire, lorsque le passager ou le marin qu'elle concerne est momentanément absent ?

— Cette disposition est applicable : 1° aux simples passagers, de même qu'aux personnes de l'équipage ; 2° à toutes matières commerciales, maritimes ou non maritimes : la loi ne distingue point.

Art. 421 et 422.

Comment les parties comparaissent-elles?

VI. Comment les parties comparaissent devant les tribunaux de commerce. — Des avoués et des agréés. — Les parties doivent comparaître sans le ministère d'un avoué. La procédure simple et rapide des affaires commerciales ne comporte point, dit M. Bonnier, l'emploi d'officiers ministériels habitués aux allures lentes et techniques de la procédure ordinaire.

D'où vient que le ministère des avoués n'est point reçu devant les tribunaux de commerce ?

Ainsi les parties se présentent en personne, ou par un mandataire muni d'un pouvoir spécial (V. la formule 113). Ce pouvoir peut être donné au bas de l'original ou de la copie de l'assignation ; dans tous les cas, il doit être exhibé au greffier avant l'appel de la cause, et par lui visé sans frais.

Comment les choses se passent-elles, lorsque les parties comparaissent par un mandataire ?

En quelle forme le mandat, qui alors est nécessaire, peut-il être donné ?

Il peut être donné en la forme authentique ou sous seing privé, même par lettre missive, ou verbalement à l'audience.

Les parties peuvent-elles se faire représenter par un huissier, par un avoué ?

A quel titre, alors l'avoué se présente-t-il ?

— Il est défendu aux huissiers, sous peine d'une amende de 25 à 50 francs, et même, s'il y a lieu, de mesures disciplinaires, d'accepter un mandat à l'effet de représenter les parties devant les tribunaux de commerce ; ils ne peuvent même point les assister comme conseils. Mais, bien entendu, la loi ne va pas jusqu'à leur défendre de représenter leur femme, leurs parents et alliés en ligne directe ; ils peuvent même se charger de la défense de leurs pupilles (art. 627 C. com.).

En dehors de la prohibition relative aux huissiers, chaque partie peut choisir, pour la représenter, qui bon lui semble, même un avoué. En ce cas, l'avoué se présente non plus avec son titre d'officier ministériel, mais comme un mandataire ordinaire (1).

Par qui les parties se font-elles ordinairement représenter?

Qu'est-ce qu'un *agréé* ?

Dans les villes très-importantes, les parties se font représenter habituellement par un *agréé*. On appelle agréés certaines personnes qu'un tribunal de commerce attache près de lui, à raison de leurs connaissances spéciales, et qu'il désigne, par son agrément, à la confiance des parties.

Quelles différences y a-t-il entre les agréés et les avoués?

—Les agréés ne doivent pas être confondus avec les avoués attachés près les tribunaux de première instance. Nous avons, à cet égard, d'importantes différences à signaler.

1° Devant les tribunaux civils, le ministère des avoués est *forcé;* les parties doivent nécessairement se faire représenter par l'un ou l'autre d'entre eux (V. p. 8 et 77). — Devant les tribunaux de commerce, au contraire, le ministère des agréés est purement *facultatif;* les parties peuvent y ester soit par elles-mêmes, soit par un mandataire ordinaire, soit par un agréé.

2° Les avoués sont des officiers ministériels ; ils tiennent de la loi un caractère public. — Les agréés sont de simples personnes privées.

3° *La remise des pièces* à un avoué vaut mandat à l'effet de représenter la partie et de faire en son nom les actes ordinaires de procédure (V. p. 273). — L'agréé, au contraire, a besoin *d'un pouvoir spécial* (V. p. 313).

4° L'avoué qui fait, au nom de la partie qu'il représente, des *offres*, un *aveu*, ou qui donne un *consentement*, étant supposé agir en vertu d'un mandat, l'acte émané de lui ne peut tomber que par l'effet d'une action en désaveu intentée et jugée suivant les formes prescrites par les articles 352 à 362. — Les mêmes actes émanés d'un agréé sont, au contraire, présumés faits sans mandat, et, pour les attaquer, il n'est nullement nécessaire d'employer la procédure du désaveu ; il suffit d'opposer aux tiers qui voudraient s'en prévaloir que l'agréé qui les a faits n'avait point mandat à cet effet (V. p. 271 et suiv.).

5° Dans les procès civils, la partie qui succombe doit payer non-seulement son propre avoué, mais encore l'avoué de son adversaire : on ne peut point, en effet, laisser à la charge de ce dernier les frais d'un acte qu'il n'a pas été en son pouvoir d'éviter (V. p. 116). Les choses se passent autrement en matière commerciale. La partie ga-

(1) Boitard, t. I, p. 677 et 678.

gnante aurait pu se présenter et plaider par elle-même ; si elle a jugé utile de confier à un agréé le soin de sa défense, il est juste qu'elle en supporte les frais.

D'autres différences existent, mais celles-là suffisent pour faire comprendre combien on se trompe lorsqu'on assimile un agréé à un avoué.

VII. INSTRUCTION. — EXCEPTIONS. — MODES DE PREUVE. — 1° *Instruction.* — L'exploit d'ajournement signifié, les parties doivent se présenter, soit par elles-mêmes, soit par leur mandataire, au jour indiqué. Il n'est point nécessaire de signifier des défenses ou une réponse aux défenses. L'audience est suivie, la cause y est portée, plaidée, et, s'il se peut, jugée immédiatement. Si, à la première audience, il n'intervient point un jugement définitif, les parties non domiciliées dans le lieu où siége le tribunal doivent y élire un domicile, afin de faciliter les notifications d'actes que nécessitera le cours de l'instance : ces notifications auraient donné lieu à de trop longs délais, s'il avait fallu les faire aux domiciles *réels* des parties.

Art. 422.

L'instruction se fait-elle devant les tribunaux de commerce comme devant les tribunaux civils ?

Quid, si à la première audience il n'intervient point un jugement définitif?

Quelle est la sanction de cette disposition ?

L'élection de domicile doit être mentionnée sur le plumitif (le procès-verbal) de l'audience.

A défaut de cette élection, toute signification, même celle du jugement définitif, sera valablement faite au greffe du tribunal.

2° *Exceptions.* — Nous savons déjà que l'exception *judicatum solvi* n'est point reçue devant les tribunaux de commerce (V. p. 159).

Art. 423 à 425.

L'exception *judicatum solvi* est-elle admise devant les tribunaux de commerce ?

Les exceptions déclinatoires y sont, au contraire, admises. A cet égard, nous avons à faire la même distinction qu'en matière civile.

Le tribunal est-il incompétent *ratione materiæ*, a-t-on, par exemple, porté devant lui une affaire *civile*, le déclinatoire peut être proposé en tout état de cause. Bien plus, et à supposer que la partie qui peut l'invoquer n'use point de son droit, le tribunal doit se dessaisir d'office (V. p. 161).

Quid, quant aux exceptions déclinatoires ?

A quel moment doivent-elles être proposées?

Est-il simplement incompétent *ratione personæ*, suppose-t-on, par exemple, que l'affaire dont il est saisi est *commerciale*, mais placée par la loi dans la juridiction d'un autre tribunal de commerce, c'est *in limine litis* que l'exception devra être proposée.

— Les déclinatoires pour cause de connexité et de litispendance sont admis dans les matières civiles. Ils peuvent même, à la différence des déclinatoires proprement dits, être proposés pendant tout le cours de l'instance (V. p. 165). Point de doute qu'ils ne soient également recevables devant les tribunaux de commerce ; mais peuvent-ils y être invoqués, comme en matière civile, *en tout état de cause?* La négative résulte de l'article 424, aux termes duquel le déclinatoire pour *toute cause* autre que l'incompétence *ratione materiæ* doit être proposé préalablement à toute défense.

Quid, quant aux déclinatoires pour cause de connexité ou de litispendance ?

— Lorsqu'un déclinatoire est proposé en matière civile, le tribunal ne peut point remettre à y statuer par le jugement qui statuera sur le fond : l'exception doit être jugée préalablement au principal. On ne peut donc contraindre la partie qui l'invoque à plaider dès à présent sur

Les tribunaux civils peuvent-ils statuer par un seul et même jugement sur un déclinatoire et sur le fond ?

Quid, quant aux tribunaux de commerce ?

le fond du procès (V. p. 164). — La célérité des affaires commerciales a fait admettre une dérogation à cette règle. Le tribunal, porte l'article 425, peut statuer tout à la fois, par un seul et même jugement, sur le déclinatoire et le principal, pourvu qu'il le fasse par deux dispositions distinctes, l'une sur la compétence, l'autre sur le fond. Ainsi le défendeur devra, si le tribunal l'exige, plaider le fond en même temps que l'exception qu'il invoque.

— La décision du tribunal sur le déclinatoire peut toujours être attaquée par la voie de l'appel : — *toujours*, c'est-à-dire même dans les causes susceptibles d'être jugées en dernier ressort quant au fond (art. 454).

Art. 428 à 432.

Quels modes de preuve sont admissibles devant les tribunaux de commerce ?

Peuvent-ils ordonner la comparution des parties ?

3° *Preuves.* — Les modes de preuves admis en matière ordinaire sont également reçus en matière commerciale. La loi les a même élargis en certains cas ; elle a fait plus encore, elle les a complétés par d'autres appropriés à la nature des transactions commerciales.

1° *Aveu et comparution personnelle des parties.* — Le tribunal peut dans tous les cas, même d'office, ordonner que les parties seront entendues en personne à l'audience ou dans la Chambre du conseil, et s'il y a empêchement légitime, commettre un des juges ou même un juge de paix pour les entendre et dresser procès-verbal de leurs déclarations.

Un interrogatoire sur faits et articles ?

Il est à remarquer que la loi ne parle point de l'*interrogatoire sur faits et articles ;* mais par cela même qu'elle ne le défend point elle l'autorise. Le tribunal, au reste, fera bien de ne pas user du pouvoir qu'elle lui laisse. La comparution des parties a trop d'avantages sur l'interrogatoire (V. p. 254 et 255) pour ne pas la lui préférer.

Une prestation de serment ?

2° *Serment.* — Bien que la loi n'en parle point, les parties y peuvent certainement recourir. On procède alors comme en matière civile.

Ne peuvent-ils, en principe, ordonner une enquête que dans les cas où l'objet de la demande n'excède pas 150 fr. ?

3° *Preuve testimoniale.* — En matière civile, ce mode de preuve n'est admis qu'autant que l'objet du procès n'excède point 150 francs (art. 1341 C. N.), à moins qu'on ne se trouve dans l'un des quatre cas exceptionnels prévus et réglés par les articles 1347 et 1348 C. N. — En matière commerciale, au contraire, les juges peuvent l'admettre toutes les fois qu'ils le jugent convenable (art. 109 C. com.). La loi s'en rapporte, à cet égard, à leur sagesse.

Comment se fait l'enquête devant les tribunaux de commerce ?

L'enquête se fait devant les tribunaux de commerce comme devant les tribunaux civils, en matière sommaire (V. p. 306).

Les présomptions de l'homme peuvent-elles faire preuve en matière commerciale ?

4° *Présomptions de l'homme.* — La loi commerciale ne les exclut point : on y peut donc recourir et on le peut même dans tous les cas, c'est-à-dire quelle que soit l'importance du litige. Ce mode de preuve est, en effet, recevable toutes les fois que la preuve testimoniale est elle-même admissible (art. 1353 C. N.), et nous venons de voir qu'en matière commerciale l'enquête peut être ordonnée dans tous les cas où le tribunal croit devoir l'admettre.

Quelles différences notables peut-on signaler entre les matières civiles et les matières commerciales, au point de vue de la *preuve par titres* ?

5° *Preuve par titres.* — Ici nous avons, entre les matières civiles et les matières commerciales, de nombreuses et importantes différences à signaler.

Et d'abord les livres ou registres tenus par des personnes non marchandes peuvent bien, *en certains cas,* faire preuve *contre* elles ; mais elles ne peuvent, en aucun cas, en déduire une preuve à leur profit (art. 1331 C. N.). — Au contraire, les livres des commerçants, lorsqu'ils les tiennent régulièrement, peuvent toujours, quant aux faits de commerce qui y sont relatés, faire preuve non-seulement *contre*, mais aussi *pour* eux. Toutefois cela n'est vrai qu'*entre commerçants* (art. 1330 C. N. et 12 C. com.).

En outre, tandis qu'en matière civile, les actes sous seing privé où se trouvent décrits des contrats synallagmatiques n'en peuvent faire preuve qu'autant qu'ils sont rédigés en autant d'originaux qu'il y a de parties ayant un intérêt distinct, et que chaque original contient la mention de l'observation de cette formalité (art. 1325 C. N.). — Les mêmes actes, quoique faits simples, c'est-à-dire en un seul original, sont reçus en matière commerciale, à moins que, par une disposition formelle, la loi ne renvoie à l'article 1325 du Code Napoléon (V., à ce sujet, l'art. 39 C. com.).

Ajoutons qu'en ce qui touche les actes sous seing privé constatant des contrats unilatéraux, la loi commerciale ne prescrit point le *bon* ou l'*approuvé* qu'exige l'article 1326 du Code Napoléon, au cas où ces actes ne sont pas écrits de la main du débiteur.

Ce n'est pas tout. On admet même que les tribunaux de commerce peuvent reconnaître aux actes sous seing privé date certaine à l'égard des tiers, alors même qu'on ne se trouve en aucun des cas prévus par l'article 1328 du Code Napoléon (1).

Les tribunaux de commerce peuvent-ils recourir à l'expertise?

Sous quels rapports l'expertise commerciale diffère-t-elle de l'expertise en matière civile?

6° *Expertise.* — « S'il y a lieu à visite ou estimation d'ouvrages ou marchandises, le tribunal nomme *un* ou *trois* experts. — Les experts sont nommés par le tribunal, à moins que les parties n'en conviennent à l'audience. »

« *Un* expert... » sans qu'il soit nécessaire de prendre au préalable le consentement des parties. C'est une dérogation à l'article 303 (V. p. 245 et 246).

« A moins que les parties n'en conviennent à l'audience... » En matière civile, au contraire, le tribunal ne peut les nommer d'office qu'autant que les parties n'ont pas pu, dans les trois jours de la signification du jugement, tomber d'accord sur leur nomination (V. p. 245).

Les parties peuvent-elles nommer leurs experts, même après l'audience?

— Bien qu'il soit dit qu'en matière commerciale les experts seront nommés d'office, à moins que les parties n'en conviennent à *l'audience*, on admet généralement qu'elles peuvent les nommer même *après l'audience*, les choses étant encore entières.

N'existe-t-il point un mode de preuve spécial aux matières commerciales? Dans quels cas l'emploie-t-on?

7° *Mode de preuve spécial aux matières commerciales.* — S'il y a lieu de vérifier des comptes, d'étudier et d'apprécier des pièces et registres, le tribunal peut ordonner le renvoi de l'incident devant un ou trois arbitres, pour entendre les parties et les concilier si faire se peut, sinon donner leur avis.

Ces arbitres n'ont point pour mission de statuer sur le différend :

(1) M. Bravard, sur l'art. 109 C. com.

leur mandat ne va point jusque-là. Ils doivent se borner à tenter un rapprochement entre les parties et, s'ils n'y réussissent point, à éclairer le tribunal par un rapport. Considérons-les non point comme des *arbitres-juges*, mais comme des *arbitres-conciliateurs* ou *rapporteurs*.

— A part les exceptions que nous avons indiquées ci-dessus, page 317, les règles par lesquelles l'expertise ordinaire se gouverne reçoivent ici leur application.

Art. 434 à 438. VIII. Des jugements par défaut. — La loi distingue, comme dans les matières ordinaires, si c'est le demandeur ou le défendeur qui fait défaut.

Que doit faire le tribunal de commerce lorsque le demandeur fait défaut ? Sa demande est-elle, en ce cas, écartée même quant au fond ? Quand le défaut du défendeur entraîne-t-il nécessairement sa condamnation ?

1° *Le demandeur fait défaut.* — Le tribunal, sans entrer dans l'examen de l'affaire, sans rien vérifier, et par cela seul que le demandeur ne se présente point, « renvoie le défendeur de la demande. »

« De la demande. » Quelques personnes ont conclu de ces expressions que la demande est, en ce cas, jugée *mal fondée même quant au fond*, sauf au demandeur à se pourvoir par la voie et dans les délais de l'opposition. Mais s'il en était ainsi, si la décision du tribunal avait cette gravité, la loi lui eût-elle commandé de prononcer *sans aucun examen, sans aucune vérification ?* Nous pensons donc que, de même qu'en matière ordinaire, le défaut prononcé contre le demandeur n'est qu'une pure affaire de procédure, un simple relaxe de l'assignation ; et qu'ainsi le fond du droit subsistant plein et entier, le demandeur peut former une nouvelle demande, même hors des délais et sans le secours de l'opposition (1).

Le défaut profit-joint est-il pratiqué devant les tribunaux de commerce ?

2° *Le défendeur fait défaut.* — Son absence ne justifie point par elle-même et par elle seule sa condamnation. La loi veut que, bien qu'il ne soit pas là pour se défendre, le tribunal ne le condamne qu'après examen et s'il y a lieu. « Il sera, dit-elle, donné défaut contre lui, et les conclusions du demandeur seront adjugées si elles se trouvent *justes* et *bien vérifiées* » (V. ce qui a été dit à ce sujet, p. 136).

Comment procède-t-on alors, lorsque l'une des parties assignées comparaît, tandis que l'autre fait défaut ?

— Lorsque plusieurs personnes ont été assignées et que les unes font défaut tandis que d'autres comparaissent, l'article 153 exige que le tribunal joigne la cause des défaillants à celle des comparants et qu'il soit donné, par un huissier commis, une assignation nouvelle aux parties absentes. Faute par elles de comparaître, il est rendu un jugement commun qui est réputé *contradictoire*, même à leur égard (V. p. 138 et 139). Rien de semblable n'a lieu en matière commerciale. L'article 643 du Code de commerce, qui énumère quelles sont, parmi les règles du Code de procédure, celles qui sont applicables aux matières commerciales, ne renvoie, en effet, qu'aux articles 156, 158 et 159 : l'article 153 n'est point rappelé. Les matières commerciales réclament d'ailleurs autant de célérité que les affaires attribuées aux justices de paix, et devant cette juridiction le défaut profit-joint n'est point reçu. Ainsi, lorsqu'une des parties assignées ne comparaît point, le tribunal prononce contre elle, et séparément, un jugement par défaut ordinaire (2).

(1) Boitard, t. Ier, p. 689 ; M. Bonnier, p. 387.
(2) Boitard, t. Ier, p. 694 ; M. Rodière, t. II, p. 283.

— Nous avons, en matière civile, distingué deux espèces de défaut, savoir : 1° le défaut faute de *comparaître ou de constituer avoué ;* 2° le défaut faute de *plaider ou de conclure* (V. p. 134 et 135). On sait combien cette distinction est importante et les nombreuses différences qu'elle entraîne. Lorsque la partie assignée n'a pas constitué un avoué, rien n'établit que l'assignation lui est parvenue : il se peut donc qu'elle ignore qu'une demande a été formée contre elle, et dès lors il importe de la mettre à couvert de toute surprise. De là, notamment, les dispositions suivantes :

Combien distingue-t-on d'espèces de défauts en matière civile ?

Quelles différences existent entre eux ?

1° Le jugement rendu en son absence doit lui être signifié par un huissier spécialement commis à cet effet par le tribunal (art. 156. — V. p. 139).

2° Elle est admise à former opposition, non point seulement pendant les huit jours qui suivent la signification, mais jusqu'à l'exécution du jugement (art. 158 et 159. — V. p. 142 et suiv.).

3° Le jugement rendu contre elle doit être, *sous peine de péremption*, exécuté dans les six mois de son obtention (art. 156.—V. p. 140 et 141).

Quand, au contraire, après avoir comparu par une constitution d'avoué, le défendeur fait défaut faute de plaider ou de conclure, il est certain que l'assignation lui est parvenue et par conséquent qu'il n'ignore point la demande qui a été formée contre lui. Dès lors point n'est besoin de prendre, à son égard, les précautions dont il vient d'être parlé. Ainsi, 1° le jugement lui est signifié par un huissier ordinaire ; — 2° il n'a que huit jours pour y former opposition, huit jours à compter de la signification ; — 3° ce n'est plus par six mois, mais par trente ans que le jugement se périme.

En ce qui touche les matières commerciales, le Code de procédure avait introduit un système fort peu rationnel.

Quel système le Code de procédure avait-il organisé quant aux matières commerciales ?

Ainsi, d'une part, *tout* jugement par défaut devait être signifié par un huissier commis (art. 435). Sous ce rapport, on appliquait dans tous les cas, aux jugements par défaut des tribunaux de commerce, la règle admise en matière civile pour les jugements rendus par défaut faute *de comparaître ou de constituer avoué.*

D'autre part, soit qu'il n'eût point comparu, soit que, s'étant présenté à une première audience, il eût ensuite fait défaut faute de conclure ou de plaider, le défendeur n'avait que huit jours pour former son opposition (art. 436). A ce point de vue, les jugements rendus par les tribunaux de commerce étaient indistinctement assimilés aux jugements rendus en matière civile faute *de conclure ou de plaider.*

Quant au délai dans lequel le jugement devait être mis à exécution, la loi ne l'ayant point fixé, on en concluait que le jugement ne se prescrivait que par trente ans, conformément au droit commun.

Mais est venu l'article 643 du Code de commerce, qui a changé toute cette théorie. « Les articles 156, 158 et 159 du Code de procédure, y est-il dit, sont applicables aux jugements par défaut rendus par les tribunaux de commerce. »

Cette théorie subsiste-t-elle encore

Ainsi, 1° ils doivent être signifiés par un huissier commis (art. 156);

Quelles règles suit-on aujourd'hui ?

2° Leur exécution doit avoir lieu, sous peine de péremption, dans les six mois à compter du jour où ils ont été rendus (art. 156);

3° Le défendeur y peut former opposition non plus seulement pendant huit jours, comme sous l'empire de l'article 436 du Code de procédure, mais tant qu'ils ne sont point réputés exécutés conformément aux dispositions de l'article 159 du même Code (art. 158) (V. la formule 114).

Ces dispositions de faveur sont-elles applicables lorsque le défendeur, après avoir comparu à une première audience, s'est ensuite abstenu de conclure ou de plaider ?

Mais une question a été soulevée. Que ces dispositions de faveur s'appliquent au cas où le défendeur n'a comparu ni par lui-même ni par un mandataire, on le conçoit et c'est justice. Rien ne prouve alors qu'il a été averti : il importe donc de prévenir, par ces mesures, les surprises dont il pourrait être victime. Mais il n'en saurait plus être de même lorsqu'après avoir comparu à une première audience, il s'abstient ensuite de conclure ou de plaider. Alors, en effet, il est certain qu'il n'ignore point qu'une demande a été formée contre lui : les dispositions de faveur indiquées ci-dessus n'ont donc, en ce cas, aucune raison d'être.

Ainsi, dans ce système, nous aurions, pour les tribunaux de commerce, de même que pour les tribunaux civils, deux espèces de défaut, savoir : 1° le défaut *faute de comparaître*, lequel serait régi par les articles 156, 158 et 159 ; — 2° le défaut *faute de conclure ou de plaider*, lequel serait réglé par les articles 436 et 157.

Mais comment admettre cette distinction en présence des termes si généraux et si absolus des articles 435 C. pr. et 643 C. com.? « *Aucun* jugement par défaut, porte le premier, ne pourra être signifié que par un huissier commis. » « Les articles 156, 158 et 159 du Code de procédure seront, est-il dit dans le second, applicables aux jugements par défaut rendus par un tribunal de commerce. » La loi ne fait aucune distinction entre le cas où le défendeur n'a point comparu et celui où, s'étant présenté à une première audience, il s'est retiré sans conclure. Il est vrai que, dans ce dernier cas, il n'ignore point qu'un jugement pourra être prononcé à l'encontre de son intérêt ; mais comme il n'a point près de lui un officier ministériel pour l'éclairer sur les conséquences de son défaut et lui indiquer ce qu'il doit faire pour y remédier, la loi a dû le traiter avec une certaine indulgence.

En résumé :

En résumé, par qui doivent être signifiés les jugements par défaut rendus par un tribunal de commerce ?

1° Tout jugement par défaut rendu par un tribunal de commerce ne peut être signifié que par un huissier commis. — Cette signification doit contenir, à peine de nullité, élection de domicile dans la commune où elle se fait, si le demandeur n'y est point domicilié, afin que le défaillant puisse, avec plus de facilité et de rapidité, former son opposition, et par elle arrêter et suspendre l'exécution du jugement.

Quand sont-ils exécutoires ?

2° Tandis qu'en matière civile les jugements par défaut ne sont exécutoires, en principe, que huit jours après qu'ils ont été signifiés (art. 155. — V. p. 141), ceux qui émanent d'un tribunal de commerce peuvent être mis à exécution le lendemain de leur signification, mais seulement jusqu'à l'opposition (art. 435).

3° Ils doivent être exécutés, sous peine de péremption, dans les six mois de leur obtention.

Dans quel délai doivent-ils être exécutés, sous peine de péremption ?

4° L'opposition est recevable tant qu'ils ne sont point réputés exécutés d'après les distinctions de l'article 159.

Jusqu'à quel moment y peut-on former opposition ?

Elle peut être formée par exploit d'huissier contenant les moyens de l'opposant et assignation dans les délais de la loi. On la signifie alors au domicile élu, ou, si l'opposant le préfère, au domicile réel du demandeur.

Elle peut, en outre, être formée au moment de l'exécution du jugement, par une déclaration inscrite sur le procès-verbal de l'huissier, à la charge par l'opposant de la réitérer par exploit contenant assignation, non point dans la huitaine, comme en matière civile (art. 162), mais dans les trois jours : passé ce délai, elle est, faute de cette réitération, considérée comme non avenue.

Comment l'opposition peut-elle être formée ?

— Lorsqu'elle est régulièrement formée, elle arrête ou suspend l'exécution du jugement.

Quel effet produit-elle ?

IX. De la rédaction du jugement. — Les jugements des tribunaux de commerce doivent contenir les mêmes indications et la même formule exécutoire que les jugements des tribunaux civils.

Art. 433.

Quelles règles régissent la rédaction des jugements rendus par les tribunaux de commerce ?

Les mêmes indications... Sauf, bien entendu, les mentions relatives au ministère public et aux avoués; car, en matière commerciale, le ministère public est absent et l'office des avoués écarté (V. p. 309 et 310).

Cette assimilation est-elle absolue ?

— Ajoutons qu'au cas où la partie a comparu par un mandataire, le pouvoir en vertu duquel celui-ci l'a représentée doit être mentionné dans le jugement (ord. du 10 mars 1825). — Remarquons enfin qu'en ce qui touche les *qualités*, les articles 142 et suivants sont forcément inapplicables aux tribunaux de commerce, puisque le ministère des avoués n'y est point reçu. Les qualités sont donc rédigées au greffe, d'après les indications que fournit l'original de l'exploit d'ajournement. Lorsque la partie gagnante s'est fait représenter par un agréé, il est d'usage que celui-ci rédige lui-même les qualités et les remette au greffe ; mais comme elles ne sont point préalablement signifiées à la partie perdante, celle-ci y peut former opposition, même après l'expédition et la signification du jugement.

Quid, en ce qui touche les *qualités* ?

X. De l'exécution du jugement. — Les tribunaux civils *doivent* ordonner, sans caution, l'exécution provisoire de leurs jugements dans trois cas particuliers, savoir, lorsqu'il y a : 1° titre authentique ; — 2° promesse reconnue ; — 3° condamnation précédente dont il n'y a point d'appel (V. p. 123 à 124). L'exécution provisoire, avec ou sans caution, est purement *facultative* dans certaines affaires urgentes que la loi détermine (art. 135. V. p. 125).

Art. 439 à 441.

Les règles sur l'exécution provisoire des jugements rendus en matière civile sont-elles applicables aux jugements des tribunaux de commerce ?

Quant aux tribunaux de commerce, la règle n'est plus la même. Et d'abord l'exécution provisoire n'a pas besoin d'être prononcée ; elle a lieu *de droit*. Il en était ainsi sous l'empire de l'ancienne jurisprudence, et bien que l'article 439 soit un peu embarrassé dans sa rédaction, on y voit clairement que cette doctrine y a été consacrée. En outre, ce

Sous quels rapports y est-il dérogé?

n'est point dans certains cas, mais *dans tous les cas* que l'exécution provisoire est permise. En matière de commerce la *célérité* est de droit commun.

L'exécution provisoire a-t-elle lieu avec ou sans caution?

Mais a-t-elle lieu avec ou sans caution? A cet égard la loi distingue. S'il y a titre non attaqué, ou condamnation précédente dont il n'y ait point d'appel, l'exécution provisoire pourra être ordonnée avec ou sans caution, suivant les circonstances : la loi s'en rapporte sur ce point à la sagesse du tribunal. Dans toute autre hypothèse, l'exécution provisoire n'aura lieu qu'à la charge par le demandeur de donner caution ou de justifier de solvabilité suffisante.

La garantie du cautionnement ne peut-elle pas être suppléée par une garantie d'une autre nature? Comment présente-t-on la caution quand elle est nécessaire?

La caution, dans les cas où elle est due, sera présentée par acte signifié au domicile de l'appelant s'il demeure dans le lieu où siége le tribunal qui a rendu le jugement, sinon au domicile par lui élu, en exécution de l'article 422 (V. p. 315), avec sommation à jour et heure fixes de se présenter au greffe pour prendre communication, sans déplacement, des titres de la caution, s'il est ordonné qu'elle en fournira, et à l'audience pour voir prononcer sur l'admission, en cas de contestation.

Quid, si l'appelant ne comparaît pas ou ne conteste point la caution?

Si l'appelant ne comparaît pas, ou ne conteste pas la caution, elle fera sa soumission au greffe; s'il conteste, il sera statué au jour indiqué par la sommation (V. au reste les art. 517 à 522). — Dans tous les cas, le jugement sera exécutoire, nonobstant opposition ou appel.

Art. 442.

Les tribunaux de commerce connaissent-ils de l'exécution de leurs jugements?

— « Les tribunaux de commerce ne connaissent point de l'exécution de leurs jugements. » Leur compétence est, en effet, exceptionnelle, c'est-à-dire exclusivement restreinte aux affaires commerciales. Or, l'exécution des jugements ne peut donner lieu qu'à des questions de droit civil ou de procédure, et ces questions exigent, pour les résoudre, des connaissances juridiques qu'on ne trouve point en général chez les juges de commerce.

Cette règle est-elle absolue?

Toutefois notre règle a besoin d'être bien comprise : elle n'a point, en effet, toute l'étendue qu'elle paraît avoir. Et d'abord, il est bien évident qu'elle ne s'applique point aux jugements *interlocutoires* ou *préparatoires*. S'agit-il, par exemple, d'exécuter un jugement portant qu'une enquête sera ouverte, qu'une expertise aura lieu, qu'un serment sera prêté, c'est devant le tribunal de commerce et sous son autorité qu'ont lieu ces diverses mesures. — Rappelons toutefois qu'il en est différemment à l'égard des vérifications d'écritures et de l'inscription de faux (V. p. 311).

Quels jugements régit-elle? à quels jugements n'est-elle point applicable?

Ainsi, la règle que les tribunaux de commerce ne connaissent point de l'exécution de leurs jugements ne s'applique qu'aux jugements qui doivent s'exécuter par voie de contrainte sur la personne ou sur les biens de la partie condamnée, c'est-à-dire aux jugements définitifs ou provisoires contenant *des condamnations proprement dites*. Et encore faut-il remarquer que la réception des cautions pour exécution provisoire de leurs jugements (V. ci-dessus), la liquidation des dommages et intérêts qu'ils ont prononcés contre l'une des parties et, enfin, l'interprétation de leurs décisions, demeurent dans leurs attributions.

LIVRE TROISIÈME.

DES COURS IMPÉRIALES.

TITRE UNIQUE.

DE L'APPEL ET DE L'INSTRUCTION SUR L'APPEL.

18e *répétition*

1. Observations sur les voies de recours ouvertes contre les jugements. — Les décisions des tribunaux sont œuvre humaine, et à ce titre elles peuvent être entachées d'erreur ou d'injustice. Dès lors les lois ont dû admettre, en certains cas du moins et sous certaines conditions, que les jugements seront sujets à révision, et qu'ainsi les parties auxquelles ils préjudicient auront le droit de se pourvoir à l'effet d'en demander la *rétractation*, la *réformation* ou la *cassation*.

Comment divise-t-on les voies de recours contre les jugements?

Les voies de recours contre les jugements sont *ordinaires* ou *extraordinaires*.

Quels recours sont ordinaires?

Les premières comprennent :

1° *L'opposition*, contre les jugements par défaut;

2° *L'appel*, contre les jugements en premier ressort, contradictoires ou par défaut.

Quels sont extraordinaires?

Les secondes embrassent :

1° *La tierce opposition ;*

2° *La requête civile ;*

3° *Le recours en cassation ;*

4° *La prise à partie.* Toutefois cette dernière voie est plutôt un recours contre le *juge* que contre le *jugement :* Pothier en fait la remarque.

Quel intérêt principal se rattache à cette distinction?

Les recours *ordinaires* sont, en principe, *suspensifs de l'exécution du jugement attaqué.* Les recours *extraordinaires* n'ont jamais cet effet.

Ajoutons qu'on ne peut recourir aux voies *extraordinaires* qu'à défaut des voies *ordinaires*.

Devant quel tribunal sont formés les recours contre les jugements?

— On se pourvoit tantôt devant le tribunal duquel émane le jugement attaqué, comme dans l'*opposition* et la *requête civile*, tantôt devant un tribunal supérieur : c'est ce qui a lieu en cas *d'appel* ou de *recours en cassation*.

Quant à *la tierce opposition,* elle peut être portée, suivant les cas, soit devant le tribunal qui a rendu le jugement attaqué, soit devant un autre tribunal égal en degré, soit enfin devant un tribunal supérieur (art. 475 et 476).

Les recours ne sont-ils point tantôt des voies de *rétractation*, tantôt des voies de *réformation?*

—Quelques auteurs ont coutume de diviser les recours contre les jugement en voies de *rétractation* et voies de *réformation.*

On demande, disent-ils, la *rétractation* du jugement, lorsqu'on se pourvoit devant le tribunal même qui l'a rendu : ainsi *l'opposition* et la *requête civile* sont des recours en *rétractation.*

Quels recours appartiennent à la première classe ? Quels à la seconde? Le pourvoi en cassation appartient-il à l'une ou à l'autre de ces deux classes ?

On poursuit la *réformation* du jugement lorsqu'on s'adresse à un tribunal supérieur. L'appel est donc un recours en *réformation* (1).

Nous devons à cet égard faire remarquer que le *pourvoi en cassation* n'a point de place dans cette division. La Cour suprême, en effet, *casse* les *jugements*, mais elle ne les *réforme* point. Nous aurons plus tard à nous expliquer sur ce point.

Quid, quant à la tierce opposition ?

En ce qui touche *la tierce opposition*, elle semble appartenir tout à la fois aux voies de *rétractation* et de *réformation*, puisqu'elle est portée tantôt devant le tribunal qui a rendu le jugement, tantôt devant un autre tribunal.

Ces idées générales seront mieux comprises lorsque les détails de chaque matière nous seront plus familiers.

Qu'est-ce que l'appel ?

II. Ce que c'est que l'appel. — Devant quel tribunal il doit être porté. — Observation sur la rubrique de notre titre. — 1° *Ce que c'est que l'appel.*—L'appel est la voie par laquelle une partie, condamnée par un tribunal inférieur et s'estimant condamnée à tort, s'adresse à un tribunal supérieur et lui demande la *réformation* du jugement qui la blesse dans son intérêt.

Devant quel tribunal doit-il être porté?

2° *Devant quel tribunal il doit être porté.* — On a pu voir, d'après la définition que nous avons donnée de l'appel, qu'il doit être porté, dans tous les cas, devant un tribunal *supérieur* à celui qui a rendu le jugement. Ainsi il doit l'être :

Devant *les tribunaux de première instance*, quant aux jugements rendus par les juges de paix;

Devant les tribunaux de commerce, pour les jugements émanés d'un conseil de prud'hommes;

Devant les Cours impériales, quand le jugement émane d'un tribunal de première instance ou de commerce.

La rubrique de notre titre est-elle exacte ?

3° *Observation sur la rubrique de notre titre.* — Il n'est parlé que des Cours impériales dans la rubrique de notre titre : les articles dont il se compose semblent donc exclusivement particuliers aux *Cours impériales* connaissant, sur appel, des jugements rendus par un tribunal de première instance ou de commerce. Mais ce n'est qu'une fausse apparence. Notre titre embrasse, en effet, dans sa généralité, *tous les tribunaux d'appel, quels qu'ils soient* (V. l'art. 471); l'insuffisance de sa rubrique s'explique historiquement. Elle était, en effet, ainsi conçue, lors de la première rédaction du Code de procédure : *Des tribunaux d'appel ;* mais en 1816, la Restauration, procédant à la révision des Codes promulgués sous le Consulat et l'Empire, s'attacha à faire disparaître les expressions qui lui semblaient rappeler les régimes antérieurs. Les mots *tribunaux d'appel* furent donc remplacés par ceux de *Cours royales*. On n'aperçut point l'inexactitude que renfermait cette substitution d'un mot à un autre. La même erreur fut commise et maintenue en 1852 ; seulement les Cours *royales* devinrent des Cours *impériales*. Mais bien que la formule originaire ait été changée, le fond des choses est resté le même.

(1) V. M. Colmet-Daage sur Boitard.

III. Combien on distingue d'appels. — L'appel est *principal* ou *incident*. L'appel *principal* est celui qui est formé le premier.

Combien distingue-t-on d'espèces d'appel?

Qu'est-ce que l'appel principal?

L'appel incident?

L'appel *incident* est celui qui est formé par *l'intimé*, c'est-à-dire par le défendeur à l'appel principal.

Est-ce le nombre et l'importance des dispositions attaquées qui caractérise l'appel principal?

Ainsi ce n'est point le *nombre* ou *l'importance* des dispositions attaquées qui caractérise l'appel *principal;* ce qui le distingue, c'est la *priorité* du pourvoi. Je vous ai assigné en payement d'une somme de 2,000 francs; le tribunal ne m'a adjugé que 1,500 francs: Chacun de nous a triomphé et succombé en partie. Il se peut donc que le jugement ne nous satisfasse ni l'un ni l'autre, et que nous l'attaquions chacun de notre côté. Lequel de nos appels sera le *principal?* Ce sera celui des deux qui aura été interjeté le *premier*. Si donc j'ai pris l'initiative de l'attaque, mon appel sera *principal* et le vôtre *incident*, bien que vous soyez plus *lésé* que moi.

Le défendeur à l'appel principal a-t-il intérêt à former un appel incident?

— Au premier abord on ne comprend point l'utilité de l'appel *incident*. Le tribunal est saisi, par l'appel principal, de la question de savoir si les premiers juges ont bien ou mal jugé, *an bene aut male :* d'où, pour lui, le pouvoir de confirmer ou de réformer leur décision. Dès lors à quoi bon un appel incident?

Cette objection repose sur une apparence trompeuse. Il est bien vrai que les juges d'appel ont pour office d'examiner si les premiers juges ont bien ou mal jugé; mais le pouvoir de réformer la décision qui leur est soumise est plus ou moins étendu suivant la distinction suivante.

Le jugement n'est-il attaqué que par l'une des parties seulement, l'autre partie l'approuvant par son silence, ils pourront bien le réformer *au profit de l'appelant contre l'intimé;* mais la réciproque ne sera point vraie.

Les deux parties l'attaquent-elles chacune de leur côté, l'*intimé* forme-t-il un appel incident: ils peuvent alors le réformer soit au profit de l'appelant pricipal contre l'intimé, soit, à l'inverse, au profit de l'intimé contre l'appelant principal.

Ainsi reprenons l'espèce précédente. Suis-je seul appelant, le tribunal pourra m'adjuger 2,000 francs; mais il ne lui sera point permis de me retirer, en vous acquittant, les 1,500 francs qui m'ont été attribués par les premiers juges.

Est-ce vous seul qui êtes appelant, le tribunal pourra vous acquitter; mais il ne lui sera point donné de vous condamner à payer plus de 1,500 francs.

Sommes-nous appelants l'un et l'autre, il pourra soit vous condamner à me payer 2,000 francs, soit vous acquitter pour le tout.

Quelles différences séparent l'appel incident de l'appel principal?

— La distinction de l'appel principal et de l'appel incident est, au reste, fort importante sous d'autres rapports. Nous verrons bientôt, en effet, d'une part, que la partie qui a signifié le jugement *sans protestations ni réserves*, c'est-à-dire sans réserver expressément son droit d'appel, est réputée approuver le jugement et y acquiescer, ce qui implique une renonciation au droit de l'attaquer par la voie d'un appel principal; d'autre part, qu'après l'expiration des délais accordés

pour le former, l'appel principal n'est plus recevable. — Dans les mêmes cas, au contraire, l'appel incident reste possible. Éclairons ce point par une espèce.

Je vous ai signifié, *sans protestations ni réserves*, un jugement par lequel j'ai obtenu contre vous 1,500 francs sur 2,000 dont je me disais votre créancier : — cette signification pure et simple, équivalant à un acquiescement au jugement, implique une renonciation au droit de l'attaquer. Mais, bien entendu, cet acquiescement n'a eu lieu, de ma part, que dans la supposition que vous vous soumettriez également au jugement ; c'est un sacrifice que j'ai fait à la paix, dans l'espoir que de votre côté vous agiriez dans le même esprit. Si donc mon attente est trompée, si vous me jetez de nouveau, par un appel principal, dans les embarras et les incertitudes d'un procès, la condition tacite à laquelle mon acquiescement était subordonné se trouvant défaillie, je recouvre alors mon droit d'appel. — Il m'est même permis d'en user *en tout état de cause*, et par conséquent alors même que je ne serais plus dans les trois mois dont il est parlé dans l'article 443.

Quelles décisions sont ou ne sont point susceptibles d'appel? Chacune de ces règles n'a-t-elle point ses exceptions?

IV. DES DÉCISIONS QUI SONT OU NE SONT POINT SUSCEPTIBLES D'APPEL. — Les *jugements* sont seuls susceptibles d'appel. Cette voie de recours n'est point admise contre les *ordonnances*.

Mais chacune de ces deux règles a ses exceptions.

Ainsi, d'une part, la voie de l'appel n'est jamais admissible contre les jugements *convenus* ou *d'expédient*, puisque le tribunal ne fait que donner aux conventions des parties la force et l'autorité d'un jugement. Les jugements de cette nature ne peuvent être attaqués que par action directe (V. p. 96 et 97).

D'autre part, on peut appeler : 1° des ordonnances *de référé* (art. 809), car elles constituent des jugements plutôt que des ordonnances proprement dites ; — 2° de l'ordonnance par laquelle le président d'un tribunal de commerce a autorisé la saisie provisoire des effets mobiliers d'un débiteur (art. 417. — V. p. 513).

Quels jugements peuvent être attaqués par la voie de l'appel?

— Revenons aux jugements ordinaires.

Tout jugement contradictoire ou par défaut, rendu en *premier ressort*, est susceptible d'appel. Peu importe qu'il soit définitif ou avant dire droit, interlocutoire ou même simplement préparatoire. Nous aurons, à la vérité, *quant aux délais de l'appel*, à distinguer entre ces divers jugements ; mais en ce qui touche *le droit d'appeler*, ces distinctions sont inutiles.

Quid, quant aux jugements qui ne sont point définitifs?

Quels jugements sont en premier ressort? Quels en dernier ressort?

Les jugements, avons-nous dit, sont ou ne sont point susceptibles d'appel, suivant qu'ils sont rendus en premier ou en dernier ressort ; mais quels jugements sont en premier, quels jugements sont en dernier ressort? A cet égard, nous avons à distinguer les diverses juridictions desquelles les jugements peuvent émaner.

Quid, quant aux jugements rendus par les juges de paix?

1° *Juges de paix.* — Leur compétence s'arrête, en général, au chiffre de 200 francs : toutefois elle a été étendue, en ce qui touche certaines affaires, jusqu'à 1,500 francs. Il est même quelques matières dont ils connaissent à quelques sommes qu'elles puissent monter.

Dans ces divers cas, ils jugent en premier ressort, et par conséquent à charge d'appel, lorsque l'objet de la demande dépasse *le chiffre de 100 francs*.

Ainsi, l'objet de la demande est-il égal ou inférieur à 100 francs, ils statuent *en dernier ressort* : leur décision n'est point susceptible d'appel.

Excède-t-il 100 francs, ils statuent *en premier ressort seulement* : l'appel contre leur jugement est recevable (V. les art. 1 à 9 de la loi du 25 mai 1838).

Toutefois, parmi les affaires dont ils connaissent à quelque somme que s'élève l'objet de la demande, il en est quelques-unes qui n'admettent jamais le dernier ressort : — jamais, c'est-à-dire si minime que soit la valeur de la demande. Les affaires de cette nature sont énumérées dans l'article 6 de la loi du 25 mai 1838 (1).

Par les tribunaux de commerce ?

Par les tribunaux civils ?

2° *Tribunaux de commerce.* — Ils jugent en premier ou en dernier ressort, suivant que la valeur réclamée excède ou n'excède point 1,500 francs (art. 639 C. com. modifié par la loi du 3 mars 1840).

Le mode de détermination du premier ou du dernier ressort varie-t-il suivant que l'objet réclamé est mobilier ou immobilier ?

3° *Tribunaux de première instance.* — Le mode de détermination du premier ou du dernier ressort varie suivant que l'objet réclamé est *mobilier* ou *immobilier*.

Quid, s'il est mobilier ?

S'agit-il d'une demande *mobilière*, réelle ou personnelle, on prend pour base la valeur même, la valeur principale ou capitale de l'objet réclamé.

S'il est immobilier ?

La demande est-elle *immobilière*, on considère alors, non plus la valeur même de l'immeuble en litige, mais le chiffre du *revenu* qu'il produit.

« Les tribunaux civils, porte l'article 1er de la loi du 11 avril 1838, connaissent *en dernier ressort* des actions personnelles (ajoutez ou réelles) *mobilières* jusqu'à la *valeur de* 1,500 *francs*, et des actions *immobilières* jusqu'à 60 francs *de revenu* déterminé soit en rente, soit par prix de bail. »

Quid, dans le cas où la demande n'est ni au-dessus, ni au-dessous de 1,500 fr. en capital pour les meubles, et de 60 fr. de revenu quant aux immeubles ?

Remarquez que par cela seul que l'objet litigieux *n'excède point* 1,500 francs en capital pour les meubles, ou 60 francs de revenu quant aux immeubles, le tribunal statue en dernier ressort.

Les frais du procès entrent-ils en ligne de compte ?

Les frais auxquels le procès peut donner lieu ne sont point pris en considération : simples accessoires de la demande, ils en doivent suivre le sort.

Quid, quant aux intérêts et aux fruits?

Il en est de même des intérêts échus ou des fruits perçus *pendant l'instance.*

Quant aux fruits déjà échus ou perçus au moment où la demande a été formée et qui y ont été compris, on les considère eux-mêmes comme un capital. A ce titre, ils entrent en ligne de compte.

Est-ce au *demandeur* ou aux *juges* qu'est laissé le soin, quant aux actions mobilières, d'évaluer le montant de la demande ?

— C'est *au demandeur* et non *aux juges* qu'est laissé le soin, quant

(1) Telles sont, par exemple, les demandes relatives *aux entreprises commises, dans l'année, sur les cours d'eau* servant à l'irrigation des propriétés et au mouvement des usines et moulins... les *actions en bornage*... lorsque les titres qui établissent la propriété ne sont point contestés.

aux actions mobilières, d'évaluer le montant de la demande. De là le principe que le taux du dernier ressort est fixé *par la demande, indépendamment de la condamnation.* Lors donc qu'il s'agit de savoir si un jugement a été rendu en premier ou en dernier ressort, on considère non point ce que le demandeur *a obtenu,* mais *ce qu'il a demandé : Quoties de quantitate ad judicem pertinente quæritur, semper quantum* PETATUR *quærendum est, non quantum* DEBEATUR. Si nous supposons, par exemple, que 1,550 francs ont été demandés, le jugement sera en premier ressort, quel que soit le chiffre de la condamnation, fût-il de 1,000 francs seulement. La loi n'a pas voulu qu'un tribunal pût, en diminuant de quelques francs le montant de la condamnation, s'attribuer le droit de juger souverainement et sans appel une demande dont l'objet excède le taux du dernier ressort.

Doit-on considérer ce que le demandeur a *obtenu* ou ce qu'il a *demandé*?

Ainsi, que décider si le demandeur qui a réclamé 1,550 fr. n'en a obtenu que 1,400 ou 1,500 fr.?

Que si, à l'inverse, le demandeur a obtenu 1,550 francs, alors qu'il avait limité sa demande à 1,500, le jugement sera en dernier ressort. Le défendeur pourra bien l'attaquer par la voie de la *requête civile,* conformément au 4° de l'article 480 ; mais la voie de *l'appel* ne lui sera point ouverte. — Ce système permet au demandeur d'enlever, en restreignant l'objet de sa demande, le bénéfice de l'appel à son adversaire; mais au moins n'obtient-il cet avantage qu'au moyen d'un sacrifice (1).

Ou à l'inverse, s'il a obtenu 1,550 fr., alors qu'il n'avait réclamé que 1,400 ou 1,500 fr.?

— Nous devons, pour compléter la règle que nous venons d'établir, ajouter :

Le premier ou le dernier ressort se détermine-t-il d'après la valeur du litige, tel qu'il est constitué par l'exploit d'ajournement?

D'une part, que le premier ou le dernier ressort se détermine non point précisément d'après la valeur du litige tel qu'il est constitué par l'exploit d'ajournement, mais d'après la somme réclamée dans les dernières conclusions du demandeur ;

D'autre part, qu'on doit défalquer de la somme demandée celle que le défendeur reconnaît devoir et qu'il offre de payer, car alors le litige n'existe que pour l'excédant.

Toute cette théorie se résume en cette idée bien simple, qu'on doit envisager, en définitive, la valeur du litige *tel qu'il est à juger après les discussions des parties.*

— Reste un point à régler. Si la demande a pour objet direct *une somme d'argent,* elle porte avec elle son évaluation.

Comment se détermine le premier ou le dernier ressort, lorsque la demande a pour objet une certaine quotité de denrées dont le prix est déterminé par des mercuriales?

Quid. si les objets demandés sont des corps certains ou des denrées dont le prix n'est point déterminé par des mercuriales?

Elle se traduit aisément en argent, et par conséquent en une valeur déterminée, lorsqu'elle a pour objet une certaine quantité de denrées dont le prix est fixé par des mercuriales.

Si les meubles demandés sont des corps certains ou des denrées dont le prix n'est point déterminé par les mercuriales, le demandeur peut en faire lui-même l'estimation. Le taux du dernier ressort se détermine alors d'après sa propre évaluation, à supposer que le défendeur ne la conteste point.

Mais si le demandeur n'a point, dans sa demande, fait l'évaluation

(1) M. Bonnier, *Éléments d'organisation judiciaire*, p. 127. — M. Rodière (t. Ier, p. 171) pense, au contraire, que dans ce cas le jugement serait en premier ressort et susceptible d'appel.

Mais que décider si le demandeur n'a point, dans sa demande, fait l'évaluation des objets qu'il réclame, ou si l'ayant faite le défendeur la conteste?

des objets qu'il réclame, ou si, l'ayant faite, le défendeur la conteste, que décider alors?

Le tribunal pourra-t-il la fixer par la voie d'une expertise?

Le tribunal pourra-t-il fixer, au moyen d'une expertise, la valeur des objets litigieux? Boitard et M. Colmet-Daage admettent l'affirmative (1). M. Bonnier tient l'opinion contraire. Nous nous rangeons à son avis. Le dernier ressort n'a été, en effet, établi que pour éviter aux parties, quant aux affaires peu importantes, les frais de l'appel : or les frais d'une expertise dépasseraient, dans la plupart des cas, le montant de ceux auxquels l'appel peut donner lieu.

Pourra-t-il la fixer lui-même?

Dès lors, à quoi s'arrêter?

Lui reconnaîtra-t-on le droit de faire lui-même l'estimation d'où dépendra le premier ou le dernier ressort de la décision à intervenir quant au fond? Mais sa décision sur la valeur des objets réclamés serait-elle même sujette à appel? Elle y serait sujette dans tous les cas, conformément au principe doctrinal déposé dans l'article 453 (V. l'explic. de cet art.). Or, n'est-il pas plus naturel de décider immédiatement le fond, sans aucune estimation préalable, sauf à la partie condamnée à recourir à l'appel? C'est ce que la pratique a parfaitement compris. Aussi est-il de principe aujourd'hui qu'au cas où la valeur de l'objet litigieux est indéterminée et inconnue, le doute doit s'interpréter en faveur de l'appel, le dernier ressort constituant une exception au droit commun. — Toutefois nous admettrions, avec M. Rodière, *l'évaluation par l'évidence*. Ainsi, suivant nous, le jugement serait en dernier ressort s'il était manifeste que la valeur de l'objet réclamé ne dépasse point 1,500 francs.

Ne pourrait-on point néanmoins admettre *l'évaluation par l'évidence?*

Quid, lorsque le revenu de l'immeuble engagé au procès n'est déterminé ni *en rente*, ni *par prix de bail?*

—Le principe que nous venons d'admettre quant aux demandes mobilières s'applique également aux demandes immobilières, lorsque le revenu de l'immeuble engagé au procès n'est déterminé ni *en rente*, ni *par prix de bail*. Dans ce cas, en effet, la loi n'admettant aucun autre mode d'évaluation, la demande est forcément indéterminée quant au montant de la valeur de l'objet litigieux. Dès lors, le tribunal ne peut statuer qu'en premier ressort. Le demandeur ne pourrait point échapper à cette conséquence en évaluant lui-même la valeur du bien qu'il revendique ; car en précisant les bases d'après lesquelles l'estimation doit être faite, la loi donne assez à entendre qu'elle n'entend rien laisser, sous ce rapport, à l'arbitraire du demandeur. C'est une différence marquée entre les demandes mobilières et les demandes immobilières.

Ainsi l'affaire appartient nécessairement au premier ressort toutes les fois qu'il est impossible de connaître, d'après les bases fixées par la loi, le chiffre de son revenu. C'est ce qui a lieu, par exemple, lorsqu'au lieu de prendre un fermier le défendeur a toujours joui par lui-même du domaine qu'on revendique contre lui.

Doit-on faire entrer en ligne de compte les demandes incidentes formées par le demandeur principal, et en dé-

— Nous avons jusque-là supposé une demande *principale*. Que déciderons-nous relativement aux demandes *incidentes?* Sur ce point, plusieurs distinctions sont nécessaires.

(1) Tome II, p. 8.

duire, par leur addition à la demande originaire, un droit d'appel que cette demande ne comporte point?

Occupons-nous d'abord des demandes formées par le demandeur. Si elles ne sont *qu'accessoires* à la demande principale, si, par exemple, elles ont pour objet des intérêts échus ou des fruits perçus *pendant l'instance*, il n'est point permis de les faire entrer en ligne de compte et d'en déduire, par leur addition à la demande principale, un droit d'appel que cette demande ne comporte pas (V. p. 327). Il en est différemment de celles qui élargissent le débat, même *quant au principal*. Si, par exemple, après avoir réclamé, par son exploit introductif d'instance, 1,500 francs de capital, le demandeur conclut, pendant l'instance, aux intérêts échus *antérieurement* à sa demande originaire (V. p. 327), ou bien encore si, ayant d'abord réclamé une somme de 1,500 francs à titre de loyers, il demande, par des conclusions additionnelles, la nullité du bail, sa demande incidente fait sortir l'affaire des limites du premier ressort, dans lesquelles elle était renfermée d'abord. — A l'inverse, la cause qui, dans le principe, excédait les limites du dernier ressort, pourra s'y trouver ramenée si le demandeur réduit, pendant l'instance, l'objet de ses conclusions originaires (1). C'est, dans l'un et l'autre cas, l'application du principe que nous avons posé plus haut, savoir, que l'importance de la demande s'apprécie *d'après les dernières conclusions des parties* (V. p. 328).

Comment les choses se passent-elles quant aux demandes reconventionnelles ou en compensation formées par le défendeur?

Quant aux demandes reconventionnelles ou en compensation formées par le défendeur (V. p. 261), la loi a pris soin de les régler elle-même. Les deux demandes, la demande principale et la demande reconventionnelle, rentrent-elles l'une et l'autre, considérées isolément, dans les limites du dernier ressort, le tribunal les juge sans appel, quand même, *réunies*, elles appartiendraient au premier ressort. L'une des deux dépasse-t-elle le dernier ressort, le tribunal ne les peut juger l'une et l'autre qu'à charge d'appel. — Néanmoins, il est statué en dernier ressort sur les demandes en dommages et intérêts, lorsqu'elles sont fondées exclusivement sur la demande principale (2).

Quid, quant aux incidents qui ont un nom particulier, tels que les demandes en désaveu, en inscription de faux, etc.?

— Les incidents que la loi désigne sous un nom particulier, tels que les demandes en désaveu, en inscription de faux, en vérification d'écriture, en nullité d'enquête, en péremption d'instance, suivent le sort de la demande principale (V. toutefois ce qui est dit p. 331, 2°).

Quid, lorsqu'un même exploit contient plusieurs chefs de demande?

— Lorsqu'un *même exploit* contient plusieurs chefs de demande, comme, par exemple, lorsque je réclame de vous telle somme que vous a prêtée mon père, auquel j'ai succédé, puis telle autre somme que je vous ai prêtée moi-même, on envisage non point isolément chaque chef de la demande, mais l'ensemble des sommes qu'elle a

(1) Toutefois, la réduction des conclusions originaires du demandeur ne rend l'appel non recevable qu'autant qu'elle a eu lieu en la présence du défendeur; autrement, ce serait le priver d'un moyen de recours en considération duquel, peut-être, il a négligé d'employer la voie de l'opposition (MM. Bioche, v° *Appel*, n° 139; Colmet-Daage sur Boitard, t. II, p. 10).

(2) V. l'article 8 de la loi du 25 mai 1838 sur les justices de paix, et l'article 2 de la loi du 11 avril de la même année sur les tribunaux civils.

pour objet. Ainsi, quand même, prises séparément, chacune d'elles serait inférieure à 1,500 francs, le tribunal ne peut statuer sur le tout qu'à charge d'appel, lorsque, par leur réunion, elles excèdent le taux du dernier ressort (arg. d'analogie tiré de l'art. 9 de la loi du 25 mai 1838 sur les justices de paix).

Quid, dans le cas où plusieurs personnes conjointes, mais non solidaires entre elles, actionnent leur débiteur par un exploit commun? Ou à l'inverse, lorsque plusieurs débiteurs conjoints sont actionnés collectivement?

Il en est différemment dans le cas où plusieurs personnes, conjointes mais non solidaires entre elles, actionnent leur débiteur par un exploit commun, ou, à l'inverse, lorsque plusieurs débiteurs conjoints sont actionnés collectivement; car alors, bien qu'il n'y ait qu'un *seul exploit*, nous avons réellement plusieurs demandes, des demandeurs ou des défendeurs distincts, ayant chacun un intérêt particulier au débat : la question du premier ou du dernier ressort doit donc être envisagée isolément à l'égard de chacun d'eux, et eu égard à l'intérêt qui lui est propre (1).

Art. 454.

Certaines demandes ne répugnent-elles point, à raison de leur propre nature, au dernier ressort? Quelles sont ces demandes?

— Certaines affaires répugnent, à raison de leur propre nature, au dernier ressort. Ainsi ne peuvent être jugées qu'en premier ressort :

1° Toutes les demandes relatives à l'état des personnes, telles que le désaveu de filiation ou de paternité, les nullités de mariage, les séparations de corps. L'objet de ces demandes est essentiellement indéterminé, car l'intérêt moral qu'elles engagent n'est susceptible d'aucune évaluation pécuniaire.

2° Les questions d'incompétence et de récusation de juges, alors même qu'elles sont soulevées dans le cours d'un procès susceptible d'être jugé en dernier ressort (art. 454 et 391). Ces questions, touchant au pouvoir judiciaire, se rattachent à l'ordre public.

3° Les demandes par lesquelles un créancier conclut à la contrainte par corps. Ainsi, lors même que le jugement est en dernier ressort *quant au fond*, l'appel est recevable quant au chef relatif à la contrainte par corps (art. 20 de la loi du 17 avril 1832).

Art. 453.

Quid, dans le cas où les juges ont qualifié *en dernier ressort* un jugement qu'ils ne pouvaient rendre qu'en premier ressort? Quid, dans le cas inverse?

— La compétence des juges étant de droit public, il n'est point en leur pouvoir de la restreindre ou de l'étendre. Leurs jugements doivent donc être appréciés non point d'après la qualification qui leur a été donnée, mais d'après leur propre substance et conformément aux règles tracées par la loi. De là les deux dispositions suivantes :

1° Sont sujets à l'appel, *quoique qualifiés en dernier ressort*, les jugements qui ne pouvaient être rendus qu'en premier ressort.

2° A l'inverse, l'appel n'est point recevable quant aux jugements qui, bien que non qualifiés, ou même *qualifiés en premier ressort*, ont été rendus sur des matières qui devaient être jugées *en dernier ressort*.

Les parties peuvent-elles renoncer au droit d'appel, soit pendant l'instance, soit après le jugement?

— Nous devons enfin faire remarquer en terminant qu'un jugement peut être rendu *en dernier ressort*, même sur des matières *de premier ressort*, lorsque les parties sont d'accord à cet effet; car elles sont libres de renoncer à l'avance au droit d'appeler. Cette faculté leur est expressément accordée quant aux procès engagés devant un juge de paix ou devant un tribunal de commerce (art. 7 C. pr., et 639 C. com.),

(1) Boitard, t. II, p. 12 et 13.

et si on ne trouve rien de semblable quant aux tribunaux civils, cela tient uniquement à cette circonstance que le Code de procédure n'a point un titre général sur leur compétence. Remarquons d'ailleurs qu'aux termes de l'article 1010 les parties peuvent conférer à des arbitres le pouvoir de les juger sans appel. Où serait dès lors la raison de leur méconnaître cette faculté alors qu'elles sont en instance devant un tribunal ordinaire (1)?

La renonciation au droit d'appel peut-elle être tacite?

— La renonciation au droit d'appel, pouvant être licitement faite pendant et même avant l'instance, peut l'être à bien plus forte raison après l'instance terminée; elle peut même alors avoir lieu tacitement. C'est ainsi, par exemple, que celle des parties qui signifie le jugement sans aucune protestation ni réserve est réputée y *acquiescer*, ce qui implique une renonciation au droit de l'attaquer. Mais nous rappelons que les renonciations de cette espèce ne font obstacle qu'à l'appel principal (V. p. 325 et 326).

La partie qui a signifié le jugement sans protestation ni réserve est-elle complétement déchue du droit d'appel?

La partie qui a le droit d'appeler est encore réputée y renoncer lorsqu'elle laisse passer sans l'exercer les délais de la loi. Ainsi, les jugements rendus *en premier ressort* acquièrent, par l'expiration du délai d'appel, et à supposer que la partie condamnée ne les attaque pas dans ce délai, toute la force et toute l'autorité des jugements rendus *en dernier ressort*.

Combien la loi distingue-t-elle d'espèces de délais quant à l'appel?

V. Des délais d'appel. — Nous avons ici deux espèces de délais à considérer, savoir : 1° le délai pendant lequel l'appel *ne peut pas être formé ;* 2° le délai dans lequel *il doit l'être,* sous peine de déchéance.

Art. 449 et 450.

Première espèce. — Délai pendant lequel l'appel ne peut pas être valablement formé. — Il est défendu aux parties d'interjeter appel :

L'appel peut-il être formé dans la première huitaine de la prononciation du jugement?

Quel est le fondement de ce délai?

1° *Dans la première huitaine de la prononciation du jugement,* ce qui a dû être admis afin de prévenir les appels *ab irato*. « La loi, dit M. Bigot-Préameneu, a voulu, par cette prohibition, donner aux mouvements qui d'abord agitent un plaideur condamné le temps de se calmer et de se rendre à la réflexion dont il a besoin, pour décider avec sagesse s'il exécutera le jugement ou s'il l'attaquera. »

La nullité de l'appel prématuré doit-elle être prononcée d'office par le tribunal, lorsque l'intimé garde le silence?

Ainsi, les appels interjetés avant l'expiration de ce délai « *ne sont point recevables.* » A ce sujet, une difficulté a été soulevée. Si la partie intimée n'invoque point expressément la nullité de l'appel prématuré, que devra faire le tribunal? Devra-t-il *d'office* le déclarer non recevable? Il le pourra et il le devra, suivant Boitard (2). M. Bonnier (3) pense, au contraire, que cette disposition se rattache bien plus à l'intérêt privé des parties qu'à l'ordre public, et qu'ainsi la nullité résultant de sa violation est couverte lorsqu'au lieu de l'invoquer, l'intimé aborde tout d'abord le débat quant au fond.

Le demandeur dont l'appel prématuré a été écarté est-il déchu du droit d'appeler?

— Quoi qu'il en soit, remarquons que l'appelant dont l'appel prématuré a été déclaré non recevable n'est point pour cela *déchu du droit*

(1) V. Boitard, t. II, p. 13 et 14.
(2) *Ibid.*, p. 32.
(3) P. 419.

d'appeler. Son acte d'appel, étant nul, est écarté et considéré comme non avenu; mais son droit d'appeler subsiste, à supposer, bien entendu, qu'il soit encore dans les délais dont il sera parlé ci-après.

— La règle que l'appel ne peut pas être formé dans les premiers huit jours de la prononciation du jugement est de droit commun, mais elle n'est pas absolue. La loi a, en effet, établi une corrélation entre *l'exécution* et *l'appel* du jugement.

Le jugement peut-il être mis à exécution avant l'expiration du délai pendant lequel l'appel n'est point permis?

S'agit-il d'un jugement *non exécutoire par provision, l'appel* ne peut pas être interjeté dans la première huitaine de sa prononciation; mais tant que dure ce délai, *l'exécution* du jugement reste également suspendue. Ainsi l'exercice du droit d'appel et, par une corrélation équitable, l'exercice du droit d'exécution, sont l'un et l'autre suspendus pendant la même huitaine (1).

Quid, lorsque le jugement a été déclaré exécutoire par provision? L'appel immédiat n'est-il pas alors permis?

Mais quel intérêt la partie condamnée a-t-elle à le former?

Le jugement a-t-il été, au contraire, déclaré *exécutoire par provision*, la partie qui l'a obtenu pouvant alors le faire immédiatement exécuter, la partie condamnée peut, de son côté, l'attaquer sans attendre l'expiration d'aucun délai. — Mais, dira-t-on, elle ne gagnera rien à l'attaquer immédiatement, puisque, dans l'espèce, l'exécution du jugement pourra être commencée et continuée nonobstant l'appel! M. Bigot-Préameneu, qui a prévu l'objection, y répond en faisant remarquer qu'il peut être utile à la partie condamnée d'exercer sur le champ son droit de recours, afin que son adversaire, ainsi averti des efforts qu'elle va faire pour obtenir la réformation du jugement, comprenne que ses poursuites resteront à sa charge si le jugement est réformé et qu'ainsi il a lui-même intérêt à ne les point presser avec trop d'ardeur. Ajoutons qu'elle obtiendra d'autant plus promptement la réformation du jugement et avec elle la cessation de son exécution qu'elle aura été plus prompte à former son appel.

Le délai de huitaine dont il vient d'être parlé est-il applicable aux jugements rendus par les tribunaux de commerce?

N'a-t-il pas été réduit quant aux jugements des juges de paix?

—Les jugements des tribunaux de commerce étant, *dans tous les cas*, exécutoires par provision (V. p. 321 et 322), le délai de huitaine dont il vient d'être parlé ne leur est jamais applicable.

— Quant aux jugements rendus par les juges de paix, les *huit* jours ont été réduits *à trois* (V. l'art. 13 de la loi du 25 mai 1838).

Art. 455.

Lorsqu'un jugement en premier ressort est par *défaut*, l'appel est-il recevable pendant les délais de l'opposition?

Quelle est la raison de cette disposition de la loi?

2° *Pendant les délais d'opposition.* — Ainsi lorsqu'un jugement en *premier ressort* est *par défaut*, deux voies d'attaque sont ouvertes à la partie condamnée, *l'opposition* et *l'appel*; mais tant que les délais qui lui sont accordés pour former son opposition ne sont point expirés, il ne lui est point permis de recourir à son droit d'appel. La raison de cette prohibition est facile à saisir; elle se tire de la nature même de ces deux voies de recours. La partie qui se pourvoit par opposition s'adresse aux juges qui ont rendu le jugement qu'elle attaque; elle ne les accuse ni d'ignorance, ni d'injustice; sa prétention est tout autre.

(1) M. Bonnier (p. 418) pense que la défense d'exécuter et, par suite, d'interjeter appel dans les premiers huit jours, ne s'applique qu'aux jugements *provisoires* ou *définitifs*. Appliquée aux jugements *interlocutoires*, elle aurait trop d'inconvénients.

« Vous n'avez entendu, leur dit-elle, que mon adversaire; je demande à être entendue à mon tour. Lorsque j'aurai fait connaître mes raisons, développé mes moyens, mieux éclairés alors, vous retirerez la condamnation dont vous m'avez frappée et me donnerez gain de cause. » Ce recours n'a donc rien d'irritant, rien de blessant pour l'honneur et la dignité de la justice. La partie qui l'emploie s'accuse plutôt elle-même qu'elle n'accuse les juges qui l'ont condamnée. Il n'en est plus de même de l'appel. La partie qui l'interjette s'adressant alors à un tribunal supérieur, son recours renferme contre les premiers juges une accusation implicite d'ignorance ou d'injustice. Cette voie d'attaque a donc quelque chose de plus rigoureux, de plus irritant, de moins respectueux et de plus grave que l'opposition : de là la défense de l'employer tant que l'opposition est recevable. Si même on l'autorise après l'expiration des délais d'opposition, c'est que la loi présume que la partie qui n'a pas usé de cette voie ordinaire en a été empêchée par quelque circonstance indépendante de sa volonté.

Est-elle applicable aux jugements des tribunaux de commerce ?

— La règle que l'appel n'est point permis tant que l'opposition est recevable ne s'applique point aux jugements des tribunaux de commerce. Dès qu'ils sont rendus, qu'ils soient contradictoires ou par défaut, la partie condamnée les peut attaquer par la voie de l'appel ; l'article 645 du Code de commerce ne fait aucune distinction.

Quand peut-on appeler d'un jugement préparatoire ?

3° *Tant que le jugement définitif n'est point rendu*, quant aux jugements simplement *préparatoires*. — Nous reviendrons tout à l'heure sur ce point.

Art. 443.

Quel est le délai après lequel l'appel n'est plus recevable ?

Ce délai s'applique-t-il à l'appel incident?

Est-il de trois mois ou de trois fois trente jours ?

Deuxième espèce. — Délai dans lequel l'appel doit être interjeté, sous peine de déchéance, c'est-à-dire *après lequel l'appel n'est plus recevable.* — 1° *De l'étendue de ce délai.* — Le délai d'appel, quant aux jugements émanés d'un tribunal de première instance ou de commerce, est de *trois mois*. Il est de *trente jours* seulement pour l'appel des jugements rendus par les juges de paix.

Ces délais ne regardent, au reste, que l'appel *principal*. On sait, en effet, que l'appel *incident* peut être formé en tout état de cause (V. p. 325 et 326) ; à moins pourtant que l'intimé ne conclue dès l'abord à la confirmation du jugement, car alors il est réputé y acquiescer sans condition et par suite renoncer au droit de l'attaquer même incidemment.

— Le délai de trois mois s'entend non point de trois fois trente jours, mais de trois mois calculés d'après le calendrier grégorien. On n'y doit comprendre ni le jour de la signification, ni celui de l'échéance, conformément à l'article 1033, dont la disposition est générale.

Art. 445 et 446.

Quel délai la loi accorde-t-elle aux personnes qui ne demeurent point en France ?

— Une augmentation de délai est accordée aux personnes qui se trouvent hors de France. Elles ont, pour interjeter appel, d'abord le délai ordinaire de trois mois, puis le délai des ajournements réglé par l'article 73, c'est-à-dire deux mois, quatre mois, six mois ou un an, suivant la distance. Ainsi, dans l'espèce, le délai peut aller jusqu'à quinze mois.

A celles qui, bien

Une autre augmentation a été accordée aux personnes qui, *bien que réellement domiciliées en France*, en sont momentanément absentes *pour un service public*, tel qu'un service de terre ou de mer ou une négociation extérieure pour le service de l'Etat : la loi leur accorde, outre le délai ordinaire de trois mois, le délai d'une année.

que demeurant en France, en sont momentanément absentes pour un service public ?

Mais en dehors de ces hypothèses, c'est-à-dire quant aux personnes qui ont leur domicile en France et ne sont point employées à l'étranger pour le service de l'Etat, le délai d'appel n'est point sujet à augmentation à raison des distances (arg. par *à contrario* des art. 731 et 763). Sous ce rapport, l'article 1033 ne lui est point applicable. Cette disposition ne concerne, en effet, que les délais accordés *pour comparaître*, et le délai d'appel est accordé, non point pour comparaître, mais pour signifier l'acte par lequel on se déclare appelant.

En dehors de ces hypothèses, le délai est-il sujet à augmentation à raison des distances ?

Toutefois une exception a été admise quant au délai accordé pour interjeter appel contre les jugements des juges de paix. Les parties domiciliées hors du canton ont, en effet, outre le délai de trente jours, un jour d'augmentation par trois myriamètres de distance (V. l'art. 13 de la loi du 25 mai 1838).

Cette règle ne reçoit-elle pas une exception ?

— Le délai d'appel ne dépasse jamais *trois mois* (sauf l'augmentation admise à raison des distances, dans les deux cas dont il vient d'être parlé); mais la réciproque n'est point vraie. Nous savons déjà qu'en ce qui touche les jugements rendus par les juges de paix, il a été réduit à *trente jours*. Bien plus, certains jugements rendus par les tribunaux de première instance eux-mêmes ne peuvent être attaqués que dans un très-bref délai. Ainsi, en matière de récusation, le délai d'appel n'est que de *cinq jours* (art. 392). Il est de *dix jours* pour les jugements rendus en matière de distribution par contribution (art. 669), de saisie (art. 731) et d'ordre (art. 763).

Le délai d'appel est-il toujours de trois mois ?

Art. 443.

2° *Du point de départ du délai d'appel.* — Nous savons qu'en général la partie condamnée *a trois mois* pour interjeter son appel; mais ces trois mois, *de quel jour commencent-ils à courir?* Nous avons sur ce point un principe à poser, mais modifié par des exceptions.

Quel est le point de départ du délai d'appel ? En d'autres termes, de quel jour commence-t-il à courir ?

Constatons tout d'abord que tant que le jugement n'est point signifié, le délai d'appel ne court point. La loi présume que la partie condamnée qui n'a fait qu'entendre le prononcé du jugement ou qui même n'assistait pas à l'audience quand il a été rendu, ne le connaît pas assez pour délibérer en parfaite connaissance de cause sur le point de savoir si elle doit s'y soumettre ou l'attaquer. Lors, au contraire, qu'il lui a été signifié, elle peut l'étudier à loisir; dès ce moment elle est en mesure et par conséquent en demeure de prendre, dans un certain délai, le parti que son intérêt lui conseille.

Ces deux idées nous donnent la formule de notre principe : les trois mois accordés pour former appel ne courent qu'à compter du jour de la signification du jugement à personne ou à domicile.

Pourquoi ne court-il qu'à compter de la signification du jugement ?

Cette règle soulève deux questions qu'il importe d'examiner.

Pourquoi court-il dès ce moment ?

1° Nous avons vu que *l'exécution* d'un jugement ne peut avoir lieu qu'autant qu'il a été signifié tout à la fois, d'abord à l'avoué de la partie condamnée, puis à la partie elle-même, en sa personne ou à son do-

Faut-il, pour faire courir le délai d'appel, que le jugement soit signifié tout à la fois, d'abord à l'avoué, puis à la partie elle-même ?

micile (art. 147 et 148, V. p. 132). Cette double signification, préliminaire indispensable de l'exécution du jugement, est-elle également nécessaire pour faire courir le délai dans lequel la partie condamnée doit, sous peine de déchéance, former son appel ? Doit-on dire, au contraire, qu'une signication faite *à la partie seulement* suffit à cet effet ? Un grand nombre d'auteurs tiennent pour le premier parti. Si, disent-ils, la loi ne permet point qu'un jugement soit mis à exécution avant qu'il ait été signifié à l'avoué d'abord et ensuite à la partie, c'est évidemment afin que celle-ci ait près d'elle un conseil pour l'éclairer et la diriger (V. p. 132). Or, sur quel point a-t-elle le plus besoin d'être éclairée, si ce n'est sur la question de savoir si elle doit ou non recourir à l'appel ? Il est vrai que l'article 443 parle uniquement de la signification à partie; mais la loi, qui n'avait à régler ici que le point de départ du délai d'appel, ne s'explique pas et n'a pas dû s'expliquer sur la manière dont la signification qui le fera courir devra être faite (1).

Une signification à la partie suffit-elle ?

MM. Berriat Saint-Prix (2), Chauveau sur Carré (3) et Bonnier (4) soutiennent l'opinion contraire. Lors, disent-ils, qu'il s'agit de *l'exécution* du jugement, la signification préalable à l'avoué est indispensable ; mais pourquoi ? Parce qu'aux termes de l'article 1038 l'avoué qui a occupé dans la cause sur laquelle le jugement est intervenu est *tenu d'occuper sur l'exécution du jugement*, sans nouveau pouvoir lorsqu'elle a lieu dans l'année. Or, cette prolongation de ses pouvoirs n'a point lieu *quant à l'appel*. Sous ce rapport, son mandat cesse de plein droit, aussitôt que le jugement est prononcé. Dès lors, et puisque l'appel doit constituer une procédure nouvelle à laquelle il est et restera complétement étranger, la disposition de l'article 147 lui reste étrangère par cela même.

La signification du jugement fait-elle courir le délai d'appel, non-seulement contre la partie qui l'a reçue, mais aussi contre celle qui l'a faite ?

2° La signification du jugement fait-elle courir le délai d'appel non-seulement contre la partie qui l'a reçue, mais aussi contre celle qui l'a faite ? Soit l'espèce suivante. J'ai obtenu 1,500 francs sur 2,000 compris dans la demande que j'ai formée contre vous. Si je vous signifie le jugement *sans protestations ni réserves*, il me sera permis sans doute de former un appel *incident*, mais la voie de l'appel *principal* me sera fermée (V. p. 332). Dans ce cas, notre question ne peut pas être posée. Mais si ma signification contient une réserve expresse de mon droit d'appel, fera-t-elle courir *contre moi*, sous peine de déchéance, les trois mois dans lesquels je devrai me pourvoir ? Boitard admet l'affirmative. L'article 443 ne distingue point, dit-il. — L'opinion contraire a prévalu dans la jurisprudence. Il a toujours été admis, a-t-on dit, que les significations qu'une partie fait faire ne peuvent jamais lui nuire et entraîner une déchéance contre elle : *nul ne se forclôt soi-*

(1) Pigeau, t. Ier, p. 252 ; Boncenne, t. II, p. 459 et suiv. ; MM. Rodière, t. II, p. 339 ; Colmet-Daage sur Boitard, t. II, p. 18.

(2) P. 416, note 2.

(3) T. III, p. 601.

(4) P. 419 et 420.

même. Quand la loi entend déroger à ce principe, elle prend soin de s'en expliquer expressément (V., à cet égard, l'explic. de l'art. 257).

Art. 444.

Quel est le point de départ du délai d'appel à l'égard des jugements rendus contre les mineurs non émancipés?

Quel est, en ce cas, l'office du subrogé tuteur ?

Doit-il interjeter appel si le tuteur demeure dans l'inaction ?

Ne le peut-il pas au moins?

— Lorsque le jugement a été rendu contre un *mineur*, deux significations sont nécessaires pour faire courir le délai d'appel, l'une au tuteur, l'autre au subrogé tuteur. Le subrogé tuteur — la loi l'y oblige implicitement — doit donc, quand le tuteur reste dans l'inaction, le presser, le solliciter d'agir, et, au besoin, convoquer le conseil de famille pour aviser aux mesures à prendre dans l'intérêt du mineur. Mais doit-il, sous sa responsabilité, interjeter appel? Le peut-il même? Sur l'une et l'autre question la négative est généralement admise. Nous devons faire remarquer pourtant que M. Bigot-Préameneu a positivement dit dans son exposé des motifs que le subrogé-tuteur engage sa responsabilité « s'il laisse passer le délai de trois mois, depuis la signification qui lui a été faite, sans avoir pris les mesures prescrites par la loi pour savoir si l'appel doit être interjeté *et sans l'avoir interjeté.* » Nous serions donc disposé à admettre qu'il peut et *qu'il doit*, en cas d'urgence, l'interjeter lui-même, afin d'éviter au mineur la déchéance dont il est menacé ; mais une fois interjeté, le subrogé tuteur ne pourrait point le suivre et demeurer en instance; ce droit n'appartient qu'au tuteur (1).

L'article 444 s'applique-t-il aux *interdits*?

Aux mineurs qui sont encore en puissance de leurs pères et mères?

Nous n'avons pas besoin de dire que la disposition que nous venons d'étudier régit les *interdits* de même que les mineurs (art. 509 C. N.). Elle ne s'applique point, au contraire, au mineur qui est encore en puissance de ses père et mère. Dans ce cas, en effet, il n'est point en tutelle, et par conséquent il n'a point de subrogé tuteur (art. 389 C. N.). Il suffit alors que le jugement soit signifié à son père.

Quid, quant aux mineurs émancipés?

En ce qui touche le *mineur émancipé*, une distinction est nécessaire. S'il a succombé sur une action qu'il pouvait suivre seul (V. les art. 482 et 484 C. N.), la signification du jugement faite à sa personne ou à son domicile est pleinement suffisante. Dans le cas contraire, elle devrait être faite en outre à son curateur. Telle est du moins l'opinion générale.

Art. 447.

Quid, lorsque la partie condamnée meurt dans les délais d'appel ?

De quel jour le délai reprend-il son cours?

— Les délais accordés pour interjeter appel sont suspendus par le décès de la partie condamnée. Ils ne reprennent leur cours qu'à compter du jour où le jugement a été signifié à ses héritiers, et encore faut-il supposer que sa signification est postérieure à l'expiration des délais pour faire inventaire et délibérer. Dans le cas contraire, le délai d'appel reste suspendu tant que ces délais ne sont point expirés. Soit donc l'espèce suivante. La partie condamnée est morte un mois après la signification qui lui a été faite du jugement : ses héritiers n'auront que deux mois pour interjeter leur appel, et ce délai de deux mois ne courra point tant que le jugement ne leur aura point été signifié, car ils peuvent n'en point avoir connaissance. Supposons la signification faite : courra-t-il alors dès cet instant? A cet égard la loi dis-

(1) V. en ce sens M. Poncet, t. Ier, p. 494 ; Chauveau sur Carré, t. IV, p. 35; Rodière, t. II, p. 338.

tingue si les héritiers sont encore ou ne sont plus dans les délais pour faire inventaire et délibérer. Au premier cas, les deux mois pendant lesquels l'appel devra être interjeté resteront suspendus, nonobstant la signification du jugement, jusqu'à l'expiration des délais dont il vient d'être parlé. Au second cas, ils courront immédiatement.

Comment se fait la signification du jugement aux héritiers de la partie décédée ?

La signification à partir de laquelle le délai d'appel reprend son cours contre les héritiers doit leur être faite conformément à l'article 68; mais comme leur adversaire peut ignorer leurs noms et leurs domiciles, il lui est permis de la faire au domicile du défunt, et à ses héritiers collectivement, sans désignation de leurs noms et qualités (V. la formule 115).

19e *répétition.*

—

Art. 443.

Quelles exceptions ont été faites au principe que le délai d'appel court du jour de la signification du jugement ?

— Le principe que le délai d'appel court *du jour de la signification du jugement* reçoit de nombreuses exceptions. Etudions-les séparément.

De quel jour le délai court-il à l'égard des jugements par défaut ?

Première exception. — Lorsqu'un jugement en premier ressort a été rendu par défaut, le délai d'appel court non plus *du jour de la signification du jugement*, mais *du jour où l'opposition n'est plus recevable.* Cette disposition a été admise comme la conséquence nécessaire du principe *que l'appel n'est point possible, tant que l'opposition est elle-même recevable* (V. p. 555).

Ainsi supposons un jugement par défaut *contre avoué :* la partie condamnée n'a que huit jours pour former *opposition*, huit jours à compter de la signification du jugement *à avoué* (art. 157). Tant qu'elle sera dans ce délai, son appel ne sera point recevable. Dès que ces huit jours seront expirés, elle pourra se pourvoir par la voie de l'appel; mais elle devra le faire dans les trois mois qui suivront, si toutefois le jugement a été signifié à *sa personne ou à son domicile.* L'article 443 doit, dit-on, être entendu en ce sens que *nonobstant la signification du jugement à la partie condamnée*, le délai d'appel ne court point tant que les délais d'opposition ne sont point expirés, l'appel n'étant point possible pendant ces délais (1).

Quid, si le jugement n'a pas été signifié à la partie ?

Lorsque le défaut a été prononcé non plus contre avoué, mais *contre partie*, ce n'est qu'à partir du moment où le jugement *est réputé exécuté* d'après les distinctions de l'article 159, que l'opposition n'est plus recevable (art. 158). Le délai d'appel ne court donc qu'à compter du jour où quelqu'un des actes énumérés dans l'article 159 a été accompli.

Art. 448.

De quel jour le délai d'appel court-il à l'égard des jugements rendus sur une pièce fausse produite par l'une des parties contre l'autre ?

Deuxième exception. — Dans le cas où le jugement a été rendu sur une pièce fausse produite par l'une des parties contre l'autre, les délais d'appel ne commencent à courir, même après la signification du jugement, « qu'à partir du jour *où le faux a été reconnu ou juridiquement constaté.* »

(1) En ce sens M. Chauveau sur Carré, t. III, p. 620; Berriat Saint-Prix, p. 416, note 43; M. Bonnier, p. 420. — En sens contraire, Boitard, t. II, p. 22; M. Rodière, t. II, p. 340. Suivant ces auteurs, l'expiration du délai de huitaine suffit pour mettre le défaillant en demeure de former son appel dans les trois mois, bien que le jugement n'ait été signifié *qu'à l'avoué seulement.* Les articles 443 et 157 combinés entre eux sont, disent-ils, formels en ce sens.

Reconnu..., c'est-à-dire avoué par son auteur ou par la partie qui en a profité.

Ou juridiquement constaté..., c'est-à-dire établi par un jugement qui en a reconnu l'existence.

Quid, dans le cas où la partie a été condamnée faute de représenter une pièce décisive qui était retenue par son adversaire ?

Troisième exception. — Lorsque la partie a été condamnée faute de représenter une pièce décisive qui était retenue par son adversaire, les délais d'appel ne courent, quoique le jugement ait été signifié, que du jour où cette pièce a été recouvrée, pourvu qu'il y ait preuve par écrit et non autrement. Je vous ai assigné en payement d'une somme de..., vous m'avez répondu que votre dette était éteinte, que vous l'aviez payée, mais vous n'avez produit aucun titre à l'appui de votre prétention ; une condamnation étant intervenue à mon profit, je vous l'ai signifiée. Mes héritiers ont, après mon décès, fait inventorier mes papiers, et parmi les pièces consignées dans l'inventaire se trouve précisément la quittance d'où résulte la preuve du payement que vous m'avez opposé : — bien que plusieurs années se soient passées depuis la signification du jugement, vous pouvez recourir à l'appel. La loi vous accorde, pour le former, trois mois à compter du jour de l'inventaire.

Art. 451.

Peut-on appeler d'un jugement préparatoire avant que le jugement définitif ait été rendu ?

Quatrième exception. — Elle a trait aux jugements *préparatoires*. Nous avons vu, p. 334, que l'appel n'en peut être interjeté qu'après le jugement définitif et conjointement avec lui. Leur signification ne fait donc point commencer le délai après lequel l'appel n'est plus permis. Ce délai ne court qu'à compter du jour où le jugement définitif a été signifié. Mais alors l'appel est recevable, encore qu'il ait été exécuté sans protestations ni réserves.

Quid, quand l'avant dire droit est un interlocutoire ?

Quant aux jugements interlocutoires, l'appel peut en être interjeté avant le jugement définitif.

Quelle est la raison de cette différence ?

Cette différence entre les jugements *préparatoires* et les jugements *interlocutoires* a sa raison d'être. Si les parties pouvaient déférer au tribunal d'appel, dès qu'ils sont rendus, les divers jugements d'instruction qui interviennent dans le cours de l'instance, cette faculté deviendrait dans leurs mains un moyen d'entraver le cours de la justice et de retarder indéfiniment la décision dont elles redouteraient l'issue. Aussi, d'après la loi du 3 brumaire an II, l'appel des avant dire droit ne pouvait-il jamais avoir lieu qu'après le jugement définitif et conjointement avec lui. Cette prohibition a paru trop absolue ; une distinction a été admise. Les jugements simplement *préparatoires* ne font aucun grief actuel aux parties, puisqu'ils ne préjugent point le fond ; dès lors elles n'ont aucun intérêt à en poursuivre immédiatement la réformation. Les jugements *interlocutoires*, au contraire, préjudicient, au moins éventuellement, aux parties contre lesquelles ils sont rendus ; de là, pour elles, le droit de les attaquer dès à présent.

Les jugements interlocutoires doivent-ils, sous peine de déchéance du droit d'appel, être attaqués dans les

— Ainsi l'appel des interlocutoires *peut* avoir lieu avant le jugement définitif ; mais *doivent-ils*, sous peine de déchéance, être attaqués dans les trois mois à compter du jour où ils ont été signifiés ? Ne devons-nous point reconnaître, au contraire, qu'ils peuvent l'être trois mois, à compter du jour de leur signification ?

tant que dure l'instance et même après qu'elle est terminée, pendant trois mois à compter de la signification du jugement définitif?

Berriat-Saint-Prix (1) et Boitard (2) tiennent pour le premier parti. Si, disent-ils, l'appel des jugements *préparatoires* est possible, même après le jugement définitif, et quoiqu'on ne soit plus dans les trois mois de leur signification, c'est qu'il est *défendu* tant que le jugement définitif n'est point rendu. Or, il en est différemment des jugements *interlocutoires*. L'appel peut en être interjeté avant le jugement définitif. Dès lors où est la raison d'en suspendre le délai jusqu'à la signification de ce jugement? Pourquoi accorder à la partie condamnée la faculté de laisser consommer des opérations compliquées, sauf à les faire tomber par la voie de l'appel quand des frais considérables auront été faits? Les mots : « L'appel des interlocutoires *pourra* être interjeté avant le jugement définitif, » ont été ajoutés dans la loi, non point pour faire entendre qu'il sera *toujours* admissible *avant* le jugement définitif, mais tout simplement afin d'introduire une faculté qui n'existait pas autrefois.

Cette interprétation n'a point prévalu. Remarquez, a-t-on dit, la différence entre la loi du 3 brumaire an II et la rédaction de l'article 451. Selon la loi de brumaire, l'appel des avant dire droit, et par conséquent des interlocutoires eux-mêmes, *ne peut* avoir lieu qu'après le jugement définitif et conjointement avec lui. Que dit, au contraire, l'article 451 ? « Que l'appel *peut*, quant aux interlocutoires, être interjeté avant le jugement définitif. » L'ancienne disposition est donc modifiée en ce sens seulement que la partie qui devait autrefois attendre, pour interjeter son appel, que le jugement définitif eût été rendu, *peut aujourd'hui l'interjeter immédiatement*. La loi accorde une *faculté*, ce qui n'implique en aucune façon l'idée d'une *obligation*. La partie condamnée peut d'ailleurs espérer que l'exécution du jugement interlocutoire obtenu contre elle ne lui fera point préjudice. Pourquoi donc la contraindre de subir les lenteurs et de faire l'avance des frais d'un appel qu'elle juge inutile quant à présent (3)?

De quel jour court donc, à l'égard des jugements préparatoires et interlocutoires, le délai après l'expiration duquel l'appel n'est plus permis ?

Ainsi le délai après lequel l'appel n'est point recevable ne commence à courir, soit quant aux jugements préparatoires, soit quant aux jugements interlocutoires, qu'à compter du jour de la signification du jugement définitif. A ce point de vue ces deux espèces de jugements concordent.

Mais tandis que l'appel des jugements préparatoires n'est point permis tant que le jugement définitif n'est point rendu, l'appel des interlocutoires peut être, au contraire, immédiatement interjeté.

L'appel des jugements préparatoires peut-il avoir lieu

Signalons une seconde différence. Nous avons vu (p. 339) que l'appel des jugements *préparatoires* peut avoir lieu *nonobstant* LEUR *exécution*

(1) Page 410, note 22.

(2) Tome II, p. 42. — V. dans le même sens Merlin, *Répert.*, t. XVI, p. 516, v° *Interlocutoire*.

(3) En ce sens Thomines, t. Ier, p. 680 ; MM. Rodière, t. II, p. 348; Chauveau sur Carré, t. IV, p. 77; Bonnier, p. 426.

sans protestation ni réserve. — Cette disposition n'a pas été étendue aux jugements interlocutoires. Ils acquièrent donc force de chose jugée lorsque la partie contre laquelle ils ont été rendus les laisse exécuter sans réserver expressément son droit d'appel.

nonobstant leur exécution sans protestation ni réserve ?

Quid, quant aux jugements interlocutoires ?

— On voit, d'après ce qui vient d'être dit, combien il importe de distinguer les jugements *préparatoires* des jugements *interlocutoires*. Mais à quels signes les reconnaître?

Art. 452.

A quels signes la loi distingue-t-elle les jugements préparatoires des jugements interlocutoires ?

« Sont réputés *préparatoires*, dit la loi, les jugements rendus pour l'instruction de la cause, et qui tendent à mettre le procès en état de recevoir jugement définitif. »

Sont réputés *interlocutoires* les jugements par lesquels le tribunal ordonne, avant dire droit, une preuve, une vérification ou une instruction *qui préjuge le fond*.

Ainsi un point leur est commun : ils préparent l'un et l'autre la solution du procès et ne le terminent point. Ils ne se distinguent donc que par la nature de l'instruction ou de la procédure qu'ils ordonnent : *si elle ne préjuge point le fond*, ils sont préparatoires ; *si elle le préjuge*, ils sont interlocutoires.

L'instruction ordonnée *préjuge le fond* lorsque, sans le juger positivement, elle fait implicitement entrevoir l'opinion qu'en a conçue le tribunal et d'après laquelle il le jugera plus tard, non pas *certainement*, mais *probablement* ; ou, en autres termes, lorsque, par sa nature, *elle tire à conséquence pour la décision définitive du procès*.

Les avant dire droit sont donc *interlocutoires* ou *préparatoires*, suivant que la mesure qu'ils ordonnent tire ou ne tire point à conséquence pour la solution à intervenir sur le fond du procès.

Ainsi le jugement par lequel le tribunal ordonne une prestation de serment est essentiellement interlocutoire, puisqu'il implique la décision à intervenir sur le fond. Il l'implique, en effet ; car dire qu'une partie prêtera serment c'est implicitement déclarer qu'elle triomphera ou succombera dans sa prétention, suivant qu'elle le prêtera ou qu'elle refusera de le prêter ou de le référer (art. 1357 et 1361 C. N).

Quels avant dire droit préjugent le fond ?

Il en est de même du jugement qui ordonne une enquête ; car, par cela même que le tribunal ordonne la preuve des faits avancés par une partie et contestés par l'autre, il laisse pressentir que la réclamation du demandeur sera accueillie ou rejetée suivant que l'enquête lui sera ou non favorable.

Nous en pouvons dire autant des jugements par lesquels le tribunal autorise une expertise, un accès de lieux, un interrogatoire sur faits et articles, une vérification d'écriture, une inscription de faux.

Les jugements qui ordonnent une remise de cause, la jonction de deux instances, une communication au ministère public, une instruction par écrit, un délibéré, ou une communication de pièces, ne sont, au contraire, que préparatoires ; car, sous aucun rapport, ils ne tirent à conséquence pour la décision à intervenir sur le fond.

Quels ne le préjugent point ?

Nous avons toutefois une remarque importante à faire. Les jugements qui sont interlocutoires, non point par essence, comme le juge-

Les jugements qui ordonnent une enquête, une expertise, un accès de lieux, un interrogatoire sur faits et articles, sont-ils toujours interlocutoires ? Ne faut-il pas, à leur égard, faire une distinction ?

ment qui ordonne une prestation de serment, mais simplement par leur nature, sont considérés comme *préparatoires*, lorsqu'ils n'ont donné lieu à aucun débat entre les parties. Ainsi le jugement qui, sur la demande de l'une d'elles, ordonne une enquête, n'est point interlocutoire, lorsque son adversaire n'a point contesté l'admission de la preuve testimoniale. Telle est, au moins, l'opinion de la jurisprudence.

Les jugements préparatoires par leur nature perdent-ils ce caractère lorsqu'ils ont été rendus contre l'opposition de l'une des parties ?

Les jugements qui, par leur nature, sont *préparatoires*, conservent au contraire ce caractère, même au cas où ils ont été rendus contre l'opposition de l'une des parties (1).

Cinquième exception. — Le délai dans lequel doit être formé l'appel des jugements rendus en matière de saisie immobilière court du jour de la signification faite soit à l'avoué, soit à la partie (art. 731).

Sixième exception. — En matière d'ordre, le délai d'appel court du jour de la signification à avoué (art. 763).

Septième exception. — Enfin, en matière de récusation de juges, le délai d'appel prend son point de départ à la date même *du prononcé du jugement* (art. 392).

Art. 444.

Quelle est la sanction du délai d'appel?

3° *De la sanction du délai d'appel.* — « Les délais d'appel emportent déchéance. » La partie qui ne s'est point pourvue avant leur expiration est réputée avoir acquiescé au jugement.

Peut-elle être appliquée d'office ?

Mais cette déchéance est-elle d'ordre public ? Si la partie qui peut l'invoquer ne s'en prévaut point et défend au fond, le juge doit-il la suppléer d'office ? Boitard (t. II, p. 26) tient pour l'affirmative. Mais l'opinion contraire est plus généralement admise. Les délais d'appel constituent, dit-on, une sorte de péremption ou plutôt de prescription. Or la péremption et la prescription ne se suppléent point d'office (V. les art. 399 C. pr. et 2223 C. N.) (2).

Est-elle applicable à toutes les parties ? Même aux parties qui n'ont point l'exercice de leurs droits ?

Cette déchéance a lieu quelle que soit la qualité de la partie condamnée. « Les délais d'appel, porte l'article 444, courent contre toutes les parties, sauf leur recours contre qui de droit.» Il en était différemment dans l'ancienne jurisprudence. Les délais y étaient, en effet, doublés en faveur de l'Église, des communes, des hôpitaux, des colléges...; ils ne commençaient à courir contre les mineurs qu'à compter du jour de leur majorité. Ces priviléges ont été été abolis. Les délais courent donc même contre les parties incapables d'agir par elles-mêmes, sauf à elles à recourir contre leur représentant, s'il a par sa négligence compromis leur droit. — Toutefois nous rappelons qu'à l'égard des mineurs et interdits les délais ne courent qu'à compter du jour où le jugement a été signifié à leur tuteur et à leur subrogé tuteur.

Art. 456.

Comment se forme l'appel ?

VI. Comment se forme l'appel. — L'appel principal se forme par un exploit contenant, d'une part, la déclaration qu'on se porte appelant du jugement qui nous préjudicie, et d'autre part, assignation à comparaître devant le tribunal supérieur (V. la formule 116).

(1) V. toutefois M. Chauveau sur Carré, t. III, p. 93, question 1623.
(2) En ce sens M. Bonnier, p. 427 et 428.

A qui doit être signifié l'acte d'appel ? Que contient-il ?

Ainsi l'instance s'engage devant le tribunal d'appel comme devant le tribunal de première instance, par une assignation. Cette assignation, de même qu'un ajournement ordinaire auquel elle est assimilée, puisqu'elle est, comme lui, introductive d'instance, doit être signifiée directement à l'intimé ou à son domicile et contenir toutes les énonciations prescrites par l'article 61, l'indication de sa date, les nom, prénoms et profession de l'appelant, la constitution d'un avoué, l'élection d'un domicile chez l'avoué constitué, les nom, demeure et immatricule de l'huissier, les nom et demeure de l'intimé, l'objet de l'appel, l'indication du délai pour comparaître, l'indication du tribunal compétent et, enfin, le parlant à...

Sous quel rapport diffère-t-il d'un ajournement ? Quand donc sont signifiés les griefs ? Qu'entend-on par griefs ?

Toutefois l'assimilation n'est point complète. Les ajournements ordinaires doivent, en effet, non-seulement préciser l'objet de la demande, mais encore énoncer *les moyens* sur lesquels le demandeur prétend l'appuyer (V. p. 59). Or, cette disposition ne s'applique point aux actes d'appel. L'appelant doit, sans doute, énoncer dans son exploit l'objet de sa demande, c'est-à-dire désigner le jugement dont il poursuit la réformation et, quand il ne l'attaque que partiellement, préciser ceux de ses chefs contre lesquels il s'inscrit ; mais il n'est point tenu d'y énoncer ses *griefs*, c'est-à-dire les moyens qu'il entend produire au service de son appel. Ce n'est que plus tard qu'il les fera connaître (V. l'art. 462. — V. aussi, par *à contrario*, l'art. 765).

L'appelant n'est-il point tenu de faire la consignation d'une certaine somme ?

— L'appelant est tenu de consigner une amende de 5 ou 10 francs suivant que le jugement qu'il attaque émane d'un juge de paix ou d'un tribunal de première instance.

A quel titre cette somme est-elle consignée ?

La consignation de cette amende doit avoir lieu avant le jugement ou l'arrêt à intervenir (arg. tiré de l'art. 49 du tarif).

Quand doit-elle l'être ? *Quid*, si elle n'a pas été consignée ?

Toutefois la loi ne la prescrit point, à peine de la nullité de l'appel. Sa sanction est d'une autre nature : l'avoué qui poursuit et obtient, sans l'avoir faite, un jugement du tribunal d'appel, encourt lui-même une amende de 50 francs. — Le greffier qui délivrerait une expédition d'un jugement ainsi obtenu serait passible de la même amende (loi du 16 juin 1824, art. 10).

Comment se forme l'appel incident ?

— Quant à l'appel *incident*, on le forme comme les incidents ordinaires, par de simples conclusions signifiées d'avoué à avoué, ou même prises à l'audience.

VII. Des effets de l'appel interjeté. — L'appel a deux effets, un effet *dévolutif* et un effet *suspensif*. Art. 457 à 460.

Quels sont les effets de l'appel interjeté ? En quel sens est-il dévolutif ?

Effet dévolutif. — L'appel est dévolutif en ce sens que dès qu'il est formé il remet en litige, devant le tribunal supérieur, toutes les questions de fait ou de droit qui ont été débattues devant le tribunal inférieur et par lui résolues. Ainsi, dès cet instant, toute la cause passe du tribunal inférieur, qui en est complétement dessaisi, au tribunal supérieur, auquel elle appartient désormais exclusivement. Les premiers juges ne peuvent donc, en aucun cas, apprécier la régularité de l'appel et, par exemple, décider qu'il est nul, parce qu'il n'a pas été interjeté dans les formes prescrites par la loi, ou qu'il n'est point recevable, parce qu'il n'a été formé qu'après l'expiration des délais. Ces divers points ne peuvent être vidés que par les juges saisis de l'appel.

En quel sens est-il suspensif ?

Effet suspensif. — L'appel, dès qu'il est formé, arrête ou suspend l'exécution du jugement attaqué. Cette suspension est la conséquence naturelle de la dévolution que produit l'appel ; tout étant remis en question, il serait en effet peu logique et surtout fort dangereux de procéder à l'exécution d'une sentence qui peut-être sera réformée.

Est-ce au délai d'appel qu'est attaché cet effet suspensif ?

Remarquez, au reste, que cet effet suspensif est attaché non point au *délai*, mais à *l'acte même d'appel*. Dès que le jugement a été signifié et qu'il s'est écoulé huit jours depuis sa prononciation, l'exécution en peut être poursuivie, sauf à l'autre partie à l'arrêter en recourant à l'appel.

Quelle est sa sanction ?

L'appel étant suspensif, tous les actes d'exécution qui l'ont suivi sont frappés d'une nullité radicale. Ainsi ils demeurent nuls, non-seulement lorsque le jugement dont est appel vient à être réformé, mais même lorsqu'il est confirmé.

Toutefois nous avons vu que l'opposition n'est suspensive qu'autant qu'elle a été formée dans les délais de la loi et selon les formes prescrites (art. 161 et 162). Or, bien que la loi ne le dise pas expressément, on peut, sans hésiter, appliquer, par analogie, cette disposition à l'appel lui-même. L'intimé qui estime que l'appel n'est point recevable, soit parce qu'il a a été interjeté après l'expiration des délais, soit parce qu'il n'a pas été formé selon les formes déterminées par l'article 456, peut donc passer outre et poursuivre à ses risques et périls l'exécution du jugement rendu à son profit, et alors, de deux choses l'une : l'appel est-il déclaré irrégulier ou non recevable, les actes d'exécution qui ont eu lieu sont maintenus valables ; est-il jugé régulier et recevable, ils sont nuls, au contraire, et demeurent tels, quoique l'appel soit jugé mal fondé *quant au fond*.

A quelle condition est-il subordonné ?

L'appel, en un mot, est suspensif quelle que soit la décision à laquelle il pourra donner lieu quant au fond ; mais pour qu'il produise cet effet, il faut qu'il soit régulier quant à la forme, c'est-à-dire interjeté dans les délais de la loi et selon les formalités qu'elle prescrit (1).

L'appel est-il toujours suspensif ?

— L'appel est suspensif, tel est le principe ; mais, par exception, cet effet n'a plus lieu, lorsque le jugement a été déclaré *exécutoire par provision*, conformément à l'article 135. Ainsi, quant aux jugements déclarés exécutoires par provision, l'appel est simplement *dévolutif*.

Quid, lorsque les juges ont négligé de déclarer leur jugement exécutoire par provision, alors qu'ils le devaient ou le pouvaient ?

Quid, dans l'hypothèse inverse ?

— Il se peut que les premiers juges aient négligé de déclarer leur jugement exécutoire par provision, alors que cette exécution provisoire était ordonnée ou permise, ou qu'à l'inverse, ils l'aient prononcée en dehors des cas prévus par la loi. La partie qui souffre de cette erreur en peut obtenir dès le début de l'appel la réparation, en s'adressant, non point aux premiers juges, car, étant dessaisis de la cause, ils sont

(1) En ce sens MM. Boitard, t. II, p. 54 ; Chauveau sur Carré, p. 151, question 1655 ; Rodière, t. II, p. 356.

incompétents, mais au tribunal d'appel. Reprenons chacune de nos deux hypothèses.

L'exécution provisoire n'a-t-elle point été prononcée alors qu'elle aurait dû ou qu'elle aurait pu l'être, l'intimé peut, par un acte d'avoué à avoué, se pourvoir devant le tribunal supérieur et se faire autoriser à poursuivre, nonobstant l'appel, sur lequel il sera statué plus tard, l'exécution du jugement (V. la formule 117).

A-t-elle été ordonnée en dehors des cas prévus par la loi, l'appelant peut également s'adresser au tribunal supérieur, à l'effet d'obtenir des défenses à l'exécution du jugement dont il poursuit la réformation. Mais au lieu de procéder, comme dans la précédente hypothèse, *par un acte d'avoué à avoué*, c'est *par une assignation* qu'il introduit sa demande en surséance : par une assignation, car l'intimé contre lequel il agit n'ayant pas encore d'avoué, c'est à lui personnellement que la demande doit être adressée (1) (V. la formule 118).

Cette assignation est donnée *à bref délai*, sur l'autorisation du *président* du tribunal d'appel (V. la formule 119). — Quant au sursis, le droit de l'accorder n'appartient qu'au *tribunal*.

— Deux autres hypothèses nous restent à prévoir.

Quid, quand le jugement a été mal à propos qualifié en dernier ressort ?

1° Le jugement attaqué a été, mais mal à propos, qualifié *en dernier ressort*. — Cette qualification est indifférente quant à *l'admissibilité* de l'appel (V. p. 333); mais comme elle est, jusqu'à la preuve du contraire, présumée conforme à la loi, le jugement auquel elle est appliquée est pleinement exécutoire par là même, exécutoire nonobstant l'appel, sauf à l'appelant à se pourvoir devant les juges d'appel, à l'effet d'obtenir des défenses à l'exécution. Il doit alors procéder d'après le mode que nous avons indiqué ci-dessus pour le cas où le jugement a été déclaré à tort exécutoire par provision.

Quid, s'il n'a point été qualifié ou s'il a été qualifié en premier ressort, alors qu'il a été réellement rendu en dernier ressort ?

2° Le jugement n'a pas été qualifié, ou il a été qualifié *en premier ressort*, alors qu'il a été réellement rendu *en dernier ressort*. — L'appel est alors *suspensif*, mais l'intimé peut faire cesser cette suspension, en procédant conformément à ce qui a été dit ci-dessus pour le cas où l'exécution provisoire n'a pas été ordonnée alors qu'elle aurait dû ou pu l'être.

Peut-il être accordé des défenses ou des permissions en d'autres cas ?

— En aucun autre cas, il ne pourra être accordé des défenses ni être rendu aucun jugement tendant à arrêter directement ou indirectement l'exécution du jugement, à peine de nullité.

Art. 461, 462, et 463.

VIII. DE L'INSTRUCTION DE L'APPEL. — La loi distingue si l'affaire est *ordinaire* ou *sommaire*.

Comment se fait l'instruction de l'appel ? Que doit faire l'intimé auquel l'appel a été signifié ? Dans quel délai ?

Affaires ordinaires. — L'intimé doit constituer avoué dans la huitaine de la signification de l'acte d'appel.

Dans la huitaine de la constitution d'avoué par l'intimé, l'appelant signifie ses griefs (V. la formule 120).

(1) Il est bien entendu que si l'intimé avait déjà constitué avoué quand l'appelant se pourvoit, la demande en sursis pourrait alors être formée par un simple acte.

Que doit faire alors l'appelant ? Quel délai a-t-il à cet effet ?

Vient ensuite, dans la huitaine suivante, la réponse de l'intimé aux griefs de l'appelant (V. la formule 121).

L'intimé peut-il répondre aux griefs qui lui sont signifiés ? Dans quel délai doit-il signifier sa réponse ?

Les significations des griefs et de la réponse à laquelle ils donnent lieu demeurent valables, quoique faites après l'expiration des délais dont il vient d'être parlé ; la loi, en effet, n'en prononce point la nullité. Elles ne peuvent être rejetées que *relativement à la taxe.*

Quid, si les significations des griefs et de la réponse aux griefs ont été faites après l'expiration de ces délais ? Sont-elles obligatoires ?

Ajoutons qu'elles sont simplement *facultatives :* les parties peuvent, si elles le jugent à propos, n'y point recourir.

Quid, après qu'elles ont été faites ou que les délais pour les faire sont expirés ?

Lorsque les griefs et la réponse qui leur a été faite ont été signifiés, ou que les délais pour faire ces significations sont expirés, la partie la plus diligente poursuit l'audience sans autre procédure.

Quid, si l'intimé ne constitue point avoué ?

— Si l'intimé ne constitue point avoué dans le délai de la loi, il ne lui est point signifié de griefs : l'appel est, directement et sur un simple acte, porté à l'audience.

Comment se juge l'appel ?

— Tout appel, *même d'un jugement rendu sur instruction par écrit*, se juge sur plaidoiries, sauf au tribunal à ordonner, s'il l'estime nécessaire, qu'il sera procédé sur instruction par écrit.

Comment les choses se passent-elles en matière sommaire ?

Affaires sommaires. — En matière sommaire, et quoique l'intimé ait constitué avoué, l'appelant ne lui signifie point de griefs : l'appel, dit la loi, est alors porté à l'audience sur un simple acte, sans autre procédure. Ainsi, l'instruction a lieu à l'audience, sur plaidoiries, sans aucune écriture préalable.

Art. 464.

Peut-on, en appel, former des demandes nouvelles ?

IX. De ce qui peut être demandé en cause d'appel. — On ne peut point, en général, former en appel *des demandes nouvelles*, c'est-à-dire des demandes sur lesquelles les premiers juges n'ont pas été appelés à statuer.

Quel est le fondement de cette prohibition ?

Le fondement de cette prohibition est facile à saisir. Berriat Saint-Prix l'a parfaitement mis en lumière. « L'appel est, dit-il, une attaque dirigée contre un jugement, à raison *de son injustice:* on en doit conclure que les juges d'appel n'ont été institués que pour remédier *à cette injustice*, et qu'ainsi leurs fonctions se réduisent à examiner si le tribunal de première instance *a bien* ou *mal* jugé.

« Mais le tribunal de première instance ne pouvait statuer que sur les demandes *qui lui avaient été soumises:* donc le juge d'appel n'a le droit d'examiner le bien ou le mal jugé que *par rapport à ces mêmes demandes* (p. 427). »

Ajoutons qu'en tolérant en appel des demandes nouvelles, la loi aurait fourni aux parties un moyen indirect de s'affranchir, quant à ces demandes, du préliminaire de conciliation et du premier degré de juridiction.

Peut-on, en appel, présenter de nouveaux moyens ?

— Toutefois les juges d'appel n'ont point seulement pour mission de remédier aux erreurs et omissions *des premiers juges ;* ils doivent en outre réparer celles *des parties.*

Cette observation peut nous servir à déterminer avec précision l'objet et l'étendue du principe que nous avons à étudier.

Les parties ne peuvent point former en appel des demandes dont les premiers juges n'ont pas été saisis, cela est évident ; il n'y a, en effet, quant à ces demandes, rien à corriger, rien à réparer; car n'ayant pas été comprises dans la première instance, il ne peut y avoir à leur égard ni bien ni mal jugé. Mais en ce qui touche les *moyens* invoqués pour ou contre les demandes qui ont donné lieu au jugement attaqué, des erreurs ou omissions ont pu être commises par les parties: or, ces erreurs ou omissions pouvant être réparées par le tribunal d'appel, les parties sont, par là même, admises à produire devant lui les moyens qu'elles avaient négligé d'invoquer devant les premiers juges.

Ainsi ne confondons point : la loi ne prohibe que les *demandes nouvelles;* la voie des *nouveaux moyens* est donc ouverte aux parties.

Eclairons ce point par une espèce. J'intente contre vous une action en résolution de contrat pour *vice de consentement;* à l'appui de ma prétention, j'invoque l'existence d'un *dol.* — Si je succombe, je ne pourrai point demander en appel la rescision du contrat pour cause d'*incapacité*, car ce serait former une nouvelle *demande*: les *vices du consentement* et les *incapacités* constituent, en effet, deux causes de rescision que la loi prend soin de distinguer (art. 1109 et 1124 C. N.). Il ne me sera point défendu, au contraire, de soutenir que le contrat que j'ai présenté d'abord comme entaché de *dol* est rescindable pour cause d'*erreur* ou de *violence*. Ma prétention, alors, ne constitue point une demande nouvelle, puisque c'est toujours en m'appuyant sur un *vice de consentement* que je poursuis la rescision du contrat; il n'y a de nouveau que le *moyen* sur lequel je prétends la fonder.

— Le principe que les demandes nouvelles ne sont point permises en appel reçoit lui-même quelques exceptions.

Le principe qu'en appel on ne forme point de demandes nouvelles, ne souffre-t-il point des exceptions?

Quelles sont ces exceptions?

1° Les demandes nouvelles sont permises lorsqu'elles servent *de défense à l'action principale*, c'est-à-dire lorsqu'elles ont pour but essentiel et immédiat de détruire la demande originaire. Soit l'espèce suivante. Vous m'avez poursuivi en exécution d'un contrat; je vous ai opposé qu'il était entaché de *dol* et, à ce titre, frappé de nullité : — si je succombe, je pourrai, en appel, soutenir non-seulement que le contrat en litige est annulable pour cause de *violence ou d'erreur*, car alors je ne ferai qu'invoquer un *moyen nouveau*, mais même en demander la nullité pour *cause d'incapacité*. A la vérité, ce n'est plus seulement un moyen nouveau que j'invoque, c'est bien véritablement une *demande nouvelle* que j'introduis; mais cette demande a pour objet direct de faire tomber la vôtre, *elle me sert de défense*, et, à ce titre, elle est recevable.

Ainsi, tandis que le demandeur originaire n'est point admis à produire en appel des demandes nouvelles qui, si elles réussissaient, amèneraient *la condamnation du défendeur*, celui-ci, au contraire, est autorisé à former toutes celles qui peuvent le faire *acquitter*. La défense a paru, sans doute, plus favorable que l'attaque.

2° Les demandes *en compensation* peuvent également être formées en appel pour la première fois.

La première se confond-elle avec la seconde?

Cette deuxième exception semble rentrer dans la première et n'en être qu'une application spéciale: la compensation sert, en effet, de *défense à l'action principale,* puisque son admission entraîne la libération du débiteur.

Il n'en est pas ainsi pourtant. Nous allons voir, en effet, que la compensation peut être invoquée non-seulement quand elle sert de *défense à l'action principale,* mais encore lorsqu'elle doit aboutir à la *condamnation* de l'autre partie. Deux cas, en effet, peuvent être prévus.

Si la créance invoquée en compensation est *inférieure* ou *égale* à celle qui fait l'objet de la demande principale, la compensation n'est alors qu'une *défense à cette demande,* et nous restons dans les termes de notre première exception. J'ai été condamné en première instance à vous payer la somme de 3,000 francs. En appel, je vous oppose, pour la première fois, que de votre côté vous me devez 2,000 ou 3,000 francs : — ma demande, quoique nouvelle, est admissible, *car elle me sert de défense à votre action.* Dans ce cas, nous le répétons, notre première exception suffit pour justifier cette décision.

Que si, au contraire, la créance invoquée en compensation est *supérieure* à celle qui fait l'objet de la demande principale, la compensation est bien plus alors qu'une *défense à cette action.* Son admission amènera, en effet, non-seulement *l'acquittement* du défendeur, mais encore la *condamnation* du demandeur originaire, quant à l'excédant de la créance de son adversaire sur la sienne. Ainsi supposons, en reprenant la première partie de l'espèce précédente, que je vous oppose en compensation une créance de 4,000 francs : si ma demande est admise, j'obtiendrai, d'une part, ma libération des 3,000 francs qui vous avaient été accordés contre moi par le premier jugement, et, d'autre part, votre condamnation jusqu'à concurrence de 1,000 francs. Quant à cet excédant, ma demande ne sert plus de *défense à votre action.* Elle ne serait donc pas admissible en vertu de notre première exception ; mais la seconde la rend recevable. On a considéré, sans doute, qu'on ne pouvait point, sans de graves inconvénients, diviser la demande de l'intimé pour en laisser une partie devant les juges d'appel et porter l'autre devant les premiers juges. Ce fractionnement aurait entraîné des frais et des lenteurs qu'on a dû éviter. Combien, d'ailleurs, il eût été peu logique d'attribuer à un tribunal de première instance la connaissance partielle d'une demande dont un tribunal supérieur eût été de son côté fractionnairement saisi ! C'eût été lui reconnaître la faculté de juger contrairement à l'opinion de la Cour, et créer ainsi la plus choquante des anomalies.

Quel est l'objet et le fondement de la troisième exception?

Troisième exception. — Les parties peuvent réclamer en appel tous les *accessoires* dont la cause est *postérieure* au premier jugement, tels que les intérêts, arrérages, loyers échus, ou des dommages et intérêts pour pertes subies *depuis* cette époque. On ne peut point, en effet, leur reprocher de n'avoir point compris ces objets dans leurs premières conclusions, puisque le droit de les réclamer n'était pas encore né. Quant aux intérêts, arrérages et loyers échus, ou aux dommages-intérêts pour pertes *antérieures* au premier jugement, on ne les peut obtenir que par une demande portée en première instance. Ils ne sauraient être réclamés en appel, car les parties sont en faute de ne les avoir pas fait entrer dans leur première demande.

Quatrième exception. — Les demandes nouvelles n'étant point permises en appel, les demandes *en intervention* y sont également défendues. Toutefois, la loi tolère, par exception, les interventions formées par ceux qui auraient le droit, s'ils n'intervenaient pas, d'attaquer par la voie de la tierce opposition le jugement à intervenir. Nous dirons bientôt à quelles personnes cette exception s'applique (V. l'explic. du titre suivant).

Art. 466. Les interventions sont-elles permises en appel ?

—La procédure concernant les demandes formées ou les moyens invoqués pour la première fois en appel est d'une grande simplicité. « Les nouvelles demandes, porte l'article 465, et les exceptions du défendeur ne pourront être formées que par de simples actes de conclusions motivées (V. la formule 122).

Art. 465. Comment s'introduisent, en appel, les demandes nouvelles ? Comment s'y produisent les nouveaux moyens ?

« Il en sera de même dans le cas où les parties voudraient changer ou modifier leurs conclusions.

« Toute pièce d'écriture qui ne sera que la répétition des moyens ou exceptions déjà employés par écrit, soit en première instance, soit en appel, ne passera point en taxe.

« Si la même pièce contient à la fois et de nouveaux moyens ou exceptions, et la répétition des anciens, on n'allouera en taxe que la partie relative aux nouveaux moyens ou exceptions. »

X. Du droit d'évocation. — Nous avons vu dans dans le numéro précédent une première dérogation à la règle des deux degrés de juridiction. L'article 473 en contient une seconde. Lors, en effet, que le tribunal d'appel infirme un jugement rendu sur un incident ou sur une exception, la loi l'autorise, sous certaines conditions, à retenir et juger le fond, *sur lequel pourtant les premiers juges n'ont point statué.* — A plus forte raison doit-il en être de même lorsqu'il infirme un jugement définitif.

Art. 473. Le tribunal d'appel qui infirme un jugement rendu sur un incident ou sur une exception peut-il retenir et juger le fond ?

Quel est le fondement de cette dérogation au principe des deux degrés de juridiction ?

Cette dérogation au principe des deux degrés de juridiction a pour fondement l'intérêt bien entendu des parties. Elles y trouvent, en effet, le double avantage de voir leur différend jugé plus promptement et à moins de frais.

— Reprenons séparément les deux hypothèses que prévoit la loi.

Première hypothèse. — Les premiers juges ont rendu un jugement interlocutoire ; ils ont, par exemple, ordonné une enquête ; la partie condamnée appelle de ce jugement. — Deux cas se présentent alors.

Le tribunal d'appel *confirme*-t-il le jugement attaqué, le fond reste devant les premiers juges, qui seuls ont le droit de le juger. Le tribunal d'appel ne le pourrait point retenir, quand même il serait en état d'être jugé en même temps que l'appel.

L'infirme-t-il, au contraire, il peut alors juger la cause *quant au fond* lui-même, si d'ailleurs elle se trouve, même sous ce rapport, en état de recevoir une décision définitive ; mais il doit le faire immédiatement, et par le jugement ou l'arrêt par lequel il infirme le jugement dont est appel.

A quelles conditions est subordonné ce droit d'évocation ?

Ainsi le droit d'évocation n'est autorisé qu'autant que ces trois conditions concourent ; il faut :

1° Que le jugement dont est appel soit infirmé ;

2° Que le fond soit en état de recevoir une décision définitive : — le tribunal ne pourrait donc point le retenir s'il était nécessaire, pour le juger, d'ordonner une instruction ou un supplément d'instruction;

3° Que le tribunal d'appel statue en même temps, par un seul et même jugement, sur l'appel dont il est saisi et sur le fond. — Ainsi il ne peut être statué sur l'appel du jugement interlocutoire et remis à un autre jour pour la décision du fond.

Lorsqu'un interlocutoire est infirmé et que le fond est en état, le tribunal est-il tenu de statuer sur le fond ?

Au reste, lors même que le jugement attaqué est infirmé et que le fond est en état d'être jugé immédiatement, le tribunal n'est point tenu de le retenir; la loi, s'en rapportant à sa sagesse, lui laisse la faculté de prendre le parti le plus conforme à l'intérêt des parties.

Peut-il statuer sur le fond quand il infirme un jugement définitif ?

Deuxième hypothèse. — Un jugement définitif a été rendu par les premiers juges ; ce jugement est attaqué par la voie de l'appel : s'il *l'infirme,* le tribunal d'appel peut, pourvu qu'il le fasse par le jugement même d'infirmation, statuer sur le fond, à supposer bien entendu que le fond soit en état de recevoir une décision immédiate.

Quid, s'il l'infirme pour cause d'incompétence ?

Peu importe, au reste, que le jugement dont est appel soit infirmé pour vice de forme ou *pour toute autre cause,* et, par exemple, *pour cause d'incompétence.* Il est vrai que, dans ce cas spécial, le tribunal d'appel va enlever aux parties, en statuant sur le fond, le bénéfice des deux degrés de juridiction, puisque les premiers juges n'ont fait que statuer sur une question préjudicielle, sur un préliminaire du procès; mais nous avons déjà fait remarquer que le droit d'évocation implique précisément une dérogation au principe des deux degrés (V. ci-dessus p. 349).

Toutefois, les juges d'appel qui annulent un jugement pour cause d'incompétence ne peuvent retenir le fond qu'autant qu'ils sont eux-mêmes compétents pour le juger. Ainsi, lorsque le tribunal dont ils ont prononcé l'incompétence est en dehors de leur ressort, la retenue du fond n'est point possible; car, comme le dit très-bien M. Bonnier, l'évocation ne peut porter atteinte au règlement de la juridiction entre les diverses parties du territoire français. A plus forte raison, ne serait-elle point permise si le tribunal de première instance avait statué sur un différend administratif. Dans ces divers cas, les parties peuvent demander leur renvoi devant leurs juges naturels (1).

Quand le jugement a été infirmé pour un motif tiré du fond lui-même, le tribunal d'appel peut-il retenir la cause quoiqu'elle ne soit pas en état ?

Le doit-il ?

—Remarquons en terminant qu'au cas où un jugement définitif, régulier quant à la forme et au point de vue de la compétence, a été infirmé pour un motif tiré du fond lui-même, le tribunal d'appel peut retenir la cause, même dans le cas où elle n'est pas en état de recevoir dès à présent une décision définitive, et ordonner une instruction nouvelle, s'il y a lieu. Non-seulement il le peut, mais il le doit. L'article 473 ne s'applique qu'au cas où le jugement attaqué est infirmé *par un motif pris en dehors du fond* (2).

(1) MM. Rodière, t. II, p. 372 ; Bonnier, p. 444.

(2) Boitard, p. 78.

XI. De la péremption en matière d'appel. — Elle a lieu, en appel, comme en première instance, après les mêmes délais, selon les mêmes formes et conditions. Mais au point de vue *de l'effet* que la loi lui assigne, nous avons une différence importante à signaler. On sait qu'en première instance la péremption, n'éteignant que la *procédure*, laisse en principe *l'action* subsister; le procès peut donc être renouvelé (V. p. 298). Il en est différemment devant les tribunaux d'appel. La péremption éteint alors, non-seulement la *procédure* d'appel, mais *l'action* elle-même, et par conséquent le droit de renouveler l'appel. C'est ce que la loi exprime lorsqu'elle dit qu'en cause d'appel la péremption donne au jugement dont est appel la force de chose jugée.

Art. 469.

La péremption a-t-elle lieu en appel ? Quel effet produit-elle en cette matière?

Et remarquez qu'il en est ainsi, non point seulement dans le cas où les délais d'appel sont expirés au moment de la péremption (V. p. 299), mais même lorsqu'ils subsistent encore à cette époque. M. Bigot-Préameneu en a fait la remarque dans son exposé de motifs : « Lors, dit-il, que sur l'appel du jugement, il y a péremption, la partie condamnée est, par sa longue inaction, censée avoir renoncé à son appel. » La loi, d'ailleurs, ne distingue pas : sa disposition est absolue; elle serait même complétement inutile si on la limitait au premier de nos deux cas, puisqu'elle signifierait simplement que l'appel n'est plus recevable après les délais expirés, ce qui est de toute évidence (1).

Quid, pourtant si les délais d'appel subsistent encore au moment où elle est prononcée ?

Soit donc un appel interjeté contre un jugement *qui n'a pas été signifié;* trois ans se passent sans continuation de poursuites; l'intimé demande et obtient la péremption de l'appel : — quoique les délais d'appel ne soient pas expirés, car le jugement n'ayant pas été signifié, ils n'ont point couru, tout est éteint, l'appel interjeté et le droit de le renouveler.

XII. Comment on procède lorsqu'il s'est formé, en cause d'appel, plus de deux opinions ou lorsqu'il y a partage. — S'il se forme plus de deux opinions, les juges les plus faibles en nombre sont tenus de se réunir à l'une des deux opinions qui ont été émises par le plus grand nombre. Toutefois remarquez : 1° que cette disposition ne sera applicable qu'autant que les opinions divergentes seront telles, qu'en réunissant l'une des opinions les plus fortes à l'opinion la plus faible, on aboutira à une majorité absolue; 2° qu'elle sera inapplicable s'il existe deux minorités égales entre elles : — dans ces diverses hypothèses, on procède comme en cas de partage (V. Ce que nous avons dit à ce sujet p. 101 et suiv.); 3° que les juges les plus faibles en nombre ne seront tenus de se réunir à l'une des deux opinions de la majorité qu'après qu'on sera allé une seconde fois aux voies.

Art. 467 et 468.

Comment procède-t-on lorsqu'il s'est formé en cause d'appel plus de deux opinions ?

En cas de partage dans une Cour, on appelle pour le vider, un ou

Ou lorsqu'il y a partage ?

(1) V. en ce sens MM. Pigeau, liv. II, part. IV, tit. Ier, chap. 1er, sect. III, art. 11, n° 9; Thomines, t. Ier, p. 710; Boitard, t. II, p. 68; Chauveau sur Carré, t. IV, p. 209, quest. 1686; Bonnier, p. 437. — En sens contraire, M. Rodière, t. II, p. 365.

plusieurs juges, qui n'ont point connu de l'affaire, et toujours en nombre impair, si toutefois, ce que la loi suppose, le partage s'est formé entre des juges siégeant en nombre pair.

Les juges départiteurs doivent être appelés suivant l'ordre du tableau.

Lorsque *tous* les juges dont se compose la Cour ont connu de l'affaire, il est appelé, pour le jugement, trois anciens jurisconsultes.

L'affaire est de nouveau plaidée, ou de nouveau rapportée, s'il s'agit d'une instruction par écrit.

Quel est l'office du tribunal saisi de l'appel ?

Quid, si l'intimé soutient que l'appel n'a pas été formé selon les formes prescrites par la loi ?

Ou qu'il a été interjeté après l'expiration des délais accordés à cet effet ?

Quid, si le tribunal reconnaît que l'appel est nul ou non recevable ?

Quid, dans l'hypothèse inverse ?

Que fait le tribunal quand il juge que le jugement attaqué est tout à la fois régulier en la forme et juste au fond ?

Quid, s'il juge qu'il est régulier quant à la forme, mais injuste au fond ?

Quid, dans l'hypothèse inverse ?

XIII. Du jugememt sur l'appel, ou de l'office du tribunal devant lequel il est porté. — Sur ce point, plusieurs distinctions sont à faire.

Si l'intimé soutient que l'appel est *nul* parce qu'il n'a pas été formé selon les formes prescrites par la loi (V. p. 341 et 342), ou qu'il n'est point *recevable*, parce qu'il a été interjeté après l'expiration des délais, ou parce que l'appelant avait acquiescé au jugement, ce point doit être apprécié et jugé au préalable. Les juges estiment-ils que l'appel est *nul* ou *non recevable*, ils le déclarent et bornent là leur décision. Reconnaissent-ils, au contraire, qu'il est régulier et recevable, ils *le reçoivent*, et alors commencent pour eux le droit et le devoir d'examiner le jugement attaqué, afin de vérifier si l'attaque dont il est l'objet est ou non fondée.

S'ils pensent que le jugement attaqué est tout à la fois régulier en la forme et juste quant au fond, ils *le confirment*.

Dans l'hypothèse contraire, trois cas différents sont à considérer.

Le jugement attaqué est-il *régulier quant aux formes*, mais *injuste au fond*, ils *l'infirment* et y substituent de nouvelles dispositions.

Est-il tout à la fois *irrégulier en la forme* et *injuste au fond*, ils *l'annulent* et statuent sur la cause par un jugement nouveau.

Enfin, est-il *irrégulier en la forme sans être injuste au fond*, ils *l'annulent* encore, mais ils en reproduisent les dispositions dans le nouveau jugement qu'ils sont tenus de rendre.

Dans tous les cas, la partie qui succombe est condamnée aux frais. Si le jugement a été confirmé sur certains chefs et infirmé sur d'autres, les dépens peuvent être compensés (V. p. 118).

Art. 471.

A la charge de qui sont les frais de l'appel ?

L'appelant n'est-il pas, en outre, passible d'une amende ?

Quid, s'il a succombé sur certains chefs et triomphé sur d'autres ?

L'appelant, quand c'est lui qui succombe, est en outre condamné à une amende dont nous avons fixé le chiffre, p. 343. Mais que décider s'il a succombé sur certains chefs et triomphé sur d'autres ? Encourra-t-il, même dans ce cas, la peine attachée *au fol appel ?* La Cour de cassation tient pour l'affirmative. L'opinion contraire nous semble mieux fondée. L'attaque à laquelle le jugement a donné lieu ne peut plus être considérée comme *un fol appel*, puisqu'elle a eu pour résultat d'amener la réformation, sinon totale, au moins partielle, de la décision des premiers juges (V. d'ailleurs, par analogie, l'article 248) (1).

(1) En ce sens, Pigeau, t. I, p. 590 ; Berriat-Saint-Prix, p. 438 ; Thomines, t. I, p. 712 ; Boitard, t. II, p. 73 ; M. Bonnier, p. 440.

Un point sur lequel on est d'accord, c'est que l'amende n'a point lieu contre l'appelant qui s'est désisté : se *désister* ce n'est point *succomber* (1).

Quid, s'il s'est désisté?

XIV. Du tribunal devant lequel doivent être portées les difficultés relatives a l'exécution du jugement attaqué ou du jugement du tribunal d'appel. — La loi distingue si le jugement attaqué a été *confirmé* ou *infirmé*.

Art. 472.

A quel tribunal appartient l'exécution du jugement confirmé en appel?

Premier cas. — *Le jugement attaqué a été confirmé.* — L'appel ayant été reconnu mal fondé et par suite mis à néant, les choses doivent se passer, quant à l'exécution du jugement attaqué, comme s'il n'y avait pas eu d'appel. De là la disposition suivante : « L'exécution du jugement confirmé en appel appartient au tribunal même qui l'a rendu. »

Cette règle est-elle toujours applicable?

Quid, si le jugement confirmé émane d'un tribunal de paix ou de commerce?

Toutefois, les termes dans lesquels cette règle est énoncée rendent mal la pensée de la loi. Si le jugement confirmé émane d'un tribunal de première instance, il est parfaitement vrai et très-exact de dire que l'exécution de ce jugement appartient au tribunal qui l'a rendu. Mais supposons-le émané d'un tribunal de paix ou de commerce : la règle énoncée dans notre article sera-t-elle encore vraie? devra-t-elle être suivie? A cet égard une distinction est nécessaire.

Si le jugement confirmé est simplement *interlocutoire*, notre règle reste vraie et applicable ; car, bien que les tribunaux de paix et de commerce n'aient qu'une compétence tout exceptionnelle, il n'est pas douteux néanmoins qu'ils ne soient pleinement compétents à l'effet de procéder par eux-mêmes aux actes qu'ils ordonnent pour l'instruction des procès dont ils sont régulièrement saisis (p. 322).

Mais s'il est *définitif*, elle ne peut point alors être appliquée. Les tribunaux de paix et de commerce ne peuvent point, en effet, recevoir de la confirmation de leur décision un pouvoir que leur compétence ne comporte pas : or, ces juridictions ne connaissent point de l'exécution de leurs jugements (V. p. 322).

A quel tribunal appartiendra donc, en ce cas, l'exécution du jugement confirmé? Suivant l'opinion générale, ce ne peut pas être au tribunal d'appel, puisqu'aux termes de notre article il ne peut retenir l'exécution de ses jugements qu'autant qu'ils sont *infirmatifs*. On décide, en conséquence, que l'exécution du jugement confirmé reviendra au tribunal auquel elle eût appartenu s'il n'y avait pas eu d'appel, c'est-à-dire au tribunal de première instance dans le ressort duquel elle aura lieu (art. 553).

En résumé, comment notre règle doit-elle être traduite?

Tout cela se résume en cette idée bien simple : *L'exécution du jugement confirmé appartient au tribunal auquel elle eût appartenu s'il n'y avait pas eu d'appel.*

Deuxième cas. — *Le jugement attaqué a été infirmé.* — La loi, craignant alors que les juges qui l'ont rendu ne favorisent la partie à laquelle

(1) M. Bonnier enseigne toutefois que, si l'amende a été consignée à l'avance, la restitution n'en est point due, puisqu'elle n'est prescrite que pour le cas où l'appel a été reconnu *bien fondé* (Arrêté du 10 floréal an XI, art. 7).

Comment les choses se passent-elles à l'égard du jugement par lequel le tribunal d'appel a réformé la décision des premiers juges ?

ils avaient donné gain de cause, ne permet point de leur renvoyer l'exécution du jugement par lequel le tribunal d'appel a réformé leur décision. Dans ce cas, les juges d'appel doivent ou la retenir pour eux-mêmes, ou, s'ils estiment qu'à raison de l'éloignement des parties il convient mieux de décider autrement, la renvoyer à un autre tribunal situé dans le ressort et de même degré que celui dont ils ont infirmé la décision.

Quid; dans le cas où le jugement attaqué est confirmé sur certains chefs et infirmé sur d'autres ?

Mais que décider au cas où le jugement attaqué a été *confirmé* sur certains chefs et *infirmé* sur *d'autres?* La loi n'ayant point fixé son attention sur cette difficulté, ce qu'il y a de mieux à faire est de laisser aux juges d'appel le droit de la résoudre selon les circonstances, c'est-à-dire selon l'importance respective des chefs confirmés et des chefs infirmés (1). — Remarquons en terminant : 1° que les juges d'appel ne peuvent retenir l'exécution de leurs jugements infirmatifs que par rapport aux *parties* qui étaient en cause : ils cesseraient donc d'être compétents si des *tiers* se trouvaient impliqués dans les débats auxquels peut donner lieu l'exécution de leur décision ; 2° que la retenue de l'exécution ou son renvoi devant un autre tribunal que désignent les juges d'appel ne sont point permis *dans tous les cas où la loi attribue juridiction.* (V. à ce sujet les art. 528, 567, 606, 608 et 794 C. pr.; — art. 822 et 2210 C. N.)

Art. 470.

Quelles règles de procédure suit-on devant les tribunaux d'appel ?

XV. Dispositions générales. — Les règles établies pour les tribunaux inférieurs sont appliquées aux tribunaux d'appel, à l'exception de celles auxquelles la loi a spécialement dérogé dans le présent titre. Rappelons quelques-unes de ces dérogations.

Sous quels rapports diffèrent-elles des règles ordinaires ?

1° Devant les tribunaux de première instance, le demandeur doit, par l'exploit introductif de sa demande, indiquer et préciser les moyens sur lesquels il prétend l'appuyer. Devant les tribunaux d'appel, au contraire, l'appelant n'est tenu de faire connaître ses moyens qu'après que l'intimé a constitué avoué (V. p. 343).

2° Les parties plaidant devant un tribunal de première instance peuvent, en principe, y former des demandes nouvelles. La même faculté est, en principe, prohibée devant les tribunaux d'appel (V. p. 346).

3° Les interventions sont permises en première instance ; en cause d'appel, elles sont en général défendues (V. p. 349).

4° La péremption, en première instance, n'éteint que la *procédure ;* en cause d'appel, elle éteint tout à la fois la procédure et l'action (V. p. 351).

5° En cas de partage on n'appelle régulièrement, devant les tribunaux civils, qu'un seul juge départiteur (V. p. 100). Devant les Cours impériales, on en peut appeler un ou plusieurs (V. p. 351 et 352).

(1) En ce sens, Thomines, t. I, p. 714 ; MM. Bioche, v° *Appel*, n° 660 ; Bonnier, p. 441.

LIVRE QUATRIÈME.

DES VOIES EXTRAORDINAIRES POUR ATTAQUER LES JUGEMENTS.

TITRE PREMIER.

DE LA TIERCE OPPOSITION.

3e *répétition.*

Art. 474.

I. Ce que c'est que la tierce opposition. — La tierce opposition est une voie extraordinaire par laquelle un tiers, c'est-à-dire une personne autre que les parties engagées dans l'instance, peut attaquer le jugement qui préjudicie à ses droits et en demander la rétractation ou la réformation en ce qui la concerne.

Qu'est-ce que la tierce opposition ?

II. Son motif. — Elle est fondée sur cette idée de justice, qu'avant de condamner une personne il faut l'entendre ou tout au moins la mettre en demeure de se défendre. Un jugement, dit M. Bigot-Préameneu, ne peut faire loi qu'entre les parties qui ont été entendues ou appelées; s'il préjudicie à une tierce personne, elle doit être admise à s'adresser aux mêmes juges, afin qu'après l'avoir entendue, ils décident à son égard en connaissance de cause.

Sur quel motif est-elle fondée ?

III. Des jugements contre lesquels elle peut être employée. — Elle peut l'être contre tout jugement, quelles que soient sa nature et la juridiction de laquelle il émane. Ainsi, peu importe qu'il soit en premier ou en dernier ressort, qu'il émane d'un tribunal ordinaire ou d'un tribunal d'exception. Les jugements rendus par les tribunaux de commerce peuvent donc être attaqués par cette voie, de même que ceux qui émanent d'un tribunal de première instance.

Contre quels jugements peut-elle être employée ?

IV. Des conditions auxquelles elle est soumise ou des personnes dans l'intérêt desquelles elle a été établie. — On n'y peut recourir qu'autant que ces deux conditions concourent; il faut :

A quelles conditions y peut-on recourir ?

1° Que le jugement que nous attaquons nous cause un préjudice;

2° Que nous n'ayons point été appelé dans l'instance à la suite de laquelle il a été rendu.

Toute personne *appelée* dans une instance y est *partie* par là même. Elle ne peut donc se pourvoir contre le jugement rendu par défaut ou contradictoirement contre elle que par les voies ordinaires de l'opposition ou de l'appel, ou, suivant les cas, par la requête civile ou le recours en cassation. La *tierce opposition* ne lui est point ouverte. Ainsi, ceux-là seulement peuvent attaquer un jugement par cette voie qui n'ont pas été *parties* au procès.

Quelles personnes ont le droit de l'employer ?

Une personne pouvant être représentée par une autre dans un acte juridique, il se peut qu'on ait été partie au procès, bien qu'on n'y ait

Ne se peut-il point qu'on ait été *partie*, bien qu'on n'ait point figuré au procès en personne, et réciproquement?

point figuré en personne, et réciproquement. Mettons ce point en lumière par quelques espèces.

Quid, lorsqu'une personne plaide au nom d'une autre qui lui a donné mandat à cet effet?

1° Une personne intente une action au nom d'une autre, qui lui a donné mandat à cet effet. — Le mandant est partie au procès par son mandataire qui l'y représente. Le mandataire, au contraire, conserve sa qualité de *tiers* par rapport à l'instance engagée, et si le jugement qui la termine lui causait indirectement un préjudice, il pourrait l'attaquer par la voie de la tierce opposition, tandis que le mandant, bien qu'atteint directement dans ses droits, ne le pourrait pas.

Quid, dans le cas d'un procès engagé par ou contre un tuteur?

2° Le résultat serait absolument le même dans l'hypothèse d'un procès engagé par ou contre un tuteur agissant au nom de son mineur, car il le représente, comme un mandataire représente son mandant. (Art. 450 C. N.)

L'auteur ne représente-t-il point ses ayants cause? Qu'entend-on par *auteur*? Par *ayants cause*?

3° *L'auteur* représente ses *ayants cause*. Par *auteur* j'entends celui dont une autre personne a pris la place, par succession ou autrement, et par ses *ayants cause*, les personnes qui lui ont succédé.

Ainsi nos héritiers, légitimes ou testamentaires, sont nos ayants cause. Lors donc que nous sommes engagé dans un procès, ils y sont *parties* par nous-même, et de même que nous ne pourrions point attaquer par la tierce opposition le jugement rendu contre nous, cette voie de recours leur est également fermée.

Quid, à l'égard de ceux qui succèdent à nos droits par l'effet d'un acte entre vifs, tels que nos acheteurs, nos donataires?

Quant à ceux qui succèdent à nos droits par l'effet d'un acte entre vifs, tels que nos acheteurs, nos donataires, ils sont nos *ayants cause* ou ils sont *tiers* par rapport à notre adversaire, suivant qu'ils nous ont succédé *postérieurement* ou *antérieurement* au jugement. Une action en revendication a été intentée contre moi et j'ai succombé. *Postérieurement* au jugement qui m'a condamné à restituer à mon adversaire la chose dont il a été reconnu propriétaire, je vous la vends : — vous êtes mon *ayant cause*. Le jugement obtenu contre moi vous sera opposable comme à moi-même, car je n'ai pas pu vous transmettre plus de droits que je n'en avais et anéantir par mon fait l'effet du jugement que je dois subir.

Sont-ils toujours nos ayants cause dans leurs rapports avec notre adversaire? Ne faut-il pas à leur égard faire une distinction?

Changeons l'espèce. Je vous ai concédé sur la maison A, que je possédais, un droit d'usufruit ou toute autre servitude. Postérieurement à cette concession, quelqu'un revendique contre moi la même maison et triomphe. — Vous restez *tiers* par rapport à mon adversaire ; le jugement qu'il a obtenu contre moi ne vous est pas plus opposable que ne le serait une convention que j'aurais faite avec lui, car de même que je ne puis, *en contractant* avec un tiers, compromettre les droits que je vous ai transmis, je suis de même incapable d'y porter la moindre atteinte *en plaidant*.

Un débiteur représente-t-il ses créanciers?

4° Un débiteur représente ses créanciers. Les jugements rendus contre lui leur sont donc opposables comme à lui-même. Toutefois cette règle a besoin d'une exception et d'un tempérament.

Ne faut-il point, ici encore, faire une distinction?

1° *Exception*.—Le débiteur qui a succombé dans un procès y a représenté tous ses créanciers chirographaires: tous, c'est-à-dire même ceux dont la créance est *antérieure* au jugement. Les créanciers qui ne se font point donner des sûretés *réelles* consentent, en effet, à suivre la foi et la fortune de leur débiteur. Ils lui laissent le pouvoir de contracter, d'aliéner, de s'obliger, de transiger, de faire, en un mot, le ratifiant d'avance, tous les actes d'administration et de disposition qu'il jugera convenables, et, par conséquent, de soutenir, tant dans leur intérêt que dans le sien propre, les procès où ses biens se trouveront engagés. Il les représente donc en plaidant, de même qu'il les représente quand il contracte.

Quant aux créanciers hypothécaires, une distinction est nécessaire. Le jugement par lequel il a été dit qu'un tiers, possesseur d'un immeuble, n'en a point la propriété ou qu'il ne l'a que démembrée, est bien certainement opposable aux créanciers qui ont acquis, du chef de la partie condamnée et *postérieurement à sa condamnation*, des hypothèques sur l'immeuble qu'elle doit délaisser en tout ou en partie. Elle n'a pas pu, en effet, leur conférer des droits quelle n'avait pas elle-même. Mais il en est différemment des créanciers dont l'hypothèque existait déjà au moment de la demande en revendication formée contre leur débiteur. Une hypothèque constitue, en effet, un droit réel ; dès qu'elle est établie, le droit de propriété n'est plus entier en la personne du propriétaire, une portion en a été détachée pour constituer en la personne de son créancier un droit à part et indépendant du sien. Si donc il aliène ou s'il compromet par un acte quelconque son droit de propriété, l'hypothèque qu'il en a détachée n'en souffre point. Or, s'il en est ainsi des aliénations qu'il consent, ou des transactions auxquelles il souscrit, il est évident qu'il doit en être de même des jugements rendus contre lui ; car il ne peut pas plus anéantir en plaidant le droit spécial de son créancier qu'il ne peut le compromettre en contractant.

Ainsi la partie condamnée a représenté au procès tous ses créanciers chirographaires, quelle que soit la date de leurs créances, et, parmi ses créanciers hypothécaires, ceux d'entre eux seulement dont l'hypothèque est postérieure au jugement.

Le débiteur représente-t-il toujours ses créanciers chirographaires ?

2° *Tempérament*.—Nous venons de dire qu'à l'exception des créanciers hypothécaires antérieurs au jugement, la partie condamnée a représenté tous ses créanciers. Mais nous devons ajouter qu'il n'en est ainsi qu'autant qu'il a agi de bonne foi. S'il s'est laissé condamner par collusion avec son prétendu adversaire et afin de soustraire ses biens à l'action de ses créanciers, il a cessé d'être leur mandataire. (Art. 1167 C. N.)

Contre qui la tierce opposition peut-elle être formée ?

—En résumé, une personne ne peut recourir à la tierce opposition qu'autant que le jugement qu'elle attaque a été rendu à la suite d'une instance dans laquelle elle n'a été partie ni par elle-même, ni par un mandataire conventionnel, légal ou judiciaire, ni par son auteur, ni par son débiteur.

V. Contre qui la tierce-opposition peut être formée. — La tierce opposition, nous venons de le voir, peut être formée par ceux qui sont restés étrangers au procès, en ce sens qu'ils n'y ont figuré ni par eux-mêmes, ni par une autre personne ayant qualité pour les représenter ou qu'ils représentent. Il nous reste à dire contre qui elle doit l'être. En principe il suffit qu'elle soit formée contre celle des parties *qui a obtenu le jugement;* il n'est point nécessaire de mettre en cause la partie condamnée.

Est-il nécessaire de mettre en cause la partie condamnée?

Toutefois, si le jugement qu'on attaque n'a pas encore été exécuté et qu'on soit dans l'un des cas où le juge pourra, sur la demande du tiers opposant, en suspendre l'exécution (V. l'art. 478), la partie condamnée devra alors être mise en cause, afin qu'il lui soit enjoint de conserver toutes choses en état jusqu'à nouvel ordre (1).

Elle devrait être également appelée, quand même le jugement qui a été rendu contre elle se trouverait déjà pleinement exécuté, s'il était allégué qu'elle a, au préjudice de ses créanciers, colludé avec son adversaire (2).

Dans quel délai la tierce opposition doit-elle être formée?

VI. Du délai dans lequel elle doit être formée. — La loi n'en ayant fixé aucun, on a été amené à en conclure qu'elle a entendu la laisser sous l'empire des règles ordinaires de la prescription. Elle peut donc être formée tant que le droit sur lequel le tiers opposant la fonde ne peut pas être écarté par l'effet d'une prescription acquise contre lui, conformément au droit commun.—Toutefois le délai accordé pour l'introduire est renfermé dans l'étroite limite d'une année, au cas spécial prévu par l'article 873 du Code de procédure.

Combien distingue-t-on d'espèces de tierce opposition?

VII. Ses espèces. — La tierce opposition est *principale* ou *incidente*.

Principale, lorsqu'elle est formée en dehors de toute autre instance actuellement pendante entre le tiers opposant et son adversaire.

Incidente, quand elle intervient dans le cours d'une instance contre un jugement dont l'une des parties engagées au procès prétend se prévaloir contre l'autre.

Art. 475 et 476.

VIII. Du tribunal devant lequel elle doit être portée. — La loi distingue.

Devant quel tribunal la tierce opposition doit-elle être formée?

La tierce opposition est-elle *principale*, elle doit être portée *devant le tribunal même qui a rendu le jugement attaqué*. Le tiers opposant pourra ainsi se trouver obligé de plaider devant des juges qui ne sont point ses juges naturels; mais la loi a pensé que puisqu'il s'agit de rétracter en partie le jugement attaqué, d'en fixer en un mot les limites en déterminant quel sens et quelle portée il doit avoir, le tribunal duquel il émane est, mieux que tout autre, en position de résoudre ce débat.

Quid, lorsqu'elle est formée contre un jugement confirmé en appel?

On s'est demandé si l'on doit, lorsqu'un jugement de première instance a été confirmé sur appel, se pourvoir, par tierce opposition, devant le tribunal de première instance ou devant la Cour. Quoique la question soit très-vivement controversée, il nous semble évident qu'on doit agir devant la Cour. La loi, en effet, n'admet jamais qu'un tribu-

(1) M. Bonnier, p. 453.

(2) Carré, nº 1726; Pigeau, t. I, p. 674; M. Bioche, vº *Tierce opposition*, nº 74.

nal puisse réformer ou paralyser la décision d'un tribunal qui lui est supérieur (V. ci-dessous).

Est-elle *incidente*, la loi sous-distingue.

Quelle distinction la loi fait-elle à l'égard de la tierce opposition incidente?

Si le tribunal saisi de l'instance dans le cours de laquelle intervient la tierce-opposition est *supérieur*, ou tout au moins *égal* à celui qui a rendu le jugement attaqué, elle doit être portée devant le tribunal saisi de l'instance principale. La loi évite ainsi aux parties les déplacements et les lenteurs qu'aurait entraînés la division des deux instances. Si donc, étant engagé dans un procès pendant devant une Cour, mon adversaire m'oppose un jugement rendu soit par un tribunal de paix, de première instance ou de commerce, soit même par une autre Cour, la tierce opposition que je formerai contre ce jugement devra être portée devant la Cour où je me trouve déjà en instance. De même si, pendant que je suis partie dans un procès engagé devant un tribunal de première instance, un jugement rendu par un juge de paix ou par un autre tribunal de première instance est produit contre moi, la tierce opposition à laquelle il pourra donner lieu restera dans les attributions du tribunal saisi de l'instance dans le cours de laquelle elle sera formée.

Que si, au contraire, le tribunal saisi de l'instance pendant laquelle intervient la tierce opposition est *inférieur* au tribunal qui a rendu le jugement attaqué, elle devra alors être portée devant ce dernier tribunal. La loi a pensé qu'il ne convenait point de laisser à des juges inférieurs le droit de réformer la décision de juges d'un ordre plus élevé; c'eût été troubler trop gravement la hiérarchie des juridictions. Ainsi lorsqu'un jugement rendu par une Cour est produit devant un tribunal de première instance, la partie qui l'attaque par la voie de la tierce opposition doit former sa demande non point devant le tribunal où elle est déjà en instance, mais devant la Cour qui a rendu le jugement attaqué.

Pourquoi le tribunal saisi de la demande principale n'est-il point compétent quant à la tierce opposition, lorsqu'il est inférieur au tribunal qui a rendu le jugement contre lequel elle est formée?

Ne se peut-il point qu'il soit incompétent, quoique supérieur ou égal à celui duquel émane le jugement attaqué?

— Nous avons dit avec l'article 475 que la tierce opposition incidente doit être portée devant le tribunal saisi de l'instance principale, lorsqu'il est supérieur ou au moins égal au tribunal qui a rendu le jugement contre lequel on se pourvoit : la règle est vraie, mais elle a besoin d'un tempérament. Il ne suffit pas, en effet, que le tribunal saisi soit *égal* ou *supérieur* au tribunal duquel émane le jugement attaqué; il faut, en outre, qu'il soit du *même ordre*. Qu'on suppose, par exemple, qu'un jugement rendu, *sur une matière civile par un juge de paix ou un tribunal de première instance*, soit produit dans le cours d'une instance pendante devant *un tribunal de commerce* et attaqué par la voie de la tierce opposition : bien qu'un tribunal de commerce soit, hiérarchiquement parlant, supérieur à un tribunal de paix et égal à un tribunal de première instance, il ne pourra point connaître de la tierce opposition, puisque le jugement qui y donne lieu a statué sur une matière complétement et absolument en dehors de ses attributions (1).

(1) Demiau-Crouzilhac, p. 337; Chauveau sur Carré, t. IV, p. 299; MM. Rodière, t. II, p. 430; Bonnier, p. 451.

Comment se forme la tierce opposition?

IX. COMMENT SE FORME LA TIERCE OPPOSITION. — La tierce opposition *principale* se forme *par un exploit d'ajournement* signifié à personne ou à domicile (V. la formule 123).

Il en est de même de la tierce opposition *incidente*, lorsqu'elle est formée par action principale devant le tribunal duquel émane le jugement attaqué (V. p. 359).

Quid, dans le cas où elle est formée devant le tribunal saisi de l'instance dans le cours de laquelle elle intervient?

Cette forme est de rigueur, conformément au droit commun.

Dans le cas où la tierce opposition incidente est portée devant le tribunal saisi de l'instance principale dans le cours de laquelle elle intervient, on la forme *par une requête*, c'est-à-dire *par un acte d'avoué à avoué* (V. la formule 124); mais comme ce mode de procéder n'est point prescrit à peine de nullité, rien ne s'oppose à ce qu'elle soit formée soit par un exploit d'ajournement, sauf au demandeur à supporter l'excédant des frais que ce mode d'action pourra occasionner, soit même par des conclusions prises à la barre (1).

Est-elle soumise au préliminaire de conciliation, quand elle est principale?

— La tierce opposition, quand elle est *incidente*, n'est point soumise au préliminaire de conciliation. En est-il de même dans le cas où elle est *principale?* Pour l'affirmative, on fait remarquer, d'une part, que la tierce opposition requiert célérité dans la plupart des cas, d'autre part, qu'elle ne constitue point, à proprement parler, une instance nouvelle. On ajoute qu'il est d'ailleurs de principe que les voies ordinaires ou extraordinaires d'attaquer les jugements ne sont point soumises à ce préliminaire (V. p. 19) (2). Mais, répond-on, dans le système contraire, l'urgence de la tierce opposition n'est point suffisamment caractérisée pour la placer, au moins d'une manière générale, parmi les matières qui requièrent célérité. Dès lors il est impossible de ne point la laisser, en principe, sous l'empire du droit commun. La loi le veut ainsi, puisqu'elle n'a rien dit d'exceptionnel à son égard (3).

Art. 477 et 478.

La tierce opposition est-elle suspensive de l'exécution du jugement attaqué?

Les juges peuvent-ils ordonner cette suspension?

X. DES EFFETS DE LA TIERCE OPPOSITION. — A la différence de l'opposition ordinaire et de l'appel, la tierce opposition n'est jamais par elle-même et de plein droit *suspensive* de l'exécution du jugement attaqué; mais les juges devant lesquels elle est portée « peuvent, suivant les circonstances, ordonner cette suspension. » Suivant les circonstances..., c'est-à-dire lorsqu'ils estiment que l'exécution immédiate du jugement attaqué pourrait, si elle avait lieu, causer au tiers opposant un préjudice peut-être irréparable. La loi s'en remet à leur sagesse. S'agit-il, par exemple, d'un jugement qui a ordonné la démolition d'une construction ou la radiation d'une inscription hypothécaire, son exécution pouvant compromettre, peut-être sans retour, le droit du tiers opposant, le tribunal pourra ordonner qu'elle sera provisoirement suspendue. Il décidera de même quant aux jugements qui or-

(1) Thomines, t. I, p. 727; M. Bioche, v° *Tierce opposition*, n° 89.

(2) MM. Rodière, t. II, p. 431; Bonnier, p. 451 et 452.

(3) Boitard, t. II, p. 91; Chauveau sur Carré, t. IV, p. 292. — Mais, bien entendu, elle n'est jamais soumise à ce préliminaire, quand elle est portée devant un tribunal de commerce ou devant une Cour (V. p. 19).

donnent le délaissement d'un effet mobilier; car si cet objet était dès à présent remis aux mains de la partie qui l'a revendiqué, elle pourrait le perdre ou le détruire, auquel cas le tiers opposant, qui peut-être en est le légitime propriétaire, n'aurait plus qu'une action personnelle contre l'auteur du préjudice que lui causerait la perte de son droit. Si elle le vendait et le livrait à des tiers de bonne foi, le résultat serait le même, puisque le tiers opposant, s'il agissait contre eux, serait repoussé par application du principe, qu'en fait de meubles la possession vaut titre (Art. 2279 C. N.).

Ainsi l'exécution du jugement frappé de tierce opposition peut être, sur la demande du tiers opposant, suspendue par le tribunal saisi du débat. Tel le principe.

N'existe-il point un cas où ils ne le peuvent pas ?

Mais il existe un cas, un cas unique, où il est expressément défendu aux juges d'user de ce pouvoir. Les jugements passés en force de chose jugée, *portant condamnation à délaisser la possession d'un immeuble*, seront, est-il dit dans l'article 478, exécutés contre la partie condamnée, nonobstant la tierce opposition et sans y préjudicier. Deux conditions sont donc nécessaires pour que notre exception ait lieu; il faut :

A quelles conditions est subordonnée cette exception ?

1° Qu'il s'agisse d'un jugement ordonnant le délaissement *d'un immeuble*. — Lorsque l'objet à délaisser est *mobilier*, l'exécution immédiate du jugement pourrait compromettre, d'une manière irréparable peut-être, le droit du tiers opposant, car la partie entre les mains de laquelle cet objet serait remis pourrait le perdre, le détruire ou le vendre et le livrer à des tiers de bonne foi (V. ci-dessus). Quand, au contraire, il s'agit d'un immeuble, le même danger n'existe plus. La partie qui en obtiendra la possession pourra le dégrader peut-être, mais elle ne le fera point disparaître; le tiers opposant saura toujours où le retrouver. Le préjudice, à supposer qu'il y en ait un, sera donc forcément peu important. De là différence entre les deux cas.

Quel est le fondement de la première condition ?

2° Que ce jugement *soit passé en force de chose jugée*. — Le motif de cette condition est facile à saisir.

De la seconde ?

Lorsqu'une partie, possesseur d'un immeuble, a été condamnée à le remettre aux mains de son adversaire qui a été reconnu en être le légitime propriétaire, et que le jugement qui l'a condamnée ne peut point ou ne peut plus être attaqué par elle, soit au moyen d'une opposition, s'il est par défaut, soit par la voie de l'appel, s'il est en premier ressort, il est à craindre qu'elle ne s'adresse à un tiers complaisant, afin d'obtenir indirectement, par la voie d'une tierce opposition simulée, la suspension de l'exécution de la condamnation portée contre elle. La loi a déjoué cette fraude, en déclarant que le jugement qui n'est susceptible ni d'opposition ni d'appel restera exécutoire, nonobstant la tierce opposition.

La même fraude n'est plus à craindre, au contraire, quand on se trouve en présence d'un jugement qui n'a point force de chose jugée: la tierce opposition ne saurait, en effet, être suspecte en ce cas; on ne peut point, on ne doit point supposer qu'elle est le résultat d'un concert frauduleux entre le tiers qui l'a formée et le possesseur condamné, puisque ce dernier a, de son propre chef, dans l'opposition ou l'appel auquel il peut recourir, un moyen direct et légitime de faire suspendre ou arrêter l'exécution du jugement prononcé contre lui.

La tierce opposition incidente arrête-t-elle le cours de l'instance principale?

— Lorsque la tierce opposition est incidente, elle peut avoir pour effet de faire surseoir au jugement de l'instance dans le cours de laquelle elle intervient. « Le tribunal devant lequel le jugement attaqué est produit peut, en effet, passer outre ou surseoir suivant les circonstances. » Il ordonnera le sursis, par exemple, s'il lui paraît évident que le jugement attaqué peut influer sur la décision de la cause principale portée devant lui. Que si, au contraire, il estime que la tierce opposition est mal fondée ou qu'elle ne peut avoir aucune influence sur la contestation principale, il passera outre et jugera, sans attendre que la tierce opposition soit elle-même jugée, l'affaire principale dont il est saisi.

Que doivent faire les juges lorsqu'ils accueillent la tierce opposition?

Quid, si l'exécution du jugement attaqué est indivisible?

XI. Jugement sur la tierce opposition. — Si elle est accueillie, le jugement attaqué doit être rétracté ou réformé, mais seulement en tant qu'il préjudicie au tiers opposant et dans la limite de son intérêt; à moins pourtant que l'exécution du jugement ne soit tellement indivisible qu'on ne puisse point l'exécuter contre la partie condamnée sans nuire à l'opposant lui-même. Ainsi supposons qu'il ait été jugé entre *Primus* et *Secundus*, riverains d'un cours d'eau, que *Primus* a le droit d'établir un barrage sur ce cours d'eau : si *Tertius*, auquel ce barrage, à le supposer établi, apporterait le même préjudice qu'à *Secundus*, forme une tierce opposition, le jugement devra être rétracté, même à l'égard de *Secundus*, puisque le maintenir contre lui ce serait le maintenir contre le tiers opposant lui-même (1).

Art. 479.

Quid, lorsque la tierce opposition est rejetée comme mal fondée ou non recevable?

— Lorsque la tierce opposition est rejetée comme mal fondée ou non recevable, le tiers opposant doit être condamné : 1° à des dommages et intérêts si son adversaire y conclut et justifie d'un préjudice; — 2° à une amende (laquelle peut être prononcée même d'office), afin de le punir de s'être immiscé dans une contestation qui lui était étrangère. Le minimum de cette amende est de 50 francs. Bien que la loi n'en fixe point le *maximum*, il est généralement admis que les juges ne doivent point user de la latitude qui leur est laissée. Les amendes arbitraires répugnent à nos mœurs judiciaires.

Art. 474.

Entre quelles personnes les jugements produisent-ils leur effet?

XII. Combinaison de la tierce opposition avec la règle : res inter alios judicata aliis neque nocere, neque prodesse potest. — On sait qu'aux termes de l'article 1351 du Code Napoléon les jugements n'ont d'effet qu'entre les parties plaidantes, leurs héritiers et ayants cause, et qu'ainsi ils sont *comme inexistants au regard des tiers*. Ils ne peuvent

(1) Cette solution est généralement admise ; mais est-elle exacte? C'est ce que je ne saurais admettre. Sans doute le jugement ne pourra point, dans l'espèce, être *exécuté*, même à l'égard de *Secundus* ; mais il ne sera point *rétracté* dans son intérêt. Quant à lui, il sera toujours vrai de dire que *Primus* a droit au barrage. Ce dernier pourra donc l'établir s'il parvient, en offrant une indemnité à *Tertius*, à lever l'obstacle qui paralyse l'exercice de son droit.

donc ni leur profiter ni leur nuire : *Res inter alios judicata, aliis nec prodest nec nocet.*

Peuvent-ils préjudicier au droit des tiers?

Si l'effet des jugements est rigoureusement restreint aux rapports des parties entre elles, de leurs héritiers ou de leurs ayants cause, les *tiers* n'ont, à ce qu'il semble, aucun intérêt à les attaquer. Demander la réformation ou la rétractation d'un jugement auquel nous n'avons point été partie, c'est, dira-t-on, demander la réformation ou la rétractation du néant, puisque le jugement n'existe point quant à nous.

Mais si un jugement ne peut point préjudicier aux tiers, comment se fait-il qu'ils soient admis à l'attaquer par la voie de la tierce opposition *lorsqu'il leur préjudicie ?*

La tierce opposition, au contraire, suppose qu'un jugement peut *nuire aux tiers;* c'est même cette supposition qui lui sert de fondement. La tierce opposition, dit la loi, est l'opposition par laquelle une personne attaque un jugement qui *lui porte préjudice* et auquel *elle n'a pas été partie* (art. 474).

Voilà donc déjà une première antinomie.

Mais la difficulté se complique sous un autre rapport.

Et, d'ailleurs, ne vaut-il pas mieux attendre qu'on nous l'oppose, sauf à le repousser par l'exception *res inter alios judicata, aliis nec prodest, nec nocet?* Cette manière de procéder n'a-t-elle point de précieux avantages sur la tierce opposition ?

Lorsqu'un jugement a été rendu sans que j'y aie été appelé, je puis garder une attitude purement passive, attendre qu'on l'invoque contre moi, auquel cas je le repousserai en me bornant à répondre : *Res inter alios judicata, aliis nec prodest nec nocet.* En procédant ainsi je serai *défendeur* au débat, ce qui sera pour moi fort avantageux ; car si la question de savoir si j'ai été ou non partie au jugement vient à être soulevée, le fardeau de la preuve restera à la charge de mon adversaire. J'aurai de plus l'avantage de plaider devant mes propres juges. Enfin, et à supposer que je succombe, je n'aurai point d'amende à payer.

Que si, au contraire, prenant les devants, je m'avise d'attaquer le jugement par la voie de la tierce opposition, tous ces avantages disparaissent. Je prends alors au procès le rôle de demandeur et, par suite, à ma charge le fardeau si lourd de la preuve. Au lieu de plaider devant le tribunal de mon domicile, je suis obligé de subir la compétence spéciale à la tierce opposition (V. p. 358). Enfin je m'expose au danger de l'amende (V. p. 362).

Or, dira-t-on, si les tiers peuvent, par la voie si simple et si commode de l'exception, *res inter alios judicata, aliis nec prodest, nec nocet,* écarter les jugements qui leur sont opposés, à quoi bon employer dans le même but la voie si périlleuse de la tierce opposition ? Cette procédure n'est donc qu'une superfétation, une chose complétement inutile, ou mieux encore un acte dangereux et compromettant !

Ces difficultés ont donné lieu à divers systèmes.

A quels systèmes cette difficulté a-t-elle donné lieu ?

Suivant Proudhon (*Traité de l'usufruit*) la tierce opposition est la mise en pratique nécessaire et inévitable de la règle *res inter alios judicata...* Ainsi il ne suffit point, lorsqu'on veut faire écarter un jugement auquel on prétend avoir été étranger, de dire qu'on n'y a pas été partie ; il faut absolument prouver son dire et employer à cet effet la voie et la procédure de la tierce opposition.

Cette explication est aujourd'hui universellement abandonnée. On a fait remarquer avec raison qu'elle enlevait à la tierce opposition son caractère de voie de rétractation ou de réformation pour en faire le moyen occasionnel d'une simple interprétation de jugement, ce qui est contraire à la rubrique et à l'esprit de notre titre. Comment d'ailleurs admettre que la loi ait pu imposer aux tiers la nécessité de jouer le rôle périlleux de demandeur à l'égard d'un jugement qu'elle déclare *inexistant* quant à eux (1)?

Selon Merlin, la tierce opposition, au lieu d'être *toujours nécessaire*, comme l'enseigne Proudhon, ne serait *jamais que facultative*. Ainsi les tiers pourraient, *à leur choix*, rester dans l'inaction et attendre que le jugement leur soit opposé pour y répondre par l'exception *res inter alios judicata...*, ou, prenant l'initiative, l'attaquer dès à présent, par la voie de la tierce opposition. Le résultat serait le même dans l'un et l'autre cas.

Mais, a-t-on répondu, s'il en était ainsi, la tierce opposition ferait double emploi avec l'exception *res inter alios judicata...*; elle resterait même sans application possible, car étant plus périlleuse et moins commode que le premier mode de procéder, on éviterait toujours d'y recourir (2).

Dans un troisième système, auquel nous nous rallions, la règle *res inter alios judicata...* et la tierce opposition, bien qu'unies entre elles par un rapport naturel, se distinguent pourtant par certains côtés. Et, en effet, si, en général, elles aboutissent l'une et l'autre au même résultat, il est des cas particuliers où la tierce opposition procure à celui qui l'emploie un avantage qu'il n'obtiendrait pas s'il se bornait à invoquer la règle *res inter alios judicata...* Lorsqu'on se trouve dans l'un de ces cas, la tierce opposition est simplement *facultative*. Mais il en est d'autres où elle devient une *nécessité*.

Ainsi tantôt elle est *facultative*, et alors elle peut être plus avantageuse que le simple recours au principe *res inter alios judicata...*; tantôt elle est *forcée* ou *nécessaire*. Nous l'envisagerons sous ces deux aspects.

1° *De la tierce opposition facultative.* — En thèse générale, les tiers peuvent, à leur choix, recourir à la tierce opposition, ou, s'en abstenant, se borner au secours que leur offre la règle *res inter alios judicata...* Nous avons vu même que cette dernière voie est, en principe, plus commode et moins périlleuse que la première. Quand donc les tiers auront-ils intérêt à procéder par la voie de la tierce opposition? Quel avantage leur procurera-t-elle? Dans quels cas, en un mot, sera-t-elle préférable à l'emploi de la règle *res inter alios judicata...*? A cet égard, il importe de remarquer que si, théoriquement parlant et en pur droit, un jugement ne peut point nuire aux tiers, *son exécution peut, en fait*, leur causer un grave préjudice (V. p. 360 et 361). Cela posé, voyons comment les choses se passeront, suivant qu'ils emploieront l'un ou l'autre de nos deux moyens. Si, au lieu de recourir tout d'abord à la

(1) Boitard, t. II, p. 82 et 83; M. Bonnier, p. 448.
(2) Boitard, *ibid*.

tierce opposition, ils gardent une attitude purement passive, sauf à invoquer, lorsque le jugement leur sera opposé, la règle *res inter alios judicata*..., ils subiront le *préjudice de fait* dont nous parlions tout à l'heure, puisque le jugement qu'ils auront laissé de côté recevra son exécution entre les parties. Que si, au contraire, ils procèdent directement et dès à présent par la voie de la tierce opposition, ce préjudice pourra être prévenu, puisque, sur leur demande, les juges pourront *suspendre l'exécution* du jugement attaqué.

La tierce opposition a donc sur la règle *res inter alios judicata*... cet avantage précieux de mettre les tiers qui l'emploient à l'abri des périls auxquels pourrait les exposer l'exécution matérielle du jugement.

L'espèce suivante nous servira à mettre ce point en lumière.

Secundus a revendiqué contre *Primus* un objet mobilier que j'avais déposé entre les mains de ce dernier. Cette action en revendication aurait dû être dirigée contre moi-même, puisque c'est moi qui possédais par l'intermédiaire de *Primus*, mon dépositaire. Mais, par mégarde ou par toute autre cause, *Secundus* a formé sa demande contre *Primus*, et celui-ci, au lieu de répondre qu'il n'avait aucune qualité pour y répondre, a accepté le débat. Un jugement est intervenu qui, après avoir reconnu le prétendu droit de propriété de *Secundus*, a condamné *Primus* à délaisser l'objet revendiqué.

En droit, ce jugement ne peut point me nuire ; car n'ayant pas été appelé, je n'ai pas été partie au procès.

Cela posé, deux partis s'offrent à moi. Je puis laisser exécuter le jugement et revendiquer ma chose contre *Secundus*, entre les mains duquel elle sera remise. S'il m'oppose le jugement rendu à son profit, je répondrai que ce jugement est à mon égard *res inter alios judicata* et qu'ainsi il est, quant à moi, comme inexistant. Mais en procédant ainsi j'expose et compromets mon droit; car pendant que je serai en instance avec *Secundus*, celui-ci pourra perdre, détruire ou vendre et livrer à des tiers de bonne foi l'objet qui aura été remis entre ses mains, auxquels cas il ne me restera contre lui qu'un recours personnel en dommages et intérêts : or, s'il est insolvable, mon recours demeurera inefficace !

Qu'on suppose, au contraire, que j'agisse par la voie de la tierce opposition : j'exposerai alors aux juges que l'exécution du jugement, si elle avait lieu, pourrait me causer un préjudice; sur cet exposé il sera rendu un jugement par lequel il sera dit que la chose litigieuse restera entre les mains de *Primus* jusqu'à ce que la question de propriété engagée au procès soit vidée. De cette manière mon droit restera à l'abri de tout péril.

Ainsi, dans cette hypothèse, la tierce opposition n'est point seulement la mise en pratique de la règle *res inter alios judicata*..., elle est, en outre, un moyen offert au tiers opposant d'obtenir *la suspension de l'exécution du jugement attaqué* et, par suite, de prévenir le préjudice de fait que cette exécution pourrait lui causer. C'est à ce point de vue qu'elle est plus avantageuse que le recours au principe *res inter alios judicata*.

Mais il existe un cas où la tierce opposition ne peut point procurer cet avantage. On se rappelle, en effet, que dans l'hypothèse *d'une condamnation à délaisser la possession d'un immeuble* il est défendu aux juges de suspendre ou d'arrêter l'exécution du jugement (art. 478, V. p. 361, l'explic. de cet art.). Quel peut donc être, en ce cas, l'objet de la tierce opposition? Évidemment elle doit avoir un autre but que d'arrêter l'exécution du jugement, puisque autrement il serait impossible de comprendre son utilité lorsque, par exception, elle ne peut point être suspensive. Pour comprendre cet autre but, il faut se placer dans le cas où la tierce opposition est, non plus *facultative*, mais *forcée* ou nécessaire. C'est ce que nous expliquons dans le 2° suivant.

2° *De la tierce opposition forcée ou nécessaire.* — Nous avons vu qu'un débiteur représente ses créanciers chirographaires, et qu'ainsi ce qui est jugé contre lui est par là même jugé contre eux. Ils sont donc, par son intermédiaire, parties dans tous les procès où il se trouve engagé. Mais nous avons ajouté que cette représentation n'a lieu, ou plutôt qu'elle ne peut être maintenue dans ses effets qu'autant qu'elle est *exempte de fraude*, car c'est n'être point représenté que l'être par un plaideur de mauvaise foi (V. p. 357, 2°). Lors donc que, colludant avec son adversaire, il s'est laissé condamner afin de soustraire tel ou tel de ses biens à l'action de ses créanciers, la condamnation prononcée contre lui peut être attaquée par eux comme ayant été obtenue *en fraude de leurs droits.* De même, en un mot, qu'ils peuvent faire rescinder, quant à eux, les actes frauduleux qu'il a passés à leur préjudice (art. 1167, C. N.), de même ils sont admis à demander la rescision des jugements rendus contre lui par suite d'un concert frauduleux avec son adversaire. Quant aux *actes* frauduleux, leur demande en rescision est soumise aux règles de la procédure ordinaire. Lors, au contraire, qu'ils attaquent un *jugement* rendu en fraude de leurs droits, ils doivent procéder par la voie particulière de la tierce opposition et non autrement (arg. tiré des art. 873 C. pr., et 66 C. com.).

Ainsi supposons qu'un débiteur a été condamné à délaisser un immeuble. S'il a plaidé loyalement et de bonne foi, le jugement qui le condamne sera opposable à ses créanciers comme à lui-même ; si, au contraire, c'est par suite d'un concert frauduleux avec le demandeur qu'il a été condamné, ses créanciers pourront, conformément à l'article 1167 du Code Napoléon, faire rescinder, quant à eux, la condamnation prononcée contre lui. Mais cette rescision, comment, par quelle voie l'obtiendront-ils? pourront-ils saisir l'immeuble soit entre les mains de leur débiteur, s'il y est encore, soit contre le demandeur, s'il en a déjà obtenu le délaissement, sauf, si ce dernier leur oppose le jugement rendu à son profit, à lui répondre par la règle *res inter alios acta?* Non, ce mode de procéder ne leur est point ouvert. La fraude ne se présumant point, la condamnation prononcée contre leur débiteur est présumée valable, même quant à eux. Dès lors, et tant qu'elle subsiste, l'immeuble qu'elle a pour objet reste en dehors de leur action. Ils ne peuvent donc l'atteindre que sous la condition de faire, au préalable et par action directe, prononcer la rescision du jugement qui est réputé l'avoir fait sortir de leur gage. De là pour eux la nécessité d'agir par la voie de la tierce opposition.

—On voit donc, en résumé, que la tierce-opposition a deux caractères qui, lui étant propres, la distinguent de la règle *res inter alios judicata*.

Quels sont, en résumé, les caractères distinctifs de la tierce opposition ?

1° Les tiers qui l'emploient peuvent, en principe, obtenir que le jugement qu'ils attaquent ne sera point dès à présent exécuté et se mettre ainsi, par cette suspension provisoire, à l'abri des périls auxquels les exposerait l'exécution immédiate du jugement.

Par quels côtés, en un mot, se sépare-t-elle de l'exception *res inter alios judicata, nec prodest, nec nocet* ?

2° C'est par elle, et par elle seulement, que les ayants cause de la partie condamnée peuvent obtenir la rescision du jugement qu'elle a, *en fraude de leurs droits*, laissé prendre contre elle.

TITRE II.

DE LA REQUÊTE CIVILE.

Art. 480.

I. CE QUE C'EST QUE LA REQUÊTE CIVILE. — SES CARACTÈRES. — SON OBJET. — EXPLICATION DES MOTS REQUÊTE CIVILE. — 1° *Ce que c'est.* — La requête civile est un recours extraordinaire par lequel une partie condamnée par un jugement contradictoire ou par défaut, mais en dernier ressort, en demande la rétractation au tribunal même qui l'a rendu.

Qu'est-ce que la requête civile ?

2° *Ses caractères.* — La partie qui l'emploie n'attaque point le jugement comme étant le résultat de *l'injustice* ou de *l'ignorance* des juges qui l'ont rendu. On conçoit, en effet, qu'il ne peut pas lui être permis de les mettre dans l'alternative de persister dans leur première décision, ou de proclamer leur propre indignité. Sa prétention est donc tout autre. Les causes de sa demande en rétractation sont, en général, tirées soit de la mauvaise foi de son adversaire, soit de l'incurie de son représentant, soit même, en certains cas, de *quelque inadvertance* des juges ; mais jamais elle n'attaque leur *intégrité* ou leur *science*.

Quels sont ses caractères ?

3° *Son objet.* — Lorsqu'un jugement est rendu par défaut, la partie condamnée peut l'attaquer par la voie *ordinaire de l'opposition*. Ses conclusions ne tendent point seulement à obtenir la rétractation du jugement qu'elle attaque ; elle demande, en outre, que le tribunal, après avoir admis son opposition juge, à nouveau l'affaire et la termine par un second jugement. Il n'en est plus de même dans la requête civile. La partie qui se pourvoit par ce recours ne demande point, d'une part, que le jugement qu'elle attaque soit rétracté, et, d'autre part, que le tribunal, après l'avoir mis à néant, statue par le même jugement sur l'affaire elle-même : elle conclut uniquement à la rétractation du jugement. Après l'avoir prononcée, le tribunal, s'en tenant là, laisse l'affaire entière, sauf aux parties à en faire l'objet d'une nouvelle instance. Le demandeur et le défendeur se trouvent ainsi remis au même

Quel est son objet ?

état qu'auparavant. C'est ce qu'on exprime en disant que le *rescindant* et le *rescisoire* ne peuvent pas être cumulés. On appelle *rescindant* la demande en rescision ou rétractation du jugement attaqué; *rescisoire*, l'affaire sur laquelle était intervenu le jugement rétracté. Nous reviendrons sur ce point (V. l'explic. de l'art. 503).

D'où viennent ces mots *requête civile?*

4° *Explication des mots* REQUÊTE CIVILE. — Selon notre ancien droit, les juges ne pouvaient pas être directement saisis d'une demande en rétractation. Ils n'avaient pas, en effet, de pouvoir suffisant pour rescinder et mettre à néant un jugement qui, bien que défectueux, avait pourtant force de chose jugée. Ce pouvoir n'appartenait qu'au prince, de qui seul émanait toute justice. Le demandeur en rétractation devait donc, avant de former sa demande devant le tribunal, se munir de *lettres de rescision* que délivraient, au nom du roi, les chancelleries des parlements ou des présidiaux. Ces lettres investissaient le tribunal devant lequel la demande était portée du pouvoir d'y faire droit.

Elles étaient demandées par une *supplique* ou requête : de là le nom de *requête* donné à la demande en rétractation ; et comme cette requête ou supplique devait être rédigée en la forme la plus révérencieuse, qu'on n'y devait parler des juges et de leur jugement qu'avec le respect qui convient, sans inculper leur intégrité on leur science (V. p. 367), on l'appela *requête civile.*

La suppression des chancelleries, prononcée par l'article 20 de la loi du 7 septembre 1790, a fait cesser l'usage des lettres de rescision. La qualification de *requête civile* donnée à une demande en rétractation d'un jugement en dernier ressort semble dès lors ne plus lui convenir. Nous verrons cependant, lorsque nous expliquerons l'article 483, que l'usage de la *requête* a été plutôt modifié qu'aboli. Ainsi, d'après cet article, du moins si on le prend à la lettre, la partie qui veut se pourvoir en rétractation doit, avant de former sa demande devant le tribunal, obtenir du président une autorisation préalable, et lui adresser une requête à cet effet.

Combien distingue-t-on d'espèces de requête civile?

II. COMBIEN ON DISTINGUE D'ESPÈCES DE REQUÊTE CIVILE. — La requête civile est *principale* ou *incidente*, suivant qu'elle a lieu en dehors ou dans le cours d'une autre instance.

Par qui et contre qui ce recours peut-il être employé?

III. PAR QUI ET CONTRE QUI ELLE PEUT ÊTRE FORMÉE. — Elle peut l'être soit par et contre les personnes qui ont été *parties* au procès, ou qui y ont été dûment appelées, soit par et contre leurs ayants cause. Elle n'est point ouverte *aux tiers.*

Contre quels jugements?

IV. DES JUGEMENTS CONTRE LESQUELS ELLE PEUT ÊTRE EMPLOYÉE. — Elle ne peut l'être que contre les jugements rendus *en dernier ressort.* Ainsi la partie qui, ayant été condamnée *en premier ressort*, a laissé passer le délai de la loi sans user de son droit d'appel, ne peut point recourir à la requête civile. Elle est alors réputée avoir acquiescé au jugement, ce qui le rend définitivement irrévocable.

Quid, à l'égard des jugements rendus en dernier ressort, mais par défaut?

Mais lorsque le jugement est en *dernier ressort*, peu importe qu'il soit *contradictoire* ou *par défaut.* La requête civile est admissible même dans ce dernier cas; seulement elle n'est point recevable tant que les délais d'opposition ne sont point expirés, car il est de principe que les voies *extraordinaires* ne peuvent être employées qu'à défaut des voies *ordinaires* (V. p. 323).

D'où vient cette différence entre l'appel et la requête civile?

Ainsi, tandis que la partie qui, ayant été condamnée *en dernier ressort*, n'a point usé de son droit d'appel dans les délais de la loi, n'est point reçue à recourir à la requête civile, cette voie est, au contraire, ouverte au plaideur qui, ayant été condamné *en dernier ressort*, mais *par défaut*, a négligé d'employer, en temps utile, la voie ordinaire de l'opposition. Cette différence s'explique, a-t-on dit, par cette considération que les délais d'opposition étant, en général, fort courts, la loi n'a pas dû voir dans le silence que la partie condamnée a gardé pendant ces délais la preuve d'un acquiescement assez caractérisé pour la priver de la ressource extrême du recours en requête civile.

Les jugements préparatoires et interlocutoires sont-ils susceptibles de requête civile ?

Quand peut-elle être formée alors ?

— Les jugements préparatoires et interlocutoires rendus sur des matières de dernier ressort sont également susceptibles de requête civile. La loi ne distingue pas. Mais, bien entendu, le recours ne peut avoir lieu, quant aux jugements préparatoires, qu'après le jugement définitif et concurremment avec la requête à laquelle ce jugement pourra donner lieu. Les interlocutoires, au contraire, peuvent être attaqués avant le jugement définitif (arg. d'analogie tiré de l'art. 451).

Quelles sont les tribunaux dont les décisions peuvent être attaquées par la voie de la requête civile ?

— Reste un point à régler. Quels sont les tribunaux dont les décisions peuvent être attaquées par la voie de la requête civile ? Sont susceptibles de ce recours, dit la loi, les jugements rendus *par les tribunaux de première instance et les arrêts des cours impériales*.

Cette disposition est évidemment inapplicable aux arrêts de la Cour de cassation. On est d'accord sur ce point.

Quid, quant aux jugements émanés des tribunaux de *commerce* et des *justices de paix ?*

Mais que décider quant aux jugements *des tribunaux de commerce* et *des justices de paix?* Si l'on s'attache au sens ordinaire des mots *tribunaux de première instance*, dont se sert la loi, on sera forcé de reconnaître que ces expressions ont été employées pour désigner spécialement les *tribunaux civils d'arrondissement*. Que si, au contraire, on les explique d'après l'esprit de la loi, on les devra entendre par opposition *aux cours impériales* et par conséquent dans un sens général applicable aux tribunaux de paix ou de commerce aussi bien qu'aux tribunaux civils d'arrondissement. Les motifs d'équité qui ont fait introduire la requête civile ne comportent, en effet, aucune distinction. Un jugement obtenu par le dol de l'une des parties ne saurait être irréparable, quelle que soit la juridiction de laquelle il émane : la fraude ne doit, en aucun cas, profiter à son auteur. Il est vrai que la plupart des dispositions de la loi ne se réfèrent qu'aux jugements émanés *d'un tribunal civil d'arrondissement* ou *d'une cour impériale :* tel est, par exemple, l'article 492, où l'on voit que la requête civile principale doit être formée par assignation au domicile de l'*avoué* qui a obtenu le jugement; tel est encore l'article 498, aux termes duquel toute requête civile doit être communiquée *au ministère public* (ajoutez les art. 495, 496 et 505); mais, a-t-on répondu, ces dispositions n'ont rien d'exclusif. On en peut conclure sans doute qu'il est impossible d'observer devant les tribunaux de paix ou de commerce toutes les formes prescrites pour la requête civile portée devant un tribunal de première instance ou devant une cour; mais qu'importe? Il suffira d'y suivre celles qui seront compatibles avec la nature de ces juridictions.

Cette dernière interprétation a prévalu dans la pratique. Cependant quelques auteurs distinguent. Il est bien vrai, disent-ils, que les expressions *tribunaux de première instance* embrassent *les tribunaux de commerce* comme les tribunaux civils d'arrondissement; mais il est également incontestable qu'en ce qui touche *les justices de paix*, le texte manque absolument, et qu'ainsi leurs décisions échappent forcément à la requête civile. Ce qui confirme, d'ailleurs, cette interprétation, c'est qu'elles échappent également au recours en cassation (1).

Cette distinction n'est-elle point purement arbitraire? Le sens des mots *tribunaux de première instance* est spécial ou général. S'il est spécial, il ne s'applique qu'aux *tribunaux civils d'arrondissement*. S'il est général, il comprend même les tribunaux de paix. Nous pensons avec MM. Rodière (2) et Benech (3) qu'on les doit entendre dans le sens le plus large. Il nous semble impossible de décider autrement, alors qu'on voit la loi autoriser formellement la requête civile contre les décisions rendues par des arbitres, même sur des matières rentrant dans les attributions des juges de paix (art. 1026 combiné avec l'art. 1023).

Ainsi, en résumé, peuvent être attaqués par la voie de la requête civile:

1° Les arrêts des Cours impériales;

2° Les jugements rendus *en dernier ressort*, contradictoirement ou par défaut, soit par les tribunaux civils d'arrondissement, soit par des tribunaux de paix ou de commerce, soit enfin par des arbitres.

Quelles sont les causes d'ouverture de requête civile, c'est-à-dire les motifs sur lesquels il est permis de la fonder?

V. DES CAUSES DE REQUÊTE CIVILE. — L'opposition, la tierce opposition et l'appel ne sont point limités quant aux *causes* qui peuvent déterminer les parties à y recourir et les juges à y faire droit. Il en est différemment de la requête civile. La partie condamnée n'y peut point recourir à l'aventure et présenter pour la fonder tel ou tel grief à sa fantaisie. Les causes sur lesquelles elle peut l'appuyer sont *limitativement* déterminées par la loi. En dehors d'elles, la requête civile n'est point ouverte.

Les causes d'ouverture de requête civile sont au nombre de onze. On y peut recourir:

A quelles conditions le dol est-il admis comme cause d'ouverture de requête civile?

1° *Lorsqu'il y a eu dol personnel*, c'est-à-dire lorsque la partie qui a obtenu le jugement a triomphé à l'aide d'une fraude pratiquée dans ce but. Le dol n'est donc une cause de rétractation qu'autant que ces deux conditions concourent; il faut:

Premièrement, qu'il soit *personnel*, c'est-à-dire qu'il émane de la per-

(1) Merlin, addition au *Répert.*, t. XVII, p. 518; Boitard, t. II, p. 101; M. Bonnier, p. 457.

(2) Tome II, page 376.

(3) *Justice de paix*, p. 405.

sonne même qui a obtenu le jugement. S'il a été pratiqué par un tiers et qu'elle n'y ait point pris part par sa complicité, le jugement est inattaquable, sauf à la partie condamnée à recourir en dommages et intérêts, par action principale, contre l'auteur du dol (V. à ce sujet l'explic. de l'art. 1116 C. N.). Toutefois le dol pratiqué par l'avoué ou l'avocat de la partie est considéré comme provenant de la partie elle-même (arg. tiré de l'art. 1384 C. N.).

Quid, quand il a été pratiqué par un tiers?

Par l'avoué ou l'avocat de la partie?

Deuxièmement, que le jugement ait été rendu sur le fondement des faits qui ont été frauduleusement avancés.

Le dol s'entend de toute fraude, ruse, artifice ou détour employés pour tromper quelqu'un. Ainsi, par exemple, il y aurait dol caractérisé si mon adversaire avait corrompu, par argent ou autrement, mon avoué ou mon avocat, pour lui faire trahir ma cause, ou s'il a, par des manœuvres, fait en sorte que la signification d'un jugement qui m'a condamné par défaut ne me parvienne point, afin de m'ôter la faculté d'y former opposition dans les délais de la loi, ou enfin s'il a intercepté une lettre par laquelle je transmettais à mon avoué des moyens pouvant servir de fondement à ma prétention.

Qu'entend-on par dol?

Quels exemples en peut-on donner?

2° *Si les formes prescrites à peine de nullité ont été violées, soit avant, soit lors du jugement, pourvu que la nullité n'ait pas été couverte par les parties.*

Quid, dans le cas où les formes prescrites à peine de nullité ont été violées, soit avant, soit lors du jugement?

« *Soit avant le jugement...* » Telle serait, par exemple, la violation des formes prescrites par l'article 61 pour la validité de l'exploit d'ajournement, ou par les articles 257, 260, 261, 262, 269 et 272... pour la validité d'une enquête.

Mais, dit la loi, ces nullités ne pourront servir de grief à la requête civile *qu'autant qu'elles n'auront pas été couvertes par les parties.* C'est ce qui a lieu dans une instance *par défaut :* le défendeur ne peut pas couvrir, par son silence, les nullités d'une instance qui peut-être a lieu à son insu.

Lorsque le jugement est *contradictoire*, deux cas sont à considérer :

Si les nullités n'ont pas été proposées, elles sont couvertes, et alors il n'y a point lieu à requête civile.

Si elles ont été proposées, mais écartées, la requête civile sera encore inadmissible ; le *recours en cassation* sera seul possible. C'est ce que nous expliquerons tout à l'heure.

Ainsi, les nullités commises *avant le jugement* ne peuvent donner lieu à requête civile qu'autant qu'il s'agit d'un jugement rendu *par défaut.*

« *Soit lors du jugement...* » Si l'on a, par exemple, omis dans la rédaction du jugement les énonciations requises par l'article 141, telles que l'indication des juges par lesquels il a été rendu, la désignation des parties, l'exposé de leurs conclusions. De même encore, s'il n'est point *motivé* (V. p. 131), s'il n'a pas été prononcé publiquement (V. p. 90), s'il a été rendu par des juges en nombre insuffisant (V. p. 97), ou par des juges qui n'ont point assisté à toutes les audiences (V. p. 98).

A la différence des nullités commises *avant le jugement*, celles-ci ne peuvent pas être couvertes, puisqu'elles ont lieu à une époque où les parties n'ont plus le droit d'être entendues.

En faut-il conclure qu'elles peuvent, *dans tous les cas*, motiver un recours en requête civile? Nous touchons à un point délicat; généralisons-le.

Nous venons de dire, avec l'article 480-2°, que les nullités qui ont été commises, soit avant, soit lors du jugement, donnent ouverture *à la requête civile.*

La violation des formes prescrites à peine de nullité n'est-elle point également une cause d'ouverture à cassation?

Les lois spéciales à la Cour suprême déclarent également que la violation des formes prescrites à peine de nullité constitue une *ouverture de cassation.*

La partie condamnée a-t-elle donc, en ce cas, le choix entre la requête civile et le recours en cassation?

Il semblerait donc qu'au cas où les formes ont été violées la partie au préjudice de laquelle elles n'ont pas été observées peut, à son choix, attaquer le jugement par la voie de la requête civile ou par la voie du recours en cassation. Mais cette alternative ne saurait être admise en présence des lois de 1790 et de l'an VIII. Ces lois déclarent, en effet, que les ouvertures de requête civile ne peuvent pas être employées comme moyens de cassation. Aussi est-il reçu en pratique que le recours en requête civile n'est permis que là où le recours en cassation ne l'est point.

Cela posé, on est tenté d'admettre que l'article 480-2° contient l'abrogation complète et entière du principe que la violation des formes de procédure constitue un moyen de cassation. Mais cette idée a été également écartée. Au lieu d'exclure l'une de ces dispositions par l'autre, on a admis une transaction.

N'a-t-elle que le droit de recourir en cassation?

Les nullités de procédure sont donc tantôt une cause de requête civile, tantôt un moyen de cassation?

Ainsi, les nullités de procédure seront tantôt une cause de requête civile, tantôt un moyen de cassation. Mais quand y aura-t-il lieu à requête civile? quand à cassation? Examinons.

En ce qui touche les nullités commises *avant* le jugement, on a fait la distinction suivante:

Quand un moyen de requête civile?

Si la partie au préjudice de laquelle elles ont eu lieu ne les a pas *proposées*, la requête civile est seule recevable (V. p. 371). Alors, en effet, l'erreur du juge est involontaire; la loi n'y voit qu'une surprise, une simple omission. La partie condamnée peut donc, sans s'inscrire contre leur *intégrité* ou leur *science*, leur demander la rétractation de leur décision. Tels sont, on se le rappelle, l'esprit et le caractère essentiels de la requête civile (V. p. 367).

Que si, au contraire, elle les a *proposées, mais sans succès*, si le tribunal auquel elle a demandé l'annulation des actes qui ont été irrégulièrement faits contre elle les a maintenus comme valables et réguliers,

Quand un moyen de cassation?

le *recours en cassation* est alors seul possible. Elle ne peut point, en ce cas, procéder par la voie de la requête civile, puisque l'attaque qu'elle forme contre le jugement implique une plainte contre l'intégrité ou la science des juges qui l'ont condamnée.

Quant aux formes qui ont été violées *lors* du jugement, une distinction d'une autre nature a été faite.

Ces formes étaient-elles prescrites aux parties ou à leurs avoués, leur violation donne ouverture à requête civile.

Devaient-elles être remplies par les juges eux-mêmes ou plus généralement par les membres du tribunal, leur violation devient un cas de cassation.

Ainsi, en résumé, les nullités de procédure constituent une cause de requête civile lorsqu'elles émanent en fait des parties ou de leurs défenseurs, et qu'elles n'ont pas été proposées devant le tribunal même qui a rendu le jugement. Si l'une de ces deux conditions manque, le recours en cassation est seul ouvert.

3° *S'il a été prononcé sur choses non demandées.* — Si, par exemple, au lieu de m'attribuer l'objet que je revendiquais, le tribunal m'en a adjugé le prix ou l'estimation.

Peut-on former une requête civile sur ce fondement : Qu'il a été prononcé sur choses non demandées; Qu'il a été adjugé plus qu'il n'a été demandé; Qu'il a été omis de prononcer sur l'un des chefs de la demande ?

4° *S'il a été adjugé plus qu'il n'a été demandé.* — C'est ce qu'on appelait, à Rome, juger *ultrà petita*. Demandeur en revendication, le tribunal m'a adjugé, avec le bien dont j'ai été reconnu propriétaire, des dommages-intérêts que je n'avais point réclamés... J'ai conclu au payement d'une somme d'argent dont j'étais créancier, et en même temps que le capital, des intérêts, auxquels je n'avais pas conclu, m'ont été adjugés. Dans l'un et l'autre cas il y a jugement *ultrà petita*.

5° *S'il a été omis de prononcer sur l'un des chefs de la demande.* — Si, au lieu de laisser sans solution l'un des chefs de la demande, le tribunal avait refusé de statuer sur la demande elle-même, nous aurions alors, non plus une simple omission réparable par la voie de la requête civile, mais un *déni* de justice qui donnerait lieu *à la prise à partie* (art. 505-4°).

A quelles conditions la contrariété de jugements donne-t-elle ouverture à requête civile ? *Quid*, quand les jugements contraires ont été rendus par deux tribunaux différents ? *Quid*, dans le cas où l'autorité du premier jugement, ayant été invoquée lors du second jugement, a été mal à propos écartée ?

6° *S'il y a contrariété de jugements en dernier ressort entre les mêmes parties et sur les mêmes moyens dans les mêmes cours ou tribunaux.* — La contrariété de jugements ne donne ouverture à requête civile qu'autant que cinq conditions concourent. Il faut :

Premièrement, que les deux jugements soient l'un et l'autre *en dernier ressort*. La loi est formelle.

Deuxièmement, qu'ils aient été rendus entre *les mêmes parties, agissant en la même qualité* (art. 1351 C. N.).

Troisièmement, qu'ils aient été rendus *sur les mêmes moyens*, c'est-à-dire sur les mêmes actes, raisons et exceptions, en un mot sur le même état de cause (1).

Quatrièmement, qu'ils émanent de *la même cour* ou *du même tribunal*. Lorsqu'ils ont été rendus par deux tribunaux *différents*, il y a lieu alors, non plus à la requête civile, mais au pourvoi en cassation. — Il est admis qu'on ne doit pas considérer comme des tribunaux différents deux chambres d'un même tribunal.

Cinquièmement, que l'autorité du premier jugement n'ait pas été invoquée et mal à propos écartée lors du second jugement. La requête civile, rappelons-le, suppose qu'il n'y a eu, de la part des juges dont le jugement est attaqué, qu'une simple *inattention*, une *inadvertance :* or, il y a de leur part *violation intentionnellle de l'autorité* de la

(1) M. Berriat-Saint-Prix, p. 445, note 28.

chose jugée, lorsque le premier jugement ayant été, dans la seconde instance, invoqué comme moyen de défense par la partie qui l'a obtenu, il n'en est point tenu compte. Dans ce cas, le pourvoi en cassation serait seul admissible contre le second jugement.

On conçoit qu'en présence des cinq conditions qui viennent d'être énumérées, la requête civile pour cause de contrariété de jugements sera d'une application extrêmement rare. Toutefois, on la comprend sans peine si on se place dans l'hypothèse d'une affaire déjà terminée par un premier jugement, et engagée à nouveau par ou contre les héritiers des parties devant le même tribunal considéré comme corps, mais renouvelé quant à ses membres. Le jugement déjà existant étant ignoré tout à la fois des héritiers engagés au procès et des juges dont est actuellement composé le tribunal devant lequel l'affaire est portée, l'hypothèse d'un second jugement contraire au premier n'a plus rien d'extraordinaire.

Quid, si dans le même jugement il y a des dispositions contraires ?

7° *Si, dans le même jugement, il y a des dispositions contraires :* par exemple, si un garanti ayant, à l'aide de son garant, fait écarter la demande principale qui a été formée contre lui, le tribunal a néanmoins condamné le garant.

Quid, de la contrariété de ses motifs ?

La contrariété dans les *motifs* du jugement n'est point prise en considération. Il n'y a lieu à requête civile qu'autant que les diverses *dispositions* dont il se compose sont incompatibles entre elles.

Le défaut de communication au ministère public est-il une ouverture à requête civile ?

8° *Si, dans le cas où la loi exige la communication au ministère public, cette communication n'a pas eu lieu et que le jugement ait été rendu contre la partie dans l'intérêt de laquelle elle était ordonnée.* — Bien que la loi soit ici toute spéciale dans ses termes, deux cas bien distincts sont à considérer. La communication au ministère public est, en effet, prescrite tantôt dans l'intérêt privé et exclusif *de l'une* des parties, par exemple, d'un mineur, d'une femme mariée non autorisée de son mari, tantôt dans un intérêt d'ordre public étranger à l'état des parties. Dans le premier cas la partie privilégiée triomphe-t-elle, son adversaire n'est pas reçu à se prévaloir du défaut de communication. Succombe-t-elle, au contraire, la voie de la requête civile lui est ouverte. Dans le second cas, la requête civile est ouverte, sans aucune distinction, au profit de celle des parties qui succombe.

Ne constitue-t-il point, en un certain cas, une ouverture à cassation ?

Au reste, il est bien entendu que si la communication avait été expressément, mais vainement réclamée par l'une des parties, son omission deviendrait alors une ouverture à cassation.

Y a-t-il lieu à requête civile, lorsqu'on a jugé sur pièces reconnues ou déclarées fausses depuis le jugement, ou si depuis le jugement il a été recouvré des pièces décisives qui avaient été retenues par le fait de la partie ?

9° et 10° *Si l'on a jugé sur pièces reconnues ou déclarées fausses depuis le jugement; ou si depuis le jugement il a été recouvré des pièces décisives et qui avaient été retenues par le fait de la partie.* — Ces ouvertures seraient recevables lors même que la partie qui a obtenu le jugement aurait *agi de bonne foi ;* la loi les a, en effet, distinguées de l'ouverture qui prend son point d'appui dans le *dol* personnel de la partie (V. au reste, par analogie, l'explic. de l'art. 448, p. 338).

Quid, si la partie qui a obtenu le jugement a été de bonne foi ?

11° Enfin la loi a créé une ouverture particulière au profit de certaines personnes privilégiées. « *L'État, les communes, les établissements*

Art. 481.

publics et les mineurs, seront encore reçus, dit-elle, *à se pourvoir, s'ils n'ont été défendus ou s'ils ne l'ont été valablement.* » Soit, par exemple, un mineur ; la requête civile lui sera ouverte :

La loi n'a-t-elle pas créé une ouverture particulière au profit de certaines personnes privilégiées ?

1° *S'il n'a pas été défendu*, c'est-à-dire s'il a été condamné *par défaut*. Il en serait de même s'il avait esté en personne, au lieu de figurer dans l'instance par son tuteur ; car il est réputé incapable de se défendre par lui-même. Enfin, la même décision serait applicable si son tuteur avait agi sans obtenir au préalable l'autorisation du conseil de famille, dans les cas où la loi la prescrit (art. 464 C. N.) : la défense qui n'est point conforme à la loi est, en effet, réputée inexistante.

2° *S'il n'a pas été valablement défendu*, c'est-à-dire si son tuteur, bien qu'agissant régulièrement quant à la forme, n'a pas fait valoir tous les moyens de fait ou de droit qui pouvaient être invoqués dans la cause.

La même faveur est-elle accordée aux interdits ?

Aux prodigues, aux femmes mariées ?

— La même faveur appartient évidemment aux interdits, puisque la loi les assimile aux mineurs (509 C. N.) ; mais on ne saurait l'étendre ni aux prodigues ni aux femmes mariées.

Art. 482.

Quid, dans le cas où un jugement n'est irrégulier que relativement à l'un de ses chefs ?

— Il se peut qu'un jugement soit irrégulier seulement quant à l'un de ses chefs. Dans cette hypothèse, le chef qui donne ouverture à requête civile est seul susceptible de rétractation. Toutefois, si les autres chefs en étaient dépendants, le jugement devrait tomber en son entier.

Art. 490 et 491.

Devant quel tribunal la requête civile doit-elle être portée ?

VI. Du tribunal devant lequel la requête civile doit être portée. — Elle doit l'être devant le tribunal même qui a rendu le jugement attaqué. Si dans une instance pendante en un tribunal, l'une des parties produit contre son adversaire un jugement susceptible de requête civile, mais rendu par un autre tribunal, la demande en rétractation de ce jugement reste en dehors de la compétence du tribunal saisi de l'instance principale. La requête civile doit donc, *même dans ce cas*, être portée devant les juges qui ont rendu le jugement dont on poursuit la rescision ; sauf au tribunal saisi de l'instance dans le cours de laquelle le jugement attaqué a été produit, à suspendre, s'il l'estime nécessaire, l'examen et la décision de la cause pendante devant lui jusqu'à ce que la requête civile soit jugée. *S'il l'estime nécessaire... :* ainsi il pourra passer outre, s'il est convaincu que la requête civile n'est qu'un détour employé pour retarder le jugement de la cause dont il est saisi, ou s'il reconnaît que le jugement attaqué ne peut avoir aucune influence sur la décision de l'affaire qu'il est appelé à juger.

Quid, pourtant, si le tribunal duquel émane le jugement attaqué a cessé d'exister ?

La requête civile, avons-nous dit, doit être portée devant le tribunal qui a rendu le jugement attaqué ; mais cette règle a besoin d'un correctif. Si, en effet, ce tribunal a cessé d'exister, force sera bien de procéder devant un autre. Ainsi les juges-arbitres n'exerçant que des fonctions temporaires, lesquelles cessent avec le jugement même de l'affaire qui leur était soumise, la requête civile contre leurs décisions ne peut point, à moins que les parties n'en tombent d'accord, être portée devant eux. « Elle devra être formée, dit la loi, devant le tribunal qui eût été compétent pour connaître de l'appel (art. 1026). »

Nous pouvons faire une autre hypothèse. Supposons qu'après avoir rendu un jugement le tribunal duquel il émane soit supprimé : où la requête civile sera-t-elle portée alors? La partie condamnée s'adressera à la Cour de cassation, qui désignera le tribunal devant lequel elle devra agir.

Art. 483 à 489.

Dans quel délai la requête civile doit-elle être introduite, sous peine de la déchéance du droit de la former?

VII. Des délais de la requête civile. — Les délais de la requête civile sont, en général, les mêmes que ceux de l'appel. Ainsi la partie condamnée a trois mois pour former sa demande en rétractation.

Toutefois, à ce délai de trois mois la loi ajoute le délai des ajournements réglé par l'article 73, dans le cas où la partie condamnée demeure hors de la France continentale (V. p. 334), ou le délai d'une année, si elle est absente du territoire européen, pour service de terre ou de mer, on employée dans les négociations extérieures pour le service de l'Etat (V. p. 334 et 335).

La loi ne prescrit-elle point en général les mêmes délais que pour l'appel?

Si elle meurt pendant ces délais, ce qui en restait à courir ne reprend son cours contre ses héritiers que dans les délais et de la manière prescrits pour l'appel (V. p. 337 et 338).

Les délais courent à l'égard des majeurs, du jour de la signification à personne ou à domicile du jugement susceptible de rétractation.

Toutefois, si la requête est fondée, soit sur le faux, soit sur le dol, soit sur la découverte de pièces nouvelles retenues par l'adversaire, les délais ne courent alors que du jour où le faux ou le dol auront été reconnus ou les pièces découvertes, pourvu que, dans ce dernier cas, il y ait preuve par écrit du jour où la pièce aura été recouvrée et non autrement (V. p. 338 et 339).

Lorsque l'ouverture est fondée sur la contrariété entre plusieurs jugements, le délai ne prend date qu'à compter du jour de la signification du dernier jugement.

Enfin, rappelons, d'une part, qu'à l'égard des jugements *par défaut*, la requête civile ne peut être employée qu'après l'expiration des délais d'opposition (V. p. 368 et 369); et, d'autre part, qu'elle ne peut être formée contre un jugement préparatoire qu'après le jugement définitif (V. p. 369).

On voit que, sous ces différents rapports, la requête civile et l'appel marchent d'accord. Mais nous avons deux différences à signaler :

Sous quels rapports s'en sépare-t-elle?

1° Lorsqu'un jugement en premier ressort a été rendu contre un mineur, les délais d'appel courent du jour où il a été signifié au tuteur et au subrogé-tuteur (V. p. 337). Le délai de requête civile, au contraire, ne commence à courir que du jour où le jugement a été signifié au mineur lui-même, en sa personne ou à son domicile, postérieurement à sa majorité.

2° L'appel contre un jugement non exécutoire par provision ne peut pas être formé dans la huitaine de la prononciation du jugement (V. p. 332). Il en est différemment de la requête civile, car les jugements en dernier ressort sont tous exécutoires par provision, c'est-à-dire nonobstant la requête dont ils peuvent être frappés (art. 497).

VIII. DES FORMALITÉS A OBSERVER AVANT DE SE POURVOIR EN REQUÊTE CIVILE. — La partie qui veut se pourvoir par cette voie doit au préalable :

Art. 494 et 495.

Que doit faire au préalable la partie qui veut se pourvoir par requête civile ?

1° Obtenir une consultation de trois avocats exerçant depuis dix ans au moins près l'un des tribunaux du ressort de la Cour impériale dans lequel le jugement qu'on veut attaquer a été rendu. « Cette consultation, porte l'article 495, contiendra déclaration qu'ils sont d'avis de la requête civile et l'énonciation des ouvertures sur lesquelles elle est fondée ; sinon, la requête ne sera point reçue. »

2° Consigner une somme pour amende et pour les dommages et intérêts de la partie. La somme à consigner est de 300 fr. pour l'amende et de 150 fr. pour les dommages et intérêts, dans le cas où l'on se pourvoit contre un arrêt *contradictoire* d'une Cour impériale. Si l'arrêt est *par défaut*, la consignation est de moitié ; elle est du quart, quand il s'agit d'un jugement rendu par un tribunal de première instance.

Dans quel but ces mesures ont-elles été prescrites ?

Ces deux mesures ont été prescrites pour mettre un frein à la témérité des plaideurs et prévenir l'abus des recours peu réfléchis.

Sont-elles l'une et l'autre imposées à toute partie ?

Remarquons que, tandis que la nécessité d'obtenir une consultation est imposée à toute partie, la consignation préalable d'une somme pour amende et pour dommages et intérêts n'est point obligatoire quant à l'*Etat* : sa solvabilité est toujours présumée.

Art. 492, 493, et 495.

Comment se forme la requête civile ?

Ne faut-il pas, sous ce rapport, distinguer la requête civile principale de la requête civile incidente ?

IX. COMMENT S'INTRODUIT LA REQUÊTE CIVILE. — Nous avons vu qu'en ce qui touche la compétence du tribunal, la loi ne sépare point la requête civile *principale* de la requête civile *incidente* : principale ou incidente, elle doit être portée devant le tribunal duquel émane le jugement attaqué (V. p. 375). A cette distinction, au contraire, se rattache une certaine différence quant au mode de procéder. Prenons donc séparément les deux cas.

La partie qui veut former une requête principale, doit-elle, avant de donner assignation, adresser au président du tribunal une requête tendant à obtenir la permission d'assigner ?

1° *Requête civile principale.* — « La requête civile, porte l'article 483, sera *signifiée* par assignation... » Si nous prenons cette disposition à la lettre, nous en devrons conclure *qu'avant de donner assignation* la partie qui veut se pourvoir doit adresser au président du tribunal une requête tendant à obtenir la permission d'assigner (V. la formule 125) : cette permission préalable rappellerait l'ancien usage des lettres de rescision que la partie devait autrefois obtenir avant d'agir devant la justice (V. p. 368). L'article 78 du tarif vient à l'appui de cette interprétation, puisqu'il alloue un droit de 7 fr. 50 c. à l'avoué pour présentation de la *requête* au président du tribunal (1).

Ainsi, dans ce système, deux actes parfaitement distincts sont prescrits, savoir : 1° une *requête ;* 2° une *signification de cette requête avec assignation.*

Dans l'opinion contraire, on fait remarquer que cette requête préalable ne serait qu'une formalité vaine et sans objet, puisque le président auquel elle serait adressée ne pourrait point ne pas accorder la permission d'assigner. On ajoute, d'une part, que la loi du 7 sep-

(1) En ce sens, MM. Pigeau, t. I, p. 618 ; Thomines, 202 ; Demiau-Crouzilhac, 348 ; Hautefeuille, 293 ; Chauveau sur Carré, t. IV, p. 367.

tembre 1790 a positivement déclaré que, dans toutes les affaires où l'ancien usage des lettres royales devait être suivi, les parties pourraient désormais se pourvoir *directement;* d'autre part, que la loi du 18 février 1791 a formellement prescrit pour l'introduction de la requête civile les mêmes formes que pour celle de l'appel (1).

Au reste, on peut, sans danger, procéder d'après ce second système; puisqu'à supposer qu'une requête préalable soit nécessaire, nulle loi ne la prescrit *à peine de nullité*.

Que doit-elle énoncer en tête de l'assignation ?

— L'assignation introductive de la requête civile doit contenir, en tête de la demande, la consultation dont nous avons déjà parlé, et la quittance par laquelle le receveur certifie la consignation de la somme fixée par la loi pour l'amende et pour les dommages et intérêts (V. p. 377. — V. la formule 126).

Art. 492 et 496.

Où et à qui cette assignation doit-elle être signifiée ?

— Où et à qui cette assignation doit-elle être signifiée? La loi distingue. S'il s'est écoulé *plus de six mois depuis la date du jugement* qu'on attaque, l'assignation doit être signifiée conformément au droit commun, et, par conséquent, à la personne ou au domicile de la partie qui a obtenu le jugement. Que si, au contraire, elle est formée *dans les six mois* du jugement attaqué, elle doit alors être signifiée *au domicile de l'avoué* de la partie assignée. Cet avoué est alors constitué de droit pour défendre à la requête civile; la loi a pensé que, tant qu'il ne s'est pas écoulé plus de six mois depuis le jugement, l'avoué qui l'a obtenu est encore nanti des pièces, et qu'ainsi il est naturel de supposer qu'il n'a point cessé de représenter la partie qui l'a constitué.

Ainsi, en résumé, la requête civile se forme par assignation signifiée, suivant la distinction que nous venons de faire, soit à la personne ou au domicile de la partie qui a obtenu le jugement, soit au domicile de son avoué.

Art. 493 et 498.

Comment se forme la requête civile incidente ?

2° *Requête civile incidente.* — La loi distingue.

Le procès dans le cours duquel elle se produit est-il pendant devant le tribunal qui a rendu le jugement attaqué, et devant lequel, par conséquent, elle doit rester, elle se forme par un *acte d'avoué à avoué* (V. la formule 127).

Quelle sous-distinction la loi fait-elle à cet égard ?

Le procès par rapport auquel elle est incidente est-il pendant devant un tribunal autre que celui qui a rendu le jugement dont on demande la rétractation, elle doit être alors formée comme la requête principale, *par assignation* devant les juges qui ont rendu le jugement.

La requête civile est-elle soumise au préliminaire de conciliation ? Est-elle sujette à communication au ministère public ?

Dans tous les cas, la requête civile n'est que la suite ou le complément de la procédure sur laquelle est intervenu le jugement attaqué (2). Elle n'est donc point soumise au préliminaire de conciliation. Mais elle est d'ordre public, et à ce titre elle doit être communiquée au ministère public.

Art. 497 et 491.

La requête civile produit-elle les mé-

X. Des effets que la requête civile ne produit pas, et des effets qu'elle produit. — Nous avons vu, page 343, que l'appel, dès qu'il est formé, produit deux effets principaux.

(1) En ce sens, Delaporte, t. II, p. 60; Favard, t. IV, p. 896; Poncet, t. II, p. 241; Boitard, t. II, p. 110 et 11; Rodière, t. II, p. 388.

(2) M. Bigot-Préameneu, dans son exposé de motifs.

1° Il est *dévolutif*, en ce sens qu'il remet en question devant le tribunal d'appel tous les points de fait et de droit qui ont été jugés en première instance. Ainsi l'appelant ne demande point seulement que le jugement qui le condamne soit *annulé*, il demande en outre que le tribunal rende sur le fond même de l'affaire un jugement plus raisonnable et plus juste que le premier.

mes effets que l'appel? Est-elle comme lui : 1° dévolutive? 2° suspensive?

2° Il est *suspensif*, en ce sens qu'il arrête de plein droit l'exécution du jugement attaqué, sauf, bien entendu, le cas où l'exécution provisoire a été permise (V. p. 344).

La requête civile ne produit aucun de ces effets.

1° Elle n'est point *dévolutive*. Ainsi, les juges devant lesquels elle est portée n'ont qu'à examiner si l'ouverture de requête est ou non fondée. Si elle est fondée, ils rétractent le jugement attaqué, ils le mettent à néant, mais il ne le remplacent point, comme en appel, par un second jugement. Le fond de l'affaire reste entier, et pour la faire juger une instance nouvelle devient nécessaire (V. p. 367 et 380).

2° Elle n'est point *suspensive*. Ainsi, l'exécution du jugement attaqué peut être commencée, continuée et terminée, nonobstant la requête civile. Bien plus, si ce jugement a ordonné *le délaissement d'un immeuble*, le demandeur en requête civile n'est reçu à plaider qu'en justifiant qu'il a remis l'héritage aux mains de son adversaire. Mais cette exécution préalable du jugement n'est prescrite que pour ce cas particulier. Dans toute autre hypothèse, les plaidoiries peuvent commencer avant même que le demandeur ait satisfait au jugement, sauf au défendeur à en poursuivre l'exécution pendant l'instance, s'il le juge à propos.

Le demandeur en requête civile n'est-il admis à plaider qu'en justifiant qu'il a exécuté le jugement?

— Le principe que la requête civile n'est point suspensive reçoit cependant une exception. Lors, en effet, qu'elle est fondée sur la contrariété des diverses dispositions du jugement, il est impossible de l'exécuter, car y satisfaire dans un sens ce serait le violer dans un autre. Mais remarquez qu'alors cette suspension forcée n'est pas, à proprement parler, un effet de la requête civile; elle vient uniquement d'un obstacle de fait, de la nature même des choses.

Le principe que la requête civile n'est point suspensive, ne reçoit-il pas une exception?

La tierce opposition n'arrête point non plus par elle-même l'exécution du jugement. Mais les juges devant lesquels elle est portée peuvent, suivant les circonstances, et sauf l'exception dont il est parlé dans l'article 478, ordonner qu'il sera sursis à l'exécution du jugement (V. p. 360). Il en est différemment en matière de requête civile : « Nulles défenses, porte l'article 497, ne pourront être accordées à l'encontre de l'exécution de la sentence. »

Les juges saisis d'une requête civile peuvent-ils ordonner que l'exécution du jugement attaqué sera suspendue?

— La requête civile n'est point *dévolutive*, elle n'est point *suspensive*. Quels effets produit-elle donc? Elle investit le tribunal du droit de prononcer la rétractation du jugement attaqué. En outre, et lorsqu'elle est *incidente*, elle les autorise à suspendre, s'ils l'estiment nécessaire, l'examen de l'affaire principale dont ils sont saisis.

Quels effets la requête civile produit-elle donc?

XI. De l'instruction de la requête civile. — Lorsqu'elle a été formée, le défendeur constitue avoué, *s'il y a lieu ;* car l'avoué qui a obtenu le

Comment l'instruit-on?

jugement attaqué est constitué de droit sans nouveau pouvoir, lorsqu'elle intervient dans les six mois de la prononciation du jugement (V. p. 378).

L'avoué constitué, on procède aux significations respectives des défenses et de la réponse aux défenses, conformément aux articles 77 et suivants; après quoi, et sur un simple avenir, vient la discussion à l'audience. Mais remarquez qu'on ne peut plaider que les ouvertures énoncées dans la consultation dont il a été parlé ci-dessus (V. p. 377).

Art. 499.

Quels moyens peut-on plaider?

Quid, pourtant, quant aux moyens découverts pendant l'instance?

Aucun autre moyen, dit l'article 499, ne sera discuté à l'audience ou par écrit. Que faudrait-il pourtant décider relativement aux ouvertures découvertes *pendant l'instance?* Suivant l'opinion générale, la loi ne fait point d'exception. M. Rodière est d'un avis contraire. Lors, dit-il, qu'il s'agit d'un faux ou d'un dol découvert postérieurement à la requête civile, la partie condamnée est recevable à proposer ces nouveaux moyens par un simple acte, à la charge de les appuyer d'une consultation favorable et de prouver par écrit qu'elle ne les a découverts que depuis sa demande. La loi a voulu proscrire un abus; elle n'a pas entendu étouffer une juste plainte.

Art. 500 et 501.

Dans quels cas le tribunal doit-il rejeter la requête civile?

Dans quel cas doit-il l'admettre?

Quid, s'il la rejette?

Quid, s'il l'admet?

XII. Du jugement sur la requête civile. — Le tribunal *rejette* ou *admet* la requête civile.

Il la rejette lorsqu'elle est *tardive*, parce qu'elle n'a pas été formée dans les délais de la loi, ou *irrégulière*, parce qu'elle n'a pas été précédée des conditions préalables auxquelles elle est assujettie, ou parce qu'elle est vicieuse quant à la forme. Il la rejette encore, quoique exempte de toute irrégularité et de toute imperfection quant à la forme, lorsque l'ouverture sur laquelle elle est fondée n'est point justifiée.

Il l'admet dans le cas contraire.

S'il la rejette, il condamne le demandeur à l'amende et aux dommages et intérêts fixés par l'article 494, sans préjudice de plus amples dommages et intérêts, s'il y a lieu.

S'il l'admet, il rétracte le jugement contre lequel elle a été formée, et remet les parties en l'état où elles étaient avant le jugement. Ainsi, les sommes consignées seront rendues et les objets des condamnations qui auront été perçus en vertu du jugement attaqué seront restitués. Là se borne le pouvoir du tribunal. Il rétracte le jugement attaqué, mais il ne le remplace point par un nouveau jugement sur le fond de l'affaire, qui ainsi reste entier et à juger en une nouvelle instance.

Qu'est-ce que le *rescindant?*

Le *rescisoire?*

Le tribunal peut-il statuer sur le rescindant et le rescisoire?

C'est ce qu'on exprime en disant qu'il statue sur le *rescindant*, c'est-à-dire sur l'ouverture qui sert de fondement à la requête civile, mais sans aborder le *rescisoire*, c'est-à-dire sans entrer dans l'examen du fond en litige.

Cette règle ne souffre-t-elle point une exception?

Ainsi la décision par laquelle les juges, vidant le *rescindant*, rétractent le jugement attaqué, laisse sans le vider le *rescisoire*, ou la question du fond. Tel est le principe. Toutefois une hypothèse existe où le *rescindant* et le *rescisoire* sont tellement liés et subordonnés l'un à l'autre qu'il est impossible de les juger distinctement et séparément. Nous voulons parler du cas où la requête civile est fondée sur la contrariété de jugements rendus entre les mêmes parties, sur les mêmes moyens et par la même cour ou le même tribunal (V. p. 375). Alors, en effet, il est clair qu'au cas où les juges rétractent le second jugement, le premier se trouvant implicitement maintenu par là même, ils doivent déclarer qu'il sera exécuté selon sa forme et teneur.

Art. 502.

Où doit être porté le rescisoire, lorsque les parties reprennent l'affaire ?

—Le cumul du *rescindant* et du *rescisoire* n'étant point permis, l'admission de la requête civile laisse forcément entière et à juger à nouveau l'affaire sur laquelle était intervenu le jugement rétracté. Mais où devra-t-elle être portée, si les parties la reprennent? au tribunal même qui a statué sur la requête civile. Ainsi le rescindant et le rescisoire appartiennent au même tribunal, c'est-à-dire à celui qui a rendu le jugement attaqué; seulement les deux causes n'y peuvent pas être cumulées et suivies en une seule instance.

Comment doit-elle être reprise ?

L'instance sur le *rescisoire* étant considérée comme la suite de l'instance sur la requête civile, les avoués qui ont occupé sur le rescindant sont réputés de droit constitués dans l'instance sur le fond. Cette instance doit donc être reprise, non point par une assignation, mais par un acte d'avoué à avoué (1).

Art. 503.

La requête civile peut-elle être employée :

XIII. Des voies qui ne peuvent pas ou peuvent être employées contre les jugements intervenus sur la requête civile. — La requête civile ne peut être employée :

Contre le jugement attaqué par cette voie ?

Ni contre le jugement déjà attaqué par cette voie, alors même qu'il existe, pour l'attaquer de nouveau, des ouvertures autres que celles qui ont été proposées la première fois;

Contre le jugement qui a rejeté la requête civile ?

Ni contre le jugement qui a rejeté la requête civile ;

Contre le jugement rendu sur le rescisoire, après la rétractation du jugement attaqué ?

Ni, enfin, contre le jugement rendu sur le rescisoire, après la rétractation du jugement attaqué.

Quel est le motif de cette défense ?

Le tout à peine de nullité et de dommages et intérêts, même contre l'avoué qui, ayant occupé sur la première demande, occuperait sur la seconde.

S'applique-t-elle aux deux parties ?

Cette défense a été introduite dans le but de mettre un terme aux procédures. Mais est-elle ou non générale, c'est-à-dire applicable à chacune des parties, ou seulement à l'une d'elles? A ne s'attacher qu'aux premiers mots de notre article, sa prohibition serait générale : « *Aucune partie*, y est-il dit, ne peut se pourvoir en requête civile... ; » mais si l'on pousse plus avant, on voit que cette défense ne regarde, quant à la seconde des trois hypothèses que nous venons de passer en revue, que le jugement qui a *écarté* la requête civile. L'ensemble de l'article prouve donc que si le demandeur en requête civile qui a succombé ne peut point former une seconde requête civile, cette voie peut, au contraire, être ouverte au défendeur contre lequel une requête civile a été admise. Les mots *aucune partie* signifient simplement que la prohibition s'applique à *tout demandeur*, quel qu'il soit, fût-il mineur ou interdit.

(1) MM. Berriat-Saint-Prix, p. 463, note 52; Rodière, t. II, p. 394; Bonnier, p. 470.

La loi, en un mot, a simplement entendu dire que la requête civile ne peut pas être employée deux fois par la même partie dans la même affaire.

Les jugements dont nous venons de parler peuvent-ils être attaqués par la voie de l'opposition quand ils sont par défaut, et par la voie de la cassation quand ils ont été rendus en violation de la loi?

Quant à l'opposition, dans le cas où les jugements dont nous venons de parler ont été rendus par défaut, et au pourvoi en cassation, s'ils ont été rendus en violation de la loi, rien ne s'oppose à ce qu'on y recoure.

Quelles différences y a-t-il entre l'appel et la requête civile?

XIV. Des différences entre l'appel et la requête civile. — On a pu voir combien ces différences sont nombreuses. Nous ne rappellerons que les plus importantes.

1° Les jugements en *premier ressort* sont seuls susceptibles d'appel (V. p. 326); la requête civile n'est ouverte que contre les jugements *en dernier ressort* (V. p. 368).

2° les griefs qui peuvent servir de fondement à un appel ne sont point déterminés par la loi; la partie condamnée peut donc, à son gré, mais à ses risques et périls, recourir à l'appel, quand le jugement qui la condamne est en premier ressort. La loi, au contraire, a déterminé limitativement les causes de la requête civile. En dehors des onze cas qu'elle prévoit, nulle requête n'est recevable.

3° L'appel est porté devant un tribunal *supérieur*; la requête civile devant le tribunal même qui a rendu le jugement attaqué. Ainsi l'appel est une voie de *réformation*; la requête civile une voie de *rétractation*.

4° Quant aux mineurs, les délais d'appel courent du jour de la signification du jugement au tuteur et au subrogé tuteur (V. p. 337); les délais de la requête civile ne prennent cours qu'à partir du jour où le jugement a été signifié au mineur lui-même, après sa majorité (V. p. 376).

5° L'appel peut être formé directement et sans remplir au préalable les formalités que la loi prescrit pour la requête civile, savoir la consignation d'une somme pour amende et pour dommages et intérêts et l'obtention d'une consultation (V. p. 377).

6° L'appel est *dévolutif* et *suspensif*; la requête civile n'a ni l'un ni l'autre de ses caractères : elle n'est ni *dévolutive*, ni *suspensive* (V. p. 378 et 379).

APPENDICE.

DU RECOURS EN CASSATION.

21e *répétition*.

Art. 504.

Qu'est-ce que la Cour de cassation?

I. De la Cour de cassation. — Du but principal dans lequel elle a été instituée. — Son organisation. — Au-dessus de toutes les juridictions, la loi a placé une Cour suprême qui les domine toutes. On l'appelle Cour *de cassation*, parce qu'elle a principalement pour but de maintenir l'unité de jurisprudence et de fixer le sens des lois en cassant ou en annulant les décisions qui les violent.

Comment est-elle composée?

Elle est composée de quarante-neuf membres, y compris un premier président et trois présidents.

Elle se divise en trois sections, savoir : 1° la chambre *des requêtes;*

— 2° la chambre *civile;* — 3° la chambre *criminelle.* — Certaines décisions ne peuvent être rendues que par les trois chambres réunies en séance solennelle.

Chaque chambre est composée d'un président et de quinze conseillers. Le premier président préside la chambre où il juge convenable de siéger.

Il faut onze membres au moins dans chaque chambre pour rendre un arrêt, et trente-quatre lorsqu'elles siégent réunies en séance solennelle.

Un procureur général et six avocats généraux sont attachés à la Cour. — Le procureur général, ou l'un des avocats généraux, en son nom, porte la parole dans toutes les affaires.

Des avocats nommés par le chef de l'Etat y remplissent les fonctions attribuées aux avoués dans les tribunaux ordinaires. Ainsi leurs fonctions sont doubles : de même que les avoués, ils *postulent* et *concluent* pour les parties ; de même que les avocats, ils les défendent en plaidant.

Quelles sont ses attributions ?

II. De ses attributions. — Elle prononce :

1° Sur les demandes *en règlement de juges,* quand le conflit existe entre deux cours impériales ou deux tribunaux qui ne ressortissent point à la même Cour (V. p. 279) ;

2° Sur les demandes *en renvoi* d'un tribunal à un autre pour cause de suspicion légitime ou de sûreté publique (art. 525 et suiv. C. inst. crim.) ;

3° Sur les prises à partie, contre un tribunal entier (V. p. 395) ;

4° Sur les pourvois en cassation contre les arrêts et contre les jugements en dernier ressort. — Cette dernière attribution est la seule dont nous ayons ici à nous occuper ; encore n'en devons-nous traiter qu'au point de vue des matières civiles, les matières criminelles n'entrant point dans notre objet.

Quels sont les jugements contre lesquels on peut se pourvoir par la voie du recours en cassation ?

III. Des jugements contre lesquels on peut se pourvoir par la voie du recours en cassation. — Peuvent être attaqués par cette voie les arrêts des Cours impériales et les jugements rendus *en dernier ressort* par les tribunaux de première instance ou de commerce.

Ainsi les jugements rendus en *premier ressort* ne peuvent pas être soumis à la censure de la Cour de cassation. Peu importe que la partie soit encore dans les délais d'appel ou qu'elle n'y soit déjà plus. Si elle les a laissés passer sans attaquer le jugement, son inaction implique un acquiescement tacite qui rend tout pourvoi inadmissible (V. p. 368 une règle semblable).

On y peut soumettre, au contraire, les jugements en *dernier ressort,* quelle que soit d'ailleurs leur nature. Ainsi, qu'ils soient contradictoires ou par défaut, interlocutoires, préparatoires ou définitifs, il n'importe. Toutefois le pourvoi ne peut pas être formé :

Quid, quand le jugement est en dernier ressort, mais par défaut ?

1° Quant aux jugements *par défaut,* tant que les délais d'opposition ne sont pas expirés. Les recours extraordinaires ne sont permis que lorsque les voies ordinaires ne sont point ou ne sont plus possibles(V. p. 323).

Quid, s'il est simplement *préparatoire?*

2° A l'égard des jugements *préparatoires*, tant que le jugement définitif n'est point rendu (V. p. 334, 3°, et 376).

Peut-on se pourvoir contre les jugements rendus :

— Par exception à ce qui vient d'être dit, ne sont point sujets à cassation les jugements rendus, même en dernier ressort :

Par un juge de paix ?

1° Par les justices de paix, si ce n'est pourtant pour cause d'excès de pouvoir (loi du 25 mai 1838).

Par des arbitres ?

2° Par des arbitres volontaires (art. 1028 C. pr.).

Sur quels moyens est-il permis de fonder un pourvoi en cassation ?

En autres termes, quelles ouvertures à cassation sont admises par la loi ?

IV. DES OUVERTURES DE CASSATION, c'est-à-dire DES CAS OU LE RECOURS EN CASSATION EST OUVERT, EN AUTRES TERMES, DES MOYENS SUR LESQUELS IL EST PERMIS DE LE FONDER. — Ces ouvertures ou moyens se réduisent à cinq, savoir :

L'incompétence est-elle toujours une ouverture à cassation ?

1° *L'incompétence.* — Toutefois il importe de distinguer entre l'incompétence *ratione materiæ* et l'incompétence *ratione personæ.*

L'incompétence *ratione materiæ*, étant d'ordre public et par conséquent non susceptible d'être couverte par le silence des parties, est dans tous les cas une ouverture de cassation. Peu importe qu'elle ait été ou non proposée devant les juges qui ont rendu le jugement attaqué.

Il n'en est point de même de l'incompétence *ratione personæ*. Introduite dans l'intérêt particulier du défendeur, il y peut renoncer, et c'est ce qu'il est réputé faire lorsqu'il ne s'en prévaut point *in limine litis* (V. p. 160 et suiv.) : le tribunal devant lequel il consent à plaider devient alors compétent. Elle ne peut donc (à moins qu'il ne s'agisse d'un jugement par défaut) donner lieu à cassation qu'autant qu'elle a été *vainement* proposée devant les juges mêmes qui ont rendu le jugement attaqué.

L'excès de pouvoir se confond-il avec l'incompétence ?

2° *L'excès de pouvoir*. — Cette ouverture semble se confondre avec la première ; car, dira-t-on, tout excès de pouvoir suppose une incompétence, comme toute incompétence renferme un excès de pouvoir. Cependant la loi distingue, et elle a pu, en effet, distinguer les deux cas.

Les juges sortent des bornes de leur *compétence*, lorsqu'ils empiètent sur les attributions d'une autre juridiction, en autres termes, lorsqu'ils connaissent d'une affaire que la loi attribue à un autre tribunal.

Ils commettent *un excès de pouvoir*, lorsqu'ils font des actes qui ne sont permis à aucune juridiction établie, et, par exemple, lorsqu'ils font des règlements généraux ou des statuts de police, qu'ils taxent des denrées, défendent l'exécution d'une loi ou intiment des ordres aux agents du pouvoir administratif...

Nous verrons tout à l'heure l'intérêt pratique de cette distinction (V. p. 386, V.).

La violation des formes de procédure prescrites à peine de nullité donne-t-elle

3° *Violation des formes de procédure prescrites à peine de nullité.* — Nous rappelons que l'inobservation des formes prescrites sous la sanction de la nullité ne donne ouverture à cassation qu'autant que la nullité

dans tous les cas ouverture à cassation?

a été proposée devant les premiers juges et qu'ils ont refusé d'y avoir égard, ou qu'il s'agit de formalités qu'ils devaient accomplir eux-mêmes. Autrement, on rentre dans la théorie de la requête civile (V. p. 372).

Quand la contrariété de jugements constitue-t-elle une ouverture à cassation?

Quid, lorsque la contrariété existe entre deux jugements rendus par un même tribunal ou par une même Cour?

4° *Contrariété de jugements rendus en dernier ressort par des Cours ou des tribunaux différents, dans la même affaire, sur les mêmes moyens et entre les mêmes parties.* — Lorsque la contrariété existe entre deux jugements rendus par un *même tribunal* ou par une *même Cour*, la loi présume qu'elle est le résultat d'une erreur involontaire de la part des juges, et c'est le cas de la requête civile. Toutefois, si le premier jugement a été, devant les juges qui l'ont rendu, invoqué par l'une des parties contre une prétention que l'autre a renouvelée, et que néanmoins ils aient rendu un second jugement en sens contraire, leur erreur, constituant une *violation intentionnelle de la loi*, devient une ouverture à cassation (V. p. 373).

Y a-t-il ouverture à cassation, non-seulement lorsque la loi a été violée dans son texte, mais encore quand elle a été violée dans son esprit?

5° *La violation de la loi.* — D'après la loi de 1790, il n'y avait ouverture à cassation que quand la violation consistait dans une *contravention expresse au texte de la loi*. Les constitutions de l'an III et de l'an VIII portent, au contraire, qu'une *contravention expresse à la loi* constitue une ouverture à cassation. Un jugement peut donc aujourd'hui être cassé, bien qu'il soit conforme au *texte* de la loi, s'il la méconnaît d'ailleurs dans son esprit. « La Cour de cassation, dit avec une grande justesse M. Bonnier (1), a pour mission de faire respecter la pensée et non pas seulement la lettre de la loi. »

Quid, si l'erreur consiste dans les considérants ou les motifs du jugement?

Dans tous les cas, pour qu'il y ait violation de la loi, il faut que l'erreur existe non point dans les considérants ou les motifs de la décision attaquée, mais dans son dispositif même. Le dispositif est, en effet, tout le jugement, et c'est seulement contre le jugement qu'il est permis de se pourvoir. Ainsi, que ses motifs soient fondés ou non, il n'importe, s'il est d'ailleurs conforme à la loi.

La Cour de cassation peut-elle casser un jugement pour erreur de fait comme pour erreur de droit?

Les tribunaux et les Cours impériales jugent *souverainement* les questions de fait engagées au procès; car, en cette matière, il n'y a d'autres règles que celles de l'intelligence et de l'équité. Le pouvoir régularisateur de la Cour suprême ne pénètre point jusque-là ; autrement, elle ne serait elle-même qu'une autre Cour d'appel.

Ainsi, pour juger s'il y a eu ou non violation de la loi, la Cour doit exclusivement s'attacher aux faits, vrais ou faux, énoncés dans le jugement, et, les tenant pour constants, examiner si, dans cette supposition, il leur a été fait une juste application de la loi. Soit l'espèce suivante. Paul s'étant marié dans une commune où il avait son domicile ordinaire, mais où il résidait depuis *moins de six mois*, la nullité de son mariage a été demandée et prononcée. Si cette décision est attaquée, la Cour n'aura point à rechercher si Paul avait ou n'avait point six mois de résidence dans la commune où il s'est marié : ce point de fait a été jugé souverainement par les premiers juges;

(1) *Éléments d'organisation judiciaire*, p. 213.

elle ne saurait le débattre de nouveau. Elle aura donc simplement à résoudre la question de savoir si un mariage peut ou non être valablement contracté au domicile ordinaire de l'une des parties, bien qu'elle n'y ait point une résidence de six mois.

Au résumé, la Cour est instituée, non point pour corriger les erreurs *de fait* que peuvent contenir les décisions soumises à son examen, mais simplement pour annuler ou casser celles d'entre elles qui contiennent des erreurs *de droit*.

Cette règle n'a-t-elle pas besoin d'un tempérament ?

Mais, bien entendu, la constatation ou la négation d'un fait serait elle-même une ouverture à cassation, si elle était le résultat d'une *erreur de droit*. Tel serait le cas où le tribunal aurait reconnu l'existence d'un fait dont la loi défend la vérification : par exemple, une paternité en dehors des conditions légalement prescrites ; ou s'il avait nié l'existence d'un fait que la loi commande de tenir comme constant : s'il avait, par exemple, refusé de tenir pour vrais les faits énoncés dans un acte authentique non argué de faux. Dans ces divers cas, en effet, il y a violation de la loi.

Quelles personnes peuvent se pourvoir en cassation ?

V. QUELLES PERSONNES PEUVENT SE POURVOIR EN CASSATION. — Ce droit appartient :

1° *Aux personnes qui ont été parties dans l'instance, à leurs héritiers et ayants cause.* Tout ce que nous avons dit à ce sujet sur la requête civile V. p. 368) reçoit ici son application. Les *tiers* auxquels le jugement ou l'arrêt peut préjudicier n'ont que la voie de la tierce opposition.

Dans quels cas le procureur général près la Cour de cassation peut-il se pourvoir ?

2° *Au procureur général près la Cour de cassation,* mais dans deux cas seulement et sous certaines conditions. Ainsi il peut attaquer :

Premièrement, les jugements et les arrêts qui contiennent *un excès de pouvoir ;*

Deuxièmement, les décisions *contraires aux lois et aux formes de procéder.*

Les résultats sont-ils les mêmes dans l'un et l'autre cas ?

Des différences importantes séparent les deux cas.

Le pourvoi *pour excès de pouvoir* peut être formé *contre toute décision.* Peu importe donc qu'elle soit en premier ou en dernier ressort.

Il peut l'être *en tout temps*, c'est-à-dire même avant l'expiration des délais accordés aux parties pour se pourvoir elles-mêmes. Mais alors le procureur général ne le peut former que sur un ordre du gouvernement.

Au contraire, le pourvoi pour *violation de la loi ou des formes de procéder* n'est permis que contre les jugements *en dernier ressort,* et il ne peut être formé qu'autant qu'aucune des parties n'a réclamé dans le délai fixé ; mais il peut l'être sans un ordre spécial et préalable du gouvernement.

Ce n'est pas tout. Lorsqu'un jugement est cassé *pour excès de pouvoir* sur la demande du procureur général, sa cassation réagit sur l'intérêt privé des parties elles-mêmes, car la loi ne fait aucune réserve. Le jugement est mis à néant quant à tous ses effets.

Il n'en est plus de même dans le cas où il est cassé *pour violation de la loi ou des formes de procéder.* Quand le procureur général se pourvoit pour cette cause, il n'agit alors que *pour l'honneur des principes et dans l'intérêt de la loi.* Ainsi, bien qu'annulé ou cassé, le jugement subsiste dans toute sa force *entre les parties :* nul comme acte émané de la justice, il vaut pour elles comme une transaction émanée de leurs volontés.

VI. Du pourvoi. — Comment et dans quel délai il doit être formé. — Ses caractères. — 1° *Comment et dans quel délai il doit être formé.* — Le pourvoi en cassation s'introduit, non point comme l'appel ou la requête civile, *par une assignation* (V. p. 342 et 377), mais par un *mémoire en forme de requête.*

Comment s'introduit un pourvoi en cassation ?

Ce mémoire doit être signé de l'un des avocats attachés à la Cour. Point n'est besoin de le signifier à la partie qui a obtenu le jugement dont la cassation est poursuivie. Il suffit de le déposer au greffe de la Cour. Dès que ce dépôt est effectué, *la chambre des requêtes* est saisie. Nous disons *la chambre des requêtes,* car, ainsi que nous allons le voir bientôt, le pourvoi ne peut être porté devant *la chambre civile* qu'après avoir passé par la chambre des requêtes.

Les délais pour le former sont en général de trois mois, à compter du jour de la signification du jugement ou de l'arrêt à personne ou à domicile (1). On ne compte dans ce délai ni le jour de la signification, ni le jour de l'échéance (loi du 1er frimaire an II, art. 1er).

Dans quel délai le doit-on former ?

2° *Ses caractères.* — A la différence de l'appel, mais de même que la requête civile, le pourvoi en cassation n'est ni *suspensif,* ni *dévolutif.*

Est-il *suspensif* de l'exécution du jugement attaqué?

Il n'est point *suspensif*... Ainsi l'exécution du jugement ou de l'arrêt attaqué suit son cours ordinaire, nonobstant le pourvoi. La Cour ne pourrait même accorder aucune surséance, quand même il serait démontré que le préjudice que l'exécution pourra causer sera irréparable en définitive. D'après l'article 263 du Code Napoléon, le pourvoi était suspensif quand il s'appliquait à un arrêt rendu *en matière de divorce.* La loi se serait montrée fort sage sans doute si elle avait étendu la même exception au pourvoi formé contre les arrêts qui prononcent *la nullité d'un mariage,* mais elle a laissé cette hypothèse sous l'empire du droit commun (2).

Il n'est point *dévolutif*... La Cour n'est point saisie des questions de fait sur lesquelles les premiers juges ont eu à statuer ; nous savons déjà qu'à cet égard leur décision est souveraine. La Cour ne juge donc que le point *de droit.* Sous ce rapport même, le pourvoi n'a rien de dévolutif. Il tend, en effet, non point comme l'appel à faire *remplacer un mauvais jugement par un jugement meilleur,* mais tout simplement *à faire casser* le jugement contre lequel il est dirigé, de manière que les

Est-il *dévolutif?* Que fait donc la Cour lorsque le pourvoi est fondé ?

(1) Loi du 1er décembre 1790, art. 14. Voir en outre le règlement de 1738, première partie, tit. IV ; les lois du 2 septembre 1793, du 6 brumaire an V, du 27 ventôse an VIII, et enfin du 2 mai 1841, art. 20 et 42.

(2) Par exception, le pourvoi est suspensif quand il est formé contre un jugement rendu en matière de faux incident civil (V. p. 214. —V. en outre deux autres exceptions dans les lois du 16 juillet 1793 et du 9 floréal an VII).

parties se trouvent au même état où elles étaient avant que ce jugement, maintenant annulé, eût été rendu. Ainsi lorsque la partie qui a formé *un appel* triomphe, le jugement qui lui faisait grief n'est point seulement mis à néant; elle obtient en outre un nouveau jugement qui décide la cause en sa faveur. Rien de semblable n'a lieu en cassation. Lorsqu'un jugement ou un arrêt est déféré à la Cour et qu'elle y reconnaît une fausse application de la loi, elle le *casse*, mais elle ne lui substitue point une autre décision. Elle le supprime et renvoie les parties à se faire juger par un tribunal du même rang que celui dont elle annule le jugement ou l'arrêt. Établie, en un mot, pour veiller à la saine interprétation des lois, à leur juste application, et annuler tout ce qui s'en écarte, elle casse ou elle laisse subsister les décisions soumises à son examen, mais elle ne rend jamais de jugements. Ce serait donc commettre une erreur que voir en elle un *troisième degré* de juridiction.

Constitue-t-elle un troisième degré de juridiction ?

Où doit être porté le pourvoi tout d'abord ?

VII. Des deux instances auxquelles le pourvoi peut donner lieu. — Du pourvoi devant la chambre des requêtes. — De la mission de cette chambre. — Des décisions qu'elle peut rendre et de leurs suites. — Du pourvoi devant la chambre civile. — Des décisions qu'elle peut rendre et de leurs suites. — Le pourvoi doit être porté tout d'abord devant la chambre des requêtes. Cette chambre n'a point pour mission de casser le jugement ou arrêt attaqué. Son rôle est plus borné : elle doit simplement examiner si les raisons présentées à l'appui du pourvoi sont graves et sérieuses, ou si elles n'ont aucune espèce de fondement. Lui paraissent-elles sans valeur, elle le *rejette* et alors tout est terminé. Les juge-t-elle, au contraire, graves et sérieuses, susceptibles, en un mot, d'élever des doutes raisonnables sur la régularité de la décision attaquée, elle le déclare *admissible* ou *recevable*. Alors, mais alors seulement, il peut être porté devant la chambre civile. — A la différence de l'arrêt *de rejet*, *l'arrêt d'admission* doit être motivé.

Quelle est la mission de cette chambre ?

La procédure qui a lieu devant elle est-elle *contradictoire* ?

La partie qui a obtenu le jugement ou l'arrêt contre lequel le pourvoi est dirigé n'est point appelée devant la chambre des requêtes. Elle n'a, en effet, aucun intérêt à y être représentée; car, de deux choses l'une : ou le pourvoi sera rejeté, et alors elle conservera le bénéfice du jugement ou de l'arrêt qu'elle a obtenu ; ou il sera déclaré admissible, et alors elle devra être appelée devant la chambre civile pour y fournir ses moyens. Ainsi, la procédure n'est point *contradictoire* devant la chambre des requêtes; tout se passe, dans cette première phase du pourvoi, entre le demandeur, le ministère public et la Cour. Toutefois, il est d'usage dans les affaires importantes de distribuer aux magistrats de la chambre des requêtes, au procureur général et à l'avocat du demandeur, une consultation imprimée, à l'appui de la décision attaquée. — L'avocat chargé des intérêts du défendeur éventuel a d'ailleurs le soin de s'inscrire au greffe, afin d'être averti du jour où la cause sera appelée. C'est ce qu'on appelle *s'inscrire en surveillance*.

Est-elle contradic-

Devant la chambre civile, au contraire, l'instance se lie entre les parties. Il existe alors un demandeur et un défendeur. La Cour prononce après avoir entendu : 1° le rapporteur ; 2° les avocats des parties ; 3° le ministère public.

toire devant la chambre civile ?

Si elle *rejette* le pourvoi, tout est terminé.

Quid, si cette chambre rejette le pourvoi ?

Si elle l'admet, elle *casse* le jugement ou l'arrêt attaqué ; mais comme il ne lui appartient point de le remplacer par une autre décision, l'affaire restant entière, les parties sont remises en l'état où elles se trouvaient avant l'instance à la suite de laquelle il avait été rendu. Elle les renvoie alors à porter le débat qui les divise devant le tribunal du même ordre le plus voisin de celui dont la décision a été cassée.

Quid, si elle l'admet ?

Toutefois, et par exception, il n'y a point lieu à renvoi : 1° lorsque la cassation est prononcée pour contrariété d'arrêts ; en cassant le second, la Cour maintient implicitement le premier (V. p. 380 et 381 une décision semblable) ;

Y a-t-il toujours lieu à renvoi ?

2° Lorsque la Cour casse un jugement ou un arrêt contre lequel le procureur général s'est pourvu dans l'intérêt de la loi. Ce jugement ou cet arrêt conserve en ce cas, et bien qu'annulé, toute sa force entre les parties (V. p. 386 et 387).

— Les arrêts par lesquels la Cour casse les décisions qui lui sont soumises sont loin d'avoir la même force que les anciens *arrêts de règlement*. On sait que les parlements jugeaient quelquefois par voie de disposition *réglementaire* et *générale*. Leurs décisions étaient alors obligatoires dans l'avenir, soit pour eux-mêmes, soit pour les juridictions de leur ressort. Elles avaient, en un mot, *force de loi* (V. le *Premier Examen du Code Napoléon*, p. 12 et 13). Les décisions de la Cour n'ont point ce caractère. S'agit-il d'un premier arrêt de cassation, l'interprétation qu'il consacre n'est obligatoire ni pour la Cour, qui peut toujours se départir de sa jurisprudence, ni même pour le tribunal auquel l'affaire a été renvoyée. Rend-elle sur la même affaire un second arrêt de cassation, sa décision oblige bien le tribunal devant lequel l'affaire sera de nouveau plaidée ; mais ce tribunal, les autres tribunaux et la Cour de cassation elle-même peuvent, *en dehors de l'espèce sur laquelle il a été statué*, suivre une interprétation contraire.

Quelle est la force et l'autorité des décisions de la Cour de cassation ?

Mettons ce point en lumière par l'espèce suivante.

Une Cour impériale a jugé que la dot *mobilière* est *aliénable*. La Cour de cassation, devant laquelle on s'est pourvu, décide qu'elle est *inaliénable* : en conséquence, elle annule la décision soumise à son examen et renvoie la cause devant une autre Cour.

Cette seconde Cour conserve la plénitude de son indépendance. Elle peut donc, écartant la jurisprudence de la Cour de cassation, juger comme la première et décider que la dot mobilière est *aliénable*. Allons plus loin. La Cour de cassation, si ce second arrêt donne lieu à un second pourvoi, pourra, se déjugeant elle-même, consacrer l'interprétation inverse à celle qu'elle a donnée par sa première décision.

Supposons que, persistant dans sa première manière de voir, elle casse le second arrêt comme le premier : la troisième Cour devant laquelle sera renvoyée la cause sera liée par cette interprétation. Elle devra donc déclarer que la dot mobilière est inaliénable. Mais que demain la même question se présente entre d'autres parties, cette Cour, les autres Cours, les autres tribunaux et la Cour de cassation elle-même pourront la juger dans le sens opposé.

TITRE III.

DE LA PRISE A PARTIE.

Art. 505.

Qu'est-ce que la prise à partie?

I. Ce que c'est que la prise a partie. — Caractères de ce recours. — Condition exceptionnelle des juges. — La prise à partie est une action extraordinaire par laquelle une partie poursuit contre un juge la réparation du dommage qu'il lui a causé en sa qualité de juge.

Constitue-t-elle un moyen de faire réformer ou rétracter les jugements?

Elle ne constitue point, comme pourrait le faire croire la place qu'elle occupe dans le Code, un moyen de faire *rétracter* ou *réformer* les *jugements*; il n'y faut voir qu'une *action en dommages et intérêts contre un juge.* « Il y a, dit Pothier, plusieurs manières de se pourvoir *contre les jugements;* l'appel, l'opposition et la requête civile, et une manière de se pourvoir *contre la personne du juge,* qu'on appelle la prise à partie » (1).

Ce recours n'a point assurément changé de caractère en passant de notre ancienne jurisprudence dans notre droit actuel. Ce qui le prouve, c'est qu'on y peut recourir *même* en l'absence *de tout jugement* et, par exemple, contre un tribunal qui a refusé *de juger* (V. p. 392).

Si la loi l'a placé parmi *les voies extraordinaires d'attaquer les jugements*, c'est qu'en certains cas il peut avoir une influence indirecte sur la décision à l'occasion de laquelle on l'emploie.

Sous quels rapports l'action en dommages et intérêts à laquelle un juge peut être soumis en sa qualité de juge diffère-t-elle du droit commun?

— L'action en dommages et intérêts à laquelle un juge peut être soumis en sa qualité de juge est un recours *sui generis* qui a ses règles propres et particulières. Elle n'appartient point au droit commun. Montrons par quels côtés elle s'en sépare.

1° Quiconque, par son *dol* ou par sa *faute*, cause du dommage à autrui est obligé de le réparer (art. 1382 C. N.). Voilà le droit commun. Quant aux juges, la règle est différente. De même que les simples particuliers, ils sont responsables du dommage qu'ils causent par leur *dol*, mais ils ne répondent, en général du moins, ni de leur *faute légère*, ni même de leur *faute lourde.* « Un juge, dit Denisart, peut être pris à partie toutes les fois qu'il a agi *per fraudem, gratiam inimicitias aut sordes.* » Mais il n'est point responsable des erreurs d'esprit inséparablement attachées à la condition humaine. Autrement le ministère du juge serait devenu si périlleux que personne n'aurait consenti à s'en charger; car quelle science est plus difficile que la jurisprudence et de quelle vue perçante ne faut-il pas être doué pour embrasser l'ensemble de ses règles! Quel homme, si éminent qu'il soit, pourrait se flatter d'en faire toujours une juste et saine application! La loi a dû

(1) *Traité de la procédure civile*, n° 300.

tenir compte de ces difficultés. Elle a considéré, d'ailleurs, que si les parties, toujours mécontentes des jugements qui les condamnent, avaient pu arbitrairement faire descendre de son tribunal le juge dont elles auraient cru avoir à se plaindre, la justice aurait été bientôt avilie et déconsidérée. On aurait ainsi affaibli et compromis la loi elle-même, car l'autorité de la loi et la dignité de la justice se lient l'une à l'autre par la plus étroite solidarité.

Cependant les organes de la loi ne doivent pas rester à l'abri de toute recherche; on ne saurait, en effet, admettre qu'il suffise d'en être le dépositaire pour avoir le droit inouï de l'enfreindre sans avoir rien à redouter. La propre dignité des juges répugne à l'idée d'un tel privilége. Ils peuvent donc être recherchés, mais dans certains cas seulement, cas graves que la loi a pris soin de déterminer.

2° Lorsqu'un simple particulier cause un dommage par son dol ou par sa faute, l'action en dommages et intérêts que forme contre lui la personne lésée est soumise, soit quant aux formes de procéder, soit quant à la compétence du tribunal, à toutes les règles du droit commun. La prise à partie, au contraire, est, sous l'un et l'autre rapport, régie exceptionnellement.

Ainsi, 1° elle doit être portée devant un tribunal particulier.

2° On ne peut l'introduire qu'en vertu d'une permission préalable du tribunal compétent pour en connaître (V. p. 393) : la loi n'a pas voulu qu'une simple allégation pût placer un magistrat sous une allégation injuste.

3° Elle n'est point soumise au préliminaire de conciliation; mais elle est sujette à communication au ministère public, car, engageant l'honneur des dépositaires de la loi, elle touche à l'ordre public.

4° Le demandeur qui succombe est condamné à une amende d'au moins 300 francs.

Ces diverses dispositions ont pour objet de ménager, autant que possible, la dignité et le caractère du magistrat inculpé.

Contre quelles personnes peut-on agir par la voie de la prise à partie?

II. DES PERSONNES CONTRE LESQUELLES ON PEUT AGIR PAR LA VOIE DE LA PRISE A PARTIE. — La loi ne désigne spécialement que les *juges*. Sous cette expression générale, elle comprend évidemment toutes les personnes *qui rendent la justice*, telles que les juges de paix, les prud'hommes, les juges composant un tribunal de commerce... Peu importe que leurs fonctions soient permanentes ou simplement accidentelles. Ainsi les avocats et les avoués appelés pour compléter un tribunal ne peuvent être recherchés que par la prise à partie; car ils deviennent magistrats quant à la cause soumise à leur décision. Il en est différemment des arbitres volontaires; car, n'ayant aucun caractère public, ils demeurent sous l'empire du droit commun.

Les greffiers ne sont que des officiers ministériels; ils ne rendent point la justice. La prise à partie leur est donc étrangère. C'est par les voies ordinaires qu'ils doivent être actionnés, quand il y a lieu (V. toutefois une exception à cette règle dans les art. 164 et 370 du Code d'instr. crim.).

Quant aux membres du ministère public, la question a été longtemps controversée ; mais aujourd'hui les doutes paraissent avoir cessé. Les magistrats du ministère public, a-t-on dit, remplissent de véritables fonctions judiciaires, puisque les tribunaux ne peuvent, du moins en certains cas, rendre leurs décisions qu'après les avoir entendus. Il est d'ailleurs certain que, d'après notre ancien droit, les mêmes causes qui pouvaient donner lieu à prise à partie contre un juge pouvaient également la faire admettre contre les magistrats du ministère public.

Quid, quant aux héritiers de ces diverses personnes ?

— Les héritiers des juges peuvent être actionnés, sans doute, en réparation du dommage que leur auteur a pu causer, mais ils ne peuvent l'être que par les voies ordinaires. Les règles de la prise à partie, ayant toute leur raison d'être dans le caractère public du juge, ne sauraient s'appliquer à de simples particuliers.

Dans quels cas peuvent-elles être prises à partie ?

III. DES CAS DANS LESQUELS LES JUGES PEUVENT ÊTRE PRIS A PARTIE. — Ils peuvent l'être :

1° Lorsqu'ils se sont rendus coupables *d'un dol*, *d'une fraude* ou *d'une concussion*, soit dans le cours d'une instruction, soit lors des jugements.

2° Dans les cas *où la loi le permet expressément*. — Les lois civiles n'indiquent aucun cas particulier où cette sanction est établie, mais on en trouve plusieurs dans le Code d'instruction criminelle (V. les art. 77, 112, 164, 271, 370).

3° Lorsque la loi les déclare *responsables, à peine de dommages et intérêts*.— Peu importe alors qu'il y ait eu de leur part *dol* ou simple *faute*. C'est ainsi qu'un juge de paix peut être pris à partie, lorsque, par sa négligence, il a laissé périmer une instance (art. 15 C. pr.). C'est ainsi encore qu'elle peut être employée contre un tribunal qui, par inadvertance ou par une autre cause, a prononcé une contrainte par corps en dehors des cas déterminés par la loi (art. 2063 C. N. — V. encore l'art. 128 C. pr.).

Art. 506 à 508.

Quand y a-t-il déni de justice ?

4° S'il y a eu de leur part *déni de justice*.— Il y a déni de justice :

1° Lorsqu'ils refusent de répondre les requêtes ;

2° Lorsqu'ils négligent de juger les affaires en tour d'être jugées (art. 506 C. pr.) ;

3° Enfin, lorsqu'ils refusent de juger, sous prétexte du silence, de l'obscurité ou de l'insuffisance de la loi (V. l'explic. de l'art. 4 C. N.).

Un simple retard suffit-il pour autoriser la prise à partie ?

Un simple retard ne suffit point pour autoriser la prise à partie : le juge doit être mis en demeure de statuer.

Que doit faire la partie qui veut mettre un juge ou un tribunal en demeure d'agir ?

La partie qui veut mettre un juge ou un tribunal en demeure d'agir doit lui adresser, à cet effet, deux réquisitions (V. la formule 127), de trois jours en trois jours, pour les juges de paix et de commerce, et de huitaine en huitaine au moins, pour les autres juges. Ces réquisitions ne sont point *directement* signifiées aux juges eux-mêmes : cette interpellation directe aurait eu un caractère trop irritant et peu en harmonie avec le respect dû au caractère du juge. La loi a pensé qu'il était plus décent de les faire parvenir aux juges par l'intermédiaire du greffier. C'est donc au greffe du tribunal qu'elles doivent être signifiées.

Quid, si l'huissier

Tout huissier requis est tenu de les faire, à peine d'interdiction.

Cette pénalité prévient l'obstacle que l'huissier aurait pu, par suite de l'état de dépendance où il se trouve par rapport aux juges, apporter à l'exercice du droit des parties.

requis à cet effet refuse son ministère ?

Lorsque le juge n'a point satisfait aux réquisitions qui lui ont été faites, le déni de justice est constaté, la voie de la prise à partie est alors ouverte.

Art. 509.

Devant quel tribunal la prise à partie doit-elle être portée?

IV. Du tribunal devant lequel la prise a partie doit être portée. — La loi distingue.

La prise à partie contre les juges de paix, contre les tribunaux de commerce et de première instance, ou contre quelqu'un de leurs membres, doit être portée *devant la Cour impériale du ressort.*

Il en est de même de celle qui est formée contre un ou plusieurs membres d'une Cour impériale ou d'une Cour d'assises.

La prise à partie, formée non plus contre l'un des membres d'une Cour impériale ou d'une Cour d'assises, mais contre la Cour elle-même, ou contre l'une de ses sections, doit, d'après les termes de notre article, être portée *à la haute Cour,* conformément à l'article 101 de l'acte du 18 mai 1804. Cette haute Cour n'ayant pas été organisée, la Cour de cassation en tient lieu (V. la loi du 27 nov. 1790, tit. Ier, art. 2, et la loi du 27 ventôse an VIII, art. 60).

— Le Code de procédure ne dit rien de la prise à partie contre un conseiller de la Cour de cassation ; mais il est évident qu'elle devrait être, par analogie de la règle établie, portée devant la Cour de cassation.

Quant à la prise à partie contre la Cour de cassation elle-même, elle est impossible, puisqu'il n'existe pour la juger aucune juridiction au-dessus de cette Cour.

Art. 510 à 515.

Comment s'introduit la prise à partie?

A quelles règles cette requête est-elle soumise?

V. Procédure. — La prise à partie doit passer par une double filière. On ne peut pas, en effet, la former sans en avoir obtenu au préalable la permission de la Cour compétente pour la juger. La partie qui y veut recourir doit donc tout d'abord adresser à cette Cour une *requête en permission* (Voir la formule 128).

Il ne peut être employé en cette requête aucun terme injurieux contre les juges, à peine contre la partie de telle amende, et contre son avoué de telle injonction ou suspension qu'il appartiendra.

Elle doit être signée du demandeur ou de son fondé de procuration authentique et spéciale.

Quelles pièces y annexe-t-on ?

La procuration et les pièces justificatives, s'il y en a, y doivent être annexées, à peine de nullité.

Que fait la Cour à laquelle elle est adressée ?

Ce débat préliminaire est-il contradictoire?

Le ministère public doit-il être entendu ?

Sur cette requête, la Cour examine s'il y a lieu d'accorder ou de refuser l'autorisation de poursuivre. Cet examen et la décision qui le suit ont lieu en la chambre du Conseil : tel est au moins l'usage suivi. Ce débat, au reste, n'a rien de contradictoire; le juge inculpé n'y est point appelé, mais le ministère public y doit être entendu (V. p. 391).

Quid, si la requête est rejetée ?

Si la requête est rejetée, c'est-à-dire si la Cour refuse l'autorisation de poursuivre, le demandeur doit être condamné à une amende qui ne peut être moindre de 300 francs, sans préjudice des dommages et intérêts envers le juge, s'il y a lieu.

Quid, si elle est admise ?

Que si, au contraire, la requête est admise, le requérant peut alors former sa demande en prise à partie. A cet effet, il assigne le juge qu'il inculpe et lui signifie les copies : 1° de la requête ; 2° de l'arrêt qui l'admet ; 3° des pièces justificatives, s'il y en a eu d'annexées à la requête (V. la formule 129).

Comment la partie forme-t-elle alors sa demande ? Quels actes doit-elle signifier au juge qu'elle attaque ?

L'assignation et les significations dont il vient d'être parlé doivent être remises directement, c'est-à-dire non plus par l'intermédiaire du greffier, mais au juge, en sa personne ou à son domicile, le tout dans les trois jours de l'arrêt qui a autorisé la poursuite.

Les doit-elle signifier directement au juge ? Dans quel délai ?

Le juge est tenu de fournir sa défense *dans la huitaine.*

Quel délai le juge a-t-il pour fournir sa défense ?

Toutefois, aucun de ces délais n'est prescrit *à peine de déchéance.*

Ces délais sont-ils prescrits à peine de déchéance ?

A partir du jour où la prise à partie a été formée, le juge inculpé doit, tant qu'elle n'est point définitivement jugée, s'abstenir de connaître, non-seulement du différend à l'occasion duquel la prise à partie a pris naissance, mais encore de toutes les causes que la partie qui le poursuit, ou ses parents en ligne directe ou son conjoint, peuvent avoir dans son tribunal, à peine de nullité des jugements.

Quelle obligation est imposée au juge attaqué, tant que la prise à partie n'est point jugée ?

La prise à partie est portée à l'audience sur un simple acte.

Comment la prise à partie est-elle portée à l'audience ?

D'après les termes de notre article, elle devait être jugée par une section *autre que celle qui l'avait autorisée*, ou, lorsqu'il n'existait qu'une seule section (1), par la Cour impériale la plus voisine. Mais cette disposition a été abrogée par l'article 22 du décret du 30 mars 1808. Ce décret veut, en effet, que la prise à partie soit jugée non plus par telle ou telle section de la Cour qui l'a autorisée, mais en audience solennelle par toutes les chambres réunies.

Par qui est-elle jugée ?

Art. 516.

VI. Des jugements auxquels peut donner lieu la prise a partie. — La Cour peut débouter le demandeur de sa poursuite ou l'accueillir.

A quels jugements la prise à partie peut-elle donner lieu ?

Si elle le déboute de sa demande, c'est-à-dire si elle juge que la prise à partie n'est point fondée, elle le condamne à une amende qui ne peut être moindre de 300 francs, sans préjudice des dommages et intérêts envers les parties, s'il y a lieu.

Quid, si la Cour déboute le demandeur de sa demande ?

Mais si elle juge, au contraire, que sa demande est légitime, quelle décision prononce-t-elle alors ? A cet égard, la loi est complétement muette. Mais la nature même des choses indique assez la nature de la condamnation à intervenir. S'il s'agit d'une prise à partie formée à l'occasion d'un acte fait ou ordonné par le juge, par exemple, d'une arrestation illégale, la Cour annule l'acte et condamne le juge à réparer le dommage qu'il aura pu causer. Si aucun acte n'a été fait par le juge inculpé, ce qui a lieu quand il est poursuivi pour déni de justice, la condamnation n'aura alors pour objet que des dommages et intérêts. Que si enfin la prise à partie a eu lieu à l'occasion d'une instance terminée par un jugement, le juge inculpé devra évidemment être

Quid, au contraire, si elle juge qu'elle est fondée ?

(1) Les Cours impériales ont toutes aujourd'hui plusieurs chambres ou sections. Le cas que notre article prévoit ne peut donc pas se présenter.

Le jugement à l'occasion duquel le juge a été recherché doit-il tomber par l'effet de l'admission de la prise à partie ?

condamné à réparer le dommage né de sa faute. Mais le jugement à l'occasion duquel il a été recherché doit-il tomber par l'effet de l'admission de la prise à partie, sauf à la partie en faveur de laquelle il a été rendu et qui en perdra le bénéfice à réclamer les dommages et intérêts auxquels le juge prévaricateur devra être condamné ? Doit-on, au contraire, décider que ce jugement sera maintenu nonobstant le succès de la prise à partie, sauf au demandeur à recourir contre le juge en réparation du dommage que lui causera le maintien du jugement ? — Si le juge est solvable, la question n'offre qu'un médiocre intérêt. Il faut donc, pour en comprendre toute la portée, se placer dans l'hypothèse contraire.

S'il est démontré que la partie qui a triomphé dans le premier procès a été complice du dol du juge, le demandeur en prise à partie pourra alors, dans les trois mois à compter du jour où sa demande aura été accueillie, attaquer le jugement qui a été précédemment rendu contre lui et en obtenir par la voie de l'appel la réformation, s'il a été rendu en premier ressort, ou, par la voie de la requête civile, la rétractation, s'il a été rendu en dernier ressort. On est d'accord sur ce point.

Que si, au contraire, la partie qui a obtenu le jugement n'a point participé au dol du juge, si elle a été de bonne foi, les auteurs se divisent alors. MM. Rodière (t. II, p. 414) et Colmet-Daage (t. II, p. 130) enseignent que le jugement doit être annulé, *même dans ce cas*. Ils décident même que ce droit d'annulation appartient à la Cour saisie de la demande en prise à partie. Suivant eux, la Cour statuerait sur le tout par un seul et même jugement. Autrement, disent-ils, la loi aurait sans objet placé la prise à partie parmi les voies extraordinaires *d'attaquer* les jugements.

M. Bonnier (p. 487) tient pour l'opinion contraire. Nous n'hésitons point à nous ranger à son avis. La prise à partie n'a jamais été considérée dans notre ancien droit que comme une attaque *contre la personne du juge ;* jamais elle n'y a été employée comme un moyen *de faire réformer les jugements* (V. p. 390). Or, notre Code de procédure n'est pas assez explicite pour qu'on puisse penser qu'elle y a reçu un caractère nouveau. Tout indique, au contraire, qu'on a entendu rester dans les anciens errements. Et, en effet, si la prise à partie pouvait amener l'annulation du jugement, la partie en faveur de laquelle il a été rendu, et qui a intérêt à le défendre, devrait évidemment être appelée en cause. Or, y a-t-il dans le Code un seul article qui ait trait à cette mise en cause ? Non, la loi ne suppose partout dans ce débat qu'un défendeur unique, le juge prévaricateur. Elle reconnaît donc implicitement que la prise à partie est et doit demeurer étrangère à celui ou à ceux qui ont obtenu le jugement à l'occasion duquel le juge prévaricateur est recherché. C'est d'ailleurs entrer dans l'esprit général de notre droit que de décider ainsi ; il suffit, pour s'en convaincre, de se reporter à l'article 1116 du Code Napoléon et à l'article 480-1° du Code de procédure.

Toutefois, si la prévarication du juge est assez grave pour que le gouvernement la dénonce à la Cour de cassation comme une forfaiture, le jugement pourra être annulé par cette Cour, puisqu'elle a le droit de casser les actes de forfaiture. Dans ce cas-là même, la prise à partie sera l'occasion plutôt que la cause directe de cette annulation.

FORMULAIRE

DU

CODE DE PROCÉDURE CIVILE.

PREMIÈRE PARTIE.

LIVRE DEUXIÈME.

DES TRIBUNAUX INFÉRIEURS.

TITRE PREMIER.

DE LA CONCILIATION.

FORMULE 1.

Citation en conciliation. (Tarif, art. 21. — Coût, à Paris, 1 fr. 50 cent.; — ailleurs, 1 fr. 25 cent.)

L'an mil huit cent cinquante-sept, le 1er juillet, à la requête du sieur Jean-François Delvigne, employé, demeurant à Paris, rue de Seine, n° 17, où il est domicilié, je, Pierre Delaborde, huissier de la justice de paix de... (1), patenté pour la présente année, le 18 août dernier, n° 43, troisième classe, demeurant à..., soussigné, ai cité le sieur Louis Desrosier, architecte, demeurant à Paris, rue Richelieu, n° 23, en son domicile,

(1) Le droit de donner la citation en conciliation appartient non plus exclusivement à l'huissier de la justice de paix, ainsi que cela avait lieu sous l'empire du Code de procédure, mais à tous les huissiers du canton (Loi du 25 mai 1838).

parlant à sa personne, ainsi qu'il l'a déclaré (1), à comparaître, le 10 du présent mois, dix heures du matin, par-devant M. le juge de paix de..., dans le lieu ordinaire de ses séances, sis à..., rue..., pour se concilier, s'il se peut, sur la demande que le requérant est dans l'intention de former contre lui, devant le tribunal de première instance de..., aux fins suivantes :

Attendu, d'une part, que le sieur Desrosier a, le 31 juin 1854, souscrit, pour cause de prêt, au profit du requérant, un billet (enregistré à..., le..., folio..., recto, case..., par le receveur..., qui a perçu...) de la somme principale de 2,000 francs, payable le..., avec intérêts au taux légal ;

Attendu, d'autre part, qu'il a laissé passer le terme stipulé à son profit, sans satisfaire à ses engagements, soit quant au capital de sa dette, soit quant aux intérêts échus ;

Se voir condamner à payer au requérant: 1° la somme de 2,000 francs, montant en principal de la dette susénoncée ; 2° 300 francs pour trois années d'intérêts échus ; 3° enfin les dépens auxquels pourra donner lieu le procès, s'il s'engage ;

Et entendre dire que, faute d'un payement immédiat, les dépens auxquels il sera condamné, ainsi que les intérêts échus, seront capitalisés et deviendront, comme le capital, productifs d'intérêts au taux légal jusqu'au jour du remboursement.

Afin qu'il n'en ignore je lui ai, en son domicile et parlant ainsi qu'il vient d'être dit, laissé copie du présent exploit, dont le coût est de...

(*Signature de l'huissier.*)

FORMULE 2.

Procès-verbal de conciliation.

L'an..., le..., par-devant nous, soussigné, juge de paix de..., étant en notre salle d'audience, se sont présentés :

D'une part, le sieur... (noms, demeure et profession), lequel nous a déclaré que par exploit du ministère de... (noms, demeure et immatricule de l'huissier), en date du..., dûment enregistré, il a fait citer à comparaître, cejourd'hui, par-devant nous, le sieur... (noms, demeure et profession), pour se concilier, s'il se peut, sur la demande qu'il est dans l'intention de former contre lui et tendant à... (rappeler les conclusions de la citation);

D'autre part, le sieur..., qui a répondu que... (mentionner ses dires).

Sur quoi nous avons exhorté les parties à terminer leur différend par un accommodement, aux termes et conditions suivantes :

(Exposé de l'accommodement).

(1) V. la formule de l'ajournement (formule 4), pour tout ce qui concerne les énonciations relatives au demandeur, à l'huissier, au défendeur et enfin à la personne entre les mains de laquelle est laissée la copie de l'exploit.

Ces conditions ayant été acceptées, nous en avons dressé le présent procès-verbal, que les parties ont signé avec nous et notre greffier.

(*Signatures*).

FORMULE 3.

Procès-verbal de non-conciliation.

L'an..., le... (comme dans la formule précédente).

Sur quoi nous nous sommes efforcé d'amener un accommodement; mais nos conseils n'ayant pas été entendus, nous avons renvoyé les parties à se pourvoir devant qui de droit et avons signé avec notre greffier.

(*Signatures du juge et du greffier.*)

TITRE II.

DES AJOURNEMENTS.

FORMULE 4.

Exploit d'ajournement. (Tarif, art. 27 et 29. — Pour l'original, à Paris, 2 fr.; — ailleurs, 1 fr. 50 cent. — Pour chaque copie, le quart de l'original.)

L'an mil huit cent cinquante-sept, le 1er septembre, à la requête du sieur Jean-François Delvigne, employé (1), demeurant à Paris, rue de Seine, n° 17, où il est domicilié (2), pour lequel domicile est élu chez

(1) Dans le cas où le demandeur a plusieurs professions, l'indication de l'une ou de l'autre suffit; s'il n'en a aucune, il est d'usage d'expliquer que l'exploit est donné à la requête d'un tel..., *sans profession*; mais cela n'est point nécessaire.

Lorsque le demandeur est commerçant, et que sa demande concerne son commerce, on devrait, d'après l'article 29 de la loi du 25 avril 1834, indiquer sa patente, avec désignation de la classe, de la date, du numéro et de la commune où elle a été délivrée, à peine de 25 fr. d'amende; mais cette disposition a été abrogée par l'article 22 de la loi du 18 mai 1850.

(2) Si l'ajournement est donné à la requête :

De plusieurs demandeurs, l'exploit les doit désigner tous, et chacun individuellement.

D'une Société commerciale, il n'est point nécessaire d'indiquer les nom, prénoms, profession et domicile de chacun des associés; il suffit de dire que l'ajournement est donné à la requête de telle Société..., agissant à la diligence du sieur..., son gérant.

D'une Société commerciale, même mode de procéder, d'après la jurisprudence V. ce que nous avons dit à ce sujet, p. 57).

D'un fonctionnaire public procédant en cette qualité, par exemple d'un maire agissant dans l'intérêt de sa commune, on désigne non point les nom, prénoms,

Me Vavin, avoué au tribunal civil de première instance de la Seine, demeurant à Paris, rue de..., n°..., lequel occupera pour lui, sur l'assignation ci-après :

J'ai, Pierre Delaborde, huissier près le tribunal ci-dessus désigné, demeurant à Paris, rue de..., n°..., patenté, pour la présente année, le 12 mai dernier, sous le n° 125, troisième classe, soussigné, donné assignation au sieur Louis (1) Desrosier, architecte (2), demeurant à Paris, rue Richelieu, n° 23, en son domicile (3), parlant à sa personne, ainsi qu'il l'a déclaré (4), à comparaître, à huitaine franche, à l'audience du tribunal de première instance de..., séant à..., pour...

profession et domicile du fonctionnaire, mais simplement sa *qualité* ou le titre de sa fonction, et le département ou la commune qu'il représente.

D'un tuteur agissant en cette qualité, on ajoute, après l'indication de ses nom, prénoms, profession et domicile : Ledit sieur procédant au nom et pour le compte du sieur... (désignation), qu'il représente.

D'un mandant agissant par le ministère d'un mandataire, l'exploit doit être ainsi conçu : A la requête du sieur... (désignation), procédant par le ministère de... (désignation), son mandataire... (V. ce que nous avons dit à ce sujet, p. 57).

Ajoutons enfin qu'au cas où l'exploit est donné à la requête d'un héritier qui n'est point fixé sur le parti qu'il prendra relativement à la succession à laquelle il est appelé, on doit avoir le soin de dire qu'il agit comme appelé à la succession, et sans prendre dès à présent le titre et la qualité d'héritier.

(1) On indique les prénoms du défendeur lorsqu'on les connaît.

(2) Lorsqu'il a plusieurs professions ou qu'il n'en a aucune, appliquez ce qui a été dit ci-dessus, p. 399, note 1 ; si sa profession est inconnue, on met : *Sans profession connue.*

(3) Son *domicile* est-il inconnu, on indique sa *résidence* (V. p. 59).

Sa résidence actuelle est-elle même inconnue, on procède ainsi : Ai donné assignation au sieur..., demeurant auparavant à..., rue de..., n°..., où je me suis transporté, parlant à..., lequel m'ayant déclaré que ledit sieur... n'habite plus ladite maison, et qu'il ignorait le lieu de sa résidence actuelle, j'ai de suite, après des informations restées sans résultat, rédigé deux copies du présent exploit, dont l'une a été par moi affichée à la principale porte du tribunal de première instance de..., et l'autre remise à M. le procureur impérial près ledit tribunal, en son parquet sis au Palais de Justice, lequel a visé l'original (V. p. 69).

Réside-t-il soit sur un territoire français hors du continent, soit à l'étranger, l'exploit se rédige en ces termes : Ai donné assignation au sieur..., demeurant à..., au parquet de M. le procureur impérial près le tribunal de..., lequel, sur ma demande, a visé l'original (V. p. 70). On procède de la même manière lorsque le défendeur est étranger et n'a aucune résidence en France (V. p. 70).

(4) Lorsque le défendeur n'est point présent au moment où l'huissier se présente chez lui, la copie doit être remise *à l'un de ses parents* ou de *ses serviteurs,* mais dans sa maison. L'exploit est alors ainsi rédigé : En son domicile, où n'ayant point trouvé le défendeur, je me suis adressé, étant toujours dans ladite maison, au sieur..., lequel m'a déclaré être parent ou le serviteur de l'assigné, et consentir à se charger de la copie que je lui ai remise (V. p. 63 et 64).

Dans le cas où l'huissier ne rencontre au domicile du défendeur ni le défendeur lui-même, ni parent ou serviteur, il s'adresse à un voisin. La mention est

A défaut de conciliation, ainsi qu'il résulte du procès-verbal dressé par M. le juge de paix de..., le..., dûment enregistré (1) et dont il est donné copie en tête du présent exploit ;

Attendu que le sieur Louis Desrosier a, le 31 juin 1854, souscrit, pour cause de prêt, au profit du requérant, un billet (enregistré à..., le..., folio..., recto, case... par..., qui a reçu...) de la somme principale de 2,000 fr., payable le..., avec intérêts au taux légal ;

Attendu que cette somme n'a pas été remboursée à l'échéance du terme stipulé ;

Attendu que, depuis trois ans, ledit sieur Desrosier n'a fait aucun payement d'intérêts ;

Attendu qu'aux termes de l'article 1154 du Code Napoléon les intérêts échus et dus pour un an peuvent être capitalisés, et devenir, à leur tour, productifs d'intérêts ;

Attendu que si les dépens ne sont point de plein droit productifs d'intérêts, ils acquièrent au moins cet effet lorsqu'on y conclut expressément, d'après le principe doctrinal déposé dans l'article 1155 du Code Napoléon ;

Attendu qu'aux termes de l'article 1323 du même Code, celui auquel on oppose un acte sous seing privé est obligé d'avouer ou de désavouer formellement son écriture ou sa signature ;

Voir dire qu'il sera tenu de reconnaître comme étant siennes l'écriture du billet produit contre lui et la signature qui s'y trouve, sinon qu'elles seront vérifiées en justice et tenues pour reconnues, et en conséquence s'entendre condamner à payer au demandeur :

1° La somme de 2,000 fr., montant principal de sa dette ;

2° 300 fr., pour trois années d'intérêts échus, lesquels 300 fr. seront

alors faite en ces termes : En son domicile, où je n'ai trouvé ni le défendeur, ni aucun de ses parents ou serviteurs ; c'est pourquoi je me suis adressé de suite au sieur..., demeurant à..., lequel s'est chargé, en qualité de voisin, de la copie du présent exploit que je lui ai remise, et a signé l'original (V. p. 65).

Enfin, à défaut de voisin, la copie devant être remise au maire ou à l'adjoint, le *parlant à* est ainsi conçu : En son domicile, où n'ayant trouvé ni le défendeur, ni aucun de ses parents ou serviteurs, non plus qu'aucun voisin qui consentît à se charger de la copie, je l'ai remise à M. ..., maire de..., demeurant à... (ou à l'hôtel de la mairie), lequel a visé l'original (V. p. 66).

Enfin, si le maire et l'adjoint, méconnaissant leur devoir, refusent de se charger de la copie ou de signer l'original, l'huissier s'adresse au procureur impérial. L'exploit est, en ce cas, rédigé en ces termes : En son domicile, où n'ayant trouvé ni le défendeur, ni aucun de ses parents ou serviteurs, et m'étant vainement adressé à ses voisins et au maire de sa commune, j'ai laissé copie du présent exploit à M. le procureur impérial du tribunal de..., en son parquet, sis à..., au palais de justice, lequel a signé l'original sur ma demande (V. p. 66).

(1) Ou : A défaut de comparution en conciliation, ainsi qu'il résulte de la mention délivrée par M. le juge de paix de..., en marge de la citation en conciliation donnée à la requête du demandeur (V. p. 35).

capitalisés et rendus productifs d'intérêts à compter de la citation en conciliation (1);

3° Les dépens, avec intérêts au taux légal, à compter du jour du jugement (2).

Et j'ai audit sieur Louis Desrosier, en son domicile et parlant comme il a été dit ci-dessus, laissé copie du procès-verbal de non-conciliation et du billet dont il vient d'être parlé, ainsi que du présent exploit, dont le coût est de...

(Signature de l'huissier.)

(1) Si la somme principale avait été prêtée gratuitement, on mettrait :

3° Les intérêts à échoir des deux sommes susénoncées, à compter de la citation en conciliation.

(2) Lorsqu'il s'agit d'une action immobilière réelle ou mixte, par exemple d'une action en délivrance de la chose vendue, l'exploit doit être ainsi conçu :

Attendu que, par acte passé par-devant Me Desroches, qui en a gardé minute, et son collègue, Me Olivier, notaires à..., le 22 septembre 1857, enregistré, ledit sieur Desrosier a vendu, en toute propriété, au demandeur, moyennant la somme de..., laquelle a été payée comptant, une pièce de terre de la contenance de..., appelée la Terre des Chaumes, située à..., commune de...; tenant du levant à un enclos appartenant au sieur..., du couchant au jardin du sieur..., du midi au chemin communal allant de... à..., et du nord aux propriétés du sieur...;

Attendu que la propriété de la chose vendue est passée du domaine du vendeur dans celui de l'acheteur, par le seul effet de la vente, conformément aux articles 1138 et 1583 du Code Napoléon;

Attendu qu'une sommation en délivrance a été faite au sieur Desrosier, et qu'elle est restée sans résultat;

Attendu, d'une part, qu'aux termes des articles 1603, 1612 et 1613 combinés du Code Napoléon, le vendeur, qui a reçu le payement de son prix (ou qui a accordé un terme pour le payement du prix), est tenu de délivrer la chose vendue; d'autre part, qu'aux termes des articles 1139, 1146 et 1147 du même Code, le débiteur est constitué en demeure par la sommation qui lui est faite d'exécuter ses engagements, et responsable, dès ce moment, des dommages et intérêts qui pourront résulter de son retard à satisfaire son créancier;

Attendu que l'inexécution de son obligation a causé au demandeur un dommage de la somme de..., ainsi qu'il en sera justifié, si besoin est;

Attendu que, d'après l'article 1153 du Code Napoléon, les dommages et intérêts deviennent productifs d'intérêts, à compter de la demande qui en est faite; que, par argument du même article, les dépens peuvent aussi produire des intérêts à compter du jugement, quand on y a formellement conclu;

Se voir condamner :

1° Au délaissement de la terre de.., ci-dessus désignée, sous peine de payer la somme de... par chaque jour de retard;

2° Au payement de la somme de..., pour la réparation du dommage déjà causé, avec intérêts au taux légal, à compter du jour de la citation en conciliation;

3° Aux dépens, avec intérêts au taux légal, à compter du jugement.

FORMULE 5.

Exploit donné soit un jour de dimanche ou de fête légale, soit un jour ordinaire, mais avant l'heure prescrite par la loi.

Cet exploit ne peut être donné que sur la permission du président du tribunal devant lequel la demande doit être portée. A cet effet, une requête doit être adressée au président, lequel met au bas son ordonnance. L'exploit est rédigé par acte séparé, mais il doit contenir, en tête, la copie de la requête et de l'ordonnance.

Requête.

(Tarif, art. 77. — (Arg. d'analog.) — Coût : Paris, 5 fr.; — ressort, 2 fr. 25 c.)

A Monsieur le président du tribunal de...

Le sieur A..., tuteur du sieur B..., qu'il représente, au nom et pour le compte duquel il procède, par le ministère de Me Vavin, avoué constitué, a l'honneur de vous exposer ce qui suit :

Le sieur A... s'est, par acte sous seing privé, en date du..., enregistré (*copier la mention de l'enregistrement*), reconnu, pour cause de prêt, débiteur envers le sieur B..., aujourd'hui décédé et ayant pour héritier unique son fils mineur, le sieur B..., de la somme de 30,000 fr., payable avec intérêts au taux légal.

Il n'a été fait aucun payement d'intérêts, et la sixième année à compter du prêt devant s'accomplir en ce jour, les intérêts dus pour la première année sont menacés de prescription, conformément aux articles 2277 et 2278 du Code Napoléon ; on les pourrait sauvegarder en faisant donner au débiteur, aujourd'hui même, une citation en justice; mais précisément on ne le peut point, puisque ce jour se trouve être un dimanche, et qu'aux termes de l'article 63 du Code de procédure civile aucun exploit ne peut être signifié un jour de fête légale qu'en vertu de votre permission.

Le requérant vous prie donc, Monsieur le président, de lui permettre, attendu l'urgence, de faire assigner, cejourd'hui dimanche, ledit sieur A..., à comparaître, à huitaine franche, à l'audience et par-devant MM. le président et les juges composant le tribunal civil de première instance séant à..., au palais de justice de ladite ville, heure de cause, pour s'entendre condamner au payement des intérêts échus de la somme dont il est débiteur pour les causes ci-dessus expliquées, et aux dépens ; de plus, de vouloir bien enjoindre à un huissier de cet arrondissement d'avoir, sur la demande du requérant, à poser l'exploit dont il s'agit.

(*Signature de l'avoué.*)

Ordonnance du président (1).

Vu la présente requête, nous, président du tribunal de..., autorisons, en vertu du pouvoir que nous confère l'article 63 du Code de procédure civile, et en raison de l'urgence, l'exposant à faire assigner, cejourd'hui dimanche, le sieur A..., aux fins de la susdite requête ; de plus, nous enjoignons au sieur..., huissier à..., d'avoir à poser cejourd'hui l'assignation dont s'agit.

Paris, le... (*Signature du président.*)

Exploit.

L'an mil huit cent cinquante-sept, le..., à la requête du sieur A... (désignation), procédant au nom et comme tuteur du sieur B..., fils mineur et unique héritier du sieur B..., nommé par délibération du conseil de famille en date du..., dûment enregistrée, pour lequel domicile est élu en l'étude de Me Vavin, avoué près le tribunal civil de première instance de..., sise à..., lequel est constitué et occupera pour le requérant, sur l'assignation ci-après :

Je... (*noms et immatricule de l'huissier*),

Soussigné, commis et enjoint à cet effet, ai donné au sieur A... (désignation), en son domicile, où étant et parlant à..., copie certifiée de Me Vavin, avoué, d'une ordonnance rendue par le président du tribunal de..., cejourd'hui, ainsi que de la requête sur laquelle elle a été rendue ;

A ce qu'il n'en ignore ;

Par suite et attendu l'exactitude des faits énoncés en la susdite requête, j'ai, huissier soussigné, en vertu de l'ordonnance dont il vient d'être parlé, donné assignation audit sieur A..., à comparaître, à huitaine franche, à l'audience et par-devant..., pour voir adjuger contre lui, au profit du requérant, toutes les fins et conclusions prises par le demandeur en sa susdite requête (2) ;

Et, pour qu'il n'en ignore, je lui ai, domicile étant et parlant comme dessus, laissé copie du présent exploit, dont le coût est de...

(*Signature de l'huissier.*)

FORMULE 6.

Ajournement à bref délai.

Requête.

(Tarif, art. 77. — Coût : Paris, 3 fr.; ressort, 2 fr. 25 c.)

A Monsieur le président du tribunal de première instance de...

Le sieur... (*désignation*), ayant pour avoué Me..., a l'honneur de vous exposer ce qui suit.

(1) Son enregistrement peut avoir lieu après son exécution (Décis. min. finances, 13 juin 1809).

(2) Lorsque la requête ne contient qu'un exposé très-sommaire de la demande et des moyens sur lesquels on l'appuie, il importe de formuler et de préciser dans l'exploit les conclusions du demandeur.

(Indiquer l'objet de la demande qu'on est dans l'intention de former, les motifs sur lesquels on entend l'appuyer, et, si besoin est, les circonstances qui la rendent urgente.)

C'est pourquoi, Monsieur le président, l'exposant supplie qu'il vous plaise, attendu l'urgence de la cause, d'une part, lui permettre d'assigner ledit sieur... à comparaître, à trois jours francs, à l'audience et par-devant..., pour voir adjuger contre lui, au profit du requérant, le bénéfice des conclusions dont l'objet a été ci-dessus indiqué, et s'entendre condamner aux dépens ; d'autre part, de commettre un huissier du ressort, à l'effet de poser l'exploit dont s'agit.

(*Signature de l'avoué.*)

Ordonnance.

Nous, président, vu la présente requête, et l'article 72 du Code de procédure, et attendu l'urgence de la cause, autorisons le sieur... à faire assigner, par le ministère de..., huissier, que nous commettons à cet effet, le sieur... à comparaître devant..., à trois jours francs, pour répondre à la demande qui sera formée contre lui, et dont l'objet, ainsi que les motifs, se trouvent énoncés en la susdite requête.

Fait à..., le..., etc.

Exploit.

L'an..., le..., en vertu de l'ordonnance dont il est donné copie en tête du présent exploit, à la requête du sieur...,

Je... (*noms et immatricule de l'huissier*).

Soussigné, huissier commis à cet effet, ai donné assignation au sieur...,

A comparaître, à trois jours francs, à l'audience et par-devant..., pour voir adjuger contre lui, au profit du requérant, toutes les fins et conclusions énoncées en la requête dont copie précède celle des présentes ;

Et, pour qu'il n'en ignore, je lui ai, domicile étant et parlant comme dessus, laissé copie, certifiée et signée de Me..., de la requête et de l'ordonnance dont il a été parlé, ensemble du présent exploit, dont le coût est de...

(*Signature de l'huissier.*)

TITRE III.

CONSTITUTION D'AVOUÉ ET DÉFENSES.

FORMULE 7.

Constitution d'avoué par le défendeur, ou acte d'occuper.

(Tarif, art. 70. — Coût : Paris, 1 fr. ; — ressort, 75 c.)

Me..., avoué près le tribunal civil de première instance séant en la ville de..., y demeurant,

Déclare à Me..., avoué près le même tribunal, et constitué pour le sieur A..., demandeur,

Que, sous la réserve expresse de tous moyens d'incompétence, de nullité et autres, tant de fait que de droit, il a mandat d'occuper et occupera, pour le sieur B..., aux fins de la demande formée contre ce dernier, à la requête dudit sieur A..., par exploit de..., huissier à..., en date du..., dont acte.

(*Signature de l'avoué.*)

A la requête de Me...,

Signifié et laissé copie du présent acte à Me..., avoué, en son domicile, parlant à lui-même (ou à son clerc), par moi, huissier soussigné.

Coût : 90 cent.

Paris, le...

(*Signature de l'huissier.*)

FORMULE 8.

Révocation d'avoué et constitution d'un nouvel avoué.

(Tarif, art. 70. — Coût : Paris, 1 fr.; — ressort, 75 c.)

A la requête du sieur A..., soit signifié et déclaré à Me..., avoué près le tribunal de..., et constitué par le sieur B...,

Que ledit sieur A... a révoqué Me..., qui occupait pour lui dans son instance avec ledit sieur B..., et qu'il constitue en son lieu et place Me..., avoué près le même tribunal, lequel occupera désormais pour lui, sur l'assignation que lui a fait donner le dit sieur B..., par exploit de..., huissier à..., en date du...

(*Signature de l'avoué.*)

A la requête du sieur A...,

Signifié et laissé copie (*comme dans la formule précédente*) (1).

(*Signature de l'huissier.*)

(1) On peut, si l'on veut, procéder de la manière suivante : l'avoué constitué

FORMULE 9.

Requête en défense.

(Tarif, art. 72. — Coût : Paris, 2 fr. par rôle ; — ressort, 1 fr. 50 c.)

A Messieurs les président et juges du tribunal de première instance de...

Le sieur A... (*désignation*), domicilié à..., y demeurant, défendeur à la demande formée contre lui par exploit du ministère de..., huissier à..., en date du..., enregistré, et demandeur aux fins de la présente requête, ayant Me... pour avoué ;

Contre le sieur B... (*désignation*), domicilié à..., y demeurant, demandeur aux fins du susdit exploit, et défendeur à la présente requête, ayant Me... pour avoué ;

Dit pour défenses contre la demande susénoncée que :

Attendu (*rapporter les faits*) ;

Attendu (*développer les moyens*) ;

Par ces raisons, et autres qu'il plaira au tribunal de suppléer, le sieur A... conclut à ce qu'il vous plaise, Messieurs les président et juges, déclarer le sieur B... purement et simplement mal fondé, et, par suite, non recevable dans sa demande, l'en débouter et le condamner aux dépens, dont distraction sera faite, conformément à l'article 133 du Code de procédure civile (1), au profit de Me..., avoué, qui la demande, comme les ayant avancés de ses deniers, ainsi qu'il offre de l'affirmer.

A l'appui des présentes défenses, le sieur A... offre de communiquer audit sieur B..., soit à l'amiable, sur le récépissé de Me..., son avoué, soit par la voie du greffe, les pièces dont l'énumération suit : 1°... 2°...

(*Signature de l'avoué.*)

Signifié et laissé copie, etc.

(*Signature de l'huissier.*)

Enregistré à..., le... ; reçu...

(*Signature du receveur.*)

FORMULE 10.

Requête en réponse aux défenses.

(Tarif, art. 72. — Coût : Paris, 2 fr. par rôle ; — ressort, 1 fr. 50 c.)

A Messieurs les président et juges du tribunal de première instance de...

Le sieur B..., demandeur par son exploit d'assignation du ministère

pour remplacer l'avoué révoqué signifie sa constitution avec mention qu'il occupera au lieu et place de Me... (l'avoué révoqué).

(1) V. p. 120 l'explication de cet article.

de..., huissier à..., en date du..., défendeur aux fins de la requête en défense à lui signifiée par le ci-après nommé, le..., et demandeur aux fins de la présente requête, ayant M^{e}... pour avoué,

Contre le sieur A..., défendeur à l'exploit sus-énoncé, demandeur aux fins de sa requête en défense, en date du..., et défendeur aux fins de la présente, ayant M^{e}..., pour avoué ;

Dit pour réponse aux défenses du sieur A... :

Attendu (*exposé des faits*) ;

Attendu (*discussion et réfutation des moyens invoqués par le défendeur*) ;

Par ces raisons, et autres qu'il plaira au tribunal de suppléer, le sieur B... conclut qu'il vous plaise, Messieurs les président et juges, lui adjuger le bénéfice des conclusions par lui prises dans l'exploit introductif de sa demande, et, conformément à l'article 133 du Code de procédure civile, distraire les dépens au profit de M^{e}..., avoué, qui le requiert, comme les ayant avancés de ses deniers, ainsi qu'il offre de l'affirmer.

(*Signature de l'avoué.*)

A la requête du sieur A...,

Signifié et laissé copie, etc.

(*Signature de l'huissier.*)

Enregistré à..., le..., etc.

(*Signature du receveur.*)

FORMULE 11.

Avenir.

(Tarif, art. 70 et 156. — Coût : (Paris) à l'avoué, orig., 1 fr. ; copie, le quart ; — (ressort) orig., 75 c. ; copie, le quart ; — à l'huissier (Paris), 30 c. ; — tribun. du ressort, 25 c.)

M^{e}..., avoué du sieur A..., somme M^{e}..., avoué du sieur B..., de comparaître mercredi prochain, 10 août 1858, à l'audience et par-devant Messieurs les président et juges du tribunal de première instance de..., séant à..., au palais de justice, pour y plaider au fond (1) la cause pendante entre les parties, aux peines de droit, dont acte.

(*Signature de l'avoué.*)

Signifié et laissé copie, etc.

(*Signature de l'huissier.*)

(1) Si l'avenir est donné pour plaider sur un incident, par exemple sur le résultat d'une enquête, il faut avoir le soin de l'indiquer afin de le faire admettre en taxe.

TITRE V.

DES AUDIENCES, DE LEUR PUBLICITÉ ET DE LEUR POLICE.

FORMULE 12.

Placet. — Réquisition d'audience.

Pour le sieur A..., propriétaire cultivateur, demeurant à..., demandeur aux fins de son exploit, du ministère de..., huissier à..., en date du..., enregistré, comparant par Me..., son avoué,

Contre le sieur B..., sans profession, demeurant à..., défendeur aux fins du susdit exploit, comparant par Me..., son avoué,

Les conclusions du sieur A... tendant à ce qu'il plaise au tribunal,

Attendu (*reproduire le libellé de l'exploit*);

Condamner (*transcrire les conclusions énoncées dans l'exploit,* mais *en ayant soin de retrancher les mots* voir *et* entendre).

(*Signature de l'avoué.*)

Le placet doit être rédigé sur papier libre, et n'est point sujet à l'enregistrement (décision du ministère des finances du 30 novembre 1830). Quoique le tarif n'alloue aucun droit pour sa rédaction, il est d'usage de passer en taxe un léger émolument.

Le placet doit être, la veille au plus tard du jour de l'audience, remis au greffier, qui l'inscrit à son rang sur un registre appelé *rôle*. Après quoi, il le transmet au président pour que la cause soit distribuée à l'une des Chambres. Les avoués sont avertis de la distribution par le bulletin suivant :

Bulletin des causes distribuées aux Chambres du tribunal de...

N°....
du rôle général.

Avoués en cause
MM.
C...
D...

Me..., avoué au tribunal de première instance, est prévenu que la cause pendante entre :
le sieur...
et le sieur...
a été distribuée à la... Chambre du tribunal...
le...

(*Signature du greffier.*)

L'avoué poursuivant retire alors son placet et le dépose au jour indiqué par l'avenir pour se présenter à l'audience (V. la formule 11), sur le bureau de l'huissier audiencier. A l'ouverture de l'audience, l'huissier fait à haute voix l'appel des placets.

Si, sur l'appel du placet, l'un des avoués ne se présente point, il est donné contre lui défaut faute de conclure. Si les deux avoués font défaut, la cause est retirée du rôle. Que s'ils se présentent tous les deux, ils sont tenus de poser des qualités et de prendre des conclusions (V. ci-dessous la formule 13). Ces conclusions sont rédigées par écrit (sur papier libre) et remises au greffier; après quoi, il est indiqué aux avoués un jour pour venir plaider.

Et afin que les avoués soient tenus au courant de leurs affaires, le greffier leur délivre un bulletin indicatif du jour fixé pour les plaidoiries. Ce bulletin est ainsi conçu :

No. . . .
du rôle général.

Avoués en cause :
MM.
C...
D...

Bulletin pour venir plaider à la... Chambre du tribunal de...

Me..., avoué du tribunal de première instance de..., est prévenu que la cause pendante entre :

le sieur...

et le sieur...

a été indiquée pour être plaidée au...

(*Signature du greffier*) (1).

Il est alloué :

Pour chaque bulletin de distribution et de remise de cause, 10 c. aux greffiers des tribunaux de première instance, et 20 c. aux greffiers des Cours (Décret des 24 mai-1er juin 1854).

Pour la mise de la cause au rôle, aux avoués de Paris, 1 fr. 50 c., et aux avoués de ressort, 1 fr. 15 c. (Tarif, art. 90).

Pour chaque appel de cause sur le rôle, aux huissiers audienciers près les tribunaux de première instance, à Paris, 30 c., ailleurs, 25 c.; aux huissiers audienciers près les Cours, 1 fr. 25 c. (Tarif, art. 152 et 157).

Enfin, le droit de mise au rôle est de :

5 fr. pour les causes sur appel des tribunaux civils et de commerce portées devant les Cours impériales;

3 fr. pour les causes ordinaires portées devant les tribunaux civils de première instance ou sur appel des jugements rendus par les juges de paix;

1 fr. 50 c. pour les causes sommaires et provisoires et pour celles portées devant les tribunaux de commerce (loi du 21 ventôse an VII, art. 3; — décisions ministérielles des 14 et 30 juillet 1807; — décret du 12 juillet 1808 art. 8).

FORMULE 13.

Conclusions d'audience par l'avoué du demandeur.

(Décret du 30 mars 1808, art. 69 et 71. — Coût : d'après l'usage, en matière ordinaire, 5 fr., en matière sommaire, 2 fr.)

Conclusions.

Pour le sieur A..., demandeur aux fins d'exploit du ministère de..., huissier à..., en date du..., enregistré, comparant par Me..., son avoué,

Contre

Le sieur B..., défendeur aux fins de l'exploit ci-dessus daté, comparant par Me..., son avoué,

(1) En province et devant les tribunaux peu importants le placet n'est pas en usage.

L'avoué poursuivant fait inscrire la cause au rôle par le greffier, qui en fait

Attendu que... (*énoncer succinctement les faits de la cause et les moyens à l'appui de la demande*) ;

Par ces motifs et tous autres à déduire en plaidant, il est conclu à ce qu'il plaise au tribunal condamner ledit sieur B... (*reproduire les conclusions de la demande ou les modifier s'il y a lieu*);

Ou : à ce qu'il plaise au tribunal dire et déclarer que...; en conséquence ordonner que... et condamner ledit sieur B...

(*Signature de l'avoué.*)

Conclusions d'audience par l'avoué du défendeur.

Même forme, sauf qu'à la fin on termine ainsi : Déclarer le sieur A... purement et simplement non recevable, en tout cas mal fondé en sa demande et le condamner aux dépens.

TITRE VI.

DES DÉLIBÉRÉS ET INSTRUCTIONS PAR ÉCRIT.

FORMULE 14.

Requête du demandeur dans une instruction par écrit.

(Tarif, art. 75. — Coût : Paris, par rôle, 2 fr.; — ressort, 1 fr. 50 c.)

A Messieurs les président et juges du tribunal civil de première instance de...

Le sieur A... (*désignation*), domicilié à... et y demeurant, demandeur suivant son exploit introductif d'instance, du ministère de..., huissier à..., en date du..., enregistré, défendeur à la requête en défense à lui signifiée le... par le ci-après nommé, demandeur aux fins de sa réponse du..., ayant Me... pour avoué,

Contre le sieur B... (*désignation*), domicilié à... et y demeurant, défendeur aux fins de l'exploit susénoncé, demandeur suivant sa requête en défense du..., défendeur aux fins de la requête en réponse à lui signifiée le..., ainsi qu'aux fins de la présente, ayant Me... pour avoué;

Afin de satisfaire au jugement du tribunal, en date du..., portant que la cause pendante entre les parties sera jugée sur instruction par écrit, au rapport de...

mention sur le dossier de l'avoué ou sur l'exploit d'ajournement, en indiquant le numéro de la cause.

A l'audience indiquée, les avoués posent qualités en fournissant un exemplaire de leurs conclusions. Le président indique alors un jour pour la plaidoirie,

Depuis le décret des 24 mai-1er juin 1854, le greffier délivre un bulletin indiquant le jour fixé pour la plaidoirie.

A l'honneur de vous exposer les faits, procédures, questions de fait et de droit ainsi que les moyens suivants :

Faits.

Le sieur B... mourut le..., laissant pour héritier légitime... (*continuer l'exposé des faits*).

Procédures.

Après avoir vainement tenté le préliminaire de la conciliation, ainsi que cela résulte d'un procès-verbal dressé par M. le juge de paix de... en date du..., enregistré, le sieur A... fit, par exploit de..., huissier à..., en date du..., enregistré, donner assignation au sieur B... à comparaître devant..., pour voir dire (*copier les conclusions de l'exploit*). Cette assignation contenait en outre constitution de Me... pour avoué.

Sur cette demande, Me... se constitua pour le sieur B..., par acte d'avoué à avoué en date du..., enregistré (*continuer l'exposé des actes de procédure jusqu'à la signification du jugement qui a ordonné l'instruction par écrit*).

Questions à juger.

La contestation présente à juger les questions suivantes (*les exposer*) :

Moyens à l'appui de la demande.

(*Discussion de la cause ou développement des raisons de fait ou de droit qui militent en faveur de l'exposant*).

Par ces motifs et autres à suppléer, l'exposant conclut à ce qu'il plaise au tribunal (*reprendre les principaux arguments sous la forme de motifs de jugement de la manière suivante*) :

Attendu que... Déclarer que (*énoncer les conclusions*).

A l'appui de la présente requête, l'exposant produit les pièces dont l'énumération suit : (*les énoncer successivement. Si elles sont relatives à des objets distincts, on forme autant de séries qu'il y a d'objets, en ayant soin de placer chacune des séries sous une cote particulière, désignée par une lettre de l'alphabet. Ainsi, la première série est cotée A, la seconde B...*)

La présente requête contient... rôles.

(*Signature de l'avoué.*)

A la requête du sieur A...,
Signifié et laissé copie, etc.

(*Signature de l'huissier.*)

Cette signification faite, le demandeur doit dans les vingt-quatre heures déposer au greffe les pièces indiquées dans sa requête et faire signifier sa production au défendeur, avec sommation de faire la sienne et de fournir ses contredits. Cette signification se fait ainsi :

A la requête du sieur A..., ayant Me... pour avoué ;

Soit déclaré à Me..., avoué du sieur B... qu'aujourd'hui, 24 avril, ledit Me... a déposé au greffe les pièces suivantes, savoir :

1°...

2°...

Soit, en outre, sommé ledit Me... de, dans la quinzaine pour tout délai, et ce sous peine de droit, prendre communication des pièces produites et de fournir ses contredits.

Dont acte.

(Signature de l'avoué.)

A la requête du sieur A...

Signifié et laissé copie, etc.

(Signature de l'huissier.)

FORMULE 15.

Requête du défendeur à l'instruction par écrit.

(Même tarif.)

Cette requête se rédige dans la même forme que la requête du demandeur.

Dans les vingt-quatre heures qui suivent sa signification, le défendeur rétablit au greffe les pièces qu'il a prises en communication, y produit les siennes et signifie son dépôt à son adversaire.

FORMULE 16.

Acte de production nouvelle.

(Tarif, art. 71. — Coût : Paris, 5 fr. ; — ressort, 3 fr. 75 c.)

A la requête du sieur A..., ayant Me... pour avoué,

Soit déclaré à Me..., avoué du sieur B..., qu'aujourd'hui 17 mai ledit Me... a déposé au greffe, par production nouvelle, les pièces suivantes :

La première, cotée A, du..., est, etc. — Il en résulte que...

La seconde, cotée B, du..., est, etc. — Elle tend à prouver que...

Qu'en conséquence, le sieur A..., modifiant et rectifiant ses premières conclusions, conclut à ce que...

(Si les pièces nouvellement produites ne font que corroborer les premières, on met : qu'en conséquence, le sieur A... persiste dans ses conclusions précédemment signifiées).

Soit, en outre, sommé Me... de prendre communication des nouvelles pièces produites et de fournir sa réponse, le tout dans la huitaine pour tout délai et sous peine de droit.

Dont acte. La présente requête contient... rôles.

(Signature de l'avoué.)

A la requête du sieur A...
Signifié et laissé copie..., etc.

(*Signature de l'huissier.*)

FORMULE 17.

Mémoire de la partie pour obtenir le rétablissement de ses pièces indûment retenues par l'avoué de son adversaire.

A M..., juge au tribunal de première instance de... commis pour faire le rapport sur instruction par écrit de la cause pendante entre le sieur A... et le sieur B... par jugement rendu contradictoirement le... enregistré ;

Le sieur A..., domicilié à... et y demeurant ;

Contre Me..., avoué du sieur B... ;

A l'honneur de vous exposer, d'une part, qu'il a fait déposer, par le ministère de Me..., son avoué, le..., au greffe du tribunal, les pièces suivantes :...

D'autre part, que lesdites pièces ont été confiées en communication à Me..., avoué du sieur B..., sur son récépissé, en date du..., enregistré et dont copie est donnée en tête des présentes.

Ces pièces n'ayant pas été rétablies, dans les délais fixés, ainsi que cela résulte d'un certificat du greffier, en date du... enregistré et dont la copie se trouve également en tête des présentes ;

L'exposant conclut à ce qu'il soit enjoint au dit Me... d'avoir, dans les vingt-quatre heures pour tout délai, à rétablir au greffe du tribunal les pièces qu'il retient indûment, et, faute par lui de les rétablir dans ledit délai, à ce qu'il soit condamné et par corps : 1° à faire incontinent la remise à laquelle il est obligé ; 2° aux frais du jugement, sans répétition ; 3° à 10 francs de dommages et intérêts par chaque jour de retard, sans préjudice des autres peines portées par le second alinéa de l'article 107 du Code de procédure civile.

Le présent mémoire contient... rôles. Présenté le...

(*Signature de l'exposant.*)

FORMULE 18.

Requête au président pour faire nommer un nouveau rapporteur.

(Tarif, art. 70. — Coût : 1 fr. (Paris); — ressort, 75 c.)

A Monsieur le président du tribunal civil de première instance de...

Le sieur A..., domicilié à..., et y demeurant, ayant Me... pour avoué,

A l'honneur de vous exposer, d'une part,

Que, par jugement rendu par le tribunal, le..., enregistré, il a été ordonné que la cause pendante entre lui et le sieur B... sera instruite par écrit, au rapport de M..., l'un des juges du tribunal;

D'autre part, que M... est décédé, et qu'ainsi il y a lieu de commettre un nouveau juge pour faire le rapport dont il s'agit.

C'est pourquoi l'exposant demande qu'il vous plaise, Monsieur le président, nommer l'un de MM. les juges à l'effet de faire ledit rapport. La présente requête contient... rôles.

Présenté le...,

(*Signature de l'avoué.*)

Ordonnance du président.

Nous, président du tribunal de première instance de..., vu la requête ci-dessus, commettons, conformément à l'article 110 du Code de procédure civile, M..., juge en ce tribunal, pour faire, aux lieu et place de M..., décédé, son rapport dans la cause pendante entre le sieur A... et le sieur B...

Fait et délivré au palais de justice, aujourd'hui 10 juin 1858.

(*Signature du président.*)

TITRE VII.

DES JUGEMENTS.

FORMULE 18.

Signification à avoué du jugement qui ordonne une comparution personnelle, avec sommation de faire comparaître sa partie.

(Tarif, art. 70 et 150. — Coût : à l'avoué (Paris), 1 fr.; — ressort, 75 c.; — à l'huissier (Paris), 50 c.; — ressort, 25 c.)

A la requête du sieur A..., ayant Me... pour avoué, soit signifié, et en tête de celle des présentes donné copie à Me..., avoué près le tribunal civil de première instance de... et du sieur B..., de la grosse d'un jugement rendu contradictoirement le..., entre lesdites parties, par ledit tribunal, enregistré, par lequel il a été ordonné que les parties seront tenues de comparaître en personne le..., heure de..., à l'audience, pour fournir, sur les faits qui les divisent, les explications que le tribunal croira devoir leur demander.

Soit, en conséquence, sommé ledit Me... de comparaître et de faire comparaître sa partie le..., heure de..., à l'audience et par-devant MM. les président et juges du tribunal civil de première instance, séant à..., pour répondre aux questions qui lui seront faites; lui déclarant que, faute par sa partie de comparaître, il sera tiré contre elle tel avantage que de droit et passé outre tant à l'audition du requérant qu'au jugement de la cause ; dont acte.

(*Signature de l'avoué.*)

A la requête du sieur A...,

Signifié et laissé copie du présent acte à Me..., avoué, en son domicile, rue..., en parlant à..., le..., par moi huissier audiencier soussigné. Le coût est de...

(*Signature de l'huissier.*)

FORMULE 19 (*bis*).

Signification du même jugement à la partie, avec sommation de comparaître.

(Tarif, art. 29. — Coût : Paris, 2 fr. ; — ailleurs, 1 fr. 50 c.).

L'an..., le..., à la requête du sieur A..., propriétaire-cultivateur, demeurant à..., lequel élit domicile en l'étude de Me..., avoué constitué, qui continuera d'occuper pour lui ; je (*noms et immatricule de l'huissier*) soussigné, ai signifié au sieur B..., sans profession, demeurant à..., en son domicile, où je me suis transporté, et parlant à...

Un jugement rendu contradictoirement entre le requérant et ledit sieur B... par le tribunal civil de première instance de..., le..., dûment enregistré et signifié à avoué, le...,

A ce qu'il n'en ignore ;

Attendu que le jugement susénoncé a ordonné la comparution des parties en personne, pour l'audience du... ;

J'ai, huissier soussigné, à la même requête que dessus, fait sommation audit sieur B..., d'avoir à se trouver le..., heure de..., à l'audience et par-devant MM. les président et juges composant le tribunal civil de première instance de..., au palais de justice de ladite ville, à l'effet de s'expliquer en personne avec le requérant sur les faits qui sont l'objet de leur différend et fournir toutes les explications que le tribunal croira devoir leur demander ; déclarant audit sieur B..., que, faute par lui d'obtempérer à la présente sommation, le requérant en tirera tels avantages que de droit. Et afin que de tout ce que dessus ledit sieur B... n'en ignore, je lui ai ès mains, domicile et parlant comme dessus, laissé copie certifiée de Me..., avoué, tant dudit jugement que du présent exploit, dont le coût est de (1)...

(*Signature de l'huissier.*)

(1) Dans l'usage, et lorsque le jugement est contradictoire, on ne le signifie point. Les avoués se chargent d'avertir les parties. Mais voyez ce que nous avons dit à ce sujet, p. 105.

FORMULE 20.

Jugement interlocutoire ordonnant une prestation de serment.

Ouï, les avoués des parties et M. le procureur impérial en ses conclusions,

Attendu que le sieur A... prétend avoir vendu, le..., au sieur B..., un cheval, moyennant la somme de..., stipulée payable le...

Attendu que le sieur B..., assigné en payement de cette somme, reconnaît bien l'existence de ladite vente, mais soutient qu'il en a acquitté le prix ;

Attendu qu'en présence de cet aveu, le sieur A..., qui ne le pouvait point diviser, ainsi que cela résulte de l'article 1356 du Code Napoléon, a déclaré déférer au sieur B... le serment décisoire sur le fait de savoir s'il a réellement payé le prix, objet du litige ;

Attendu que le fait sur lequel le serment est déféré est personnel au sieur B...;

Attendu qu'aux termes des articles 1358, 1359 et 1361, la partie à laquelle un serment est déféré sur un fait qui lui est personnel est tenue de le prêter ou de le référer ;

Attendu que le sieur B... n'a point référé au sieur A... le serment que ce dernier lui a déféré ;

Par ces motifs, le tribunal, jugeant avant dire droit au fond, donne acte au sieur A... du serment décisoire par lui déféré au sieur B...;

En conséquence, ordonne que ce dernier affirmera et jurera en personne, conformément à la loi, qu'il a réellement payé au demandeur la somme qui fait entre eux l'objet du litige, tous droits et moyens des parties, ainsi que les dépens étant réservés.

Fait et prononcé à...

— *Voyez, pour la signification de ce jugement soit à l'avoué, soit à la partie, et la sommation de comparaître, les formules* 19 *et* 19 bis. *On procède dans la même forme.*

FORMULE 21.

Avenir à l'effet de faire commettre un juge entre les mains duquel le serment ordonné sera prêté, à raison de l'impossibilité où se trouve la partie de comparaître à l'audience.

(Tarif, art. 70 (par analog.) — Coût, à Paris, 1 fr.; — ressort, 75 c.)

A la requête du sieur B..., ayant Me... pour avoué, soit sommé Me... près le tribunal civil de première instance... et du sieur A... de comparaître..., etc., pour,

Attendu que par jugement..., etc., il a été ordonné que le sieur B... prêterait serment sur le fait de savoir..., etc.;

Attendu que l'exposant se trouve atteint d'une maladie grave qui le

27

met hors d'état de se présenter à l'audience pour y prêter le serment ordonné par le jugement susénoncé, ainsi que le constate le certificat délivré par M..., médecin à..., le..., dûment enregistré et dont il est, avec ces présentes, donné copie;

Attendu qu'aux termes de l'article 121 du Code de procédure, le serment peut, en cas d'empêchement légitime et dûment constaté, être prêté devant le juge que le tribunal aura commis et qui se présentera assisté de son greffier, au domicile de la partie;

Attendu que le sieur B... se trouve dans le cas prévu par cette disposition;

Voir commettre un de messieurs les juges du tribunal qui, assisté de son greffier, se transportera en la demeure du requérant pour y recevoir son serment sur les faits susénoncés, et, en cas de contestation, se voir condamner, le sieur A..., aux dépens, dont distraction au profit de Me..., avoué, qui affirme avoir fait la plus grande partie des avances; déclarant audit Me... que, faute par lui de comparaître, il sera contre lui requis défaut et pris avantage. Dont acte.

(*Signature de l'avoué.*)

A la requête du sieur B...

Signifié et donné copie du présent acte et d'un certificat délivré par M..., médecin à..., par moi, huissier audiencier soussigné, à Me..., avoué du sieur A..., en son domicile, parlant à son principal clerc. Le coût est de...

Le...

(*Signature de l'huissier.*)

FORMULE 22.

Sommation à l'avoué de faire comparaître sa partie pour assister à la prestation d'un serment ordonné par jugement contradictoire.

(Tarif, art. 29. — Coût, à Paris, 2 fr.; — ailleurs, 1 fr. 50 c.)

A la requête du sieur B..., sans profession, demeurant à..., ayant Me... pour avoué,

Il est, par ces présentes, déclaré à Me..., avoué près le tribunal civil de première instance de..., et du sieur A..., propriétaire-cultivateur, demeurant à...

Qu'à l'audience du 15 courant, dix heures du matin, ledit sieur B... fera le serment à lui déféré par le sieur A... et ordonné par le jugement rendu entre les parties, le..., dûment enregistré et signifié, sur les faits énoncés audit jugement;

En conséquence, sommation est faite audit Me... d'avoir à faire trouver ledit sieur A..., sa partie, à l'audience ci-dessus indiquée pour être présente et assister en personne au serment qu'y fera le requérant; déclarant qu'il sera procédé, tant en son absence qu'en sa présence, à la prestation du serment. Dont acte.

(*Signature de l'avoué.*)

A la requête du sieur B...

Signifié et délivré copie du présent acte, par moi, huissier audiencier et soussigné, à Me..., avoué au tribunal de..., et du sieur A..., en son domicile, parlant à son principal clerc. Le coût est de...

Le...

(Signature de l'huissier.)

Lorsque la partie qui a le droit d'assister à la prestation de serment n'a point d'avoué constitué, la sommation ci-dessus doit lui être faite par exploit à personne ou à domicile, en ces termes :

L'an..., le..., à la requête du sieur B..., etc., pour lequel domicile est élu en l'étude..., etc., je (*noms et immatricule de l'huissier*),

Soussigné, ai fait sommation au sieur A..., etc., en son domicile et parlant à...

D'avoir à se trouver le..., dix heures du matin, à l'audience du tribunal civil de première instance de..., pour être présent, si bon lui semble, au serment qu'y fera le sieur B..., en exécution du jugement rendu par défaut à son profit contre le sieur A..., par ledit tribunal, le..., dûment enregistré et signifié, sur les faits énoncés en ce jugement, lui déclarant..., etc.; et j'ai dit audit sieur A..., en son domicile, parlant comme dessus, laissé copie du présent exploit, dont le coût est de...

(Signature de l'huissier.)

FORMULE 23.

Demande en distraction des dépens au profit de l'avoué.

Dans l'usage, au moins en province, cette demande est verbalement formée à l'audience, lors de la prononciation du jugement, par l'avoué, dans les termes suivants : Je demande à mon profit la distraction des dépens, comme les ayant en grande partie avancés de mes deniers.

Elle peut être également demandée, soit par l'exploit introductif de la demande, soit par les conclusions signifiées. Après les mots : et en outre aux dépens, *on met* : dont distraction au profit de Me..., avoué, qui affirme les avoir, en grande partie, avancés de ses deniers.

FORMULE 24.

Qualités d'un jugement contradictoire.

(Tarif, art. 87. — Coût, à Paris, 7 fr. 50 c.; — ressort, 5 fr. 50 c. — Pour chaque copie, le quart.)

Qualités d'un jugement contradictoirement rendu par le tribunal civil de première instance de..., le...

Entre le sieur A... (*nom, prénoms, profession et domicile*), demandeur aux fins d'exploit du ministère de..., en date du..., enregistré, comparant et plaidant par Me..., avocat, assisté de Me..., avoué, d'une part;

Et le sieur B... (*nom, prénoms, profession et demeure*), défendeur aux fins de l'exploit ci-dessus daté, comparant et plaidant par Me..., avocat, assisté de Me..., avoué ; ledit sieur B... agissant tant en son nom personnel que comme héritier pur et simple de défunt Etienne B..., son père, d'autre part;

Points de fait.

Par acte reçu, Me..., et Me..., son collègue, notaires à..., le..., enregistré, le sieur A... vendit au sieur J... B... (*continuer l'exposé des faits*).

Procédures et conclusions des parties.

Après avoir vainement tenté le préliminaire de conciliation, ainsi que cela résulte d'un procès-verbal de non-conciliation dressé par M. le juge de paix de..., en date du..., enregistré, le sieur A... fit par exploit de..., huissier à..., en date du..., enregistré, donner assignation au sieur B... à comparaître devant le tribunal civil de première instance de..., le..., pour voir dire (*reproduire les conclusions de l'exploit*).

Sur cette assignation, qui contenait constitution de Me... pour le sieur A..., Me..., avoué, se constitua pour le sieur B..., par acte d'avoué à avoué, en date du..., enregistré;

L'affaire ayant été distribuée à la... Chambre, avenir fut donné, par acte d'avoué à avoué, en date du, enregistré, par Me... à Me..., à comparaître le... devant ladite Chambre. Les parties s'étant présentées prirent respectivement des conclusions au fond. La cause fut mise au rôle.

Par acte d'avoué à avoué, en date du..., enregistré, Me..., avoué du sieur B..., fit signifier sa requête en défenses à Me..., avoué du sieur A...

Le sieur A... fit sa réponse par acte d'avoué à avoué, en date du..., enregistré.

La cause en cet état, et appelée par l'huissier de service à l'audience de ce jour, il y a été conclu à ce qu'il plaise au tribunal, savoir :

1° Par Me..., avoué du sieur A..., demandeur, dire et déclarer (*continuer l'exposé des conclusions*);

2° Et par Me..., avoué du sieur B..., défendeur, déclarer le sieur A... non recevable, et, en tout cas, mal fondé dans sa demande, l'en débouter et le condamner à payer, à titre de dommages et intérêts, la somme de... et en tous les dépens, sous toutes réserves de droit.

Ces conclusions ont été développées par les avocats des parties ; le ministère public a été entendu.

La cause en cet état a présenté à juger les questions suivantes :

En droit :

1° Était-ce le cas de...

2° Le tribunal devait-il ordonner..., etc. (1)

3° Que devait-il statuer quant aux dépens?

(*Signature de l'avoué.*)

A la requête de Me..., avoué du sieur...,

Signifié et délivré copie des présentes qualités de jugement par moi..., huissier audiencier du tribunal de..., à Me..., avoué du sieur..., en son domicile et parlant à son maître clerc. Le coût est de...

Le...

(*Signature de l'huissier.*)

FORMULE 25.

Sommation de lever un jugement.

(Décret addit. du 16 fév. 1807. — Coût : 1 fr., orig.; 25 c., copie.)

Me..., avoué près le tribunal civil de première instance de..., et du sieur B..., employé, demeurant à..., fait par ces présentes à Me..., avoué près le même tribunal, et du sieur A..., médecin, demeurant à...

De, dans le délai de trois jours, dresser et lui signifier les qualités du jugement rendu entre les parties, le..., et, dans la huitaine suivante, de lever et signifier ledit jugement;

Déclarant audit Me..., qu'à défaut par lui d'obtempérer à la présente sommation, lui, Me... dressera et lui signifiera les qualités dudit jugement qu'il lèvera et signifiera ensuite, sans toutefois l'approuver en aucune façon, son client se réservant le droit de l'attaquer, s'il y a lieu, par les voies légales. Dont acte.

(*Signature de l'avoué.*)

A la requête de Me..., avoué du sieur B...,

Signifié et délivré copie du présent acte par moi..., huissier audiencier du tribunal civil de première instance de..., à Me..., avoué du sieur A..., en son domicile et parlant à lui-même.

(*Signature de l'huissier.*)

FORMULE 25 *bis.*

Signification de qualités de jugement.

Cette signification se trouve ci-dessus, à la fin de la formule 24.

FORMULE 26.

Opposition aux qualités d'un jugement contradictoire.

(Tarif, art. 90. — Coût : Paris, 1 fr. 50 c.; — ressort, 75 c.)

L'avoué auquel des qualités de jugement ont été signifiées peut y former opposition, c'est-à-dire en demander la rectification, lorsqu'il estime qu'elles

(1) Aux termes de l'art. 87 du tarif, on expose les faits de la cause et les

ne sont pas exactes. A cet effet, il se rend, dans les vingt-quatre heures de la signification, chez l'huissier qui l'a faite, et lui déclare qu'il s'oppose aux qualités qui y sont énoncées. L'huissier consigne, sur l'original des qualités, la mention suivante : Me..., avoué du sieur..., a déclaré former opposition aux présentes qualités.

Le... *(et il signe).*

FORMULE 27.

Avenir en règlement de qualités.

(Tarif, art. 70. — Coût : Paris, 1 fr.; — ressort, 75 c.; — copie, le quart.)

A la requête de Me..., avoué au tribunal civil de première instance de..., et du sieur...

Sommation est faite à Me..., avoué près le même tribunal, et du sieur...,

D'avoir à se trouver le..., dix heures du matin (*ou :* à l'issue de l'audience), par-devant M. le président du tribunal de... (*ou :* par-devant M. le président de la première (*ou* deuxième) chambre du tribunal de...), en son cabinet, au palais de justice, pour y déduire les motifs de son opposition aux qualités du jugement rendu entre lesdites parties, le..., lesquelles qualités lui ont été signifiées par acte en date du...;

Déclarant audit Me... qu'à défaut par lui de se présenter aux lieu, jour et heure ci-dessus indiqués, il sera pris contre lui défaut, et lesdites qualités remises à l'expédition telles qu'elles ont été signifiées, sous toutes réserves. Dont acte.

(*Signature de l'avoué.*)

A la requête de Me..., avoué au tribunal de..., et du sieur...,

Signifié et délivré copie du présent acte par moi..., huissier audiencier soussigné, à Me..., avoué près le même tribunal, et du sieur..., en son domicile et parlant à son maître clerc. — Le coût est de...

(*Signature de l'huissier.*)

FORMULE 28.

Grosse d'un jugement.

Napoléon, par la grâce de Dieu et la volonté nationale, empereur des Français, à tous présents et à venir, salut :

Le tribunal civil de première instance du premier arrondissement

conclusions des parties *sans y insérer leurs motifs et sans rappeler dans le récit des faits les moyens respectifs.*

communal du département de..., séant en la ville de..., a rendu, le..., le jugement suivant :

Entre... (*le greffier copie textuellement les qualités qui lui sont remises par l'avoué* (V. la formule 24). *S'il y a eu opposition aux qualités, il mentionne cette opposition et le règlement qui en a été la suite, ou la main-levée qu'en a donnée l'avoué opposant*) ;

Le tribunal, après avoir entendu en leurs conclusions et plaidoiries respectives Me..., avocat, assisté de Me..., avoué du sieur..., et Me..., avocat, assisté de Me..., avoué du sieur..., ensemble M. le procureur impérial en ses conclusions, et après en avoir délibéré conformément à la loi, jugeant en premier (*ou* en dernier) ressort ;

Attendu... (*copier les motifs du jugement*) ;

Par ces motifs, condamne (*ou* ordonne) (*copier le dispositif du jugement*).

Fait et prononcé le..., à l'audience publique du tribunal civil de première instance du premier arrondissement communal du département de..., tenue au palais de justice de ladite ville, par M..., président, et MM..., juges, présent judiciairement, M..., procureur impérial, tenant la plume, Me..., greffier.

La minute a été signée par le président et par le greffier. En marge est écrit : Enregistré à..., le..., folio..., case..., reçu...

Signé... receveur.

Mandons et ordonnons à tous huissiers sur ce requis, de mettre le présent jugement à exécution ; à nos procureurs généraux, à nos procureurs près les tribunaux de première instance d'y tenir la main ; à tous commandants et officiers de la force publique d'y prêter main forte, lorsqu'ils en seront légalement requis.

En foi de quoi les présentes ont été scellées.

Pour expédition :

(*Signature du greffier.*)

FORMULE 29.

Signification d'un jugement à avoué.

Dans le Midi, cette signification se met sur la grosse du jugement en ces termes :

A la requête de Me..., avoué au tribunal de..., et du sieur..., signifié et délivré copie du présent jugement par moi..., huissier audiencier soussigné, à Me..., avoué près le même tribunal, et du sieur..., en son domicile et parlant à son maître clerc. Le coût est de...

Le... (*Signature de l'huissier.*)

Sur la copie qui est certifiée par l'avoué, au lieu de : signifié et délivré copie du présent jugement, *on met :* signifié et délivré la présente copie de jugement (1).

(1) Il n'est dû à l'avoué que le droit de copie de pièces, et à l'huissier le droit de signification (V. For., par Chauveau Adolphe, revu par M. Glandaz, t. I, p. 299).

A Paris et dans le Nord, la même signification se fait par acte d'avoué à avoué, de la manière suivante :

A la requête du sieur..., ayant Me... pour avoué, soit signifié et en tête de celle des présentes donné copie à Me..., avoué au tribunal civil de première instance de..., et du sieur...,

De la grosse en forme exécutoire d'un jugement rendu contradictoirement entre les parties susnommées, par le tribunal civil de première instance de..., le..., dûment enregistré, sous toutes réserves du droit d'appel et des autres voies de recours à ce que du contenu audit jugement ledit Me... n'en ignore et ait à s'y conformer. Dont acte.

(*Signature de l'avoué.*)

A la requête du sieur...,

Signifié copie du présent acte par moi..., huissier audiencier soussigné, à Me..., avoué au tribunal de..., en son domicile, et parlant à son principal clerc. Le coût est de... (1).

(*Signature de l'huissier.*)

FORMULE **30.**

Signification de jugement à partie.

(Tarif, art. 29. — Coût : Paris, 2 fr.; — ailleurs, 1 fr. 50 c.; — pour chaque copie, le quart.)

L'an..., le..., à la requête du sieur (*nom, prénoms, etc.*), lequel élit domicile en l'étude de Me..., qui, au besoin, continuera d'occuper pour lui, je...

(*noms et immatricule de l'huissier.*)

Soussigné, ai signifié copie au sieur (*nom, prénoms, etc.*), en son domicile où je me suis transporté, et parlant à...

De la grosse en forme exécutoire d'un jugement contradictoirement rendu entre le sieur... et le sieur..., par le tribunal civil de première instance de..., le..., enregistré sur la minute et sur la grosse, et signifié à avoué par acte d'avoué à avoué en date du..., enregistré ;

A ce que du contenu audit jugement le susnommé n'ignore, à toutes fins utiles, nécessaires et de droit, sous la réserve expresse du droit d'user, s'il y a lieu, des voies de recours établies par la loi, je lui ai, ès mains, domicile et parlant comme dessus, laissé copie, certifiée sincère et véritable, et signée de Me...., avoué, tant dudit jugement que du présent exploit, dont le coût est de...

(*Signature de l'huissier.*)

(1) Par chaque rôle : Paris, 30 cent.; — ressort, 25 cent. (Art. 89 du tarif).

TITRE VIII.

DES JUGEMENTS PAR DÉFAUT.

FORMULE 31.

Signification d'un jugement de jonction, avec réassignation.

(Tarif, art. 29. — Coût : Paris, 2 fr.; — ailleurs, 1 fr. 50 c.; — pour chaque copie, le quart.)

L'an..., le..., à la requête du sieur A..., etc., pour lequel domicile est élu en l'étude de Me..., avoué, qui continuera d'occuper pour lui, sur l'assignation ci-après, je...,

(*noms et immatricule de l'huissier.*)

Soussigné, commis à cette fin par le jugement ci-après énoncé, ai signifié et délivré copie au sieur C..., etc., en son domicile, où je me suis transporté, et parlant à...,

De la grosse en forme exécutoire d'un jugement de défaut, profit joint, rendu par le tribunal civil de première instance de..., le..., enregistré et signifié à Me..., avoué du sieur B..., par acte d'avoué à avoué, en date du..., enregistré ;

A ce qu'il n'en ignore;

Attendu que, par acte sous seing privé en date du..., enregistré... (*copier la mention de l'enregistrement*), les sieurs B... et C... se sont solidairement obligés, pour cause de prêt, à payer au requérant, le..., et avec intérêts au taux légal, la somme de...;

Attendu que, pour obtenir le payement de ladite somme, le requérant, après avoir vainement tenté le préliminaire de conciliation, ainsi que cela résulte d'un procès-verbal de non-conciliation dressé par M. le juge de paix de..., enregistré, a fait donner, par exploit de..., en date du..., enregistré, assignation auxdits sieurs B... et C... à comparaître devant le tribunal civil de première instance de...;

Attendu que, sur cette demande, le sieur B... a seul constitué avoué, et que, par suite, il est intervenu le jugement ci-dessus énoncé, qui, en donnant défaut contre le sieur C..., défaillant, a joint le profit de ce défaut à la cause pendante entre le requérant et le sieur B..., et ordonné que ledit jugement sera signifié audit sieur C... par l'huissier soussigné, avec assignation pour l'audience du...;

C'est pourquoi j'ai, huissier soussigné, à même requête, demeure, constitution d'avoué et élection de domicile que dessus, audit domicile et parlant comme il a été dit, donné assignation audit sieur C..., à comparaître le..., dix heures du matin, à l'audience et par-devant MM. les président et juges composant le tribunal civil de première instance de..., au palais de justice de ladite ville, pour...;

Attendu (*reproduire les attendus de la première assignation*) ;

Se voir condamner (*reproduire les conclusions de la première assignation*);

Et afin que de tout ce que dessus le sieur C... n'ignore, je lui ai, ès mains, domicile et parlant comme devant, laissé copie, certifiée sincère et véritable, et signée de M[e]..., avoué, tant desdits procès-verbal de non-conciliation et jugement que du présent exploit, dont le coût est de...

(*Signature de l'huissier.*)

FORMULE 32.

Opposition formée par requête à un jugement par défaut.

(Tarif, art. 75. — Coût : Paris, 2 fr. par rôle ; — ressort, 1 fr. 50 c. ; — pour chaque copie, le quart.)

A Messieurs les président et juges composant le tribunal civil de première instance de...

Le sieur B..., etc., défendeur au principal et à l'exécution d'un jugement rendu contre lui par défaut, demandeur aux fins des présentes, comparant par M[e]..., avoué, demeurant à..., qu'il constitue, et qui occupera pour lui sur la présente opposition et ses suites,

Contre le sieur A..., etc., demandeur au principal et à l'exécution du susdit jugement, défendeur à la présente opposition, ayant M[e]... pour avoué,

A l'honneur de vous exposer que le sieur A... l'a fait assigner, par exploit de..., en date du..., enregistré, en payement d'une somme de deux mille francs, montant d'un billet souscrit au profit dudit sieur A... par l'exposant, en date du..., enregistré... (*copier la mention de l'enregistrement*), et qu'il est intervenu, le..., un jugement par défaut qui condamne ledit sieur B... au payement de ladite somme de...;

Que le requérant se rend opposant à ce jugement, attendu (1) que la dette au payement de laquelle il a été condamné a été acquittée dès avant le jugement, ainsi que cela résulte d'une lettre du sieur A..., en date du..., enregistrée...; que, d'ailleurs, cette dette étant exigible le..., se trouve prescrite, aux termes de l'article 2262 du Code Napoléon ;

Par ces motifs, et tous autres à déduire en plaidant, il est conclu à ce qu'il plaise au tribunal recevoir le sieur B... opposant au jugement par défaut rendu contre lui le...; dire que son opposition étant régulière, recevable et bien fondée, il sera déchargé des condamnations

(1) *Lorsque des défenses ont été signifiées, au lieu d'exposer les motifs de l'opposition, on met :* que le requérant se rend opposant à ce jugement et emploie pour moyens d'opposition les défenses qu'il a signifiées par acte d'avoué à avoué, en date du..., enregistré... (La requête n'est alors passée que pour un rôle : 1 fr. 50 cent. — Voir l'art. 75 du tarif.)

prononcées contre lui, au profit du sieur A..., par le susdit jugement, qui sera mis au néant ; et, statuant sur le mérite de ladite opposition, dire que le requérant est complétement libéré envers le sieur A..., et, par suite,

Déclarer ce dernier non recevable et mal fondé dans sa demande principale, l'en débouter, et pour le préjudice que cette demande a causé au sieur B..., en portant atteinte à sa considération et à son crédit, condamner le sieur A... à lui payer, à titre de dommages et intérêts, la somme de..., ensemble aux dépens ; et pour ouïr ainsi dire et ordonner, sommation est faite à Me... de venir à la première audience ou à toutes autres suivantes, s'il y a lieu, sous les peines de droit ; offrant le concluant de communiquer, soit à l'amiable, soit par la voie du greffe, les pièces à l'appui de la présente opposition. Dont acte.

(*Signature de l'avoué.*)

A la requête de Me..., avoué au tribunal civil de première instance de..., et du sieur B...

Signifié et délivré copie de la présente requête d'opposition par moi..., huissier audiencier, soussigné, à Me..., avoué près le même tribunal, et du sieur A..., en son domicile et parlant à son principal clerc. Le coût est de... (*Signature de l'huissier.*)

FORMULE 33.

Opposition formée par une déclaration sur un commandement ou sur un procès-verbal de saisie.

Le sieur B... nous a formellement déclaré s'opposer à l'exécution du jugement par défaut rendu contre lui, le..., au profit du sieur A..., et ce, par les motifs qu'il déduira en réitérant, conformément à la loi, ladite opposition.

L'huissier fait signer cette déclaration par la partie opposante, si elle sait signer ; si elle ne le sait pas, il fait la mention suivante : l'opposant, ayant été par nous requis de certifier son opposition par sa signature, a déclaré ne pas savoir signer. *Après quoi il ajoute :* contre laquelle opposition j'ai, huissier soussigné, fait, pour le sieur A..., la réserve expresse de tous ses droits et actions.

FORMULE 34.

Opposition par exploit d'huissier, à un jugement par défaut, faute de comparaître.

(Tarif, art. 29. — Coût : Paris, 2 fr.; — ailleurs, 1 fr. 50 c. ; — pour chaque copie, le quart.)

L'an..., le..., à la requête du sieur B..., employé, demeurant à... (1), je

(1) *Si l'opposant a élu domicile (ce qu'il n'est point tenu de faire) chez l'huissier qui*

(noms et immatricule de l'huissier.)

Soussigné, ai déclaré au sieur A..., sans profession, demeurant à..., en son domicile (1), où je me suis transporté, et parlant à...

Qu'il s'oppose formellement, et ce, par les motifs qu'il déduira en réitérant, conformément à la loi, la présente opposition, au jugement rendu par défaut contre lui au profit dudit sieur A..., par le tribunal civil de première instance de..., le..., enregistré. Et afin que de tout ce que dessus ledit sieur A... n'ignore, je lui ai, ès mains, domicile et parlant comme dessus, laissé copie du présent exploit, dont le coût est de...

(Signature de l'huissier.)

FORMULE 35.

Simple acte en rejet d'opposition.

(Tarif, art. 76 (par anal.). — Coût : Paris, 2 fr.; — ressort, 1 fr. 50 c.)

Conclusions motivées.

Pour le sieur A..., demeurant à..., demandeur au principal et défendeur en opposition, comparant par Me..., son avoué,

Contre le sieur B..., demeurant à..., défendeur au principal et demandeur en validité d'opposition, comparant par Me..., son avoué,

Attendu que le..., 1857, le sieur A... a obtenu contre le sieur B... un jugement par défaut, faute de conclure et plaider, qui condamne ledit sieur B... à *(énoncer les dispositions du jugement)*.

Attendu que le sieur B... s'est porté opposant à ce jugement par une requête dans laquelle il n'a articulé aucun moyen d'opposition, et qu'en procédant ainsi il a méconnu la disposition de l'article 161 du Code de procédure civile ;

Attendu qu'aux termes de l'article ci-dessus, la requête qui ne contient point les moyens d'opposition est irrégulière et par suite impropre à arrêter l'exécution du jugement;

Attendu que, selon la même disposition, l'opposition qui n'est point régulière doit être rejetée sur un simple acte, sans qu'il soit besoin d'aucune autre instruction;

Par ces motifs et tous autres à déduire en plaidant, il est conclu à ce qu'il plaise au tribunal dire que l'opposition du sieur B... au jugement susénoncé a été irrégulièrement formée, en conséquence, la rejeter et ordonner la continuation de l'exécution dudit jugement, de plus,

instrumente pour lui, ou en l'étude d'un avoué, on met, au premier cas : pour lequel domicile est élu en ma demeure ; *au second :* pour lequel domicile est élu en l'étude de Me ..., avoué, près le tribunal de...

(1) C'est à tort qu'il a été dit, p. 148, que cet exploit devait être signifié à l'avoué du demandeur.

condamner ledit sieur B... en cinq cents francs de dommages et intérêts et aux dépens, sous toutes réserves de droit. Et, pour ouïr ainsi dire et ordonner, sommation est faite à Me..., avoué du sieur B... de venir à la première audience ou à toutes autres suivantes, s'il y a lieu, aux peines de droit. Dont acte.

(*Signature de l'avoué.*)

A la requête de Me..., etc.
Signifié et délivré, et copie..., etc.

(*Signature de l'huissier.*)

TITRE IX.

DES EXCEPTIONS.

FORMULE 36.

Requête pour requérir d'un étranger demandeur la caution judicatum solvi.

(Tarif, art. 75. — Coût : Paris, 2 fr.; — ressort, 1 fr. 50 c.) (1).

A Messieurs les président et juges du tribunal de première instance de...

Conclusions exceptionnelles

Pour le sieur A..., domicilié à... et y demeurant, défendeur aux fins de l'assignation à lui donnée par exploit du ministère de..., huissier à..., en date du..., enregistré, demandeur aux fins des présentes, ayant Me... pour avoué;

Contre le sieur B..., demeurant à..., demandeur aux fins de l'exploit précité, défendeur aux fins des présentes, ayant Me... pour avoué;

Elles tendent à ce qu'il plaise au tribunal :

Attendu, d'une part, que le sieur B... est étranger, et qu'il n'a pas été admis à exercer en France les droits civils; d'autre part, qu'il n'a point en France d'immeubles suffisants pour assurer le payement des frais et dommages et intérêts, auxquels il pourra être condamné ;

Attendu qu'aux termes des articles 16 du Code Napoléon et 166 du Code de procédure, l'étranger demandeur principal ou intervenant est tenu, s'il en est requis, de donner bonne et solvable caution, pour sûreté des condamnations de frais, dommages et intérêts qui pourront être prononcées contre lui ;

Attendu que le sieur A... est dans l'intention de demander des dommages et intérêts s'élevant à..., à raison du préjudice que lui a causé la demande formée contre lui ;

(1) Cette requête ne peut excéder deux rôles (Tarif, art. 75).

Ordonner, avant faire droit, sous la réserve de toutes autres exceptions, que le sieur B... sera tenu de donner, dans les trois jours du jugement à intervenir, bonne et solvable caution, jusqu'à concurrence de la somme de... pour sûreté des condamnations dont il vient d'être parlé ; sinon, et faute par le sieur B... de fournir ladite caution, dans le délai fixé, le déclarer, dès à présent, non recevable dans sa demande et le condamner aux dépens, dont distraction sera faite au profit de Me..., etc.

(*Signature de l'avoué.*)

A la requête du sieur A...
Signifié et délivré copie..., etc.

(*Signature de l'huissier.*)

FORMULE 37.

Requête d'exception déclinatoire pour cause d'incompétence ratione personæ.

(Tarif, art. 75. — Coût : Paris, 2 fr.; — ressort, 1 fr. 50 c.) (1).

A Messieurs les président, etc.

Conclusions exceptionnelles

Pour le sieur A...
Contre le sieur B... (*comme dans la formule précédente.*)
Elles tendent à ce qu'il plaise au tribunal :

Attendu que le sieur A... est domicilié à..., et non à..., ainsi qu'il offre d'en faire la preuve, en cas de dénégation, et qu'ainsi c'est en violation de l'article 59 du Code de procédure civile qu'il a été assigné devant le tribunal de l'arrondissement de...

Se déclarer incompétent, renvoyer les parties devant qui de droit et condamner le sieur B... aux dépens de l'incident, dont distraction sera faite au profit de Me..., etc.

(*Signature de l'avoué.*)

A la requête du sieur A...
Signifié et délivré copie..., etc.

(*Signature de l'huissier.*)

Les exceptions d'incompétence ratione materiæ, *de connexité et de litispendance se forment de la même manière. C'est également dans la même forme qu'elles sont discutées. On conclut :* à ce qu'il plaise au tribunal..., sans s'arrêter ni avoir égard à l'exception proposée par le sieur..., adjuger au demandeur les conclusions de son assignation et condamner le défendeur aux dépens.

(1) Cette requête ne peut excéder six rôles (Tarif, art. 75).

FORMULE 38.

Requête pour demander la nullité d'une assignation.

(Tarif, art. 75. — Coût : Paris, 2 fr.; — ressort, 1 fr. 50 c.)

A Messieurs les président, etc.

Conclusions exceptionnelles

Pour le sieur A...

Contre le sieur B... (*comme dans la formule précédente.*)

Elles tendent à ce qu'il plaise au tribunal :

Attendu, en fait, que l'exploit ci-dessus désigné ne contient point l'indication du domicile du demandeur ;

Attendu, en droit, qu'aux termes de l'article 61, l'indication du domicile du demandeur est prescrite à peine de nullité ;

Déclarer nul et de nul effet le susdit exploit, et condamner le sieur B... aux dépens, dont distraction, etc.

(*Signature de l'avoué.*)

A la requête du sieur A...

Signifié et délivré copie..., etc.

(*Signature de l'huissier.*)

FORMULE 39.

Requête pour demander une prorogation de délai à l'effet de faire inventaire et de délibérer.

(Tarif, art. 72. — Coût : Paris, 2 fr. par rôle (1); — ressort, 1 fr. 50 c.)

A Messieurs les président, etc.

Le sieur... (*désignation*), domicilié à... et y demeurant, ayant Me... pour avoué,

A l'honneur de vous exposer qu'il est habile à se porter héritier du sieur..., son père, décédé à..., le...; qu'il n'a connu l'ouverture de la succession à laquelle il est appelé que le..., et qu'ainsi il n'a pu procéder, dans le délai de la loi, à la confection de l'inventaire qu'il lui importe de faire, afin de connaître les forces de la succession et délibérer en connaissance de cause sur le parti qu'il doit prendre ;

C'est pourquoi il vous plaira, MM. les président et juges, de venir au secours de l'exposant, en lui accordant une prorogation d'un mois.

(*Signature de l'avoué.*)

(1) Elle n'en peut contenir que six.

FORMULE 40.

Requête pour opposer l'exception dilatoire résultant du droit de faire inventaire et délibérer.

(Tarif, V. la formule 39.)

A Messieurs les président, etc.

Conclusions exceptionnelles

Pour le sieur A... (*désignation*), domicilié à... et y demeurant, défendeur aux fins de l'assignation à lui donnée par exploit du ministère de..., huissier à..., en date du..., enregistré, demandeur aux fins de la présente requête, ayant M^e^... pour avoué ;

Contre le sieur B... (*désignation*), domicilié et y demeurant, demandeur aux fins de l'exploit précité, défendeur à la présente requête, ayant M^e^... pour avoué ;

Elles tendent à ce qu'il plaise au tribunal :

Attendu, en fait, que le sieur A... est habile à succéder au sieur A..., son père, décédé à..., le...; qu'il a été, du chef du défunt et en qualité d'héritier, assigné à la requête du sieur B..., par l'exploit susénoncé, en payement d'un billet, en date du... enregistré, que le défunt aurait souscrit au profit dudit sieur B...;

Que le sieur A... est encore dans les délais pour faire inventaire et délibérer ;

Attendu, en droit, qu'aux termes des articles 797 du Code Napoléon et 174 du Code de procédure, l'habile à succéder n'étant point, tant que durent les délais dont il vient d'être parlé, tenu de prendre qualité, il ne peut être obtenu aucune condamnation contre lui ;

Déclarer qu'il sera sursis à l'examen de la demande formée par le sieur B... contre le sieur A..., jusqu'après l'expiration des délais pour faire inventaire et délibérer, lesquels ayant commencé à courir le..., expirent le...; en cas de contestation, condamner ledit sieur B... aux dépens.

(*Signature de l'avoué.*)

A la requête du sieur A...

Signifié et délivré copie..., etc.

(*Signature de l'huissier.*)

FORMULE 41.

Demande incidente en garantie formelle.

(Tarif, art. 29. — Coût : Paris, 2 fr., — ailleurs, 1 fr. 50 c.)

L'an..., le..., à la requête de François Deroches, propriétaire-cultivateur, demeurant et domicilié à..., pour lequel domicile est élu en l'étude de Me V..., avoué près le tribunal civil de... y demeurant, qu'il constitue et qui occupera pour lui sur l'assignation en garantie ci-après ;

Je (*noms, demeure et immatricule de l'huissier*) soussigné,

Ai signifié et, avec celle du présent acte, délivré copie au sieur Jean Royer, vigneron, demeurant à..., étant en son domicile audit lieu et parlant à...,

1° D'un procès-verbal de non-conciliation entre le requérant et le sieur Jules Olivier, lequel procès-verbal a été dressé par M. le juge de paix de..., assisté de son greffier, en date du..., et enregistré le...;

2° De l'expédition d'un contrat passé devant Me... et son collègue Me..., notaires à... (1), le..., enregistré, contenant vente par ledit sieur Royer audit sieur Deroches d'une pièce de terre, en nature de champ, située commune de..., terroir dit de..., contenant... ares, délimitée au midi par... et au nord par... (V. p. 402) ;

3° D'un exploit de..., huissier à..., en date du..., enregistré, contenant, à la requête du sieur Jules Olivier contre le requérant, assignation en revendication de la pièce de terre ci-dessus désignée ;

A ce qu'il n'en ignore ;

Et à même requête, demeure, constitution d'avoué et élection de domicile que dessus j'ai, huissier susdit et soussigné, donné assignation audit sieur Royer, en son domicile, et parlant comme dessus, à comparaître, dans le délai de huit jours francs, augmenté d'un jour par chaque trois myriamètres de distance, par-devant le tribunal civil de première instance..., en son auditoire ordinaire, à l'audience, au palais de justice de ladite ville..., dix heures du matin, pour...

Attendu, en fait, que le sieur Jean Royer a vendu au requérant, moyennant la somme de..., exigible dès le..., avec intérêts au taux légal depuis le..., la pièce de terre ci-dessus désignée, sous la garantie ordinaire de tous troubles et évictions, ainsi qu'il résulte du contrat susénoncé ;

Attendu que, par exploit de..., huissier à..., en date du..., enregistré, le requérant a été assigné, à la requête du sieur Jules Olivier, en revendication de ladite pièce de terre ;

Attendu, en droit, que le sieur Jean Royer est tenu, en sa qualité de vendeur, d'assurer à son acheteur la paisible possession de la chose vendue, sous peine, s'il refuse de le faire, ou s'il n'y réussit point, de la restitution du prix et de tous dommages et intérêts, conformément aux articles 1625, 1626, 1629, 1630 et suivants du Code Napoléon ;

Voir dire que le sieur Jean Royer sera tenu d'intervenir dans le procès pendant entre le sieur Olivier, demandeur principal en revendication, et le sieur Deroches, défendeur au principal, pour y prendre le fait et cause du requérant, à l'effet de faire écarter la demande en

(1) Quand la vente a eu lieu par acte sous seing privé, on met : d'un acte sous seing privé fait double à..., le..., enregistré (*Copier la mention de l'enregistrement*).

délaissement formée contre lui ; sinon, et faute de ce faire, qu'il sera condamné par jugement exécutoire et par provision, à restituer au sieur Deroches :

1° La somme principale de..., prix de la vente susénoncée ;

2° Celle de..., pour le montant des loyaux coûts de son acquisition, composée de celle de..., pour frais de contrat payés à M^{e}..., notaire ; celle de..., pour droits d'enregistrement et de mutation ; celle de..., pour frais de transcription ;

3° Celle à laquelle montera l'évaluation des fruits perçus jusqu'ici ou à percevoir, à supposer que le requérant soit condamné à les restituer au sieur Royer ;

4° Les intérêts desdites sommes, à partir du payement de chacune d'elles, à raison de cinq pour cent par an ;

S'entendre, en outre, condamner, et par corps, à payer au requérant la somme de... (1), à titre de dommages et intérêts, pour le préjudice qu'il éprouvera en cas d'éviction ; à le garantir, acquitter et indemniser de toutes les condamnations qui pourront être prononcées contre lui en principal, frais et intérêts, et enfin aux dépens tant de la demande principale en revendication que de la demande incidente en garantie.

A ce qu'il n'en ignore j'ai, au susnommé, domicile et parlant comme dessus, laissé copie certifiée sincère et véritable, et signée de M^{e}..., avoué du requérant, tant du procès-verbal de non-conciliation, du contrat et de l'exploit susénoncés que du présent, dont le coût est de...

(Signature de l'huissier.)

En matière de garantie simple, *on procède de la même manière, en ces termes :*

L'an..., le..., à la requête du sieur François Deroches..., pour lequel élection de domicile est faite en l'étude de M^{e}...

Je, soussigné...

Ai signifié et avec celle du présent acte délivré copie au sieur Jean Royer...

1° D'un procès-verbal de non-conciliation... ;

2° D'un acte sous seing privé, fait double, passé entre le requérant et les sieurs Jean Royer et Jules Olivier, le..., enregistré à..., le..., par..., qui a reçu... pour droits, contenant, pour cause de prêt, obligation par ledit sieur Jean Royer, au profit dudit sieur Olivier, sous la caution du requérant, de payer, la somme de... le..., avec intérêts au taux légal ;

3° D'un exploit de..., huissier à..., en date du..., enregistré, portant, à la requête du sieur Olivier contre le requérant, demande en payement de la somme cautionnée par ce dernier ;

A ce qu'il n'en ignore ;

A même requête, demeure, constitution d'avoué et élection de do-

(1) *Ou* : aux dommages et intérêts à donner par état.

micile, étant en la même maison et parlant à la même personne que dessus, j'ai, huissier susdit et soussigné, donné assignation au sieur Jean Royer à comparaître..., pour :

Attendu que le requérant ne s'est obligé envers le sieur Olivier que comme caution du sieur Royer, et qu'ainsi il est bien fondé à former, conformément à l'article 2032-1° du Code Napoléon, une demande en garantie contre ce dernier;

Voir dire et ordonner qu'il sera tenu d'intervenir, sur la demande principale formée par le sieur Olivier contre le requérant et de la faire cesser ; sinon, et faute de ce faire, se voir condamner, par le jugement à intervenir, à acquitter, garantir et indemniser le requérant de toutes les condamnations qui pourront être prononcées contre lui au profit du sieur Olivier, en principal, frais et intérêts et aux dépens, tant de la demande principale que de la demande incidente en garantie, y compris les frais de sommation et de dénonciation. (V. l'art. 2028 C. N., 2e alin.)

A ce qu'il n'en ignore, j'ai au susnommé (*comme dans la formule précédente*).

(*Signature de l'huissier.*)

FORMULE 42.

Acte pour déclarer que la demande en garantie a été formée.

(Tarif, art. 70. — Coût : Paris, 1 fr. ; — ressort, 75 c.)

A la requête de François Deroches... ayant Me... pour avoué;

Soit signifié et déclaré à Me..., avoué du sieur Jules Olivier, que, sur la demande en revendication formée contre le requérant, à la requête dudit sieur Olivier, par exploit de..., huissier à..., en date du..., enregistré, ledit sieur Deroches a formé, le..., une demande en garantie contre Jean Royer, son vendeur de la terre réclamée comme sienne par le sieur Olivier, et qu'en conséquence ce dernier suspendra toutes poursuites sur la demande originaire, jusqu'à l'expiration du délai de la demande en garantie, lequel écherra le...; dont acte.

(*Signature de l'avoué.*)

A la requête du sieur François Deroches,
Signifié et délivré copie..., etc.

(*Signature de l'huissier.*)

Lorsque les délais pour appeler garant et pour le retour de l'exploit entre les mains du défendeur qui le fait donner sont expirés, on le dénonce au demandeur principal en ces termes :

A la requête de..., ayant Me... pour avoué,

Soit signifié, dénoncé et avec celle du présent acte donné copie à Me..., avoué du sieur..., d'un exploit du ministère de..., huissier à..., en date du..., enregistré, contenant assignation en garantie à la requête dudit sieur..., contre le sieur..., sur la demande principale formée par ledit sieur... contre le requérant; dont acte.

(*Signature de l'avoué.*

A la requête de

Signifié et délivré copie..., etc.

(*Signature de l'huissier.*)

FORMULE 43.

Requête pour soutenir qu'il n'y a point lieu d'appeler garant.

(Tarif, art. 75. — Coût : Paris, 2 fr.; par rôle (1) ; — ressort, 1 fr. 50 c.)

A Messieurs les président, etc.

Le sieur Jules Olivier, domicilié à... et y demeurant, demandeur aux fins de son exploit, du ministère de..., huissier à..., en date du..., défendeur aux fins de la demande en garantie formée à la requête du sieur François Deroches, demeurant à..., contre le sieur Jean Royer, vigneron, demeurant à..., par exploit du ministère de..., huissier à..., en date du..., enregistré, ayant Me... pour avoué,

Contre ledit sieur Deroches, défendeur aux fins du premier exploit susénoncé, demandeur en garantie et défendeur aux fins des présentes, ayant Me... pour avoué,

A l'honneur de vous exposer que la pièce de terre revendiquée par l'exposant a été vendue par ledit sieur Jean Royer audit sieur Deroches, sans garantie et aux risques et périls de ce dernier, ainsi que cela résulte du contrat passé le..., devant Me... et Me..., son collègue, notaires à..., enregistré; qu'ainsi c'est à tort, et en violation de l'article 1629 du Code Napoléon, que le sieur Deroches a formé une demande en garantie contre le sieur Olivier, son vendeur ;

Par ces raisons, l'exposant conclut à ce qu'il vous plaise, messieurs les président et juges, sans s'arrêter ni avoir égard à l'exception dilatoire de garantie dans laquelle ledit sieur Deroches sera déclaré non recevable et, en tout cas, mal fondé, ordonner que les procédures de l'instance principale, introduite par l'exposant, reprendront leur cours, et condamner le sieur Deroches aux dépens de l'incident.

(*Signature de l'avoué.*)

A la requête du sieur Jules Olivier,

Signifié et délivré copie..., etc.

(*Signature de l'huissier.*)

FORMULE 44.

Sommation de communiquer les pièces employées dans la cause.

(Tarif, art. 70. — Coût : Paris, 1 fr.; — ressort, 75 c.)

A la requête du sieur B..., ayant Me... pour avoué,

Soit sommé Me..., avoué près le tribunal civil de première instance

(1) Six au plus.

de... et du sieur A..., de donner en communication, dans trois jours, pour tout délai, audit sieur B..., soit à l'amiable, sur le récépissé de Me..., son avoué, soit par la voie du greffe, toutes les pièces que ledit sieur B... entend produire au procès, à l'appui de sa demande, et notamment : 1°... (*énoncer les pièces dont il a été excipé par l'autre partie et dont on veut avoir spécialement communication*), lui déclarant que faute de le faire, toute audience lui sera refusée; dont acte.

(*Signature de l'avoué.*)

A la requête du sieur D...

Signifié et délivré copie..., etc.

(*Signature de l'huissier.*)

FORMULE 45.

Actes de récépissé amiable.

(Tarif, art. 91. — Coût : Paris, 3 fr.; ressort, 2 fr. 25 c.)

Je soussigné, avoué près le tribunal civil de première instance de... et du sieur B..., que Me..., avoué près le même tribunal et du sieur A..., m'a confié aujourd'hui en communication les pièces suivantes, savoir : 1°...; 2°...; lesquelles pièces je lui remettrai dans la huitaine, à sa première réquisition.

A... le...

(*Signature de l'avoué.*)

FORMULE 46.

Procès-verbal du dépôt fait au greffe des pièces demandées en communication.

(Tarif, art. 91. — Coût : Paris, 3 fr.; — ressort, 2 fr. 25 c.)

L'an..., le..., au greffe du tribunal civil de première instance de..., séant à..., au palais de justice, est comparu Me..., avoué près ce tribunal et du sieur A..., lequel, pour satisfaire à la sommation en communication qui lui a été faite à la requête du sieur B..., par acte d'avoué à avoué, en date du..., a déposé entre nos mains les pièces dont suivent l'énumération et la désignation :

1°..., etc.

Pour lesdites pièces être par nous communiquées sans (*ou* avec) déplacement, pendant le délai de trois jours, audit sieur B... ou à Me..., son avoué, et remises, après l'expiration de ce délai, à Me..., sur sa première réquisition.

Duquel dépôt Me..., qui l'a effectué, a requis acte, à lui octroyé, et a signé avec nous, greffier soussigné.

(*Signatures de l'avoué et du greffier.*)

FORMULE 47.

Notification du dépôt au greffe des pièces demandées en communication.

(Tarif, art. 70 (par analog.). — Coût : Paris, 1 fr.;—ressort, 75 c.)

A la requête du sieur A..., ayant Me... pour avoué,

Soit signifié et avec celle du présent acte laissé copie à Me..., avoué du sieur B...,

D'un acte du greffe du tribunal civil de première instance de..., enregistré..., constatant le dépôt fait, le 24 mai 1858, par Me..., audit greffe, des pièces suivantes : 1°... 2°...

Lesquelles pièces ont été déposées pour satisfaire à la sommation faite au requérant, par acte d'avoué à avoué, en date du...

Déclarant à Me... qu'il devra, dans les trois jours, pour tout délai, prendre, sans déplacement, communication desdites pièces, et que, faute par lui de ce faire, elles seront retirées du greffe, après quoi le requérant prendra telles conclusions qu'il avisera ; dont acte.

(*Signature de l'avoué.*)

A la requête du sieur A...,

Signifié et délivré copie..., etc.

(*Signature de l'huissier.*)

FORMULE 48.

Requête présentée par la partie ou par son avoué pour obtenir la restitution des pièces indûment retenues par l'avoué à qui elles ont été communiquées.

(Tarif, art. 76. — Coût : Paris, 2 fr.; — ressort, 1 fr. 50 c.)

A Messieurs les président..., etc.

Le sieur B...

A l'honneur de vous exposer que, par le ministère de Me..., son avoué, il a, le..., et pour satisfaire à la sommation qui lui a été faite par acte d'avoué à avoué, en date du..., fait remettre en communication à Me..., avoué du sieur A..., sur son récépissé en date du..., enregistré, les pièces suivantes :...

Qu'aujourd'hui, le..., malgré les réclamations réitérées de l'exposant, ledit Me... ne lui a pas encore remis ces pièces, bien que le délai de la communication, qui était de trois jours, soit plus qu'expiré, puisque le récépissé ci-joint de Me... est du...

En conséquence, l'exposant conclut à ce qu'il vous plaise, messieurs, ordonner que Me..., avoué du sieur A..., sera incontinent, et par corps, tenu de remettre à Me..., son confrère, les pièces énoncées en son récépissé, dont il lui sera donné décharge, et, faute par lui de ce faire, le condamner en son nom personnel et sans recours contre sa partie à payer à l'exposant trois francs de dommages et intérêts par chaque jour de retard, à compter de la signification du jugement à intervenir, et en outre aux dépens.

(*Signature de la partie ou de son avoué.*)

TITRE X.

DE LA VÉRIFICATION DES ÉCRITURES.

FORMULE 49.

Demande en reconnaissance d'un acte sous seing privé non encore échu.

(Tarif, art. 29 (par analog.).—Coût : Paris, 2 fr.;—ailleurs, 1 fr. 50 c.)

L'an..., le..., à la requête de... (*Nom, prénoms, profession, demeure, constitution d'avoué et élection de domicile.*)

Je... (*noms, demeure et immatricule de l'huissier*) soussigné,

Ai signifié et, en tête de celle du présent exploit, laissé copie au sieur... (*désignation*), en son domicile et parlant à...

D'un acte sous seing privé en date du..., enregistré à... (*copier la mention de l'enregistrement*), par lequel ledit sieur... s'est reconnu envers le requérant débiteur, pour cause de prêt, de la somme de..., stipulée payable le..., avec intérêts au taux légal.

Et à même requête, demeure, constitution d'avoué et élection de domicile, étant en la même maison, et parlant à la même personne que dessus, j'ai, huissier susdit et soussigné, donné assignation audit sieur... à comparaître dans le délai de trois jours francs, conformément à l'article 193 du Code de procédure, par-devant..., pour,

Attendu qu'aux termes de l'article 193 du Code de procédure sainement entendu, et de la loi du 3 décembre 1807, le porteur d'un acte sous seing privé peut, même avant l'échéance qui s'y trouve relatée, en demander la reconnaissance;

Attendu que l'acte susénoncé, écriture et signature, émane du sieur...;

Voir dire et ordonner que ledit sieur... sera tenu de reconnaître comme siennes l'écriture dudit acte et la signature y apposée; en cas de reconnaissance en voir donner acte au requérant; sinon, voir dire que lesdites écriture et signature seront tenues pour reconnues ; s'entendre, en cas de dénégation, condamner aux dépens; et j'ai, audit sieur..., laissé copie tant de l'acte susénoncé que du présent exploit, dont le coût est de...

(*Signature de l'huissier.*)

FORMULE 50.

Acte pour déclarer qu'on dénie l'écriture.

(Tarif, art. 71 (par anal.). — Coût : Paris, 5 fr.; — ressort, 3 fr. 75 c.)

A la requête du sieur..., défendeur aux fins de l'assignation en reconnaissance d'écriture et de signature à lui donnée par exploit du ministère de..., huissier à..., en date du..., enregistré, demandeur par le présent acte, ayant Me... pour avoué ;

Soit signifié et déclaré à Me..., avoué du sieur..., que ledit sieur... dénie formellement, par ces présentes, l'écriture et la signature de l'acte en date du..., enregistré à..., dont copie lui a été signifiée en tête de l'assignation susénoncée ; à ce que ledit Me..., pour sa partie, n'en ignore; dont acte.

(*Signature de l'avoué et de sa partie* (1).)

A la requête de...,

Signifié et délivre copie..., etc.

(*Signature de l'huissier.*)

FORMULE 51.

Acte de dépôt au greffe de la pièce dont la vérification a été ordonnée.

(Tarif, art. 92. — Coût : Paris, 6 fr.; — ressort, 4 fr. 50 c.)

L'an..., le..., est comparu au greffe du tribunal civil de première instance de..., le sieur..., assisté de Me..., son avoué, lequel, pour satisfaire au jugement rendu par ledit tribunal, le..., entre lui et le sieur..., qui ordonne la vérification de l'écriture et de la signature de l'acte ci-après énoncé, nous a présenté, pour être déposé au greffe, un billet en date du..., enregistré à..., portant obligation de payer, le..., pour cause de prêt, la somme de..., avec intérêts au taux légal, et qu'il nous a dit souscrit à son profit par le sieur..., nous requérant de constater l'état de ladite pièce, et a signé avec Me..., son avoué.

(*Signatures.*)

Desquels dépôt et réquisition avons audit sieur... donné acte, après quoi nous avons procédé à l'état de la pièce, ainsi qu'il suit : ledit écrit est sur une feuille de papier timbré à l'usage des billets au-dessous de...; le papier est plié en sa longueur, en deux parties égales ; il contient (*indiquer le nombre des lignes, les ratures et surcharges*), commence par ces mots : ..., finit par ceux-ci : ..., et porte à la fin une signature, avec paraphe, au nom de... Ledit papier, après avoir été signé et pa-

(1) La signature de la partie n'est point indispensable, mais elle a cet effet important de mettre à couvert la responsabilité de l'avoué.

raphé au dos par le comparant, son avoué et nous, greffier, a été par nous déposé en notre greffe, pour être remis quand et à qui il sera ordonné. Et ont, ledit comparant et Me..., son avoué, signé avec nous.

(*Signatures.*)

FORMULE 52.

Sommation de comparaître devant le juge-commissaire pour convenir des pièces de comparaison.

(Tarif, art. 70 (par anal.). — Coût : Paris, 1 fr.; — ressort, 75 c.)

Cette sommation est précédée d'une requête au juge-commissaire, pour obtenir permission d'assigner le défendeur à l'effet de comparaître devant lui pour convenir des pièces de comparaison. En voici les termes :

A Monsieur..., juge au tribunal civil de première instance de..., commis pour la vérification dont il est parlé ci-après.

Le sieur..., etc., ayant Me... pour avoué, a l'honneur de vous exposer que, par jugement contradictoire rendu par ce tribunal entre l'exposant et le sieur..., en date du..., dûment enregistré et signifié, il a été ordonné qu'il serait procédé par-devant vous, tant par titres et témoins que par experts, à la vérification des écriture et signature d'un billet en date du..., enregistré à..., etc., portant, pour cause de prêt, obligation de payer, le..., la somme de..., avec intérêts au taux légal, que le sieur... soutient avoir été souscrit à son profit par ledit sieur...;

Que ledit billet ayant été déposé au greffe de votre tribunal le..., ainsi que cela résulte d'un acte de dépôt dressé par le greffier, le..., enregistré, le moment est venu de convenir des pièces de comparaison, à l'effet de parvenir à la vérification ordonnée par le jugement susénoncé ;

C'est pourquoi, Monsieur, il vous plaira indiquer les lieu, jour et heure auxquels le sieur... devra être sommé de comparaître devant vous pour convenir avec l'exposant des pièces qui devront servir de comparaison pour ladite vérification.

(*Si le défendeur n'a point d'avoué constitué, on ajoute :*)

Et attendu que le sieur... n'a point d'avoué en cause, commettre un huissier pour lui faire, à personne ou à domicile, la sommation dont il s'agit.

Présenté au palais de justice, le...

(*Signature de l'avoué.*)

Le juge-commissaire rédige son ordonnance au bas de cette requête, en ces termes :

Nous, juge-commissaire, vu la requête qui précède, les pièces à l'appui et l'article 199 du Code de procédure civile, disons que le sieur... sera tenu de comparaître par-devant nous, à..., le..., heure de..., à l'effet de convenir des pièces de comparaison.

(*Si le défendeur n'a point constitué avoué, on ajoute:* et pour l'exécution de la présente ordonnance, commettons le sieur..., huissier audiencier près le tribunal de... (1).)

(*Signatures du juge et du greffier.*)

Lorsque le défendeur a constitué avoué, la sommation de comparaître devant le juge-commissaire aux lieu, jour et heure indiqués se fait par acte d'avoué à avoué, en ces termes :

A la requête du sieur..., ayant Me... pour avoué,

Soit signifié, et en tête de celle du présent acte donné copie à Me..., avoué du sieur...,

D'une requête présentée à M..., juge-commissaire pour la vérification dont il va être parlé, et de l'ordonnance par lui rendue, au bas de cette requête, en date du..., dûment enregistrée;

Soit, en conséquence, sommé Me..., avoué du sieur..., de comparaître, si bon lui semble, et de faire comparaître sa partie, le..., dix heures du matin, en la chambre du conseil du tribunal de..., par-devant M..., pour convenir devant lui des pièces de comparaison pour la vérification d'un billet..., etc., dont le sieur... a dénié l'écriture et la signature, laquelle vérification a été ordonnée par jugement contradictoire rendu au tribunal de..., le..., dûment enregistré et signifié;

Déclarant audit Me... que, faute par sa partie de se trouver aux lieu, jour et heure susénoncés, il sera pris défaut contre elle, et que le billet dont elle a dénié l'écriture et la signature sera déclaré émané d'elle en son entier.

(*Signature de l'avoué.*)

A la requête de...

Signifié et délivré copie..., etc.

(*Signature de l'huissier.*)

Dans le cas où le défendeur n'a point d'avoué en cause, la sommation se fait par exploit, à personne ou à domicile, en ces termes :

L'an..., le..., à la requête du sieur..., pour lequel domicile est élu en l'étude de Me..., etc.

J'ai..., etc.,

Soussigné, signifié et donné copie, au sieur..., en son domicile et parlant à..., en tête de celle du présent exploit,

D'une requête... (*comme dans la formule précédente*);

En conséquence de cette ordonnance, j'ai, huissier susdit et soussigné, à même requête, demeure, constitution d'avoué et élection de domicile, étant en la même maison et parlant à la même personne que dessus, fait sommation... (*le surplus comme dans la formule précédente*);

Et afin qu'il n'en ignore, je lui ai, en son domicile et parlant comme il vient d'être dit, laissé copie, certifiée sincère et véritable, et signée de Me..., avoué, tant des requête et ordonnance ci-dessus énoncées que du présent exploit, dont le coût est de...

(*Signature de l'huissier.*)

(1) Quant au tarif, voyez l'article 76.

FORMULES 53 et 54.

Sommation (1) aux dépositaires de représenter les pièces de comparaison au jour indiqué, et aux experts de comparaître, audit jour, pour prêter serment et procéder à l'expertise.

Cette sommation est précédée d'une requête au juge-commissaire, pour obtenir l'indication du jour auquel doivent être assignés les dépositaires des pièces et les experts. Le juge-commissaire met son ordonnance au bas de cette requête. Vient ensuite la sommation.

Requête au juge-commissaire.

(Tarif, art. 76. — Coût : Paris, 2 fr.; — ressort, 1 fr. 50 c. — *La requête ne peut pas être grossoyée. — La vacation pour prendre l'ordonnance est comprise dans la taxe.*)

A Monsieur..., juge au tribunal civil de première instance de..., commis pour procéder à la vérification d'écriture dont il sera ci-après parlé.

Le sieur A..., demeurant à..., a l'honneur de vous exposer que, pour parvenir à la vérification d'écritures ordonnée par jugement du tribunal civil de première instance de..., rendu contradictoirement entre l'exposant et le sieur B..., en date du..., enregistré et signifié, les parties ayant comparu devant vous le..., sont convenues des pièces de comparaison, ainsi qu'il résulte du procès-verbal dressé par le greffier le même jour, enregistré, à la suite duquel vous avez ordonné, d'une part, que les dépositaires des pièces de comparaison les représenteraient aux lieu, jour et heure que vous indiqueriez ; d'autre part, que les experts désignés pour procéder à la vérification comparaîtraient aux mêmes lieu, jour et heure, pour prêter serment;

C'est pourquoi il vous plaira, Monsieur, indiquer les lieu, jour et heure auxquels devront être sommés de comparaître :

D'une part, Me..., notaire à..., dépositaire d'un acte sous seing privé passé entre l'exposant et le sieur B..., écrit de la main de ce dernier et signé de lui, ainsi qu'il le reconnaît, enregistré à..., acte que vous avez choisi comme pièce de comparaison ;

D'autre part, 1° le sieur C..., 2° le sieur D..., 3° le sieur E..., experts écrivains commis pour procéder à la vérification dont il s'agit ;

Pour, quant à Me..., représenter la pièce de comparaison dont il est détenteur, et, quant aux experts, prêter serment de remplir fidèle-

(1) C'est par inadvertance qu'il a été dit, p. 196, que cette sommation se fait par acte d'avoué à avoué ; il est plus qu'évident qu'en ce qui concerne les dépositaires de pièces et les experts la sommation par exploit est seule possible. — Quant à la sommation à la partie, voir ci-après, p. 445.

ment la mission qui leur est confiée et procéder à ladite vérification.

Présenté au palais de justice, le...

(*Signature de l'avoué.*)

Ordonnance.

Vu la requête ci-dessus, les pièces à l'appui et l'article 204 du Code de procédure, nous, juge-commissaire, autorisons le sieur A... à faire sommer, par le ministère de..., huissier, que nous commettons à cet effet, les sieurs... (*noms du dépositaire et des experts*) à comparaître par-devant nous, en la chambre du conseil, au palais de justice du tribunal séant à..., le..., dix heures du matin, pour procéder aux représentation de pièces, prestation de serment et vérification d'écriture dont il s'agit.

Fait au palais de justice, le...

(*Signatures du juge et du greffier.*)

Sommation.

L'an..., le..., à la requête du sieur A..., demeurant à..., pour lequel domicile est élu en l'étude de Me..., avoué par lui constitué, je... (*noms, demeure et immatricule de l'huissier*), huissier soussigné, commis à cet effet par M..., juge-commissaire, en son ordonnance du..., ai signifié, et, en tête de celle du présent exploit, laissé copie :

1° A Me..., notaire à..., en son domicile et parlant à...;

2° Au sieur C..., expert vérificateur, demeurant à..., en son domicile et parlant à...;

3° Au sieur D..., etc.;

4° Au sieur E..., etc.;

D'une requête présentée le..., à M..., juge au tribunal civil de première instance de..., commis pour procéder à la vérification d'écriture ordonnée par jugement rendu, en ce tribunal, entre les sieurs A... et B..., en date du..., enregistré, et de l'ordonnance rendue le..., par M. le juge-commissaire, au bas de ladite requête, enregistrée ;

Et en vertu de ladite ordonnance, à même requête, demeure, constitution d'avoué et élection de domicile que dessus, j'ai, huissier susdit et soussigné, fait sommation audit Me... et auxdits sieurs C..., D... et E..., à chacun séparément, en son domicile et parlant comme il a été dit ci-dessus, de comparaître le..., dix heures du matin, en la chambre du conseil du tribunal civil de première instance de..., séant à..., au palais de justice, et par-devant M..., juge-commissaire dans la cause, pour,

Quant audit Me..., apporter et présenter à M..., juge-commissaire, l'original d'un acte sous seing privé passé entre le sieur A... et le sieur B..., le..., écrit de la main de ce dernier et signé de lui, enregistré à..., et déposé pour minute en l'étude de Me..., suivant acte de dépôt reçu par lui et son collègue, Me..., notaire à..., enregistré, lequel acte a été choisi comme pièce de comparaison dans la vérification dont il a été parlé ci-dessus ;

Et quant aux sieurs C..., D... et E..., prêter serment, entre les mains de M. le juge-commissaire, de remplir fidèlement leur mission et procéder aux opérations qu'exigera ladite vérification ;

Déclarant à Me... et aux experts susnommés que, faute par eux d'obtempérer à la présente sommation, ils encourront les peines prononcées par la loi ;

Je leur ai laissé, à chacun séparément, en son domicile et parlant comme il a été dit, copie, certifiée sincère et véritable par Me..., avoué, et signée de lui, tant des requête et ordonnance ci-dessus énoncées que du présent exploit, dont le coût est de...

(*Signature de l'huissier.*)

La partie doit être appelée à comparaître aux lieu, jour et heure indiqués, pour être présente, si bon lui semble, au dépôt des pièces et à la prestation de serment des experts. Elle est, à cet effet, sommée par acte d'avoué à avoué, si elle en a constitué un, ou par exploit, dans le cas contraire.

Sommation par acte d'avoué à avoué.

(Tarif, art. 70. — Coût : Paris, 1 fr.; — ressort, 75 c.; — pour chaque copie, le quart.)

A la requête du sieur A..., etc., ayant Me... pour avoué,

Il est, par ces présentes, déclaré à Me..., avoué près le tribunal civil de première instance de..., et du sieur B..., etc.,

Qu'en exécution d'une ordonnance de M..., juge-commissaire pour la vérification dont il sera parlé ci-après, en date du..., enregistrée, étant au bas de la requête qui lui a été présentée le même jour, Me..., notaire à... et les sieurs C... D... et E..., experts écrivains, se présenteront, le 15 courant, dix heures du matin, en la Chambre du conseil dudit tribunal, au palais de justice, et par-devant M..., juge-commissaire à cet effet, pour :

Ledit Me..., représenter l'acte sous seing privé passé entre..., etc., le..., écrit et signé de la main du sieur B..., enregistré à... et déposé pour minute audit Me..., suivant acte..., etc., lequel acte a été choisi pour servir de pièce de comparaison dans la vérification des écriture et signature du sieur B..., qui a été ordonnée par jugement contradictoirement rendu entre les parties, par le tribunal..., etc., en date du..., enregistré, et précédemment signifié ;

Les experts écrivains susnommés, prêter serment de remplir fidèlement la mission qui leur a été confiée par ledit jugement.

En conséquence, sommation est faite audit Me... de comparaître et de faire comparaître le sieur B... par-devant M. le juge-commissaire, aux lieu, jour et heure sus-indiqués pour, d'une part, être présents, si bon leur semble : 1° au dépôt de la pièce dont il vient d'être parlé ; 2° à la prestation de serment que prêteront les experts écrivains susnommés, d'autre part, assister aux opérations de vérification auxquelles il sera procédé par lesdits experts. Déclarant audit Me... que, faute par lui ou par sa partie de comparaître, il sera procédé en leur absence aux dépôt, prestation de serment et opérations dont il s'agit ; dont acte.

(*Signature de l'avoué.*)

A la requête du sieur A...

Signifié et délivré copie du présent acte à Me..., avoué au tribunal de... et du sieur B..., en son domicile, parlant à...

(*Signature de l'huissier.*)

TITRE XI.

DU FAUX INCIDENT CIVIL.

FORMULE 55.

Sommation, par acte d'avoué à avoué, de déclarer si l'on veut ou non se servir d'une pièce arguée de faux.

(Tarif, art. 71. — Coût : Paris, 5 fr.; — ressort, 3 fr. 50 c.; — le quart pour chaque copie.)

A la requête du sieur A..., ayant Me..., pour avoué ;

Soit sommé Me..., avoué au tribunal civil de première instance de... et du sieur B... de, dans la huitaine pour tout délai, déclarer au sieur A.... s'il entend ou non se servir de l'acte (*énoncer l'acte dont il s'agit*) signifié (communiqué *ou* produit) par le sieur B... dans l'instance pendante entre les parties devant ledit tribunal ;

Déclarant que, dans le cas où ledit sieur B... ferait usage de cette pièce, le sieur A... entend s'inscrire en faux contre elle; dont acte.

(*Signature de l'avoué* (1).)

A la requête du sieur A...

Signifié et laissé copie, etc.

(*Signature de l'huissier.*)

FORMULE 56.

Déclaration qu'on entend (ou qu'on n'entend point) se servir d'une pièce arguée de faux.

(Même coût que ci-dessus.)

A la requête du sieur B..., ayant Me... pour avoué ;

Soit signifié et déclaré à Me..., avoué au tribunal civil de première

(1) La loi n'exige point la signature du demandeur en faux ; mais, dans l'usage, l'avoué l'exige, afin de se mettre à l'abri d'une action en désaveu.

instance de... et du sieur A..., pour satisfaire à la sommation qui lui a été faite par acte du...

Que le sieur B... entend (*ou* n'entend point) se servir contre ledit sieur A..., dans l'instance pendante entre eux, de l'acte (*le désigner*); dont acte.

(*Signature de l'avoué.*)

A la requête du sieur B...
Signifié et laissé copie, etc.

(*Signature de l'huissier.*)

FORMULE 57.

Avenir sur la réponse qui a été faite que l'on ne se servira pas d'une pièce contre laquelle la partie adverse avait déclaré vouloir s'inscrire en faux.

(Même coût que ci-dessus.)

A la requête du sieur A..., ayant Me... pour avoué,

Soit sommé Me..., avoué du sieur B..., de comparaître le..., dix heures du matin, à l'audience et par-devant MM. les président et juges, etc., pour :

Attendu que sur la sommation faite au sieur B..., par acte d'avoué à avoué en date du..., enregistré, ce dernier a, par acte d'avoué à avoué, en date du..., signé de lui (*ou* de son fondé de pouvoir), enregistré, déclaré qu'il n'entendait point se servir contre le requérant de la pièce (*la désigner*).

Voir donner acte au sieur A... de ladite déclaration; en conséquence, et conformément à l'article 217 du Code de procédure, entendre dire et ordonner que ladite pièce maintenue fausse sera, par rapport audit sieur A..., rejetée de l'instance pendante entre les parties, sauf au requérant à tirer de ladite pièce telles inductions ou conséquences qu'il jugera à propos, même à former telles demandes qu'il avisera, à fin de dommages et intérêts; lui déclarant que, faute de comparaître, il sera contre lui donné défaut et pris tels avantages que de droit; dont acte.

(*Signature de l'avoué.*)

A la requête du sieur A...,
Signifié et laissé copie, etc.

(*Signature de l'huissier.*)

FORMULES 58 et 59.

Déclaration faite au greffe qu'on s'inscrit en faux contre une pièce signifiée, communiquée ou produite par la partie adverse et dont elle a déclaré vouloir faire usage.

(Tarif, art. 92. — Coût : Paris, 6 fr.; — ressort, 4 fr. 50 c.)

Aujourd'hui (jour, mois et an), est comparu au greffe du tribunal civil de première instance de... sis au palais de justice de ladite ville, le sieur B..., assisté de Me..., son avoué, lequel a déclaré s'inscrire en faux contre (*désigner la pièce*), laquelle lui a été signifiée (*ou* communiquée, *ou* : laquelle a été produite) par le sieur B..., dans l'instance pendante entre eux devant ce tribunal, et dont il a, par acte d'avoué à avoué, en date du..., enregistré, déclaré vouloir faire usage ; déclarant ledit sieur A... qu'il poursuivra, conformément à l'article 218 du Code de procédure, l'admission de la présente inscription de faux, sous la réserve de tous ses droits.

Desquelles comparutions, déclarations et réserve, nous avons donné acte audit sieur A... assisté de son avoué, qui l'a requis, et ont tous deux signé avec nous, greffier, après lecture faite.

(*Signatures.*)

FORMULE 60.

Avenir pour faire admettre une inscription de faux.

(Tarif, art. 70. (par anal.). — Coût : Paris, 1 fr.; — ressort, 75 c.)

A la requête du sieur A..., ayant Me..., pour avoué,

Soit sommé Me..., avoué au tribunal civil de première instance de... et du sieur B..., de comparaître le..., dix heures du matin, à l'audience et par-devant MM. les président et juges, etc., pour :

Attendu qu'en réponse à lui faite le.... enregistrée, ledit sieur B... a, par acte d'avoué à avoué, signé de lui (*ou* de son fondé de pouvoir), en date du..., enregistré, déclaré qu'il entendait se servir contre le requérant de la pièce (*la désigner*), contre laquelle pièce ledit requérant s'est inscrit en faux par la déclaration qu'il a faite au greffe dudit tribunal par acte du..., et dont il est, avec celle des présentes, donné copie ;

Voir admettre ladite inscription de faux et, en conséquence, entendre ordonner que, par-devant celui de MM. les juges qu'il plaira au tribunal commettre à cet effet, ladite inscription de faux sera poursuivie de la manière voulue par la loi, et qu'à cet effet, le sieur B... sera tenu de, dans les trois jours de la signification du jugement à intervenir, déposer au greffe la pièce ci-dessus énoncée, et d'en signifier, dans les trois jours suivants, l'acte de dépôt au requérant ; lui déclarant que, faute par lui de comparaître, etc.; dont acte.

(*Signature de l'avoué.*)

A la requête du sieur A...

Signifié et laissé copie..., etc.

(*Signature de l'huissier.*)

FORMULE 61.

Conclusions du demandeur en faux pour être autorisé à faire lui-même apporter au greffe la pièce arguée de faux.

(Même coût que ci-dessus.)

A la requête du sieur A..., etc.
Soit sommé Me..., etc.
De comparaître..., etc., pour :

Attendu que par jugement rendu contradictoirement entre les parties, par..., le..., enregistré, il a été ordonné que le sieur B... serait tenu de, dans les trois jours de la signification dudit jugement, déposer au greffe l'expédition de l'acte passé devant Me..., qui en a la minute, et son collègue, Me..., notaires à..., le..., et contre laquelle pièce l'inscription de faux dudit sieur A... a été admise;

Attendu que ce jugement a été signifié par acte en date du..., enregistré;

Attendu que le sieur B... n'y a point satisfait dans les trois jours qui lui étaient accordés à cet effet, et qu'ainsi le sieur A... se trouve dans le cas prévu par l'article 220 du Code de procédure dont il invoque le bénéfice;

Voir ordonner que le sieur A... sera autorisé à faire lui-même remettre la pièce susénoncée au greffe dudit tribunal, et que les frais qu'il sera obligé de faire à cet effet lui seront remboursés par le sieur B..., comme frais préjudiciaux et sur l'exécutoire qui sera délivré au requérant, dont acte.

(*Signature de l'avoué.*)

A la requête du sieur A...
Signifié et délivré copie..., etc.

(*Signature de l'huissier.*)

FORMULE 62.

Signification de l'acte constatant le dépôt fait au greffe de la pièce arguée de faux.

(Tarif, art. 70. — Coût : Paris, 1 fr.; — ressort, 75 c.; — le quart pour chaque copie.)

A la requête du sieur B... ayant Me... pour avoué,

Soit signifié et, avec celle des présentes, donné copie à Me..., avoué au tribunal de... et du sieur A..., d'un acte délivré par le greffier dudit tribunal, en date du... enregistré, constatant le dépôt fait audit greffe de... (*désigner la pièce déposée*) contre laquelle le sieur A... s'est inscrit en faux, par acte du..., enregistré et dont l'état a été décrit dans ledit acte de dépôt. Dont acte.

(Signature de l'avoué.)

A la requête du sieur B...

Signifié et délivré copie..., etc.

(Signature de l'huissier.)

FORMULE 63.

Requête présentée au juge-commissaire pour faire ordonner l'apport de la minute de la pièce arguée de faux.

(Tarif, art. 76. — Coût : Paris, 2 fr.; — ressort, 1 fr. 50 c.)

A Monsieur..., juge au tribunal de première instance de..., commissaire pour l'inscription de faux ci-après énoncée,

Le sieur A..., etc., ayant Me... pour avoué,

A l'honneur de vous exposer que par jugement contradictoire rendu entre..., le..., enregistré et signifié, sur l'inscription de faux formée incidemment par l'exposant, contre... (*désigner l'acte*), produit par le sieur B.... dans une instance pendante en ce tribunal entre lui et ledit sieur B..., il a été ordonné que cette inscription de faux serait poursuivie par-devant vous ;

Que la minute de ladite pièce existe ou doit exister en l'étude dudit Me... et qu'il est utile, pour établir le faux, de faire apporter cette minute au greffe ;

C'est pourquoi, M..., l'exposant conclut à ce qu'il vous plaise l'autoriser à faire sommer à comparaître devant vous, aux lieu, jour et heure que vous indiquerez, ledit sieur B..., pour voir dire que, dans le délai que vous fixerez, il sera tenu de faire apporter la minute de l'acte dont il s'agit.

(Signature de l'avoué.)

Le juge commissaire met son ordonnance au bas de ladite requête.

On notifie la requête et l'ordonnance en ces termes :

A la requête du sieur A... ayant Me... pour avoué,

Soit sommé Me..., avoué du sieur B..., de satisfaire aux requêtes et ordonnances dont il lui est ci-dessus donné copie. Dont acte.

(Signature de l'avoué.)

A la requête du sieur A...

Signifié et donné copie..., etc.

(Signature de l'huissier (1).*)*

L'ordonnance par laquelle le juge-commissaire ordonne l'apport de la pièce doit être notifiée. La notification se fait également par acte d'avoué à avoué, en ces termes :

A la requête du sieur A... ayant Me... pour avoué,

(1) Tarif, art. 70. — Coût : Paris, 1 fr.; — ressort, 75 c.

Soit signifié et donné copie à Me..., avoué du sieur B..., d'une ordonnance de M...., juge au tribunal de..., commissaire dans la cause, en date du..., enregistrée, portant que la minute de l'acte contre lequel le sieur A... s'est inscrit en faux sera apportée au greffe du tribunal; afin que ledit sieur B... ait à faire les diligences nécessaires pour l'exécution de ladite ordonnance. Dont acte.

(*Signature de l'avoué.*)

A la requête du sieur A...
Signifié et délivré copie..., etc.

(*Signature de l'huissier.*)

FORMULE 64.

Signification par exploit au dépositaire de la minute dont l'apport a été ordonné, de la signification de l'ordonnance ou du jugement ordonnant cet apport.

(Tarif, art. 29. — Coût : Paris, 2 fr.; — ressort, 1 fr. 50 c.; — pour chaque copie, le quart.)

L'an..., le...; à la requête du sieur B... demeurant à..., pour lequel domicile est élu en l'étude de Me..., avoué au tribunal de...,

Je (*noms, demeure et immatricule de l'huissier*) soussigné,

Ai signifié et, en tête de celle des présentes, laissé copie à Me..., notaire à..., y demeurant, rue..., en son domicile où je me suis transporté, et parlant à...

De la copie signifiée à la requête du sieur A..., demeurant à..., à Me..., avoué du requérant, par acte d'avoué à avoué, en date du..., enregistré, d'une ordonnance de M..., juge au tribunal de..., commissaire en la cause, en date du..., enregistrée, par laquelle il a été enjoint au sieur B... d'avoir à faire apporter, dans le délai de..., au greffe du tribunal, la minute de l'acte énoncé dans ladite ordonnance et contre lequel ledit sieur A... s'est inscrit en faux;

Et, à même requête que dessus, je lui ai fait sommation de, dans trois jours pour tout délai, déposer audit greffe la minute de l'acte dont il s'agit.

Lui déclarant que, faute par lui de satisfaire à la présente sommation, il y sera contraint par toutes voies de droit, même par corps. Et je lui ai en son domicile, et parlant comme il vient d'être dit, laissé copie certifiée sincère et véritable et signée de Me..., avoué, tant de l'ordonnance ci-dessus énoncée et de sa signification que du présent exploit, dont le coût est de...

(*Signature de l'huissier.*)

FORMULE 65.

Signification de l'acte constatant le dépôt fait au greffe de la minute de la pièce arguée de faux, avec sommation d'être présent au procès-verbal qui sera dressé à l'effet de constater l'état de ladite pièce.

(Tarif, art. 70. — Coût : Paris, 1 fr.; ressort, 75 c.; — pour chaque copie, le quart.)

A la requête du sieur B..., ayant Me... pour avoué,

Soit signifié et donné copie à Me..., avoué au tribunal civil de première instance de..., et du sieur A...,

1° D'un procès-verbal dressé par le greffier dudit tribunal, en date du..., enregistré, constatant le dépôt fait au greffe par Me..., notaire à..., de la minute d'un acte (*désignation de cet acte*).

2° D'une ordonnance de M..., juge-commissaire en la cause, en date du..., enregistrée, par lui mise au bas de la requête (1) à lui présentée le même jour par le sieur B..., ensemble de ladite requête ; ladite ordonnance portant qu'il sera, le..., dix heures du matin, en la Chambre du conseil du tribunal de..., dressé procès-verbal, en présence de M. le procureur impérial, par M..., juge-commis à cet effet, de l'état de la minute déposée, pièce arguée de faux.

Soit, en conséquence, sommé ledit Me... de comparaître et de faire comparaître le sieur A..., sa partie, aux lieu, jour et heure ci-dessus indiqués, pour être présents, si bon leur semble, au procès-verbal de description dont il vient d'être parlé ; déclarant audit Me... que faute par lui de comparaître et de faire comparaître le sieur A..., il sera, contre eux, pris défaut et passé outre audit procès-verbal. Dont acte.

(*Signature de l'avoué.*)

A la requête du sieur B...,

Signifié et laissé copie, etc.

(*Signature de l'huissier.*)

FORMULE 66.

Requête contenant les moyens de faux.

(Tarif, art. 75. — Coût : Paris, 2 fr.; — ressort, 1 fr. 50 c.)

A Messieurs les président et juges du tribunal de...

Le sieur A..., demeurant à..., demandeur au principal et incidemment demandeur en inscription de faux, ainsi qu'aux fins de la présente requête, ayant Me... pour avoué,

(1) Après avoir fait effectuer le dépôt de la minute de l'acte argué de faux, le défendeur adresse au juge-commissaire une requête à l'effet d'obtenir la fixation des lieu, jour et heure où il sera dressé procès-verbal de l'état de la pièce

Contre le sieur B..., demeurant à..., défendeur au principal, à l'inscription de faux et aux fins de la présente requête, ayant M^e... pour avoué,

A l'honneur de vous exposer les faits et moyens suivants à l'appui de son inscription de faux contre l'acte (*le désigner*) produit par le sieur B... dans l'instance pendante en ce tribunal entre les parties susnommées :

Le premier consiste en ce que (*l'exposer en le précisant de manière à montrer qu'il est concluant*).

Le second est tiré de...

Par ces motifs et tous autres à déduire en plaidant, le sieur A... conclut à ce qu'il plaise au tribunal lui donner acte de ce que, pour moyens de faux contre la pièce dont il s'agit, il emploie les moyens ci-dessus énoncés ;

En conséquence, dire et déclarer que lesdits moyens de faux sont pertinents et admissibles, et qu'ainsi le sieur A... sera autorisé à en faire la preuve tant par titres que par témoins, dans la forme ordinaire, par-devant M..., juge précédemment commis, sauf au défendeur à fournir la preuve contraire ; ordonner, en outre, qu'il sera procédé, par-devant le même juge, en présence du sieur A..., ou lui dûment appelé, à la vérification de ladite pièce par trois experts écrivains qui seront nommés d'office par le tribunal, dépens réservés.

(*Signature de l'avoué.*)

A la requête du sieur B...,

Signifié et laissé copie..., etc.

(*Signature de l'huissier.*)

FORMULE 67.

Acte pour faire rejeter l'inscription de faux, faute par le demandeur d'avoir signifié, dans le délai de la loi, les moyens à l'appui.

(Tarif, art. 70.—Coût : Paris, 1 fr. ; — ressort, 75 c. ; — pour chaque copie, le quart.)

A la requête du sieur B..., demeurant à..., ayant M^e... pour avoué,

Soit sommé M^e..., avoué au tribunal civil de première instance de... et de sieur A...,

De comparaître le..., dix heures du matin, à l'audience dudit tribunal, pour :

Attendu qu'il s'est écoulé plus de huit jours depuis qu'il a été, par M..., juge à ce tribunal, dressé procès-verbal de la pièce contre laquelle le sieur A... s'est inscrit en faux par acte fait au greffe, le....., enregistré ;

arguée de faux et de la minute. Le juge-commissaire met son ordonnance au bas de cette requête.

Attendu que le sieur A..., qui aurait dû, aux termes de l'article 229 du Code de procédure, signifier, dans ce délai, ses moyens à l'appui de son inscription de demande en faux, et qu'il ne l'a pas fait, d'où, aux termes de la même disposition, naît pour le sieur B... la faculté de le faire déclarer déchu de son inscription ;

Voir dire et ordonner que, faute par ledit sieur A... d'avoir, dans le délai de la loi, signifié ses moyens, il demeurera déchu de son inscription en faux contre (*désigner la pièce arguée de faux*);

Voir déclarer, en conséquence, ladite inscription nulle et calomnieuse, et, attendu le préjudice moral et matériel qu'elle a causé au requérant, s'entendre condamner, et ce par corps, conformément aux articles 1382 C. Nap. et 126 C. de pr., à payer à ce dernier la somme de..., à titre de dommages-intérêts, et aux frais d'impression de... exemplaires du jugement à intervenir ;

Voir ordonner, conformément à l'article 242 C. de pr., qu'après l'expiration du délai fixé par l'article 243 du même Code, l'acte argué de faux sera rendu au requérant, et que les pièces de comparaison seront remises, soit aux parties à qui elles appartiennent, soit aux dépositaires, ou renvoyées de la manière que prescrira le tribunal, auxquels renvois ou remises le greffier pourra être contraint sous les peines établies par l'article 244 C. de pr. ; quoi faisant il sera déchargé.

Et statuant au principal, attendu que l'inscription de faux formée par le sieur A... étant nulle et de nul effet, les moyens invoqués par le requérant dans sa requête en défense, en date du..., enregistrée, se trouvent justes et bien établis, voir dire que le sieur A... sera non recevable et en tous cas mal fondé dans la demande principale formée à sa requête contre le sieur B..., par exploit de..., en date du..., enregistré ; s'entendre, en conséquence, condamner aux dépens tant de l'instance principale, que de l'inscription de faux. Dont acte.

(*Signature de l'avoué.*)

A la requête du sieur B...,
Signifié et laissé copie..., etc.

(*Signature de l'huissier.*)

FORMULE 68.

Requête en réponse aux moyens de faux.

(Tarif, art. 75. — Coût : Paris, 2 fr. ; — ressort, 1 fr. 50 c. ; — pour chaque copie, par rôle, le quart.)

A Messieurs les président, etc. (*V. la formule* 66.)

A l'honneur de vous exposer les fins de non-recevoir, faits et moyens suivants en réponse aux moyens de faux qui lui ont été signifiés à la requête dudit sieur A..., par acte en date du..., enregistré ;

(*Exposer les faits, discuter et réfuter les moyens de faux proposés par le demandeur.*)

Par ces motifs et autres à déduire en plaidant, l'exposant conclut à ce qu'il plaise au tribunal lui donner acte de ce qu'il oppose les présentes comme réponses, fins de non-recevoir et moyens de nullité contre les prétendus moyens de faux produits par le sieur A...; en conséquence, déclarer lesdits moyens de faux non pertinents et inadmissibles, et, par suite, l'inscription de faux qu'il a faite au greffe, le..., nulle, de nul effet et calomnieuse, et en réparation du préjudice moral et matériel qu'elle a causé au requérant, condamner par corps, conformément aux articles 1382 C. Nap., et 126 C. de pr., le sieur A... à payer au sieur B... la somme de...

Et statuant au principal (*comme dans la formule* 67.)

FORMULE 69.

Acte par lequel on poursuit l'audience à l'effet d'obtenir jugement définitif sur une inscription en faux incident.

(Tarif, art. 70. — Coût : Paris, 1 fr.; — ressort, 75 c.; — pour chaque copie, le quart.)

A la requête du sieur A..., ayant Mᵉ... pour avoué,

Soit sommé Mᵉ..., avoué au tribunal civil de première instance de... et du sieur B..., de comparaître le..., dix heures du matin, à l'audience dudit tribunal, pour :

Attendu que... (*faire l'exposé du résultat de l'instruction, du rapport des experts et de l'enquête*); desquels rapport d'experts, enquête et contre-enquête, il est en tête de celle des présentes donné copie;

Voir dire et ordonner que ladite pièce est fausse; en conséquence, qu'il sera fait défense au sieur B... de l'opposer au sieur A..., comme aussi qu'elle sera lacérée par le greffier du tribunal, et que les pièces de comparaison seront remises à qui de droit par ledit greffier, qui pourra y être contraint par les voies légales, après l'expiration du délai d'appel, conformément aux articles 242, 243 et 244 du Code de procédure civile; ce quoi faisant, il sera déchargé.

Et statuant au principal, attendu que la pièce produite par le sieur B... contre le sieur A... est fausse, et qu'ainsi la demande de ce dernier subsiste dans toute sa force, voir dire et ordonner que les conclusions précédemment prises par ledit sieur A..., en son exploit introducif d'instance, en date du..., enregistré, lui seront adjugées, et condamner le sieur B... aux dépens, tant de l'instance principale que de l'inscription de faux. Dont acte.

(*Signature de l'avoué.*)

A la requête du sieur A...

Signifié et laissé copie..., etc.

(*Signature de l'huissier.*)

TITRE XII.

DES ENQUÊTES.

FORMULE 70.

Acte de conclusions contenant l'articulation des faits dont on demande à faire preuve par témoins.

(Tarif, art. 71. — Coût : Paris, 5 fr. ; — ressort, 3 fr. 75 c.; — pour chaque copie, le quart.)

A Messieurs les président et juges du tribunal civil de première instance de...

Conclusions

Pour le sieur A..., demandeur aux fins de l'assignation donnée à sa requête, par le ministère de..., huissier à..., en date du..., enregistrée, et aux fins du présent acte, ayant Me... pour avoué,

Contre le sieur B..., défendeur à l'exploit susénoncé et aux présentes conclusions, ayant Me... pour avoué.

Elles tendent à ce qu'il plaise au tribunal:

Attendu... (*exposer succinctement les faits que l'on veut prouver, montrer qu'ils sont concluants et que la loi n'en défend point la preuve.*)

Lui donner acte de ce qu'il articule et offre de prouver par témoin les faits suivants, savoir :

1°...

2°...

3°...

En conséquence, autoriser le sieur A... à faire entendre des témoins sur les faits susénoncés;

Par suite, sommation est faite à Me..., avoué du sieur D..., de, dans les trois jours, déclarer s'il avoue ou s'il dénie lesdits faits, et, en cas qu'il les dénie, de comparaître, le..., dix heures du matin, à l'audience du tribunal..., pour :

Attendu qu'ils sont pertinents et concluants et que la loi n'en défend point la preuve, entendre dire que ledit sieur A... sera autorisé à les prouver en la forme de droit;

Lui déclarant qu'à défaut de réponse à la présente sommation, lesdits faits seront tenus pour confessés et avérés, sous toutes réserves de droit. Dont acte.

(*Signature de l'avoué.*)

A la requête du sieur A...
Signifié et laissé copie..., etc.

(*Signature de l'huissier.*)

FORMULE 71.

Acte de conclusions contenant dénégation des faits.

(Même tarif que ci-dessus.)

A Messieurs les président..., etc.

Conclusions

Pour le sieur B..., défendeur aux fins de l'assignation à lui donnée à la requête du sieur A..., par exploit du ministère de..., huissier à..., en date du..., enregistré, et à l'acte de conclusion à lui signifié par acte d'avoué à avoué, en date du... enregistré, demandeur aux fins du présent acte, ayant M^e^... pour avoué,

Contre le sieur A..., demandeur..., etc., ayant M^e^... pour avoué.

Elles tendent à ce qu'il plaise au tribunal :

Donner acte au sieur B... de ce qu'il dénie formellement les faits articulés par le sieur A..., dans l'acte d'avoué à avoué, signifié le...,

Et attendu qu'ils ne sont point *concluants*, puisque (*exposer les raisons à l'appui*) ;

Voir dire, que par application de l'article 253 du Code de procédure civile, il n'y a point lieu d'en ordonner la preuve;

(*Ou :* Attendu d'ailleurs que l'objet du droit dont le demandeur poursuit la preuve est supérieur à 150 fr. ; qu'il ne produit aucun commencement de preuve par écrit et qu'il ne se trouve dans aucun des cas exceptionnels où la loi admet la preuve par témoins, même au-dessus de cette somme, elle ne saurait être autorisée sans violer les articles 1341, 1347 et 1348 combinés du Code Napoléon, voir dire qu'il sera déclaré non recevable dans ses conclusions à fin d'enquête).

Sans s'arrêter ni avoir égard à la demande de preuve qu'il a formée, adjuger au sieur B... le bénéfice des conclusions précédemment prises au principal par acte..., et condamner le sieur A... aux dépens de la demande principale et de l'incident.

Se réservant, le sieur B..., dans le cas où la preuve desdits faits serait ordonnée, de la combattre par la preuve contraire, conformément à l'article 256 du Code de procédure, sous toutes autres réserves de fait et de droit. Dont acte.

(Signature de l'avoué).

A la requête du sieur B...

Signifié et laissé copie..., etc.

(Signature de l'huissier.)

FORMULE 72.

Acte contenant offre de prouver par témoins un reproche non justifié par écrit, avec désignation des témoins à produire à cet effet.

(Tarif, art. 70. — Coût : Paris, 5 fr. ; — ressort, 3 fr. 75 c. ; — pour chaque copie, le quart.)

A Messieurs les président..., etc.

Conclusions

Pour le sieur B..., etc.

Contre le sieur A..., etc.

Elles tendent à ce qu'il plaise au tribunal :

Attendu que lors de l'enquête directe faite par le sieur A..., par-devant M..., juge-commissaire, le sieur B... a reproché le sieur C..., témoin entendu, par le motif énoncé ci-après, ainsi qu'il résulte des dires consignés au procès-verbal d'enquête, en date du...;

Attendu qu'aux termes de l'article 289 du Code de procédure, le sieur B... doit offrir la preuve du reproche par lui proposé, et, à cet effet, désigner les témoins à produire ;

Attendu que, pour satisfaire à cette prescription de la loi, il articule et offre de prouver que le sieur L..., menuisier, demeurant à..., entendu comme témoin dans l'enquête dont il s'agit, a bu et mangé avec le sieur A..., aux frais de ce dernier et postérieurement au jugement qui a ordonné l'enquête, et désigne comme témoins pouvant attester le fait :

1° Le sieur D..., ferblantier, demeurant à... ; 2° le sieur E..., aubergiste, demeurant au même lieu ;

Lui donner acte de ce qu'il offre de prouver le fait ci-dessus énoncé, ordonner par suite que les deux témoins par lui désignés seront entendus à l'audience que le tribunal indiquera.

En conséquence, sommation est faite à Me..., avoué du sieur A..., de comparaître à l'audience du..., dix heures du matin, pour voir adjuger au sieur B... le bénéfice des présentes conclusions. Dont acte.

(*Signature de l'avoué.*)

A la requête du sieur B...

Signifié et laissé copie..., etc.

(*Signature de l'huissier.*)

FORMULE 73.

Demande de prorogation d'enquête sur le procès-verbal.

... Et ledit jour, le sieur A..., assisté de Me..., son avoué, nous a exposé qu'il désirait faire entendre encore des témoins, notamment le sieur..., lequel est en ce moment retenu comme juré près la Cour d'assises de..., dont la session ne sera terminée que le..., après l'expiration de la huitaine, à dater de l'audition du premier témoin (*ou :* nous a exposé qu'en raison du grand nombre de témoins par lui assignés, et de la multiplicité des faits sur lesquels ils ont à répondre, il lui est impossible de les faire entendre tous dans le délai de la loi, lequel expire demain); en conséquence, il a requis qu'il lui fût accordé une prorogation du délai de huitaine pour parachever son enquête; et a, sous toutes réserves, signé avec Me..., son avoué.

(Signatures.)

De son côté, Me..., avoué du sieur B..., nous a déclaré qu'il ne s'opposait point (*ou* qu'il s'opposait) à cette demande en prorogation, et a, sous toutes réserves, signé avec le sieur B...

(Signatures).

Sur quoi nous, juge-commissaire susdit, ordonnons, en conformité de l'article 280 du Code de procédure civile, qu'il en sera par nous référé au tribunal à l'audience du... courant.

(Signatures du juge-commissaire et du greffier.)

FORMULE 174.

Sommation à l'effet d'obtenir une prorogation d'enquête lorsque le défendeur n'a été, ni par lui-même, ni par son avoué, présent à la demande qui en a été formée sur le procès-verbal.

(Tarif, art. 70. — Coût : Paris, 1 fr.; — ressort, 75 c.; — pour chaque copie, le quart.)

A la requête de Me..., avoué du sieur A...

Il est, par ces présentes, déclaré à Me..., avoué du sieur B...,

Que le..., et lors de l'enquête à laquelle il fait procéder, ledit sieur A... a demandé sur le procès-verbal qu'en raison du grand nombre de témoins qu'il a à faire entendre et de la longueur de leurs dépositions le délai pour terminer ladite enquête soit prorogé jusqu'au...

Que M. le juge-commissaire a ordonné qu'il en référerait au tribunal, à l'audience du... courant.

Cette demande et cette décision de M. le juge-commissaire ayant eu lieu en l'absence du sieur B... et de Me..., son avoué, sommation est faite à ce dernier de comparaître et de faire comparaître ledit sieur B..., sa partie, à l'audience ci-dessus indiquée, à dix heures du matin, pour ouïr le rapport qui y sera fait par M. le juge-commissaire, les moyens qui seront développés par le sieur A.., faire les observations qu'ils croiront utiles et voir prononcer la prorogation demandée, sous toutes réserves. Dont acte.

(Signature de l'avoué.)

A la requête du sieur A...

Signifié et laissé copie..., etc.

(Signature de l'huissier).

FORMULE 75.

Requête au juge-commissaire pour obtenir son ordonnance indiquant les lieu, jour et heure auxquels devront être assignés les témoins.

(Tarif, art. 76. — Coût : Paris, 2 fr.; — ressort, 1 fr. 50 c., vacation comprise).

A Monsieur..., juge au tribunal civil de première instance de..., commis pour procéder à l'enquête dont il va être parlé.

Le sieur A..., ayant Me..., pour avoué,

A l'honneur de vous exposer ce qui suit :

Un jugement du tribunal de..., en date du..., enregistré, contradictoirement rendu entre lesdites parties, a ordonné, avant faire droit, que l'exposant ferait, par témoins, preuve des faits par lui articulés et qui sont énoncés audit jugement, sauf la preuve contraire réservée au sieur B...

Le jugement qui vous a commis pour procéder aux enquête et contre-enquête ordonnées ayant été signifié à avoué le..., acte qui fait courir le délai dans lequel elles doivent être commencées, l'exposant requiert qu'il vous plaise, Monsieur le juge-commissaire, lui délivrer votre ordonnance portant permis d'assigner, aux lieu, jour et heure qu'il vous plaira indiquer, savoir : par exploit à personne ou à domicile les témoins qu'il se propose de produire dans l'enquête qu'il est autorisé à faire, et par exploit au domicile de son avoué le sieur B..., partie adverse, pour assister à ladite enquête, et ce sera justice.

(*Signature de l'avoué.*)

Ordonnance du juge mise au bas de la présente requête.

Vu la requête ci-dessus, la grosse du jugement qui y est mentionné et l'original de sa signification à avoué, permettons au sieur A... de faire assigner à comparaître devant nous, en la Chambre du Conseil du palais de justice de..., le..., dix heures du matin, les témoins qu'il se propose de produire dans l'enquête qu'il est autorisé à faire, ainsi que le sieur B..., partie adverse, pour assister à ladite enquête.

Fait à..., le...

(*Signature du juge.*)

Le juge-commissaire ouvre aussitôt le procès-verbal d'enquête en ces termes :

L'an..., le..., dix heures du matin, par-devant nous..., juge au tribunal civil de première instance de..., commis pour procéder à l'enquête, dont il sera ci-après parlé, étant en la Chambre du Conseil, au palais de justice, et assisté de Me..., greffier du tribunal,

Est comparu Me..., avoué près le tribunal et du sieur A...;

Lequel nous a dit, d'une part, que par jugement, en date du..., enregistré, rendu contradictoirement contre le sieur B... au profit du sieur A..., duquel jugement la grosse nous a été représentée, il a été ordonné, avant faire droit, que le sieur A... ferait, par témoins, la preuve par-devant nous des faits par lui articulés et qui sont énoncés audit jugement, sauf au sieur B... la preuve contraire ; d'autre part, que ce jugement ayant été signifié à Me..., avoué du sieur B..., par acte d'avoué à avoué, en date du..., enregistré, et dont l'original nous a été également représenté, il importait que l'enquête ordonnée fût commencée sans retard ;

C'est pourquoi il nous a requis de déclarer ouvert le présent procès-verbal d'enquête et de lui délivrer, au bas de la requête qu'il nous a présentée, et séparément des présentes, notre ordonnance portant permis d'assigner, aux lieu, jour et heure qu'il nous plaira indiquer, les témoins qu'il se propose de faire entendre en l'enquête dont il s'agit, et le sieur B... pour être présent à leur audition ; et a ledit Me... signé sous toutes réserves.

(*Signature de l'avoué.*)

Sur quoi, nous, juge-commissaire, avons donné acte audit Me..., de ses comparution, dires et réquisition, en conséquence avons déclaré ouvert le présent procès-verbal et avons délivré audit Me..., au bas de sa requête et séparément des présentes, notre ordonnance portant permis d'assigner par-devant nous les témoins et le sieur B..., partie adverse, en la Chambre du Conseil du palais de justice du tribunal de première instance de..., le..., dix heures du matin, et avons signé avec le greffier.

(*Signatures du juge et du greffier.*)

FORMULE 70.

Assignation aux témoins.

(Tarif, art. 29. — Coût : Paris, 2 fr., — ailleurs, 1 fr. 50 c.; — pour chaque copie, le quart.)

L'an..., le..., à la requête du sieur Jules A..., employé, demeurant à..., pour lequel domicile est élu en l'étude de Me..., avoué au tribunal de première instance de..., y demeurant, rue..., n°..., lequel occupera pour lui,

Je (*noms, demeure et immatricule de l'huissier*) soussigné,

Ai signifié et, en tête de celle du présent exploit, laissé copie,

1° A Jean Huguet, aubergiste, demeurant à..., en son domicile, où je me suis transporté et parlant à...;

2° A François Ribière..., etc.;

I. Du dispositif d'un jugement contradictoirement rendu entre le requérant et le sieur B..., par le tribunal civil de première instance de..., en date du..., enregistré et signifié, dispositif qui contient l'énonciation des faits dont le sieur A... a été autorisé à faire la preuve;

II. D'une ordonnance rendue par M..., juge-commissaire pour procéder à l'enquête, en date du..., enregistrée, ensemble de la requête à lui présentée le même jour, et sur laquelle elle a été rendue;

A ce qu'ils n'en ignorent,

A même requête que dessus, j'ai, huissier soussigné, donné, en vertu de ladite ordonnance, à chacun des témoins susnommés, et parlant comme il a été dit, assignation à comparaître le..., dix heures du matin, en la Chambre du Conseil du palais de justice du tribunal de... et par-devant M..., juge commis à cette fin, pour séparément prêter serment et dire la vérité sur les faits admis en preuve par ledit jugement, leur déclarant qu'il leur sera fait taxe, s'ils le requièrent, mais qu'en cas de non-comparution de leur part ils seront condamnés à l'amende et aux dommages et intérêts prononcés par la loi, et réassignés à leurs frais; et à ce que pareillement ils n'en ignorent, je leur ai séparément laissé copie certifiée de M^e..., avoué, tant des pièces ci-devant énoncées que du présent exploit, dont le coût est de...

(Signature de l'huissier.)

FORMULE 77.

Assignation à la partie pour être présente à l'enquête.

(Même tarif que ci-dessus.)

L'an..., le..., à la requête du sieur A... je..., etc., soussigné,

Ai signifié et en tête de celle du présent exploit laissé copie au sieur B..., et ce au domicile de M^e..., son avoué constitué, demeurant à..., où je me suis transporté, en parlant à...

D'une ordonnance (1) rendue par M..., juge commis à cette fin, en date du..., enregistrée; ensemble de la requête à lui présentée le même jour et sur laquelle elle a été rendue,

A ce qu'il n'en ignore,

Par suite et en vertu de l'ordonnance ci-dessus énoncée, j'ai, huissier soussigné, à mêmes requête et domicile que devant et parlant à la même personne, donné assignation audit sieur B... à comparaître le..., dix heures du matin, en la Chambre du Conseil du palais de justice du tribunal de première instance de..., et par-devant M..., juge commis à cette fin, pour assister, si bon lui semble, à l'enquête directe que le requérant a été autorisé à faire par jugement contradictoirement rendu entre eux par ledit tribunal, le..., enregistré;

Déclarant qu'il fera entendre comme témoins en ladite enquête:

(1) La loi ne prescrit point la signification de cette ordonnance, mais on le fait dans l'usage.

1° Le sieur... (*noms, profession et demeure*),

2° Le sieur...

J'ai de plus déclaré audit sieur B..., qu'il sera procédé à ladite enquête même en son absence, et afin que de tout ce que dessus ledit sieur B... n'ignore, je lui ai, au domicile de Me..., son avoué, et parlant comme il vient d'être dit, laissé copie, certifiée de Me..., tant des requête et ordonnance ci-dessus énoncées que du présent exploit dont le coût est de...

FORMULE 78.

Réassignation d'un témoin défaillant.

Lorsqu'un témoin régulièrement assigné ne comparaît point, la partie à la requête de laquelle il a été assigné fait la réquisition suivante, laquelle est inscrite sur le procès-verbal.

Le sieur A..., assisté de Me..., son avoué, a requis, attendu la non-comparution du sieur Jean Huguet, aubergiste, demeurant à..., quoique régulièrement assigné, ainsi qu'il en a été justifié par l'original d'un exploit de..., en date du..., enregistré, qu'il nous plaise donner défaut contre ledit témoin et, pour le profit, le condamner à payer au requérant, à titre de dommages et intérêts, la somme de..., et enfin ordonner qu'il soit réassigné à ses frais aux jour et heure qu'il nous plaira indiquer, et a signé.

(*Signature de l'avoué.*)

Sur cette réquisition, intervient l'ordonnance de M. le juge-commissaire en ces termes :

Nous, juge-commissaire, soussigné, vu l'original de l'exploit sus-énoncé, duquel il résulte que le sieur Jean Huguet a été régulièrement assigné à comparaître devant nous, cejourd'hui, et, attendu que nonobstant il ne s'est pas présenté, faisant droit à la réquisition du sieur A..., donnons défaut, faute de comparaître, contre ledit témoin, et, pour le profit, le condamnons, conformément à l'article 263 du Code de procédure civile, à payer au sieur A..., à titre de dommages-intérêts, la somme de 10 francs et, de plus, à 50 francs d'amende; ordonnons, en outre, qu'il sera, à ses frais, réassigné à comparaître par-devant nous, le..., dix heures du matin.

(*Signatures du greffier et du juge-commissaire.*)

Quant à la réassignation, elle se fait dans la même forme que l'assignation, sauf, d'une part, qu'on donne au témoin défaillant copie de l'ordonnance qui statue sur sa non-comparution et en vertu de laquelle on procède à nouveau contre lui ; d'autre part, qu'à la place des mots : qu'en cas de non-comparution, il sera condamné à l'amende et aux dommages-intérêts, et réassigné à ses frais, *on met* : lui déclarant que s'il persiste à ne point comparaître, il sera condamné, par corps, à une amende de 100 francs, et qu'il sera contre lui décerné un mandat d'amener, conformément à l'article 264 du Code de procédure civile.

FORMULE 79.

Signification par acte d'avoué à avoué des procès-verbaux d'enquête avec avenir.

(Tarif, art. 70. — Coût : Paris, 1 fr.; — ressort, 75 c.; — pour chaque copie, le quart.)

A la requête du sieur A...,

Ayant Me... pour avoué,

Soit signifié et avec celle des présentes donné copie à M..., avoué au tribunal civil de première instance de... et du sieur B...,

De l'expédition d'un procès-verbal (1), dûment signé et enregistré, dressé le... et jours suivants, par M..., juge-commissaire à cette fin, et assisté de M..., greffier dudit tribunal, contenant l'enquête et la contre-enquête faites en exécution d'un jugement contradictoirement

(1) *Formule du procès-verbal d'enquête. — On met en tête le procès-verbal d'ouverture dont la formule a été donnée ci-dessus, p. 460, après quoi on continue en ces termes* : Aujourd'hui, le..., dix heures du matin, est comparu par-devant nous, en la Chambre du Conseil du palais de justice, le sieur A..., assisté de Me..., son avoué, lequel nous a dit qu'en exécution de notre ordonnance, mentionnée ci-dessus, il a, par exploit de..., en date du... enregistré, fait assigner pour déposer, par-devant nous, en la Chambre du Conseil, le même jour, dix heures du matin : 1° le sieur... ; 2° le sieur...; que, par un autre exploit du même huissier, en date du..., enregistré, il a également fait donner assignation au sieur B..., au domicile de Me..., son avoué, pour, aux lieu, jour et heure ci-dessus indiqués, être présent, si bon lui semble, à l'audition desdits témoins. Les originaux desdits exploits nous ont été à l'instant représentés.

(*Signatures de l'avoué et de la partie.*)

Est aussi comparu le sieur B..., assisté de Me..., son avoué, lequel nous a déclaré que, sur la sommation à lui faite, il se présentait pour être présent à l'audition des témoins, à laquelle il ne s'opposait point, sous la réserve, néanmoins, d'user de son droit de reproche, s'il y a lieu.

(*Signatures de l'avoué et de la partie.*)

Desquelles comparutions et déclarations nous avons donné acte aux parties; en conséquence, nous avons déclaré qu'il allait être procédé à l'audition desdits témoins, séparément, et, à cet effet, nous les avons invités, à l'exception du sieur..., qui doit déposer le premier, à se retirer dans..., où ils seront avertis tour à tour de se présenter, et nous avons signé avec notre greffier.

(*Signatures.*)

Par nous interpellé, le premier témoin a déclaré (*ses noms, profession et domicile*) être âgé de..., n'être parent, allié, serviteur ni domestique d'aucune des parties. Après avoir prêté serment de dire la vérité et nous avoir représenté la copie de l'assignation à lui donnée, il a déposé de vive voix, sans lire

rendu, par ledit tribunal, entre les parties, le..., dûment enregistré ;

Soit, en outre, et à même requête que dessus, sommé ledit M[e]... de comparaître, le..., dix heures du matin, à l'audience du tribunal susdésigné, séant au palais de justice, à..., pour :

Attendu que l'enquête rapportée dans le procès-verbal susénoncé a été faite conformément aux règles et aux formes prescrites par la loi, voir dire qu'elle est exempte de vices et, par suite, régulière et valable ;

Et statuant au principal, attendu que les faits articulés par le sieur

aucun projet écrit, et séparément des autres témoins, ainsi qu'il suit : (*transcrire la déposition.*)

Lecture faite de la déposition au témoin, il a répondu qu'elle était conforme à la vérité et qu'il y persistait.

Nous lui avons demandé s'il requérait taxe, et, sur sa réponse affirmative, nous l'avons, sur la copie de son exploit d'ajournement, taxé à la somme de...; et a ledit témoin signé avec nous et notre greffier.

(*Signatures.*)

Ainsi de suite pour les autres témoins.

Constatation des reproches.

Lorsqu'après avoir fait les déclarations et serment ci-dessus, un témoin est reproché, le reproche est constaté de la manière suivante :

M[e]..., avoué du sieur B..., nous a représenté que le sieur C... (*le témoin*) était dans le cas d'être reproché, puisque (*énoncer les motifs de reproche*), ainsi qu'il offre de le prouver, en cas de dénégation.

Le sieur C... interpellé de répondre au reproche proposé contre lui, a répondu (*énoncer sa réponse*).

Le sieur B... a répliqué que le fait par lui allégué était exact et qu'il en établirait la preuve par le témoignage : 1° du sieur... ; 2° du sieur..., et a signé avec son avoué.

(*Signatures.*)

Après quoi, nous, juge-commissaire susdit, avons reçu la déposition du sieur C..., sauf au tribunal à juger le mérite du reproche ci-dessus. Le sieur C... a déposé ainsi qu'il suit (*énoncer la déposition*).

Défaut contre l'un des témoins.

Appliquez ici la formule 78.

Cas où l'un des témoins fait proposer des motifs d'excuse.

Le sieur F... s'est présenté pour le sieur E..., témoin assigné, porteur de la copie de l'assignation donnée à ce dernier, et nous a exposé que le sieur E... était absent pour affaires, et qu'il ne serait de retour que le..., et nous a prié de lui accorder un délai de... pour comparaître.

Sur quoi, ayant égard aux observations dudit sieur F..., nous avons accordé au sieur E... nouveau délai, et ordonné qu'il serait réassigné à comparaître par-devant nous, le...

Demande en prorogation de délai.

Appliquez ici la formule 73.

La présente vacation étant terminée, nous avons renvoyé la continuation de

A..., ont été démontrés, par l'enquête dont il vient d'être parlé, conformes à la vérité, et qu'ainsi la demande à laquelle ils servent de fondement se trouve par là même parfaitement établie et justifiée, voir ordonner que les conclusions prises par le sieur A... en son exploit introductif d'instance, en date du..., enregistré, lui seront adjugées comme étant justes et bien fondées, et s'entendre condamner aux dépens. Dont acte.

(*Signature de l'avoué.*)

A la requête du sieur A...,
Signifié et laissé copie..., etc.

(*Signature de l'huissier.*)

TITRE XIII.

DES DESCENTES SUR LES LIEUX.

FORMULES 80 ET 81.

Requête au juge-commissaire pour demander l'ordonnance portant indication des lieu, jour et heure d'une descente de lieux. — Ordonnance du juge-commissaire.

(Tarif, art. 76. — Coût : Paris, 2 fr. ; — ressort, 1 fr. 50 c., compris la vacation pour demander l'ordonnance et se la faire délivrer.)

A M..., juge au tribunal civil de première instance de..., commis pour la descente sur les lieux ci-après désignés :

Le sieur, etc.,

A l'honneur de vous exposer que par jugement dudit tribunal, en date du..., contradictoirement rendu entre l'exposant et le sieur B..., dûment enregistré et signifié, dont la grosse vous est représentée à l'appui de la présente requête, il a été ordonné, avant faire droit,

l'enquête au... de ce mois, dix heures du matin, et donné lecture de cette remise aux parties, en requérant les parties de s'y trouver, sans nouvelle assignation, sinon qu'il y sera procédé, même hors leur présence. Et ont, lesdits sieurs... signé avec leurs avoués, nous, juge-commissaire, et notre greffier, sur la minute de notre présent procès-verbal, clos à l'heure de...

(*Signatures.*)

Nouveau procès-verbal à la suite du premier.

L'an..., le..., dix heures du matin, nous..., juge commis pour procéder à l'enquête commencée le..., et dont la continuation a été par nous renvoyée à ce jour, nous nous sommes rendu, assisté de notre greffier, en la Chambre du Conseil, pour y procéder à ladite continuation.

Est comparu..., etc.

Tous les témoins cités ayant été entendus, nous avons clos notre présent procès-verbal, et ont lesdits sieurs... signé... etc.

(*Signatures.*)

qu'une pièce de terre, sise... (*désignation*. V. p. 402, note 2), objet du litige entre les parties, serait par vous visitée et constatée quant à son état, sa position, notamment au point de vue des faits énoncés dans ledit jugement,

C'est pourquoi, il vous plaira, Monsieur, indiquer les lieu, jour et heure auxquels il vous conviendra de procéder auxdites opérations.

(*Signature de l'avoué.*)

Nous, juge-commissaire, vu la requête ci-dessus, ensemble la grosse du jugement qui y est relatée, indiquons pour notre descente sur les lieux du litige, le..., heure de...

(*Signature du juge.*)

La signification de cette ordonnance se fait en ces termes :

A la requête du sieur A..., etc.,

Soit signifié et avec celle des présentes donné copie à Me..., avoué au tribunal..., etc., et du sieur B...,

D'une ordonnance de M..., juge audit tribunal, commis pour procéder à la descente ordonnée par jugement contradictoirement rendu entre les parties, en date du..., enregistré et signifié, ladite ordonnance rendue le..., mise au bas de la requête à lui présentée le même jour, et dûment enregistrée, ensemble de ladite requête;

Soit sommé, en conséquence, Me... de comparaître et faire comparaître le sieur B..., sa partie, le..., dix heures du matin, en la commune de..., territoire de..., sur la pièce de terre dite..., objet de la contestation, pour être présents, si bon leur semble, à la descente qu'y fera mondit sieur..., commis à cet effet, et aux opérations auxquelles il se livrera; leur déclarant que faute par eux de comparaître aux lieu, jour et heure ci-dessus indiqués, il sera procédé, même hors de leur présence. Dont acte.

(*Signature de l'avoué.*)

A la requête du sieur A...,

Signifié et laissé copie, etc...

(*Signature de l'huissier.*)

FORMULE 82.

Procès-verbal de descente sur les lieux.

L'an..., le..., à..., heure du..., nous, juge près le tribunal..., assisté de Me..., greffier de ce tribunal, commis par jugement..., pour visiter la pièce de terre..., nous sommes transporté sur ladite pièce de terre.

Et, à l'instant, est comparu le sieur A..., assisté de Me..., son avoué, lequel nous a dit qu'en vertu de notre ordonnance en date du..., enregistrée, il a fait faire sommation, par acte du..., enregistré, et dont il nous a représenté l'original, au sieur B... de comparaître aux lieu, jour et heure indiqués dans ladite ordonnance; en conséquence, il nous a demandé de procéder, tant en présence qu'en l'absence du sieur B..., aux opérations ordonnées par le jugement susénoncé, et a signé avec son avoué.

(*Signatures.*)

A aussi comparu le sieur B..., assisté de Me..., son avoué, lequel nous a dit qu'il ne s'opposait point à ce qu'il fût procédé auxdites opérations, et a signé avec son avoué.

(*Signatures.*)

Sur quoi, nous, juge commis à cette fin, avons donné acte aux sieurs... et à leurs avoués de leurs comparutions et déclarations, et après nous être fait indiquer les lieux contentieux, nous avons aussitôt procédé à leur visite, ainsi qu'il suit : (*description et mention de tous les détails et circonstances propres à éclairer le tribunal et à le mettre à même de rendre sa décision en parfaite connaissance de cause*).

Nos opérations étant terminées, nous avons remis à Me..., avoué du sieur..., la grosse du jugement qui nous avait commis et à chacune des parties les pièces qu'elles nous avaient communiquées. Notre opération a duré... pour notre transport, notre séjour et notre retour.

(*Signatures du juge, du greffier, des avoués et des parties.*)

FORMULE 83.

Signification du procès-verbal de descente sur les lieux.

(Appliquez, par analogie, la formule 79.)

TITRE XIV.

DES RAPPORTS D'EXPERTS.

FORMULE 84.

Acte contenant nomination des experts.

(Tarif, art. 91. — Coût : Paris, 3 fr.; — ressort, 2 fr. 25 c.)

L'an..., le..., au greffe du tribunal de..., sont comparus : 1° le sieur..., demeurant à..., assisté de Me..., son avoué; 2° le sieur..., demeurant à..., assisté de Me..., son avoué,

Lesquels nous ont dit que par jugement, en date du..., rendu contradictoirement entre les parties, dûment enregistré et signifié, il a été ordonné, avant faire droit, qu'une pièce de terre, sise à..., objet de la contestation, serait vue et visitée par trois experts dont les parties conviendraient à l'amiable, sinon par MM..., que le tribunal a désignés d'office; qu'en conséquence, ils nomment pour procéder auxdites opérations, 1°...; 2°...; 3°...; sur leur réquisition, nous leur avons donné acte de leurs comparutions, déclarations et nominations ; ont lesdits sieurs et leurs avoués signé avec nous, greffier, après lecture faite.

(Signatures.)

FORMULE 85.

Acte contenant récusation d'un expert.

(Tarif, art. 71. — Coût : Paris, 5 fr.; — ressort, 3 fr. 75 c.)

A la requête du sieur A..., ayant Me.., pour avoué,
Soit signifié et déclaré à Me..., avoué du sieur B... ;
Qu'attendu que le sieur C..., expert convenu entre les parties pour procéder aux opérations ordonnées par jugement contradictoirement rendu entre elles, le..., dûment enregistré, a dîné hier chez le sieur B..., ce qui constitue un motif légitime de récusation, aux termes des articles 283 et 310 du Code de procédure ;
Attendu qu'en cas de contestation, ce fait sera attesté, notamment 1° par..., 2° par... *(indication des témoins.)*
Ledit sieur A... récuse le sieur C..., et s'oppose à ce qu'il procède à l'expertise dont il s'agit. Dont acte.

(Signatures de la partie et de son avoué.)

A la requête du sieur A...,
Signifié et laissé copie..., etc.

(Signature de l'huissier.)

FORMULE 86.

Acte contenant réponse à la récusation.

(Même tarif.)

A la requête du sieur B..., ayant M.... pour avoué,
Soit signifié et déclaré à Me..., avoué du sieur A...,
Qu'attendu que le fait allégué par ce dernier, dans l'acte d'avoué à avoué, en date du, contre le sieur C..., expert nommé entre les parties, est faux et controuvé, ledit sieur B... proteste formellement contre la récusation formulée par le sieur A..., dans l'acte susénoncé, contre le sieur C... Dont acte.

(Signature de l'avoué.)

A la requête du sieur B...
Signifié et laissé copie..., etc.

(Signature de l'huissier.)

FORMULE 87.

Requête au juge-commissaire à l'effet d'obtenir son ordonnance portant indication des jour, lieu et heure auxquels les experts devront être appelés pour prêter serment.

(Tarif, art. 76. — Coût : Paris, 2 fr. ; — ressort, 1 fr. 50 c., compris la vacation pour demander et se faire délivrer l'ordonnance.)

A M..., juge au tribunal civil de première instance de..., commis pour recevoir le serment dont il sera ci-après parlé,

Le sieur A..., ayant Me... pour avoué, a l'honneur de vous exposer :

Que, par jugement du tribunal civil de première instance de..., rendu contradictoirement, entre l'exposant et le sieur B..., le..., enregistré, et dont la grosse vous est représentée à l'appui de la présente requête, il a été ordonné, avant faire droit, qu'il serait procédé, par les experts convenus entre les parties ou faute par les parties de s'entendre par les experts nommés d'office, par le tribunal, aux opérations d'expertise décrites et expliquées dans le jugement susénoncé, après serment préalablement prêté devant vous ; que ledit jugement a été signifié à avoué par acte en date du..., enregistré, et qu'il s'agit de commencer sans retard lesdites opérations ;

C'est pourquoi l'exposant conclut à ce qu'il vous plaise, Monsieur le juge-commissaire, indiquer les lieu, jour et heure auxquels il vous plaira recevoir le serment dont il s'agit.

(*Signature de l'avoué.*)

Ordonnance.

Nous, juge-commissaire, vu la requête ci-dessus et la grosse du jugement qui y est énoncée, indiquons, etc.

(*Signature du juge.*)

FORMULE 88.

Sommation aux experts d'avoir à se présenter devant le juge, aux lieu, jour et heure par lui indiqués pour recevoir le serment qu'ils doivent prêter entre ses mains.

(Tarif, art. 29. — Coût : Paris, 2 fr. ; — ailleurs, 1 fr. 50 c. ; — pour chaque copie, le quart.)

A la requête du sieur Jules A..., employé, demeurant à..., où il est domicilié, et pour lequel domicile est élu en l'étude de Me..., demeurant à..., son avoué constitué dans la cause et qui continuera d'occuper pour lui sur la présente assignation ;

Je...

(*Noms, demeure et immatricule de l'huissier.*)

Soussigné, ai signifié, et, en tête de celle du présent exploit, laissé copie,

1° à C..., demeurant à..., en son domicile où je me suis transporté et parlant à...;

2° à...

3° à...

D'une ordonnance rendue par M..., juge au tribunal civil de première instance de..., commis à cet effet, en date du..., dûment enregistrée, ensemble de la requête à lui présentée le même jour et sur laquelle elle a été rendue;

A ce qu'ils n'en ignorent, et à même requête que dessus, j'ai, huissier soussigné, fait, en vertu de ladite ordonnance, sommation aux experts susnommés, en leur domicile et parlant comme il a été dit, d'avoir à se présenter, le..., dix heures du matin, en la Chambre du conseil du palais de justice du tribunal de..., et par-devant M..., juge commis à cet effet, pour prêter entre ses mains serment de remplir fidèlement la mission qui leur a été confiée par jugement dudit tribunal, rendu le..., contradictoirement entre le requérant et le sieur B..., enregistré, dont la grosse leur sera communiquée, et indiquer les lieu, jour et heure auxquels il sera procédé aux opérations d'expertise décrites dans ledit jugement. A ce que pareillement ils n'en ignorent, je leur ai laissé séparément, à chacun en son domicile et parlant comme dessus, copie certifiée de Me..., avoué, tant desdites requête et ordonnance que du présent exploit, dont le coût est de...

(Signature de l'huissier.)

FORMULE 80.

Sommation à la partie de se trouver aux opérations de l'expertise, lorsqu'elle n'a comparu ni par elle-même, ni par son avoué à la prestation de serment.

(Tarif, art. 70. — Coût : Paris, 1 fr.; — ressort, 75 c.; — copie, le quart.)

A la requête du sieur A..., ayant Me... pour avoué,

Soit signifié et déclaré à Me..., avoué au tribunal civil de..., et du sieur B...

D'une part, que MM..., experts convenus entre les parties (*ou* nommés d'office par le tribunal, en son jugement en date du...) pour procéder à l'expertise prescrite par jugement rendu le..., par ledit tribunal, dûment enregistré et signifié, ont prêté, le..., par-devant M..., juge commis à cette fin, serment de bien et fidèlement remplir la mission qui leur a été confiée ;

D'autre part, qu'ils ont indiqué, pour procéder aux opérations de ladite expertise, le..., heure de..., et le... (*désignation du lieu où ils procéderont*).

En conséquence, soit sommé Me..., de comparaître et de faire comparaître le sieur B..., sa partie, auxdits jour, heure et lieu indiqués, pour être présents, si bon leur semble, auxdites opérations; leur déclarant que, faute par eux de comparaître, il sera procédé même hors leur présence. Dont acte.

(*Signature de l'avoué.*)

A la requête du sieur A...
Signifié et laissé copie..., etc.

(*Signature de l'huissier.*)

FORMULE 90.

Rapports d'experts.

(Tarif, art. 92. — Coût : Paris, 6 fr. ; — ressort, 4 fr. 50 c.; — par vacation (1).

A MM. les président et juges composant le tribunal de première instance de...

L'an..., le..., heure de..., nous... (*désignation des experts*), experts nommés en exécution de votre jugement rendu contradictoirement, le..., entre le sieur A... et le sieur B..., dûment enregistré et signifié, laquelle nomination a eu lieu à l'amiable entre les parties (2), à l'effet de faire un rapport sur les objets énoncés dans le jugement dont il vient d'être parlé, et après avoir prêté serment de bien et fidèlement remplir notre mission, ainsi qu'il est constaté par procès-verbal de M..., juge commis pour ladite expertise, en date du..., dûment enregistré, nous nous sommes transportés sur une pièce de terre (*désignation*) où, étant arrivés à dix heures du matin, nous avons trouvé le sieur A..., assisté de Me..., son avoué, lequel, après nous avoir remis la grosse du jugement susénoncé, ensemble l'original de la sommation faite au sieur B..., le..., par acte d'avoué à avoué, de se trouver aux lieu, jour et heure ci-dessus désignés, nous a requis de procéder, même par défaut, en cas d'absence du sieur B..., aux opérations ordonnées par ledit jugement, et a signé avec Me..., son avoué.

(*Signatures.*)

A aussi comparu le sieur B..., assisté de Me..., son avoué, lequel nous a dit qu'il comparaissait pour satisfaire à la sommation susénoncée, déclarant qu'il ne s'opposait point à ce qu'il fût par nous procédé à l'expertise, et ont signé, ledit sieur B... et Me..., son avoué.

(*Signatures.*)

On continue en transcrivant les dires et conclusions des parties, par exemple en ces termes :

Ont exposé,

Me..., pour le sieur A..., que...;

(1) Si le rapport est écrit par le greffier du juge de paix du lieu où les experts ont procédé (V. l'art. 317), il lui est alloué les deux tiers des vacations allouées à un expert (art. 15 du tarif).

(2) *Ou* d'office par vous-mêmes en votre jugement susénoncé.

Me..., pour le sieur B..., que...

Ont, lesdits exposants, conclu, chacun de son côté, à ce que les points spécialement désignés par eux fussent l'objet particulier de notre attention.

A l'appui de ses dires, Me... nous a remis, 1°..., 2°..., 3°... (*mention des pièces produites*), et a signé sous toutes réserves.

(*Signatures.*)

A l'appui des siens, Me... nous a remis, 1°..., etc.

(*Signatures.*)

Desquels comparution, réquisition, consentement, dires, conclusions et remises nous avons donné acte aux parties (1) ; et, lecture préalablement faite du jugement susénoncé, nous avons procédé à l'expertise, en présence des parties assistées de leurs avoués, et rédigé la première partie de notre rapport, lequel a été écrit par..., l'un de nous, ainsi qu'il suit :

Constater les diverses opérations auxquelles se sont livrés les experts, telles qu'arpentage, toisé, l'analyse des titres de propriété..., les observations des parties, les renseignements pris sur les lieux des personnes étrangères au procès, dans le cas où le jugement a ordonné ou permis ce mode accessoire d'instruction.

En conséquence, après avoir vaqué jusqu'à..., nous avons clos (2) cette première partie de notre rapport. Et l'an..., le..., cinq heures du soir, nous, experts ci-dessus désignés et qualifiés, étant réunis dans le cabinet du sieur C..., l'un de nous, les sieurs A... et B... ainsi que leurs avoués étant absents, après avoir conféré et délibéré sur les divers chefs de l'expertise qui nous a été confiée, nous avons, étant tous trois d'accord (3) motivé et rédigé notre avis ainsi qu'il suit :

1er chef. — Considérant que..., pensons que...

2me chef. — Considérant que..., pensons que...

Après avoir vaqué à ce que dessus, depuis dix heures du matin jus-

(1) *Si le défendeur ne comparait point, on met :* Donné acte à..., et attendu que l'heure indiquée pour commencer l'expertise est expirée, et que le sieur B... n'a comparu ni par lui-même, ni par son avoué, avons donné défaut contre lui et en présence du sieur A..., lecture..., etc.

(2) *Dans le cas où une journée de vacation ne suffit point, on renvoie l'opération à un autre jour, en ces termes :* Après avoir vaqué jusqu'à..., nous nous sommes ajournés pour continuer nos opérations, au mercredi prochain, dix heures du matin, sur la pièce de terre ci-dessus décrite, où les parties seront tenues de se trouver, sans nouvelle sommation, et ont, les parties et leurs avoués, signé avec nous.

(*Signatures.*)

(3) *Si deux experts ont été d'un avis, et le troisième d'un autre avis, on met :* Avons été d'avis, à la pluralité, de ce qui suit :

Si chaque expert a émis un avis, on met : Il a été proposé trois avis :

Le premier....
Le second.....
Le troisième... } (*On motive chacun d'eux.*)

qu'à deux heures du soir, nous avons clos et signé le présent rapport, qui est resté entre les mains de..., l'un de nous, pour être, par lui, déposé au greffe.

(*Signatures.*)

FORMULE 92.

Assignation aux experts pour faire déposer au greffe leur rapport.

(Tarif, art. 29. — Coût : Paris, 2 fr. ; — ailleurs, 1 fr. 50 c.; — pour chaque copie, le quart.)

L'an..., le..., à la requête du sieur A... et

J'ai (*noms, demeure et immatricule de l'huissier*), soussigné, donné assignation :

1° Au sieur C... (*nom, prénoms, profession et demeure*), en son domicile où je me suis transporté, et parlant à...

2° au sieur D...

3° Au sieur E...

Lesdits sieurs C..., D..., E..., nommés par les sieurs A... et B..., pour procéder à l'expertise ordonnée, dans la cause pendante entre lesdits sieurs A... et B..., par jugement du tribunal civil de première instance de..., en date du..., enregistré,

A comparaître d'aujourd'hui à trois jours francs, à dix heures du matin, à l'audience et par-devant MM. les président et juges composant le tribunal civil de première instance de..., séant en ladite ville, pour...,

Attendu qu'ils ont accepté la mission qui leur a été confiée, ainsi que cela résulte de la prestation de serment qu'ils ont faite devant M..., juge commis à cet effet;

Attendu qu'il s'est écoulé (*indiquer le temps*) depuis qu'ils ont été mis en état de procéder à ladite expertise, et qu'ils n'ont point encore déposé au greffe du tribunal la minute de leur procès-verbal de rapport;

Attendu qu'en leur seule qualité de mandataires judiciaires ils étaient de plein droit en demeure d'effectuer ledit dépôt;

Par ces motifs et autres à déduire en plaidant.

D'une part, voir dire et ordonner que dans les trois jours de la signification du jugement à intervenir ils feront au greffe le dépôt de ladite minute, aux offres qu'a toujours faites le requérant, et qu'il réitère de payer auxdits experts les déboursés et honoraires qui pourront leur être dus, d'après la taxe qui en sera faite ; sinon et faute par eux d'effectuer ledit dépôt dans le délai ci-dessus énoncé, ils y seront, conformément à l'article 320 du Code de procédure civile, contraints par corps, en vertu du présent jugement, les condamnant, dès à présent, en 10 francs de dommages et intérêts par chaque jour de retard ;

D'autre part, et pour le préjudice actuel causé par leur retard à remplir leur obligation, s'entendre condamner, par corps, conformément à l'article 126 du Code de procédure civile, à payer au requérant la somme de..., à titre d'indemnité, et en outre aux dépens, dont distraction..., etc.; et je leur ai, à chacun séparément, laissé, auxdits domiciles et parlant comme il a été dit, copie du présent exploit, dont le coût est de...

(*Signature de l'huissier.*)

TITRE XV.

DE L'INTERROGATOIRE SUR FAITS ET ARTICLES.

FORMULE 92.

Requête pour avoir permission de faire interroger son adversaire sur faits et articles.

(Tarif, art. 79. — Coût : Paris, 15 fr. ; — ressort, 12 fr., compris l'émolument pour prendre l'ordonnance et communiquer au ministère public.)

A MM. les président et juges composant le tribunal civil de première instance...

Le sieur Jules A..., ayant Me A... pour avoué,

A l'honneur de vous exposer que, par exploit du ministère de..., huissier à..., en date du..., enregistré, il a formé contre le sieur Alexandre B... une demande actuellement pendante en votre tribunal, et tendant à obtenir le payement d'une somme de 10,000 francs qu'il lui a prêtée à..., le..., laquelle somme a été stipulée payable le..., avec intérêts au taux légal; que l'exposant n'ayant ni preuve écrite ni preuve testimoniale à produire à l'appui de sa demande, il lui importe d'user du droit que lui confère l'article 324 du Code de procédure civile, de faire interroger ledit sieur Jacques B... sur les faits et articles suivants, savoir :

1° (*préciser les faits, et montrer qu'ils sont concluants*) ;

2°...

3°...

C'est pourquoi ces faits étant pertinents et concluants, l'appelant conclut à ce qu'il vous plaise lui permettre de faire interroger, par M. le président ou tel juge qu'il lui plaira commettre à cet effet, ledit sieur B..., sur les faits susénoncés, et en outre sur tous autres que le juge-commissaire jugera propres à éclairer la religion du tribunal.

(*Signature de l'avoué.*)

FORMULE 93.

Requête au président pour faire commettre un juge afin de procéder à l'interrogatoire, ou, s'il retient l'interrogatoire, indiquer les jour et heure auxquels il aura lieu. — Ordonnance. — Signification de cette requête, de l'ordonnance du président et aussi du jugement qui a ordonné l'interrogatoire, avec assignation à comparaître aux jour et heure indiqués pour subir l'interrogatoire.

Requête.

(Tarif, 76 (par anal.) — Coût : Paris, 2 fr. ; — ressort, 1 fr. 50 c., compris la vacation pour demander et se faire délivrer l'ordonnance.)

A M. le président du tribunal civil de première instance de...

Le sieur Jules A..., ayant Me... pour avoué,

A l'honneur de vous exposer que, par jugement du tribunal que vous présidez, en date du..., dûment enregistré, il a été ordonné que le sieur Jacques B... serait interrogé sur les faits et articles énoncés dans ledit jugement, soit par vous, monsieur le président, soit par l'un de MM. les juges qu'il vous plaira commettre.

C'est pourquoi il vous plaira, Monsieur le président, soit retenir l'interrogatoire et indiquer les jour et heure auxquels il aura lieu, et commettre l'huissier qui donnera l'assignation, soit indiquer l'un de MM. les juges pour procéder audit interrogatoire.

Présenté au palais de justice à... le...

(*Signature de l'avoué.*)

Ordonnance au bas de la requête.

Nous, président du tribunal civil de première instance, vu la requête ci-dessus et les articles 325 et 329 du Code de procédure, déclarons que nous procéderons nous-même à l'interrogatoire du sieur Jules B..., sur les faits énoncés dans le jugement relaté dans la susdite requête, indiquons, pour y procéder, le..., heure de..., disons qu'il aura lieu en la Chambre du conseil ; et, pour signifier audit sieur Jacques B... le jugement susénoncé, ensemble les présentes requête et ordonnance, avec assignation à comparaître devant nous aux lieu, jour et heure indiqués, commettons..., huissier audiencier près ce tribunal.

Fait et délivré au palais de justice, à..., le...

(*Signature.*)

Si le président, au lieu de retenir l'interrogatoire, commet un juge pour y procéder, son ordonnance est ainsi conçue :

Nous, président de..., vu la requête ci-dessus et l'article 325 du Code de procédure, commettons M..., juge près ce tribunal, à l'effet d'interroger le sieur Jacques B... sur les faits articulés dans le jugement énoncé dans la susdite requête, ou sur tous autres qu'il croira propres à éclairer la religion du tribunal.

Fait...

(*Signature.*)

Le juge commis rend, au bas de l'ordonnance qui le commet, une ordonnance par laquelle il indique les lieu, jour et heure auxquels il procédera à l'interrogatoire.

Signification du jugement qui ordonne l'interrogatoire, des requête et ordonnance ci-dessus, avec assignation à comparaître aux lieu, jour et heure indiqués pour subir l'interrogatoire.

(Tarif, art. 29. — Coût : Paris, 2 fr. ; — ailleurs, 1 fr. 50 c.)

L'an..., le..., à la requête du sieur Jules A..., pour lequel domicile est élu en la demeure de Me..., avoué au tribunal de..., sis à..., lequel est constitué et continuera d'occuper pour lui, j'ai,

(*Noms, demeure et immatricule de l'huissier.*)

Soussigné et commis à cet effet par l'ordonnance dont il est ci-après parlé, signifié, et avec celle du présent acte, donné copie au sieur Jacques B..., en son domicile où je me suis transporté, parlant à...

1° D'un jugement rendu par le tribunal ci-dessus désigné, le..., enregistré, rendu sur requête du sieur Jules A... contre ledit sieur Jacques B..., et ordonnant que ce dernier serait interrogé sur (*préciser les faits*) et tous les autres faits propres à éclairer la religion du tribunal ;

2° D'une ordonnance de M. le président du tribunal, en date du..., enregistrée, par laquelle il déclare qu'il procédera lui-même audit interrogatoire en la Chambre du conseil, le... à dix heures du matin, ensemble de la requête sur laquelle elle a été rendue.

A ce qu'il n'en ignore et à même requête, demeure, élection de domicile et constitution d'avoué que dessus, étant au même domicile et parlant à la même personne, j'ai, huissier susdit et soussigné, donné assignation audit sieur Jacques B..., à comparaître en personne le..., à dix heures du matin, en la Chambre du conseil du tribunal civil de première instance de..., sis à..., et par-devant M..., président de ce tribunal, pour subir l'interrogatoire sur les faits énoncés dans le jugement dont il a été parlé ci-dessus ; lui déclarant que, faute par lui de comparaître aux lieu, jour et heure ci-dessus indiqués, lesdits faits seront tenus pour confessés et avérés ; se réservant, au surplus, de prendre par la suite telles autres conculsions qu'il appartiendra ; je lui ai, à l'heure de..., à son domicile, et parlant comme il a été dit, laissé copie certifiée et signée de Me..., avoué, des jugement, requête et ordonnance ci-dessus énoncés, et du présent exploit, dont le coût est de...

(*Signature.*)

TITRE XVI.

DES INCIDENTS.

FORMULE 94.

Acte contenant une demande incidente.

(Tarif, art. 71. — Coût : Paris, 5 fr.; — ressort, 3 fr. 75 c.; — pour chaque copie le quart.)

A MM. les président et juges composant le tribunal civil de première instance de...

(*Conclusions motivées.*)

Pour le sieur B..., etc.,

Défendeur aux fins de l'exploit à lui donné, à la requête du sieur A..., par le ministère de..., huissier à..., en date du..., enregistré, et incidemment demandeur aux fins des présentes, ayant Me... pour avoué;

Contre le sieur A..., etc., demandeur principal aux fins de l'exploit susénoncé et incidemment défendeur aux fins des présentes, ayant Me... pour avoué ;

Elles tendent à ce qu'il plaise au tribunal,

Attendu que par son exploit introductif d'instance, le sieur A... a formé contre le sieur B... une demande ayant pour objet de le faire condamner à garnir, pour la garantie de ses loyers, de meubles suffisants à cet effet, la maison qu'il lui a louée par acte sous seing privé, en date du..., enregistré..., et qui est située en la ville de..., sur la place du Marché, n° 12 ;

Attendu, en fait, qu'il est constant que les meubles apportés dans ladite maison par le sieur B... sont plus que suffisants pour la garantie pleine et entière du sieur A..., quant au payement de ses loyers ;

Mais attendu que ce dernier refuse de faire les réparations devenues nécessaires pour rendre la maison habitable, et notamment de refaire la toiture qui tombe en ruine, et les parquets en partie défoncés ;

Attendu que par ce refus il contrevient aux obligations que l'article 1720 du Code Napoléon met à sa charge ;

Attendu, par suite, que le sieur B..., est bien fondé à former, dès à présent, une demande contre le sieur A..., pour le contraindre à faire les réparations ci-dessus ;

Par tous ces motifs et autres à déduire en plaidant,

Recevoir le sieur B..., incidemment demandeur, joindre sa demande à la demande principale formée contre lui par le sieur A..., par l'exploit dont il a été ci-dessus parlé, et, faisant droit sur ces deux demandes par un seul et même jugement, dire et déclarer le sieur A... non recevable et mal fondé dans sa demande, lui enjoindre, en conformité de l'article précité, à faire, dans le mois, à la maison par lui louée au sieur B..., les réparations nécessaires pour la rendre habitable, sinon et ledit délai passé, autoriser ce dernier à les faire faire aux frais du sieur A..., conformément à l'article 1144 du Code Napoléon; le condamner à payer au sieur B..., à titre de dommages et intérêts, la somme de..., et, en outre, en tous les dépens, sous toute réserve de droit.

Lorsque la demande incidente est fondée sur des titres, on ajoute :

Déclarant le sieur B... qu'il est prêt à communiquer les pièces à l'appui de la présente demande, et offre de le faire à l'amiable sur simple récépissé d'avoué (*ou* par la voie du greffe avec *ou* sans déplacement). Dont acte.

(*Signature de l'avoué.*)

A la requête du sieur B...

Signifié et laissé copie... etc.

(*Signature de l'huissier.*)

La réponse de la partie adverse se fait dans la même forme.

FORMULE 65.

Demande en intervention.

(Tarif, art. 75. — Coût : Paris, 2 fr.; — ressort, 1 fr. 50 c.; — pour chaque copie, par rôle, le quart.)

A MM. les président et juges composant le tribunal civil...

Le sieur C..., employé, demeurant à..., où il est domicilié, demandeur en intervention par la présente requête, ayant pour avoué constitué Mᵉ..., en l'étude duquel il élit domicile,

Contre, 1° la dame Sophie A..., femme du sieur Eugène B..., demeurant à..., demanderesse en séparation de biens, par exploit du ministère de..., en date du..., enregistré; et défenderesse à la présente intervention, ayant Mᵉ... pour avoué;

2° Et le sieur Eugène B..., défendeur aux fins de l'exploit susénoncé et aux frais de la présente requête, ayant Mᵉ pour avoué.

Expose qu'il est créancier sérieux du sieur Eugène B... d'une somme de..., suivant contrat passé devant Mᵉ..., qui en a gardé minute, et son collègue Mᵉ..., notaires, demeurant à..., et dont il est ci-joint donné copie; qu'ainsi il lui importe que la séparation de biens poursuivie par la dame B... ne soit point prononcée.

Attendu, en fait, que le péril contre lequel la dame B... feint de se mettre en garde n'est point sérieux (*exposer les faits propres à démontrer que la dot de la dame B... n'est point compromise*);

Attendu qu'aux termes de l'article 1447 du Code Napoléon, les créanciers du mari ont le droit d'intervenir, lorsqu'il est actionné par sa femme en séparation de biens;

Attendu que le sieur C... est créancier sérieux et légitime du sieur B..., ainsi qu'il résulte de l'acte susénoncé;

L'exposant conclut à ce qu'il plaise au tribunal le recevoir partie intervenante dans la cause en séparation de biens pendante entre ledit sieur B... et son épouse;

Et statuant au fond, déclarer ladite dame non recevable, en tout cas mal fondée dans sa demande en séparation de biens, l'en débouter et la condamner aux dépens, même de ceux de l'intervention. Dont acte.

(*Signature de l'avoué.*)

A la requête du sieur C...

Signifié et laissé copie..., etc.

(*Signature de l'huissier.*)

FORMULE **96**.

Assignation en déclaration de jugement commun ou en intervention forcée.

L'an..., le..., à la requête du sieur Jules A... (*profession, domicile, élection de domicile et constitution d'avoué*), j'ai (*noms, demeure et immatricule de l'huissier*) soussigné, donné assignation au sieur Etienne C..., en son domicile et parlant à..., à comparaitre d'aujourd'hui à huitaine franche à l'audience et par-devant MM. les président et juges composant le tribunal civil de première instance, séant au palais de justice à..., dix heures du matin, pour :

Attendu que le sieur A... a formé, par exploit du ministère de..., huissier à..., en date du..., enregistré, contre le sieur Jacques B... une demande en délaissement (*de tel immeuble, le désigner*), laquelle demande est pendante devant le tribunal susdésigné;

Attendu que ledit sieur Etienne C... est créancier de Jacques B... et qu'à ce titre il pourrait, sous prétexte de fraude, attaquer par la voie de la tierce opposition le jugement à intervenir sur la demande dont il vient d'être parlé;

Attendu que le requérant a intérêt à se mettre à l'abri de ce recours;

Par ces motifs,

Voir dire que le jugement à intervenir sur la demande en délaissement ci-dessus énoncée sera rendu tant contre le sieur Etienne C... que contre Jacques B... et s'entendre condamner aux dépens.

(*Le surplus comme dans les exploits ordinaires.*)

(*Signature.*)

TITRE XVII.

DES REPRISES D'INSTANCES ET CONSTITUTION DE NOUVEL AVOUÉ.

FORMULE 97.

Notification du décès de la partie.

(Tarif, art. 70. — Coût : Paris, 1 fr.; — ressort, 75 c.; — pour copie, le quart.)

Me C..., avoué près le tribunal civil de première instance de...

Déclare à Me D..., avoué près le même tribunal, et du sieur Jules A..., demeurant à..., demandeur;

Que le sieur Jacques B..., pour lequel il occupait aux fins de la demande contre lui formée par ledit sieur Jules A..., par exploit du ministère de..., huissier à..., en date du..., enregistré, est décédé le...;

Qu'en conséquence, il y a lieu de suspendre toutes poursuites et procédures jusqu'à ce que l'instance ait été régulièrement reprise. Dont acte.

(Signature de l'avoué.)

A la requête de Me C...,

Signifié et délivré copie..., etc.

(Signature de l'huissier.)

FORMULE 98.

Constitution d'un nouvel avoué.

(Tarif, art. 70. — Coût : Paris, 1 fr.; — ressort, 75 c.; — copie, le quart.

Me E..., avoué près le tribunal civil de première instance de...

Déclare à Me C..., avoué, près le même tribunal, et du sieur Jacques B...,

Qu'il a charge d'occuper et qu'il occupera pour le sieur Jules A..., aux lieu et place de Me..., avoué décédé, sur la demande formée par ledit sieur Jacques B..., par exploit du ministère de..., huissier à..., en date du..., enregistré. Dont acte.

(Signature de l'avoué.)

A la requête de Me E..,

Signifié et délivré copie..., etc.

(Signature de l'huissier.)

FORMULE 99.

Assignation en reprise d'instance après le décès du défendeur.

(Tarif, art. 29. — Coût : Paris, 2 fr. ; — ressort, 1 fr. 50 c.; — pour chaque copie, le quart.)

L'an..., le..., à la requête du sieur Jules A... (*profession et domicile*), pour lequel domicile est élu en l'étude de Me..., avoué près le tribunal civil de première instance de..., lequel est constitué et continuera d'occuper sur l'assignation ci-après :

Je (*noms, demeure et immatricule de l'huissier*) soussigné, ai donné assignation au sieur Adrien B..., héritier unique du sieur Jacques B..., son père, demeurant à..., en son domicile et parlant à... à comparaître, d'aujourd'hui à huitaine franche, à l'audience et par-devant MM. les président et juges composant le tribunal civil de première instance de..., séant au palais de justice, à dix heures du matin, pour...

Attendu que, par exploit du ministère de..., huissier à..., en date du..., enregistré, le requérant a formé contre le sieur Jacques B... une demande tendante à (*faire connaître l'objet de la demande*) ; sur laquelle demande ledit sieur Jacques B... avait constitué Me... pour avoué ;

Attendu que ce dernier a, par acte d'avoué à avoué, en date du..., enregistré, notifié à Me..., avoué du requérant, le décès du sieur Jacques B... ;

Voir dire qu'il sera tenu de reprendre, par acte d'avoué à avoué, l'instance introduite à la requête du sieur Jules A... contre feu son père, par l'exploit susénoncé, pour procéder suivant les derniers errements de la procédure; sinon que par le jugement à intervenir l'instance sera tenue pour reprise, et qu'il sera statué sur la demande originaire du requérant ; en conséquence et attendu (*reprendre les conclusions de la demande originaire*), s'entendre condamner, comme héritier unique de son père, à..., etc.

(*Signature de l'huissier.*)

L'assignation en reprise d'instance donnée par le défendeur après le décès du demandeur se fait dans la même forme, sauf qu'on termine ainsi : sera tenue pour reprise..., et qu'il sera statué au fond ; en conséquence et attendu (*reproduire les conclusions*), s'entendre, ledit sieur..., déclarer purement et simplement non recevable, en tout cas mal fondé dans ladite demande, et se voir en outre condamner aux dépens...

(*Signature de l'huissier.*)

La reprise d'instance, après le décès d'une partie, se fait par l'acte suivant (1) :

A la requête du sieur Etienne B..., agissant comme seul et unique héritier de feu sieur Jacques B..., son père.

(1) *Tarif*, art. 71, coût : Paris, 5 fr. ; ressort, 3 fr. 75 c.; pour chaque copie, le quart.

Il est, par ces présentes, déclaré à Me C..., avoué près le tribunal civil de première instance de..., et du sieur Jules A...,

Que ledit sieur Etienne B..., au nom et comme héritier de son père, reprend, pour procéder suivant les derniers errements de la procédure, l'instance pendante au tribunal ci-dessus désigné entre feu Jacques B..., son père et ledit sieur Jules A..., laquelle demande a été introduite par exploit du ministère de..., huissier à..., en date du..., enregistré, lui déclarant que Me..., avoué, en l'étude duquel il élit domicile, occupera pour lui en ladite instance, dont acte.

(*Signature de l'avoué.*)

A la requête du sieur Etienne B...,
Signifié et délivré copie..., etc.

(*Signature de l'huissier.*)

TITRE XVIII.

DU DÉSAVEU.

FORMULE 100.

Acte de désaveu incident.

(Tarif, art. 92. — Coût (vacation) : Paris, 6 fr. ; — ressort, 4 fr. 50 c.)

L'an..., le..., au greffe du tribunal civil de première instance de..., séant en ladite ville, au palais de justice,

Est comparu le sieur Jacques B..., propriétaire-cultivateur, demeurant à..., assisté de Me..., avoué près ledit tribunal, qu'il a constitué pour occuper sur la demande en désaveu dont il est ci-après parlé, et en l'étude duquel il a élu domicile.

Le sieur Jacques B..., ainsi assisté, a exposé les faits suivants :

Par exploit du ministère de..., huissier à..., en date du..., enregistré, le sieur Jules A..., employé, demeurant à..., a formé contre le comparant une demande en payement d'une somme de..., qu'il prétend lui être due, pour cause de prêt, ainsi qu'il résulte, au dire du sieur Jules A..., d'un billet écrit et signé de la main dudit Jacques B..., en date du..., et dûment enregistré. Ce dernier constitua pour défendre à cette demande et la faire rejeter, Me D..., avoué près ce tribunal ; mais, au lieu de dénier le prêt Me D..., par sa requête en date du..., bien qu'il n'eût reçu aucun pouvoir à cet effet, reconnut, comme émané du sieur Jacques B..., le billet produit à l'appui de la demande ci-dessus énoncée.

Ces faits exposés, le comparant nous a dit et déclaré qu'il désavoue formellement Me D... comme ayant, sans avoir aucun mandat à cet égard, par la requête ci-dessus datée, fait un aveu susceptible d'entraîner, contre toute justice, la condamnation de son client ; et attendu que cet aveu est nul, aux termes de l'article 352 du Code de procédure, il conclut, en se fondant sur les articles 360 et 130 du même Code, d'une part, à ce que la requête dont il s'agit, et toute la procédure subséquente soient elles-mêmes déclarées nulles, et les parties remises en l'état où elles étaient au moment de la signification de ladite requête; d'autre part, à ce que Me D... soit condamné en... francs de dommages et intérêts, et aux dépens ; demandant, en conformité de l'article 337 du Code précité, qu'il soit sursis à toute procédure et au jugement de l'instance principale, jusqu'à celui du désaveu, à peine de nullité, sauf au tribunal à ordonner que le désavouant fera juger son désaveu dans un délai fixe.

Desquels comparutions, déclarations, constitution d'avoué, élection de domicile, désaveu et conclusions, le comparant a requis acte que nous lui avons octroyé, et a signé avec Me..., son avoué, et nous greffier.

(*Signatures.*)

FORMULE 101.

Signification de l'acte de désaveu par acte d'avoué à avoué.

(Tarif, art. 70. — Coût : Paris, 1 fr. ; — ressort, 75 c.; — copie, le quart.)

A la requête du sieur Jacques B..., ayant Me... pour avoué ;

Soit signifié et avec celle des présentes donné copie :

1° A Me D..., avoué près le tribunal de première instance de... ;

2° A Me C..., avoué près le même tribunal, et du sieur Jules A...;

D'un acte fait au greffe dudit tribunal, en date du..., dûment enregistré, contenant désaveu par le sieur Jacques B..., de Me D..., avoué, qui a occupé pour lui dans l'instance entre le sieur Jules A... et le requérant ;

Soient, en conséquence, lesdits MMes C... et D... sommés d'avoir à suspendre toute procédure dans l'instance, jusqu'au jugement dudit désaveu, et à comparaître, pour le voir juger, le... du présent mois, à l'audience et par-devant MM. les président et juges composant le tribunal civil de première instance de..., séant en ladite ville, au palais de justice, dix heures du matin. Dont acte.

(*Signature de l'avoué.*)

A la requête du sieur Jacques B...,

Signifié et délivré copie..., etc.

(*Signature de l'huissier.*)

TITRE XIX.

DES RÈGLEMENTS DE JUGES.

FORMULE 162.

Requête présentée à une Cour impériale pour être autorisé à assigner en règlement de juges.

(Tarif, art. 78. — Coût : Paris, 7 fr. 50 c. ; — ailleurs, 5 fr. 50 c.)

A M. le premier président et MM. les présidents et conseillers de la Cour impériale de...

Le sieur Jules A..., architecte, demeurant à..., où il est domicilié,

A l'honneur de vous exposer les faits suivants :

Le sieur François B..., décédé à Paris, où il avait son domicile, a laissé pour seuls héritiers ses deux neveux, savoir : d'une part, le requérant, et, d'autre part, le sieur Jacques B.... Tandis que, par exploit de E..., huissier à...., en date du..., enregistré, l'exposant a fait assigner son cohéritier en partage et liquidation de la succession de feu François B..., devant le tribunal civil de première instance de Paris, le sieur Jacques B..., prétendant que le défunt était domicilié à Versailles, a, par exploit de F..., huissier à..., en date du..., dûment enregistré, formé contre l'exposant une même et semblable demande devant le tribunal civil de première instance de Versailles.

Ce considéré, l'exposant conclut à ce qu'il vous plaise, Messieurs, vu les exploits susénoncés, et dont la copie est ci-jointe, lui permettre de faire assigner ledit sieur Jacques B... à comparaître devant vous, dans le délai de la loi, pour :

Attendu que le défunt avait réellement son domicile à Paris, ainsi qu'il en sera justifié si besoin est ;

Attendu que l'action en partage d'une succession doit être portée devant le tribunal du domicile du défunt, conformément aux articles 110 et 822 du Code Napoléon et à l'article 59 du Code de procédure ;

Attendu qu'aux termes de l'article 363 du Code de procédure, il y a lieu à règlement de juges, lorsqu'un même différend est porté à deux tribunaux ;

Attendu que les demandes formées, l'une, par l'exposant contre le sieur Jacques B..., devant le tribunal de Paris, l'autre par ledit Jacques B... contre l'exposant, devant le tribunal de Versailles, ont absolument le même objet, et qu'ainsi elles constituent un différend porté devant deux tribunaux ;

Voir dire, d'une part, que, sans s'arrêter ni avoir égard à celle des deux demandes qui est formée contre l'exposant par le sieur Jacques

B..., laquelle, au besoin, sera déclarée incompétemment formée, les parties procéderont au tribunal civil de première instance de la Seine, sur la demande formée par l'exposant contre le sieur Jacques B..., par exploit susénoncé; d'autre part, que, jusqu'à ce qu'il ait été statué sur le règlement de juges, il sera sursis à toutes poursuites et procédures dans les tribunaux de Paris et de Versailles; s'entendre en outre, en cas de contestation, condamner aux dépens.

(*Signature.*)

TITRE XX.

DU RENVOI A UN AUTRE TRIBUNAL POUR PARENTÉ OU ALLIANCE.

FORMULE 103.

Acte au greffe à fin de renvoi.

(Tarif, art. 92. — Coût : Paris, 6 fr.; — ressort, 4 fr. 50 c.)

L'an..., le..., au greffe du tribunal civil de première instance de..., séant en ladite ville, au palais de justice;

Est comparu le sieur Jacques B..., architecte, demeurant à..., assisté de Me..., son avoué;

Lequel a exposé, d'une part, que, par exploit de..., huissier à..., en date du..., enregistré, il a été assigné devant le tribunal par le sieur Jules A..., propriétaire-cultivateur, demeurant à..., pour se voir condamner à payer une somme de..., montant d'un billet que ledit sieur Jules A... prétend avoir été souscrit à son profit par l'exposant; d'autre part, que MM..., membres du tribunal, étant parents au degré de cousin germain dudit sieur Jules A..., il requérait, conformément à l'article 368 du Code de procédure civile, que la cause pendante entre lesdites parties fût renvoyée à un autre tribunal de première instance, ressortissant à la Cour impériale de.... A l'appui de la présente demande, le requérant a produit, comme pièce justificative, un avis de parents, en date du..., enregistré, délivré par Me..., greffier de la justice de paix de..., duquel il résulte qu'ainsi qu'il a été dit plus haut, MM... sont les cousins germains du sieur Jules A....

Desquelles comparutions, déclaration, réquisition et production le sieur Jacques B... a requis acte, que nous lui avons donné, et ont lesdits Jacques B... et Me..., son avoué, signé avec nous, greffier.

(*Signatures.*)

TITRE XXI.

DE LA RÉCUSATION.

FORMULE 104.

Acte au greffe à fin de récusation.

(Tarif, art. 92.— Coût : Paris, 6 fr., — ressort, 4 fr. 50 c.)

Cet acte se rédige de la même manière que le précédent, sauf qu'après avoir indiqué l'objet du procès et les parties entre lesquelles il existe, la personne du juge qu'on récuse et la cause de récusation, on termine ainsi :
C'est pourquoi l'exposant a déclaré qu'il récusait formellement la personne de M..., et qu'il requérait, conformément à l'article 378 du Code de procédure civile, qu'il s'abstînt de connaître de la cause pendante entre...;

A l'appui de la présente demande, l'exposant a produit (*telle pièce, ou* offert de prouver par témoins la cause sur laquelle il la fonde.)

Desquelles comparution, etc.

(*Signatures.*)

FORMULE 105.

Acte pour demander, attendu l'urgence, que le juge dont on poursuit la récusation soit remplacé par un autre juge.

(Tarif, art. 70 (par anal.).— Coût : Paris, 1 fr.; — ressort, 75 c.; — copie, le quart.)

A la requête du sieur..., ayant Me... pour avoué,

Soit sommé Me..., avoué du sieur..., de comparaitre, etc., pour,

Attendu que, par jugement interlocutoire rendu dans la cause pendante entre lesdites parties, en date du..., le sieur... a été autorisé à faire entendre des témoins sur les faits articulés dans ledit jugement;

Attendu que, parmi les témoins qu'il se propose de produire, l'un d'eux est malade et peut-être en danger de mort; qu'ainsi il importe que l'enquête ordonnée ait lieu dans le plus bref délai;

Attendu que M..., nommé par le jugement susénoncé juge-commissaire pour procéder à l'enquête, a été récusé par ledit sieur..., par acte fait au greffe dudit tribunal, en date du..., et que la récusation dont il est l'objet, quoique simplement en cours d'instance, le met dans la nécessité de s'abstenir, aux termes de l'article 387 du Code de procédure;

Voir dire qu'attendu l'urgence et la disposition de l'article précité, il sera procédé à ladite enquête par tel de MM. les juges qu'il plaira au tribunal de commettre aux lieu et place de M... ; et, en cas de contestation, s'entendre condamner aux dépens. Dont acte.

(*Signature de l'avoué.*)

A la requête de Me...,
Signifié et délivré copie..., etc.

(*Signature de l'huissier.*)

FORMULE 106.

Déclaration du juge récusé.

L'an..., le..., au greffe du tribunal civil de première instance de...,

Est comparu M..., juge en ce tribunal, lequel, après que lecture lui a été faite 1° du jugement rendu par ledit tribunal, le..., ordonnant que l'acte de récusation ci-dessous lui serait communiqué, afin qu'il eût à s'expliquer sur la récusation dont il est l'objet, 2° dudit acte de récusation, a déclaré...,

De laquelle déclaration, M... a requis acte et a signé avec nous, greffier.

(*Signatures.*)

FORMULE 107.

Acte d'appel d'un jugement qui rejette une récusation.

(Tarif, art. 92. — Coût : Paris, 6 fr. ; — ressort, 4 fr. 50 c.)

L'an..., le..., au greffe du tribunal civil de première instance de...,

Est comparu le sieur..., assisté de Me..., son avoué, lequel a exposé que la récusation par lui formée en ce greffe, en date du..., contre M..., juge à ce tribunal, a été rejetée par jugement dudit tribunal, en date du..., et que lui comparant a été condamné à l'amende de 100 francs et aux dépens ;

Que cependant, il est constant qu'il existe, entre le comparant et M..., une inimitié capitale, ce qui, aux termes de l'article 378 du Code de procédure, constitue un motif de récusation ; qu'il a offert et qu'il fait de nouveau l'offre d'établir ce fait, non-seulement par le témoignage des sieurs..., mais encore par plusieurs lettres émanées de M...,

C'est pourquoi, le comparant a déclaré qu'il interjette appel du jugement susénoncé, par les motifs qui viennent d'être déduits ;

Et à l'appui du présent appel, il a produit et déposé cinq pièces, cotées par première et dernière, savoir :

1° L'expédition de l'acte de récusation ;

2° Le jugement préparatoire, en date du..., qui déclare la récusation admissible, et ordonne sa communication au juge récusé ;

3° L'expédition de la déclaration faite en ce greffe par M...;
4° Le jugement qui rejette la récusation ;
5° Les lettres dûment timbrées et enregistrées, dont il a été parlé ci-dessus ;

Desquels comparution, dires, réquisition et dépôt, le comparant a requis acte, que nous lui avons accordé, et a signé avec Me..., son avoué, et nous, greffier.

(*Signatures.*)

FORMULE **108**.

Acte pour demander, en cas d'appel d'un jugement qui a rejeté la récusation, qu'il soit commis un autre juge en remplacement du juge récusé.

(Suivez, par analogie, la formule 105.)

TITRE XXII.

DE LA PÉREMPTION.

FORMULE **109**.

Requête en péremption d'instance.

(Tarif, art. 75.—Coût : Paris, 2 fr.; —ressort, 1 fr. 50 c.)

A MM. les président et juges composant le tribunal civil de première instance de...

Le sieur J... A..., défendeur principal, demandeur aux fins des présentes, ayant Me... pour avoué,

Contre le sieur E... B..., demandeur au principal, défendeur aux fins des présentes, ayant Me... pour avoué,

A l'honneur de vous exposer, d'une part, que par exploit du ministère de...., huissier à..., en date du..., enregistré, le sieur E... B... a formé contre lui une demande tendante à... (*la préciser*) ;

D'autre part, que depuis... (*qualifier le dernier acte de procédure*), il n'a été signifié aucun autre acte de procédure sur ladite demande, et qu'ainsi il y a eu cessation de poursuites pendant plus de trois ans ;

Par ces motifs et autres à déduire en plaidant, le requérant conclut à ce qu'il plaise au tribunal déclarer, conformément à l'article 397 du Code de procédure, périmée la demande dont il a été ci-dessus parlé, ensemble les actes de procédure auxquels elle a donné lieu, et condamner le sieur E... B... aux dépens, tant de la demande en péremption, que de la procédure périmée ; desquels dépens, il sera fait distraction au profit de Me..., etc.

Et pour voir ainsi dire et ordonner, sommation est faite à Me..., avoué du sieur E... A..., de venir à la prochaine audience et à toutes autres, s'il y a lieu. Dont acte.

(*Signature de l'avoué.*)

A la requête du sieur J... A...,
Signifié et délivré copie..., etc.

(*Signature de l'huissier.*)

TITRE XXIII.

DU DÉSISTEMENT.

FORMULE 110.

Acte de désistement.

(Tarif, art. 71. — Coût : Paris, 5 fr.; — ressort, 3 fr. 75 c.; — pour chaque copie, le quart.)

A la requête du sieur J... A..., propriétaire-cultivateur, demeurant à..., ayant Me..., pour avoué,

Soit signifié et déclaré à Me..., avoué près le tribunal civil de première instance de..., et du sieur E... B..., architecte, demeurant à...,

Que ledit sieur J... A... se désiste de la demande formée à sa requête, par exploit du ministère de..., huissier à..., enregistré, contre ledit sieur E... B..., ainsi que de toute la procédure qui a suivi ladite demande, se soumettant, en conséquence, ledit sieur J... A..., à payer tous les frais faits en la cause, d'après la taxe qui en sera faite par qui de droit, sans toutefois que le présent désistement puisse préjudicier à ses droits contre ledit sieur E... B..., et sous la réserve formelle du droit de renouveler, quand et comme il lui conviendra, la demande dont il se désiste. Dont acte.

(*Signature de l'avoué*).

A la requête du sieur J... A...
Signifié et délivré copie..., etc.

(*Signature de l'huissier.*)

L'acceptation du désistement se fait dans la même forme.

TITRE XXV.

PROCÉDURE DEVANT LES TRIBUNAUX DE COMMERCE.

FORMULE 111.

Ajournement au tribunal de commerce.

(Tarif, art. 29. — Coût : Paris, 2 fr.; — ailleurs, 1 fr. 50 c.; — pour chaque copie, le quart.)

L'an..., le..., à la requête du sieur J... A..., négociant, demeurant à..., où il est domicilié (1) et pour lequel domicile est élu en la demeure de... agréé au tribunal de commerce de..., où pourront et devront lui être signifiés tous les actes de procédure qui seront faits contre lui sur la demande ci-après (2);

Je,

(noms, demeure et immatricule de l'huissier.)

Soussigné, ai donné assignation au sieur E... B..., négociant, demeurant à..., en son domicile et parlant à...

A comparaître le..., dix heures du matin, à l'audience du tribunal de commerce de..., pour,

Attendu *(objet et moyens de la demande)*;

S'entendre condamner et par corps à *(conclusions)*; voir en outre déclarer que le jugement à intervenir sera exécutoire par provision, et ce sans caution, conformément à la première disposition de l'article 439 du Code de procédure civile, et j'ai audit sieur E... B..., etc.

(Signature de l'huissier.)

FORMULE 112.

Requête au président du tribunal de commerce pour obtenir l'autorisation d'assigner de jour à jour (*ou* d'heure à heure), et de pratiquer une saisie conservatoire.

(Tarif, art. 77 (par anal.). — Coût : Paris, 3 fr.; — ressort, 2 fr. 25 c., compris la vacation pour prendre l'ordonnance.)

A M. le président du tribunal de commerce de...

Le sieur J... A..., négociant, demeurant à..., agissant par M..: *(nom,*

(1) Il n'est plus nécessaire de mentionner le numéro et la date de la patente (loi du 18 mai 1850, art. 22).

(2) *Si l'ajournement est donné au nom d'une Société commerciale, on met :* à la requête de... *(désignation de la Société)*, agissant à la diligence du sieur... *(désignation)*, son gérant.

prénoms, profession et domicile), son mandataire spécial, aux termes d'un pouvoir sous seing privé, en date du..., enregistré à... (*copier la mention de l'enregistrement*) et dont la copie se trouve jointe à la présente requête, a l'honneur de vous exposer (*faire la narration des faits qui servent à motiver une abréviation du délai et la saisie conservatoire des meubles.*)

L'exposant vous prie donc, Monsieur le président, de lui permettre, attendu l'urgence, et conformément à l'article 417 du Code de procédure civile, de faire assigner ledit sieur..., à comparaître à votre audience de demain, à dix heures du matin (*ou :* aujourd'hui même, à l'heure que vous indiquerez), pour s'entendre condamner à...; de l'autoriser en outre à faire saisir les meubles et effets mobiliers du sieur... et enfin de commettre un huissier à l'effet de procéder aux actes dont il s'agit.

A... le...

(*Signature du mandataire.*)

Quant à l'ordonnance à rendre sur la requête qui précède et l'exploit à donner en vertu de ladite requête, V. par analogie la formule 5 (p. 403 et 405).

FORMULE **113**.

Pouvoir pour comparaître devant le tribunal de commerce.

Ce pouvoir peut être donné au bas de l'original ou de la copie de l'assignation, en ces termes :

Bon pour pouvoir à M..., à l'effet de comparaître pour moi et en mon nom devant le tribunal de commerce de..., pour y procéder sur la présente assignation, prendre toutes conclusions et faire tous les actes que nécessitera la cause, jusqu'au jugement définitif.

A... le...

(*Signature de la partie.*)

FORMULE **114**.

Opposition à un jugement rendu par défaut, par un tribunal de commerce.

(Tarif, art. 29. — Coût : Paris, 2 fr.; — ailleurs, 1 fr. 50 c.; — pour chaque copie, le quart.)

L'an..., le..., à la requête de E... B..., négociant, domicilié à..., pour lequel domicile est élu en l'étude de Me..., agréé au tribunal de commerce de...,

J'ai,

(*noms, demeure et immatricule de l'huissier.*)

Soussigné, signifié et déclaré au sieur J... A..., négociant, demeurant à..., en son domicile où je me suis transporté et parlant à...

D'une part, que ledit E... B..., se porte opposant à l'exécution du jugement par défaut que le tribunal de commerce a rendu contre lui, le..., et par lequel il l'a condamné à payer audit sieur J... A..., la somme de..., montant d'un billet souscrit par le requérant au profit de ce dernier, causé valeur reçue en marchandises, et enregistré à... (*copier la mention de l'enregistrement*) ;

D'autre part, que la présente opposition est fondée sur ce que les marchandises, pour prix desquelles ledit billet a été souscrit, n'ont jamais été livrées, ainsi que cela résulte d'une lettre du sieur J... A..., timbrée et enregistrée.

Et j'ai, huissier soussigné, étant au même domicile que ci-dessus et parlant comme il vient d'être dit, donné assignation au sieur J... A..., à comparaître le..., dix heures du matin, à l'audience du tribunal de commerce de...

Pour voir recevoir, par le motif ci-dessus énoncé, le sieur E... B..., opposant au jugement susdaté, et, faisant droit sur l'opposition, entendre dire que ledit sieur E... B... sera déchargé des condamnations prononcées contre lui par ledit jugement, tant en principal qu'accessoires ; et statuant au principal voir déclarer non recevable, en tout cas mal fondée, la demande qu'il a formée contre le requérant par exploit du ministère de..., huissier à..., en date du..., enregistré, et, en outre, s'entendre condamner aux dépens ; et j'ai audit sieur J... A..., audit domicile et parlant comme il a été dit, laissé copie du présent exploit dont le coût est de...

(*Signature de l'huissier.*)

LIVRE TROISIÈME.

DES COURS IMPÉRIALES.

FORMULE 115.

Signification du jugement à des héritiers pour que les délais d'appel, suspendus par la mort de la partie condamnée, reprennent leur cours.

(Tarif, art. 29. — Coût : Paris, 2 fr.; — ailleurs, 1 fr. 50 c.; — pour chaque copie, le quart.)

L'an..., le..., à la requête du sieur J... A..., propriétaire-cultivateur demeurant à..., où il est domicilié et pour lequel domicile est élu en l'étude de Me..., avoué près le tribunal civil de première instance de... j'ai (*noms, demeure et immatricule de l'huissier*).

Soussigné, m'étant présenté à..., où feu E... B... était domicilié lors de son décès, et parlant à..., signifié et, en tête du présent exploit, délivré copie aux héritiers dudit E... B...

De la grosse d'un jugement contradictoirement rendu entre le requérant et feu le sieur E... B... par le tribunal civil de première instance de..., en date du..., dûment enregistré et signifié tant à avoué qu'au sieur E... B..., en son vivant; déclarant auxdits héritiers que la présente signification est faite conformément à l'article 447 du Code de procédure civile et sous la réserve formelle d'interjeter appel du jugement susénoncé, quant aux chefs qui pourraient faire grief au requérant.

Et je leur ai, audit domicile et parlant comme il a été dit, laissé copie, tant dudit jugement que du présent exploit, dont le coût est de...

(*Signature de l'huissier.*)

FORMULE 116.

Acte d'appel.

(Tarif, art. 29. — Coût : Paris, 2 fr.; — ailleurs, 1 fr. 50 c.; — pour chaque copie, le quart.)

L'an..., le..., à la requête du sieur E... B..., propriétaire-cultivateur demeurant à..., où il est domicilié, et pour lequel domicile est élu en l'étude de Me..., avoué près la Cour impériale de..., demeurant en ladite ville, rue..., n°..., qu'il constitue et qui occupera pour lui sur l'appel et l'assignation ci-après, je (*noms, demeure et immatricule de l'huissier*), soussigné, ai signifié et déclaré au sieur J... A..., fermier, demeurant à..., en son domicile où je me suis transporté et parlant à...

Que ledit sieur E... B... interjette, par ces présentes, appel d'un jugement contradictoirement rendu (1) entre eux, par le tribunal de..., en date du..., dûment enregistré et signifié le...; en conséquence, j'ai, huissier soussigné, à mêmes requête, domicile, constitution d'avoué et élection de domicile que dessus, donné assignation audit sieur J... A..., en son domicile et parlant comme il a été dit, à comparaître, à huitaine franche, outre un jour par trois myriamètres de distance, à l'audience de la... Chambre impériale, séant à..., au palais de justice, dix heures du matin, pour voir dire qu'il a été mal jugé au fond (2) par le jugement susénoncé (*si on ne l'attaque qu'en partie, on précise ceux de ses chefs dont on poursuit la réformation*); en conséquence entendre dire : 1° que ledit jugement sera infirmé et mis à néant (3); 2° que le sieur E... B... sera déchargé des condamnations prononcées contre lui par ledit jugement; 3° que le sieur J... A... sera déclaré non recevable et en tout cas mal fondé dans la demande sur laquelle est intervenu le jugement, dont est appel; 4° qu'il payera tous les dépens, tant de première instance que d'appel, et je lui ai, en son domicile et parlant comme dessus, laissé copie du présent acte, dont le coût est de...

(*Signature de l'huissier.*)

FORMULE 127.

Acte pour faire déclarer exécutoire, par provision et nonobstant l'appel dont il est l'objet, un jugement dont l'exécution provisoire n'a pas été ordonnée alors qu'elle aurait dû ou pu l'être.

(Tarif, art. 70, 147 et 148. — Coût : Paris, 2 fr.; — ailleurs, 1 fr. 80 c.; — pour chaque copie, le quart.)

A la requête du sieur J... A..., demandeur en première instance et intimé en appel, ayant M^{e}... pour avoué,

Soit sommé M^{e}..., avoué à la Cour impériale de..., et du sieur E... B..., défendeur en première instance et demandeur en appel,

(1) *Si le jugement est par défaut, on met :* D'un jugement rendu par défaut contre le requérant, au profit dudit sieur E... B...

S'il y a eu opposition et débouté d'opposition, on met : D'un jugement rendu par défaut contre..., au profit de..., ainsi que d'un second jugement également rendu par défaut (*ou* contradictoirement rendu entre les parties), lequel déboute le requérant de l'opposition qu'il avait formée contre le premier, par acte de..., en date du..., l'un et l'autre jugement rendus par...

(2) *Si on prétend, en outre, que les formes de procédure ont été violées, on met :* Voir dire que le jugement susénoncé est nul en la forme, et qu'il a été mal jugé au fond.

(3) *Dans l'hypothèse qui fait l'objet de la note précédente, on met :* que ledit jugement sera annulé, et en tout cas infirmé.

De comparaître le..., dix heures du matin, à l'audience et par devant MM. les président et conseillers composant la... Chambre de la Cour impériale de..., séant en ladite ville au palais de justice, pour :

Attendu qu'aux termes de l'article 135 du Code de procédure civile, l'exécution provisoire, sans caution, sera ordonnée lorsqu'il y a titre authentique ;

Attendu que le sieur J... A... a produit, à l'appui de sa demande, un titre authentique, et qu'ainsi c'est à tort que l'exécution provisoire du jugement dont il va être parlé n'a pas été ordonnée,

Voir dire et ordonner que le jugement rendu entre les sieurs J... A... et E... B..., le..., par le tribunal civil de première instance de..., signifié le... et dûment enregistré sera exécutoire par provision et sans caution, nonobstant l'appel dont il a été frappé ;

Et s'entendre, ledit sieur E... B... condamner aux dépens, dont distraction... Dont acte.

(*Signature de l'avoué.*)

A la requête du sieur J... A...

Signifié et délivré copie..., etc.

(*Signature de l'huissier.*)

FORMULES 118 ET 119.

Requête pour obtenir permission d'assigner à bref délai à l'effet de faire ordonner que le jugement dont est appel ne sera pas exécutoire nonobstant appel.

(Tarif, art. 77, 147. — Coût : 4 fr. 50 c.)

A M. le premier président de la Cour impériale de...

Le sieur E... B..., défendeur en première instance et demandeur en appel, ayant Me... pour avoué, a l'honneur de vous exposer ce qui suit :

Sur la demande formée à la requête du sieur J... A..., par exploit du ministère de..., huissier à..., en date du..., dûment enregistré, il est intervenu, le..., un jugement du tribunal civil de première instance de..., qui a condamné l'exposant à payer audit sieur J... A... la somme de...

Cette condamnation, bien qu'elle n'ait été obtenue que sur la présentation d'un billet contesté entre les parties, a néanmoins, et contrairement aux termes de l'article 135 du Code de procédure civile, été déclarée exécutoire par provision et sans caution.

Appel a été, par exploit du ministère de..., huissier à..., en date du..., et dûment enregistré, interjeté contre ledit jugement, dont l'exécution, si elle avait lieu, immédiatement et nonobstant l'appel dont il vient d'être parlé, causerait à l'exposant un préjudice irréparable, l'insolvabilité de son adversaire le mettant à l'abri de tout recours.

C'est pourquoi il vous plaira, Monsieur le premier président, permettre à l'exposant d'assigner ledit sieur J... A..., à bref délai, devant la Cour de..., pour voir dire qu'attendu que le jugement rendu à son profit a été déclaré exécutoire par provision, bien que le sieur J... A... ne se trouvât dans aucun des cas prévus par l'article 135 du Code de procédure civile, il lui sera fait défense d'exécuter ledit jugement jusqu'à ce qu'il ait été statué sur l'appel qui en a été interjeté par l'exposant, et, vu l'urgence, ordonner que votre ordonnance sera exécutoire sur la minute.

(*Signature de l'avoué.*)

Le président met son ordonnance au bas de cette requête. Elle est suivie d'une assignation ainsi conçue :

L'an..., le..., en vertu d'une ordonnance rendue par M. le premier président de la Cour impériale de..., en date du..., dûment enregistrée, écrite au bas de la requête à lui présentée le même jour, desquelles requête et ordonnance copie est donnée en tête de celle du présent exploit, et à la requête du sieur E... B... (*la suite comme dans les exploits ordinaires*), pour :

Attendu que (*exposer les faits et montrer que l'exécution provisoire du jugement a été ordonnée en violation de l'article 135 du Code de proc.*) ;

Voir dire que l'exécution dudit jugement sera suspendue jusqu'à ce qu'il ait été statué sur l'appel qui en a été interjeté par le requérant, et qu'en conséquence il sera fait défense au sieur J... A... de faire, sous peine de nullité et de dommages et intérêts, aucun acte d'exécution, tant que ledit appel ne sera point définitivement jugé ; et j'ai..., etc.

(*Signature de l'huissier.*)

FORMULE 120.

Requête contenant les griefs ou les moyens de l'appelant.

(Tarif, art. 72 et 147. — Coût : Paris, Lyon, Bordeaux et Rouen, 3 fr.; — ailleurs, 2 fr. par rôle ; — pour chaque copie, le quart.)

A MM. les président et conseillers composant la... Chambre de la Cour impériale de...

Le sieur E... B... appelant, défendeur au principal et demandeur aux fins de la présente requête, ayant M^e... pour avoué,

Contre le sieur J... A..., intimé, demandeur au principal et défendeur aux fins des présentes, ayant M^e... pour avoué,

A l'honneur de vous exposer les griefs suivants à l'appui de son appel.

Faits.

(*Exposé des faits et des procédures jusqu'au présent acte.*)

Griefs d'appel ou moyens.

(*Développement des moyens tirés des faits ou du droit.*)

Par tous ces motifs et autres à déduire en plaidant, le sieur E... B... conclut à ce qu'il plaise à la Cour (*conclusions de l'exploit d'appel*). Dont acte.

(*Signature de l'avoué.*)

FORMULE 121.

Conclusions de l'intimé en réponse à celles de l'appelant.

(Tarif, art. 72, 147. — Coût : 3 fr. par rôle.)

Cet acte se rédige dans la même forme que le précédent. On conclut en ces termes :

Par tous ces motifs..., le sieur... conclut à ce qu'il plaise à la Cour mettre l'appel à néant, ordonner que le jugement contre lequel il a été formé conservera son plein et entier effet, et enfin condamner le sieur J... A... aux dépens des causes principale et d'appel, dont distraction...

(*Signature de l'avoué.*)

FORMULE 122.

Acte de demande nouvelle.

A la requête du sieur E... B..., appelant, ayant M^e... pour avoué,

Soit sommé M^e..., avoué à la Cour impériale de..., et du sieur J... A..., intimé,

De comparaître.... (etc.), pour :

Attendu... (*exposer l'objet et les moyens de la demande*) ;

Voir dire, tout en statuant sur les conclusions prises par le requérant et signifiées le..., qu'en outre (*objet de la demande*) ; et s'entendre condamner aux dépens tant de l'instance principale que de celle d'appel... Dont acte.

(*Signature de l'avoué.*)

A la requête du sieur E... B...

Signifié et délivré copie..., etc.

(*Signature de l'huissier.*)

LIVRE QUATRIÈME.

DES VOIES EXTRAORDINAIRES POUR ATTAQUER LES JUGEMENTS.

TITRE PREMIER.

DE LA TIERCE OPPOSITION.

FORMULE 123.

Tierce opposition principale.

(Tarif, art. 29. — Coût : Paris, 2 fr.; — ailleurs 1 fr. 50 c.; — pour chaque copie, le quart.)

L'an..., le..., à la requête du sieur... *(préambule ordinaire des exploits, V. la formule 4)*, ai signifié et déclaré au sieur A..., demeurant à..., en son domicile, où je me suis transporté et parlant à..., que ledit sieur... se porte, par ces présentes, tiers opposant contre le jugement (1) contradictoirement rendu entre le sieur..., demeurant à..., et le sieur..., par le tribunal civil de première instance de... (2), le..., dûment enregistré (3).

Et à mêmes requête, domicile, constitution d'avoué et élection de domicile que ci-dessus, j'ai, huissier susdit et soussigné, donné assignation audit sieur..., en son domicile et parlant, comme il a été dit, à comparaître, d'aujourd'hui à huitaine franche, outre *(s'il y a lieu)* un jour d'augmentation par trois myriamètres de distance, à l'audience et par-devant MM. les président et juges composant le tribunal de..., séant en ladite ville, au palais de justice, dix heures du matin, pour :

Attendu... *(exposer les motifs de la tierce opposition ; montrer que le requérant n'a pas été partie dans l'instance sur laquelle est intervenu le jugement qu'il attaque; que néanmoins ce jugement préjudicie à ses droits, et qu'ainsi il a intérêt à en demander la réformation, en ce qui le concerne personnellement)*.

Par ces motifs et autres à déduire en plaidant, voir recevoir le sieur... tiers opposant au jugement ci-dessus énoncé, et, en conséquence, voir dire et ordonner que ledit jugement sera nul et de nul effet à l'égard du requérant ; qu'il sera, par suite, fait défense, sous peine de nullité et de dommages-intérêts, audit sieur... de l'exécuter à l'encontre du droit dudit sieur..., et aussi s'entendre condamner aux dépens..., etc. *(Signature de l'huissier.)*

(1) *Ou* contre l'arrêt.

(2) *Ou :* par la.... Chambre de la Cour impériale de... *(dans le cas où la tierce opposition est formée contre un arrêt)*.

(3) *Si le jugement attaqué a été signifié au tiers opposant, on met :* et signifié au requérant, le..., par exploit de..., huissier à...

FORMULE 124.

Tierce opposition incidente.

(Tarif, art. 75.— Coût : Paris, 2 fr. par rôle, dont le nombre n'est point fixé ; — ressort, 1 fr. 50 c.; — pour chaque copie, le quart.)

A MM. les président et juges composant le tribunal civil de première instance de...

Le sieur..., demeurant à..., demandeur aux fins de son exploit en date du..., défendeur aux fins de la requête du sieur..., en date du..., et, par la présente requête, tiers opposant au jugement dont il est parlé ci-après, ayant M^e... pour avoué,

Contre le sieur..., demeurant à..., défendeur aux fins de l'exploit susdaté, demandeur aux fins de la requête susénoncée et de la présente requêté, ayant M^e pour avoué,

A l'honneur de vous exposer ce qui suit :

Faits et procédures.

. . . .

Moyens.

. . . .

Par tous ces motifs et autres à déduire en plaidant, l'exposant conclut à ce qu'il plaise au tribunal... (*conclusions de la formule précédente*). Dont acte.

(*Signature de l'avoué.*)

A la requête du sieur...,

Signifié et délivré copie..., etc.

(*Signature de l'huissier.*)

TITRE II.

DE LA REQUÊTE CIVILE.

FORMULE 125.

Requête à l'effet d'avoir permission d'assigner en requête civile.

(Tarif, art. 78. — Coût : Paris, 7 fr. 50 c.; — ressort, 5 fr. 50 c.)

A M. le président du tribunal civil de première instance de...

Le sieur E... B..., demeurant à..., ayant M^e... pour avoué,

Vous supplie, Monsieur le président,

Attendu que le requérant a été condamné, par jugement du tribunal civil de première instance de..., en date du, dûment enregistré, et dont la copie est donnée en tête de celle des présentes, à payer au sieur J... A... la somme de...;

Attendu qu'il est constant que le sieur E... B... était mineur à l'époque dudit jugement, ainsi qu'il résulte de son acte de naissance, lequel acte sera représenté, en cas de dénégation ;

Attendu qu'en raison de la minorité dudit sieur E. B..., la cause était sujette à communication au ministère public, conformément à l'article 83, n° 6, du Code de procédure ;

Attendu que ledit jugement ne fait point mention que la cause ait été communiquée au ministère public, ni qu'il ait été entendu en ses conclusions, ce qui, aux termes de l'article 480, n° 8, du même Code, constitue un cas de requête civile ;

Attendu que le sieur E... B..., afin de satisfaire au prescrit des articles 494 et 495 du Code précité, a, d'une part, demandé et obtenu une consultation, délibérée par MM..., avocats, exerçant depuis plus de dix ans près le tribunal de..., en date du..., dûment timbrée et enregistrée, et dont copie se trouve ci-jointe ; d'autre part, consigné, ainsi que cela résulte de la quittance du receveur de l'enregistrement, en date du..., dûment timbrée, la somme de 75 fr., pour amende envers le fisc, et celle de 37 fr. 50 c. pour les dommages-intérêts de la partie, s'il y a lieu ;

Lui permettre, vu les motifs qui viennent d'être exposés et les pièces à l'appui, de se pourvoir en requête civile contre le jugement ci-dessus énoncé, et de faire assigner, à cet effet, ledit sieur J... A... à comparaître, dans le délai de la loi, devant le tribunal civil de première instance..., pour voir dire que ladite requête civile sera déclarée admissible, et, par suite, le jugement rétracté dans tous ses chefs ; en conséquence, que les parties seront remises au même et semblable état où elles étaient auparavant, et, en outre, voir ordonner que les sommes consignées préalablement à ladite requête seront rendues au requérant par le receveur de l'enregistrement, sur l'expédition du jugement à intervenir ; et, attendu qu'en exécution du jugement dont il a été parlé, le requérant a payé, comme contraint et forcé, audit sieur J... A..., la somme de..., s'entendre condamner à restituer, sans délai, ladite somme, avec les intérêts, à compter du jour où elle a été payée, et enfin aux dépens.

(*Signature de l'avoué.*)

Le président met, en ces termes, son ordonnance au bas de la requête :

Nous, président du tribunal civil de première instance de..., ordonnons la communication de la présente requête à M. le procureur impérial.

Ce dernier met sur la même requête qu'il n'y fait aucune opposition, après quoi le président ajoute :

Vu la requête ci-dessus, ensemble l'avis de M. le procureur impérial, permettons au sieur E... B... de se pourvoir en requête civile contre le jugement rendu..., etc., sans préjudice de l'exécution dudit jugement, laquelle pourra être suivie et continuée aussi longtemps qu'il ne sera point rétracté.

Fait à..., le...

(*Signature du président.*)

FORMULE 126.

Assignation en requête civile.

(Tarif, art. 29.— Coût : Paris, 2 fr.; — ailleurs, 1 fr. 50 c.; — pour chaque copie, le quart.)

L'an..., le... (*préambule ordinaire des exploits ;* V. *la formule 4)* (1), signifié, et avec celle des présentes donné copie audit sieur J... A..., propriétaire-cultivateur, demeurant à..., en son domicile (2), où étant et parlant à... ;

1° De la consultation en date du..., dûment timbrée et enregistrée, délibérée par MM...., avocats, exerçant depuis plus de dix ans près le tribunal... (*le désigner*), laquelle consultation, d'une part, contient la déclaration qu'ils sont d'avis de la requête civile dont il sera ci-après parlé, et, d'autre part, indique les moyens donnant ouverture à ladite requête ;

2° La quittance du receveur de l'enregistrement constatant que le requérant a consigné... (*le reste comme dans la requête ci-dessus*) ;

3° De l'ordonnance rendue par M. le président du tribunal..., le..., enregistrée, ensemble de la requête à lui présentée le même jour et sur laquelle elle a été rendue ;

Et à même requête... (*comme dans les exploits ordinaires*), pour (*reproduire les* attendu *exposés dans la requête ci-dessus*) ;

Voir dire... (*reproduire les conclusions de la même requête*),

Et j'ai, audit J... A..., audit domicile et parlant comme il a été dit, laissé copie tant des consultation, quittance, ordonnance et requête ci-dessus énoncées, que du présent exploit, dont le coût est de...

(*Signature de l'huissier.*)

(1) Notez toutefois qu'au cas où il ne s'est point écoulé plus de six mois depuis que le jugement attaqué a été rendu, l'exploit doit être donné à la partie, au domicile de son avoué (art. 492).

(2) *Ou, dans l'hypothèse de la note ci-dessus :* au domicile de Me..., son avoué, demeurant à..., où étant et parlant à...

FORMULE 127.

Requête civile formée dans le cours d'un procès pendant devant le tribunal qui a rendu le jugement attaqué.

(Tarif, art. 29. — Coût : Paris, 2 fr.; — ressort, 1 fr. 50 c.; — pour chaque copie, le quart.)

A MM. les président et juges composant le tribunal civil de première instance de...

Le sieur E...B..., architecte, demeurant à..., défendeur au principal et demandeur en requête civile, ayant Me... pour avoué,

Contre le sieur J... A..., propriétaire-cultivateur, demeurant à..., demandeur au principal et défendeur aux fins de la présente requête, ayant Me... pour avoué,

A l'honneur de vous exposer ce qui suit (*exposé des faits et moyens*; V., par anal., *la formule* 125) :

Par tous ces motifs, et autres à déduire en plaidant, l'exposant conclut à ce qu'il plaise au tribunal le recevoir incidemment demandeur, à l'effet d'attaquer, par la voie de la requête civile, le jugement dont il a été ci-dessus parlé ; ordonner que ladite requête civile... (*le reste comme dans la formule* 125).

(*Signature de l'avoué.*)

A la requête du sieur E... B...

Signifié et délivré copie..., etc.

(*Signature de l'huissier.*)

TITRE III.

DE LA PRISE A PARTIE.

FORMULE 127 (*bis*) (1).

Réquisition pour constater le déni de justice.

(Tarif, art. 20. — Coût : Paris, 2 fr.; — ressort, 1 fr. 50 c.; — pour chaque copie, le quart.)

L'an..., le..., à la requête du sieur J... A..., propriétaire-cultivateur demeurant à..., lequel élit domicile en la demeure de..., je... (*comme dans les exploits ordinaires*), soussigné, ai prié et requis, pour la première fois, M..., juge au tribunal de..., en la personne de Me..., greffier

(1) Cette formule porte à tort, dans l'explication, le chiffre 127.

au même tribunal, en son greffe, sis à..., au palais de justice, en parlant à... ;

De répondre à la requête à lui présentée par ledit sieur J... A..., le..., à l'effet d'obtenir son ordonnance portant indication des lieu, jour et heure auxquels pourront être assignés MM..., pour déposer dans l'enquête ordonnée, pour avoir lieu devant lui, par jugement dudit tribunal, en date du..., dûment enregistré.

Et je lui ai, audit greffe, parlant comme il a été dit, laissé copie du présent exploit, dont le coût est de...

FORMULE 128.

Requête afin d'être admis à prendre un juge à partie.

(Tarif, art. 150. — Coût : 15 fr.)

A MM. les présidents et conseillers composant la Cour impériale de...

Le sieur J... A..., propriétaire-cultivateur, demeurant à..., ayant pour avoué Me..., qui occupera pour lui sur la prise à partie dont il est ci-après parlé, a l'honneur de vous exposer ce qui suit :

Un jugement interlocutoire du tribunal civil de première instance de..., rendu le..., dans l'instance pendante entre le requérant et le sieur E... B..., architecte, demeurant à..., dûment enregistré, a ordonné qu'une enquête aurait lieu sur les faits articulés par le sieur J... A... contre le sieur E... B..., qui les a déniés, et nommé, pour y procéder, M..., juge audit tribunal ;

Dès le..., une requête a été présentée à mondit M..., à l'effet d'obtenir, conformément à l'article 259 du Code de procédure civile, son ordonnance portant permission d'assigner les témoins par-devant lui, aux lieu, jour et heure par lui indiqués.

Bien qu'il ait été, conformément au prescrit de l'article 507 du même Code, requis deux fois, à trois jours d'intervalle, les..., et par exploits de..., huissier à..., de répondre à la requête qui lui a été adressée, il est néanmoins demeuré dans la plus complète inaction ;

Une inaction si prolongée et aussi persévérante ne peut évidemment s'expliquer que par un déni de justice de la part du sieur...,

C'est pourquoi, l'exposant conclut à ce qu'il plaise à la Cour, attendu les faits ci-dessus, vu, d'une part, les pièces ci-jointes, savoir : le jugement, la requête et les deux réquisitions dont il a été ci-dessus parlé ; d'autre part, les articles 505 et 506, 507, 510 du Code de procédure civile, lui permettre de prendre à partie M..., et de lui faire signifier dans les trois jours, conformément à l'article 514 du même Code, l'arrêt à intervenir, avec assignation à comparaître, dans le délai de la loi, devant la Cour, pour voir admettre la prise à partie ; en conséquence, voir ordonner qu'aux termes du dernier article ci-dessus cité, il s'abstiendra de procéder et de juger dans la cause dont il s'agit, et, enfin, s'entendre condamner à payer au requérant la somme de..., à titre de dommages-intérêts, et aux dépens.

(*Signatures de l'avoué et de la partie.*)

FORMULE 120.

Signification au juge de la requête précédente, et de l'arrêt qui l'admet, avec assignation devant la Cour impériale.

(Tarif, art. 29. — Coût : Paris, 2 fr. ; — ailleurs, 1 fr. 50 c. ; — pour chaque copie, le quart.)

L'an..., le..., à la requête du sieur J... A... (*le reste comme dans les exploits ordinaires*) ;

Je, soussigné, ai signifié et en tête de celle des présentes laissé copie à M..., juge au tribunal de..., demeurant à..., en son domicile et parlant à...

1° D'une requête présentée par le sieur J... A... à MM. les présidents et conseillers composant la Cour impériale de, à l'effet d'obtenir l'autorisation de prendre à partie mondit sieur... ;

2° D'un arrêt rendu par la Chambre de ladite Cour, sur ladite requête, le..., dûment enregistré, lequel a donné l'autorisation demandée ;

Et à même requête... que dessus, j'ai, huissier susdit et soussigné, audit domicile et parlant comme il a été dit, donné assignation à M..., à comparaître..., pour :

Attendu... (*exposer les faits ; V. la formule précédente*) ;

Voir (*reprendre les conclusions de la requête ci-dessus*) ;

A ce que de tout dessus le susnommé n'ignore et ait à signifier ses défenses dans la huitaine, ainsi que le prescrit l'article 514 du Code de procédure civile, je lui ai, audit domicile et parlant comme dessus, laissé copie, certifiée sincère et véritable, et signée de M^{e}..., tant de la requête en permission de la prise à partie et de l'arrêt qui l'accorde, que du présent exploit, dont le coût est de...

(*Signature de l'huissier.*)

FIN.

TABLE DES MATIÈRES.

FIN DE LA TABLE.

TYPOGRAPHIE HENNUYER, RUE DU BOULEVARD, 7. BATIGNOLLES.
Boulevard extérieur de Paris.

www.ingramcontent.com/pod-product-compliance
Lightning Source LLC
Chambersburg PA
CBHW060917220326
41599CB00020B/2999

* 9 7 8 2 0 1 9 3 0 0 1 3 5 *